最高人民法院

指导性案例裁判规则理解与适用

合同卷三

（运输合同、借用合同、旅行合同、采矿权转让合同、居间合同、保兑仓合同、委托合同、借款合同、拆借合同、互易合同、悬赏广告、合同欺诈等）

第二版

江必新　何东宁
张　梅　熊则凯
著

中国法制出版社
CHINA LEGAL PUBLISHING HOUSE

作者介绍

江必新 男，汉族，1956年9月出生，湖北枝江人。西南政法学院法学学士、中国法制史硕士，北京大学宪法与行政法学博士。现兼任中国法学会副会长、中国行为法学会会长、中南大学、中国政法大学、国家法官学院教授。1999年被评为“全国十大杰出中青年法学家”、2009年被评为“当代中国法学名家”、2015年获中国行政法学“杰出贡献奖”、2016年获第二届“金平法学成就奖”。在《中国社会科学》《求是》《中国法学》《法学研究》等刊物发表论文200余篇。

何东宁 男，湖南慈利人，法律硕士，中国政法大学兼职教授。合著有：《民法总则与民法通则条文对照及适用提要》《民商审判疑难问题解析与典型案例指导》《新民事诉讼法配套规则适用指引》《新民事诉讼法再审程序疑难问题解答与裁判指导》等三十部著作。在《判解研究》等刊物上发表论文二十多篇。

张梅 女，山东枣庄人，中国政法大学国际私法博士研究生。与人合著有《最高人民法院指导性案例裁判规则理解与适用》（合同卷三），参与编写《中华人民共和国民法总则条文理解与适用》《新民诉法解释法义精要与实务指引》，翻译《恢复性司法：发展趋势和原则——在加拿大的发展》《罪犯风险评估与管理：加拿大刑事司法的视角》，在《政法论丛》《中国监狱学刊》《山东法制报》等刊物发表十余篇法学论文。

熊则凯 男，湖北十堰人，武汉大学法学博士。曾供职于湖南省高级人民法院，从事民商事审判，任审判监督第一庭业务指导综合组组长、审判长，现为长沙房产集团有限公司法律事务部主任、湖南纲维律师事务所律师。与人合著有《最高人民法院指导性案例裁判规则理解与适用》（合同卷三），获得全国法院系统学术研讨会二等奖三次，中国法学家论坛征文二等奖一次，在《法学评论》《人民检察》等核心刊物上发表专业论文三十余篇。

第二版说明

2017年3月15日，第十二届全国人民代表大会第五次会议审议通过了《中华人民共和国民法总则》（以下简称《民法总则》），国家主席习近平于当日签发第66号主席令，自2017年10月1日起施行。《民法总则》获此次大会审议通过，民法典编纂工作已正式迈出第一步，宣示着中国离"民法典时代"更近一步。编纂民法典是对现行民事法律规范进行系统整合，以形成一部适应中国特色社会主义发展要求，符合我国国情和实际，具有中国特色、体现时代精神，体例科学、结构严谨、规范合理、内容协调一致的法典。编纂民法典不是制定全新的民事法律，而是对现行的民事法律规范进行科学整理；也不是简单的法律汇编，而是要对已经不适应现实情况的规定进行必要的修改完善，对社会经济生活中出现的新情况、新问题作出有针对性的新规定。《民法总则》以《中华人民共和国民法通则》（以下简称《民法通则》）为基础，采取"提取公因式"的办法，将民事法律制度中具有普遍适用性和引领性的规定写入其中。《民法总则》是民法典的总纲，正所谓"纲举目张"，不仅可以增进民法典的体系性，而且有利于整合并完善整个私法体系，发挥着辐射、统帅、指引的作用。《民法总则》作为统领整个民法典并且普遍适用于民商法各个部分的基本规则，是民法典中最基础、最原则、最通用的部分。《民法总则》分为11章共206条，包括基本规定、自然人、法人、非法人组织、民事权利、民事法律行为、代理、民事责任、诉讼时效、期间的计算、附则等部分。尽管《民法总则》吸收了《民法通则》规定的民事基本制度和一般性规则，其主要内容或是对《民法通则》的保留，或是从合同法、物权法、侵权责任法等法律中抽取出来，但《民法总则》根据经济社会发展的新情况作了诸多补充、完善和发展，对一些社会热点问题、难点问题进行了回应，有许多创新，许多规定是首次写入。主要体现在：第一，在基本规定方面，一是进一步明确了民事主体的人身权利、财产权利以及其他合法权益受法律保护，任何组织或者个人不得侵犯。二是增加绿色原则为基本原则，规定民事主体从事民事活动，应当有利于节约资源、保护生态环境。三是处理民事纠纷，应当依照法律；法律没有规定的，可以适用习惯，但是不得违背公序良俗即公共秩序和善良习俗。四是其他法律对民事关系有特别规定的，依照其规定。第二，在自然人制度方面，一是增加了保护胎儿利益的规定，在遗产继承、接受赠与等方面要保护胎儿的利益，胎儿被视为具有民事权利能力。二是下调了限制民事行为能力的未成年人的年龄标准。将限制民事行为能力人的年龄下限标准由《民法通则》规定的“十周岁”降到“八周岁”。三是完善了监护制度。针对监护领域的突出问题，比如针对农村留守儿童问题、老龄化问题，在监护制度上作了完善，以家庭监护为基础，社会监护为补充，国家监护为兜底，明确了父母子女间的抚养、赡养等义务，扩大了被监护人的范围，强化了政府的监护职能，尤其是强化失能老人的保护，并完善了监护撤销制度。第三，在法人制度方面，按照法人设立目的和功能的不同，首先，将法人分为营利法人和非营利法人；其次，将难以纳入营利法人和非营利法人的组织，专设特别法人，将机关法人、农村集体经济组织法人、基层群众性自治组织法人、合作经济组织法人规定为特别法人。第四，在民事权利方面，一是增加了对自然人个人信息保护的规定；二是增加了对数据、网络虚拟财产保护的规定。第五，在民事法律行为和代理方面，一是扩充了民事法律行为的内涵，既包括合法的法律行为，也包括无效、可撤销和效力待定的法律行为。二是增加了意思表示的规则，对其作出方式、生效和撤回等作了规定。三是完善了民事法律行为的效力规则，在规定民事法律行为有效条件的同时，对重大误解、欺诈、胁迫、显失公平等行为的撤销，恶意串通行为的无效等分别作了修改补充。第六，在民事责任和诉讼时效方面，一是为匡正社会风气，鼓励见义勇为的行为，规定因自愿实施紧急救助行为造成受助人损害的，救助人不承担民事责任。因保护他人民事权益而使自己受到损害的，由侵权人承担民事责任，受益人可以给予适当补偿。没有侵权人、侵权人逃逸或者无力承担民事责任，受害人请求补偿的，受益人应当给予适当补偿。二是将原为二年的一般诉讼时效期间延长至三年；三是增加了未成年人遭受性侵害后诉讼时效的特殊起算点。

笔者根据民法总则规定对全书所有涉及的相关内容进行了修订。由于《民法总则》通过后并没有废止《民法通则》，待民法典分编内容进行系统整合，编纂工作完成后再予以废止；《民法总则》与《民法通则》的规定不一致的，在《民法通则》废止之前，根据新法优于旧法的原则，适用《民法总则》的规定。在民法典的合同编、物权编、侵权责任编等各分编的编纂工作完成前，《合同法》《物权法》《侵权责任法》等民事单行法的规定与《民法总则》规定不一致的，根据新法优于旧法的原则，适用《民法总则》的规定。因此，在进行修订时，不是简单地将法律规定的条文进行替换，而是保留《民法通则》《合同法》等法律和相关司法解释规定的内容，并根据《民法总则》制定的原则、依据以及背景，重点突出《民法总则》对《民法通则》相关内容修改、补充的比较，重点突出《民法总则》所修改、补充条文涉及内容的理解，重点突出《民法总则》修改、补充内容在司法实践中的把握，以便于读者全面对全书所涉及《民法总则》相关内容的整体理解和把握。

作者

2017 年 12 月

序

随着中国特色社会主义法律体系的形成，人民群众对司法的要求和期待也越来越高，对人民法院的关注也空前强烈，这必然要求人民法院更加注重依法办案，正确履行宪法和法律赋予的审判职责，真正做到有法必依，执法必严，并积极完善司法工作机制，全面发挥司法功能，确保中国特色社会主义法律体系得到贯彻落实。

“徒善不足以为政，徒法不足以自行。”法律的生命在于实施，而法律实施的核心在于法律的统一适用，同等情况同等对待不仅是我国法制统一的题中之意，也是法治的重要原则。案例指导制度在统一法律适用标准、指导下级法院审判工作等方面具有重要的作用，然而应当充分认识到我国案例指导制度与西方国家判例法存在着本质的区别。在英美法系国家，“判例”以法源的地位而存在，被称之为判例法，具有创制、借鉴以及遵循判例等一整套法律制度或者法律体系，其根本原则是“遵循先例”。绝大多数大陆法系国家，“判例”不是正式的法律渊源，只是被推定具有约束力或具有事实上的约束力。遵循先例或受先例拘束与指导，不是西方国家所特有的法律现象，而是实现法制统一的一般要求和基本路径。我国的“案例指导制度”在两大法系中均不存在，是我国司法实践特定历史阶段的产物。我国案例指导制度的构建，不仅符合我国的基本政治制度，而且适合我国的司法现状。案例指导制度无论在称谓（案例而非判例）、制度定位、法律依据，还是效力设定、机制构建等方面都与我国的政治语境相适应。指导性案例作为“动态法典”，既将抽象的、一般的静态法典的条文规范通过具体案件的法律适用演变成“活法”；又通过总结提炼法官审判经验、思维方法和价值追求，形成蕴涵着丰富的法律精神和法学理念的“裁判规则”，从而发挥规范类似案件裁判的作用，进而实现法律调整机制的静态与动态的相洽、刚性与柔性的协调、法律体系与社会变迁的相互融合。这是我国司法机关在既有的制度框架下和现行的司法体制基础上所进行的一项体现中国特色并顺应世界两大法系相互融合发展大趋势的法律适用上的机制创新。

当下，随着社会主义法治实践不断深入，社会主义法治理念牢固树立，人们对司法公正越来越关心和渴望。心理学关于公平理论早已证实，公正是社会比较的结果，人们关注的不是其所得到结果的绝对值，而是与他人对比的相对值。“同案同判”的要求是缘于“同样的事情同样对待，相似的事情相似对待”的自然法思想，它是人们最直观、最朴素的正义观在司法领域的直接反映。相反，如果同案不同判，当事人往往就会觉得自己受到了不公正的待遇，就会怀疑、动摇对司法和法律的信任和信仰。指导性案例既可以为相同或类似案件提供统一的司法标准，约束和规范法官自由裁量权的行使，又可基于案例的公开性、可预测性和可比性，阻断“暗箱操作”“违法断案”。因此，案例指导制度具有实现公平正义的特殊功能。

第一，具有对法律规范内涵明确化的宣示功能。成文法典抽象性法言法语容易产生多种理解和解释，指导性案例是人民法院将抽象的法律适用于具体案件的产物，是将具体案件融于法律条款的智慧结晶。实行指导性案例制度，有利于人们通过案件理解法律，通过法律评价案件，从而架起法律与案件之间的桥梁，使法律规范更加明确化、具体化，为实现法律条文的可操作性提供范例。

第二，具有对制定法漏洞的补充功能。社会发展已经证明，包罗万象、有求必应、尽善尽美的法律只能是人们纯真而完美的梦想。成文法不可能详尽无遗地囊括社会生活的全部现象，其条文式的表述不可避免地在实现法律的普遍性、稳定性和确定性的同时，又在很大程度上牺牲必要的特殊性、适应性和灵活性，存在模糊性、僵化性、时滞性等缺陷，甚至不少领域存在空白或法律漏洞，难以适应实践中出现的新情况、新问题。指导性案例结合具体案例演绎法律条文，在法律许可的范围内，充分发挥司法的能动性、灵活性而有针对性地及时弥补成文法的漏洞，从而确保法网疏而不漏。

第三，具有对法官自由裁量权运用的约束功能。实行指导性案例制度，引导法官认同并借鉴案例中归纳出的法律原则或裁判规则，为法官办案提供明确、具体的指引，有效克服法官的主观臆断和任意擅断，规范法官的自由裁量权，能使相同或相似案件得到基本相同的裁判，更好地维护司法的公平公正，增强司法裁判的权威性。

第四，具有提升案件裁判质量和效率的促进功能。实行指导性案例制度，有利于充分挖掘法官群体的司法智慧和裁判经验，为法官办案提供裁判理念、思维方式、办案思路、解决问题的法律方法和价值衡量等方面的指引。既可以减少法官不必要的重复劳动，节省时间和精力，缩短审判周期，又可以建立起解决同类或相似问题的正确思维模式，保证裁判的精准度，统一司法适用，提高司法效率。

第五，具有排除不当干扰的防御功能。由于影响司法公正信赖和司法裁判权威的因素很多，实行指导性案例制度，遵循先例进行裁判，以机会公正、待遇公正、尊严公正、结果公正等体现出法律可预期性的要求，以及“同样情况同样对待”的公平原则，在一定程度上可以弥补法律公正在逼近自然公正中遭遇的困窘和无奈；在一定程度上可以杜绝、避免和减少除法官能力、学识和认识等原因之外的徇私枉法现象，从而限制一些企图通过枉法裁判牟取私利法官的“玩法空间”；在一定程度上可以发挥上级人民法院对下级人民法院的审判监督作用，抵制和排除法院外部的干扰和法院内部的不规范行为，遏制司法腐败，实现司法公正。

第六，具有对社会主体的教育功能。指导性案例的公布，使得司法裁判效力的影响得以延伸，一个个生动的指导性案例无疑是一个个鲜明的标准，既可以让当事人直观、生动、具体地了解指导性案例的裁判思路，更好地预测诉讼风险，采取更加理性的诉讼行为，从而减少司法资源的浪费，也可以增强社会公众近距离接触法律的机会，通过每个鲜活的案例，感受司法的公正与客观，有效地引导社会主体的行为。

第七，具有促进法学研究和推动立法完善的辅助功能。理论必须源于实践，法学作为一门应用学科更应如此。社会变化的必然性是以特殊性、偶然性为基础的，只注重对抽象的法律规范的研究，就难以把握法律运行的多样性和复杂性。研究法律离不开指导性案例，它既是定性研究的重要对象，又为量化分析提供了丰富的素材。作为联结实践与理论、问题与规则的桥梁，指导性案例本身所蕴含的法治信息，所提出的前沿命题，往往成为法学研究创新和理论发展的重要源泉。同时，司法审判活动作为法律发展的重要原动力之一，法律出台的实证基础往往来源于具体的案件，指导性案例涵盖了社会现实中存在的主要热点和难点问题，案例的积累为立法建议和司法解释的制定提供了有针对性和代表性的素材，增强了说服力和可信度，促使法律发展更能契合社会现实需要。

虽然指导性案例具有宣示、补充、约束、促进、防御、教育、辅助等多种功能，但要充分发挥好这些功能，在适用指导性案例时要采取“类比”“类推”的方法，“有条件地适用”“经过审查后适用”，充分运用归纳推理，使法官依据法律的精神和固有价值进行合理的取舍，使归纳结论符合法律的正义要求并具有可接受性。具体适用指导性案例应当注意以下一些问题：

第一，指导性案例不应具有普遍性的约束力。在我国立法体制下，建立案例指导制度的目的，不是要创制新的法律规则，而是要建立一个有利于准确适用法律的司法工作机制，为案件的审理提供具体、规范的参照。按照《关于案例指导工作的规定》明确要求，最高人民法院发布的指导性案例，各级人民法院在审判类似案件时应当参照。以规范性文件的形式赋予了指导性案例一定的效力，这种参照的效力是一种“事实上的拘束力”，这种拘束力表现为指导性案例不具有正式的法律效力，不属于正式的法律渊源，而主要体现为指导性、说服性、参考性，应当参照指导性案例所运用的裁判方法、裁判规则和法律思维。

第二，建立和完善适用指导性案例的识别和引用规则以及保障机制。识别规则就是做好指导性案例裁判规则的总结工作，进一步明确类似案件的判断标准，方便法官尽快寻找到最佳合适的指导性案例。引用规则与指导性案例的效力有着密切的联系。指导性案例不具有普遍性的约束力，不能被裁判文书直接援引，但并不能排除裁判文书的合理引证。保障机制就是要建立起指导性案例遵循的审级监督和社会监督制度、责任追究制度、培训考核机制以及适用的服务体系。

第三，准确把握指导性案例的适用条件。一是现行法律没有明文规定、规定不明确或存在漏洞，司法实践中主要包括拟裁判的民商事、行政案件没有明确的法律依据或法律存在漏洞，以及法律虽然有规定，但比较原则，易产生歧义等情形；二是存在可以比照的指导性案例规则；三是存在相似的案件事实。

第四，正确运用指导性案例的适用程序。一是案情对比，重点是案件的事实，选择事实组合最相类似的指导性案例；二是情势权衡，主要包括政策权衡、价值权衡、利益权衡和功能权衡，保障案件裁判的形式公正与实质公正、程序公正与实体公正、个案公正与社会公正的统一；三是案例遴选，以“主要问题”为中心展开，分析案件事实，明确诉争焦点，列出问题要点，搜索最佳指导性案例；四是规则适用，重点是在法庭审判和法院判决中的适用，既可以作为律师或检察官在法庭辩论时的理由，也可以作为法官阐释裁判的理由，还可以吸收到司法裁判的推理中，以增强裁判的说理性和权威性；五是案例排除适用原则，当指导性案例与拟裁判案件之间存在案件事实差别，以及指导性案例所确定的裁判规则存在与法律原则相冲突，或含混、模糊、宽泛等缺陷时，可以排除指导性案例规则的适用。

指导性案例是法律与实践结合的产物，是司法经验和智慧的结晶。它既包含着对立法精神的理解和阐发，又包含着司法智慧的创造与探索；既包含了实体性规则，又包含了程序性规范；既包括字面上的法律，又包括案例中当事人及司法人员心目中所理解的法律；既包括法官所适用的法条，又包括法律适用活动本身对法律的生动解释。理论界和实务界对指导性案例应当具有“指导效力”已形成共识。为了更好地提高案例的指导性，增强指导性案例的适用价值，充分发挥其功能，让“纸上的法律”真正变成社会中“活的法律”，虽然有赖于诸多因素，但其中行之有效的方法之一就是从法学方法论的立场去阐释蕴涵于个案的裁判规则。这正是我们组织编写出版这套《最高人民法院指导性案例裁判规则理解与适用》丛书的目的和出发点所在。丛书中所选案例是以最高人民法院指导性案例、公报案例为主，同时，还精选了部分最高人民法院直接裁判的具有指导性的案例。《最高人民法院公报》是国家最高审判机关公开介绍我国审判工作和司法制度的重要官方文献，是最高人民法院对外公布司法解释、司法文件、裁判文书、典型案件及其他有关司法信息资料的法定刊物。《最高人民法院公报》案例的最大的特点就是以《公报》为载体，公开、客观地记录和反映具体案件正确适用具体法律的裁判过程，是唯一以最高人民法院官方名义发布的案例，无论案例是哪一级法院审结的案件，但所涉及的法律适用和理解、司法价值取向等都得到了最高人民法院的正式确认，直接体现最高人民法院的司法观点，具有极强的权威性、指导性和典型性。本丛书分民商事、行政、刑事和综合（年卷）四大类，每大类中按不同案件类型编排成卷，如民商事类可分为担保卷、公司卷、合同卷、婚姻家庭卷、房地产卷等。通过对指导性案例、公报案例等进行梳理，然后编定成卷每年定期出版，奉献给大家。

本丛书突破了传统法律案例类图书的“要点提示、案情、法院审判、裁判要旨、评析”等写作模式；在编写体例上，采取了【裁判规则】、【规则理解】、【拓展适用】、【典型案例】的体例。以裁判规则为主线，在内容和体例上都具有一定的独创性，突出强调不仅要关注公报案例等指导性案例本身，而且要关注指导性案例所形成规则的理解与适用，侧重于弥补法律漏洞以及阐释实务中如何正确理解与适用法律，致力于为读者迅速查找指导性案例和把握裁判规则提供最为便捷有效的途径。

所有的【裁判规则】都是通过对案件争议焦点所涉及的法律问题进行评析后形成的并为裁判结论所确立的法律性质规则，属于法律规则或者原则范畴，是案例的核心内容、灵魂所在。指导性案例裁判规则一般是非特定的、非个体的，对法官在同类案件中认定事实、适用法律具有启发、引导、规范和参考作用。从一定意义上讲，指导性案例的指导作用更多地体现为，从案件事实认定和法律适用中提炼出来的裁判规则或者裁判要旨的指导。针对部分公报案例裁判摘要中存在法条构成要件重述、内容不明确等问题，我们对该部分案例的裁判规则进行了重新归纳和提炼。其目的正如美国大法官卡多佐在《司法过程的性质》中所言，在判决案件时，“所做的第一件事就是将他眼前的案件同一些先例加以比较，无论这些先例是贮藏在他心中还是贮藏在书本中……先例的背后是一些基本的司法审判概念，他们是司法推理的一些先决条件；而其后面的是生活习惯、社会制度，那些概念正是在它们之中才得以生成。通过一个互动过程，这些概念反过来修改着这些习惯与制度……如果先例清楚明了并且契合案件，那么法官就无需做更多的事了。”揭示了指导性案例裁判规则的意义所在。

裁判规则不是书面写就的，而是解读而成的。正如德国法学家拉伦茨在《法学方法论》中所言，“制作司法先例的法官首先考虑的是他所裁判的事件，这些要旨不过是裁判理由中蒸馏出来的结晶，与案件事实密切相关，在很大程度上本身也需要解释”。如何将写在纸上的裁判规则，适用于此后千变万化的类案，诠释规则所蕴含的公平与正义精神，是我们法官的重要任务。然而，由于各级法院、各地法院的法官们，在年龄、知识结构、社会阅历、审判经验等方面存在差异，对于裁判规则的理解、运用等都会有不同的结果。因此，我们认为有必要也坚持将指导性案例中所提炼裁判规则的【规则理解】作为本丛书核心内容，突出对所提炼裁判规则解读的指导意义，以超越个案审判的视野，对法律适用进行理性思考，研究案例所体现的法律规则、法律原理、法律精神以及裁判方法、裁判理念等核心价值。虽然指导性案例裁判规则源于个案，但不仅仅局限于个案，而是通过对规则的理解以及适用规则中应当注意问题的把握，达到将裁判规则适用于类案的效果，从而使所提炼的裁判规则中蕴涵的内在价值能够在更广的范围内、更深的层次上得以被发现、被接受、被适用。虽然目前还没有明确规定指导性案例的裁判规则可以在类案的裁判文书中直接援引，但不容置疑的是它的基本精神完全可以渗透于裁判文书的说理部分，可以作为法官裁判的理由、检察官或律师法庭辩论的理由。对于全国各级法院法官及其他法律工作者来说，准确理解和掌握指导性案例裁判规则，有助于统一司法理念、统一法律适用和统一裁判尺度，促进人们对法律的尊重与信仰。

为了防止因裁判规则的抽象性以及所固有的僵化、不周延等成文规范的弊端而导致理解不准，削弱指导性案例的价值和作用，我们对指导性案例的裁判规则进行了【拓展适用】，目的是对与裁判规则相关联的理论问题进行系统梳理和深入探讨，以期能够较为全面地阐释裁判规则的精髓，从而推动相关法学研究向纵深发展，拓宽人民法院、法官发现问题、解决问题的渠道，又能够为立法和司法解释提供新的思路和视角，从而形成实践丰富理论、理论指导实践、实践发展与理论发展互为条件、司法实践与理论研究良性互动的局面，提升司法应对现实的能力。

通过对《最高人民法院公报》【典型案例】等指导性案例进行分类梳理，一方面是对指导性案例进行连续性和系统性的汇编，方便各地各级法院的法官以及检察官、律师和其他法律界人士检索和援引。另一方面是更全面、更客观、更系统、更立体地展现了指导性案例所依附的案件事实、证据以及裁判说理等的真实风貌，更直观、更清晰、更准确地理解裁判规则的涵义，指导同类案件的法律适用，特别是裁判论证和说理过程，使抽象的审判指导概念更具明确性、更具形象化、更具可操作性。

对指导性案例裁判规则进行全面、系统的解读和阐释，是作者的一次尝试。我们深知，本套丛书所涉及的法学理论博大精深，各种研究文献浩如烟海，有许多未知的领域仍需作深入细致的研究。我们深知法学理论对审判实践有着巨大的指导作用，特别是在法律规定不明确的情况下，具有扎实深厚的理论功底，及时掌握理论界研究的最新成果就显得更为重要。正基于此，我们不敢懈怠，时刻关注理论发展的最新动态，时刻关注理论研究的最新成果，时刻关注审判实践中的典型案例和实践经验，结合我们的实际工作，深入思考，产生自己的一些想法和结论，但其中不乏对一些法律或司法解释已有明确规定，或审判实践中已形成了一定处理规则的问题，从研究的角度提出了一些不同的看法和意见，只能算作是个人的学术见解，并不代表任何组织和机构，甚至与我们个人的身份都无关联。当然，这些观点和意见的正确与否，不仅要接受理论界的评判，而且要接受实践的检验。希望借此丛书的出版，使我们能够与理论界的学者、实务界的同仁进行深入交流探讨，以期共同推动我国案例指导制度的完善和案例研究的深化、细化和体系化。

此聊以为序。

江必新

二〇一六年十月十二日

凡　例

为使行文方便，本书对相关法律、法规和司法解释等规范性法律文件的名称做了缩略。

《民法总则》：《中华人民共和国民法总则》

《民法通则》：《中华人民共和国民法通则》

《民法通则意见》：最高人民法院《关于贯彻执行〈中华人民共和国民法通则〉若干问题的意见（试行）》

《合同法》：《中华人民共和国合同法》

《合同法司法解释一》：《最高人民法院关于适用〈中华人民共和国合同法〉若干问题的解释（一）》

《合同法司法解释二》：《最高人民法院关于适用〈中华人民共和国合同法〉若干问题的解释（二）》

《公司法》：《中华人民共和国公司法》

《公司法司法解释一》：《最高人民法院关于适用〈中华人民共和国公司法〉若干问题的规定（一）》

《公司法司法解释二》：《最高人民法院关于适用〈中华人民共和国公司法〉若干问题的规定（二）》

《公司法司法解释三》：《最高人民法院关于适用〈中华人民共和国公司法〉若干问题的规定（三）》

《担保法》：《中华人民共和国担保法》

《担保法司法解释》：最高人民法院《关于适用〈中华人民共和国担保法〉若干问题的解释》

《物权法》：《中华人民共和国物权法》

《民事诉讼法》：《中华人民共和国民事诉讼法》

《民事诉讼法意见》：《最高人民法院关于适用〈中华人民共和国民事诉讼法〉若干问题的意见》

总　目　录

第一章　旅客运输合同

第二章　货物运输合同

第三章　国际货物运输合同

第四章　借用合同

第五章　供用热力合同

第六章　旅行合同

第七章　采矿权转让合同

第八章　居间合同

第九章　保兑仓合同

第十章　委托合同

第十一章　借款合同

第十二章　存款合同

第十三章　拆借合同

第十四章　互易合同

第十五章　悬赏广告

第十六章　合同欺诈

第十七章 合同无效

第十八章 刑民交叉案件的处理

第十九章 国际惯例

目　录

Contents

第一章　旅客运输合同

第二章　货物运输合同

第三章 国际货物运输合同

第七章　采矿权转让合同

第八章　居间合同

第九章 保兑仓合同

第十章 委托合同

第十三章　拆借合同

第十四章　互易合同

第十五章　悬赏广告

第十七章 合同无效

第十八章 刑民交叉案件的处理

第十九章 国际惯例

第一章　旅客运输合同

规则 1：承运人在运输过程中，应当尽力救助患有急病、分娩、遇险的旅客，否则应承担相应民事责任

——朱杭诉北京市长阔出租汽车公司、付建启赔偿纠纷案①

【裁判规则】

旅客乘坐承运人的车辆，即与承运人建立客运合同关系，旅客享有安全抵达目的地的权利，承运人承担着安全运输旅客抵达目的地的职责。根据《合同法》第301条的规定，承运人在履行运输职责时，对突发疾病的旅客不尽救助的法定义务，反而中途停车，将旅客弃于路旁置于危险状态下，虽未危及旅客的生命、健康，但对其精神造成了一定刺激，侵犯了旅客应当享有的合法权利，承运人应当承担相应的民事责任。

【规则理解】

一、旅客运输合同的成立

旅客运输合同，简称客运合同，是指承运人将旅客从起运地点运输到约定地点，旅客支付票款或运输费用的合同。客运合同的标的是承运人运送旅客的行为，旅客既是合同的当事人之一，又是承运人的运输行为所指向的对象。《合同法》第293条规定："客运合同自承运人向旅客交付客票时成立，但当事人另有约定或者另有交易习惯的除外。"因此，一般情况下，客运合同的成立是以承运人交付旅客客票为要件；如果双方有特别约定，则客运合同的成立按双方的约定成立；如果存在某种交易习惯，则按照交易习惯成立客运合同。

（一）旅客运输合同中的要约

由于旅客购买车票的方式不同，旅客运输合同中的要约方式不同，发出要约的

---

①《中华人民共和国最高人民法院公报》2002年第3期，北京市朝阳区人民法院民事判决书。

当事人也不同。

1. 在采用先购票后乘坐交通工具的情形下，先由旅客向承运人提出要约。该要约的内容就是旅客向承运人表明自己的目的地等。通常，旅客在发出建立旅客运输合同要约的同时，即支付票款。

2. 在采用电话等方式预订客票并未支付票款的情形下，旅客预定客票的行为并不是要约，旅客取票并支付票款的行为才是要约。若采用网络等方式购票的，在购票的同时即支付了票款，应认定购票并支付票款的行为即为要约。

3. 在有些短途运输中，旅客通常是先登上交通工具再购票，如城市公共汽车、渡船等，在这种情形下，旅客登上交通工具的行为视为要约。在乘坐出租车的情形下，以旅客招手示意的行为视为要约。

（二）旅客运输合同中的承诺

根据旅客购票方式的不同，旅客运输合同中的承诺也存在不同的表现形式。

1. 在先购票后乘坐交通工具的情形下，承诺就是承诺人应旅客的要求，接受旅客购票款，并向旅客支付相应客票的行为。

2. 在预订客票的情形下，与上述情形相同，以承运人将客票交付给旅客为承诺。

3. 在有些短途运输中，旅客先登上交通工具的情形下，以承运人允许旅客登上交通工具，视为承诺。

在此需要特别注意的是，根据《合同法》第289条的规定："从事公共运输的承运人不得拒绝旅客、托运人通常、合理的运输要求。"因此，在旅客运输合同中，承诺是承运人的义务，承运人不得在承诺与不承诺之间自由选择，对于旅客通常、合理的要约，承运人必须承诺。一般来说，铁路部门、航空公司、公交公司以及船运公司等很少出现违反承诺义务的情形，拒载问题主要出现在出租汽车行业，对此，国家也规定了相应的惩罚措施。

二、旅客运输合同中承运人的义务

（一）在约定期间或合理期间内将旅客运送至目的地的义务

承运人必须在约定的期间或合理的期间内完成运输合同所规定的义务。约定的期间，即合同上载明的确定的时间，如客票载明的发车时间和到达时间。合理期间，则是指事先没有约定具体时间，承运人按照社会通常要求的方式，在通常的期间内完成运输行为的时间。合理期间也可以指约定期间变更后的期间。如因不可抗力[①]致使承运人不能在约定期间内履行运输义务时，则应当在不可抗力因素消除后

---

① 不可抗力是指不能预见、不能避免且不能克服的客观情况。

的“合理期间”内履行运输义务。此外，承运人还必须把旅客运送至约定地点，也就是旅客的目的地。

（二）提供合同约定的运送条件的义务

承运人应当按照合同的约定提供运送设备，根据《合同法》第300条的规定：“承运人擅自变更运输工具而降低服务标准的，应当根据旅客的要求退票或者减收票款；提高服务标准的，不应当加收票款。”根据该规定，承运人不得随意变更运输工具，降低服务标准，但如果变更运输工具，提高服务标准的，在不经过旅客同意的情况下，也是不能加收票款的。

（三）为旅客运送行李、包裹的义务

旅客出行，通常需要携带物品、行李、包裹等，承运人在运送旅客的同时，自然有义务运输旅客的物品、行李、包裹。对于旅客携带的少量物品，承运人有义务免费运输；对于旅客携带的数量较大的物品、行李、包裹，承运人也有义务予以运输，只是承运人可以按照国家规定的标准收取运输费用。另外，承运人还有义务半费或免费运送旅客携带的儿童。

（四）告知义务

《合同法》第298条规定：“承运人应当向旅客及时告知有关不能正常运输的重要事由和安全运输应当注意的事项。”在旅客运输合同成立后，承运人的告知义务主要有两个方面：第一，承运人应当向旅客及时告知不能正常运输的重要事由，不能正常运输的事由，主要是运输工具发生故障，或者运输路线、运输条件发生改变，致使不能正常运输。第二，承运人应当向旅客告知安全运输应当注意的事项。在运输过程中，为了保证交通运输工具以及旅客人身、财产的安全，旅客应当遵守一些事项，例如禁止携带易燃、易爆、有毒等危险品乘坐交通工具，禁止旅客在交通工具上有危险行为等。承运人履行该项义务，一方面是为了维护旅客的安全，另一方面是为了维护交通工具的安全。

（五）救助义务

《合同法》第301条规定：“承运人在运输过程中，应当尽力救助患有急病、分娩、遇险的旅客。”根据该规定，承运人对于特定的旅客有救助的义务，而旅客则有受到救助的权利。所谓救助，就是抢救、帮助有急病、分娩、遇险的旅客，以保护和维持旅客生命、健康的行为。承运人的该项义务，是法定义务，无须规定在旅客运输合同中，只要承运人与旅客达成了旅客运输合同，承运人就需承担该项义务。当旅客发生急病、分娩、遇险的情况时，承运人必须加以救助，否则就是违法，就要承担相应的法律责任。在此需要注意的是，承运人的救助义务，并不是要求其无偿地承担该义务。承运人对旅客加以救助而有支出时，有权根据无因管理的有关规定要求旅客加以补偿。如果旅客遇险是由于承运人的过错引起的，则承运人不能要求旅客给予补偿。

三、造成旅客伤亡时的违约责任和赔偿范围

（一）造成旅客伤亡时的违约责任

承运人在运输过程中造成旅客伤亡的，属于一种违约行为，在性质上属于不完全履行中的加害给付行为。“加害给付是指债务人实施违反合同义务的行为，从而造成债权人履行利益以外的其他利益受损失。”①

在此种情况下，承运人承担违约责任的构成要件如下：第一，承运人承担民事责任的对象是旅客，即与承运人签订了旅客运输合同而被运送的人，通常情况下，旅客即客票的持有人，但经承运人同意免票的人也属于旅客。第二，承运人只承担旅客发生在交通工具上，或在上下交通工具时造成的人身伤亡。第三，承运人的责任期间是运输途中，即从旅客登上运输工具开始直至旅客离开交通工具的期间内，对于发生在该期间外的事件导致的旅客人身伤亡不承担责任。

当然，承运人并不是对所有造成旅客人身伤亡的情况都必须承担违约责任，承运人造成旅客人身伤亡时的免责事由主要包括：不可抗力及旅客自身健康原因或旅客故意、重大过失造成的情况。需要注意的是，不同的法律对承运人迟延履行违约责任免责事由的规定并不一致，最明显的是《铁路法》中规定的“受害人自身的原因”的范围明显大于《合同法》中规定的“旅客自身健康原因”，在这种情况下，应该如何具体适用法律呢？《铁路法》第58条规定：“因铁路行车事故及其他铁路运营事故造成人身伤亡的，铁路运输企业应当承担赔偿责任；如果人身伤亡是因不可抗力或者由于受害人自身的原因造成的，铁路运输企业不承担赔偿责任。违章通过平交道口或者人行过道，或者在铁路线路上行走、坐卧造成的人身伤亡，属于受害人自身的原因造成的人身伤亡。”这里的“受害人自身的原因”，既包括《合同法》中规定的旅客的健康原因和旅客故意或重大过失，也包括受害人的一般过失。该条规定从法理上来说突破了《合同法》分则的规定，而其适用的效果是缩小了承运人需要承担责任的范围，加重了旅客的责任，而且该规定关于范围的界定也较为模糊，给了承运人按照自己的需要进行任意解释的空间，因此，在适用时应予以限制，尽量保持和《合同法》“旅客自身健康原因、故意或重大过失”的规定相一致。

（二）造成旅客伤亡时的赔偿范围

违约行为可致物质损害，同样也可致精神损害，那么，对因违约而导致的精神

---

① 陈小君：《合同法学》，高等教育出版社2003年版，第251页。

损害又可否给予一定的物质赔偿呢？有学者认为："在人格权遭受侵犯的情况下通常会引发精神损害，但在合同关系之下也不能排除精神损害发生的可能性，总结下来主要有以下三种情况：一是违约行为同时导致非违约方的人身权利造成侵害，从而引发精神损害；二是违约行为不仅使对方履行利益、信赖利益遭受损害，而这一行为本身侵害其债权，给对方生理或心理造成了不适、痛苦、焦虑、抑郁等不良影响；三是一方之违约行为同时又侵害了受害方的特定财产权（此财产权仅指绝对权，如物权、知识产权等），因财产权利的受损从而给当事人带来的精神损害。"①

《合同法》第 113 条第 1 款规定："当事人一方不履行合同义务或者履行合同义务不符合约定，给对方造成损失的，损失赔偿额应当相当于因违约所造成的损失，包括合同履行后可以获得的利益，但不得超过违反合同一方订立合同时预见到或者应当预见到的因违反合同可能造成的损失。"可见，违约责任的赔偿额为对方当事人因其违约所受的全部损失，包括直接损失和间接损失，但以不超过当事人订立合同时所能预见到的损失额为限。然而，对于客运合同而言，旅客在运输途中遇到人身伤害时的间接损失往往难以确定。实践中有观点认为精神损害赔偿不应列入客运合同的赔偿范围，但笔者认为客运合同的赔偿范围完全可以包括精神损害赔偿。理由如下：民事救济的最重要方面当为损害赔偿。王泽鉴先生认为："损害赔偿之债作为民事责任的核心问题实为重要。"② 众所周知，违约责任的责任形式主要包括继续履行、采取补救措施和损害赔偿，而损害赔偿责任在侵权责任的责任形式中也必不可少，可见，损害赔偿责任是存在于违约责任和侵权责任之下的一种共同的救济形式，精神损害赔偿作为损害赔偿的种概念，与财产损害赔偿一道都遵循着有损害即有赔偿之原则，它是对精神性权利遭受侵害之后最有效的救济方式。又因为精神损害与侵权责任之间并非一一对应，二者并没有必然之联系，且精神损害赔偿作为一种独立的民事责任形式存在，所以得出，既然损害赔偿责任是违约责任的救济形式，那么作为种概念的精神损害赔偿也应推知适用于违约责任的救济行列之中。实际上承运人对于运输过程中可能出现的乘客人身伤亡是明知的，乘客所受到的伤亡是承运人能预见到的正常风险。如果旅客在运输过程中失去了身体健康或生命，将给其自身和亲属造成极大的痛苦，健康和生命的痛苦所带来的损失无法作准确定量，法律此时只能通过给予物质赔偿的方法来进行补偿。因此，笔者认为，在旅客受到身体伤害或死亡之后给予其本人或亲属一定的经济补偿，是一种人性的体现，

① 余延满、冉克平：《行为引起的非财产损害赔偿问题研究》，载《法学论坛》2005 年第 1 期。

② 韩世远：《违约损害赔偿研究》，法律出版社 1999 年版，第 1 页。

至少在一定程度上体现了法律的人文关怀，是对人的价值的尊重，也是对旅客本人或亲属的一种慰藉。所以，客运合同损害赔偿案件中，赔偿范围应当包括精神损害赔偿。

【拓展适用】

一、旅客运输合同中旅客的权利和义务

（一）旅客运输合同中旅客的权利

根据《合同法》第289条的规定，旅客享有提出通常、合理的运输要求的权利，从事公共运输的承运人不得加以拒绝这样的要求，承运人有满足旅客通常、合理要求的义务。旅客有权提出要求，并不意味着他可以提出任何要求，其提出的要求必须是通常的、合理的，而不是反常的、无理的。判断一项要求是否合理，应当以社会上一般人的认识为标准，用法律上的术语说，就是以“社会通念”为标准。只有通常的、合理的要求，才能受到法律的保护，才能成为法律上的权利。一般来说，通常的、合理的要求包括以下两方面内容：

1. 订立旅客运输合同的要求

当旅客提出订立旅客运输合同的要求时，承运人不得随意拒绝。从事公共运输的承运人，有义务面向公众并服务于公众，通过与不特定人订立客运合同，把他们运输到约定地点，收取运输费用，从而达到营利的目的。如出租车司机，不能以旅客要去的地方太远、路况太差等为由，拒不拉载旅客。

2. 安全运输的要求

当承运人的行为有可能导致旅客的生命受到威胁、财产发生损失时，旅客可以要求承运人消除此种危险，如果承运人不能消除此种危险，旅客可以解除运输合同。对于承运人来说，安全运输是其法定义务，即使旅客不提出来，承运人仍然负有该项义务。

（二）旅客运输合同中旅客的义务

旅客通常应履行以下义务：

1. 持票乘运的义务

承运人在运送期间可以随时要求旅客出示客票以供验证。承运人验票时，如果发现旅客无票乘运、超程乘运、越级乘运或者持失效客票乘运的，可以责令旅客补交票款或按照规定加收票款。

2. 按规定携带行李物品的义务

旅客携带行李超过限量的，应当办理托运手续，这是旅客与承运人又另行订立的一个行李运输合同。《合同法》规定，禁止旅客随身携带或者在行李中夹带违禁品。承运人在安全检查中发现旅客随身携带或者夹带违禁品的，承运人可以将违禁品卸下、销毁或者送交有关部门。

3. 按期办理退票或改期手续的义务

旅客因为自己的原因不能按照客票记载的时间乘坐的，应当在约定的时间办理退票或者变更手续。逾期办理的，承运人可以不退票款，并不再承担运输义务。因为承运人的迟延运输，导致旅客需要改乘其他班次或者退票的，或者承运人擅自变更运输工具而降低标准的，旅客有权要求退票或者减收票款。承运人变更运输工具，提高服务标准的，无权向旅客加收票款。

二、旅客运输合同中承运人的权利

（一）收取票款及其他合法费用的权利

《合同法》第 294 条规定："旅客应当持有效客票乘运。旅客无票乘运、超程乘运、越级乘运或者持失效客票乘运的，应当补交票款，承运人可以按照规定加收票款。旅客不交付票款的，承运人可以拒绝运输。"通常情况下，旅客持有客票，就证明其已经支付了运费，承运人发出客票，也就意味着其已收取了运费。旅客无票乘运、超程乘运、越级乘运或者持失效客票乘运的，就是没有履行或没有完全履行自己支付票款的义务。无票乘运不同于先上车后买票的情形，而是指旅客故意地不想买票，意图逃票的行为。超程承运是指旅客到了所持客票记载的目的地后仍不下车，继续乘坐的行为。超级承运指旅客超越自己所持客票记载的级别进行承运的行为，如购买了二等座的乘客却乘坐了一等座或商务座。旅客持失效的客票承运，当然也是一种逃避支付票款的行为。在实践中，当旅客出现上述情形，承运人理所当然可以要求旅客补交票款，甚至在正常票款外加收票款，但加收票款必须有法律、法规及规章等的规定作为依据，不得任意收取。对于拒不交付票款的乘客，承运人有权拒绝运输。

（二）检票和验票的权利

客票是承运人与旅客之间存在运输关系的凭证，是旅客运输合同的一般表现方式。旅客持有有效客票，则有权要求承运人提供运输服务，而对于承运人而言，也仅有向持有有效客票的人提供运输服务的义务。为了确认客票的真实性，承运人自然有权要求旅客出示客票，并查验客票的真伪及有效性，确认客票记载的班次、路程、级别等，以明确自己的运输范围。而对于记名的客票，承运人还需确认持票人与客票上记载的人是否身份同一。

（三）对旅客进行必要管理的权利

为了保证运输活动的顺利进行，维护广大旅客的承运秩序，保护旅客、交通工具的安全，有必要对旅客进行必要的管理。这种管理包括治安、安全管理及乘车秩序的管理。换个角度看，这种权利同时也是一种义务，即承运人有义务通过必要的管理而给予旅客一个优质的运输服务。当发生危及安全的事件时，承运人有权加以制止、处理，并在必要时间向公安、司法机关报告。如《合同法》第 297 条的规定："旅客不得随身携带或者在行李中夹带易燃、易爆、有毒、有腐蚀性、有放射性以及有可能危及运输工具上人身和财产安全的危险物品或者其他违禁物品。旅客违反前款规定的，承运人可以将违禁物品卸下、销毁或者送交有关部门。旅客坚持携带或者夹带违禁物品的，承运人应当拒绝运输。"因此，为了维护运输安全，承运人有权配合公安机关及按照规定单独对旅客携带、托运的行李物品等进行检查。从乘车秩序管理的角度讲，承运人可以要求旅客排队候车，禁止旅客在车厢内吸烟、随地吐痰、乱扔垃圾等。

（四）拒绝旅客不符合规定的承运要求的权利

《合同法》第 295 条规定："旅客因自己的原因不能按照客票记载的时间乘坐的，应当在约定的时间内办理退票或者变更手续。逾期办理的，承运人可以不退票款，并不再承担运输义务。"当旅客因自己的原因不能按客票记载的时间乘坐的，可以在约定的时间内办理退票或者变更手续。退票后，旅客收回票款，承运人收回客票，从而免除自己的运输义务。办理变更手续后，承运人须按变更后的内容向旅客提供运输服务。旅客在行使合同的解除、变更权时，要受到时间的限制，即在承运人规定的期间内办理退票及变更手续，同时交纳一定数额的手续费。旅客不按规定期间办理退票、变更手续的，承运人可以拒绝退票，并且不再承担运输义务。

（五）对于超限行李收取运输费用的权利

《合同法》第 296 条规定："旅客在运输中应当按照约定的限量携带行李。超过限量携带行李的，应当办理托运手续。"根据该规定，对于旅客携带的不超过限量的行李，承运人有义务进行免费运输。但对于超出限量的部分，承运人可以按照标准收取运输费用，旅客则应办理托运手续，支付运输费用。托运属于货物运输的范畴，此时与旅客运输合同并存，依附于旅客运输合同。与行李托运相关联的是，旅客有按时领取行李的义务，而承运人对于超时限保管行李的服务有收取保管费的权利。

三、我国目前法律对于承运人责任的规定

我国目前规定了承运人责任的法律、法规主要有以下几类：

（一）民事法律

主要是《民法总则》、《民法通则》和《合同法》中对于承运人责任的规定。

作为旅客运输合同的一方当事人，承运人承担责任首先适用《合同法》分则第17章中关于运输合同的专门规定，没有对应规定的事项适用《合同法》总则和《民法总则》《民法通则》的相关规定。

（二）行业法律、法规

按照运输行业的不同，分为《铁路法》、《民用航空法》和《海商法》等，目前还没有关于公路运输方面的行业法律。这些法律作为约束特定行业经营者的特别法律，其中自然涉及承运人承担责任的规定。由于这些行业法律相对于民事基本法来说属于特别法，根据特别法优于一般法的法律冲突规则，在发生承运人责任承担问题时，具有优先适用的法律效力。但是由于其中一些法律颁布的时间较早，如《铁路法》① 颁布于1990年9月，其中一些规定特别是关于承运人责任的规定可能已经不适应社会的发展，因此，根据新法优于旧法的法律冲突规则，在适用时应综合考虑各种实际情况，选择适用最适合案件情况的法律规定。此外，关于《消费者权益保护法》能否适用于旅客运输合同的问题，笔者认为，旅客乘车的行为应当属于一种消费行为，是可以适用《消费者权益保护法》的相关规定的。但要注意的是，《消费者权益保护法》中规定的消费者保护责任的性质是侵权责任与违约责任的竞合，故只有在承运人的行为造成旅客或旅客之外的人的人身或财产损害时才能适用，并且该损害是由于承运人提供的产品或服务本身的瑕疵造成的情况下才能适用，否则，不能适用《消费者权益保护法》。

（三）行政法规和部门规章

如《铁路交通事故应急救援和调查处理条例》和《港口间海上旅客运输赔偿责任限额规定》等，这些法规都是关于承运人责任的具体规定，因此具有最优先适用的效力。但也有些法规和规章存在颁布时间较早的问题，如《港口间海上旅客运输赔偿责任限额规定》颁布于1994年，故有些案件在选择适用的法规、规章时也不可全部参照这些法规、规章的规定。

（四）相关司法解释

如《最高人民法院关于审理铁路运输损害赔偿案件若干问题的解释》《最高人民法院关于审理人身损害赔偿案件适用法律若干问题的解释》等。

---

① 已被2015年4月24日《全国人民代表大会常务委员会关于修改〈中华人民共和国义务教育法〉等五部法律的决定》所修改，但修改内容仅限于对第25条的修改，将其修改为："铁路的旅客票价率和货物、行李的运价率实行政府指导价或者政府定价，竞争性领域实行市场调节价。政府指导价、政府定价的定价权限和具体适用范围以中央政府和地方政府的定价目录为依据。铁路旅客、货物运输杂费的收费项目和收费标准，以及铁路包裹运价率由铁路运输企业自主制定。"

（五）国际公约

主要是海事和航空方面的国际公约，如《统一国际航空运输某些规则的公约》等。

四、因第三人侵权造成旅客人身损害赔偿情况下承运人的责任承担

在司法实践中，旅客运输过程中发生的人身伤害赔偿案件中有一种较为特殊的形态，那就是因遭歹徒袭击等第三人侵权而造成人身伤害的情形，在这种情况下，承运人应当如何承担责任，也是在司法实务中亟须统一的一个问题。

《合同法》第302条规定："承运人应当对运输过程中旅客的伤亡承担损害赔偿责任，但伤亡是旅客自身健康原因造成的或者承运人证明伤亡是旅客故意、重大过失造成的除外。前款规定适用于按照规定免票、持优待票或者经承运人许可搭乘的无票旅客。"根据该条规定，对于造成旅客人身伤亡的，只有在因旅客自身健康原因造成的、承运人证明伤亡是旅客故意、重大过失造成的三种法定免责事由情况下才可免除承运人的责任。

2003年《最高人民法院关于审理人身损害赔偿案件适用法律若干问题的解释》第6条规定："从事住宿、餐饮、娱乐等经营活动或其他社会活动的自然人、法人、其他组织，未尽合理限度范围内的安全保障义务致使他人遭受人身损害，赔偿权利人请求其承担相应赔偿责任的，人民法院应予支持。因第三人侵权导致损害结果发生的，由实施侵权行为的第三人承担赔偿责任。安全保障义务人有过错的，应当在其能够防止或者制止损害的范围内承担相应的补充赔偿责任。安全保障义务人承担责任后，可以向第三人追偿。赔偿权利人起诉安全保障义务人的，应当将第三人作为共同被告，但第三人不能确定的除外。"根据该条规定，在旅客运输的过程中，如果出现了因第三人侵权情形造成旅客人身损害的，应由第三人承担赔偿责任，但若承运人未尽到安全保障义务的，承运人应当在其能够防止或制止损害的范围内承担补充责任。承运人承担责任后，可以向第三人追偿。

同时根据《民法总则》第186条规定："因当事人一方的违约行为，损害对方人身权益、财产权益的，受损害方有权选择请求其承担违约责任或者侵权责任。"《合同法》第122条的规定："因当事人一方的违约行为，侵害对方人身、财产权益的，受损害方有权选择依照本法要求其承担违约责任或者依照其他法律要求其承担侵权责任。"从民法上看，竞合是指由于某种法律事实的出现而导致两种或两种以上的权利产生，并使这些权利之间发生冲突的现象。责任竞合主要表现在违约责任和侵权责任的竞合上。违约责任和侵权责任的竞合，是指义务人的违约行为既符合违约要件，又符合侵权要件，导致违约责任与侵权责任一并产生。从另一方面而言，受损害方既可以就违约责任行使请求权，也可以就侵权责任行使请求权，也就产生两种请求权竞合的情形。根据上述法律规定，受损害方在两种请求权中选择行使一种请求权，这意味着受损害方只能行使一种请求权，如果受损害方选择了行使一种主权并得到实现，那么另一种请求权即告消灭。但是如果受损害方行使一种请求权未果，而另一种请求权并未因时效而消灭，受损害方仍可行使另一种请求权。就运输行为中产生的责任竞合而言，在运输过程中，旅客因第三人而造成人身伤害时，现行的法律制度给予了受害人相当宽泛的法律保障以及较为自由的保护方式选择权，即受害人既可以基于客运合同关系要求承运人承担违约责任，也可以基于生命权、健康权受到侵害行使侵权赔偿请求权，要求第三人及承运人一并承担侵权责任。但两种请求权不可并用，承运人若作为侵权赔偿义务人，只在一定条件下承担补充责任。

【典型案例】

朱杭诉北京市长阔出租汽车公司、付建启赔偿纠纷案

原告：朱杭。

被告：北京市长阔出租汽车公司。

法定代表人：张冠军，该公司经理。

被告：付建启。

〔基本案情〕

北京市朝阳区人民法院经审理查明：2000 年 8 月 21 日晚 11 时许，原告朱杭在本市朝阳区东环广场处，乘坐上由被告付建启驾驶的被告北京市长阔出租汽车公司（以下简称长阔公司）的出租汽车后，要求去双井。当车行至东便门桥北 50 米时，朱杭的癫痫病发作；又行至广渠门桥东 100 米左右时，付建启自行停车。此时朱杭已进入癫痫病大发作后的睡眠状态，无神智，已无自行开门下车的能力。付建启遂将朱杭置于车下后，驾车离去。

〔一审裁判理由与结果〕

北京市朝阳区人民法院审理认为：《中华人民共和国民法通则》第五条规定："公民、法人的合法的民事权益受法律保护，任何组织和个人不得侵犯。"原告朱杭乘坐被告长阔公司的出租车，即与长阔公司建立了客运合同关系。朱杭是旅客，享有安全抵达目的地的权利；长阔公司是承运人，被告付建启是长阔公司的工作人员，他们承担着安全运输旅客抵达目的地的职责。《中华人民共和国合同法》第三百零一条规定："承运人在运输过程中，应当尽力救助患有急病、分娩、遇险的旅客。"付建启在履行运输职责时，对突发癫痫病的朱杭不仅不尽救助的法定义务，反而中途停车，将昏睡中的朱杭弃于路旁，使朱杭处于危险状态下。付建启的行为虽未危及朱杭的生命、健康，但对朱杭的精神造成了一定刺激，侵犯了朱杭作为旅客应当享有的合法权利。

《中华人民共和国民法通则》第一百零六条第一款规定：“公民、法人违反合同或者不履行其他义务的，应当承担民事责任。”被告付建启不救助正在发病的原告朱杭，应当承担相应的民事责任。《最高人民法院关于贯彻执行〈中华人民共和国民法通则〉若干问题的意见（试行）》第五十八条规定：“企业法人的法定代表人和其他工作人员，以法人名义从事的经营活动，给他人造成经济损失的，企业法人应当承担民事责任。”付建启是被告长阔公司的工作人员，其在执行长阔公司运输任务中给他人造成的损失，应当由长阔公司承担民事责任。原告朱杭要求被告长阔公司赔礼道歉，请求合理，应当支持；要求长阔公司赔偿其精神损失，请求虽然合理，但请求数额过高，不能全额支持；要求长阔公司赔偿其丢失的财物，因证据不足，不予支持。判决：

一、被告长阔公司于判决生效后10日内，向原告朱杭口头赔礼道歉；

二、被告长阔公司于判决生效后10日内，给原告朱杭赔偿精神抚慰金3000元；

三、驳回原告朱杭的其他诉讼请求。

一审宣判后，双方当事人均未提出上诉，一审判决发生法律效力。

规则2：客运合同的承运人负有向旅客告知相关承运信息的附随义务

——杨艳辉与中国南方航空股份有限公司、上海民惠航空服务有限公司客运合同纠纷案①

【裁判规则】

在客运合同中，承运人明白无误地向旅客通知运输事项是应尽的附随义务。承运人正确履行附随义务，旅客才能于约定的时间到约定的地点集合，等待乘坐约定的运输工具。承运人应当根据具体情况，在出售的机票上以我国通用文字清晰明白地标明机场名称，或以其他足以使旅客通晓的方式作出说明。否则，应承担履行附随义务不当的过错责任。根据《合同法》第299条的规定，旅客持机场名称标识不明的机票，未能如期旅行，应参照迟延运输的处理办法，承运人应负责全额退票，并赔偿旅客为抵达目的地而增加的支出。

① 《中华人民共和国最高人民法院公报》2003年第5期，上海市徐汇区人民法院民事判决书。

【规则理解】

一、航空旅客运输合同客票的概述

航空运输合同是航空承运人与消费者之间，依法就提供并完成以民用航空器运送服务达成的协议。从地域上进行划分，航空运输合同分为国际航空运输和国内航空运输；从运输对象上进行划分，分为旅客（行李）、货运和邮政运输；从经营方式上进行划分，分为定期航班运输和不定期航班运输。

航空旅客运输合同客票，是指由承运人所填开的凭证，包括运输合同条件、声明、通知以及乘机联和旅客联等内容。《民用航空法》第111条规定："客票是航空旅客运输合同订立和运输合同条件的初步证据。旅客未能出示客票、客票不符合规定或者客票遗失，不影响运输合同的存在或者有效。在国内航空运输中，承运人同意旅客不经其出票而乘坐民用航空器的，承运人无权援用本法第一百二十八条有关赔偿责任限制的规定。在国际航空运输中，承运人同意旅客不经其出票而乘坐民用航空器的，或者客票上未依照本法第一百一十条第（三）项的规定声明的，承运人无权援用本法第一百二十九条有关赔偿责任限制的规定。"

（一）航空旅客运输合同客票的性质

根据《民用航空法》第111条的规定，客票是旅客运输合同的一种表现形式。在民用航空运输中的客票印有运输合同条件、声明、通知等内容，可以说是合同某些内容的一个载体，但客票仅是运输合同关系的书面证明，客票在形式和内容上还不符合合同的基本要求，它并不是合同本身。客票是在承运人与旅客之间使用的运输凭证，但没有客票并不一定意味着没有运输合同关系。

根据《海牙议定书》第3条第3款的规定，客票构成运输合同订立与条件的表面证据。所谓"表面证据"，又称"初步证据"，它表达了对事物证据价值的基本肯定，即该事物作为证据的充分性与有效性已达到法院可以据以确认事实并进行裁决的程度。[①] 此外，客票对于"合同条件"或"运输条件"还具有证明价值。客票作为航空旅客运输合同的初步证据，如果缺失，将不利于纠纷产生后的举证及旅客权益的保护。故强制要求出票，一方面保护了旅客的知情权，同时也重在保护承运人的利益。

客票作为一种广义的票证，还具有有价证券的性质，它表明了持有此种证券者具有行使一定权利的资格。机票相对于普通的车票、船票而言，特别之处在于它是记名的，故旅客不仅在购票时要出示本人身份证件，以使售票部门确保在机票上记

---

① 赵维田：《国际航空法》，社会科学文献出版社2000年版，第306页。

录的该旅客名字的正确性，而且在乘坐民用航班时还必须持有机票和身份证件，以便运输值机人员及安检人员进行核对而办理登机手续。另外，机票是不能私下转让的，所以，它的流通性是受限制的。一般情况下，因为乘坐民用航班以持有机票为必要条件，所以机票本质上为一种资格证券。再者，机票不但是运输凭证而且还是财务凭证，它可证实航空运价并具有收据的功能而供购票人财务报账之用。

（二）航空旅客运输合同客票的内容

《民用航空法》第110条规定："客票应当包括的内容由国务院民用航空主管部门规定，至少应当包括以下内容：（一）出发地点和目的地点；（二）出发地点和目的地点均在中华人民共和国国境内，而在境外有一个或者数个约定的经停地点的，至少注明一个经停地点；（三）旅客航程的最终目的地点、出发地点或者约定的经停地点之一不在中华人民共和国境内，依照所适用的国际航空运输公约的规定，应当在客票上声明此项运输适用该公约的，客票上应当载有该项声明。"其中关于经停地点的特别注明要求，是为了区别国内航空运输和国际航空运输，同时要求在国际航空运输时应注明"此项运输适用该公约的声明"是为了保证旅客的合法权益及承运人援引公约有关责任限额的规定。因此，客票上主要载明的事项应包括旅客姓名、航班、航线、机场、起飞日期和时间等，同时，机票上都载有"声明""旅客须知"及其他类似条款，用于规定旅客与承运人之间其他方面的权利义务关系，包括退票、保险、损害赔偿等。客票上所承载的具体信息能够告诉旅客何时、何地进行旅行，并在标明价格的同时出具提供服务的证明。此外，通过机票及其背面条款，能够明确旅客和承运人各自的权利和义务，有利于事故发生以后分清责任、解决问题。但需要注意的是，虽然我国《民用航空法》第110条对有关客票的内容作出了具体规定，其中包括国际航班中应当注明该次航班所适用的国际航空运输公约，但是，在应规定怎样的具体内容以及如何规定这些内容的问题上，《民用航空法》并没有作出具体的规定。在中国国际航运事业日趋发展的今天，如何规范机票文字，如何通过规范相应的机票文字来切实保护旅客的利益，以及如何在旅客利益和航空公司的利益之间进行平衡，也是今后立法者和有关航空公司应当注意的问题。

关于行李票，《民用航空法》第112条规定："承运人载运托运行李时，行李票可以包含在客票之内或者与客票相结合。除本法第一百一十条的规定外，行李票还应当包括下列内容：（一）托运行李的件数和重量；（二）需要声明托运行李在目的地点交付时的利益的，注明声明金额。行李票是行李托运和运输合同条件的初步证据。旅客未能出示行李票、行李票不符合规定或者行李票遗失，不影响运输合同的存在或者有效。在国内航空运输中，承运人载运托运行李而不出具行李票的，承运人无权援用本法第一百二十八条有关赔偿责任限制的规定。在国际航空运输中，承运人载运托运行李而不出具行李票的，或者行李票上未依照本法第一百一十条第（三）项的规定声明的，承运人无权援用本法第一百二十九条有关赔偿责任限制的规定。”

二、民用航空旅客运输合同履行中承运人和旅客的义务

（一）民用航空旅客运输合同履行中承运人的义务

由于运输合同的标的是运输行为，当旅客与承运人订立旅客运输合同并支付相应票款后，旅客就履行了自己的主要义务，承运人的主要义务就是完成运输行为。承运人的义务主要体现在以下几个方面：

第一，及时将旅客运送到合同指定的目的地，并保障旅客在旅行中的安全。

第二，保证飞行安全并为旅客提供良好的旅行服务，包括提供舒适的候机环境、航班环境和乘务员的良好服务等，以及根据飞行时间向旅客提供餐饮。

第三，根据《合同法》第299条的规定：“承运人应当按照客票载明的时间和班次运输旅客。承运人迟延运输的，应当根据旅客的要求安排改乘其他班次或者退票。”故承运人应当保证按照规定的民航班期时间，为旅客提供乘机便利，不得随意变更或取消，当航班延误或取消时，承运人应做好后续航班的安排或退票工作。

第四，在航空运输过程中，当旅客突发疾病时，承运人应积极采取措施尽力救助。

第五，由于机务维护、航班调配等因承运人的原因造成航班在始发地延误或取消，承运人应当向旅客提供餐食或住宿等服务。

第六，由于天气、突发事件、空中交通管制、安检以及旅客等非承运人原因造成航班在始发地延误或取消的，承运人应协助旅客安排餐食或住宿，费用由旅客自理。

第七，航班在经停地延误或取消的，无论是何种原因造成，承运人均应负责向经停旅客提供餐食或住宿服务，并迅速及时地将相关情况通知旅客，做好解释和服务工作。

第八，承运人和其他各保障部门应相互配合，各司其职，认真负责，共同保障航班正常运行，避免不必要的航班延误。

第九，承运人应当对运输过程中旅客的伤亡及托运行李物品的破损、灭失承担损害赔偿责任，但如果旅客伤亡是因旅客自身健康原因或者旅客故意、重大过失造成的，承运人不予赔偿，如果托运的行李物品的破损、灭失是不可抗力、物品本身的自然性质或合理损耗以及旅客的过错造成的，承运人也不承担损害责任。

（二）民用航空旅客运输合同履行中旅客的义务

在航空旅客运输合同的履行过程中，旅客的义务体现在以下几方面：

第一，旅客乘坐航空器，应交验有效客票，持非本人的客票或涂改、伪造的客票不予登机；

第二，旅客应在承运人规定的时限内到达机场，凭客票及本人有效身份证件按时办理客票查验、行李托运、登机牌领取等手续；

第三，乘机前，旅客及其行李物品必须经过安全检查，禁止旅客随身携带或托运危险品登机，对未经或拒绝安全检查的旅客及行李物品，承运人有权不予载运，对无人陪伴的儿童、病残旅客、被押解的罪犯等特殊旅客，只有在符合承运人规定的条件下经承运人预先同意并作出安排后方可载运；

第四，对于传染病患者、精神病患者或健康情况可能危及自身或影响其他旅客安全的旅客，承运人不予载运，对根据国家有关规定不能乘机的旅客，如被通缉的犯罪嫌疑人，承运人有权拒绝其登机，旅客可办理退票手续。

三、电子客票

电子客票作为航空运输领域中的新的商务模式，于 1993 年率先在美国推出，现已成为航空公司降低客票成本、产生利润、提高服务水准、加速客流周转的一种技术形式，并越来越受到国际、国内各航空公司的青睐。[①] 目前，我国多家航空公司都已相继开发出了自己的“电子客票”，我国已全面进入了电子客票时代。

（一）电子客票的含义

航空电子客票，就是通过电子形式实现的一种航空客票，是一种形式和操作程序上不同于传统的纸票方式来实现客票销售、旅客乘机以及相关服务的客票方式。行程单是旅客购买航空电子客票的凭证之一，是指由国家税务总局监制并按照《发票管理办法》纳入税务机关发票管理，作为旅客购买国内航空运输电子客票的付款及报销的凭证。行程单主要包含旅客姓名、航程、航班、旅行日期、起飞及到达时间、票号等内容，旅客通过行程单了解所购航空电子客票信息。航空电子客票将客票信息存储在计算机系统的航空电子客票数据库内，通过对数据库相关信息的全过程处理，实现传统纸质机票的功能（客票发放、管理、销售、使用、结算等）。

（二）电子客票的特征

航空电子客票既具有传统纸质客票的某些特征，又因其存在形式的特殊性，具有以下不同于传统纸质客票的特征：

1. 从使用和管理成本上看，普通纸质客票是有价证券，需要专门机构根据《发票管理办法》印制，以物流形式发放，存在遗失风险。航空电子客票是电子化

---

① 邓川：《民用航空旅客运输合同研究》，西南政法大学 2006 年硕士学位论文。

的有价证券，通过航空电子客票数据库管理，减少了纸质机票的印刷，简化了物流配送的程序，极大地降低了管理成本。

2. 从航空电子客票的出具上看，普通纸质客票的旅客信息和客票信息并不以信息流的形式存在，售出、收入等信息并不能快速传到航空公司。航空电子客票旅客信息和客票信息都以信息流形式存在，各类售出数据均可以 24 小时内到达航空公司；依靠网上支付，销售收入可以随时到达航空公司账面。销售数据反馈速度，对航空公司根据市场反馈制定不同时期的销售政策具有重要意义；另外，旅客没有丢失客票的风险。

3. 从航空电子客票的使用上看，普通纸质客票是机场值班人员对票联的人工操作。使用航空电子客票的旅客，可以通过设在机场的自助值机设备方便地进行检票等手续，不依赖值班人员的人工操作，同时也避免了人工操作可能导致的误差。

4. 从对航空电子客票的结算程序上看，普通纸面客票采用手工录入票联信息，结算周期长。航空电子客票自动产生结算数据，减少了大量的手工输入工作，缩短了收入确认的时间，提高了航空业的工作效率。①

（三）电子客票的法律性质

根据《华沙公约》，航空客票的性质仅仅是旅客运输合同的初步凭据，还不是旅客运输合同的正式文本，因为不能提供客票或者客票形式不合规定甚至遗失，并不影响航空运输合同的存在和有效。作为《华沙公约》文件的组成部分的 1975 年第 3 号《蒙特利尔议定书》完善了旅客和行李运输的电子凭证规则，成为航空电子客票作为航空运输合同有效凭证的法律依据。而紧接着的 1975 年的 4 号《蒙特利尔议定书》将电子凭证的法律效力扩大到航空货运，开始有了货物收据的提法。《蒙特利尔公约》第 3 条规定了旅客和行李的相关内容，该规定奠定了航空电子客票作为有效客票形式的法律基础；依照本款规定，承运人只要能提供一份载有第 1 款所要求内容的书面材料即可，并不会强制要求应用纸质运输凭证。

根据我国《民用航空法》第 109 条、第 110 条和第 112 条的规定，可以看出立法者的意图：承运人必须向旅客提供纸质的运输凭证；旅客接受服务前也必须交验符合该法规定的纸质客票。换言之，出具纸质客票之外的运输凭证是有悖该法规定的不适法行为。一旦承运人违反纸质运输凭证义务，将不能援引承运人责任限额的保护。我国现行的《民用航空法》对航空运输过程中的客票，强制要求是纸质客票；承运人一旦违反，可能遭受不能援引相关赔偿责任限额进行保护的尴尬境地。

---

① 董玉鹏：《国际航空运输电子客票法律适用的若干问题》，载《云南大学学报》（法学版）2007 年第 3 期。

这样的强制规定，对国内各大航空公司使用航空电子客票造成了很大的阻力。但我国《合同法》第11条规定了电子数据交换（EDI）形式的电子合同是我国合同的有效形式。该条规定："书面形式是指合同书、信件和数据电文（包括电报、电传、传真、电子数据交换和电子邮件）等可以有形地表现所载内容的形式。"而航空电子客票作为电子合同的有效形式，自然在《合同法》的调整范围之内。另外，《民法总则》《合同法》也明确规定了合同的成立及生效程序。《民法总则》第137条规定："以对话方式作出的意思表示，相对人知道其内容时生效。以非对话方式作出的意思表示，到达相对人时生效。以非对话方式作出的采用数据电文形式的意思表示，相对人指定特定系统接收数据电文的，该数据电文进入该特定系统时生效；未指定特定系统的，相对人知道或者应当知道该数据电文进入其系统时生效。当事人对采用数据电文形式的意思表示的生效时间另有约定的，按照其约定。"《合同法》第16条规定："要约到达受要约人时生效。采用数据电文形式订立合同，收件人指定特定系统接收数据电文的，该数据电文进入该特定系统的时间，视为到达时间；未指定特定系统的，该数据电文进入收件人的任何系统的首次时间，视为到达时间。"作为电子合同有效凭证的航空电子合同的成立和生效可以援引该条的相关规定。由此可见，在我国现阶段，电子合同已经为法律接受和认可，并在实践中节省了大量的运营成本。

【拓展适用】

一、国内民航法律制度

自20世纪80年代起，中国国内民航立法才刚刚起步，经过近三十年的发展，初步建立起了以《民用航空法》为主干，各项行政法规和规章制度为补充的中国民航法律体系。

（一）民用航空基本法

《民用航空法》于1995年10月30日经全国人民代表大会常务委员会会议通过，自1996年3月1日起施行。该法共16章214条，涉及了民用航空活动的各项内容，包括民用航空器的国籍登记、民用航空器的权利、航空人员、民用机场、空中航行、公共航空运输企业、对地面第三人损害的赔偿等具体规定，是集民事、行政和刑事规则以及实体规则和程序规则为一体的一部综合性法典。《民用航空法》是中国第一部全面调整和规范民用航空活动的基本法，是中国民用航空发展史的重要里程碑，它的颁布实施标志着中国民航事业开始迈向了依法治理的新阶段。

（二）民用航空行政法规

为了规范航空运输活动，促进民用航空的健康发展，国务院陆续制定颁布了一系列民航行政法规。如《搜寻援救民用航空器规定》《民用航空器适航管理条例》《民用航空器权利登记条例》《民用航空器国籍登记条例》《民用航空安全保卫条例》《飞行基本规则》《外国民用航空器飞行管理规则》《通用航空飞行管制条例》等。截至 2008 年，我国现存生效的民航行政法规有近三十件，对于规范管理民航活动起到了良好的作用。

（三）民用航空规章

作为国家民用航空的主管部门，中国民航局制定了一批与民航基本法和民航行政法规相配套的内部规章制度，特别是在安全、飞行、机务、适航、空管等技术标准、程序和培育航空市场、规范运输服务方面取得了较大进展，初步形成了我国的民航规章体系。从 1980 年至 2002 年 12 月 31 日，民航总局以规章或其他形式发布了 200 多件规范性文件。其中，1990 年至 2002 年 12 月 31 日以民航局令或者民航总局令形式发布的民用航空规章 116 件，以其他形式发布的规章性文件 108 件。①主要包括：《中国民用航空旅客、行李国际运输规则》《中国民用航空旅客、行李国内运输规则》《中国民用航空货物国内运输规则》《国内航空运输承运人赔偿责任限额规定》《民用机场运行安全管理规定》《国际航班载运人员信息预报实施办法》《民用航空产品和零部件合格审定规定》《民用航空器事故和飞行事故征候调查规定》《民用航空器飞行事故应急反应和家属援助规定》《民用机场建设管理规定》《中国民用航空危险品运输管理规定》《民用航空行政处罚实施办法》《中国民用航空空中交通管理规则》《民用航空器权利登记条例实施办法》等。

二、我国参与的国际民用航空立法

中国一直积极地参与国际民航组织和国际航协的活动，参与有关国际条约的讨论与制定。中国政府批准、加入了航空公法领域的一系列重要国际公约：1974 年中国政府决定承认早在 1946 年由旧中国政府批准的 1944 年《国际民用航空公约》（简称 1944 年《芝加哥公约》），公约对新中国生效；1978 年 11 月 14 日加入 1963 年《关于在航空器内的犯罪和犯有某些其他行为的公约》（简称 1963 年《东京公约》），该公约于 1979 年 2 月 12 日起对中国生效；1980 年 9 月 10 日加入 1970 年《关于制止非法劫持航空器的公约》（简称 1970 年《海牙公约》），该公约于 1980 年 10 月 10 日起对中国生效；1980 年 9 月 10 日加入 1971 年《制止危害民用航空安全的非法行为公约》（简称 1971 年《蒙特利尔公约》），该公约从 1980 年 10 月 10 日起对中国生效；1988 年 2 月 24 日签署了 1988 年《制止在用于国际民用航空的机

---

① 韩冰：《国际航空旅客运输承运人责任制度研究》，华东政法大学 2008 年博士学位论文。

场发生的非法暴利行为以补充1971年9月23日订于蒙特利尔的制止危害民用航空安全的非法行为的公约的议定书》（简称1988年《蒙特利尔议定书》），1998年11月批准该议定书。

在航空私法领域，中国也一直积极参与并批准、加入了一系列国际公约：于1958年7月20日加入了第一部国际航空承运人统一责任公约——1929年《华沙公约》，同年10月18日，该公约对中国生效；之后，中国又于1975年8月20日批准了修订《华沙公约》的1955年《海牙议定书》，1975年11月18日，该公约对中国生效；2005年2月28日，中国批准了统一华沙体系文件并使之现代化的1999年《蒙特利尔公约》，同年7月31日起该公约对中国生效；2004年国际民航组织启动了1952年《关于外国航空器对地（水）面第三人造成损害的公约》（简称1952年《罗马公约》）现代化的进程，试图在外国航空器对第三方侵权问题上达成广泛的共识。

三、航空旅客运输合同的归责原则

根据《民法通则》第123条关于“高度危险作业”确定的赔偿原则，参考《海牙议定书》《危地马拉议定书》《蒙特利尔第四号议定书》《瓜达拉哈拉公约》，我国《民用航空法》在旅客人身伤亡、行李损坏、货物损坏等问题上实行严格责任制，航班延误实行推定过失责任制。

（一）旅客发生人身伤亡的赔偿责任

《民用航空法》第124条规定：“因发生在民用航空器上或者在旅客上、下民用航空器过程中的事件，造成旅客人身伤亡的，承运人应当承担责任；但是，旅客的人身伤亡完全是由于旅客本人的健康状况造成的，承运人不承担责任。”对于上述规定，应着重从以下几个方面予以理解：

1. 对于“旅客”的理解。首先应排除偷渡者和航空公司内部因执行公务而未持有飞机票或免费乘机证件的职员、机组人员。同时对于享受折扣票或免票旅客来讲，根据权利义务对等原则，承运人将在航班的便利、时间安排、交易条件上给予限制，但不能影响对旅客应有的完整的赔偿义务。

2. 对于“事件”的理解。指发生在民用航空器上或者上、下航空器过程中，与航空运输操作或者航空运输服务有关的，造成旅客人身伤亡的任何事故。既包括航空运输过程中发生的航空事故（如飞机坠毁等），也包括航空运输过程中发生尚未构成事故的航空事件（如空中颠簸），还包括在民用航空器上或者旅客上、下航空器过程中发生的与航空运输风险有关的事件，如旅客在飞机上被伤害或因承运人的不当行为引起的旅客伤害等。但要注意的是，凡属飞机上正常情况下发生的事情，不是事故；飞机上发生的事故必须是一种异常的、意外的、少见的事情，凡属旅客健康状况引起的或者与飞行无关的事情或事件都不是事故。

3. 对于“上、下民用航空器过程中”的理解。承运人责任期间是以是否存在航空风险为标准来确定的，旅客登机后直至其下了飞机全期间均为承运人的责任期间。(1)“上航空器的过程”，是指旅客办理登机手续后至进入民用航空器之前因登机活动而处于承运人照管之下的期间，应包括旅客办理登机手续后在机场候机的时间。从时间上看，旅客已办理登机手续但尚未进入民用航空器；从其从事的活动来看，旅客正在登机；从地点看，旅客正处于登机区域，一般包括运输区域、停机坪和飞机的停放地点。(2)“下航空器的过程”，是指旅客走出民用航空器后到达民用机场的建筑的安全地带前因下机活动而处于承运人照管之下的期间。从时间上看，旅客从飞机上下来走进机场建筑安全地点的一段时间，旅客正在进行下机活动，处于承运人的照管下，正处于下机区域，也指飞机运行区域、停机坪和飞机的停放地点。简要概括之，“上航空器的过程”应理解为：乘客听到广播后，在地面服务人员的引导下，从走出候机隔离区的门起，到进入航空器舱门时止；对“下航空器的过程”应理解为：从旅客走出所乘坐的民用航空器舱门时起，到旅客走进到达地机场进港厅大门时止；这两个过程都有地面服务人员引导，服务人员即代表承运人，有责任有义务保障旅客在这两个过程中的人身安全。但要注意的是，旅客结束下机后，发现行李遗忘在航空器上而返回到航空器寻找行李的过程、旅客自候机楼走廊走向中转手续办理点的途中、旅客办理海关、边防手续后等候提取行李的过程以及旅客到达机场建筑某一安全地带后自该地点到托运行李提取的过程均不属于“下航空器的过程”。

此外，完全由旅客自身的健康状况造成的旅客人身伤亡，承运人不承担责任(如在毫无诱因的情况下出现的心脏疾病)；因运输瑕疵或过错导致旅客因本人健康状况而引起的人身伤亡，承运人应当承担责任（如因飞机颠簸引发的心脏疾病)。如因第三方原因造成的旅客伤亡事件，如 2013 年 7 月 20 日发生的某国际机场爆炸案，如果造成了其他旅客伤亡，则应根据机场、承运人是否存在过错确定其是否承担责任，如果机场与承运人均尽到了安全保障义务，则不承担责任。

（二）承运人责任的免除

《民用航空法》第 126 条规定：“旅客、行李或者货物在航空运输中因延误造成的损失，承运人应当承担责任；但是，承运人证明本人或者其受雇人、代理人为了避免损失的发生，已经采取一切必要措施或者不可能采取此种措施的，不承担责任。”第 127 条规定：“在旅客、行李运输中，经承运人证明，损失是由索赔人的过错造成或者促成的，应当根据造成或者促成此种损失的过错的程度，相应免除或者减轻承运人的责任。旅客以外的其他人就旅客死亡或者受伤提出赔偿请求时，经承运人证明，死亡或者受伤是旅客本人的过错造成或者促成的，同样应当根据造成或者促成此种损失的过错的程度，相应免除或者减轻承运人的责任。在货物运输中，经承运人证明，损失是由索赔人或者代行权利人的过错造成或者促成的，应当根据造成或者促成此种损失的过错的程度，相应免除或者减轻承运人的责任。”根据上述规定，承运人如果证明自己及其受雇人为了避免损害的发生，已经采取了一切必要的措施，或不可能采取此种措施的，则不承担责任。如果承运人能够证明损失是由于受害人的过失所造成或促成的，法院可以按照法律规定，免除或者减轻承运人的责任。

“一切必要措施”是指承运人不仅要在飞机起飞前为确保适航检查好机器，配备好机组人员，而且还要对航行中出现的各种情况迅速作出反应，采取相应行动；当飞机失事原因不明时，不得引用这个免责条款，因为只有原因查清后才能对承运人的行为作出判断。

“受害人过错”是指原告的行为不符合保护自身所应遵循的最低标准，并作为法律原因，与被告一起促成了他所受到的伤害。[①] 在传统普通法中，“受害人过错”是全部免除承运人责任的一种法律理由，被告可据此完全不予赔偿。在法理上，这并不表明被告对原告受到的伤害没有任何责任，而是说，被告即使有过失，但是由于原告自身的行为使他丧失了获得赔偿资格和诉讼能力。

索赔人主要指旅客或者其代理人，如果旅客在航空运输中死亡，索赔人即为旅客的继承人。

（三）承运人赔偿责任限额

《民用航空法》第128条规定：“国内航空运输承运人的赔偿责任限额由国务院民用航空主管部门制定，报国务院批准后公布执行。旅客或者托运人在交运托运行李或者货物时，特别声明在目的地点交付时的利益，并在必要时支付附加费的，除承运人证明旅客或者托运人声明的金额高于托运行李或者货物在目的地点交付时的实际利益外，承运人应当在声明金额范围内承担责任；本法第一百二十九条的其他规定，除赔偿责任限额外，适用于国内航空运输。”第129条规定：“国际航空运输承运人的赔偿责任限额按照下列规定执行：（一）对每名旅客的赔偿责任限额为16600计算单位；但是，旅客可以同承运人书面约定高于本项规定的赔偿责任限额。（二）对托运行李或者货物的赔偿责任限额，每公斤为17计算单位。旅客或者托运人在交运托运行李或者货物时，特别声明在目的地点交付时的利益，并在必要时支付附加费的，除承运人证明旅客或者托运人声明的金额高于托运行李或者货物在目

① 翟荣莉：《航空旅客运输合同若干法律问题研究》，武汉大学2005年硕士学位论文。

的地点交付时的实际利益外，承运人应当在声明金额范围内承担责任。托运行李或者货物的一部分或者托运行李、货物中的任何物件毁灭、遗失、损坏或者延误的，用以确定承运人赔偿责任限额的重量，仅为该一包件或者数包件的总重量；但是，因托运行李或者货物的一部分或者托运行李、货物中的任何物件的毁灭、遗失、损坏或者延误，影响同一份行李票或者同一份航空货运单所列其他包件的价值的，确定承运人的赔偿责任限额时，此种包件的总重量也应当考虑在内。（三）对每名旅客随身携带的物品的赔偿责任限额为332计算单位。”由此可以看出，我国对国内航空运输与国际航空运输的赔偿标准是不一样的：对国内航空运输，采用授权性条款，即授权国务院制定行政法规规定国内航空运输承运人的赔偿责任限额。根据《国内航空运输承运人赔偿责任限额规定》，对每名旅客的最高赔偿金额为人民币40万元。但如果损失是由于承运人或执行其职务的受雇人的故意的不良行为造成的，则承运人无权援用有关该限额的规定，对该类损失的赔偿将不受此限额的限制。

【典型案例】

杨艳辉与中国南方航空股份有限公司、上海民惠航空服务有限公司客运合同纠纷案

原告：杨艳辉，女，27岁，上海市汇业律师事务所工作人员，住上海市陕西北路。

被告：中国南方航空股份有限公司。

法定代表人：颜志卿，该公司董事长。

被告：上海民惠航空服务有限公司。

法定代表人：程继术，该公司董事长。

〔基本案情〕

上海市徐汇区人民法院经审理查明：被告上海民惠航空服务有限公司（以下简称民惠公司）是机票销售代理商。原告杨艳辉在民惠公司购买被告中国南方航空股份有限公司（以下简称南航公司）的上海至厦门九折机票一张。机票载明：出发地是上海PVG，出发时间是2003年1月30日16时10分，票价770元，不得签转。机票上还载明航空旅客须知，其中有“在航班规定离站时间前2小时以内要求退票，收取客票价20%的退票费”等内容。杨艳辉到上海虹桥机场出示这张机票时，机场工作人员告知其应到上海浦东机场乘坐该航班。因已来不及赶赴浦东机场，杨艳辉要求签转，又被告知其所持机票是打折购买的机票，不得签转。15时零4分，杨艳辉在南航公司驻虹桥机场办事处办理了申请退票的手续，并以850元购买了当日21时上海至厦门的全价机票。返回上海后，杨艳辉主张全额退还票款，南航公司让其到民惠公司退票，而民惠公司则表示要退票必须按票价的20%扣除手续费，要全额退还票款只能由出票人南航公司办理。杨艳辉认为南航公司、民惠公司的行为严重侵害了其合法权益，为此提起诉讼。

另查明，中国民航总局曾于2000年4月下发《关于各航空公司2000年全部使用自动打票机填开旅客客票的通知》，要求国内各航空公司均应在2000年内安装BSP自动打票机，今后全部使用自动打票机填开旅客客票，废除手写机票。

〔一审裁判理由与结果〕

上海市徐汇区人民法院审理认为：《合同法》第二百八十八条规定："运输合同是承运人将旅客或者货物从起运地点运输到约定地点，旅客、托运人或者收货人支付票款或者运输费用的合同。"第二百九十三条规定："客运合同自承运人向旅客交付客票时成立，但当事人另有约定或者另有交易习惯的除外。"原告杨艳辉为从上海赴厦门，购买了被告南航公司的客运机票，客运机票是客运合同成立的凭据。自杨艳辉取得南航公司的客运机票时起，杨艳辉与南航公司之间的客运合同即告成立，杨艳辉与南航公司是该客运合同的主体。被告民惠公司只是根据代理合同为南航公司代销客运机票，并非客运合同的主体。

合同义务有给付义务和附随义务之分。给付义务是债务人根据合同应当履行的基本义务，附随义务是在给付义务以外，为保证债权人利益的实现而需债务人履行的其他义务。《合同法》第六十条第二款规定："当事人应当遵循诚实信用原则，根据合同的性质、目的和交易习惯履行通知、协助、保密等义务。"这是合同法对附随义务作出的规定。在客运合同中，明白无误地向旅客通知运输事项，就是承运人应尽的附随义务。只有承运人正确履行了这一附随义务，旅客才能于约定的时间到约定的地点集合，等待乘坐约定的航空工具。上海有虹桥、浦东两大机场，确实为上海公民皆知。但这两个机场的专用代号SHA、PVG，却并非上海公民均能通晓。作为承运人的被告南航公司，应当根据这一具体情况，在出售的机票上以我国通用文字清晰明白地标明机场名称，或以其他足以使旅客通晓的方式作出说明。南航公司在机票上仅以"上海PVG"来标识上海浦东机场，以致原告杨艳辉因不能识别而未在约定的时间乘坐上约定的航空工具，南航公司应承担履行附随义务不当的过错责任。自动打票机并非不能打印中文，机票上打印的"上海""厦门"等字，便是证明。虽然"全部使用自动打票机填开机票"是中国民航总局的规定，但怎样根据当地具体情况去执行上级主管部门的规定，使执行规定的结果能更好地为旅客提供服务，更好地履行承运方在承运合同中的义务，却是作为承运人的南航公司应尽的职责。南航公司关于是"按照中国民航总局的规定使用自动打票机填开""自动打票机无法在机票上打印中文机场名称，故用机场代码PVG标明""作为承运人已尽到义务"的辩解理由，不能成立。

《合同法》第二百九十九条规定："承运人应当按照客票载明的时间和班次运输

旅客。承运人迟延运输的，应当根据旅客的要求安排改乘其他班次或者退票。”原告杨艳辉持机场名称标识不明的机票，未能如期履行。参照迟延运输的处理办法，被告南航公司应负责全额退票，并对旅客为抵达目的地而增加的支出进行赔偿。除此以外，杨艳辉提出请求赔偿的其他损失，缺乏相应的事实根据和法律依据，不予支持。被告民惠公司不是客运合同的主体，原告杨艳辉要求民惠公司承担退票、赔偿的民事责任，不予支持。

至于被告南航公司、民惠公司是否必须在其出售的机票上以我国通用文字标明机场名称，应由其上级主管部门加以规范，不属本案处理范围。判决：

一、被告南航公司于本判决生效之日起三日内，退还原告杨艳辉机票款770元；

二、被告南航公司于本判决生效之日起三日内，赔偿原告杨艳辉80元；

三、原告杨艳辉提出的其他诉讼请求，不予支持。

一审宣判后，双方当事人均未提出上诉，一审判决发生法律效力。

规则3：航空公司在打折机票上注明“不得退票，不得转签”，只限制购买打折机票的旅客由于自身原因而退票和转签，不能剥夺旅客在支付了票款后享有的按时乘坐航班抵达目的地的权利

——阿卜杜勒·瓦希德与中国东方航空股份有限公司国际航空旅客运输合同纠纷案①

【裁判规则】

旅客支付了足额票款，航空公司就要为旅客提供完整的运输服务；旅客购买了打折机票，航空公司当然也可以相应地取消一些服务。但是，航空公司在打折机票上注明“不得退票，不得转签”，只是限制购买打折机票的旅客由于自身原因而退票和转签，不能剥夺旅客在支付了票款后享有的按时乘坐航班抵达目的地的权利。当不可抗力造成航班延误，致使航空公司不能将换乘其他航班的旅客按时运抵目的地时，航空公司有义务在始发地向换乘的旅客明确告知到达目的地以后是否提供转签服务，以及在其不能提供转签服务时旅客应当如何办理旅行手续。根据《1955年在海牙修改的华沙公约》第19条、第20条第1款规定，航空公司不尽此项义务或者不能证明自己已尽此项义务，而给换乘旅客造成损失的，应当承担赔偿责任。

---

① 《中华人民共和国最高人民法院公报》2006年第10期，上海市第一中级人民法院民事判决书。

【规则理解】

一、航班延误的正确理解

人们通常认为如果航班没有按照客票上注明的时间起飞就可以认定是航班延误，就是通常意义上的“晚点”。其实并非如此，由于航空运输的高风险性及特殊性，不能要求其与铁路运输或公路运输等运输方式那样按照客票注明的时间起飞。那么，应如何正确理解航班延误呢？

（一）国际法上有关航班延误的规定

1929年《统一国际航空运输某些规则的公约》（简称《华沙公约》）第19条规定：“承运人对旅客、行李或货物在航空运输中由于延误所造成的损失应当承担责任。”这是航空法上首次使用“延误”术语，后《1955年在海牙修改的华沙公约》第19条也作出同样的规定：“承运人对旅客、行李或货物在航空运输过程中因延误而造成的损失应负责任。”但并未对延误的构成要素以及承运人责任等内容进行详细规定。直到1997年7月，国际民航组织（以下简称ICAO）在起草《统一国际航空运输某些规则的公约》（简称《蒙特利尔公约》）草案的第30次会议上，有关起草小组提出了关于航班延误的定义，即“在本公约中，延误是指综合所有有关情况，在可向一个勤勉的承运人合理期望的时间内，未将旅客运送到其直接目的地点或者最终目的地点，或者未将行李或者货物一起在直接目的地点或者最终目的地点交付”。但当时以美国为代表的部分国家以已经通过判例对延误作出界定为由，反对对“延误”进行定义。由于双方对“延误”定义问题出现较大分歧，致使上述定义最终被删除。故1999年5月28日通过《蒙特利尔公约》时并没有明确“延误”的法律定义，只是在第19条规定：“旅客、行李或者货物在航空运输中因延误引起的损失，承运人应当承担责任。但是，承运人本人及其受雇人和代理人为了避免损失的发生，已经采取一切可能合理要求的措施或者不可能采取此种措施的，承运人不对因延误引起的损失承担责任。”① 由此为航班延误的界定提供了新的法律依据。在实践中，“一切合理要求的措施”通常都是法官判决时考察是否构成延误的重要依据。

（二）国内法的相关规定

我国关于航班延误的规定主要体现在《民用航空法》第126条的规定：“旅客、行李或者货物在航空运输中因延误造成的损失，承运人应当承担责任；但是，承运人证明本人或者其受雇人、代理人为了避免损失的发生，已经采取一切必要措施或

---

① 夏志阳：《论航班延误》，南京大学2011年硕士学位论文。

者不可能采取此种措施的，不承担责任。”我国民航主管部门1996年颁布的《中国民用航空旅客、行李国内运输规则》（简称《国内运输规则》）则以规定航空承运人责任的形式对航班延误作出规定：首先，由于机务维护、航班调配、商务、机组等原因造成的航班延误或取消，承运人应当为旅客提供餐食和住宿等服务；其次，由于天气、突发事件、空中交通管制、安检以及旅客等原因造成的航班延误或者取消，承运人应当协助旅客安排餐食和住宿，费用可由旅客自理；再次，无论何种原因，当延误发生在经停地时，承运人均应当提供膳食服务；最后，当航班延误发生时，承运人不仅要迅速及时将航班延误的信息通知旅客并做好解释工作，而且应当根据旅客的要求做好后续航班安排或退票工作。《国内运输规则》从服务的角度出发，细分了承运人原因与非承运人原因两种情况，规定了发生延误时承运人的责任，在一定程度上保障了旅客的利益。因此，对于航班延误，国际航空法以及我国国内法都没有作出明确的界定，而在实际中可以由法官根据具体案情参照相关部门和行业的规定，综合各种因素来认定是否构成航班延误。

二、航班延误所产生的义务和法律责任

（一）合理延误产生的附随义务

《1955年在海牙修改的华沙公约》第20条第（1）款规定：“承运人如果证明自己和他的代理人为了避免损失的发生，已经采取一切必要的措施，或不可能采取这种措施时，就不负责任。”因此，合理延误是指由非航空承运人原因导致，并且已经采取了一切必要措施仍没有避免的延误。对于合理延误给旅客、行李或者货物造成的实际经济损失，承运人只要采取了一切必要措施或者根本就不可能采取此种措施的，就不承担责任。合理延误作为航班延误的一种，同样是一种违约行为，只是因相关免责事由而免去其责任承担。所以，合理延误不意味着不承担任何义务，承运人在航班延误的情况下，应当基于诚实信用原则和合同附随义务，承担以下义务：

1. 告知义务

一般而言，不论何种原因的航班延误，航空公司均应当迅速及时地将航班延误的信息第一时间通知旅客，并做好解释工作，这也是旅客的知情权所要求的。首先，告知的内容应当包括：如实说明航班延误原因、预计恢复航班的时间、承运人的免责事由、改签或退票的方法等。其次，告知的时间应当在登机时间过后但仍未能组织登机的15分钟以内为宜。由于旅客与承运人之间的地位、获取信息的途径不平等，旅客只有信赖承运人的信息才能做出适当的判断，如果此时承运人不及时告知，容易引起旅客的不满，这对于处理航班延误问题是极为不利的。最后，航空公司有义务在始发地向换乘的旅客明确告知到达目的地以后是否提供转签服务，以

及在其不能提供转签服务时旅客应当如何办理旅行手续。当航空公司不尽此项义务或者不能证明自己已尽此项义务，而给换乘旅客造成损失的，应当承担赔偿责任。

2. 协助义务

《国内运输规则》第58条规定："由于天气、突发事件、空中交通管制、安检以及旅客等非承运人原因，造成航班在始发地延误或取消，承运人应协助旅客安排餐食和住宿，费用可由旅客自理。"第59条规定："航班在经停地延误或取消，无论何种原因，承运人均应负责向经停旅客提供膳宿服务。"在航班延误发生后，承运人即使在合理延误的情形下也应当协助安排旅客的餐食和住宿，或承运人认为应当提供的其他服务。如果在发生合理延误的情形下，承运人没有尽到勤勉谨慎义务，服务质量存在瑕疵，那么就属于未尽一切必要措施情形，此时合理延误就转变成不合理延误，需要承担相应的法律责任。

（二）不合理延误的法律责任

当有不合理延误情形出现时，承运人就应当承担相应的法律责任。不合理延误法律责任的承担方式主要有以下几种：

1. 继续履行航空运输合同

航班延误从本质上讲属于迟延履行，当发生航班延误后，在征得旅客同意的前提下，承运人应当根据旅客的要求继续履行运输义务，将旅客运送到目的地点。

2. 采取其他补救措施

航班延误发生后，承运人应当根据旅客的选择，给旅客退票或者继续安排后续航班。当航班取消、提前、延误、航程改变或承运人不能提供原定座位时，旅客要求退票的，在始发站应退还全部票款，在经停地应退还未使用航段的全部票款且均不得收取退票费。航班取消、提前、延误、航程改变或不能提供原定座位时，承运人应优先安排旅客乘坐后续航班或签转其他承运人的航班。在此情况下要求旅客变更承运人时，应征得旅客及被签转承运人的同意后，方可签转。

3. 履行告知、协助等附随义务

由于机务维护、航班调配、商务、机组等原因，造成航班在始发地延误或取消，承运人应当向旅客提供餐食或住宿等服务；由于天气、突发事件、空中交通管制、安检以及旅客等非承运人原因，造成航班在始发地延误或取消的，承运人应协助旅客安排餐食和住宿，费用可由旅客自理；航班在经停地延误或取消的，无论因何种原因，承运人均应负责向经停旅客提供膳宿服务；航班延误或取消时，承运人应迅速及时将航班延误或取消等信息通知旅客，做好解释工作。

4. 赔偿损失

承运人因不合理延误给旅客、托运人等造成损失时，应对以下损失承担责任：

第一，旅客在等候另一航班过程中所支出的食宿费等特殊费用；第二，旅客误乘下一经停地点航班的损失；第三，旅客购买另一航空公司机票而额外支出的票款；第四，托运人另行托运所支出的费用；第五，收货人因额外等候而支出的食宿费、交通费等；第六，旅客、托运人或收货人因延误而丧失的本合同正常履行所应产生的预期利益。

5. 暂停或取消航线经营权

根据2004年民航总局《关于国内航空公司因自身原因造成航班延误给予旅客经济补偿的指导意见》（以下简称《指导意见》），一是对当年上半年航班正常率、航班计划执行率低于行业平均水平的航空公司，在审定下一航季航班计划时，限制其航班总量的增加。二是对前一季度航班正常率较低的航空公司，停止审批下一个季度的加班包机飞行；在运输旺季，有限制地审批加班包机飞行。三是对擅自改变所给定的航班时刻，或售票时刻与公布时刻不一致的航空公司，撤销该航班经营许可和飞行时刻。四是对航空公司因主观原因或客观原因延误后不作有效处理，造成航班延误12小时以上的，将视情节轻重暂停或撤销航班或航线经营许可权。①

另外，关于延误的补偿政策，2004年7月中国民用航空总局发布的《指导意见》可作为各航空承运人对延误旅客给予补偿的依据。根据民航总局《指导意见》的规定，航空公司因自身原因造成航班延误，除按照《国内运输规则》的有关规定，做好航班不正常情况下的服务工作之外，还应根据航班延误4小时（含）以上不超过8小时、延误8小时（含）以上不同延误时间的实际情况，根据并尊重旅客本人的意愿和选择，通过现金、购票折扣和里程等方式对旅客进行经济补偿。具体的补偿方法和方案由各航空公司在此框架下根据各自的情况制定。同时该意见要求各机场、空管部门认真做好工作，向航空公司提供优质服务，避免旅客在航班延误后，采取"罢乘""占机"等过激方式，影响运输生产正常进行。并强调：《民用航空法》第126条已对承运人因航班延误给旅客造成的损失应当承担的责任及其免责条件作了规定，本意见所指"补偿"措施，属于发生航班延误造成损失，旅客向承运人索赔时应给予的补偿，应按有关法律程序处理。

【拓展适用】

一、合理延误的界定

当延误是由非航空承运人的原因造成时，这些原因通常被认为是合理的，因此航空公司虽然有违约行为，但基于免责条款，其不承担违约责任。因此，判断是否

---

① http：//baike. baidu. eom/view/4004389. htm，最后访问于2013年11月5日。

为合理延误，一般需掌握两个标准：一是非航空公司原因所致，二是航空公司采取了一切必要的措施。

（一）非航空公司原因导致

导致延误的原因很多，其中，非航空公司自身的原因主要包括天气原因、空中管制、旅客原因及其他突发原因，这些原因都是航空承运人事先不能预见的，故非由航空公司自身原因造成的延误是合理延误。但这些非由航空公司原因造成的延误，类似又不完全等同于不可抗力。因为，不能预见不代表着不能避免、不能克服，只有真正构成不可抗力才可以免除责任。因此，承运人在碰到不能预见的情况时，还需要证明不能避免并不能克服才可以不承担责任，即证明自己已经采取一切必要措施。

（二）采取了一切必要措施

《民用航空法》第126条的规定是对《华沙公约》《蒙特利尔公约》相关条文的沿袭。不论是国际公约还是国内民用航空法，在对延误是否合理的认定问题上，都要求为避免延误，承运人应当采取一切必要措施来避免损失的发生，或者不可能采取此种措施。美国《布莱克法律词典》对“一切必要措施”的定义是期待于一个有正常辨别力而谨慎的人某种情况下正常地应该采取谨慎的、积极的或关怀照料的措施；（它）不是衡量事物的一个绝对标准，而是依具体有关实施情况而定的。“一切必要措施”源于英美法系的“应有谨慎”原则，如果承运人尽了“应有谨慎”之义务，就是合理延误，承运人不承担损失。否则，就是不合理延误，承运人就应当承担赔偿给旅客、托运人和行李造成的损失的责任。[①] 对于“一切必要措施”，可作如下理解：首先，承运人不仅要在飞机起飞前确保适航，配备合格的机组人员，完成机器设备安全检查，而且还要对航行中出现的各种情况迅速做出反应，采取相应行动。其次，因其他原因造成延误的情况下，要合理妥善地对旅客、行李或者货物做出安排。

二、航班延误情形下的赔偿限额

（一）赔偿限额的含义

承运人对因航班延误所致损害的赔偿限额是指当发生承运人自身不可免责的航班延误而造成旅客、行李及货物的损失时，承运人对这一违约行为所应承担的最高赔偿限额。也就是说，对航班延误而造成的旅客、行李及货物损失的赔偿是在这个最高额幅度之内的，不得超过这个限额。但如果损失是由于承运人或执行其职务的

---

① 曹三明、夏兴华：《民用航空法释义》，辽宁教育出版社1996年版，第293页。

受雇人故意的不良行为造成的，则承运人无权援用有关该限额的规定，对该类损失的赔偿将不受此限额的限制。航空法中的限额赔偿制度是对于海商法的责任赔偿限额制度的借鉴，因为，船舶和航空器有很多相似性，因此，借鉴了海商法中的责任限制原则。

（二）国际公约中有关航班延误赔偿限额的规定

在国际公约中，首次专门针对航班延误提出赔偿责任限额规定的是《蒙特利尔公约》。1999 年《蒙特利尔公约》第 22 条第 1 款规定："在人员运输中因第十九条所指延误造成损失的，承运人对每名旅客的责任以 4150 特别提款权为限。"另外，从 2009 年 12 月 30 日起，1999 年《蒙特利尔公约》最新修改的责任限额开始生效，将国际航空运输承运人责任限额提高了 13.1%，即在人员运输中因延误造成损失的，对每名旅客的赔偿责任限额由 4150 特别提款权提高至 4194 特别提款权。但要使用此规定，旅客必须能证明自己有实际的损失，即由旅客承担举证责任。如果旅客无法举证或没有经济损失，航空公司则不负赔偿责任。另外若航空公司为了避免损失已经采取了一切合理要求（我国民航法规定的是"一切必要"）的措施，则不承担责任。比如，因天气原因导致航班延误，航空公司应尽快通知旅客，若没有及时通知，给旅客造成损失，航空公司应承担责任。①

（三）我国有关赔偿限额的规定

我国国内有关航空延误的赔偿限额见于 2006 年的民航总局发布的新《国内航空运输承运人赔偿责任限额规定》，其中规定了承运人对于旅客的赔偿责任的限额是人民币 40 万元；对旅客随身携带的物品的赔偿责任限额是人民币 3000 元。上述赔偿责任不因旅客事先已经从保险公司购买了航空旅客人身意外险而减免，航空承运人在规定的限额内按实际损害承担赔偿责任，实际损害超过限额的，航空承运人对超过限额的部分不予赔偿。

此外，可以约定赔偿责任限额，即旅客可以就人身伤亡及延误情况事先与承运人书面约定高于行政法规规定的赔偿责任限额。在有事先约定的情况下，如果发生旅客人身伤亡或延误的情形，承运人应在约定的赔偿责任限额范围内承担责任。在国内航空运输中存在着对承运人的惩罚性制裁措施，如果承运人构成了违法的故意损害或不顾及后果的重大过失的不良行为时，该承运人也无法援用关于免除或限制承运人责任的规定，即承运人无权援用《民用航空法》第 129 条中有关赔偿责任限额的规定。

---

① 李杨、郭莉：《航班延误的界定及民事责任分析》，载《北京航空航天大学学报》（社会科学版）2010 年第 6 期。

三、旅客未能正常乘坐航班几种特殊情况的处理

（一）旅客误机的处理

误机是指旅客未按照规定时间办妥乘机手续或因旅行证件不符合规定而未乘机，因误机行为而影响到自己的顺利出行，这是由于旅客自身的过错造成的，而不是承运人的违约行为。因为，承运人已在客票中明示了出行的时间及对于证件的要求等，已按照合同法的要求履行了告知义务，旅客应当按照提示的注意事项乘机，对于因此造成的损失，应由旅客自行承担。根据《合同法》第295条的规定："旅客因自己的原因不能按照客票记载的时间乘坐的，应当在约定的时间内办理退票或者变更手续。逾期办理的，承运人可以不退票款，并不再承担运输义务。"根据民航的相关规定，旅客误机的可作如下处理：首先，旅客应到乘机机场或原购票地点办理改乘航班的手续或办理退票手续；其次，旅客误机后，如要求改乘后续航班，在后续航班有空余座位的情况下，承运人应积极安排；最后，旅客误机后，旅客要求退票的，承运人可以收取适当的手续费。

（二）旅客漏乘的处理

漏乘是指旅客在航班始发站办理乘机手续后或在经停站过站时未搭乘上指定的航班。旅客漏乘可能有多种原因，应分不同情况进行处理。如果是由于旅客自身过错造成的，则应由旅客承担相应责任，如按照退票手续办理。如果是由于承运人的过错，比如工作人员的失误未及时通知旅客等，造成旅客漏乘的，属于承运人未全面履行合同义务，在这种情况下，应由承运人承担责任，并尽快安排旅客乘坐后续航班；如旅客要求退票的，则应按规定办理并不得收取退票费；如造成旅客损失的，还需赔偿其损失。

（三）旅客错乘的处理

错乘是指旅客乘坐了不是客票上列明的航班。正常情况下，旅客在办理了登机手续后，又经过安全检查进入了候机隔离区，在进入飞机舱门之前还需接受承运人的登机牌扫描确认及查验手续，并与舱门前安检人员进行最终的确认，所以，旅客错乘的概率是很低的。但如果因为旅客的原因导致错乘，承运人应安排旅客搭乘最早的航班飞往客票目的地，票款不补不退；如果是由于承运人的原因导致旅客错乘的，承运人除尽早安排旅客乘坐后续航班外，还应赔偿给旅客造成的损失。旅客要求退票的，按照有关退票的规定办理。

（四）航班取消的处理

航班取消是指承运人因各种原因不再执行预定的某日某次航班。因航空旅客运输合同自订立起1年内有效，故在航班取消的情况下，机票仍是有效的，航空公司

仍应对合同负责，旅客可选择退票或要求航空公司继续履行。按照规定，承运人的航班班期时刻不得任意更改，只有在承运人为了保证飞行安全、急救等特殊需要时才可依照规定的程序进行调整。所以航班班期时刻对承运人产生约束力，承运人应按航班班期时刻进行载运，并且航班时刻也是合同双方当初订约所依据的条件。航班取消是运输合同履行之前航空承运人明确表示并以行为表明不履行合同的主要义务，因此，取消航班的行为是一种严重的违约行为，承运人应承担违约责任。在航班取消后，承运人应迅速及时将航班取消的信息通知旅客，做好解释工作，并根据实际情况，优先安排旅客乘坐后续航班或为旅客安排其他航空公司的航班或者协助安排旅客食宿等活动，并妥善保管旅客托运的行李及物品。对于任何原因导致的航班取消，旅客都享有解除合同的权利，只是对不可免除违约责任的航班取消才能提出损失赔偿要求。同时航空公司要尽到自己的告知、协助等附随义务。

（五）航班超售的处理

航班超售指航空公司销售的飞机票数超过了该航班本身所具有的实际运力。因为在现实中总会有不少的旅客由于各种原因预订了机票甚至进行了座位确认以后并不来登机。航空公司为了确保其经济效益，就往往采取航班超售的措施来保证尽可能多的座位得以利用，从而提高航班载客率。这一措施允许航空公司最有效地利用运力，同时又允许旅客在不付出任何违约代价的情况下可以变更订座。因此，航班超售成为目前全球民航业避免座位虚耗、减少损失而通用的一个惯例。在国外，航班超售已是司空见惯，极少引发官司，而在国内则不然，最根本的原因在于国外的航班超售时旅客购买到超售机票是在旅客知情选择的基础上进行的。

是否将机票超售引起的拒载纳入《华沙公约》第 19 条的范围，由承运人承担延误责任的问题，各国有不同的观点。瑞士和德国法院认为因超售而拒载构成违反或不履行合同的，不适用华沙公约的规定。[①] 而这在美国司法实践中是有争议的，在不同法院审理的同类案件中，有的法院裁定拒载不构成延误而是不履行合同，指出《华沙公约》制定者们认为，无须考虑运输合同完全不履行时的损害赔偿问题，因为这时受害方可以根据本国法得到救济。有的法院认为，拒载在《华沙公约》第 19 条范围之内，因为在国际航空运输中拒载被视为延误。有的法院认为公约第 19 条是否包含拒载，关键看承运人是否为旅客提供了可选择的补偿方案，如果承运人已

---

① 瑞士日内瓦上诉法院在 1973 年“拉佛格拉夫诉印航”案中认为，未让已订座旅客登机视为违反或未履行运输合同，不受华沙规则约束和限制；联邦德国最高法院在 1978 年 9 月 28 日判决因超售不让旅客登机构成违反运输合同，对此华沙公约不适用。赵维田：《国际航空法》，社会科学文献出版社 2000 年版，第 353 页。

经提供但旅客拒绝，那么就排除了航空公司完全不履行合同的行为，因此公约第19条包含了拒载。后美国针对航班超售专门出台了法令，美国运输部于1978年颁布了《有关航班超售和拒绝登机的规则》，该规则适用于因持有经确认订座和客票的旅客超过航班实有座位，致使航空公司无法全面提供原先确认的预订座位的情形。但该“超售规则”不适用于包机航班或使用座位数少于60人的机型的航班。“超售规则”明确规定航空公司在实施非自愿拒绝登机遴选程序前，必须先在值机区域或登机区域寻找自愿为了得到航空公司提供的补偿而放弃座位的自愿者。美国议会曾于1999年准备通过新的法案来更有利地保护旅客的利益。但航空公司为了避免国会干预，通过其行业组织——美国航空运输协会主动提出了自律性航空运输服务承诺。其中有关超售和拒绝登机方面的承诺包括：公平和一致地对待被拒绝登机者；航空公司将请求运输部提高非自愿拒绝登机者的补偿额。[①] 而在欧盟境内，由于其2004年公布了《欧共体关于航班拒载、取消或延误时对旅客补偿和帮助的一般规定》，在欧洲建立了统一的关于航班拒载、取消或者延误时对旅客补偿和帮助的新规则。这确立了航班拒载、取消或长时间延误时对旅客补偿和帮助的普遍适用规定，因此，拒载是否属于公约规定的延误这个问题就不再那么重要了。

在我国司法实践中，当旅客因航班超售问题提起诉讼时，法院也是按照航班延误判决航空公司承担违约责任。如在北京市朝阳区人民法院于2007年宣判的肖黎明与中国南方航空股份有限公司关于机票超售一案中，该院认为，中国南方航空股份有限公司超售机票的行为构成履行延迟，应当承担违约责任。判决后，朝阳区人民法院向中国民航总局和中国南方航空股份有限公司发出司法建议，希望能够规范超售方法，保护消费者权益。2007年5月，中国民航总局运输司下发了《关于规范客票超售有关问题的通知》，要求各航空公司做好机票超售中的各项服务工作。2007年12月，深圳航空公司、海南航空公司、四川航空公司、春秋航空等多家航空公司发布了各自的超售补偿方案。2008年1月，中国民航总局在全国民航工作会议上讨论关于抓大力气治理航班延误问题时宣布，各航空公司超售服务措施不到位的，两年内不受理其扩大经营范围、设立分公司的申请，同时明确宣布2008年7月、8月、9月期间，各航空公司停止国内机票的超售。笔者认为，美国专门制定法令的做法以及欧盟直接制定补偿方案的做法都值得我国有关部门借鉴，因此应考虑出台关于航班超售的专门规定，以彻底解决航班超售问题。

---

① 吴建端：《航空法学》，中国民航出版社2005年版，第168页。

【典型案例】

阿卜杜勒·瓦希德与中国东方航空股份有限公司国际航空旅客运输合同纠纷案

上诉人（一审被告）：中国东方航空股份有限公司。

法定代表人：李丰华，该公司董事长。

被上诉人（一审原告）：阿卜杜勒·瓦希德（ABDUL WAHEED），巴基斯坦国籍，住上海市闵行区水清一村。

〔基本案情〕

上海市浦东新区人民法院经审理查明：2004 年 12 月 29 日，原告阿卜杜勒购买了一张由香港国泰航空公司作为出票人的机票，机票列明的航程安排为：12 月 31 日 11 点，从上海乘坐被告中国东方航空股份有限公司（以下简称东方航空公司）的 MU703 航班至香港；同日 16 点，乘坐香港国泰航空公司的航班至卡拉奇。机票背面条款注明，该合同应遵守《华沙公约》所指定的有关责任的规则和限制。该机票为打折票，机票上注明不得退票、不得转签。2004 年 12 月 30 日 15 点，浦东机场地区开始下中雪，22 点至 23 点机场被迫关闭 1 小时，导致该日 104 个航班延误。次日因需处理飞机除冰、补班调配等问题，从浦东机场起飞的航班有 43 架次被取消、142 架次被延误，出港正常率只有 24.1%。当日，MU703 航班也由于天气原因延误 3 小时 22 分钟起飞，以至阿卜杜勒一行到达香港机场后，未能赶上国泰航空公司飞往卡拉奇的衔接航班。

在浦东机场候机时，原告阿卜杜勒及家属已经意识到 MU703 航班延迟到达香港，会错过国泰航空公司的衔接航班，于是多次到被告东方航空公司的服务台询问如何处理。东方航空公司工作人员让阿卜杜勒填写了《续航情况登记表》，并表示填好表格后会帮助解决。阿卜杜勒及家属到达香港后，东方航空公司工作人员向阿卜杜勒告知了两个处理方案：其一为在香港机场等候三天，然后搭乘国泰航空公司下一航班，三天费用自理；其二为自行出资购买其他航空公司的机票至卡拉奇，约需费用 2.5 万港元。阿卜杜勒当即表示这两个方案均无法接受。阿卜杜勒的妻子杜琳因携带着婴儿，也无法接受东方航空公司的处理方案，在焦虑、激动中给东方航空公司打电话，但被告知有关工作人员已经下班。最终经香港机场工作人员交涉，阿卜杜勒一行购买了阿联酋航空公司的机票及行李票，搭乘该公司航班绕道迪拜到卡拉奇。为此，阿卜杜勒支出机票款 4721 港元、行李票款 759 港元，共计 5480 港元。庭审中，双方一致同意港元与人民币的汇率按 1∶1.07 计算。

〔一审裁判理由与结果〕

上海市浦东新区人民法院审理认为：原告阿卜杜勒是巴基斯坦国公民，其所购买的机票，出发地为我国上海，目的地为巴基斯坦卡拉奇。《中华人民共和国民法通则》第一百四十二条第一款规定：“涉外民事关系的法律适用，依照本章的规定确定。”第二款规定：“中华人民共和国缔结或者参加的国际条约同中华人民共和国的民事法律有不同规定的，适用国际条约的规定，但中华人民共和国声明保留的条款除外。”我国和巴基斯坦都是《经1955年海牙议定书修订的1929年华沙统一国际航空运输一些规则的公约》（以下简称《1955年在海牙修改的华沙公约》）和1961年《统一非订约承运人所办国际航空运输某些规则以补充华沙公约的公约》（以下简称《瓜达拉哈拉公约》）的缔约国，故这两个国际公约对本案适用。《1955年在海牙修改的华沙公约》第二十八条第一款规定：“有关赔偿的诉讼，应该按原告的意愿，在一个缔约国的领土内，向承运人住所地或其总管理处所在地或签订契约的机构所在地法院提出，或向目的地法院提出。”第三十二条规定：“运输合同的任何条款和在损失发生以前的任何特别协议，如果运输合同各方借以违背本公约的规则，无论是选择所适用的法律或变更管辖权的规定，都不生效力。”据此，在阿卜杜勒持机票起诉的情形下，中华人民共和国上海市浦东新区人民法院有权对这起国际航空旅客运输合同纠纷进行管辖。

《瓜达拉哈拉公约》第一条第二款规定：“‘订约承运人’指与旅客或托运人，或与旅客或托运人的代理人订立一项适用华沙公约的运输合同的当事人。”第三款规定：“‘实际承运人’指订约承运人以外，根据订约承运人的授权办理第二款所指的全部或部分运输的人，但对该部分运输此人并非华沙公约所指的连续承运人。在没有相反的证据时，上述授权被推定成立。”第七条规定：“对实际承运人所办运输的责任诉讼，可以由原告选择，对实际承运人或订约承运人提起，或者同时或分别向他们提起。如果只对其中的一个承运人提起诉讼，则该承运人应有权要求另一承运人参加诉讼。这种参加诉讼的效力以及所适用的程序，根据受理案件的法院的法律决定。”原告阿卜杜勒所持机票，是由香港国泰航空公司出票，故国际航空旅客运输合同关系是在阿卜杜勒与香港国泰航空公司之间设立的，香港国泰航空公司是订约承运人。被告东方航空公司与阿卜杜勒之间不存在直接的国际航空旅客运输合同关系，也不是连续承运人，只是推定其根据香港国泰航空公司的授权，完成该机票确定的上海至香港间运输任务的实际承运人。阿卜杜勒有权选择香港国泰航空公司或者东方航空公司或者两者同时为被告提起责任诉讼；在阿卜杜勒只选择东方航空公司为被告提起的责任诉讼中，东方航空公司虽然有权要求香港国泰航空公司参加诉讼，但由于阿卜杜勒追究的航班延误责任发生在东方航空公司承运的上海至香港段航程中，与香港国泰航空公司无关，故根据本案案情，衡量诉讼成本，无须追加香港国泰航空公司为本案的当事人共同参加诉讼。

《1955年在海牙修改的华沙公约》第十九条规定：“承运人对旅客、行李或货物在航空运输过程中因延误而造成的损失应负责任。”第二十条第一款规定：“承运人如果证明自己和他的代理人为了避免损失的发生，已经采取一切必要的措施，或不可能采取这种措施时，就不负责任。”2004年12月31日的MU703航班由于天气原因发生延误，对这种不可抗力造成的延误，被告东方航空公司不可能采取措施来避免发生，故其对延误本身无需承担责任，但还需证明其已经采取了一切必要的措施来避免延误给旅客造成的损失发生，否则即应对旅客因延误而遭受的损失承担责任。事实是，在浦东机场时，原告阿卜杜勒由于预见到 MU703 航班的延误会使其错过香港国泰航空公司的衔接航班，曾多次向东方航空公司工作人员询问怎么办。东方航空公司应当知道国泰航空公司从香港飞往卡拉奇的衔接航班三天才有一次，更明知阿卜杜勒一行携带着婴儿，不便在中转机场长时间等候，有义务向阿卜杜勒一行提醒中转时可能发生的不利情形，劝告阿卜杜勒一行改日乘机。但东方航空公司没有这样做，却让阿卜杜勒填写《续航情况登记表》，并告知会帮助解决，使阿卜杜勒对该公司产生合理信赖，从而放心登机飞赴香港。鉴于阿卜杜勒一行是得到东方航空公司的帮助承诺后来到香港，根据当时具体情况，尽管阿卜杜勒一行所持机票上标注着不得退票、不得转签，东方航空公司也应当把阿卜杜勒一行签转给其他航空公司，以帮助其尽快飞抵卡拉奇。但是东方航空公司不考虑阿卜杜勒一行携带婴儿要尽快飞往卡拉奇的合理需要，向阿卜杜勒告知了要么等待三天乘坐下一航班且三天中相关费用自理，要么自费购买其他航空公司机票的所谓“帮助解决”方案，将阿卜杜勒一行陷入走无法走、留不能留的两难境地。东方航空公司没有采取一切必要的措施来避免因航班延误给旅客造成的损失发生，不应免责。阿卜杜勒是迫于无奈才自费购买其他航空公司的机票，对阿卜杜勒购票支出的 5480 港元损失，东方航空公司应承担赔偿责任。

原告阿卜杜勒要求被告东方航空公司按照承诺对外公布该公司的航班正常率和旅客投诉率，该诉讼请求与阿卜杜勒的私权无直接关联，故不予支持。判决：

一、被告东方航空公司应在本判决生效之日起 10 日内赔偿原告阿卜杜勒损失人民币 5863.60 元；

二、原告阿卜杜勒的其他诉讼请求不予支持。

〔当事人上诉及答辩意见〕

东方航空公司不服原审判决，向上海市第一中级人民法院提起上诉称：作为承运人，在航班延误的情况下，只有将延误情况如实告知旅客的义务，并无要求旅客改变航程的权利。上诉人已经将由于天气原因造成航班延误的情况通知被上诉人阿卜杜勒，没有权利取消被上诉人飞往香港的订座。被上诉人的机票上，标注着“不得退票，不得转签”，无须上诉人另外提醒和告知。上诉人从未对被上诉人作出过任何承诺以使其产生合理信赖，而被上诉人也知道其必然错过香港国泰航空公司的衔接航班。旅客有选择航程的权利，被上诉人在其知情权未受任何侵犯的情况下自愿选择飞赴香港，上诉人对被上诉人因此受到的损失不应承担赔偿责任。此外，原审既承认上诉人有权申请另一承运人国泰航空公司参加诉讼，又对上诉人的申请不予支持，严重侵犯了上诉人的诉讼权利。请求撤销原判，改判驳回被上诉人的诉讼请求。

阿卜杜勒答辩称，对到香港后会错过国泰航空公司的衔接航班，上诉人与被上诉人在浦东机场起飞前就已经知道，因此被上诉人才反复向上诉人的工作人员询问怎么办。上诉人让被上诉人填写《续航情况登记表》，并承诺帮助解决。被上诉人的机票上标注“不得退票，不得转签”，不仅被上诉人知道，上诉人也知道。在这种情况下上诉人的工作人员承诺帮助解决，当然意味着帮助转签其他飞往卡拉奇的航班，而被上诉人也知道香港机场有这样的航班。在此情况下，被上诉人及家人才放心登上 MU703 航班飞往香港。被上诉人到达香港机场后，上诉人才提出他们的“帮助”方案，竟然是让被上诉人自费在香港机场等三天，或者自费购买其他公司的机票。这样的方案，就是没有上诉人帮助，被上诉人难道还想不出来？没有上诉人的“帮助”，被上诉人就会在上海自己的家中等三天，生活舒适花费又少，强过上诉人的“帮助”方案。上诉人收取了从上海到卡拉奇的全程费用，却在自己的航班延误后拒绝给被上诉人重新安排航程，最终导致被上诉人遭受精神折磨和经济损失，故理应承担赔偿责任。原判认定事实清楚，判处正确，应当维持。

〔二审裁判理由与结果〕

上海市第一中级人民法院认为，根据《瓜达拉哈拉公约》第七条的规定，在被上诉人阿卜杜勒以作为实际承运人的上诉人东方航空公司为被告提起的责任诉讼中，东方航空公司虽然有权申请国泰航空公司参加诉讼，但这种申请能否被允许，应由受理案件的法院决定。一审法院认为香港国泰航空公司与阿卜杜勒要追究的航班延误责任无关，故根据本案案情，衡量诉讼成本，决定不追加香港国泰航空公司为本案的当事人，并无不当。

无论何种原因发生航班延误后，被滞留的旅客都有权在第一时间获取尽可能详细的信息，并及时了解后续进展情况，以便根据延误情形对自己的旅途作出最合理选择；航空公司有义务及时播报航班延误信息，并有义务根据每一位滞留旅客的不同需要，向其提供航空公司掌握的其他旅途信息，以便该旅客作出正确抉择。MU703 航班由于天气原因延误后，作为旅途被阻滞的旅客，被上诉人阿卜杜勒必然十分关心自己的旅途。其已意识到乘坐延误的 MU703 航班到达香港后，会错过国泰航空公司的衔接航班，于是多次向上诉人东方航空公司询问如何处理。东方航空公司让阿卜杜勒填写了《续航情况登记表》，并表示填好表格后会帮助解决。东方航空公司承认让阿卜杜勒填写过表格，但认为阿卜杜勒填写的是《航班延误信息登记表》，不是《续航情况登记表》。无论是《续航情况登记表》抑或是《航班延误信息登记表》，对阿卜杜勒的妻子杜琳在登机前填写的表格，东方航空公司始终未能提供，无法证明阿卜杜勒一行是在明知会对自己不利的情形下仍选择登机。通过登机前的申报登记和填表，东方航空公司应当知道阿卜杜勒一行是去香港转乘国泰航空公司飞往卡拉奇的航班，也应当知道这个航班三天才开行一次，更知道阿卜杜勒如果乘国泰航空公司下一航班，就要在中转机场滞留三天且费用自理。在此情况下，东方航空公司有义务将这些不利情况告知阿卜杜勒，以便其自行选择是否乘坐延误的MU703航班飞往香港。东方航空公司不尽这些义务，反而让阿卜杜勒一行填写《续航情况登记表》，并承诺帮助解决，故一审认定东方航空公司“没有采取一切必要的措施来避免因航班延误给旅客造成的损失”，是正确的。

上诉人东方航空公司主张，在MU703航班延迟到达香港后，因为被上诉人阿卜杜勒所持的是注明“不得退票，不得转签”的打折机票，其才拒绝给阿卜杜勒一行转签其他航空公司的飞机；而阿卜杜勒对自己的机票“不得退票，不得转签”也是清楚的，无须其另行提醒和告知。机票是国际航空旅客运输合同存在的凭证。旅客支付了足额票款，航空公司就要为旅客提供完整的运输服务。旅客购买了打折机票，航空公司当然也可以相应地取消一些服务。航空公司在打折机票上注明“不得退票，不得转签”，只是限制支付了打折票款的旅客由于自身原因而退票和转签，但不能剥夺旅客在支付了票款后享有的按时乘坐航班抵达目的地的权利。当MU703航班因不可抗力延迟起飞时，东方航空公司和阿卜杜勒都知道该航班抵达香港后，肯定会错过国泰航空公司的衔接航班；如果要飞往卡拉奇，则必需转签机票。东方航空公司既然不准备在香港机场给注明“不得退票，不得转签”的机票办理转签手续，就有义务在始发机场向阿卜杜勒明确告知，劝阻其乘坐延误的MU703航班。东方航空公司不尽此项义务，以至阿卜杜勒在相信该公司会转签机票的情况下乘坐MU703航班抵达香港，由此陷入既无法走又不能留的艰难处境，无奈之下只得另行购票。东方航空公司不负责任的处理方式，显然是造成阿卜杜勒机票损失的根本原因。东方航空公司片面强调MU703航班是由于不可抗力造成延误，该公司已将航班延误信息通知给阿卜杜勒，并遵从阿卜杜勒的意愿将其运抵香港，完成了国际航空旅客运输合同中己方的义务，主张阿卜杜勒的剩余航程与己无关。事实是，如果东方航空公司事先能将飞往香港后的种种不利后果明确告知阿卜杜勒，则阿卜杜勒的损失就有可能避免，故一审认定东方航空公司在始发地未尽告知和提醒义务，根据《1955年在海牙修改的华沙公约》第十九条、第二十条第一款的规定判令其承担赔偿责任，并无不当。

综上所述，上诉人东方航空公司未能以证据证明乘机赴香港是被上诉人阿卜杜勒在未受其任何影响的情况下自愿作出的选择，也未能以证据证明其为了避免因航班延误给旅客造成损失而采取了一切必要的措施，故其提出的上诉理由不能成立，上诉请求不予支持。判决：

驳回上诉，维持原判。

第二章　货物运输合同

规则4：因交通事故造成托运人财产损失的，由承运车辆的实际车主承担

——四川省成都市青羊区信达货运配载经营部与中国农业机械西南公司运输合同纠纷案①

【裁判规则】

一般情况下，运输合同的当事人只有承运方和托运方。至于承运人是使用自己所有的运输工具，还是使用租赁或者借用的运输工具来完成运输合同中约定的承运义务，不影响运输合同的成立。承运人以分期付款的方式购买承运货物的汽车，约定承运人未付清车款前不在管理机关办理过户手续，属于所有权保留。运输合同在履行过程中，承运车辆的实际车主，是实际的承运人，因发生交通事故造成他人财产损失的，应当由实际的承运人承担。

【规则理解】

一、公路货物运输合同概述

公路货物运输合同，是指经营公路货物运输的承运人（运送人）依约定，利用一定的运输工具将一定的物品于一定的期限内运抵约定地点，并将该物品交付托运人或托运人指定的第三人（收货人），由托运人或收货人支付运费的协议。

（一）承运人

承运人是指以自己的名义与托运人订立合同，并且以运送物品为营业方式而收取运费的人。公路承运人既可以是交通运输工具所有人，也可以是交通运输工具的租赁人，但不管是哪种情况，都必须依法取得交通行政主管部门颁发的运输许可证后才能进行运输生产活动。即公路运输的承运人必须符合规定的条件，签订公路货物运输合同的承运人必须持有经营公路货物运输的营业执照，没有营业执照不能从事公路汽车货物运输业务。在实践中承运人多为公路运输企业，公路运输企业是指依法设立的，以营业为目的从事公路客货运输、搬运装卸、汽车维修、运输服务的

---

① 《中华人民共和国最高人民法院公报》1999年第4期，四川省成都市中级人民法院民事判决书。

经济组织。对于承运人含义的把握，应注意以下几点：

1. 承运人是以自己的名义与托运人订立合同的人。如果是以他人名义与托运人订立合同的人，可能是运送人的代理人，实际履行合同的人才是承运人。

2. 承运人是以运送物品为营业手段的人。即运送人持续进行的运送行为是为他人进行的，为他人运送物品的目的是获取经济利益。运送合同中的运送人所从事的是营业性运输，是要与他人发生各种运费结算的，因此，运送人是需要与托运人签订合同的。非营业性运输不存在运送合同，也就谈不上合同法上的运送人。

3. 运送人是收取运费的人。运送人以运送为营业手段，故运送合同原则上为有偿合同，但运送人亦可从事无偿运送。如果运送合同未订立明确的有偿或无偿条款，则应理解为有偿合同，有偿的标准可依据相关的规定确定。

（二）运送工具

根据原交通部发布的《汽车货物运输规则（99）》[①] 等规章的规定，能够从事公路货物运输的运输工具，可以是汽车，也可以是拖拉机、人力车等。运送人履行运送合同规定的义务，不必然要以运送人自己所有的运送工具为之。实践中运送人以租来的运输工具承运货物并不鲜见。而且，对于托运人而言，只要运送人所提供的是适运工具，托运人并不在意运输工具的所有权归属。另外，《汽车货物运输规则（99）》第5条规定：承运人应根据承运货物的需要，按货物的不同特性，提供技术状况良好、经济适用的车辆，并能满足所运货物重量的要求。使用的车辆、容器应做到外观整洁，车体、容器内干净无污染物、残留物。该规定并未要求所提供的车辆属于运送人所有。因此，承运人完全可以使用所有权并不归属于自己的车辆进行货物运输，但使用何种权属性质的运输工具并不影响其作为承运人承运货物的身份和担负起应当承担的责任。

（三）运送对象

依据《汽车货物运输规则（99）》及其他相关法律、法规的规定，货运合同的运送对象为货物。从字面理解，货物应为可以出售、流通的物。但依据《汽车货物运输规则（99）》的规定，禁止流通物可以成为运送对象，只不过运送禁止流通物需取得有关机关的许可而已。又如，尸体不能称之为货物，但亦可成为运送的对象。因此，将运送合同的对象称为货品，将货物运送合同称为物品运送合同更为妥当。[②]

---

① 已失效。

② 郑翔、张长青：《运输合同签订与风险控制》，人民法院出版社2007年版，第176～177页。

二、承运人的违约责任形式

（一）归责原则

我国《民法总则》第176条规定："民事主体依照法律规定和当事人约定，履行民事义务，承担民事责任。"《合同法》第311条规定："承运人对运输过程中货物的毁损、灭失承担损害赔偿责任，但承运人证明货物的毁损、灭失是因不可抗力、货物本身的自然性质或者合理损耗以及托运人、收货人的过错造成的，不承担损害赔偿责任。"我国在承运人损害赔偿问题上采取的是有限制的无过错责任原则，即在损害发生时，首先确定承运人是否负有赔偿责任，但如果承运人能证明存在法定的免责事由则不承担责任。

（二）货物运输合同违约责任形式

根据我国《民法总则》关于承担民事责任方式的规定和《合同法》第107条的规定："当事人一方不履行合同义务或者履行合同义务不符合约定的，应当承担继续履行、采取补救措施或者赔偿损失等违约责任。"货物运输合同违约责任的承担方式主要有以下几种：

1. 继续履行

在货物运输合同中，承运人如果违约，一般应当承担继续履行的责任。如承运人尚未将货物运抵约定地点，托运人可以要求其继续履行运输义务。

2. 采取补救措施

采取补救措施既可以在损失发生之前进行，也可以在部分损失发生之后进行，以防止损失进一步扩大。如托运人托运一批易碎物品，而承运人没有按照合同的约定采取必要的减震、防震等措施，托运人可以要求承运人按照合同约定进行补正，由此发生的费用按照合同约定处理。

3. 赔偿损失

赔偿损失是各种违约责任形式中运用最广泛的一种。《合同法》第312条规定："货物的毁损、灭失的赔偿额，当事人有约定的，按照其约定；没有约定或者约定不明确，依照本法第六十一条的规定仍不能确定的，按照交付或者应当交付时货物到达地的市场价格计算。法律、行政法规对赔偿额的计算方法和赔偿限额另有规定的，依照其规定。"因此，对在运输途中货物发生毁损、灭失的，承运人应当承担赔偿责任，对于具体的赔偿数额应分别按照如下标准确定。

（1）约定标准。当事人在运输合同中已经明确约定了赔偿数额或者赔偿的计算方法。

（2）法定标准。首先，《合同法》第61条规定，当事人对货物毁损、灭失的赔偿额，没有约定或者约定不明确的，可以签订补充协议。由当事人就货物毁损、灭失赔偿的具体数额通过协商达成合意。其次，如果当事人不能达成补充协议的，按照合同有关条款或者交易习惯来确定货物毁损、灭失赔偿的具体数额。最后，在依据上述方式仍不能确定货物毁损、灭失的赔偿额的，按照交付或者应当交付时货物到达地的市场价格计算。即按照承运人将货物交付给收货人，或者没有实际交付或不能实际交付，按照承运人应当交付给收货人时同种货物在交付地的市场价格确定赔偿数额。

（3）法律法规规定的特殊确定标准。在货物运输合同中，由于运输工具和托运人对具体运输方式的选择不同，使得当事人对运输过程中在货物毁损、灭失风险承担上存在差异，一些法律法规针对具体的运输方式中的赔偿数额，往往确定了特殊的计算方法和赔偿限额，因此，在这些领域即应依照法律法规的特别规定处理。

4. 定金责任

定金是一种担保债务履行的形式。分为证约定金、成约定金、立约定金、解约定金及违约定金等多种类型。以违约定金为例，定金罚则的基本规则是给付定金的一方不履行债务的，无权要求返还定金；接受定金的一方不履行合同的，应当双倍返还定金。在货物运输合同中，目前极少设定定金担保，但双方当事人可以进行约定。

三、承运人的免责事由

运输行业是风险行业，同时在运输过程中损害的发生原因也是极其复杂的，法律在强调对托运人或者收货人利益保护的同时也必须对承运人的利益做适当的保护，以体现公平的原则。法律对承运人的保护体现在免责事由上，《合同法》第311条规定了承运人的免责条件。

（一）不可抗力

《民法总则》第180条第2款规定：“不可抗力是指不能预见、不能避免且不能克服的客观情况。”《民法通则》第153条规定：“本法所称的‘不可抗力’，是指不能预见、不能避免并不能克服的客观情况。”不可抗力的范围不是一经确定就一成不变的。科技的发展使人类战胜自然、征服自然的能力以及在社会生活中对各种社会现象的控制能力等有了很大的提高，直接影响着不可抗力的具体范围。不可抗力分为两类：一是自然因素，如地震、海啸等，对作为不可抗力的自然灾害，其具体范围将随着人类对自然灾害的预见能力、避免能力和克服能力的不断提高而逐渐缩小。二是社会因素，如战争等。无论哪一种，都可以依法免除承运人的赔偿责任。如果仅仅是因国家经济政策的调整使客观情势发生巨大变化，致使合同履行将对一方当事人没有意义或者造成重大损害，则属于意外事件，由情势变更原则规制。一般的社会骚乱、罢工等也应归入意外事件的领域。应当注意的是，不可抗力作为免责事由，只能在不可抗力影响所及的范围内不发生责任，即在此范围内是完全免责的；如果不可抗力只是构成损害发生的部分原因，如在鲜活货物运输中以普通棚车代替冷藏车运输，与不可抗力共同构成损害发生的原因，则应本着“原因与责任相比例”的精神，令承运人承担相应部分的责任，此时可以说是部分免责。

（二）货物本身的自然性质

货物、包裹、行李本身的自然属性或者合理损耗引起的损失，承运人不承担赔偿责任。如货物本身具有易腐性、挥发性、锈蚀性、危险性、热变性等，因货物这些自然属性而影响货物质量的，承运人可以免责。货物本身的合理损耗，是指因货物自然特性和运输特性而不可避免地使货物数量、重量减少导致的货物损失，即货物在运输途中，损耗未超过有关主管部门颁发的货物自然减量标准或者规定范围内的尾差、磅差。这一免责条件的理论依据主要是衡平思想，即平衡承运人与货主之间的利益关系，由货主负担货物本身的自然性质、货物的合理损耗所造成的损失。①

（三）托运人、收货人自身的过错

托运人、收货人自身的过错造成的损失，承运人不承担赔偿责任。托运人、收货人的过错作为免责事由，其主观的理论依据在于，履行障碍的风险由造成障碍者承担之思想；换言之，托运人、收货人制造了履行障碍，因其过错致使承运人履行不了合同，因而应由托运人、收货人自食其果。可以看出，托运人、收货人的过错作为免责事由是过错责任原则的体现。② 托运人、收货人的过错主要有三种情况：一是托运人没有如实申报导致承运人未采取相应保护措施造成的损失；二是托运人自己包装货物不合格造成的损失；三是托运人或者其安排的押运人未尽减损义务，未采取有效措施而造成的扩大损失。

四、分期付款购车情形下事故责任的承担主体

关于分期付款汽车买卖中，汽车的所有权尚未转移，在此期间内发生的运输合同纠纷，应当由谁承担责任的问题，最高人民法院相关司法解释对此有明确规定。在《最高人民法院关于购买人使用分期付款购买的车辆从事运输因交通事故造成他人财产损失保留车辆所有权的出卖方不应承担民事责任的批复》中指出：“采取分期付款方式购车，出卖方在购买方付清全部车款前保留车辆所有权的，购买方以自己名义与他人订立货物运输合同并使用该车运输时，因交通事故造成他人财产损失的，出卖方不承担民事责任。”这一规定，包含了两方面的内容。首先，关于分期付款的问题。《最高人民法院关于审理买卖合同纠纷案件适用法律问题的解释》第38条规定：“合同法第一百六十七条第一款规定的‘分期付款’，系指买受人将应付的总价款在一定期间内至少分三次向出卖人支付。分期付款买卖合同的约定违反

① 闫仁河、张莹：《货物运输合同法律制度研究》，知识产权出版社2012年版，第149～153页。

② 江平：《中华人民共和国合同法精解》，中国政法大学出版社1999年版，第239页。

合同法第一百六十七条第一款的规定，损害买受人利益，买受人主张该约定无效的，人民法院应予支持。”在不动产和大宗货物买卖中，买方可以不必一次性支付全部价款而能取得对标的物的占有、使用和收益，但出卖人为了保证自己的债权，往往采取保留标的物所有权的方式来保证自己能够按期收回价款。所以，在分期付款购车行为中，所有权尚未转移仅是为了保证出卖人的债权而作出的约定，在这种情形下，发生交通事故造成的损失，应当由实际车主承担责任。其次，关于所有权保留的问题。根据《合同法》第134条的规定，所有权保留就是当事人可以在买卖合同中约定买受人未履行支付价款或者其他义务的，标的物所有权属于出卖人。所有权保留属于任意性条款，根据当事人的意思自治自由设定。同时根据《合同法》第142条的规定，标的物的风险自交付时起转移，故所有权保留的买卖中，也应同样适用这一规定。即虽然出卖人对出卖标的物的所有权意定保留，但该标的物的风险自标的物交付给买受人时发生转移。同理，因标的物造成的损害，也应当由买受人承担。

【拓展适用】

随着社会经济的发展，道路交通事故损害赔偿案件也呈现出了一些新的特点，特别是损害赔偿责任主体日趋多样化、复杂化，使得审判实践中对损害赔偿责任主体的确定日益复杂和困难。《道路交通事故损害赔偿司法解释》第1条规定：“机动车发生交通事故造成损害，机动车所有人或者管理人有下列情形之一，人民法院应当认定其对损害的发生有过错，并适用侵权责任法第四十九条的规定确定其相应的赔偿责任：（一）知道或者应当知道机动车存在缺陷，且该缺陷是交通事故发生原因之一的；（二）知道或者应当知道驾驶人无驾驶资格或者未取得相应驾驶资格的；（三）知道或者应当知道驾驶人因饮酒、服用国家管制的精神药品或者麻醉药品，或者患有妨碍安全驾驶机动车的疾病等依法不能驾驶机动车的；（四）其它应当认定机动车所有人或者管理人有过错的。”对机动车拥有所有权是对机动车拥有实际支配力和运行收益的完整体现，但所有权并不能作为判断是否为机动车持有者的唯一要素。实践中存在许多机动车所有权人以外的人应被认定为机动车持有者的情况，在这些特殊情况下如果发生交通事故应如何确定损害赔偿责任主体，具体分析如下。

一、租赁、借用情形下赔偿责任主体的确定

《侵权责任法》第49条规定：“因租赁、借用等情形机动车所有人与使用人不是同一人时，发生交通事故后属于该机动车一方责任的，由保险公司在机动车强制保险责任限额范围内予以赔偿。不足部分，由机动车使用人承担赔偿责任；机动车所有人对损害的发生有过错的，承担相应的赔偿责任。”

（一）租赁车辆情形下赔偿责任主体的确定

机动车租赁一般分为两种情形：第一种是出租人仅将机动车交付承租人使用，

出租人收取租金，但出租人不提供驾驶员，例如汽车租赁公司按约定租金在一定期间内将汽车出租给单位或个人使用；第二种是出租人将带有驾驶员的机动车一并交付承租人使用，承租人不必支付驾驶员的劳务费，仅需按约定支付租金即可，例如巴士公司出租带驾驶员的汽车提供一日游服务、婚庆公司提供的婚车服务等。第二种情形不属于法律意义上的机动车租赁关系，因此，笔者重点分析第一种情形中的赔偿义务、主体的确定和责任承担。实践中对该问题的处理通常为出租人和承租人应当承担连带责任，出租人没有过错的，可以向承租人追偿。另有一种观点认为，机动车的持有人应为出租人，出租人承担危险责任，承租人则应负过错责任。这种观点的理由是，出租人收取租金，因此出租人对于机动车的运行享有利益，出租人并不因机动车的出租而丧失对该机动车的支配，因此基于运行利益与运行支配“二元说”，出租人才是机动车的持有人，应当承担危险责任。笔者认为，在机动车租赁中，出租人将机动车出租给承租人后，就丧失了控制该机动车给周围环境带来危险的能力，如果仍对其科以危险责任有违民法贯彻的公平原则。承租人自主控制、支配机动车的行为才是导致交通事故的危险来源，出租人收取的租金是出租人所有权权益的体现，并非是对于机动车的运行享有的利益，真正对机动车享有运行利益的是承租人，承租人支付租金就是为了获取机动车的使用权，获取其中的运行利益。因此，承租人才是赔偿义务人。

当然，当出租人存在过错时也应承担相应的赔偿责任，但在判断出租人的过错时应比出借人更为严格。因出租人收取租金，出借人一般没有任何报酬，所以，出租人应当在审查承租人的驾驶资格、车况维持等方面比出借人承担更多的义务。应当注意，出租人可以通过定价机制等转移风险，所以，也应当比出借人承担更多的责任。考虑出租人在合法营运中的利益，在案件中判决出租人承担补充责任也是较为妥当的。另外，根据《道路交通安全法》第 17 条和《机动车交通事故责任强制保险条例》的规定，我国实行机动车第三者责任强制保险制度。作为机动车的所有人，应当购买第三者责任强制保险，以充分保障受害人的合法权益。如果所有人没有购买第三者责任强制保险，受害人可能基于责任人没有偿还能力等因素而无法得到该部分赔偿，这无疑增加了受害人不能得到足额赔付的风险。所以，机动车所有人（出租人）对于这一部分应当承担如同强制责任保险人一样的赔偿责任。实践中还存在双方对赔偿责任事先有约定的情况，例如，许多汽车租赁合同中明确约定“出租方不承担车辆租赁期间交通事故造成的伤亡等一切后果”等类似免责条款，但当事人之间的此类约定仅具有内部效力，也就是说，相关赔偿义务人承担赔偿责任后，再依其约定进行内部追偿或者责任分担，但这并不影响对受害人一方的赔偿责任。

（二）借用车辆情形下赔偿责任主体的确定

道路交通事故无过错责任或危险责任要归责的是支配机动车的驾驶人及其驾驶行为，在借用机动车的情形下，借用人是支配机动车的保有者，是无过错责任的责任主体。机动车出借人将机动车借给他人使用属合法行为，但是机动车出借人可能存在过失，如机动车本身的状况包括安全性和合法行驶方面存在问题、借用人没有合规的驾驶执照、借用人有酗酒或者酒后驾车的倾向等。那么，出借人存在这些过错时，应承担与其过错大小相对应的赔偿责任，但并非与借用人承担连带责任，而是承担补充责任。因为，出借人并非控制机动车的一方，借用人承担的是无过错责任，而出借人仅承担过错责任。当然，出借人没有依法购买强制责任保险的，对于这一部分也应当承担如同强制责任保险人一样的赔偿责任。

二、机动车被盗窃、抢劫或抢夺情形下赔偿责任主体的确定

《道路交通事故损害赔偿司法解释》第 2 条规定："未经允许驾驶他人机动车发生交通事故造成损害，当事人依照侵权责任法第四十九条的规定请求由机动车驾驶人承担赔偿责任的，人民法院应予支持。机动车所有人或者管理人有过错的，承担相应的赔偿责任，但具有侵权责任法第五十二条规定情形的除外。"

《侵权责任法》第 52 条规定："盗窃、抢劫或者抢夺的机动车发生交通事故造成损害的，由盗窃人、抢劫人或者抢夺人承担赔偿责任。保险公司在机动车强制保险责任限额范围内垫付抢救费用的，有权向交通事故责任人追偿。"

机动车被盗窃、抢劫或抢夺以后，机动车的所有人失去监管、支配机动车的能力，因机动车产生的危险责任则应由盗窃者、抢劫者或抢夺者承担。这也是绝大部分欧洲国家法律制度的观点。《最高人民法院关于被盗机动车辆肇事后由谁承担损害赔偿责任问题的批复》（法释〔1999〕13 号）早就作出了相关规定："使用盗窃的机动车辆肇事，造成被害人物质损失的，肇事人应当依法承担损害赔偿责任，被盗机动车辆的所有人不承担损害赔偿责任。"因此，机动车被盗窃或者抢劫后，所有人丧失了对机动车的支配力，控制机动车的盗窃者、抢劫者或抢夺者应当承担危险责任。

然而，尚需考虑的因素是机动车所有人是否尽到妥善保管的注意义务，即其对机动车的被盗或被抢有无过错。例如，车主忘记关车门或把钥匙忘在车上，使他人有机可乘。如果所有人有过错，则应当依据《民法通则》第 106 条第 2 款的规定承担其过错限度内的赔偿责任，当然，这也属于补充性质的责任。另外，机动车被盗或被抢后，车主应当及时报警、报失，以便警方能够及时控制局面减少可能造成的损失，否则应当承担相应的补充责任，这是对物之所有权人所应尽的社会责任。如果没有及时报警、报失，则缺乏公示性，在具体案件中也很难举证机动车被盗窃、抢劫或抢夺以免责。

三、挂靠运营情形下赔偿责任主体的确定

《道路交通事故损害赔偿司法解释》第 3 条规定："以挂靠形式从事道路运输经营活动的机动车发生交通事故造成损害，属于该机动车一方责任，当事人请求由挂靠人和被挂靠人承担连带责任的，人民法院应予支持。”机动车挂靠经营是我国普遍存在的经营方式，一般是指个人或合伙出资购买机动车，经具有运输经营资质的运输企业同意将车辆登记在该企业名下，以该运输企业名义从事运输经营的行为。其中，出资人被称为挂靠者，运输企业被称为被挂靠者。车辆挂靠经营关系一般是由挂靠者与被挂靠者缔结挂靠协议而确立。挂靠者一般是不具有运输业经营资格的个人或企业，之所以要以被挂靠者名义从事经营活动，是因为运输行业市场准入较为严格，需得到行政许可方能从业。因此，所谓机动车挂靠，更为确切的表述应为运输经营权的挂靠。挂靠者以被挂靠者的名义从事法律行为，增加了不可估量的交易风险；挂靠行为使得不具有从业资格的主体得以从业，显然系规避法律的行为。挂靠者和被挂靠者违反了民法中的诚实信用原则，两者主观上都有过错，因此，应当承担连带责任。同时，根据《民事诉讼法解释》第 54 条的规定：“以挂靠形式从事民事活动，当事人请求由挂靠人和被挂靠人依法承担民事责任的，该挂靠人和被挂靠人为共同诉讼人。”应当注意的是，挂靠人和被挂靠人承担民事责任的，应以当事人请求为前提条件。

四、连环购车未办理过户情形下赔偿责任主体的确定

《道路交通事故损害赔偿司法解释》第 4 条规定：“被多次转让但未办理转移登记的机动车发生交通事故造成损害，属于该机动车一方责任，当事人请求由最后一次转让并交付的受让人承担赔偿责任的，人民法院应予支持。”关于连环购车未办理过户情形下事故责任的承担问题，与分期付款购车情形下事故责任承担问题的原理相同，均由实际车主承担赔偿责任，最高人民法院相关司法解释对此也有明确规定。在《最高人民法院关于连环购车未办理过户手续，原车主是否对机动车发生交通事故致人损害承担责任的请示的批复》（〔2001〕民一他字第 32 号）中指出：“连环购车未办理过户手续，因车辆已交付，原车主既不能支配该车的营运，也不能从该车的营运中获得利益，故原车主不应对机动车发生交通事故致人损害承担责任。但是，连环购车未办理过户手续的行为，违反有关行政管理法规的，应受其规定的调整。”此种情形下，尽管没有进行所有权的变更登记，但只要已经按协议合法交付了机动车，机动车所有权就发生了转移，就应当由新的所有人承担赔偿责任。况且，机动车一经交付，买受人就实际占有控制了该车辆并成为保有者，因为他的“实际的支配力”和“使用收益”并不受是否办理转移登记的影响。

在此，应注意一种例外情形，即对于有瑕疵的机动车，仍多次转让的，所有转让人和受让人均应承担连带责任，也就是《道路交通事故损害赔偿司法解释》第 6 条的规定：“拼装车、已达到报废标准的机动车或者依法禁止行驶的其他机动车被多次转让，并发生交通事故造成损害，当事人请求由所有的转让人和受让人承担连带责任的，人民法院应予支持。”

五、套牌机动车情形下赔偿责任主体的确定

《道路交通事故损害赔偿司法解释》第5条规定：“套牌机动车发生交通事故造成损害，属于该机动车一方责任，当事人请求由套牌机动车的所有人或者管理人承担赔偿责任的，人民法院应予支持；被套牌机动车所有人或者管理人同意套牌的，应当与套牌机动车的所有人或者管理人承担连带责任。”所谓“套牌车”是指行为人没有经过合法的手续办理车牌号，而是通过伪造或者变造的手段使用他人车牌号的违法行为。“套牌车”侵犯了交通管理部门对汽车牌照的管理权，汽车牌照作为行政管理的手段，是交通管理部门为了规范交通管理秩序而对运营车颁发的一种识别标志，是行政机关管理车辆的工具。因此，套牌机动车发生交通事故造成损害的，理应由套牌机动车的所有人或管理人承担赔偿责任。当然，如果被套牌机动车的所有人或管理人有过错的，应承担连带责任。

综上，在处理道路交通事故案件时，总的原则是机动车与行人、非机动车驾驶人之间的事故责任，本质上为高度危险作业致人损害的无过错责任。机动车的实际驾驶人（持有者、占有人）将作为高速运输工具的机动车开到道路上给他人带来了危险，因为他控制着这样的危险，所以要让“机动车一方”对行人或非机动车一方承担此等无过错责任，这也是确定“机动车一方承担赔偿责任”的基本出发点。此外，还应适当考虑出借人、出租人、被挂靠人等的过失和商业利益，作为确定承担补充责任或连带责任的因素。

【典型案例】

四川省成都市青羊区信达货运配载经营部与中国农业机械西南公司运输合同纠纷案

上诉人（一审被告）：中国农业机械西南公司。

法定代表人：王建设，经理。

被上诉人（一审原告）：四川省成都市青羊区信达货运配载经营部。

法定代表人：赵志高，经理。

一审第三人：刘龙生。

〔基本案情〕

四川省成都市青羊区人民法院经审理查明：1998年4月18日，原告四川省成都市青羊区信达货运配载经营部（以下简称信达货运部）的代表刘方云与被告中国农业机械西南公司（以下简称西南农机公司）川A16426号货运车的驾驶员付卫华在上海签订了一份四川省公路货物运输合同书。约定：川A16426号车为信达货运部从上海、浙江等地承运鞋底、火花塞和冰柜等货物，目的地是成都。合同还对运费、运输时间等内容作了约定。合同签订后，川A16426号车在运输途中发生交通事故，使

信达货运部托运的火花塞损失计款14680元，胶合板损失计款7122元（其中遗失的胶合板损失5386.5元），货损共计21810元。此后，信达货运部因与西南农机公司协商货损赔偿问题无果，遂提起诉讼。在本案审理中，西南农机公司提交了该公司与刘龙生签订的分期付款购车合同。合同除约定了车价、分期付款时间和金额以外，还约定：刘龙生从事货物运输所使用的车辆营运证等有关手续均由西南农机公司提供；在付款期内，因乙方（刘龙生）发生事故对第三者造成人身伤亡和财产损失时，乙方应承担全部责任。

〔一审裁判理由与结果〕

四川省成都市青羊区人民法院审理认为：第三人刘龙生同付卫华以被告西南农机公司的运输车辆、行驶证和营运手续等与原告信达货运部间签订的运输合同，应确认为西南农机公司的经营活动。该运输合同依法成立，依照《经济合同法》① 第六条的规定，应当受法律保护，当事人必须全面履行合同约定的义务，任何一方不得擅自变更或者解除合同。西南农机公司辩称刘龙生所从事的运输是非车主方工作任务的理由不能成立。依照《经济合同法》第三十六条第一项第三目的规定，对运输合同履行过程中，因发生交通事故所造成的货物损失，应当由车主西南农机公司承担赔偿责任。鉴于在购车合同中，有在付款期内因刘龙生发生事故对第三者造成人身伤亡和财产损失时由刘龙生承担全部责任的约定，因此，刘龙生对本案中的货物损失负有赔偿责任。据此，判决：

刘龙生于判决发生法律效力之日起十日内赔偿成都市青羊区信达货运配载经营部货物损失21810元，并支付从1998年5月19日起至付清之日的利息，利息按中国人民银行同期贷款利率计算。逾期未付清的，由中国农业机械西南公司承担清偿责任。

〔当事人上诉及答辩意见〕

被告西南农机公司不服，向四川省成都市中级人民法院提出上诉。

〔二审查明的事实〕

四川省成都市中级人民法院还查明：1998年4月18日，刘龙生与川A16426号车的驾驶员付卫华一起到信达货运部上海办事处，在刘龙生和付卫华出具了本人身份证和川A16426号车的行车证后，由付卫华以四川农机公司的名义与被上诉人信达货运部的代表刘方云在上海签订了一份四川省公路货物运输合同。该合同未加盖四川农机公司的公章。在上诉人西南农机公司与刘龙生签订的分期付款购车合同中，约定在分期付款期内，车辆户籍挂靠西南农机公司作为抵押。在此期间如发生交通事故对第三者造成人身和财产损失，由刘龙生负责。合同签订后，刘龙生支付了部

---

① 已被1999年《合同法》废止。

分车款，西南农机公司将川 A16426 号车及有关证件交与刘龙生。刘龙生与付卫华给信达货运部出示的各种证件，川 A16426 号车的行驶证是由西南农机公司提供的。刘龙生将川 A16426 号车投入营运后，所得营运收入均归其个人所有。

〔二审裁判理由与结果〕

四川省成都市中级人民法院审理认为：一审确定本案案由为运输合同纠纷，是正确的。一般情况下，运输合同的当事人只有承运方和托运方。至于承运人是使用自己所有的运输工具，还是使用租赁的或者借用的运输工具来完成运输合同中约定的承运义务，不影响运输合同的成立。因此，本案中上诉人西南农机公司与运输合同无关，不应当成为运输合同的当事人。第三人刘龙生和川 A16426 号车的驾驶员付卫华在与被上诉人信达货运部签订运输合同时，除持有本人身份证、驾驶证和川 A16426 号车的行驶证以外，未能出具任何证明他们有权代表西南农机公司行使签订运输合同行为的有效证件。况且刘龙生、付卫华是以四川农机公司、并非西南农机公司的名义签订运输合同，其行为不具备任何表见代理西南农机公司的构成要件。信达货运部作为专门从事托运业务的机构，对与之签订运输合同的承运人应当进行审查；特别是对以单位名义签订运输合同，但是又未持有单位授权有效证件的个人，应当具有较高的识别能力。信达货运部没有理由相信刘龙生、付卫华是西南农机公司的全权代表。西南农机公司与本案的运输合同无关，对刘龙生、付卫华在本案中的运输行为，不应当承担任何责任。至于刘龙生与西南农机公司签订分期付款购车合同后是否已付清购车款，车辆是否在管理机关办理过户手续，汽车行驶证上载明的车主是谁，买卖的车辆是否已经按照约定交付给刘龙生占有使用，都是另一法律关系，与本案无关。况且该购车合同中早已约定，汽车在交由刘龙生控制使用后，风险责任由刘龙生负担。一审以车辆没有过户，西南农机公司是川 A16426 号车的实际车主，刘龙生、付卫华以西南农机公司的运输车辆、行驶证等与信达货运部签订的运输合同，是西南农机公司的经营活动等理由，将西南农机公司确认为本案的当事人，是错误的，应当纠正。

本案的运输合同是第三人刘龙生与被上诉人信达货运部签订的。刘龙生是实际的承运方当事人，信达货运部是托运方当事人。运输合同在履行过程中，因发生交通事故造成的货物损失，应当由实际的承运人刘龙生赔偿。上诉人西南农机公司的上诉理由成立，应予采纳。原判认定的部分事实不清，适用法律不当，应当改判。据此判决：

1. 维持一审判决中关于“刘龙生于本判决发生法律效力之日起十日内赔偿成都市青羊区信达货运配载经营部货物损失 21810 元，并支付从 1998 年 5 月 19 日起至付清之日的利息，利息按中国人民银行同期贷款利率计算”的内容。

2. 撤销一审判决中关于“逾期未付清的，由中国农业机械西南公司承担清偿责任”的内容。

规则5：在铁路货物运输合同关系中，货物运抵到站至交给收货人之前的暂存保管，不构成独立的仓储保管法律关系

——广东省茂名市粮食局粮油物资公司与广东省茂名市供销合作联社铁路专线经营部运输合同纠纷案①

【裁判规则】

1. 铁路货物运输合同中，承运人的责任是将货物按照合同约定运抵到站并交给运单载明的收货人。货物运抵到站至交给收货人之前的暂存保管，是运输合同承运人义务的组成部分，承运人或其代理人对交付前的货物的暂存保管，是其履行运输合同环节中的一个行为。承运人或其代理人没有正确交付货物，表明运输合同没有完全履行，由此产生的纠纷应是铁路货物运输合同误交付纠纷。收货人既未委托承运人或其代理人领取货物，也未与承运人的代理人形成事实上的仓储保管法律关系。收货人支付的保管费是因其货物暂存超过免费保管期限，按照《铁路法》的规定向承运人支付的费用，该项费用属运输杂费范围，不应认定已形成了独立的仓储保管法律关系。

2. 运输货物被他人冒领，是在代理人代理交货时发生的，代理人应承担损害赔偿责任；冒领人是以伪造的货物运单领取了货物，代理人无法辨别运单真伪，且无重大过失的，其误交付属一般过失，参照《最高人民法院关于审理铁路运输损害赔偿案件若干问题的解释》（以下简称《铁路运输损害赔偿解释》）第2条的精神，代理人可享受承运人赔偿责任限制。

【规则理解】

一、铁路货物运输合同中承运人的义务

铁路货物运输是指利用铁路运输工具将货物从一地运往另一地的运输生产过程。铁路货物运输合同是铁路承运人根据托运人的要求，采用铁路运输方式按期将托运人的货物运至目的站并交与收货人，托运人向承运人支付规定运输费用的协议。承接货物运输任务的一方，称为承运人；要求托运货物的一方，称为托运人。

铁路货物运输合同中的承运人，应当将托运人托运的货物安全、按时送到指定车站，交付收货人。在铁路货物运输合同中，承运人在不同的履行阶段所应承担的

---

① 《中华人民共和国最高人民法院公报》1999年第3期，最高人民法院民事判决书。

义务并不相同。具体分为三个阶段的义务：

（一）承运阶段的义务

1. 承运人应当认真清点托运人提供的货物，在与货物运单核对无误后，即可予以签字确认，承运手续即告完成。

2. 为保证货物的即时运输，承运人应当提供符合运输要求的铁路车辆。具体说就是按照货物运输合同约定的时间、数量、车种，调拨状态良好、清扫干净的货车。如果承运人不能按照货物运输合同约定的时间、数量、车种，调拨状态良好的车辆，延误运期，承运人将承担违约责任。同时，承运人应提供清扫干净的货车，如果因为货车清扫不干净造成承运货物变质、污染的，承运人应负责赔偿。

3. 对托运人或收货人组织装车或卸车的货物，将车调拨到装卸地点或商定的交接地点。对于特殊货物的装车、卸车，铁路承运人应当予以指导，协助托运人或收货人装、卸车，保证货物运输的质量，避免迟延起运或迟延交付。

4. 在车站公共装卸场所装卸的货物，除特定者外，负责组织装卸。除特殊货物需要托运人或收货人负责装卸外，为了保证货物运输安全，通常由承运人实行责任运输，负责组织装卸。承运人应将托运货物装至货车上，备妥护货垫、隔物料等，将货物捆扎牢固，苫盖严密，使托运货物处于良好的待运状态，保证运输质量。

（二）运送阶段的义务

承运人在运送阶段的任务有两个，一是根据《合同法》第 290 条的规定按照铁路运输的要求和运输合同的规定，在规定或约定的运到期限将货物安全运送到站。二是根据《合同法》第 291 条的规定，承运人应当按照约定的或者通常的运输路线将货物安全地运输到约定地点。在这一阶段，缔约承运人和实际承运人可能不一致，不过根据《合同法》第 313 条的规定，实际承运人的行为对缔约承运人产生同样的法律效力，实际承运人的行为要由缔约承运人和实际承运人承担连带责任。

（三）交付阶段的义务

1. 将承运的货物按照合同约定的期限运送到站，完整、无损地交付收货人。

2. 承运人组织卸货，向收货人发出到货催领通知。《合同法》第 309 条规定，货物运输到达后，承运人知道收货人的，应当及时通知收货人。根据此规定，承运人按照合同规定期限将货物运至指定地点后，应及时向收货人发出催领货物通知单，并负责妥善保管托运货物直至将其完好无损地交付收货人。

3. 发现多收运输费用时，要及时退还托运人或收货人。承运人必须按照国家规定的收费种类及收费标准收取运输费用（包括运费和杂费），不得擅自加收。如果发现多收运输费用，承运人应及时退还托运人或收货人。否则，即构成不当得利，托运人或收货人有权要求返还。

从以上承运人承担义务的期间可以看出，承运人承担责任的期间是自清点、装车始，至将货物按照合同约定运抵到站并交给运单载明的收货人止。因此，货物运抵到站至交给收货人之前的保管期间，也是运输合同承运人义务的组成部分，而承运人的代理人对交付前的货物的暂存保管，是代其履行运输合同环节中的一个行为。只要承运人或其代理人没有将货物交付正确的收货人，运输合同就没有履行完毕，由此产生的纠纷理应属于货物运输合同误交付纠纷。而仓储合同是保管人储存存货人交付的仓储物，存货人支付仓储费的合同。仓储是物流过程中一个很重要的环节，是一种专门为他人储藏、保管货物的商业活动。产品不能被及时消耗掉，需要暂时存放在某一场所就产生了静态的仓储；将物品存入仓库以及对于存放在仓库里的物品进行保管、控制、提供使用等的管理，便形成了动态仓储。仓储合同在本质上也可视为是一种特殊类型的保管合同。因此，仓储合同中对仓储物的保管与运输合同中承运人对交付前货物的暂存保管具有完全不同的性质，承运人对交付前货物的暂存保管是其承运阶段义务的一部分，不同于独立的仓储保管法律关系。①

二、货物运输合同误交付纠纷的法律适用

货物运输合同误交付纠纷，是指运输合同中的承运人，在交付所承运的货物时，因过错或虽无过错，但非托运人和收货人的责任，将货物交给合同规定的收货人以外的第三者，第三者对领取的货物不能返还或不能全部返还，给托运人（收货人）造成损失，因而产生收货人（托运人）向承运人进行索赔的纠纷。对此类纠纷的处理，《铁路运输损害赔偿解释》第8条在误交付的责任中规定："货物、包裹、行李误交付（包括被第三者冒领造成的误交付），铁路运输企业查找超过运到期限的，由铁路运输企业支付逾期违约金。不能交付的，或者交付时有损失的，由铁路运输企业赔偿。铁路运输企业赔付后，再向有责任的第三者追偿。"但适用何种赔偿原则，《铁路运输损害赔偿解释》未作规定。《铁路法》第17条对铁路运输企业承运货物、包裹、行李在运输过程中发生的损害赔偿原则作了规定，即："铁路运输企业应当对承运的货物、包裹、行李自接受承运时起到交付时止发生的灭失、短少、变质、污染或者损坏，承担赔偿责任……"该条规定是针对铁路运输企业低运价、高风险的特点作出的，货物在运输过程中有多种承运人意志以外的、难以控制的情况和原因，可能导致运输货物的损失，因而对铁路运输企业的赔偿责任作出限制规定。

---

① 参见李婷婷：《仓储法律制度研究》，湖南大学2006年硕士学位论文。

三、铁路货物运输合同承运人责任的限制性

（一）承运人责任限制性的内涵

承运人责任的限制性是指对承运人由于违反铁路运输合同和不履行其他法定义务而承担的法律后果，在赔偿责任上予以限制，使其仅在限定的范围内承担较一般民法上的过错责任为轻的有限责任的特征。按照民法的过错责任原则，责任主体应对由其过错造成的对方的全部损失负责赔偿。在赔偿范围上既包括直接损失，也包括间接损失。[①] 然而，在铁路运输合同中，《铁路法》第 17 条规定："铁路运输企业应当对承运的货物、包裹、行李自接受承运时起到交付时止发生的灭失、短少、变质、污染或者损坏，承担赔偿责任：（一）托运人或者旅客根据自愿申请办理保价运输的，按照实际损失赔偿，但最高不超过保价额。（二）未按保价运输承运的，按照实际损失赔偿，但最高不超过国务院铁路主管部门规定的赔偿限额；如果损失是由于铁路运输企业的故意或者重大过失造成的，不适用赔偿限额的规定，按照实际损失赔偿。托运人或者旅客根据自愿可以向保险公司办理货物运输保险，保险公司按照保险合同的约定承担赔偿责任。托运人或者旅客根据自愿，可以办理保价运输，也可以办理货物运输保险；还可以既不办理保价运输，也不办理货物运输保险。不得以任何方式强迫办理保价运输或者货物运输保险。"对于物质损失之外的经济损失是不予赔偿的，《铁路法》第 16 条规定："铁路运输企业应当按照合同约定的期限或者国务院铁路主管部门规定的期限，将货物、包裹、行李运到目的站；逾期运到的，铁路运输企业应当支付违约金。铁路运输企业逾期三十日仍未将货物、包裹、行李交付收货人或者旅客的，托运人、收货人或者旅客有权按货物、包裹、行李灭失向铁路运输企业要求赔偿。"货物逾期运到，铁路运输企业仅按运费的一定比例支付违约金，同样是基于货物自身未发生物质损失而确定的赔偿原则。

（二）承运人责任限制性的价值

承运人责任的限制性特征体现出法律的公平和正义的价值。正义的基本法律含义，首先是一种分配方式，无论是何种利益，只要其分配的方式是正当的，能使分配的参与者各得其所，它就是正义的；其次，正义是通过正当的分配达到一种理想的社会秩序状态。[②] 在铁路货物运输合同关系中，承运人的义务是按约定的时间和方式，将货物运送到目的地，其享有的权利是收取运费。运费通常以运输标的物的数量或质量以及距离计价，与标的物在流通或生产领域所能产生的使用价值和交换价值相比较，是微薄和有限的。但铁路运输距离长、速度快，本身就是一项高风险

---

① 参见王利明：《违约责任论》，中国政法大学出版社 1996 年版，第 402 页。

② 徐国栋：《民法基本原则解释》，中国政法大学出版社 1992 年版，第 324 页。

的行业，倘若要求承运人承担与其他民事主体相同的法律责任，显然会使其权利义务失衡，导致不公正的利益分配结果，而《合同法》《铁路法》及相关规章所规定的承运人责任制度正是将指导分配的法的正义原则法律化、制度化，并具体化为承运人的权利义务，以实现对社会合作利益和负担进行权威的、公正的分配。在铁路旅客运输合同关系中，铁路承运人所收取的有限的票款更是与人的生命价值无可比拟的，如果法律在分配利益时，加重了承运人的责任和风险，则势必会限制铁路运输业的发展，甚至会使其逐渐萎缩直至消失，这显然不是法律公平正义理念所追求的，也是与现代社会文明的发展方向相背离的。适当减轻承运人的责任和风险以促进铁路运输业的发展是必要的。同时，根据“可预见性”理论，不应将对承运人责任的限制全部归结为国家对铁路运输业的保护或直接认定为法律规定的失衡。因为，铁路运输本身的行业特点决定了承运人仅负责货物的运输，不可能像买卖合同中的当事人一样对货物的用途全部了解，并且可以对迟延交付造成的停工损失、违约金损失等做出合理预见。因此，这部分损失与违约行为之间不存在因果关系，不应当要求承运人对这部分损失承担责任。同样，这也是现代社会在享受铁路运输所带来的方便、快捷的同时，理应付出的必要的成本。由此可见，承运人责任限制制度作为正义原则的法律载体之一有其确定、巩固和发展的价值论基础。

【拓展适用】

一、铁路货物运输合同中承运人应当承担的责任

（一）逾期到达的责任

《铁路法》第16条规定：“铁路运输企业应当按照合同约定的期限或者国务院铁路主管部门规定的期限，将货物、包裹、行李运到目的站；逾期运到的，铁路运输企业应当支付违约金。铁路运输企业逾期三十日仍未将货物、包裹、行李交付收货人或者旅客的，托运人、收货人或者旅客有权按货物、包裹、行李灭失向铁路运输企业要求赔偿。”按照1991年《铁路货物运输规程》的规定，逾期到达违约金的计算以运费为基础，按货物实际运到日数超过约定运到期限的日数或一定比例，支付运费的5%～20%的违约金。

根据1991年《铁路货物运输规程》第37条的规定，以下两种情况承运人不支付违约金：1. 超限货物、限速运行的货物、免费运输的货物以及货物全部灭失的，承运人不支付违约金。2. 从承运人发出催领通知的次日起（不能实行催领通知或会同收货人卸车的货物为卸车的次日起），如收货人于2日内未将货物领出，即失去要求承运人支付违约金的权利。同时，货物在运输过程中，由于下列原因之一造成的滞留时间，应从实际运到日数中扣除：一是因不可抗力引起的；二是由于托运

人责任致使货物在途中换装、整理所产生的；三是因托运人或收货人要求运输变更所产生的；四是运输活动物，由于途中上水所产生的；五是其他非承运人责任发生的。承运人运错到站应当无偿运到正当到站并交付给收货人，由此造成逾期交付的，要承担逾期交付的违约责任。

（二）货物毁损、灭失的赔偿责任

因承运人的责任造成货物毁损、灭失的，要承担赔偿责任，赔偿责任以货物的实际损失为基础。实际损失包括货物本身的价格、包装费、短途运费及其他必要的费用。根据《铁路法》的规定，铁路货物损害赔偿实行限额赔偿的原则。1991 年《铁路货物运输规程》第 56 条规定，货物损失的价格按照下列标准进行赔偿：灭失时，按照灭失货物的价格进行赔偿；损坏时，按照损坏货物所降低的价格进行赔偿。货物赔偿价格的标准如下：第一，执行国家定价的货物，应按照各级物价管理部门规定的价格计算；第二，执行国家指导价格或市场调节价格的货物，比照前项国家定价货物中相同规格或类似商品价格计算；第三，个人托运的搬家货物、行李按货物交付当日（全部灭失时，为运到期限满了的当日）当地国有企业或供销部门的零售价格计算。但保价运输的货物，最多不能超过该批货物的保价全额，只损失一部分时，按损失货物与全批货物的比例乘以保价金额赔偿。不保价运输的，不按件数只按重量承运的货物，每吨最高赔偿 100 元，按件数和重量承运的货物，每吨最高赔偿 2000 元；个人托运的搬家货物、行李每 10 千克最高赔偿 30 元，实际损失低于上述赔偿限额的，按货物实际损失的价格赔偿。如果赔偿手续办理之前货物、行李、包裹有运送到站的，铁路运输企业应当办理交付手续，旅客、托运人或收货人不得拒绝领取，但有权要求铁路运输企业支付逾期运到的违约金。

1991 年《铁路货物运输规程》第 54 条同时还对索赔时效作出了特别规定："承运人同托运人或收货人相互间要求赔偿或退补费用的有效期间为 180 日，但要求承运人支付违约金的有效期间为 60 日。有效期间由下列日期起算：1. 货物灭失、损坏或铁路运输设备损坏，为承运人交给货运记录的次日；货物全部灭失未编有货运记录，为运到期限满期的第 31 日。2. 多收或少收运输费用，为核收该项费用的次日。3. 要求支付违约金，为交付货物的次日。4. 其他赔偿及退补多收或少收费用，为发生事故或核收该项费用的次日。"

（三）承运人责任限制的丧失

《铁路法》第 17 条第 1 款第 2 项规定："未按保价运输承运的，按照实际损失赔偿，但最高不超过国务院铁路主管部门规定的赔偿限额；如果损失是由于铁路运输企业的故意或者重大过失造成的，不适用赔偿限额的规定，按照实际损失赔偿。"在确定了限额赔偿原则的同时，对承运人责任限制丧失的条件作了明确的规定，即铁路运输企业的故意、重大过失。故意是指铁路运输企业在明知会发生损害后果的情况下，希望、放任损害结果的发生。关于重大过失，根据最高人民法院《铁路运输损害赔偿解释》第2条的规定："铁路法第十七条中的'重大过失'是指铁路运输企业或者其受雇人、代理人对承运的货物、包裹、行李明知可能造成损失而轻率地作为或者不作为。"

二、承运人的限额赔偿与保价运输

《铁路法》第17条第1款第1项规定："托运人或者旅客根据自愿申请办理保价运输的，按照实际损失赔偿，但最高不超过保价额。"以法律的形式确立了铁路保价运输。根据这一法律规定，自1991年5月1日起，铁路全面开展了保价运输，保价的目的是解决铁路限额赔偿不足以补偿托运人的损失而设立的一种特殊的运输制度。《铁路货物保价运输办法》第3条规定："按保价运输办理的货物，托运人应以全批货物实际价格保价，货物的实际价格以托运人提出的价格为准。货物的实际价格包括税款、包装费用和已发生的运输费用。"承运人只能依照托运人确定的价格收取保价运费，这是托运人和承运人双方就运输过程中发生的货损如何赔偿达成的一种约定。这种约定在运输合同即运单上有明确的表达。保价运输的赔偿是从维护托运人的利益出发，依法而制定的一种赔偿协议。保价运输由托运人提出，托运人一旦办理保价运输，确定了保价额，就是对承运人可能作出的最大赔偿额的承诺。因此，只要承运过程中发生货损就应按双方达成的协议进行赔偿。发生货损，按托运人确定的保额赔偿则是双方权利、义务对等的表现。显而易见，足额保价是保价运输立法设计的标准模式，但在实践中还大量存在着超额保价与不足额保价的情况，针对这两种情况，原铁道部和最高人民法院分别作出了规定。原铁道部《铁路货物保价运输办法》第10条规定："保价运输的货物发生损失时的赔偿额，按照实际损失赔偿。全批货物损失时，最高不超过保价金额；一部分损失时，则按损失货物占全批货物的比例乘以保价金额赔偿。"最高人民法院《铁路运输损害赔偿解释》第3条第1款规定："铁路法第十七条第一款（一）项中规定的'按照实际损失赔偿，但最高不超过保价额。'是指保价运输的货物、包裹、行李在运输中发生损失，无论托运人在办理保价运输时，保价额是否与货物、包裹、行李的实际价值相符，均应在保价额内按照损失部分的实际价值赔偿，实际损失超过保价额的部分不予赔偿。"原铁道部和最高人民法院对于超额保价的规定是一致的，即按实际损失赔偿。但对于不足额保价的规定不尽一致，造成了实际应用中的混乱，在由铁路货运部门处理时，则按损失货物占全批货物的比例赔偿；而由法院审理时，则在保价额内按实际损失赔偿。对于这两种不同的规定应如何适用，笔者认为，应适用最高人民法院的《铁路运输损害赔偿解释》，主要理由如下：1. 从规范制定的主体及效力上看，《铁路货物保价运输办法》是由铁道部制定的，属于行政规章；而《铁路运输损害赔偿解释》则是由最高人民法院作出的对法律的解释文件，其司法解释权是由全国人民代表大会依法授予的，这也就决定其所作《铁路运输损害赔偿解释》具有与国家法律相同的效力。2. 从制定目的及对象上看，铁道部的规章是依据《铁路法》作出的关于保价运输的原则性规定，是针对铁路企业具体而广泛的保价运输业务的需要而形成的，其目的是更好地为广大托运人或旅客提供优质服务，同时实现运输效益的最大化，具有一定的局限性。而《铁路运输损害赔偿解释》制定的目的则是对《铁路法》相关条款立法本意的明示，意在引导司法实践对保价运输赔偿法律的正确适用。因此，其效力所及对象与《铁路法》是一致的，其价值和效力远远超出了规章的局限性。3. 从规章适用的原则和范围上看，《铁路货物保价运输办法》规定的主旨是托运人或旅客要对其在保价合同订立时声明的保价金额负责。如不足额保价，则适用过错责任原则，以按比例计算赔偿额来缩小赔偿额度，由托运人或旅客为不足额保价付出代价。而最高人民法院的《铁路运输损害赔偿解释》以不足额保价金额为赔偿上限，在一定程度上体现了合同中声明价格的法律意义，同时，在保价额度内兼采以实际损失赔偿的方针，保护了市场经济条件下的弱势群体的利益，从赔偿责任承担程度上平衡了承运人与托运人、旅客的利益，具体贯彻了立法本意。

三、相继运送承运人的连带责任

我国《民法总则》对连带责任的承担作出明确规定，必须由法律规定或者当事人约定。即该法第 178 条第 3 款规定：“连带责任，由法律规定或者当事人约定。”《合同法》第 313 条规定：“两个以上承运人以同一运输方式联运的，与托运人订立合同的承运人应当对全程运输承担责任。损失发生在某一运输区段的，与托运人订立合同的承运人和该区段的承运人承担连带责任。”对于这一运送方式，法无明定其名，学者在学理上为区别于多式联运，而名曰：相继运送合同。[①] 广义的相继运送，就事实上之状态而言，共有四种：1. 部分运送，即数个运送人各自独立地承担一部分区域之运送，此时各运送人各就其分担部分，订立独立之运送契约。2. 转托运送，即一运送人承担全部之运送，为实行自己所承受运送义务，以自己的名义，而与第二以下之运送人订立运送契约。3. 共同运送，亦称同一运送，谓数个运送人共同与托运人订立一个运送契约，而于内部划定分担区域，相继为运送。4. 连

① 江平主编：《中华人民共和国合同法精解》，中国政法大学出版社 1999 年版，第 252 页。

带运送，即数个运送人通常以一直接或通运托运单或一连带托运单，就各区域，相继承担运送。[①]《合同法》第313条的规定不能归属于以上任何一种方式，似与连带运送更为接近，但在责任的承担上又有所不同。

法律规定相继运送的连带责任，专以保护托运人、收货人的利益为目的，为了方便托运人、收货人提起诉讼，以及判决后便于执行。最重要的一点体现在举证责任上，由于托运人、收货人对于运输的货物在哪一环节造成的灭失、毁损或迟延难以查清，则其在提起诉讼时就难以确定对方当事人，即在确定对方当事人的举证上面临困难。法律为保护其利益，赋予相继运送的承运人以连带责任，这样，即消除了托运人、收货人在诉讼时确定对方当事人所面临的困难。如果承运人能够证明事故不是发生在自己负责的环节或能够证明事故发生在其他承运人负责的环节，则可免除其责任，从利益衡量上讲，符合公平正义之理念。故从上述立法思想出发，《日本商法典》第579条规定："数人相继运输时，各运输人对于运输品的灭失、毁损或迟延，负连带赔偿责任。"[②]《德国商法典》第432条规定："（1）如果货运商为了履行由他所承担运输而货物转交给另一位货运商，他则对直至货物交付收货人的运输之履行承担责任。（2）通过同时接受货物和原来的货物托运单，继任货运商依据货运契约而介入运输，并且独立负有义务根据货物托运单内容而履行运输。（3）如果根据本条款，参与运输的货运商已经作出了损害赔偿，那么，他则对负有损害责任的其他人享有追偿权。当责任未能查明，并不能确定损害不是在自己的运送地段所发生，那么，参与运输的货运商则根据他们应获得的运费之份额关系而共同承担责任。"[③] 我国台湾地区"民法"第637条亦规定："运送物由数运送人相继为运送者，除其中有能证明无前三条规定之责任者外，对于运送物之丧失、毁损或迟到，应连带负责。"[④] 我国《合同法》虽对相继运送的连带责任作了规定，但仅规定由缔约承运人（与托运人签订货物运输合同的承运人）和责任承运人（损失实际发生区段的承运人）负连带责任，其他相继运送的承运人则不负连带责任。这种规定实际上要求托运人、收货人仍需对责任承运人的确定负举证责任，而正是由于托运人、收货人在实践中难以举证证明相继运送时究竟在哪一运输环节发生的损失，法律为保护其利益才作了连带责任的规定。我国《合同法》的规定，并未免除托运人、收货人的这一举证责任，与相继运送制度设计的立法指导思想相悖，实践

---

① 史尚宽：《债法各论》，中国政法大学出版社2000年版，第642~643页。

② 《日本商法典》，王书江、殷建平译，中国法制出版社2000年版，第165页。

③ 范健：《德国商法》，中国大百科全书出版社1993年版，第327页。

④ 刘承汉：《陆空运输法概要》，三民书局印行1978年版，第42页。

中也就难以取得其预想的效果。[①] 因此，希望今后在对《合同法》进行修改时，能够吸收我国台湾地区“民法”中关于此方面的相关规定。另在审判实践中，也应注意不要对于收货人的举证责任过于苛责，当当事人不能证明到底是在哪一承运阶段发生货损等情况时，应认定数责任承运人承担连带责任。

【典型案例】

广东省茂名市粮食局粮油物资公司与广东省茂名市供销合作联社铁路专线经营部运输合同纠纷案

再审申请人（一审被告、二审上诉人）：广东省茂名市供销合作联社铁路专线经营部。

法定代表人：莫谋亮，经理。

再审被申请人（一审原告、二审被上诉人）：广东省茂名市粮食局粮油物资公司（以下简称粮油公司）。

法定代表人：梁绍伦，总经理。

〔基本案情〕

最高人民法院查明：1993 年 5 月，广东省茂名市粮食局粮油物资公司（以下简称粮油公司）向辽宁轮胎厂购得长征牌汽车轮胎 130 套，双方约定由辽宁轮胎厂代办托运。同年 6 月 5 日，辽宁轮胎厂向铁路朝阳西站办理了托运该 130 套轮胎至茂名火车站的运输手续，货物保价 13.9 万元。该厂在货物运单上填写收货人一栏时，将“茂名市粮食局粮油物资公司”简写为“广东茂名粮油物资公司”。6 月 17 日，货物运抵茂名火车站，该站根据与广东省茂名市供销合作联社铁路专线经营部（以下简称供销专线）的约定，将货车调配到供销专线卸车，双方办理了交接手续。当日，供销专线向粮油公司发出领货通知。6 月 19 日，粮油公司持领货凭证到茂名火车站办理领货手续时，因运单上的收货人与实际不符，未办成领货手续。6 月 20 日，粮油公司按茂名火车站要求出具证明办结领货手续，向供销专线交纳了专线、暂存、卸车等费用，随后去该专线仓库提货时得知货物已于 6 月 19 日被人冒领。经查，冒领人所持运单系伪造。粮油公司遂向茂名市中级人民法院起诉，要求供销专线赔偿货损 15.14 万元，利息 4 万元，赔偿金 5 万元。

〔一审裁判理由与结果〕

茂名市中级人民法院审理认为：供销专线是专门从事货物中转、仓储保管业务的企业，茂名火车站将其承运的粮油公司所有的轮胎调配到供销专线仓库存放，供销专线履行了保管义务并收取了专线费、暂存费，双方已构成仓储保管关系。供销

---

① 高勇：《铁路运输合同承运人责任制度研究》，华东政法学院 2002 年硕士学位论文。

专线应承担保管不善致使代储货物灭失和由此造成粮油公司无货供给需方的损失，遂判决供销专线赔偿粮油公司20.14万元及货款利息。

〔二审裁判理由与结果〕

供销专线不服该判决，向广东省高级人民法院提起上诉。广东省高级人民法院二审认为：粮油公司从辽宁轮胎厂购进汽车轮胎，委托辽宁轮胎厂代办托运，该批货物运抵茂名火车站后，由茂名火车站调配到供销专线的仓库存放，供销专线接收货物后，即通知粮油公司交款提货，粮油公司依时交纳了专线、暂存、出仓等费用，双方已形成仓储保管关系，作为保管人的供销专线应对保管货物负责。本案货物被冒领的责任在于供销专线，供销专线应承担货物灭失及由此造成粮油公司无货供给下手需方的损失的赔偿责任。判决驳回上诉，维持原判。

〔最高人民法院裁判理由与结果〕

供销专线不服广东省高级人民法院终审判决，向最高人民法院提起申诉。最高人民法院审理后认为：辽宁轮胎厂将轮胎交给铁路朝阳西站办理托运手续后，承运人的责任是将轮胎按照合同约定运抵到站并交给运单载明的收货人。货物运抵到站至交给收货人之前的暂存保管，这是运输合同承运人义务的组成部分。本案收货人粮油公司是在茂名火车站办结领货手续，随后持货物运单到供销专线提货，供销专线也以运单为交货依据，表明交提货是基于同一个运输合同的行为。茂名火车站将货物调配到供销专线是为提高接卸到达货物能力，供销专线对交付前的货物的暂存保管，是代理承运人履行运输合同环节中的一个行为。茂名火车站与供销专线对货物的交接属承运人与代理人的交接。承运人或其代理人没有正确交付货物，表明运输合同没有完全履行，由此产生的纠纷应是铁路货物运输合同误交付纠纷。收货人粮油公司既未委托供销专线代理其领取货物，也未与供销专线形成事实上的仓储保管法律关系。粮油公司支付的保管费是因其货物暂存超过免费保管期限，按照铁路法规定向承运人支付的费用，该项费用属运输杂费范围。一、二审法院根据供销专线收取了该货物的专线、暂存费用而认定为形成了独立的仓储保管法律关系不当。

本案运输货物被他人冒领，是在供销专线代理交货时发生的，供销专线应承担损害赔偿责任；专用线作为铁路的组成部分，其运输范围内的行为应由铁路法调整。现有证据表明，冒领人是以伪造的货物运单领取了货物，供销专线无法辨别运单真伪，也无其他证据证明其有重大过失。因此，供销专线的误交付属一般过失。参照《最高人民法院关于审理铁路运输损害赔偿案件若干问题的解释》第二条的精神，代理人供销专线可享受承运人赔偿责任限制。该批货物以保价运输，依照《中华人民共和国铁路法》第十七条第一款第（一）项的规定，供销专线应按保价金额向粮油公司赔偿，收取的保管等费用应退还粮油公司。供销专线提出其仅是代表承运人行使交付义务，不应承担责任的理由不能成立。依照《民事诉讼法》第一百七十七条第二款①的规定，判决：

一、撤销广东省高级人民法院（1994）粤法经一上字第155号和茂名市中级人民法院（1993）茂中法经字第39号民事判决；

二、茂名市供销合作联社铁路专线经营部按照保价金额向茂名市粮食局粮油物资公司赔偿货物损失13.9万元，并按银行日万分之五的利息支付自1993年6月20日至1994年10月20日占用该款期间的迟延履行金33360元；退还运杂费2412.2元（含暂存保管费）。扣除原审已执行的232072元，茂名市粮食局粮油物资公司应返还茂名市供销合作联社铁路专线经营部57299.8元，并支付自1995年2月9日至付清该款期间的银行同期流动资金贷款利息。

规则6：由于货物本身的自然属性和托运人未履行如实填报运单的义务造成货物损失的，承运人不承担赔偿责任

——上海宏隆实业有限公司与上海铁路分局何家湾站、长沙铁路总公司株洲北站、南昌铁路局鹰潭站铁路货物运输合同逾期货损索赔纠纷案②

【裁判规则】

由于托运人运单内容决定着承运人采取何种运输措施以保证货物安全，因而如实填报运单是法律规定托运人必须履行的义务。若托运人未如实申报货物价值，致使承运人确认该货物属对运输无特殊要求的低值普通货物，则承运人按照运单填报内容，依据运输规章决定延长了运输时间，使货物的变质加剧，属货物本身的自然属性和托运人的过错造成的，承运人不承担赔偿责任。

【规则理解】

一、托运人的如实申报义务

货物运输合同，是指当事人为完成一定数量的货物运输任务，承运人使用约定的运输工具，在约定的时间内，将托运人的货物送到约定的地点交由收货人收货并收取运输费用而明确相互权利义务关系的协议。《合同法》第304条规定："托运人

---

① 对应2012年新《民事诉讼法》第198条第2款，规定："最高人民法院对地方各级人民法院已经发生法律效力的判决、裁定、调解书，上级人民法院对下级人民法院已经发生法律效力的判决、裁定、调解书，发现确有错误的，有权提审或者指令下级人民法院再审。"

② 《中华人民共和国最高人民法院公报》2001年第1期，最高人民法院民事判决书。

办理货物运输，应当向承运人准确表明收货人的名称或者姓名或者凭指示的收货人，货物的名称、性质、重量、数量，收货地点等有关货物运输的必要情况。因托运人申报不实或者遗漏重要情况，造成承运人损失的，托运人应当承担损害赔偿责任。”运输合同的标的是运送行为，而运送行为的标的是托运人要求托运的货物，因此，托运人办理货物托运，必须向承运人如实申报有关运输的情况，向承运人准确表明收货人及货物等的相关情况，以便承运人填写货物运输的有关单据，决定运输线路，合理安排运输以及核定运费的收取等。如果托运人违反以上义务，造成承运人损失的，托运人应当承担损害赔偿责任。

在承运人托运货物之前，通常需要托运人在办理货物运输之时向承运人准确地表明一些运输当中必要的情况，以便于承运人准确、安全地进行运输。在货物运输业务中，一般都是采用由托运人填写运单的方式来进行申报的，而承运人也一般是凭借托运人填写的内容来了解货物的情况，并且采取相应的措施对货物进行运输中的保护；如果托运人不向承运人准确、全面地表述货物的情况，就有可能造成承运人无法进行正确的运输，甚至有可能对托运人造成损失。《铁路法》第 19 条规定：“托运人应当如实填报托运单，铁路运输企业有权对填报的货物和包裹的品名、重量、数量进行检查。经检查，申报与实际不符的，检查费用由托运人承担；申报与实际相符的，检查费用由铁路运输企业承担，因检查对货物和包裹中的物品造成的损坏由铁路运输企业赔偿。托运人因申报不实而少交的运费和其他费用应当补交，铁路运输企业按照国务院铁路主管部门的规定加收运费和其他费用。”托运人申报不实或者遗漏重要事项，往往会造成两种结果：一是给承运人造成损失，如因为托运人申报不实，导致承运人未能使用合适的运输工具，给承运人带来损失，这种情况下托运人应当承担损害赔偿责任。二是给托运人造成损失，如因申报不实错误估计了货物的情况，造成货物损失，在这种情况下，因损失的产生是托运人自身过错造成的，故承运人不承担赔偿责任。

二、托运单

托运单，是指于运输合同成立后或订立时，应承运人的请求而由托运人填写的记载托运人、收货人、运输起讫时间、地点、所运货物情况等合同主要内容，并由托运人交承运人签章的随附单据。

（一）托运单的填写

托运人在托运货物时，除应如实、准确填写托运单外，还应注意以下事项。

1. 一张托运单托运的货物必须属同一托运人，对于拼装分卸的货物应将每一拼装或分卸情况在托运单记事栏内注明。

2. 易腐、易碎、易溢漏的液体、危险物品与普通货物，以及性质相抵触、运输条件不同的货物，不应用同一张托运单托运。

3. 一张托运单托运的物品，若品名、规格、包装标准不同，应提交物品清单。

4. 托运集装箱时应注明箱号和铅封印文号码，接运港、站的集装箱，还要注明船名、航次或车站货、箱位，并提交装箱清单。使用集装箱运输贵重、易碎、易潮等物品，每张运单至少一箱。

5. 轻泡货物及按体积折算重量的货物，要准确填写货物的数量、体积、折算标准、折算重量及有关数据。

6. 托运人要求自理装卸车时，经承运人确认后，应在运单内注明。

7. 托运人委托承运人向收货人代递有关证明文件、化验报告或单据等，须在托运人记事栏内注明名称和份数。

8. 托运人必须准确填写运单的各项内容，字迹要清楚，对所填写的内容及所提供的有关证明文件的真实性负责，并须签字盖章；托运人或承运人改动托运单时，亦须签字盖章证明。

（二）托运单的性质

有人认为，托运单既然记载的是运输合同的主要内容，并由承、托双方签字，因此，托运单就是运输合同。但笔者认为，托运单在一定情况下可以视为运输合同，但不能完全等同于运输合同。首先，从托运单签发的时间来看，它基本上是于运输合同成立后或订立时签发的，其中大宗长期货物运输、整车运输的托运单是在合同成立后，于具体履行时由托运人签发的。其次，从运单的交付来看，托运货物未必一定要交付运单。最后，从运单的作用看，运单主要是使承运人知悉运送的目的地、收货人等事项，以及便于收货人检查承运人运送的货物是否与托运人所托运的货物相同等。

当然，实践中也有将托运单视为运输合同的情形。如《道路货物运输及站场管理规定》第 37 条规定："道路货物运输经营者和货物托运人应当按照《合同法》的要求，订立道路货物运输合同。道路货物运输可以采用交通部颁布的《汽车货物运输规则》所推荐的道路货物运单签订运输合同。"根据该规定，在道路货物运输中，双方应当签订专门的货物运输合同，但也可以将托运单视为运输合同进行签订。但这并不等同于托运单一定是运输合同。运单的证据性质在于证明运输合同，具有证据文书的性质。运单的证据性质在于它所记载的内容是运输合同的主要内容，并由承托双方签章。但运单的证明力并不是充分的和唯一的。如果托运单所载内容与实际情况不符，如所载运输货物的数量有误，则承、托双方也可以提供其他证据加以反证。当然，对于托运单所载的事项，承运人有义务加以查验、核实，因此，一般情况下，应认为承运人是承认托运单所载内容的。从司法实务而言，承运人欲推翻运单所载内容，须承担举证责任。

三、铁路货物运输合同中的运输期限

运输期限对于货物运输合同而言是一个十分重要的内容，对此，《铁路法》及《铁路货物运输合同实施细则》等均作出了相关规定。《铁路法》第16条第1款规定："铁路运输企业应当按照合同约定的期限或者国务院铁道主管部门规定的期限，将货物、包裹、行李运到目的站；逾期运到的，铁路运输企业应当支付违约金。"《铁路货物运输合同实施细则》第18条第5款规定，承运人"未按规定的运到期限，将货物运至到站，向收货人偿付该批货物所收运费5%至20%的违约金"。同时《铁路货物运输规程》第36条对于运输期限有更为具体的规定，根据该规程，"铁路运输货物，应在规定运到的期限内运至到站。货物运到期限从承运人承运货物的次日起，按下列规定计算：1. 货物发送期间为1日。2. 货物运输期间：每250运价公里或其未满为1日；按快运办理的整车货物每500运价公里或其未满为1日。3. 特殊作业时间：（1）需要中途加冰的货物，每加冰一次，另加1日。（2）运价里程超过250公里的零担货物和一吨、五吨型集装箱货物，另加2日；超过1000公里加3日。（3）一件货物重量超过2吨、体积超过3立方米或长度超过9米的零担货物及零担危险货物另加2日。（4）整车分卸货物，每增加一个分卸站，另加1日。（5）准、米轨间直通运输的整车货物，另加1日。货物实际运到日数的计算：起算时间从承运人承运货物的次日（指定装车日期的，为指定装车日的次日）起算。终止时间，到站由承运人组织卸车的货物，到卸车完了时止；由收货人组织卸车的货物，到货车调到卸车地点或货车交接地点时止。货物运到期限，起码天数为3日。"

第37条规定，货物实际运到日数，超过规定的运到期限时，承运人应按所收运费的百分比向收货人支付违约金。快运货物运到逾期，除依照《快运货物运输办法》规定退还快运费外，货物运输期间，按每250运价公里或其未满为1日，计算运到期限仍超时的，应依照规程的规定，向收货人支付违约金。超限货物、限速运行的货物、免费运输的货物以及货物全部灭失，承运人不支付违约金。从承运人发出催领通知的次日起（不能实行催领通知或会同收货人卸车的货物为卸车的次日起），如收货人于2日内未将货物领出，即失去要求承运人支付违约金的权利。货物在运输过程中，由于下列原因之一，造成的滞留时间，应从实际运到日数中扣除：

1. 因不可抗力的原因引起的；
2. 由于托运人责任致使货物在途中发生换装、整理所产生的；

3. 因托运人或收货人要求运输变更所产生的；

4. 运输活动物，由于途中上水所产生的；

5. 其他非承运人责任发生的。

由于上述原因致使货物发生滞留时，发生货物滞留的车站，应在货物运单“承运人记载事项”栏内记明滞留时间和原因。到站应将各种情况所发生的滞留时间加总，加总后不足 1 日的尾数进整为 1 日。

四、货物运输合同纠纷中的损害赔偿问题

货物运输合同纠纷中，由于铁路、航空和水上运输投资大、成本高、收益慢，市场进入门槛较高，托运人一般不具有平等的谈判地位，并且对于此类纠纷，法律法规对于赔偿办法和标准一般都有明确的规定。但对于公路运输合同纠纷来说，并无专门的法律规制，主要还是依据《合同法》的规定进行处理。根据《合同法》第 311 条的规定：“承运人对运输过程中货物的毁损、灭失承担损害赔偿责任，但承运人证明货物的毁损、灭失是因不可抗力、货物本身的自然性质或者合理损耗以及托运人、收货人的过错造成的，不承担损害赔偿责任。”我国在承运人损害赔偿问题上采取的是有限制的无过错责任原则，即在损害发生时，首先确定承运人负有赔偿责任，但如果承运人能够证明存在法定的免责事由的则不承担责任。同时，根据《合同法》第 311 条的规定，除了不可抗力、货物本身的自然性质或者合理损耗以及托运人、收货人的过错这三种免责事由外，对于货物的毁损、灭失，承运人均应承担损害赔偿责任而不问其是否有过错。根据《合同法》第 312 条的规定：“货物的毁损、灭失的赔偿额，当事人有约定的，按照其约定；没有约定或者约定不明确，依照本法第六十一条的规定仍不能确定的，按照交付或者应当交付时货物到达地的市场价格计算。法律、行政法规对赔偿额的计算方法和赔偿限额另有规定的，依照其规定。”《合同法》对于损害赔偿，规定了顺序有别的适用原则。实践中，运输合同有约定的自然按照约定办理；双方争议较少，或虽有争议，法院处理起来也较为容易。但是在合同没有约定的情形下，双方当事人达成协议的可能性较小，而交易习惯又没有可资证明的证据，法院应按照交付或者应当交付时货物到达地的市场价格计算。

【拓展适用】

一、托运人的其他义务

在货运合同履行过程中，托运人的义务表现在许多方面。如托运货物时，应向承运人提供托运物清单，实际托运货物应与托运单相符；需要包装的货物，必须按照国家相关主管部门规定的标准包装；没有统一规定的包装标准的，应在保证货物运输安全和货物质量的原则下进行包装；对货物制作正确的货物运输标志和必要的指示标志；在托运货物的当时，按照合同约定的结算方式付清运费；实行保价运输的货物，按声明价格支付保价费；双方协商需派人押运的货物，应派人随车押运等。我国《合同法》规定了托运人的三大义务：如实申报义务、提交文件及说明的义务及危险告知义务。在此，对托运人应承担的另外两大义务具体分析如下。

（一）提交文件及说明的义务

《合同法》第305条规定："货物运输需要办理审批、检验等手续的，托运人应当将办理完有关手续的文件提交承运人。"托运人办理托运时，应当提交法律、法规规定的必要文件以及有关货物的准确说明。托运人办理货物托运，其首要任务是进行必要的准备使托运货物适宜于托运。提交文件及说明属于托运人的准备工作范畴。根据国务院及相关主管部门的规定，目前需要凭证运输的货物主要有：

1. 动物及动物产品。2013年修订的《中华人民共和国动物防疫法》（以下简称《动物防疫法》）第43条第1款规定："屠宰、经营、运输以及参加展览、演出和比赛的动物，应当附有检疫证明；经营和运输的动物产品，应当附有检疫证明、检疫标志。"运输动物及动物产品等，应具有农牧部门的畜禽防疫机构或其委托单位出具的检疫证明。

2. 植物及植物产品。1992年修订的《植物检疫条例》第9条规定："按照本条例第七条的规定必须检疫的植物和植物产品，交通运输部门和邮政部门一律凭植物检疫证书承运或收寄。植物检疫证书应随货运寄。具体办法由国务院农业主管部门、林业主管部门会同铁道、交通、民航、邮政部门制定。"必须经过检疫的植物和植物产品有两种：一是列入应施检疫的植物、植物产品名单的，运出发生疫情的县级行政区域之前，必须经过检疫；二是凡种子、苗木和其他繁殖材料，不论是否列入应施检疫的植物、植物产品名单和运往何地，在调运之前，都必须经过检疫。必须检疫的植物和植物产品，经检疫未发现植物检疫对象的，发给植物检疫证书。发现有植物检疫对象、但能彻底消毒处理的，托运人应按植物检疫机构的要求，在指定地点作消毒处理，经检查合格后发给植物检疫证书；无法消毒处理的，应停止调运。植物检疫证书的格式由国务院农业主管部门、林业主管部门制定。

3. 麻醉药品和精神药品。《麻醉药品和精神药品管理条例》第52条规定："托运或者自行运输麻醉药品和第一类精神药品的单位，应当向所在地设区的市级药品监督管理部门申请领取运输证明。运输证明有效期为1年。运输证明应当由专人保管，不得涂改、转让、转借。"托运人在办理麻醉药品和第一类精神药品运输手续时，应当将运输证明副本交付承运人。承运人应当查验、收存运输证明副本，并检查货物包装。没有运输证明或者货物包装不符合规定的，承运人不得承运。承运人在运输过程中应当携带运输证明副本，以备查验。

4. 民用爆炸物品。《民用爆炸物品安全管理条例》第27条规定："运输民用爆炸物品的，应当凭《民用爆炸物品运输许可证》，按照许可的品种、数量运输。"运输民用爆炸物品，收货单位应当向运达地县级人民政府公安机关提出申请，并提交包括下列内容的材料：（1）民用爆炸物品生产企业、销售企业、使用单位以及进出口单位分别提供的《民用爆炸物品生产许可证》《民用爆炸物品销售许可证》《民用爆炸物品购买许可证》或者进出口批准证明；（2）运输民用爆炸物品的品种、数量、包装材料和包装方式；（3）运输民用爆炸物品的特性、出现险情的应急处置方法；（4）运输时间、起始地点、运输路线、经停地点。受理申请的公安机关应当自受理申请之日起3日内对提交的有关材料进行审查，对符合条件的，核发《民用爆炸物品运输许可证》；对不符合条件的，不予核发《民用爆炸物品运输许可证》，书面向申请人说明理由。《民用爆炸物品运输许可证》应当载明收货单位、销售企业、承运人、一次性运输有效期限、起始地点、运输路线、经停地点，民用爆炸物品的品种、数量。民用爆炸物品运达目的地，收货单位应当进行验收后在《民用爆炸物品运输许可证》上签注，并在3日内将《民用爆炸物品运输许可证》交回发证机关核销。同时，根据该条例第30条第1款规定："禁止携带民用爆炸物品搭乘公共交通工具或者进入公共场所。"

5. 烟草专卖品。《中华人民共和国烟草专卖法》（以下简称《烟草专卖法》）第21条规定："托运或者自运烟草专卖品必须持有烟草专卖行政主管部门或者烟草专卖行政主管部门授权的机构签发的准运证；无准运证的，承运人不得承运。"跨省、自治区、直辖市运输进口的烟草专卖品、国产烟草专用机械和烟用丝束、滤嘴棒以及分切的进口卷烟纸，应当凭国务院烟草专卖行政主管部门或其授权的机构签发的烟草专卖品准运证办理托运或者自运。跨省、自治区、直辖市运输除国产烟草专用机械、烟用丝束、滤嘴棒以及分切的进口卷烟纸以外的其他国产烟草专卖品，应当凭国务院烟草专卖行政主管部门或者省级烟草专卖行政主管部门签发的烟草专卖品准运证办理托运或者自运。在省、自治区、直辖市内跨市、县运输烟草专卖品，应当凭省级烟草专卖行政主管部门或其授权的机构签发的烟草专卖品准运证办理托运或者自运。运输依法没收的走私烟草专卖品，应当凭国务院烟草专卖行政主管部门签发的烟草专卖品准运证办理托运或者自运。

6. 木材。《中华人民共和国森林法实施条例》（以下简称《森林法实施条例》）第35条规定："从林区运出非国家统一调拨的木材，必须持有县级以上人民政府林业主管部门核发的木材运输证。重点林区的木材运输证，由省、自治区、直辖市人民政府林业主管部门核发。木材运输证自木材起运点到终点全程有效，必须随货同行。没有木材运输证的，承运单位和个人不得承运。木材运输证的式样由国务院林业主管部门规定。”经省、自治区、直辖市人民政府批准在林区设立的木材检查站，负责检查木材运输；无证运输木材的，木材检查站应当予以制止，可以暂扣无证运输的木材，并立即报请县级以上人民政府林业主管部门依法处理。

7. 放射性物品。《放射性物品运输安全管理条例》第29条规定：“托运放射性物品的，托运人应当持有生产、销售、使用或者处置放射性物品的有效证明，使用与所托运的放射性物品类别相适应的运输容器进行包装，配备必要的辐射监测设备、防护用品和防盗、防破坏设备，并编制运输说明书、核与辐射事故应急响应指南、装卸作业方法、安全防护指南。运输说明书应当包括放射性物品的品名、数量、物理化学形态、危害风险等内容。”此外，承运放射性物品也应当取得国家规定的运输资质。承运人的资质管理，依照有关法律、行政法规和国务院交通运输、铁路、民航、邮政主管部门的规定执行。

除上述各项规定外，国家在特定时期还有一些临时性规定，对运输地区及托运人主体进行限制，地方政府也会作出一些关于运输限制的规定。文件的提交及对货物的准确说明，应当于货物交付承运人时同时进行。如果托运人不能提交上述文件或说明，承运人可以要求托运人限期提交。托运人逾期不提交的，承运人可以解除货运合同，并要求托运人赔偿损失。

（二）危险说明义务

《合同法》第307条规定：“托运人托运易燃、易爆、有毒、有腐蚀性、有放射性等危险物品的，应当按照国家有关危险物品运输的规定对危险物品妥善包装，作出危险物标志和标签，并将有关危险物品的名称、性质和防范措施的书面材料提交承运人。托运人违反前款规定的，承运人可以拒绝运输，也可以采取相应措施以避免损失的发生，因此产生的费用由托运人承担。”在货物运输中，托运人往往会托运一些易燃、易爆、有毒、有腐蚀性、有放射性等危险物品。在运输这些危险物品时往往就会涉及安全问题，当货物可能对人身或财产造成损害时，托运人应于托运时或托运前，将货物的性质告知承运人。未告知的，托运人对因此造成的损害应当承担赔偿责任。托运人在填写运单时，除了要尽到如实申报义务外，还应对可能导致人身或财产损害的情形，予以一并记载。托运人应对危险物品妥善包装，作出危险物标志和标签，并将危险物品的名称、性质和防范措施告知承运人。托运人如因故意或过失对应记载事项不完全记载或作不实记载，是对法定义务的违反，应承担损害赔偿责任。因此，根据《合同法》的上述规定，托运人有三项义务：

1. 妥善包装义务。这里的妥善包装指按照有关危险物品运输的规定进行包装。

如国务院制定的《铁路货物运输合同实施细则》《水路货物运输合同实施细则》等均对此有所规定。海上危险货物运输的包装则应符合联合国国际海事组织所颁布的危险品运输规则的有关规定。

2. 制作标志、标签义务。托运人应当在危险物品上作出标志和标签。例如，在易爆的物品上标注“易爆物品，请注意”的标签，在易燃的物品上标注“火”的标识等。在危险物品上作出标识和标签，不仅可以提醒人们注意，也在一定程度上保证了承运人的运输安全。

3. 提交书面材料义务。托运人应当将有关危险物品的名称、性质和防范措施的书面材料提交承运人。要求托运人提供这些材料的目的就是让承运人采取措施进行安全运输，让承运人了解危险物品的情况，决定如何进行运输。托运人若将危险物品报成非危险物品的名称，应当承担由此引起的损害赔偿责任。

二、审判实践中货物运输合同主体认定问题

货物运输合同通常涉及三个主体，即承运人、托运人和收货人，当然也有托运人与收货人为一人的情况。在审判实践中，合同主体通常表现得多样、复杂，致使法律关系也表现得较为复杂，现就实践中通常会遇到的一些诉讼主体认定问题分析如下。

（一）承运人

承运人主要包括普通承运人和多式联运承运人。但在审判实践中，通常需要确定那些虽未与托运人直接签订运输合同，但却是“实际承运人”的情况。运输生产的连续性和复杂性决定了承运人必须有大批的代理人和受雇人，代理人与受雇人在承运人委托授权和指定范围内从事单一的或全部的运输业务。在实践中，经常会出现由一个承运人负责联系业务，然后将运输业务分包给其他实际运输人来完成的情况，承运人多以租赁经营、挂靠经营、拼车运输、分包运输等方式实现。如当某运输公司与某司机签订租赁经营合同，约定运输公司将所属货车连同运营手续一并租赁给司机个人经营后，发生了货损事故，谁应当作为被告参加诉讼。笔者认为，国家对交通运输业实行的是经营许可管理制度，只有经过审核领取经营许可证，方可从事运输业务。司机个人虽然是实际承运人，但没有经营许可证，不能作为诉讼主体。运输公司与司机之间的权利义务约定，只能适用于当事人双方，不能对抗第三人，故在这种情况下运输合同的承运人应当是运输公司。与前一事例不同的情况是，有些实际承运人的偿债能力是强于缔约承运人的，在这种情况下托运人能否选择实际承运人作为责任主体呢？笔者认为，在审判实践中，应考虑托运人受到损害的情况，不能简单地以合同相对性一概否定托运人的诉讼主张。如甲乙公司签订运

输合同，约定由乙公司将甲公司的货物运到指定地点，乙公司签约后又与丙公司签订了运输合同，由丙公司实际负责运输。后货物受损，甲公司起诉乙丙公司，要求两公司承担连带赔偿责任。笔者认为，在该案中，甲乙公司之间存在运输合同关系，乙公司应当对甲公司的货物在运输过程中的损失承担赔偿责任，这是没有疑问的。从合同相对性的角度，对于丙公司，甲公司要求其承担责任，没有合同上的依据。但从侵权损害赔偿的角度，对于丙公司，虽然丙公司与甲公司之间没有合同关系，但作为实际运输人对货物损失有过错，亦应承担赔偿责任。若乙公司承担责任后，也可向丙公司主张权利。为方便诉讼，从侵权损害赔偿而言可直接判决乙丙公司对甲公司承担连带责任，既有效保护了托运人的权利，也减少了讼累，避免连环诉讼。

（二）托运人

我国未对托运人的合同主体资格加以特别规定，只要求其具备民法规定的行为能力即可。但如果托运的货物属于特殊种类的货物，托运人则应当具有一定资质。在货物运输合同纠纷中，因托运人违反合同义务而引发诉讼的情况并不多，即使托运人存在未支付运费的情况，承运人也可以通过扣留货物来保证自身权利的实现，因此，此类情况较易审理，不再赘述。

（三）收货人

从运输合同的订立过程看，在收货人和托运人不同一的时候，收货人并不是合同订立的当事人。但是托运人、承运人、收货人三者对于货物运输合同来说却又缺一不可。没有托运人，货物运输合同不可能发生；没有承运人，货物运输合同无法履行；没有收货人，货物运输合同无法履行完成，最终实现合同目的。并且，在实践中，收货人也有可能要支付运输费用。此外，收货人也可以要求承运人就运输货物的灭失、毁损、误交付、逾期交付等承担赔偿责任。因此，笔者认为，收货人的法律地位应当是货物运输合同的当事人，但是具有一定的特殊性。货物运输合同是由托运人与承运人订立的，但合同内容中有收货人及其权利义务的约定。货物运输合同实际包括保管和劳务两部分，而托运人与承运人签订的运输合同涉及收货人最实质的部分就是约定由收货人在货物到达地领取由承运人保管的货物。在货物运达目的地后，按照法律规定，承运人应当通知收货人，这一通知可以视为以托运人和承运人订立的运输合同为内容向收货人发出的要约。收货人以提交领货凭证、支付运费等实际行动完成承诺过程，并成为运输合同的当事人，享有领取货物、要求货损等合同权利，同时要承担支付运费、及时提取货物等合同义务。

【典型案例】

上海宏隆实业有限公司与上海铁路分局何家湾站、长沙铁路总公司株洲北站、南昌铁路局鹰潭站铁路货物运输合同逾期货损索赔纠纷案

再审申请人：长沙铁路总公司株洲北站。

负责人：易甫生，该站站长。

再审申请人：南昌铁路局鹰潭站。

负责人：张英东，该站站长。

原二审被上诉人、一审被告：上海铁路分局何家湾站（现该站已并入上海铁路分局杨浦站）。

负责人：李祥吉，该站站长。

对方当事人：上海宏隆实业有限公司。

法定代表人：王日宏，该公司总经理。

〔**基本案情**〕

最高人民法院查明：1995 年 4 月 19 日，广东省物资储运公司受上海宏隆实业有限公司（以下简称宏隆公司）的委托，将宏隆公司被买方拒收的 240 件铁桶包装的 TD 甘油在广州东站办理了托运手续，自装自锁装入 P632697 号 60 吨的棚车，施封号码 0276。托运人填写的货物运单记载：甘油 240 件，重量 60 吨，货物价值 6 万元，保价 6 万元，到站上海铁路分局何家湾站（以下简称何家湾站），收货人宏隆公司。承运人缮制的货票记载，运到期限为 9 天。

P632697 号货车于 1995 年 4 月 20 日从广州东站开出，次日到达长沙铁路总公司株洲北站（以下简称株洲北站），在列车编组作业中被两次开往白马垅站保留，直至 5 月 18 日解除保留开回株洲北站编入直通货物列车开出，同日到达南昌铁路局鹰潭站（以下简称鹰潭站）。列检员在例行检查中发现 P632697 号车的走行部位一侧位旁承游间及枕簧被压死，不能继续运行，遂将该车送鹰潭南站倒装扣修。鹰潭南站于 6 月 8 日以两辆敞车加篷布苫盖倒装了 P632697 号车上的货物。倒装时货运记录记载：车底板上有油迹，经清点有空桶 17 件，另有 7 件桶中部有 0.8×0.4 厘米的破口（新痕），内货剩余约半桶。倒装后，两辆敞车于 6 月 9 日挂运，6 月 14 日抵达何家湾站。

收货人宏隆公司自行卸车。卸车时货运记录记载：空桶 44 件，半桶 36 件。货物外包装上贴有英文标签，标有“SORBITOL NEOSOEB”（即山梨糖醇、异构山梨醇），“NET 275KG”（即净重 275 公斤），“Gross 296KG”（即毛重 296 公斤）字样，桶上没有中文标识。宏隆公司将 10 个满桶货物抽样过秤，最重的达 273 公斤，最轻的有 270 公斤。涉案货物后经上海市产品质量监督检验所现场外观检查，结果是：TD 甘油共计 240 桶，其中空桶 61 只，满桶 179 只。在 179 桶中，有 167 桶为胖桶。随机抽查胖桶4只，内均有气体逸出，且内装物均有发酵味。抽样检验结论：该产品本次抽查检验不合格。

另查明，涉案的这批TD甘油是江苏省泰兴市甘油厂（以下简称泰兴甘油厂）于1994年11月5～13日生产的，该企业标准未标明TD甘油的成分，规定保质期为6个月。中国科学院化学研究所接受法院的委托，对从泰兴甘油厂抽取的TD甘油样品进行了检验，结果为：TD甘油样品是一个多元醇的多聚糖混合物的水溶液。该混合物中，含量最多的是己六醇（亦称六碳醇糖，如山梨糖醇、甘露醇之类），其次成分是六碳单糖。

〔一审裁判理由与结果〕

上海市铁路运输中级人民法院审理认为：宏隆公司指控承运人有野蛮装卸和重大过失证据不足。株洲北站保留该车，致使货物逾期运到并超过保质期发生变质，对货损有一般过失，应在货物保价金额内承担赔偿责任；货物到达鹰潭站已过保质期，扣车和倒装系货物超载所致，故鹰潭站不承担赔偿责任。判决株洲北站按货物保价金额赔偿宏隆公司货损6万元，并支付逾期违约金1434元。

〔二审裁判理由与结果〕

宏隆公司和株洲北站不服该判决，向上海市高级人民法院提起上诉。上海市高级人民法院二审认为：株洲北站上诉称由于醴陵限制口的车辆通过能力有限，因此该车被保留，属不可抗力，株洲北站不应为保留承担逾期运到的货损和违约责任。而事实是，宏隆公司于本案货物托运的次日又托运的另一车TD甘油，8天后即运抵上海。即便是由于车辆通过能力受限需要采取保留措施，但后运的货物却能先到达，株洲北站以保留来拒绝承担责任的理由难以采信。TD甘油有一定的保质期，鹰潭站对到站货车没有及时倒装，致使宏隆公司托运的TD甘油在该站滞留，造成逾期变质。承运人确实存在重大过失，应当承担全部赔偿的责任。宏隆公司上诉请求按实际损失赔偿，并无不当。据此，上海市高级人民法院按照铁道部关于“铁路货运损失由到达站赔偿”的决定，判决撤销一审判决，由何家湾站赔偿宏隆公司货物损失60万元。

〔最高人民法院裁判理由与结果〕

株洲北站和鹰潭站不服上海市高级人民法院终审判决，向最高人民法院申请再审。最高人民法院审理后认为：《中华人民共和国铁路法》第十九条规定，托运人应当如实填报托运单，铁路运输企业有权对填报的货物和包裹的品名、重量、数量进行检查。第二十条规定，托运人对托运货物应当按照国家的或者行业的包装标准包装，使货物在运输途中不因包装原因而受损坏。

由于运单内容决定着承运人采取何种运输措施以保证货物安全，所以法律将如实填报运单规定为托运人必须履行的义务。宏隆公司委托的托运人在货物运单中填写的品名是甘油，而实际托运的是TD甘油；运单上申报的货物价格6万元，而实际整批货物价值60万元，没有履行如实填报运单的义务。

甘油的化学名称是“丙三醇”，其性质较稳定，对运输没有严格要求，如包装密闭不严或过期一二个月，只会因吸潮使甘油含量减少，但不至引起化学变化。而TD甘油的主要化学成分是己六醇，含羟基成分较多，化学性质比较活跃，属极易被氧化物质。如果外包装密闭不严，会加速氧化过程，导致变质。宏隆公司使用曾盛装过化学性质比己六醇更活跃的异构山梨醇的旧铁桶盛装返运的TD甘油，既不符合泰兴甘油厂关于TD甘油需使用洗干燥的涂塑或镀锌桶包装的企业标准，又不符合甘油应使用铝桶（带铁制加强框架）、涂锌或涂树脂铁制容器包装，并保证桶罐盖紧、封牢，不渗不漏、不吸潮的国家标准。该批货物从上海运至广州时，就已经存在渗漏、部分货物发酵、桶鼓胀等问题，说明返运过程中出现的包装破损渗漏和大部分桶顶鼓胀、货物发酵变质等现象，其根本原因是包装不当造成货物发生氧化反应，与逾期运到没有必然联系。

《铁路货物保价运输管理办法》第八条、第十条规定，保价金额50万元以上的整车货物，应及时挂运，中转停留一般不超过24小时。由于宏隆公司委托的托运人未如实申报货物价值，使承运人确认该批货物属对运输无特殊要求的低值普通货物，故在选择保留车时，根据先普通货物后特殊货物的原则决定将该车保留。该批货物使用棚车运输，由托运人自装自锁。按照中华人民共和国原铁道部1991年公布的《铁路货物运输规程》第四十七条第一款的规定，承运人与托运人凭封印交接，内货状况和包装由托运人负责。《铁路法》第十九条规定的铁路运输企业对货物进行检查是承运人的权利，并非义务。承运人按照运单填报内容，依据运输规章决定将该车保留，延长了运输时间，使货物的变质加剧，属货物本身的自然属性和托运人的过错造成的。依照《铁路法》第十八条第二、三项规定，承运人不承担赔偿责任。

按照列车运行图的规定，醴陵站每天可以正常通过近700辆重车，醴陵站虽是铁路运输中的限制口，但并非所有车辆的通过都要受到限制。在通过能力受到限制时，正因为对部分车辆采取了保留让路的办法，才能够保证线路畅通，使后面更多的车辆顺利通过。而需要保留的车数、时间以及挂车的次序，是由列车调度根据车流情况和编组作业原则掌握，不是按先来后到的顺序排队。二审判决以宏隆公司后返运的另一批甘油在8天内运到来说明逾期运到并非由于醴陵限制口车辆通过能力有限所致，从而推定承运人有重大过失不成立。

本案货物的运到期限为9天，逾期47天运到。《铁路法》第十六条第一款规定：“铁路运输企业应当按照合同约定的期限或者国务院铁路主管部门规定的期限，将货物、包裹、行李运到目的站；逾期运到的，铁路运输企业应当支付违约金。”《铁路货物运输合同实施细则》第十八条第五款规定，承运人“未按规定的运到期限，将货物运至到站，向收货人偿付该批货物所收运费5%至20%的违约金”。株洲北站虽然是因运输能力的限制而对该车采取保留措施造成逾期，但仍属承运人的违约行为，与托运人或者收货人无关，株洲北站应当依法给付该段逾期时间内的违约金。托运人使用的P362697号棚车限制吨位是60吨，托运240件货物，每件平均毛重应当在250公斤以内。而本案货物的外包装上标明的毛重是296公斤，满桶货物平均在270公斤以上，确实存在着超重装车的现象。鹰潭站发现该车因超重被损坏，为了保证铁路运输安全而决定将该车倒装扣修，本不应当对因此造成的损失负责。但是鹰潭站没有根据具体情况及时安排倒装车辆，故亦应对在该站的逾期负责。考虑到车辆的损坏是托运人超重装车造成的，可以相应减轻鹰潭站逾期的违约责任。判决：

一、撤销上海市高级人民法院的二审民事判决和上海铁路运输中级法院的一审民事判决；

二、驳回宏隆公司要求赔偿货物损失的诉讼请求；

三、由到站何家湾站代表承运人向宏隆公司支付逾期运到违约金496.84元。

规则7：承运人接受标书后未按行业惯例当天送往机场报关，迟延将标书报关出境，其行为属迟延履行，应承担相应的民事责任

——上海振华港口机械有限公司与美国联合包裹运送服务公司国际航空货物运输合同标书快递延误赔偿纠纷案①

【裁判规则】

承运人理应迅速、及时、安全地将托运人所需投递的标书送达指定地点。但是承运人在接受标书后，未按行业惯例于当天送往机场报关，迟延将标书报关出境，以致标书滞留，承运人的行为违背了快件运输迅速、及时的宗旨，其行为属迟延履行，应当承担相应的民事责任。托运人虽未按承运人运单规定的要求填写运单，但承运人在收到托运人所填运单后，未认真审核，责任在承运人。

【规则理解】

一、国际快递业的法律基础

快递业诞生于20世纪60年代的美国，是为了适应社会的需求而诞生的一个新行业。快递是指文件、包裹和物品的快速递送服务。从广义上来讲，快递业属于服

---

① 《中华人民共和国最高人民法院公报》1996年第1期，上海市静安区人民法院民事判决书。

务业。快递行业自20世纪80年代进入我国后，保持了较高的增长速度，特别是在我国加入WTO后，国际快递巨头纷纷进入我国市场。快递行业为我国经济的发展提供了时效性强、门对门的快件递送和信息服务，在国际贸易、国内贸易、电子商务中起到了重要的桥梁作用。既然国际快递业在我国已经完全开放，如何遵循国际惯例，如何让国内法律与国际法律接轨，成为迫切要了解和解决的问题。

国际快递的法律基础是被称为国际快递业圣经的《华沙公约》，它所确立的国际航空运输法律制度对国际快递业产生了重大的影响。该公约于1929年10月12日由德国、奥地利、比利时等23个国家在华沙签署，1933年2月13日生效，在经过多次修改和补充之后，截至1997年4月20日其缔约国已达到146个，成为世界上缔约国最多的具有私法性质的国际公约之一，同时它也是持续有效时间最长的国际公约之一。国际快递正是由《华沙公约》约束并发展起来的。《华沙公约》的重要意义可以归结为三个方面：首先，作为一个统一法公约，它的诞生极大地促进了国际私法的发展，为国际私法从完全的“冲突法”向直接规范的发展创造了有利的条件。长期以来，国际私法完全是建立在冲突规范之上的，而各国实体法的差异给国际民、商事合作造成了不利的影响。而《华沙公约》与稍早一点制定的另一个重要的国际公约——《海牙规则》一道为国际私法中的实体性规范的发展创造了条件。其次，通过制定相对较为详细的实体性规范，特别是根据航空运输的特殊性，适时地制定责任限额制度，为国际快递的发展创造了不可或缺的条件，同时也惠及各缔约国国内航空快递的发展。最后，它采用了在当时较为先进的推定过失责任制度，这在当时的国际公约中是不多见的，它对于侵权责任制度的发展具有积极的促进作用。1999年5月30日，在经过长时间准备以后，国际民用航空组织在其总部所在地——加拿大蒙特利尔召开大会，讨论并通过了新的《统一国际航空运输某些规则的国际公约》（简称《蒙特利尔公约》）。《蒙特利尔公约》在吸取《华沙公约》成功经验的基础上，对承运人责任制度、赔偿限额等问题作了较大的修改。2005年7月31日，中华人民共和国正式成为《蒙特利尔公约》的缔约国。现有的调整国际快递承运人，以致国际快递业的法律体系，是一个以《华沙公约》为骨干的、由多个议定书等国际公约，以及由各个航空公司间的协议这样一些私法性质文件所组成的混合体。现阶段包括国际快递业三巨头UPS、Fedex、DHL在内的所有涉足国际快递业务的承运人均受《华沙公约》的制约。国际航空法学界一直将这个法律体系笼统地称为“华沙公约体系”。

二、国际快递承运人责任的归责原则

《华沙公约》将国际航空运输承运人责任的归责原则规定为推定过失责任，即

只要有货物损失发生，便推定承运人存在过错，并应当对自己的过错导致的货损承担赔偿责任，除非承运人能够证明自己没有过错。在国际快递中同样应采用推定过失责任制。这并不仅仅因为国际快递的运输方式多采取航空运输的方式，而且应当看到《华沙公约》这一规定是非常先进的，对民事责任制度的发展也有积极的促进作用。当然，国际快递运输实践更证明了推定过失责任制度的合理性及必要性。由于航空快递运输极为复杂，技术性极强，在发生货损时，货主举证证明承运人存在过错的可能性小得微乎其微。如 2001 年韩国大韩航空公司一架货机，在执行从上海飞往汉城（现为首尔）的飞行任务时，在起飞后不久便坠毁在上海虹桥机场附近的一个工地上，机上两名机组人员死亡。事后，由中国、韩国民航当局及飞机制造商共同组成的事故调查组对事故原因进行了调查。调查工作动用了数百名警察，对遇难人员遗骸进行了 DNA 鉴定，还对上海地震台的记录进行了分析。而调查结果仅显示，飞机未被劫持，也未出现空中爆炸，至于事故直接原因至今仍未完全查明。假设《华沙公约》适用过错责任原则，货主们绝对无法要求承运人对货损承担责任。

那么在推定过失责任制下，国际快递运输的承运人是否只需要证明自己没有过错，便可以免除自己的责任呢？答案是否定的。由于航空运输异常复杂，如果承运人只须证明自己没有过错便可以轻易地免除自己的责任，那么货主的合法利益是很难得到有效保护的。《华沙公约》第 20 条对货运承运人的免责作了规定。该条规定，如经证明，承运人、承运人的受雇人或者代理人为避免损失的发生已采取了一切的必要措施，或者采取某种措施为不可能时，承运人即可对货损主张免责。但是应该看到，“一切的必要措施”本身就是一个主观的而非客观的标准。法官在决定承运人是否已采取了“一切的必要措施”或“采取某种措施为不可能时”，拥有生杀予夺的权力。法官作出解释时的价值取向，会直接影响到货主及承运人双方的利益，并进而影响到整个国际航空快递业的发展。鉴于在航空快递业务中，货主相对于承运人来说始终处于弱势地位，加上承运人是享受责任限额保护的，此外承运人还可以通过完善的保险制度将自己的风险和责任转嫁出去。相比之下，货主则处于孤立无援的状态。因此，法官通常会毫不犹豫地作出有利于货主的判断。①

三、对货物损失的界定

《华沙公约》本身并没有对什么是损失作出明确的界定，相反，只是规定承运人应当对货物的毁损、遗失和延迟承担责任。从这一规定来看，货物损失应限于这三种情形。

---

① 参见奚蒲冬：《论国际快递承运人责任制度的完善》，暨南大学 2010 年硕士学位论文。

（一）毁损

从通常意义上讲，毁损是指物由于外力作用而丧失其物理形态，或者其功能、效用、价值出现减损之情形。在《华沙公约》中，毁损的定义大致与上述定义相符。当然，在航空器坠毁的情况下，也一样会出现毁损情形。但必须注意的是，《华沙公约》中的毁损必须是由外力所致，换言之，毁损不得与货物自身属性相关联。所谓外力以及不得与货物自身属性相关联，是指损失不能是由货物自身的原因所造成的。例如，在中国向日本出口的农副产品中有一种非常特殊的产品——松茸菌。鲜松茸菌在日本国内市场上的零售价最高时可达 80 美元一公斤。松茸菌在中国的产地集中在四川、云南、西藏的一些偏远的高山地区。更重要的是，即便是在低温保存条件下，鲜松茸菌的保鲜期也只有 24 个小时。就算采用快递的方式，从原产地取件直到快递送达目的地往往也要耗用较长的时间，鲜松茸菌运到日本后出现腐败变质的情形时有发生，在遇到这种情况时，只要快递公司不存在运输延误，该种因腐败变质而导致的损失就不属于《华沙公约》所规定的“毁损”。①

（二）遗失

国际航空快递中的遗失有多种情况，例如货物被盗，货物被运送到错误的目的地并错交给别人，货物上所附快递单或标签脱落导致承运人无法判明收件人地址并交付货物，等等。然而从托运人或者收货人角度来看，遗失意味着货物的所有权不再复归货主。根据《华沙公约》及《蒙特利尔公约》的规定，只要承运人声明货物遗失或者在预计到达日期 7 天后仍未到达，即视为遗失，但实务中采用该条款来证明货物遗失的情况很少。因为，虽然国际快递的转运时间很快，但包裹在预计日期 7 天后还未到达，一般是由海关扣关或天气等不可抗力的原因造成，这时货主并不能根据该条款索赔。

（三）延误

延误损失是指承运人所承运的货物迟于约定时间到达而导致的损失。快递运输的货物一般都具有很强的时效性，延误会给货主造成损失。在此须特别注意延误损失及因延误而导致的货物毁损损失。前者是延误损失，而后者则只能被当作单纯的毁损来对待。所以在行业操作中，对于延误损失，一般只赔偿相应的运费，就是这个意思。

《合同法》第 60 条规定：“当事人应当按照约定全面履行自己的义务。当事人应当遵循诚实信用原则，根据合同的性质、目的和交易习惯履行通知、协助、保密等义务。”从快递行业的性质、特点、惯例来看，快递公司的义务就是迅速、及时

---

① 参见奚蒲冬：《论国际快递承运人责任制度的完善》，暨南大学 2010 年硕士学位论文。

地将客户所需投递的快件安全送达。即使当事人之间未书面明确约定托运物标书到达的具体时间，但承运人拖延报关出境的行为已经不符合诚实履行合同义务的原则，也不符合快递行业的性质、特点和惯例，承运人的行为应认定构成延误，理应承担赔偿责任。

四、承运人承担责任的损失范围与性质

（一）航空快递货物或文件损失不包括间接损失

就各国立法来看，在合同关系中通常都允许受损失方同时对直接损失和间接损失提出请求。所谓间接损失，也称预期利益损失。预期利益是指在合同得到履行时，一方依据该合同所能获取的利益。在国际快递运输中，每一件受损货物甚至文件背后都存在预期的利益。但是《华沙公约》并不允许托运人或者货主对间接损失主张权利，即使在承运人存在严重过错，并丧失了《华沙公约》责任限额保护时也不例外。

（二）损失的性质

《华沙公约》未对货物运输中损失的性质专门加以规定。关于损失性质这个问题，在绝大多数情况下是不存在任何疑问的，在大陆法系国家更是如此。然而在英美法系国家，由于惩罚性赔偿制度的存在，人们会自然地联想到损失的性质问题。鉴于大多数国家在确认损失，特别是财产损失时，严格地将其限制在受损失的财产的价值范围内。为维护公约的统一性，《蒙特利尔公约》特别作出规定：在旅客、行李及货物运输中，承运人的责任为补偿性的赔偿责任，在任何情况下，都不得要求承运人承担惩罚性或惩戒性的赔偿责任。从公约的上述规定中我们可以得出这样的结论，国际快递乃至国际航空货物运输中的损失是一种合同关系下的损失，而非侵权责任下的损害，因此，它应当是一种可补偿的损失，它只能以实际损失的财产之价值为限。

【拓展适用】

一、快递单与运输合同的关系

快递单是否就是托运人与承运人之间的运输合同呢？在许多人看来答案似乎是肯定的。因为，在国际快递货物运输中，托运人与承运人通常不会专门订立运输合同，双方当事人间唯一的法律文书就是快递单。而另一方面，快递单的背面又记载了许多与双方当事人权利义务相关的内容，这些内容详细得足以构成一份合同。但快递单是否真的就是运输合同呢？在双方当事人没有专门订立书面的运输合同时，当事人间的合同又何在呢？《华沙公约》第 11 条规定，在没有相反证据的情况下，空运单是托运人与承运人订立运输合同、承运人接受货物、托运人接受承运人承运条件的证明。有观点认为，除非托运人与承运人曾另行达成货运协议，否则，快递单相当于运输合同。但笔者更倾向于下面这种观点，即快递单不能等同于运输合

同，快递单只是订立合同、接受货物和承运条件的证明，理由如下：①

（一）快递单不是运输合同本身

对于快递运输，不可能要求每个托运人都与承运人订立运输合同，这显然是不现实的。但快递单又不能等同于运输合同，关于这一点，虽然大陆法系与英美法系在解释上存在差异，但结论却完全一致。在大陆法系学者看来，运输合同属于典型的附随合同，我国著名法学家史尚宽先生便持这种观点，并进而认定各种运输凭证属证据文书性质，只能在程序法中发挥其作用。无论是从《华沙公约》的规定，还是从国际快递运输的实务来看，快递单如同其他运输单据一样，虽然一般在交货前填写，但都是承运人在收到货物后才签发的。即签发运输单据的行为是在运输合同履行过程中作出的，这种行为本身就附随于主合同行为。因此，快递单作为运输单据是不能成为运输合同本身的。而英美法系在相当长的时期内都没有对运输凭证的性质作出定论，直到著名的斯登尼斯号轮船案判决作出后，法律界才最终形成统一认识。1909 年冬天，一名西班牙水果出口商与斯登尼斯号轮船船主取得联系，要求承运人将自己的一批橘子于 1910 年元旦前运到英国，因为按照英国新的关税法案，英国将从 1 月 1 日起对进口橘子征收关税。在取得承运人肯定的口头答复后，原告向承运人交付了橘子，承运人也向原告签发了提单。事后，由于承运人绕航法国，致使货物迟于 1 月 1 日到达，原告因此向英国海关交纳了关税。原告向英国法院提起诉讼，要求法院判令承运人承担违约赔偿责任。被告承运人辩称：自己签发的提单背面明确规定承运人有权绕航，而且对绕航所造成的损失免责。鉴于提单是自己与原告订立的合同，因此，自己不应对延迟到达给原告所造成的损失负责。但审理此案的法官却认为：原告与被告间关于是否能够于指定时间将货物运抵目的地的询问、答复已构成要约和承诺。由于英国合同法并不要求合同采用书面方式，因此，运输合同早在提单签发前就已成立，提单在任何情况下都不是运输合同。

（二）快递单是订立合同、接受货物和承运条件的证明

快递单是承运人或者其代理人在收到货物以后签发的法律文书，因此，快递单除了可以证明运输合同以外，它还可以用于证明货物已由承运人所占有和控制。对于这一点，大家都是认同的，因为，所有的运输单据都具有这一功能，在海运提单中是这样，在国际铁路运输的运单以及国际多式联运单据中也是如此。在国际快递实务中，承运人一般都会直接让托运人自己填写快递单，这有点类似于我们邮递中所填写的信封，一般都是由寄件人填写，只不过快递单上的内容更多而已。只要托运人在填写快递单时不出错，其合法权益便不会受到任何影响。如果托运人意图虚

① 参见奚蒲冬：《论国际快递承运人责任制度的完善》，暨南大学 2010 年硕士学位论文。

假申报而达到其他非法目的，则无法得到法律的保护。《华沙公约》规定托运人须确保填写内容的正确性，也从另一角度说明了这一点。当然更为重要的是在正常的国际快递中，确定承运人责任范围的标准是货物的重量，而非货物的价值。

事实上所有国际快递承运人都备有一份事先准备好的标准合同，或称格式合同。该合同对双方当事人的权利义务，承运人的运输条件，全球各个国家和地区的分区表，各种不同的服务等级以及各服务等级的相应运送时间，托运人对所填写快递单内容、国际单据内容的正确性所承担的责任，托运人提供出口所需的各种报关文件的义务，承运人收取的运费标准、计算规则、对不同托运人的折扣细则等问题都作了明确约定。快递合同也属于航空运输合同的一种，是非常专业化、非常复杂的，如果不是航空货运或快递业的专业人士，则很难了解其真实的含义。然而，国际快递运输合同的上述特征并不意味着各承运人可以我行我素，随意制定合同条款。《华沙公约》对双方当事人的基本权利义务已作了明确规定，此外，在国际航空业界有一个非常著名的非官方组织——国际航空承运人协会（IATA，简称“国际航协”），其所编制并不断更新的“运输共同条件”已成为各国际快递公司、空运承运人运输合同的范本。因此，可以说全球范围内的国际快递运输合同基本上都是一致的，而差异部分则主要是由竞争原因而产生的。国际快递运输合同是典型的格式合同，因此合同法关于格式合同的规定同样是适用的。具体来说，一旦双方当事人之间另有约定或存在但书，则该约定的效力应优先于格式合同条款；而当同一条款出现两种不同解释时，法院应作出不利于提供格式合同一方的解释。因此，承运人利用格式合同条款损害托运人或货主利益的可能性也被降至非常低的程度。

二、国际快递承运人责任限额制度

（一）国际公约中的规定

《华沙公约》第 22 条第 2 款规定，在载运登记的行李和载运货物时，承运人的责任以每公斤 250 法郎为限，除非旅客或托运人在交运包件时，曾特别声明在目的地交付时的利益并缴付必要的附加费。依据这一条款，如果托运人在交运货物时没有就货物的价值作出特别声明并缴付必要的附加费，承运人对货物在航空运输期间发生的灭失的赔偿责任，以每公斤 250 法郎为限。关于“法郎”的含义，《华沙公约》第 22 条第 4 款规定：“上述法郎指含有千分之九百成色的 65.5 毫克黄金的法国法郎，这项金额可以折成任何国家的货币取其整数。”对《华沙公约》的上述规定，《海牙议定书》又作了补充。依该议定书第 11 条，《华沙公约》第 22 条第 5 款中的“法国法郎”一词改称“货币单位”，发生诉讼时，此项金额与非金本位的货币的折合，应以判决当日该项货币的黄金价值为准。《华沙公约》作此规定的原因主要有以下几个方面：第一，在公约订立时，航空器承载量非常有限，人们几乎无法想象现代巨型飞机可以运输上百吨的货物。第二，国际航空快递运输的通常是高价值的货物，其单位重量所代表的价值都比较高，因此公约选用“公斤”作为计算赔偿责任的标准。第三，由于公约缔约者们对第一次世界大战结束后一些国家货币贬值仍记忆犹新，因此他们刻意避免选用一国的货币作为计价标准，而是选择了黄金。特别需要注意的是，由于历史的原因，我们以金法郎为黄金计量单位。这里所谓的法郎并非是作为法国法定货币的法郎，而是“金本位”时代一种国际通用的黄金计量单位，为了区别起见，许多人都直接称它为金法郎。一个金法郎为65.5毫克、纯度为千分之九百的黄金，按照1969年金本位制被取消前一天国际市场官价计算，250个金法郎约合20美元。根据《华沙公约》的规定，承运人所应赔偿的金法郎可以被折算成任何一个缔约国的货币，并取其整数。这样一来，承运人的责任限额可以通过不同缔约国的货币表现出来。

1968年至1978年间，美国发生严重经济萧条，对外贸易出现巨额逆差。美元先后两次出现贬值，导致世界黄金价格巨幅波动，国际货币基金组织所确立的“金本位”制度受到冲击，黄金官价再也无法维持下去。1976年1月，国际货币基金组织理事会“关于国际货币问题的临时委员会”在牙买加举行会议，决定修改国际货币基金协定条款。1974年7月1日，国际货币基金组织宣布特别提款权与黄金脱钩，改用16种货币重新定值。1980年，该组织又决定特别提款权改用美元、英镑、德国马克、法国法郎和日元5种货币定值。同一年，该5种货币的比重为：美元40%，德国马克19%，法国法郎13%，日元13%，英镑13%。该比重每隔5年根据五国出口值占世界出口总值的比例的增减修正一次。此后，特别提款权取代黄金的位置，在各会员国之间成为一种重要的国际储备资产。由于特别提款权与各国货币比价的浮动幅度相对较小，因此，在废除黄金的官方定价之后，特别提款权在一定程度上满足了上述稳定性与统一性的要求。鉴于此，国际民用航空组织于1975年在加拿大蒙特利尔召开会议，商议对《华沙公约》进行修改。该会议通过的蒙特利尔第4号议定书要求将责任限额的计算单位改为特别提款权，即每公斤的责任限额为17个特别提款权。按此规定，《华沙公约》中的金法郎折合为特别提款权，1特别提款权约合15金法郎。尽管由于多种原因，该议定书最终未能生效，但许多国家仍接受了该计算方法。①

---

① 王军、王佩：“按《华沙公约》确定国际航空货物承运人赔偿责任的几个问题”，载国际经济法网，http：//ielaw. uibe. edu. cn/plus/view. php？ aid = 1445，发表于2008年4月17日，2017年10月18日最后访问。

正是因为《华沙公约》对于责任限额的明确规定，使国际航协（IATA）规定国际快递承运人的责任限额时有了相应的理论依据；但毕竟国际快递不同于一般航空运输，其具体限额不能完全按照《华沙公约》的规定。现今各大国际快递公司，包括 UPS、Fedex、DHL 和 TNT 都是国际航协（IATA）的成员。国际航协实际上是国际快递业以及国际航空业的行业协会，所以，该协会所规定的承运人责任限额主导了整个国际快递市场。根据国际航协的规定，现在各大国际快递公司对货物损失的赔偿限额以托运人在快递单上的声明金额为上限，而且每票货物最高不超过 100 美元。关于责任限额制度，货主普遍不能理解的是为什么承运人有责任限额的保护，而自己的货物就完全处在听天由命的状态。其实如同其他运输方式一样，国际快递运输承运人也是受责任限额制度保护的。之所以如此，是与运输的特征密不可分的。首先，任何一种运输都是高风险行业，国际快递更是如此，如果一概地要求承运人对全部损失承担责任，无疑会严重影响运输业的发展。其次，运输业的收费标准是建立在货物重量、件数、体积以及运送距离之上的，而且运费与货物价值相比，往往是微不足道的。要求只收取少许运费的承运人对价值昂贵的货物承担全部责任也是不公平的。当然，更为严重的是，如果要求承运人按实际损失赔偿，则承运人完全可能修改运费规则，按所承运的货物的价值收取，廉价的大众运输方式将不复存在，而真正受到损害的将是托运人、货主及广大消费者。

（二）国际上一直沿袭责任限额制度的原因

《蒙特利尔公约》在国际航空快递运输承运人责任限额方面沿袭了《华沙公约》的规定。除非托运人事先声明了货物的价值并支付了额外的费用，否则承运人的责任以毛重每公斤 17 个特别提款权或者 17 个计算单位为限。仅从数额上来看，《蒙特利尔公约》与其 70 年前的《华沙公约》是完全一致的。但考虑到通货膨胀等诸多因素，事实上《蒙特利尔公约》下承运人所承担的责任远比《华沙公约》下承运人所承担的责任要轻很多。例如在 20 世纪 20 年代初，一辆福特汽车的价格也就只有数百美元而已。那么《蒙特利尔公约》这种规定是否过分地保护了承运人的利益，而置托运人及货主利益于不顾呢?《蒙特利尔公约》之所以在责任限额问题上保持不变，原因是多方面的，而其中最主要的原因当属保险制度的日臻完善。在现今的国际快递货物运输中，几乎所有谨慎的托运人都会为自己所交运的货物投保，而一旦发生货损，托运人或货主都会径直向保险人，而不是向承运人索赔。保险人在向托运人或货主理赔后，再依据从托运人或货主处取得的代位权，向承运人索赔。而另一方面，承运人也会向保险人投保各种各样的责任险，以求分散和降低自己的风险。其结果是绝大多数的货损都会由保险这样一种社会风险分散机制来化解，再提高承运人责任限额的意义已不再明显。更重要的是，如果提高承运人的赔偿责任限额，必然会引起新的保险资费上涨。最终受到影响的仍然是托运人自己。《蒙特利尔公约》维持《华沙公约》赔偿限额不变的第二个理由仍然是维护承运人与托运人、货主之间利益的平衡。随着现代航空器承载量的增加，国际快递所主要采取的航空货运的运价也随之下降。目前，虽然航空快递的运价在各种运输中仍然是最贵的，但相对于货物所代表的价值来看，它还是低廉的。现有的责任限额制度能够较好地平衡当事人的利益，如果修改责任限额可能会破坏这种平衡。

（三）承运人不受责任限额保护的情形

《华沙公约》所规定的货运承运人责任限额制度不是绝对的，在某些情况下承运人是不能享受责任限额保护的。

1. 托运人声明了货物价值并支付了额外费用的。国际快递运输行为是一种合同行为，这本身就允许当事人对合同条件进行修订。《华沙公约》专门对此作了规定：允许托运人事先声明货物的价值，并约定承运人在损失发生后按照声明的货物价值承担责任，而不受公约所规定的每公斤 17 个特别提款权或 20 美元限额的约束。但是由于在正常情况下国际快递承运人是按货物的重量及体积，而不是根据所运送货物的价值收费，为维护双方利益，公约要求托运人为自己所作的价值声明支付额外费用。假如托运人未按照承运人的要求支付额外费用，托运人在货损发生后也无权要求承运人按货物实际价值赔偿。由于承运人在托运人声明货物价值时所收取的额外费用，远高于托运人向保险人投保所要支付的保费。在实践中很难见到这种情况。

2. 损失是由于承运人“有意的不良行为”或其他依公约不得受保护的行为所造成的。《华沙公约》规定，如经证明损失是由于承运人“有意的不良行为”所造成的，则承运人不得主张享受责任限额的保护。那么，“有意的不良行为”具备哪些要素呢？其一是该种行为肯定与承运人的不良或者不当行为有关，这种不良行为或者不当行为既可以是承运人的故意，也可以是承运人的过失。其二是这种不良或者不当的行为必须是承运人或其代理人、雇佣人员“有意”的。“有意”，是指承运人知道，或者应当知道其行为或者不行为将导致损失的发生，但对损失的发生采取一种放任的态度。由于“有意的不良行为”一语太过复杂，1955 年订立的《海牙议定书》将其修改为“如经证明造成损失系出于承运人、受雇人或代理人故意造成损失或明知可能造成损失而漠不关心的行为或不行为”，承运人不得主张享受责任限额的保护。

3. 由于快递单记载事项出现错误或者欠缺，而导致的承运人不受责任限额保护的情形。当快递单上记载事项出现错误或者欠缺时，承运人有可能不得主张享受公约所规定的抗辩权及责任限额保护。

4. 承运人使用的快递单未记载受《华沙公约》调整的情形。由于快递单是国际快递运输中的必要单据，它同时也是表明运输行为受公约调整的重要文件。《华沙公约》的缔约者们为了保证这一统一法公约的实施，强制要求从事航空货运的承运人都要出具空运单，而根据上文叙述，快递单在国际快递中的作用就相当于空运单，是空运单的一种。快递单不只是一份必要文件，在快递单中还必须记载受《华沙公约》调整及约束的文句。否则只能视为该运输不受公约的调整，在此情况下承运人自然也就不能主张享受公约所规定的责任限额保护。①

【典型案例】

上海振华港口机械有限公司与美国联合包裹运送服务公司国际航空货物运输合同标书快递延误赔偿纠纷案

原告：上海振华港口机械有限公司。

法定代表人：刘绍尧，该公司董事长。

被告：美国联合包裹运送服务公司，地址：美国佐治亚州格兰雷克帕街55号。

法定代表人：罗伯特·J. 克兰宁，该公司董事长。

〔基本案情〕

上海市静安区人民法院查明：原告上海振华港口机械有限公司（以下简称振华有限公司）于1993年7月20日上午电话通知被告美国联合包裹运送服务公司（以下简称UPS公司）揽货员，表明7月21日需快递一份文件到也门共和国参加投标。当日下午，被告交给原告一份UPS公司运单，让原告填写。该运单背面印有“华沙公约及其修改议定书完全适用于本运单”和“托运人同意本运单背面条款，并委托UPS公司为出口和清关代理”等字样。7月21日上午，被告到原告处提取托运物标书，并在UPS公司收件代表签字处签名，表示认可。被告收到原告标书后，未在当天将标书送往上海虹桥机场报关。直至7月23日晚，被告才办完标书的出境手续。该标书7月27日到达目的地。原告得知标书未在投票截止日——7月26日前到达目的地后，于7月27日致函被告，要求查清此事并予答复。被告回函承认UPS公司在该标书处理上犯有未严格按收件时间收件（截止时间为16时，而原告标书到被告上海浦东办事处是16时45分）、未仔细检查运单上的货品性质、未问清客户有否限时送到的额外要求三点错误，并表示遗憾。

〔裁判理由与结果〕

上海市静安区人民法院经审理认为：被告UPS公司作为承运人，理应迅速、及时、安全地将原告振华有限公司所需投递的标书送达指定地点。但是，被告于1993

① 参见奚蒲冬：《论国际快递承运人责任制度的完善》，暨南大学2010年硕士学位论文。

年7月21日上午接受标书后，未按行业惯例于当天送往机场报关，直到23日晚才将标书报关出境，以致标书在沪滞留两天半，被告的行为违背了快件运输迅速、及时的宗旨，其行为属延误，应当承担相应的民事责任。原告虽未按被告运单规定的要求填写运单，但被告在收到原告所填运单后，未认真审核，责任在被告。被告提出的无延误送达标书的事实及致使标书延期出境的主要原因在于原告运单填写不适当的理由不能成立。原告要求被告退还运费及赔偿直接经济损失，缺乏法律依据。《中华人民共和国民法通则》第一百四十二条第二款规定："中华人民共和国缔结或者参加的国际条约同中华人民共和国的民事法律有不同规定的，适用国际条约的规定，但中华人民共和国声明保留的条款除外。"《华沙公约》和它的"修改议定书"，我国政府均已加入和批准。该公约修改议定书第十一条第二项关于"在运载登记的行李和载运货物时，承运人的责任以每公斤二百五十法郎为限，除非旅客或托运人在交运包件时，曾特别声明在目的地交付时的利益并缴付必要的附加费"和"如登记的行李或货物的一部分或行李、货物中的任何物件发生遗失、损坏或延误，用于决定承运人责任限额的重量，仅为该一包件或该数包件的总重量"的规定，在被告运单背面书写明确，故应视为原告和被告双方均接受上述规定，被告应按"修改议定书"规定的承运人最高责任限额赔偿原告经济损失。标书运单上填写总重量为8公斤。判决被告美国联合包裹运送服务公司自判决生效后10日内一次赔偿原告经济损失2000法郎（折合人民币12695.47元）。

第三章 国际货物运输合同

规则8：国际海上集装箱班轮运输是服务于国际贸易的商事经营活动，不属于公共运输

——马士基（中国）航运有限公司及其厦门分公司与厦门瀛海实业发展有限公司、中国厦门外轮代理有限公司国际海上货运代理经营权损害赔偿纠纷案①

【裁判规则】

公共运输履行着为社会公众提供运输服务的社会职能，具有公益性、垄断性等特征。为维护社会公众利益，《合同法》第289条规定："从事公共运输的承运人不得拒绝旅客、托运人通常、合理的运输要求。"国际海上集装箱班轮运输是服务于国际贸易的商事经营活动，不属于公用事业，不具有公益性，也不具有垄断性，故不属于公共运输。托运人或者其货运代理人请求从事国际海上集装箱班轮运输的承运人承担强制缔约义务，没有法律依据，应予驳回。

【规则理解】

一、集装箱运输的法律特征

（一）集装箱的概念

关于集装箱的概念，司玉琢教授在其所著的《海商法大辞典》中对它的定义是："运输包装货或无包装货成组用的工具。香港称货箱，台湾地区称货柜。通常使用的集装箱具有一定的容积，可在各种不同的运输方式中转运，具有必要的强度和刚度，并可反复使用，但也有一种只使用一次就丢弃的称为消费集装箱。"

集装箱有国际标准，国际标准集装箱是根据国际标准化组织ISO第104次（以下简称"ISO/104"）技术委员会制定的国际标准来建造和使用的国际通用的标准集装箱。根据ISO/104技术委员会对大型集装箱的定义，集装箱作为一种运输设备，应满足如下要求：（1）具有足够的强度，可长期反复使用；（2）适合于一种

---

① 《中华人民共和国最高人民法院公报》2011年第10期，最高人民法院民事裁定书。

或多种运输方式运送，途中转运时，箱内货物不需换装；（3）具有快速装卸和搬运的装置，特别便于从一种运输方式转移到另一种运输方式；（4）便于货物装满或卸空；（5）具有1立方米以上的容积。

（二）集装箱的性质

关于集装箱的性质，目前理论界主要有四种不同的说法，第一种为船舱延伸说，该学说认为集装箱是船舱的延伸，属于船舶的一部分；第二种为托运货物说，该学说认为集装箱是托运货物的一部分；第三种为货物包装说，该学说认为集装箱是一种包装，类似于纸板箱、柳条箱之类；第四种为运输装备说，该学说认为集装箱是一种运输工具。

1. 船舱延伸说。我国台湾地区的“船舶法”规定，海商运送之货柜及其固定设备，为船舶设备。其“海商法”则规定，除给样品外，凡于航行上及营业上必需之一切设备及属具，皆视为船舶之一部分。《海牙规则》第3条第1款规定，承运人有义务在开航前和开航当时恪尽职责，以便：①使船舶适航；②妥善地配备船员、装备船舶和配备供应物品；③使货舱、冷藏舱、冷气舱和该船其他载货处所适于并能安全收受、载运和保管货物。因此，如果认定集装箱为船舶的一部分，承运人就要保证在开航前和开航时集装箱的状况适于载货，且适于装载托运人交付的货物。如果集装箱没有满足这种要求，而导致货损货差，承运人要对由此给货方造成的损失承担责任。

2. 托运货物说。如果集装箱不是承运人提供，则集装箱是托运货物的一部分。《汉堡规则》第6条第2款规定，运送容器灭失或毁损时，如该运送容器非承运人所有或非其所提供，该运送容器本身亦视作一个独立的装船单位。从集装箱的功能与目的来看，若在集装箱由托运人自备的情况下，仅算是托运物的包装。从《汉堡规则》的措辞可以看出，集装箱作为托运的货物是有条件的，即非由承运人所有或提供，如果集装箱由承运人提供或向无船承运人租用时，当托运物运到目的地后，托运人须将集装箱还给船方。

3. 货物包装说。虽然最初集装箱是由包装的观念发展而来的，但是它的使用已经超过了包装的范围。集装箱与一般包装最大的差异，在于其可以反复使用，并且本身价值较高。在集装箱运输中，集装箱的价值高过内装货物的价值是很常见的事情。如果集装箱是托运人自己提供的，它实际上就起到了货物最外层包装的作用，特别是承运人不参与装箱的情况下，托运人交付的连箱带货的这种货物形态，自然可以将集装箱视为货物的一部分。

4. 运输装备说。1956年5月18日在日内瓦有关集装箱的关税会议中定义集装箱为一种“运输工具”。《维斯比规则》第4条第5款规定，如果货物是用集装箱、托盘或类似的装运器具拼装时，提单中所载明的、装在这种装运器具中的件数或单位数应视为就本款所指的件数或单位数；除上述情况外，应视为此种装运器具即是件或单位。

我国《海商法》中将集装箱与货盘等装运器具写于并列位置，肯定了集装箱装货容器的性质。若发生了货损，除非提单中明确记载了集装箱中货物件数，在集装箱非承运人所有或所提供之时，集装箱仅仅视为一件或一个单位，由于承运人对货物的灭失或者损坏的赔偿限额是按照货物件数或者其他货运单位数计算的，此时承运人的赔偿数目将大大降低，因为，此时集装箱货物的件数肯定远远不止一件，这对承运人而言是十分有利的。由于托运人本身就承担着办理各项单证的义务以及提供货物的准确信息、签收提单的义务，只要托运人在提单中明确货物的数量、性质、价值就完全能够避免这种不公状况的发生。

（三）集装箱运输的特点

普遍散件杂货运输存在着装卸及运输效率低、时间长，货损、货差严重，影响货运质量等缺点，但通过集装箱运输，可以彻底解决上述问题，总的来说，集装箱运输具有以下特点：

1. 集装箱运输是一种高效益的运输方式。首先，简化包装，大量节约包装费用。其次，减少货损货差，提高货运质量。集装箱是一个坚固密封的箱体，其本身就是一个坚固的包装。货物装箱铅封后，途中无须拆箱倒载，一票到底，即使经过长途运输或多次换装，也不易损坏箱内货物。最后，减少营运费用，降低运输成本。集装箱的装卸基本上不受恶劣天气的影响，船舶非生产性停泊时间缩短，且装卸效率高，装卸时间短，对承运人而言，可提高航行率，降低船舶运输成本，对港口而言，可提高泊位通过能力，提高吞吐量，增加收入。

2. 集装箱运输是一种高效率的运输方式。传统的运输方式具有装卸环节多、劳动强度大、装卸效率低、船舶周转慢等缺点，而集装箱运输完全改变了这种状况。集装箱装卸效率高，受气候影响小，船舶在港停留时间大大缩短，故船舶航次时间缩短，船舶周转加快，航行率大大提高，船舶运输效率随之提高。

3. 集装箱运输是一种高投资的运输方式。集装箱的造价比普通货船要高数倍，并且与集装箱运输密切相关的港口投资、专用集装箱泊位的码头设施以及集装箱装卸机械等都耗资巨大。

4. 集装箱运输是一种高协作的运输方式。集装箱运输涉及面广、环节多、影响大，是一个复杂的运输系统工程。集装箱运输系统包括海运、陆运、空运、港口、货运站以及与集装箱运输有关的海关、商检、船舶代理公司、货运代理公司等单位和部门。如果配合不当，就会影响整个运输系统功能的发挥，因此，需要整个运输系统各环节、各部门之间的高度协作。

二、公共运输的概念及特征

（一）公共运输的概念

公共运输是指为社会提供公用事业性服务并具有垄断地位的运输。如面向社会公众的航空、铁路、水路以及计程出租车等行业提供的运输服务，即为公共运输。

（二）公共运输的特征

一种运输行为要成为公共运输行为，它一般应当具备以下几个特点：

1. 服务对象的公众性。公共运输行为的对象应当是社会大众，而不是某一些非常特定的个人。因此，公共运输不同于为企业自身服务的内部运输。例如，首钢公司内部的铁路专用线，所从事的运输就不是公共运输，而是企业内部运输。从事公共运输的承运人不但有商业性和垄断性，还具有一定的公益性，其服务内容应该是为全社会提供运力，而不能对运输相对人进行任意的筛选和限定或者无理拒绝其通常、合理的运输要求。

2. 运输方式的固定性。运输路线、运输时间和运输价格较为固定，而且一般会定期向公众公布。这说明，对于从事公共运输的承运人来说，他们不得随意修改路线、班次和价格，如果必须要修改的话，也应当提前向社会公众通知，有些修改甚至还要得到相关行政机关的许可。再者，从事公共运输的承运人会定期公布相关的信息。比如，公共运输中的航空运输公司会公布航班、航线、价格；铁路运输公司会发布列车时刻表；从事海运的公共运输企业会定期公布船期和运价表；等等。

3. 服务目的的营利性。从事公共运输的承运人应当是以获取报酬为目的，专门从事运输职业的专业性公司或组织，这就可以使公共运输与某些不是专门为了收取报酬而是偶尔从事的运输行为区分开来。

4. 海上运输的特殊性。根据订立合同的当事人不同，海上运输合同分为公共运输合同和私人运输合同。所谓公共运输合同，是指承运人订立运输合同的要约是对社会公众公开发布的，针对的是不特定的多数人，而私人运输合同则是承运人和特定人单独洽谈后订立的运输合同。私人运输合同通常是根据租船合同订立的，并且只有为了运送特定货物而须缔结专门的合同时才会产生。而公共运输合同通常是根据班轮提单，即以定期班轮为基础的轮船公司所签发的提单订立的。

三、强制缔约义务

（一）强制缔约概述

强制缔约，是现代合同法的一项重要制度，可以防止被强制方滥用其权利，维护弱势群体的利益，践行合同正义。强制缔约一般有广义与狭义之分，广义的强制缔约不仅包括受要约人对要约人的要约有承诺的义务情形，而且也包括特定的主体有向他人发出要约的义务的情形。而狭义的强制缔约则仅指前者。由于狭义的强制缔约在各国立法上更为普遍，并且在实践中也更为重要。因此，狭义的强制缔约可以定义为，个人或企业负有应相对人之请求，与其订立合同的义务，即对相对人之要约，非有正当理由不得拒绝承诺。强制缔约又可分为强制要约和强制承诺。所谓强制要约，是指在某些类型的交易关系中，一方当事人必须向特定或者不特定的相对人发出要约，一旦相对人作出承诺，合同即告成立。如自动售货机、无人售票车、收费性公园等营业的设置。在这些交易形式中，其营业本身就是以向社会公众公开、持续地发出要约的方式进行，故而企业不得随意撤销其要约，无正当理由时也不得拒绝相对人的承诺。再如依照法律对机动车主人、驾驶员等人员的强制保险义务的规定，此类人员有义务向保险公司发出要约以订立相应的保险合同。所谓强制承诺，是指在某些交易中，一方当事人负有接受相对人的要约而与其订立合同的义务，非有正当理由不得拒绝承诺。如公路、铁路、飞机、电信、煤气、自来水、海运等行业，都负有应消费者的请求而与其订立合同的义务。

基于法律的规定而对缔约自由中的选择相对方的自由进行限制的制度，就成了强制缔约义务的法律源泉。强制性缔约的强制力量源于法律规定，它表示基于社会整体利益，人们必须承担订立某些合同的义务。比如我国《合同法》第289条的规定："从事公共运输的承运人不得拒绝旅客、托运人通常、合理的运输要求。"《合同法》第230条的规定："出租人出卖租赁房屋的，应当在出卖之前的合理期限内通知承租人，承租人享有以同等条件优先购买的权利。"《执业医师法》第24条的规定："对急危患者，医师应当采取紧急措施进行诊治；不得拒绝急救处置。"《医疗机构管理条例》第31条的规定："医疗机构对危重病人应当立即抢救。对限于设备或者技术条件不能诊治的病人，应当及时转诊。"这些规定都是我国法律关于强制缔约的规定。

（二）国际海上集装箱班轮运输无须履行强制缔约义务

我国《合同法》第289条的规定就是从事公共运输承运人所应履行的义务，即强制缔约义务。

鉴于公共运输履行着为社会公众提供运输服务的社会职能，具有公益性、垄断性等特征，为维护社会公众利益，我国法律法规除对公共运输规定较严格的市场准入条件和价格管制等监管措施外，还对从事公共运输的承运人规定了强制缔约义务。国际海上集装箱班轮运输是服务于国际贸易的商事经营活动，不属于公用事业，不具有公益性特征。目前，无论在世界某一区域还是整个世界范围内，国际班轮运输都具有较强的竞争性，但并不具有垄断性。托运人或其货运代理人在运输服务上也具有较大的选择余地，可以选择不同的班轮公司或不同的船舶承运，也可以选择不同的航线、不同的运输方式来实现同一运输目的。依照《国际海运条例》第16条第1款、第20条的规定，国际船舶运输经营者经营进出中国港口的国际班轮运输业务，应当依照该条例的规定取得国际班轮运输经营资格；国际班轮运价应当向国务院交通主管部门报备，备案运价包括公布运价和协议运价两种。据此，国际班轮运输业务经营者可以在其运价本载明的运价之外，与货主另行商定运价，也可以在遵守报备制度的前提下随行就市。尽管经营国际班轮运输应当遵守法定的市场准入条件，但国际班轮运价不具有公共运输价格受严格管制的特征。故国际海上集装箱班轮运输不属于公共运输，从事国际海上集装箱班轮运输的承运人无须承担强制缔约义务。

【拓展适用】

一、集装箱运输中的承运人

国际海上集装箱运输参与方众多，承运人作为海上货物运输合同的一方当事人，是海上货物运输业务的主要履行者，常常在海事审判中成为货损货差纠纷中的诉讼主体，再加上现今的航运市场上租船等运输方式大行其道，船舶所有人与承运人在很多情况下是相互分离的，因此，明确集装箱运输中的承运人是非常必要的。

（一）国际公约与我国法律的相关规定

1.《海牙规则》关于承运人的规定是，承运人包括与托运人订有运输合同的船舶所有人或租船人。关于货物运输期间的理解，是指自货物装上船时起，至卸下船时止的一段期间。每个海上货物运输合同的承运人，对有关货物的装载、搬运、配载、运送、保管、照料和卸载，都应按照规定承担责任和义务，并享受权利和豁免。也就是说，《海牙规则》下的货物运输不仅包括“从装到卸”期间内的海上货物运输，还可能包括“从装到卸”期间内的货物装载、搬运、配载、运送、保管、照料和卸载。

2.《汉堡规则》关于承运人的规定是，其本人或以其名义与托运人订立海上货物运输合同的任何人。《汉堡规则》中对海上货物运输的理解不同于《海牙规则》，根据该规则的相关规定：海上运输合同是指承运人收取运费，据以承担在海上将货物从一港运至另一港的任何合同，可见，货物运输合同在地理上是“港到港”区段。承运人对货物的责任期间包括在装货港，在运输途中以及在卸货港，货物在承运人掌管的全部期间，也是“港到港”期间。因此，承运人依据海上货物运输合同应负责的“货物运输”不仅包括海上货物运输，还可能包括装卸两港的货物装卸、仓储、接受和交付及港内短途运输等港口作业。

3. 联合国国际贸易法委员会第三工作组于2008年1月14日至25日在维也纳召开第二十一届会议，形成了《运输法》（草案）。该草案第1条关于“定义”中第5款规定，承运人是指与托运人订立运输合同的人。同时规定，运输合同是指承运人收取运费，承诺将货物从一地运至另一地的合同。此种合同应当就海上运输作出约定，并且可以对海上运输以外的其他方式的运输作出约定。承运人与托运人之间签订的运输合同不限于海上货物运输合同，承运人负责的运输也不限于海上货物运输，承运人可以从内陆中的任何指定地点接受或交付货物，并承担运输合同下有关货物接收、装载、操作、积载、运输、照料、卸载或者交付的任何义务。

4. 我国《海商法》的相关规定。我国《海商法》参照《汉堡规则》的规定，在第42条对承运人进行了定义，所谓承运人，“是指本人或者委托他人以本人名义与托运人订立海上货物运输合同的人”。关于货物运输的理解，《海商法》第41条规定：“海上货物运输合同，是指承运人收取运费，负责将托运人托运的货物经海路由一港运至另一港的合同。”货物运输合同在地理上是“港到港”区段，货物运输应当包括装卸两港的装卸与仓储等作业。根据《海商法》第46条的规定，承运人对集装箱货物的责任期间是“港到港”期间，集装箱货物运输包括在装卸两港的装卸、仓储等其他港口作业。但承运人对非集装箱货物的责任期间是“从装到卸”，根据《海商法》第48条管货义务的规定，承运人在进行运输时的法定义务包括“装载、卸载”，因此非集装箱货物运输涵盖在装卸两港的装卸作业，但不包含仓储等其他港口作业。

（二）承运人与实际承运人、海运履约方的辨析

1. 实际承运人

《汉堡规则》首次引入“实际承运人”的概念，规定实际承运人是指受承运人委托执行货物运输或部分货物运输的任何人，包括受委托执行这项运输的其他任何人。我国《海商法》第42条第2项规定：“‘实际承运人’，是指接受承运人委托，从事货物运输或者部分运输的人，包括接受转委托从事此项运输的其他人。”

根据上述规定，实际承运人的构成要件是：第一，受承运人委托行事；第二，实际从事了货物运输或者部分运输。立法中确立“实际承运人”制度，解决了实际从事运输者的法律地位问题，使得除运输合同当事人之外的第三人即使不能明确谁是与托运人订立运输合同的承运人的情况下，依然可以选择实际承运人作为索赔对象，从而有效地行使索赔权。

2. 海运履约方

海运履约方是由《运输法》（草案）确立的概念，规定履约方是指承运人以外的，履行或者承诺履行承运人在运输合同下有关货物接收、装载、操作、积载、运输、照料、卸载或者交付的任何义务人，以该人直接或者间接地在承运人的要求、监督或者控制下行事为限。海运履约方是指凡在货物到达船舶装货港至离开船舶卸货港期间履行或者承诺履行承运人任何义务的履约方。内陆承运人仅在履行或者承诺履行其完全在港区范围内的服务时方为海运履约方。履约方（包括海运履约方）不能是承运人，这样便于将承运人与履约方的责任明晰区分开；也不能是由托运人、单证托运人、控制方或者收货人直接或者间接委托的任何人，规定履约方是为调整“门到门”[①] 运输中承担运输合同项下承运人责任的主体，因此履约方不能是托运人等货方委托的人。

---

① 在全球经济一体化走势的趋动下，集装箱运输突破了传统运输方式的“港到港”概念，使多种运输方式的联合运输成为现实，能够为货主提供“门到门”的优质运输服务。

海运履约方的构成要件是：第一，必须在“港到港”期间内在港区范围内行事，否则为内陆承运人。第二，履行或者承诺履行承运人在运输合同中的相关义务，不要求必须实际履行。第三，履行的义务仅限于承运人义务的核心部分——货物接收、装载、操作、积载、运输、照料、卸载或者交付，限定了能够成为海运履约方的主体范围。并非承担运输合同项下承运人责任的所有主体都能适用该草案，保护集装箱堆场的安全公司、代承运人负责准备货运文件的中间人以及为保证船舶适航而为承运人修船的船厂，就不是海运履约方。第四，应当直接或者间接地在承运人的要求、监督或者控制下行事，避开了“委托”概念的使用。海运履约方不是以功能或主体界定的，而是以港区为标准界定的，主要包括海运实际承运人（不管是主线还是支线）、港区作业的装卸公司、海运港口经营人、港内运输仓储等，这些主体履行的都是承运人的责任。

3. 承运人与实际承运人、海运履约方的区分标准

是否与托运人订立运输合同是区分承运人与实际承运人、海运履约方的标准。从承运人的定义来看，我国对承运人采用的是“订约标准”，只要与托运人订立了运输合同，而无论其是否实际从事运输都被赋予承运人的身份；而实际从事运输者，除非与托运人订立了运输合同，否则不能以承运人论。实际承运人和海运履约方没有与托运人订立运输合同，不是承运人。

海上履约方与实际承运人的区别是：第一，实际承运人一定是实际履行了运输或部分运输的人，海运履约方包括承诺履行但并未实际履行的人；第二，海运履约方对其分合同人、受雇人、代理人负责，实际承运人不包括分合同人；第三，实际承运人履行的是承运人的运输或部分运输，而海运履约方履行的是承运人的责任。

另外，业务内容不能作为区分承运人与实际承运人、海运履约方的标准，因为，实际承运人所从事的运输和海运履约方履行或者承诺履行承运人在运输合同下的相关义务，都包含在承运人的义务范围内，从其所从事的业务上无法区分承运人与实际承运人、海运履约方。

二、集装箱运输中承运人的责任期间

承运人的责任期间，是指承运人承担海上货物运输法规定的强制性最低责任的地域和时间范围。①

《海牙规则》第 1 条 e 款规定，货物运输包括自货物装上船至货物自船上卸下之期间。在实践中多表现为使用船上吊杆装卸方式下的“钩至钩”期间和使用岸上起重机装卸方式下的“舷至舷”期间等。笔者认为，此条款作为对“货物运输”基本含义的界定，可以成为确定承运人责任期间的参考，而不是明确规定的承运人

---

① 赵德铭：《国际海事法学》，北京大学出版社 1999 年版，第 292 页。

责任期间，此外，《海牙规则》第7条体现的“合同自由”原则、以尊重各国国内法或者港口惯例为内容的“公序良俗”原则，都是《海牙规则》下合理确定承运人责任期间的重要依据。但是需要注意，《海牙规则》制定时国际海上集装箱运输并未出现，所以未考虑集装箱运输形式的需要。《维斯比规则》仍延续着《海牙规则》的有关规定，这不利于当时已经迅速发展的国际海上集装箱运输中承运人责任期间的合理确定。

针对集装箱运输出现之后的实际情况，《汉堡规则》第4条第1款规定：“承运人对货物的责任期间包括在装货港、在运输途中以及在卸货港，货物在承运人掌管下的全部期间。”这样，将承运人的责任期间向装货前与卸货后两个方向加以了扩大与延伸，由《海牙规则》的“钩至钩”或“舷至舷”扩展到“港到港”，填补了货物从交货到装船和从卸船到收货人提货这两段没有人负责的空间，这是适应国际集装箱运输发展的结果，也是促进国际集装箱运输发展的有利因素。

我国对承运人的责任期间以集装箱货物与非集装箱货物加以了区分，《海商法》第46条规定，承运人对集装箱装运的货物的责任期间，是指从装货港接收货物时起至卸货港交付货物时止，货物处于承运人掌管之下的全部期间。这与《汉堡规则》的规定是一致的。

三、集装箱运输中承运人的赔偿责任限制

承运人的赔偿责任限制，又称为承运人单位责任限制，即承运人对每一件或每一货物单位负责赔偿的最高限额，其中的两个核心因素是单位与限额。在现代，集装箱的使用对传统海运中承运人赔偿责任限制的“单位”的明确提出了新要求，集装箱多式联运的发展对传统海运中承运人赔偿责任限制的“限额”的设置提出了新挑战。

（一）集装箱承运人单位责任限制中的“单位”

对于集装箱条件下“单位”的确定，纵观各国司法实务存在着不同观点与看法。德国联邦法院曾采集装箱件数说，认为集装箱与“件”或“包”相当，除非当事人明示将装入集装箱内的货物件数作为限责基础，否则一律以一个集装箱当作一个单位；德国有学者则主张货物区别说，认为应按集装箱内货物的种类来划分件数；德国最高法院在1977年、1980年、1981年的判决中采用装载人区别说，如由承运人装载则箱内各包或件即为“单位”，如由托运人自己装载则只能以一个集装箱当作一件。美国有学者倡导货物件数说，将集装箱视为船舱的延伸以集装箱内货物件数或包数为单位限制责任；美国1981年以前的不少判例采用集装箱所有人区别说，如集装箱是承运人提供，它可视为船舱的延伸，本身不能被视作件或包；如集装箱是托运人或第三人提供，则连货带箱应视为一件；美国法院在1973年的一起案例中采用包装功能说，以集装箱的包装是否能经受海上运输为准，若单独的包装足以防止运输中的危险，则每一件包装得视为一件。此外，还有提单记载说主张

“件”应以提单记载为准，又细分为彻底说和限制说，前者不问由谁装货均以提单记载为准，后者因由托运人自装自计有所不同；综合判断说主张不能一概而论，应视具体情况而定。

对此问题，由于当时集装箱运输方式未出现，《海牙规则》未作规定；而《维斯比规则》《汉堡规则》都认为以集装箱、托盘或类似的运输工具集装的货物，以提单载明的装在这种运输工具中的包数或单位数作为包数或单位数，除此种情况之外，此种运输工具应视为包件或单位，可见，采纳的是提单记载说，而且不问由谁装货均以提单记载为准，属于提单记载说中的彻底说。随着《维斯比规则》《汉堡规则》影响的扩大，各国纷纷将其内国法化，英国的《海上货物运输法》将《维斯比规则》内国法化，日本修订《日本国际海上货物运输法》时将《维斯比规则》内国法化，美国于 1981 年通过判例明确了提单记载说，我国《海商法》也采纳了《维斯比规则》的提单记载说。

（二）集装箱多式联运经营人赔偿责任限制中的“限额”

集装箱多式联运的区段性、运输方式的多样性使得多式联运经营人的具体赔偿责任限额的确定更具复杂性。

1. 货损发生在海运区段时的赔偿限额

对于海运阶段集装箱货损下承运人的单位责任限额，《维斯比规则》规定在装船前未声明价值并且记载于提单上时以每件或者每个货运单位 666.67 特别提款权或者毛重每公斤 2 特别提款权两者中较高者确定，《汉堡规则》取每件或每装运单位 835 特别提款权或者毛重每公斤 2.5 特别提款权两者中较高者。在当今具有主导性的经修订的网状责任制下，集装箱货损一旦明确发生在海运区段，多式联运经营人的赔偿限额就应以《维斯比规则》或《汉堡规则》来确定。我国《海商法》在此方面与《维斯比规则》保持了一致。

2. 货损无法确定区段时的赔偿限额

在包括海运的国际集装箱多式联运中，由于集装箱具有很大的隐蔽性，货损区段的确定是具有很大难度的，当今国际公约采用的责任制有所不同，一旦出现这种情形，多式联运经营人赔偿限额的明确就会面临难题。《联合国国际货物多式联运公约》与《联合国国际贸易和发展会议/国际商会多式联运单证规则》采用经修订的统一责任制，对于涉及海上的国际集装箱多式联运中多式联运经营人的赔偿责任限额都规定多式联运经营人按单证上列明的装载在集装箱中的件数或货运单位数（未列明的按集装箱数）来明确赔偿责任限制；如果货物的灭失或损坏发生在多式联运中的某一特定区段，而适用于该区段的国际公约或强制性的国家法律规定了另一项责任限额，则多式联运经营人对此种灭失或损坏的赔偿责任限制应当按照此种公约或强制性国家法律的规定计算；多式联运经营人的赔偿责任总额不得超过货物全部灭失的责任限额。两个公约的不同之处仅在于具体限额，《联合国国际货物多式联运公约》对每一件或每一货运单位的赔偿按920特别提款权或毛重每千克2.75特别提款权，而《联合国国际贸易和发展会议/国际商会多式联运单证规则》要求不超过每件或每单位666.67特别提款权或者毛重每公斤2特别提款权。

【典型案例】

马士基（中国）航运有限公司及其厦门分公司与厦门瀛海实业发展有限公司、中国厦门外轮代理有限公司国际海上货运代理经营权损害赔偿纠纷案

再审申请人（一审被告、二审上诉人）：马士基（中国）航运有限公司。住所地：北京市朝阳区东三环中路24号乐成中心B座17层。

法定代表人：安德森（Andreas Oskar Hoch），该公司董事长。

再审申请人（一审被告、二审上诉人）：马士基（中国）航运有限公司厦门分公司。住所地：福建省厦门市思明区鹭江道8号国际银行大厦19楼。

负责人：许立炘，该分公司总经理。

再审被申请人（一审原告、二审上诉人）：厦门瀛海实业发展有限公司。住所地：福建省厦门市湖里区海天路65号鹭辉大厦1112室。

法定代表人：蔡远游，该公司董事长、总经理。

一审第三人：中国厦门外轮代理有限公司。住所地：福建省厦门市海沧区嵩屿中路809号航运大厦15楼。

法定代表人：柯东，该公司董事长。

〔基本案情〕

厦门海事法院一审查明：2003年10月31日，厦门瀛海实业发展有限公司（以下简称瀛海公司）与中国厦门外轮代理有限公司（以下简称厦门外代）签订《集装箱运输合作协议》，约定：厦门外代作为集装箱代理人，受海上承运人或集装箱营运人的委托，根据瀛海公司提交的手续，将厦门外代代理的集装箱交给瀛海公司，由瀛海公司承担陆路运输业务，包括进出口集装箱的拖运；对于进口集装箱的拖运，瀛海公司向厦门外代申请提箱获准后，自厦门外代指定的码头提取重箱，送往收货人交货后再运还空箱；对于出口集装箱的托运，瀛海公司向厦门外代申请提箱，凭厦门外代出具的出口空箱设备交接单到厦门外代指定的码头或场所提取空箱，再由瀛海公司送至发货人处，发货人装箱完毕后由瀛海公司将已装货的重箱拖至厦门外代指定的码头。瀛海公司与厦门外代在该协议中同时约定了集装箱使用、维护和超期使用费等事项，还约定：协议从2003年10月31日起生效，至2003年12月31日终止，到期如双方无异议则自动延长一年。

2005年3月15日，瀛海公司与厦门外代又签订一份新的《集装箱运输合作协议》，该新协议对原协议作了调整，约定：瀛海公司向厦门外代申请提箱，厦门外代经审核无误后签发进口重箱设备交接单或出口空箱设备交接单，但厦门外代作为箱主或租箱人的代理人，在箱主或租箱人明确表示不同意将设备交给瀛海公司使用的情况除外。

在2005年3月3日之前，瀛海公司均能从厦门外代处正常提取马士基（中国）航运有限公司（以下简称马士基公司）的集装箱。马士基公司于2005年3月3日通知其代理人厦门外代停止向瀛海公司提供马士基公司的集装箱及集装箱铅封。之后，瀛海公司未能与马士基公司开展集装箱陆路运输的相关业务。

马士基公司在厦门口岸主要经营国际集装箱班轮运输，并通过《中国航务周刊》等媒体发布班轮船期公告。从2004年8月1日起，马士基公司将厦门口岸的集装箱铅封费提高至每箱45元，厦门市集装箱运输协会、厦门市国际货运代理协会和厦门市对外经贸协会推举10人组成“厦门口岸要求船公司取消铅封费工作小组”，瀛海公司的法定代表人蔡远游被推举为小组召集人和会谈代表之一，与马士基公司就铅封费问题进行了交涉。从2005年5月1日起，马士基公司停止收取厦门口岸铅封费，但马士基公司称其并非取消铅封费，而是将铅封费等若干费用合并为一项收费。

瀛海公司于2005年11月10日以马士基公司、马士基（中国）航运有限公司厦门分公司（以下简称厦门分公司）不接受其代理货主订舱托运造成其损失为由向一审法院起诉，请求：1. 马士基公司、厦门分公司立即停止干涉瀛海公司经营自主权的行为，排除其对瀛海公司与厦门外代之间有关《集装箱运输合作协议》履行的妨碍，责令马士基公司、厦门分公司依其业务惯例向瀛海公司及其委托人提供货运订舱和相关服务，并不得拒绝瀛海公司接受委托办理与马士基公司、厦门分公司有关的集装箱进出口货运和陆路集装箱运输业务；2. 马士基公司、厦门分公司向瀛海公司赔礼道歉，其道歉内容须经瀛海公司同意并在《厦门日报》等媒体刊登，以消除对瀛海公司所造成的不良影响；3. 马士基公司、厦门分公司共同赔偿瀛海公司经济损失人民币100元；4. 马士基公司、厦门分公司共同承担瀛海公司调查取证中的公证证据保全费人民币1535元。

〔一审裁判理由与结果〕

厦门海事法院对本案作出（2005）厦海法事初字第48号民事判决，认为2005年3月3日是新旧《集装箱运输合作协议》的空档期，虽然马士基公司、厦门分公司通知厦门外代不放箱给瀛海公司是造成瀛海公司无法提箱的原因，但此时瀛海公司提箱本身缺乏合同依据。从2005年3月15日起，瀛海公司与厦门外代新订立的《集装箱运输合作协议》生效，该协议约定了在箱主或租箱人明确表示不同意将设备交瀛海公司使用时，厦门外代有权不交付集装箱。因此，厦门外代不交付马士基公司的集装箱有合同依据。公共承运人必须是带有公用事业性质、具有公益性的运输企业。国际班轮运输是营利性业务，不属于公用事业的范畴，也不具有社会公益的性质，国际班轮公司不是《中华人民共和国合同法》第二百八十九条规定的公共承运人，该法关于公共承运人强制缔约义务的规定不适用于本案，马士基公司、厦门分公司拒绝交易并不违反我国法律规定。瀛海公司以马士基公司、厦门分公司侵权为由起诉，但不能证明马士基公司、厦门分公司的行为具有违法性，其诉讼请求不能成立。厦门外代是马士基公司的代理人，其在代理业务范围内的行为后果应由马士基公司承担，厦门外代不承担侵权责任。判决驳回了瀛海公司的诉讼请求。

〔当事人上诉及答辩意见〕

瀛海公司不服一审判决向二审法院提起上诉称：1. 马士基公司向社会公开发出的船期表要约没有指向特定人，瀛海公司依其要约作出承诺，马士基公司、厦门分公司予以拒绝，没有法律依据。瀛海公司对马士基公司的船期表要约作出承诺，运输合同即成立并生效。马士基公司、厦门分公司拒绝履行该运输合同，构成违约。2. 公共承运人应当具备对全社会开放、垄断性、运价受国家主管机关的监督、主体资格须经国家主管机关的特殊审批等特征。马士基公司完全具备上述特征，属于公共承运人，应依法承担强制缔约义务。3. 我国是《联合国班轮公会行动守则公约》的缔约国，马士基公司、厦门分公司拒绝与瀛海公司交易违反了该公约关于对任何国家的船东和货主不得有任何歧视的基本原则。4. 瀛海公司有权在我国境内从事一切法律许可的经营活动，包括与马士基公司、厦门分公司的交易活动。马士基公司、厦门分公司拒绝交易的行为构成侵权与违约竞合，侵犯了瀛海公司的合法财产权益和经营权。综上，请求撤销一审判决，支持瀛海公司的诉讼请求。

马士基公司、厦门分公司不服一审判决提起上诉称：1. 瀛海公司系非法设立的企业，且未取得国际货运代理的资质，不享有合法的国际货运代理经营权，因而不享有相应的请求权。2. 马士基公司、厦门分公司在一审中充分举证证明了瀛海公司的不诚信行为，一审法院未予采纳，认定事实不清。请求二审法院对此作出认定和裁判。

马士基公司、厦门分公司针对瀛海公司的上诉答辩称：1. 瀛海公司的上诉请求和理由已实质性地改变了其在一审中的诉讼请求和理由。瀛海公司主张马士基公司、厦门分公司的行为构成违约与侵权竞合，应当重新起诉，否则，对其在二审中变更诉讼请求，应予以驳回。2. 马士基公司、厦门分公司不存在违约行为。船期表无论是要约还是要约邀请，与作为货运代理人的瀛海公司没有任何关系。班轮公司并非《中华人民共和国合同法》第二百八十九条规定的公共承运人，马士基公司、厦门分公司不应承担强制缔约义务。《联合国班轮公会行动守则公约》的目标是调整班轮公会的行为，马士基公司、厦门分公司不受该公约约束。马士基公司、厦门分公司拒绝与瀛海公司交易不违反我国法律的规定，也未侵犯瀛海公司的财产权和经营权。瀛海公司主张马士基公司、厦门分公司的行为构成违约与侵权竞合，没有事实和法律依据。故请求驳回上诉，维持原判。

瀛海公司针对马士基公司、厦门分公司的上诉答辩称：马士基公司、厦门分公司没有具体上诉请求。对其上诉，应予以驳回。

一审第三人厦门外代述称：厦门外代作为马士基公司、厦门分公司的代理人，依据马士基公司、厦门分公司的指示行事，不应承担任何责任，对此瀛海公司与马士基公司、厦门分公司双方均无异议。请求二审法院维持一审法院关于厦门外代不承担责任的判决。

〔二审裁判理由与结果〕

二审法院认为，本案系一起国际海上货运代理经营权损害赔偿纠纷。瀛海公司在二审中主张马士基公司、厦门分公司的行为构成违约与侵权竞合，仍是针对马士基公司、厦门分公司侵犯其经营自主权的诉讼请求，并未实质性改变其在一审中的诉讼请求。马士基公司的海上运输行为除了具有商业性外，还因其面向社会大众而具有公益性，因此，马士基公司属于公共承运人。依照《中华人民共和国合同法》第二百八十九条的规定，公共承运人负有强制缔约义务，不得拒绝旅客、托运人通常、合理的运输要求。马士基公司向社会公众发出的船期公告属于要约邀请，社会公众只要有希望与其订约的意思表示（要约），马士基公司无正当理由不应拒绝。马士基公司明确表明其不与瀛海公司发生业务关系，违反了公共承运人的强制缔约义务，同时违反了《中华人民共和国国际海运条例》第二十七条关于班轮公司不得滥用优势地位以限制性条件给交易对方造成损害的规定。我国加入的《联合国班轮公会行动守则公约》有关于班轮公会的各种办法不应对任何国家的船东、托运人或对外贸易有任何歧视的原则性规定，马士基公司作为在中国注册的国际班轮公司，亦应受该公约的约束。马士基公司拒绝与瀛海公司交易的行为，妨碍了瀛海公司经营自主权的行使，应当责令马士基公司不得拒绝瀛海公司通常、合理的运输要求。《集装箱运输合作协议》虽然约定在箱主或租箱人明确表示不同意将设备交瀛海公司使用时，厦门外代有权不交付集装箱。但该约定违反了《中华人民共和国合同法》第二百八十九条以及《中华人民共和国国际海运条例》第二十七条的规定，应认定为无效。马士基公司不得以此为由拒绝瀛海公司办理与马士基公司相关的集装箱进出口货运和陆路集装箱运输业务。瀛海公司是依法设立的企业法人。马士基公司不与瀛海公司发生业务往来的原因并非是资质问题，马士基公司也未能举证证明瀛海公司有不诚信的行为，故对马士基公司的上诉理由不予采纳。虽然瀛海公司被拒绝提取马士基公司的集装箱及未能向马士基公司订舱，瀛海公司还可向其他的航运公司订舱以达到运输目的，其未能举证证明因未能提取马士基公司的集装箱进行陆路运输遭受了经济损失，故对瀛海公司主张的100元人民币经济损失，不予支持。马士基公司从未否认其曾指示厦门外代不与瀛海公司交易，瀛海公司为证明该事实进行证据保全没有实际意义，由此产生的费用1535元人民币应由瀛海公司自行承担。瀛海公司请求马士基公司登报赔礼道歉属于精神损害方面的赔偿，瀛海公司没有这方面的损失，故不予支持。

综上，二审法院依照《中华人民共和国合同法》第二百八十九条，《中华人民共和国国际海运条例》第二十七条及《中华人民共和国民事诉讼法》第六十四条第一款、第一百五十三条第一款第（二）项①之规定，判决：

1. 撤销厦门海事法院（2005）厦海法事初字第48号民事判决；

2. 责令马士基公司、厦门分公司不得拒绝瀛海公司依业务惯例要求的订舱和相关运输服务，不得拒绝瀛海公司办理与马士基公司相关的集装箱进出口货运和陆路集装箱运输业务，并排除其对瀛海公司履行与厦门外代有关《集装箱运输合作协议》的妨碍；

3. 驳回瀛海公司的其他诉讼请求；

4. 驳回马士基公司、厦门分公司的上诉。

二审案件受理费75元人民币，由马士基公司、厦门分公司共同负担50元人民币，瀛海公司负担25元人民币；一审案件受理费按此比例分担。

〔最高人民法院裁判理由与结果〕

最高人民法院认为，本案属于国际海上货运代理经营权损害赔偿纠纷。综合马士基公司、厦门分公司与瀛海公司的诉辩意见，本案争议焦点为马士基公司拒绝向瀛海公司提供集装箱及其铅封是否违反合同约定和法律规定。

瀛海公司与厦门外代先后于2003年10月31日、2005年3月15日两次签订《集装箱运输合作协议》，其中2003年10月31日签订的协议，因双方无异议而自动延长一年至2004年12月31日终止；双方于2005年3月15日签订的新协议约定厦门外代原则上准许瀛海公司提取集装箱，同时特别约定“在箱主或租箱人明确表示不同意将设备交给瀛海公司使用的情况除外”，这意味双方一致同意在箱主不同意将集装箱交给瀛海公司使用时厦门外代可以不向瀛海公司提供集装箱。依照《中华人民共和国合同法》第四百零二条的规定，受托人以自己的名义，在委托人的授权范围内与第三人订立的合同，第三人在订立合同时知道受托人与委托人之间的代理关系的，该合同直接约束委托人和第三人。瀛海公司明知厦门外代作为马士基公司的集装箱代理人与其签订上述两份协议，上述两份协议直接约束瀛海公司和马士基公司。马士基公司于2005年3月3日通知厦门外代停止向瀛海公司提供集装箱及其铅封时，马士基公司与瀛海公司已不受原协议的约束。自2005年3月15日起，按照新协议的约定，马士基公司可以不向瀛海公司提供集装箱。班轮船期公告系班轮公司向社会公布航线、班次、船名、船期、挂靠港等信息的商业广告，为要约邀请。在通常集装箱海运业务中，承运人接受托运人或其货运代理人订舱托运的要约后，承托双方成立海上货物运输合同关系，随后承运人准许托运人向其或其集装箱代理人提取空集装箱装货，即承托双方开始履行运输特定一个或者若干个集装箱货物的合同。承运人准

---

① 对应2012年《民事诉讼法》第一百七十条第一款第（二）项，规定：“（二）原判决、裁定认定事实错误或者适用法律错误的，以判决、裁定方式依法改判、撤销或者变更；”

许托运人提取集装箱，作为履行运输合同的行为，可以印证承托双方已订立了运输合同。但承运人不准许托运人提取集装箱，并不表明双方开始履行运输合同，不能以此说明双方已事先成立了运输合同关系，主张运输合同关系成立的一方当事人应当对合同订立的事实承担举证责任。马士基公司从2005年3月3日起不准许瀛海公司提取集装箱，双方当事人之间既没有达成运输集装箱的合意，也无实际运输的事实。瀛海公司主张其与马士基公司之间从2005年3月3日起仍然存在海上货物运输合同关系，而且无须举证证明，没有事实和法律依据，本院不予支持。马士基公司拒绝向瀛海公司提供集装箱及其铅封并没有违反双方合同的约定，无须承担违约责任。

《中华人民共和国合同法》第二百八十九条规定："从事公共运输的承运人不得拒绝旅客、托运人通常、合理的运输要求。"公共运输是指为社会提供公用事业性服务并具有垄断地位的运输。基于公共运输履行着为社会公众提供运输服务的社会职能，具有公益性、垄断性等特征，为维护社会公众利益，我国法律法规除对公共运输规定较严格的市场准入条件和价格管制等监管措施外，还对从事公共运输的承运人规定了强制缔约义务。国际海上集装箱班轮运输是服务于国际贸易的商事经营活动，不属于公用事业，不具有公益性特征。目前，无论在世界某一区域还是整个世界范围内，国际班轮运输具有较强的竞争性，并不具有垄断性。托运人或其货运代理人在运输服务上也具有较大的选择余地，可以选择不同的班轮公司或不同的船舶承运，也可以选择不同的航线、不同的运输方式实现同一运输目的。依照《中华人民共和国国际海运条例》第十六条第一款、第二十条的规定，国际船舶运输经营者经营进出中国港口的国际班轮运输业务，应当依照该条例的规定取得国际班轮运输经营资格；国际班轮运价应当向国务院交通主管部门报备，备案运价包括公布运价和协议运价两种。据此，国际班轮运输业务经营者可以在其运价本载明的运价之外，与货主另行商定运价，也可以在遵守报备制度的前提下随行就市。尽管经营国际班轮运输应当遵守法定的市场准入条件，但国际班轮运价不具有公共运输价格受严格管制的特征。因此，马士基公司从事的国际班轮运输，不属于《中华人民共和国合同法》第二百八十九条规定的公共运输，瀛海公司主张马士基公司负有强制缔约义务，没有法律依据，本院不予支持。

根据《中华人民共和国合同法》第四条的规定，当事人依法享有自愿订立合同的权利，任何单位和个人不得非法干预。当事人依法享有的订立合同的自由，包括有权决定是否与他人订立合同的自由，也包括选择合同当事人的自由、决定合同内容的自由等。马士基公司拒绝与瀛海公司交易，属于马士基公司享有的订立合同的自由。无论马士基公司是否已经实质性取消集装箱铅封费用，马士基公司当时提高其在厦门口岸的集装箱铅封费，是其向社会普遍提高运输费用，并不是针对瀛海公司等特定单位或个人的特别限制。本案没有证据表明马士基公司拒绝交易含有要求瀛海公司接受其过高限制条件的目的，故不足以认定马士基公司拒绝与瀛海公司交易构成《中华人民共和国国际海运条例》第二十七条第（三）项规定的滥用优势地位以歧视性价格或者其他限制性条件给交易对方造成损害的行为。我国加入的《联合国班轮公会行动守则公约》是调整班轮公会与航运公司之间、公会会员航运公司之间、公会或其会员航运公司与托运人组织或托运人代表或托运人之间、不同公会之间在班轮航运服务方面利益关系的公约，不直接调整班轮公会会员航运公司与托运人之间的海上货物运输合同关系，也不涉及非班轮公会会员的航运公司与托运人之间的权利义务关系。《联合国班轮公会行动守则公约》关于公会的各种办法不应对任何国家的船东、托运人或对外贸易有任何歧视的原则，是针对班轮公会，而不是针对班轮公司。马士基公司是班轮公司，而不是班轮公会。瀛海公司主张马士基公司拒绝与其交易，违反了《联合国班轮公会行动守则公约》的规定，没有事实和法律依据，本院不予支持。

瀛海公司以马士基公司、厦门分公司不接受其代理货主订舱托运造成其损失为由，请求马士基公司、厦门分公司停止干涉其经营自主权，不得拒绝其托运业务，并赔礼道歉、赔偿损失，没有法律依据。一审判决驳回瀛海公司的诉讼请求正确。二审判决以马士基公司为公共承运人为由，撤销一审判决，支持瀛海公司的诉讼请求不当。马士基公司、厦门分公司申请再审有理。

综上，二审判决适用法律错误，应予纠正。依照《中华人民共和国合同法》第四条以及《中华人民共和国民事诉讼法》第一百八十六条第一款①、第一百五十三条第一款第（二）项之规定，判决如下：

一、撤销福建省高级人民法院（2008）闽民终字第381号民事判决；

二、维持厦门海事法院（2005）厦海法事初字第48号民事判决。

规则9：承租人就航次租船合同向实际承运人提出赔偿请求缺乏法律依据

——艾斯欧洲集团有限公司与连云港明日国际海运有限公司、上海明日国际船务有限公司航次租船合同纠纷案②

【裁判规则】

航次租船合同的当事人为出租人和承租人。在航次租船合同有明确约定的情形下，出租人应当按照航次租船合同的约定履行义务，并履行《海商法》第47条、

① 对应2012年《民事诉讼法》第二百零七条第一款。

② 《中华人民共和国最高人民法院公报》2011年第8期，最高人民法院民事裁定书。

第49条规定的义务。在航次租船合同没有约定或者没有不同约定时，出租人和承租人的权利义务适用《海商法》第4章有关海上货物运输合同承运人和托运人权利义务的规定。承租人就航次租船合同提出索赔请求，根据合同相对性原则，应当由航次租船合同的出租人承担相应的责任。实际承运人并非航次租船合同法律关系的当事方，承租人就航次租船合同向实际承运人提出赔偿请求缺乏法律依据。

【规则理解】

一、航次租船合同概述

（一）航次租船合同的概念

根据《海商法》第92条的规定："航次租船合同，是指船舶出租人向承租人提供船舶或者船舶的部分舱位，装运约定的货物，从一港运至另一港，由承租人支付约定运费的合同。"航次租船合同既可以是单航次合同，也可以是连续航次合同。订立航次租船合同，一般是为了运输大宗货物，或者是因为班轮航线无法满足货物运输的需要。承租人也可能是为了转租。

（二）航次租船合同的特征

航次租船合同属于海上货物运输合同，但不同于班轮运输合同，它具有以下特征：

1. 航次租船合同的当事人称为出租人和承租人。班轮运输合同的当事人称为承运人和托运人。班轮运输中的班轮是定船期、定航线，向所有托运人开放的，称为公共承运人；航次租船合同中的出租人只承运与其签订了租船合同的承租人所提供的货物，有关船期和航线的安排均由双方当事人约定。

2. 航次租船合同必须采用书面形式，实践中多以标准格式合同为基础，加以增删或修改而订立。合同订立过程中，船东和承租人（货主）及他们的代理人通常通过国际租船市场，由双方经纪人在市场上洽谈订立。双方当事人谈判地位完全平等，西方国家特别是英美国家都无制约租船合同的成文法，即使是大陆法系海商法中制定的有关租船合同的条款，也都属于非强制性条款或弹性条款，即当事人双方可以协议排除或修改后适用。而在班轮运输中，托运人要利用班轮服务就必须同意提单上的条款，双方当事人谈判地位不平等，因此，主张合同自由的国家也都通过国内强行法制约提单条款。

3. 出租人负责船舶营运并负担费用。船舶出租人通过其雇用的船长、船员占有控制船舶，除货物装卸费有可能另有约定外，其他的船舶营运费用，如燃料费、港口费以及船舶的维持费用，包括船员工资、伙食、船舶维修保养、保险、检验等费用，均由出租人负担。承租人对船舶或舱位有使用权，即使货未装满，出租人也无权装运第三人的货物。

4. 运费计算方面，班轮公司制定了承运人的运价表，按所运货物吨数或体积乘以费率来计算运费。租船合同的运费按协议确定，按市场供求情况由双方商定。运费计算办法有按约定的吨位计算和包干运费两种，前者按约定吨位及每吨约定运价计算，后者只规定总金额。一般在承租人租用整船时才以包干运费计算，称为整舱运费租船或包船。此时，不论承租人装运多少货物，都要支付合同中规定的运费数额。

5. 航次租船合同规定用于货物装卸的期限和装卸时间计算办法，并计算滞期费和速遣费。班轮运输一般由承运人负责安排泊位进行装卸，以适应定期班轮的要求，因此，提单上大多没有装卸时间及滞期费、速遣费条款，一般只规定托运人或收货人要按船舶所能够收受或交付的速度尽快提供或接收货物。如果港口拥挤，可能要托运人支付港口拥挤附加费。

二、航次租船合同中出租人的义务

根据我国《海商法》的相关规定，出租人的义务分为强制性义务和任意性义务两种。对于少数基本的、合情合理且事实上被普遍接受的原则，以强制性条款予以规范。在此基础上，又尊重了当事人的意思自治，较多的以任意性条款予以规范。

（一）强制性义务

1. 提供适航船舶

《海商法》第47条规定："承运人在船舶开航前和开航当时，应当谨慎处理，使船舶处于适航状态，妥善配备船员、装备船舶和配备供应品，并使货舱、冷藏舱、冷气舱和其他载货处所适于并能安全收受、载运和保管货物。"

提供适航船舶是海上货物运输合同承运人的一项基本义务，各国海商法和有关国际公约无一例外地规定承运人应承担该项义务。就绝大多数国家而言，提供适航船舶的义务仅强制适用于班轮运输合同的承运人，而不强制适用于航次租船合同的出租人。但根据我国《海商法》，情况则不同。《海商法》第94条第1款规定："本法第四十七条和第四十九条的规定，适用于航次租船合同的出租人。"这意味着，提供适航船舶的义务对航次租船合同出租人同样是强制的，不允许以合同条款排除适用，也不允许以合同条款加以变更。保证船舶适航的时间、标准和范围对航次租船合同的出租人同样是确定、不可动摇的。

2. 船舶不得作不合理绕航

《海商法》第49条规定："承运人应当按照约定的或者习惯的或者地理上的航线将货物运往卸货港。船舶在海上为救助或者企图救助人命或者财产而发生的绕航或者其他合理绕航，不属于违反前款规定的行为。”

与提供适航船舶一样，船舶不得作不合理绕航是海上货物运输合同承运人的另一项基本义务。出租人的这一义务也是强制性的，是不能以合同条款排除或变更的。因船舶不合理绕航造成货物灭失、损坏或延迟支付的，出租人应承担赔偿责任。

（二）任意性义务

《海商法》第 94 条第 2 款规定：“本章其他有关合同当事人之间的权利、义务的规定，仅在航次租船合同没有约定或者没有不同约定时，适用于航次租船合同的出租人和承租人。”根据这一规定，《海商法》第 4 章关于海上货物运输合同当事人义务的规定，除了第 47 条和第 49 条外，均是航次租船合同出租人的任意性义务。这些规定对于提单承运人和托运人而言是强制性规范，对于航次租船合同的出租人和承租人而言则是任意性规范，允许航次租船合同加以排除或变更。结合《海商法》第 4 章的规定，概括起来，航次租船合同出租人的任意性义务有以下几项：

1. 提供约定的船舶。《海商法》第 96 条规定：“出租人应当提供约定的船舶；经承租人同意，可以更换船舶。但是，提供的船舶或者更换的船舶不符合合同约定的，承租人有权拒绝或者解除合同。因出租人过失未提供约定的船舶致使承租人遭受损失的，出租人应当负赔偿责任。”

2. 应托运人的要求签发提单。货物由出租人接收或者装船后，应托运人的要求，出租人应当签发提单。出租人无正当理由拒签提单，给托运人造成损失的，应负赔偿责任。

3. 妥善地、谨慎地装载、搬移、积载、运输、保管、照料和卸载所运货物等。《海商法》第 48 条规定：“承运人应当妥善地、谨慎地装载、搬移、积载、运输、保管、照料和卸载所运货物。”出租人未尽相应义务，致使货物发生灭失或损坏的，应承担赔偿责任。

4. 依照约定的时间交付货物。《海商法》第 50 条规定：“货物未能在明确约定的时间内，在约定的卸货港交付的，为迟延交付。除依照本章规定承运人不负赔偿责任的情形外，由于承运人的过失，致使货物因迟延交付而灭失或者损坏的，承运人应当负赔偿责任。除依照本章规定承运人不负赔偿责任的情形外，由于承运人的过失，致使货物因迟延交付而遭受经济损失的，即使货物没有灭失或者损坏，承运人仍然应当负赔偿责任。承运人未能在本条第一款规定的时间届满六十日内交付货物，有权对货物灭失提出赔偿请求的人可以认为货物已经灭失。”除了《海商法》规定可以免责的情形外，由于出租人的过失致使货物因延迟交付而灭失或者损坏，或者造成经济损失的，出租人应负赔偿责任。

5. 依照运输活动物的特殊要求管理好活动物。《海商法》第52条规定："因运输活动物的固有的特殊风险造成活动物灭失或者损害的，承运人不负赔偿责任。但是，承运人应当证明业已履行托运人关于运输活动物的特别要求，并证明根据实际情况，灭失或者损害是由于此种固有的特殊风险造成的。"

6. 按照协议、航运惯例或有关法律、行政法规的规定装载舱面货。《海商法》第53条规定："承运人在舱面上装载货物，应当同托运人达成协议，或者符合航运惯例，或者符合有关法律、行政法规的规定。承运人依照前款规定将货物装载在舱面上，对由于此种装载的特殊风险造成的货物灭失或者损坏，不负赔偿责任。承运人违反本条第一款规定将货物装载在舱面上，致使货物遭受灭失或者损坏的，应当负赔偿责任。"

7. 在合同约定的卸货港卸货。合同订有承租人选择卸货港条款的，在承租人未按照合同约定及时通知确定的卸货港时，船长可以在约定卸货港中自行选择一卸货港。出租人未按照合同约定，擅自选择港口卸货，致使承租人遭受损失的，应当负赔偿责任。

尽管以上几项都属于任意性义务，但法律的任意性规范并不能表明在任何情况下都不具有强制适用效力，只是其强制适用效力是附条件的，即在合同没有约定或者没有不同约定时适用。如果合同没有约定或者没有作出与其不同的约定，这些规定对合同当事人便具有法律约束力。因此，当事人在缔约时应当知道这些法定义务的存在，如果想予以排除，就应当在合同条款中明确写明。

三、航次租船合同中承租人的义务

《海商法》没有给承租人设定任何强制性的义务，第4章的所有规定对于承租人而言都是任意性的，允许航次租船合同作出不同规定加以排除或变更。概括起来，承租人主要有以下义务：

（一）提供约定的货物

经出租人同意，可以更换货物。但是，更换的货物对出租人不利的，出租人有权拒绝或者解除合同。

（二）正确申报

《海商法》第66条规定："托运人托运货物，应当妥善包装，并向承运人保证，货物装船时所提供的货物的品名、标志、包数或者件数、重量或者体积的正确性；由于包装不良或者上述资料不正确，对承运人造成损失的，托运人应当负赔偿责任。承运人依照前款规定享有的受偿权利，不影响其根据货物运输合同对托运人以外的人所承担的责任。"

（三）及时办理手续

《海商法》第 67 条规定："托运人应当及时向港口、海关、检疫、检验和其他主管机关办理货物运输所需要的各项手续，并将已办理各项手续的单证送交承运人；因办理各项手续的有关单证送交不及时、不完备或者不正确，使承运人的利益受到损害的，托运人应当负赔偿责任。"

（四）危险货物托运

《海商法》第 68 条规定："托运人托运危险货物，应当依照有关海上危险货物运输的规定，妥善包装，作出危险品标志和标签，并将其正式名称和性质以及应当采取的预防危害措施书面通知承运人；托运人未通知或者通知有误的，承运人可以在任何时间、任何地点根据情况需要将货物卸下、销毁或者使之不能为害，而不负赔偿责任。托运人对承运人因运输此类货物所受到的损害，应当负赔偿责任。承运人知道危险货物的性质并已同意装运的，仍然可以在该项货物对于船舶、人员或者其他货物构成实际危险时，将货物卸下、销毁或者使之不能为害，而不负赔偿责任。但是，本款规定不影响共同海损的分摊。"

（五）按照约定支付运费

《海商法》第 69 条规定："托运人应当按照约定向承运人支付运费。托运人与承运人可以约定运费由收货人支付；但是，此项约定应当在运输单证中载明。"

（六）及时确定卸货港

合同订有承租人选择卸货港条款的，承租人应当及时通知确定的卸货港，否则，出租人可以从约定的卸货港中自行选择一卸货港。承租人未按照合同约定及时通知确定的卸货港，致使出租人遭受损失的，应当负赔偿责任。

【拓展适用】

《海商法》第 42 条第 2 项规定："'实际承运人'，是指接受承运人委托，从事货物运输或者部分运输的人，包括接受转委托从事此项运输的其他人。"

一、实际承运人制度的由来

实际承运人制度乃《汉堡规则》为了解决海上货物运输合同中的承运人识别问题而建立的一项特殊制度。在制定《汉堡规则》时，为解决这一问题曾提出三种主要的方案：一是将承运人界定为以自己的名义与托运人缔结运输合同的一切人；二是收取货物、承运货物并签发提单的人为承运人；三是尽可能将接受运输的人、实行运输的人纳入承运人这一概念，一次运输涉及多个承运人。讨论中，代表们发现上述方案都不利于承运人概念的统一，最后决定采用第一个方案定义承运人，同时，另设实际承运人概念。《汉堡规则》第 1 条第 2 款将"实际承运人"定义为

"受承运人委托从事货物运输或部分运输的任何人，包括接受转委托从事此项运输的其他人"。另外在第10条中，对其责任承担作了规定。实际承运人制度的设立使参加货物运输的各方，或者作为承运人，或者作为实际承运人，都必须对货主负责。[①] 中国在制定《海商法》时借鉴了《汉堡规则》，引入了实际承运人制度，在第4章第42条第2项对实际承运人作出了规定。因此，实际承运人制度的设立是为了解决由于运输方式的多样性和复杂性而带来的运输关系中的责任主体，即承运人难以识别的问题，意在为索赔方提供更为周全的保护。而《汉堡规则》调整的仅仅是提单运输合同，其在第2条第3款中规定："本公约各项规定不适用于租船合同。但是，如果提单是根据租船合同签发，并对承运人和非承租人的提单持有人之间的关系加以制约，则本公约的各项规定适用于该提单。"与《汉堡规则》不同的是，我国《海商法》第4章调整的海上货物运输合同不但包括提单，也包括航次租船合同和多式联运合同。

二、实际承运人的特征

1. 实际承运人不是运输合同的当事人，他与承运人是相对的概念，两者之间没有从属和包容关系。在一个航程中，实际承运人可能有多个，而承运人只能有一个。

2. 实际承运人受承运人的委托参与了货物运输，这种委托并非表现为委托合同，实际承运人与承运人之间的委托一般表现为运输合同、租船合同等。

3. 实际承运人并非必须实际运输货物，在其接受承运人委托后，又转委托的，也是实际承运人。同样对其参与的运输负责。

4. 运输的方式不限于海上运输，在陆上接受承运人委托参与货物运输的也是实际承运人，并对其参与的运输负责。

5. 基于雇佣、代理等关系，对货物进行运输的受雇佣人、代理人不是实际承运人，他们的责任由其雇佣人、委托人负责。

三、实际承运人与承运人的关系

实际承运人是真正履行海上货物运输合同的人，具体是指受契约承运人委托从事货物运输或部分运输的人，包括接受转委托而从事此项运输的其他人。在海上联运中，与托运人订立海上货物运输合同的人通常是第一程承运人，他是契约承运人。第二程承运人往往是接受第一程承运人的委托而完成部分运输的人，他是实际承运人。在直达运输因意外导致转船时，与托运人签订直达运输合同的人是合同承

---

① 邢海宝：《海上货物运输合同中的关系人》，载《法学家》2002年第3期。

运人，而从事转船运输的人是实际承运人。在转包运输中，转包者为合同承运人，而接受转包者为实际承运人。在航次租船和定期租船中，如承租人与托运人订立运输合同，则为契约承运人，而船舶出租人是实际完成货物运输的人，为实际承运人。根据英美法对物诉讼制度，船舶本身可以成为被告，其效果是船舶所有人也被视为承运人。这样，不管船舶是否出租，船舶所有人都难逃承运人的责任。我国没有对物诉讼的做法，但和《汉堡规则》一样，我国对实际承运人的定义包含了租船合同下的船舶所有人。

（一）实际承运人不同于承运人的雇佣人、代理人

承运人与实际承运人订立的是运输合同或租船合同等，而承运人与雇佣人、代理人订立的是雇佣合同或委托合同；承运人与实际承运人一般承担连带责任，而承运人对雇佣人、代理人承担的是行为后果的归属责任或替代责任；承运人对实际承运人承担责任，不以其行为在委托范围之内为条件，而承运人对雇佣人或代理人承担责任，以其行为在受雇或受托范围之内为条件。

（二）承运人和实际承运人对货方承担责任不同

承运人和实际承运人都应以自己的名义对货方承担责任，尽管责任的性质可能不同。但是，实践中，承运人和实际承运人的识别常常十分棘手。为了避免错选被告，索赔人尽可能更多地起诉实际承运人。当然，也可将所有当事人列为被告。这样，一可保证时效期间的中断，二可增加赔偿机会。

承运人和实际承运人的责任根据法律和约定划分。承运人将货物运输或部分运输委托给实际承运人履行的，承运人仍应对全部运输负责。对实际承运人承担的运输，承运人应对实际承运人的行为或者其受雇人、代理人在受雇或受委托的范围内的行为负责。但是，海上运输合同明确约定合同所包括的特定的部分运输由承运人以外的指定的实际承运人履行的，合同可以同时约定，货物在指定的实际承运人掌管期间发生的灭失、损坏或迟延交付，承运人不负赔偿责任。但承运人应当证明货损发生在实际承运人的运输区段，而且应使货方能在有管辖权的法院对实际承运人提起诉讼。

（三）实际承运人与承运人的义务不同

我国《海商法》第61条规定："本章对承运人责任的规定，适用于实际承运人。对实际承运人的受雇人、代理人提起诉讼的，适用本法第五十八条第二款和第五十九条第二款的规定。"不过，应当清楚，实际承运人的义务与承运人并不完全相同。承运人的适航、管货、不绕航等义务，实际承运人也应承担，因为这是安全运输必不可少的。但是，承运人签发提单、向提单持有人交货等，不一定要求实际承运人承担，因为这是以运输合同的商业利益为基础的。另外，第4章规定的承运

人的权利也不能全部赋予实际承运人。因为，建立实际承运人制度的目的在于加强对货方的保护，而不是加强对实际承运人的保护；让实际承运人享有承运人的全部法定权利不仅没有必要，而且可能引起混乱，例如，货方将不知该向何人支付运费。当然，与货物安全运输直接相关的权利，如在危险货物威胁船舶安全时，将其销毁而不负责任的权利，应当赋予实际承运人。

（四）承运人与实际承运人享有的权利内容不同

承运人承担我国《海商法》第4章未规定的义务或放弃所赋予的权利的任何特别协议，须得实际承运人书面明确同意，否则仅对承运人发生效力。实际承运人是否同意，不影响此项特别协议对承运人的效力。据此，《海商法》第78条的规定不适用于实际承运人。这样，当提单记载的货物数量多于实际收到的货物数量时，实际承运人应据实际接收的数量对提单持有人负责。当然，实际承运人也不能享受承运人提单上的权利。对于管辖和仲裁条款等，实际承运人更不可援用。

（五）承运人和实际承运人互负连带责任

承运人和实际承运人都负有赔偿责任的，应在此范围内负连带责任。另外，在租船运输中，承租人如果以自己的名义签发了提单，且承担了《海牙规则》下的某些义务，则承租人和出租人负连带责任。理由是船东和承租人为合作承运人，而且，如果允许船东不负责，《海牙规则》下的强制性规定就可因合同安排而被规避。要求二者承担连带责任，在一定意义上回避了承运人的认定，但体现了追究实际承运人责任的做法。由于承运人和实际承运人之间仍以双方所订立的合同为准，因此，依我国《海商法》规定承担责任，并不影响双方之间的相互追偿。

四、关于实际承运人的责任问题

（一）实际承运人的责任范围

从我国《海商法》的规定看，实际承运人是海上货物运输的主体之一，其法律地位与承运人相同，但是这不表明实际承运人与承运人的责任是一致的，否则，实际承运人与承运人则无区别。

关于实际承运人责任范围的规定，在各大国际公约以及各国立法体系中大致有两种做法，一是分别规定出承运人和实际承运人的权利、义务及责任，如1999年的美国COGSA草案和CMI运输法草案都是采用的这种方式；二是没有具体规定实际承运人的责任，实际承运人的责任范围比照承运人确定，如《汉堡规则》和我国的《海商法》。

我国《海商法》第61条规定，本章对承运人责任的规定，适用于实际承运人。如上所述，实际承运人的责任范围比照承运人而定，但是此规定在实践中争议颇多。例如，此条只提及责任，而没有涉及权利义务及责任限制的规定，那么是不是第4章关于承运人的所有规定都适用于实际承运人，而第4章以外的其他规定都不适用于实际承运人呢？笔者认为，此处所提及的“责任”，并非指狭义的“责任”，它的内涵包括权利、义务以及责任。因为，在法律上权利和义务是对等的，不存在只承担义务而不享受权利的情况，所以，这里的“责任”是广义的。但是实际承运人毕竟不是承运人，其责任范围和承运人的责任范围是有区别的。一般认为承运人的责任可分为两类：一是关于船舶和货物安全运输的责任，如管货责任、适航责任等；二是关于船舶商业运营的责任，如签发提单、交付货物等。[①] 所以基于运输合同产生的责任，实际承运人是不应享有的，这里的责任既包括权利又包括义务。但是实际承运人参与了货物的实际运输，与货物安全运输直接相关的权利应该赋予实际承运人。

（二）实际承运人与承运人的责任划分

根据《海商法》第60条第2款的规定，在海上运输合同中明确约定合同所包括的特定的部分运输由承运人以外的指定的实际承运人履行的，合同可以同时约定，货物在指定的实际承运人掌管期间发生的灭失、损坏或者迟延交付，承运人不负赔偿责任。也就是说承运人与托运人明确约定某一部分的运输由第三人完成的，承运人对此部分的运输不负责任，而是由实际承运人负责。此时等于承运人代理实际承运人与托运人签订了某一区段的运输合同，实际承运人成为合同责任的承受者，而承运人在实际承运人的运输范围内不负责任。此约定成立的条件有三个：一是合同中明确约定某一部分的运输由第三人完成；二是该第三人是明确的，即托运人明确同意该部分的运输由实际承运人完成；三是合同中明确约定承运人对实际承运人的掌管期间发生的货损不负责任，三个条件缺一不可。[②] 如果承运人在与托运人订立运输合同时，并未有此特殊约定，或者只约定某部分运输由不确定的第三人完成，当在实际承运人的运输区段发生货损后，根据我国《海商法》第60条第1款的规定：“承运人将货物运输或者部分运输委托给实际承运人履行的，承运人仍然应当依照本章规定对全部运输负责。对实际承运人承担的运输，承运人应当对实际承运人的行为或者实际承运人的受雇人、代理人在受雇或者受委托的范围内的行为负责。”在货损发生后，索赔人可以直接向承运人索赔，承运人赔偿后可以再向实际承运人追偿。索赔人也可以同时向实际承运人和承运人索赔，并且承运人与实

---

① 郭瑜：《论我国〈海商法〉中实际承运人制度的修改和完善》，载《海商法研究》2000年第2辑。

② 郭瑜：《海商法教程》，北京大学出版社2002年版，第116页。

际承运人负连带责任。

另外根据《海商法》第62条的规定："承运人承担本章未规定的义务或者放弃本章赋予的权利的任何特别协议，经实际承运人书面明确同意的，对实际承运人发生效力；实际承运人是否同意，不影响此项特别协议对承运人的效力。"即承运人与托运人之间约定承担额外的义务或者放弃应有的权利，除非实际承运人书面同意的，否则，对实际承运人不发生效力，此约定只对承运人发生效力。而实际承运人是否表示同意并不影响该协议的效力。

我国《海商法》第63条规定："承运人与实际承运人都负有赔偿责任的，应当在此项责任范围内负连带责任。"我们前面已经讨论过承运人要对实际承运人及实际承运人雇佣的人负责，除非在运输合同中已经明确约定承运人对该部分的运输不承担责任；并且当承运人和实际承运人都有责任时，承运人和实际承运人负连带责任。根据实际承运人制度的立法本意可知，设立实际承运人的概念是为了加强对货方的保护，当货损发生在实际承运人掌控货物的区段时，货方可以直接向实际承运人索赔，但是实际承运人没必要为承运人的行为负责。按照法律的规定，承运人和实际承运人负连带责任有两个条件：第一，承运人和托运人在运输合同中没有《海商法》第60条第2款规定的情形；第二，实际承运人对货损负有责任，如果实际承运人对货损不负责任或者货损不是发生在实际承运人掌控货物期间，则实际承运人不负赔偿责任。

【典型案例】

艾斯欧洲集团有限公司与连云港明日国际海运有限公司、上海明日国际船务有限公司航次租船合同纠纷案

再审申请人（一审被告、二审上诉人）：连云港明日国际海运有限公司。住所地：中华人民共和国江苏省连云港市经济技术开发区蝙蝠东路11号1单元201室。

法定代表人：鲁虹，该公司董事长。

再审被申请人（一审原告、二审上诉人）：艾斯欧洲集团有限公司（ACE EUROPEAN GROUP LIMITED）。住所地：大不列颠及北爱尔兰联合王国伦敦市利德贺街100号艾斯大厦（ACE Building，100 Leadenhall Street，London，United Kingdom）。

法定代表人：罗兰·彼得·默里（Roland Peter Murray），该公司董事。

一审被告、二审上诉人：上海明日国际船务有限公司。住所地：中华人民共和国上海市宝山区牡丹江路1325号403室J座。

法定代表人：孙量，该公司董事长。

〔基本案情〕

上海海事法院一审查明：2006年10月至11月，玛吕莎公司北京办事处根据玛吕莎公司及玛吕莎钢铁公司委托其谈判和签订“桐城”轮航次租船合同的授权，通过电子邮件的方式和上海明日国际船务有限公司（以下简称“上海明日”）签订航次租船合同。为履行合同，上海明日分别签发了十三套提单。根据“桐城”轮船舶所有权登记证书记载，连云港明日国际海运有限公司（以下简称“连云港明日”）系“桐城”轮的光船租赁人。“桐城”轮取得了由中国船级社签发的船舶证书，有效期至2009年6月。2006年1月27日，艾斯欧洲集团有限公司（以下简称“艾斯公司”）作为保险人连同简威亨有限公司（JEAN VERHEYEN N. V.）、福迪斯保险有限公司（FORTIS CORPORATE INSURANCE N. V.）、爱克莎比利时有限公司（AXA BELGIUM S. A./N. V.）、比戴姆保险人有限公司［B. D. M. NV（previously MINERVA UNDERWRITERS N. V.）］、和第戈林威克林有限公司（HDI - GERLING VERZEKERINGEN N. V.）、凯特林比利时有限公司（CATLIN BELGIUM）、纳塔斯有限公司（NATEUS N. V.）、阿威罗比利时保险有限公司（AVERO BELGIUM INSURANCE N. V.）共同出具NR. T099281 200601号保险单，承保自2006年2月1日起玛吕莎公司及其关联公司在全球范围内的运输货物风险，险种为一切险，关联公司中包括玛吕莎钢铁公司，并分别出具了保险凭证。

2007年1月22日，“桐城”轮大副发表共同海损声明。2月20日至28日，AIMU海事检验及管理公司作为劳氏代理出具“桐城”轮临时修理规格报告，指出“桐城”轮存在多种瑕疵。4月12日，海上海事检验师有限责任公司出具货物检验报告，报告指出，“桐城”轮2号舱底舱进水，涉案货物受损，货损原因应归结于船舶整体上处于不良状态且不适航。报告同时认定，在发生货损事故后，承运人未尽管货义务。5月21日，上海明日向上海海关发出“桐城”轮海损货物放弃申请。最终，在十三票货物中，TCP010、TRD011、LD04、LD13、LD15号提单项下的货物全损，收货人未提取货物。“桐城”轮在上海港进行永久修理后，发生部分短缺及受损的货物被重新安排出运，上海明日在卸货港的代理就该些货物重新签发了提单，并于2007年7月分别交付于各收货人。玛吕莎公司及玛吕莎钢铁公司也根据货物受损及短少情况重新开具了部分货物发票。涉案保险代理人在卸货港检验货物短缺及受损后认为：TRD013号提单项下货物短缺28082.89美元；TRD015号提单项下货物短缺及受损18988美元；TRD016号提单项下货物短缺25360.09美元；LD05号提单项下货物短缺及受损34735.67美元；LD06号提单项下货物受损57087.27美元；LD07号提单项下货物受损22989.24美元；LD22号提单项下货物受损4905.85美元；TRD008号提单项下货物推定全损。根据货物发票记载，TRD008号提单项下货物运费16215.00美元；TRD013号提单项下货物FOB价41200.80美元，运费1665.00美元，保险费428.66美元；TRD015号提单项下货物FOB价91000.00美元，运费3000.00美元，保险费940.00美元；TRD016号提单项下货物FOB价76875.00美元，运费2250.00美元，保险费791.25美元；LD05号提单项下货物FOB价62115.48美元，运费2875.77美元，保险费649.91美元；LD06号提单项下货物FOB价97327.88美元，运费4301.49美元，保险费1016.29美元；LD07号提单项下货物FOB价243 739.17美元，运费13165.83美元，保险费2569.05美元；LD22号提单项下货物FOB价30672.99美元，运费1202.91美元，保险费318.76美元。另据报关单记载，TRD008号提单项下货物FOB价430000.00美元；TRD013号提单项下货物FOB价31912.50美元；TRD015号提单项下货物FOB价77100.00美元；TRD016号提单项下货物FOB价65625.00美元；LD05号提单项下货物FOB价25875.00美元；LD06号提单项下货物FOB价30153.00美元；LD07号提单项下货物FOB价199020.00美元；LD22号提单项下货物FOB价24860.14美元。上海明日确认，玛吕莎公司及玛吕莎钢铁公司已向其支付涉案十三票货物项下的全部运费。

涉案货损事故发生后，艾斯公司等九家共同保险人向玛吕莎公司支付了保险赔偿金956459.61美元，并向保险经纪人支付了佣金9656.85美元，向玛吕莎钢铁公司支付了保险赔偿金402232.77美元，并向保险经纪人支付了佣金4062.95美元。因艾斯公司在共同保险中承保的风险比例为5%，其实际向玛吕莎公司及玛吕莎钢铁公司支付了68620.61美元。玛吕莎公司及玛吕莎钢铁公司收到赔偿金后出具了收据，同时出具了权益转让书，确认将涉案货损的索赔权转让给上述九家共同保险人。

〔一审裁判理由与结果〕

上海海事法院经审理认为，本案系航次租船合同纠纷，具有涉外因素，各方当事人均表示适用中华人民共和国法律处理本案，故确定以中华人民共和国法律作为审理本案纠纷的准据法。

一、关于玛吕莎公司及玛吕莎钢铁公司和连云港明日、上海明日之间的法律关系的争议。

该院认为，玛吕莎公司北京办事处的工商登记材料显示，其是玛吕莎公司的派出机构，其与上海明日签订航次租船合同即表示玛吕莎公司和上海明日之间成立航次租船合同关系。授权函证明玛吕莎公司北京办事处同时接受玛吕莎钢铁公司的委托与上海明日签订航次租船合同，上海明日开具的提单上明确注明托运人系玛吕莎公司或玛吕莎钢铁公司，并向玛吕莎公司和玛吕莎钢铁公司收取运费，可以认定玛吕莎钢铁公司和上海明日之间亦成立航次租船合同关系。连云港明日作为涉案船舶的光船租赁人，应认定其为涉案货物的实际承运人。

二、关于玛吕莎公司和玛吕莎钢铁公司对涉案货物是否具有保险利益、代位求偿权是否合法的争议。

该院认为，本案是航次租船合同代位求偿纠纷，主要审查的是被代位人玛吕莎公司及玛吕莎钢铁公司对货损是否具有诉权以及是否存在损失。玛吕莎公司及玛吕莎钢铁公司作为航次租船合同的当事人，亦是提单记载的托运人，发生货损后，当然有权提出索赔。涉案十三票货物中的五票货物被认定为全损，收货人并未提取货物，玛吕莎公司及玛吕莎钢铁公司始终持有该五票货物的一式三份正本提单，就该五票货物存在损失。另八票货物发生不同程度的短缺和受损，收货人确认对于短缺和受损的货物并未支付货款，相应索赔权应属于玛吕莎公司及玛吕莎钢铁公司。据此，玛吕莎公司及玛吕莎钢铁公司对该八票货物存在损失。艾斯公司作为保险人，支付了保险赔偿金并取得玛吕莎公司及玛吕莎钢铁公司出具的权益转让书后，依法取得代位求偿权，有权向货损事故责任人提出索赔。

三、关于货损原因及连云港明日、上海明日应否承担赔偿责任的争议。

该院认为，涉案货物系非集装箱货物，承运人的责任期间自货物装上船时起至卸下船时止。涉案货损发生在承运人责任期间内，承运人应当承担赔偿责任，除非承运人可以证明其存在法律规定的免责事由。连云港明日提供的技术鉴定报告的结论仅为可能性，并无证据予以佐证，且亦未证明该意外事故属于不可抗力。连云港明日提供的"桐城"轮船舶证书在船舶离开釜山港之前仍属于有效期内，但船舶证书并不能直接证明航行过程中发生的货损事故与承运人在管船、管货上不存在过失之间的因果关系。据此，上海明日作为航次租船合同出租人，应当承担赔偿责任。连云港明日作为实际承运人，应当与上海明日承担连带赔偿责任。

四、关于损失依据及损失金额合理性的争议。

该院认为，货物的实际价值应以报关单记载为准。涉案十三票货物中，五票货物为全损，TRD008 号提单项下货物推定全损，另七票货物均属部分短缺或受损。根据法律规定，货物的实际价值，按照货物装船时的价值加保险费加运费计算，十三票货物实际损失共计 921899.50 美元。艾斯公司作为共同保险人所承保的货物风险比例为 5%，因此其实际损失应为 46094.98 美元，至于其请求按保险价值的 110% 计算损失金额，因缺乏相关依据，一审法院不予支持。连云港明日主张涉案部分全损货物仍具有残值，因其未提供有效证据证明其主张，一审法院对其主张不予采纳。关于利息损失，系连云港明日、上海明日迟延履行债务引起的孳息损失，可予支持，但因未提供证据证明曾向连云港明日、上海明日请求过损失赔偿，亦未提供相应贷款依据，故利息损失应按中国人民银行同期企业美元活期存款利率计算。

五、关于起诉是否超过诉讼时效的争议。

该院认为，法律规定航次租船的请求权时效期间为二年，本案中因发生海损事故，"桐城"轮大副于 2007 年 1 月 22 日出具共同海损声明，该日可视为艾斯公司知道或者应当知道权利被侵害之日，应为时效起算点，其于 2009 年 1 月 22 日递交了起诉状，一审法院通知起诉状需修正，其遂于 3 月 3 日递交经补正的起诉状，因此起诉之日为 2009 年 1 月 22 日，没有超过诉讼时效。而连云港明日作为实际承运人，对其应适用有关侵权的二年诉讼时效，从知道或者应当知道权利被侵害之日起计算，因此对连云港明日的起诉亦未超过诉讼时效。

综上，判决：一、上海明日和连云港明日应向艾斯公司连带赔偿货物损失

46094.98美元及利息损失；二、对艾斯公司的其他诉讼请求不予支持。

〔当事人上诉及答辩意见〕

上海明日、连云港明日、艾斯公司均不服一审判决，向上海市高级人民法院提起上诉。

上海明日上诉认为：1. 玛吕莎公司及玛吕莎钢铁公司不是通过电子邮件达成的合同主体，涉案授权函是不真实的也非在签署航次租船合同之前做出的，应认定玛吕莎公司北京办事处和我方之间成立合同关系。涉案合同性质上属于舱位合同。玛吕莎公司及玛吕莎钢铁公司和我方之间是提单证明的海上货物运输合同关系。2. 玛吕莎公司及玛吕莎钢铁公司对涉案货物不具有保险利益，涉案代位求偿权取得不合法，涉案货物是CIF方式，货物风险自越过船舷已经转移给了买方。3. 涉案技术鉴定报告表明航行中发生了意外事故，“桐城”轮在涉案航次开航前及开航当时是适航的，货损是由于意外事故造成，连云港明日、上海明日依法免责。4. 涉案货物存在残值。5. 玛吕莎公司及玛吕莎钢铁公司和我方之间是海上货物运输合同关系，诉讼时效为一年，本案起诉已经超过诉讼时效。据此，请求二审法院撤销一审判决，改判驳回艾斯公司的所有诉讼请求；本案全部诉讼费用由艾斯公司承担。

连云港明日上诉认为：1. 玛吕莎公司及玛吕莎钢铁公司不是通过电子邮件达成的合同主体，涉案合同的主体是玛吕莎公司北京办事处和上海明日。涉案授权函是不真实的也非在签署航次租船合同之前做出的，2006年11月3日上海明日不知道玛吕莎公司北京办事处系代表玛吕莎公司和玛吕莎钢铁公司，应认定玛吕莎公司北京办事处和上海明日之间成立合同关系。涉案合同性质上属于舱位合同。玛吕莎公司及玛吕莎钢铁公司和上海明日之间是提单证明的海上货物运输合同关系，连云港明日系实际承运人，与舱位合同下承租人之间没有任何法律关系。2. 玛吕莎公司及玛吕莎钢铁公司对涉案货物不具有保险利益，涉案代位求偿权取得不合法，涉案货物是CIF方式，货物风险自越过船舷已经转移给了买方，玛吕莎公司及玛吕莎钢铁公司在事故发生时不具有保险利益。3. 涉案技术鉴定报告表明航行中发生了意外事故，“桐城”轮在涉案航次开航前及开航当时是适航的，涉案货损是由于意外事故造成，连云港明日、上海明日依法免责。4. 涉案货物存在残值。5. 玛吕莎公司及玛吕莎钢铁公司和上海明日之间是海上货物运输合同关系，本案起诉已经超过诉讼时效。据此，请求二审法院撤销一审判决，改判驳回艾斯公司的所有诉讼请求；本案全部诉讼费用由艾斯公司承担。

艾斯公司上诉认为：TRD008号提单项下货物数量为1000吨，货物实际损失应为530154.20美元。据此，请求二审法院改判连云港明日、上海明日连带赔偿其货物损失50291.94美元及利息损失；本案全部诉讼费用由连云港明日、上海明日承担。

上海明日答辩认为：涉案船舶在开航前和开航时都是适航的，专家鉴定报告可以证明船舶漏水是由于意外，涉案事故是涉案船舶存在潜在缺陷而导致，上海明日对涉案货损应免责。

连云港明日答辩认为：实际承运人与承运人相伴而生，不应适用《中华人民共和国民法通则》中对诉讼时效的规定。实际承运人的概念只存在于提单所证明的海上货物运输合同关系中，与本案航次租船合同没有任何关系。关于货损原因和免责问题，同意上海明日的陈述。连云港明日不应承担连带赔偿责任。

艾斯公司答辩认为：其与上海明日之间存在航次租船合同关系，连云港明日是实际承运人，一审判决连云港明日、上海明日承担连带责任符合法律规定。没有充分证据证明涉案事故系由于意外事故导致，连云港明日也未明确事故原因。涉案货物的残值没有相应的文件予以证明。

〔二审裁判理由与结果〕

二审法院认为，本案系航次租船合同纠纷，具有涉外因素，因本案当事人均选择适用中华人民共和国法律处理涉案争议，故可以中华人民共和国法律作为处理本案争议的准据法。

一、关于涉案合同性质、涉案各方法律地位及诉讼时效问题。

玛吕莎公司北京办事处与上海明日系通过电子邮件签订涉案合同，形式上不但使用了“桐城”轮租约的措辞，内容上也涵盖了船名、数量、装卸港、受载期、运费、滞期费等，具备航次租船合同的特征。涉案航次租船合同项下虽有承运人签发的提单，但《中华人民共和国海商法》并不禁止航次租船合同项下承运人签发提单，承运人签发提单的事实并不影响该案航次租船合同的成立，一审判决认定涉案合同属于航次租船合同正确。连云港明日、上海明日有关涉案合同属于舱位合同、海上货物运输合同的上诉理由，缺乏依据，不予采信。涉案授权函表明，玛吕莎公司北京办事处作为玛吕莎公司的派出机构签订涉案合同，曾取得过玛吕莎公司和玛吕莎钢铁公司的授权，故可以认定玛吕莎公司、玛吕莎钢铁公司和上海明日之间成立航次租船合同关系，连云港明日系实际承运人。按照法律规定，航次租船合同的请求权时效期间为二年，对实际承运人的请求权时效期间也为二年，一审法院以出具共同海损声明的2007年1月22日作为时效起算点，认定本案起诉没有超过诉讼时效，符合法律规定，予以认可。

二、关于涉案代位求偿权是否合法的问题。

一审查明，涉案十三票货物中，全损的五票货物收货人未提取，玛吕莎公司及玛吕莎钢铁公司始终持有一式三份正本提单；另八票货物不同程度的短缺和受损，收货人声明对于短缺和受损的货物未支付货款，相应索赔权应属于玛吕莎公司及玛吕莎钢铁公司，故作为托运人的玛吕莎公司及玛吕莎钢铁公司有权提出索赔。艾斯公司作为保险人，在向玛吕莎公司及玛吕莎钢铁公司支付了保险赔偿金并取得相关权益转让书后，依法取得代位求偿权。

三、关于货损原因及连云港明日、上海明日可否免责的问题。

非集装箱货物项下，承运人的责任期间自货物装上船时始至卸下船时止，涉案货损发生在承运人责任期间，上海明日和连云港明日主张免责应承担相应的举证责任。从现有证据看，均不足以证明确实存在承运人可据以免责的事由，故上海明日、连云港明日应对涉案货损承担连带赔偿责任。

四、关于损失金额的问题。

上海明日和连云港明日均主张涉案部分货物仍具有残值，但未提供有效证据加以证明，故对该主张难以采纳。关于艾斯公司提出 TRD008 号提单项下货物实际损失应为 530154.20 美元的问题，二审法院认为，一审判决系依据艾斯公司在一审中的自称，并结合艾斯公司提供的涉案货物报关单编号、海关出具的资料等，作出的 TRD008 号提单项下货损金额认定，艾斯公司在二审中欲推翻其在一审中的陈述，但并未提供充足证据证明，理应由其承担相应的不利后果。

综上，判决：驳回上诉，维持原判。

〔最高人民法院裁判理由与结果〕

最高人民法院认为，连云港明日并未提交新的证据足以推翻原审判决认定的事实，原审判决认定事实清楚，予以确认。

艾斯公司系在中华人民共和国领域外注册的企业法人，本案系涉外法律关系，各方当事人对适用中华人民共和国法律处理本案均无异议，原审判决适用中华人民共和国法律正确。本案系艾斯公司诉上海明日、连云港明日航次租船合同纠纷，应当适用《中华人民共和国海商法》的规定确定当事人的权利义务。

根据当事人争议的焦点，该院认为，本案主要争议包括连云港明日的法律地位、诉讼时效、货损的原因以及本案货损是否具有免责事由。

一、连云港明日在本案租船合同纠纷中的法律地位。

原审判决认定，玛吕莎公司、玛吕莎钢铁公司与上海明日之间成立航次租船合同关系，连云港明日系涉案船舶的光船租赁人，故连云港明日为实际承运人。连云港明日认为，航次租船合同法律关系中不存在实际承运人，原审判决认定其法律地位错误。艾斯公司主张连云港明日作为“桐城”轮的光船租赁人，实际运营该船舶，是实际承运人。该院认为，原审判决认定连云港明日的法律地位不当。

本案为航次租船合同纠纷。涉案航次租船合同由玛吕莎公司、玛吕莎钢铁公司委托的玛吕莎公司北京办事处与上海明日通过电子邮件签订。根据《中华人民共和国海商法》的规定，航次租船合同的当事人应当为出租人和承租人，故上海明日作为出租人应当就其与玛吕莎公司、玛吕莎钢铁公司之间的航次租船合同承担相应的责任。艾斯公司作为货物保险人在发生货损后，向被保险人玛吕莎公司、玛吕莎钢铁公司支付了保险赔款，依法取得代位请求赔偿权利。根据《中华人民共和国海商法》的规定，艾斯公司向航次租船合同的出租人上海明日主张权利，应予支持。

连云港明日系涉案运输船舶“桐城”轮的光船承租人，实际承运涉案货物，但并非涉案航次租船合同的当事方。在艾斯公司就航次租船合同提起的诉讼中，连云港明日不应作为承担航次租船合同出租人责任的一方。艾斯公司主张连云港明日为航次租船合同的共同出租人，缺乏事实和法律依据。

艾斯公司主张连云港明日为航次租船合同下的实际承运人，应当与上海明日承担连带赔偿责任。本院认为，艾斯公司的主张并无法律依据。《中华人民共和国海商法》将航次租船合同作为特别的海上货物运输合同予以规定。该法第九十四条规定：“本法第四十七条和第四十九条的规定，适用于航次租船合同的出租人。本章[1]其他有关合同当事人之间的权利、义务的规定，仅在航次租船合同没有约定或者没有不同约定时，适用于航次租船合同的出租人和承租人。”因此，航次租船合同当事人的权利义务主要来源于合同的约定。在航次租船合同有明确约定的情形下，出租人应当按照航次租船合同的约定履行义务，并履行《中华人民共和国海商法》第四十七条、第四十九条规定的义务。在航次租船合同没有约定或者没有不同约定时，出租人和承租人之间的权利义务适用《中华人民共和国海商法》第四章的规定，但并非第四章所有的规定均适用于航次租船合同的当事人，所应适用的仅为海上货物运输合同当事人即承运人和托运人之间的权利义务规定，并不包括实际承运人的规定。实际承运人是接受承运人委托，从事货物运输或者部分运输的人，包括接受转委托从事此项运输的其他人。在提单证明的海上货物运输法律关系中，法律规定承运人的责任扩大适用于非合同当事方的实际承运人，但实际承运人是接受海上货物运输承运人的委托，不是接受航次租船合同出租人的委托，实际承运人及其法定责任限定在提单的法律关系中。在提单证明的海上货物运输合同项下，合法的提单持有人可以向承运人和/或实际承运人主张提单上所载明的权利。实际承运人并非航次租船合同法律关系的当事方，本案艾斯公司就航次租船合同提出索赔请求，按照合同相对性原则，应由航次租船合同的出租人上海明日承担相应的责任。艾斯公司主张连云港明日为航次租船合同法律关系中的实际承运人，并无法律依据。

二、关于本案的诉讼时效。

本案系航次租船合同纠纷，根据《中华人民共和国海商法》第二百五十七条第二款的规定：“有关航次租船合同的请求权，时效期间为二年，自知道或者应当知道权利被侵害之日起计算。”因此艾斯公司诉上海明日诉讼时效期间为二年，原审判决对此认定正确。因连云港明日不是本案航次租船合同的当事方，艾斯公司对其提起的请求缺乏事实依据和法律依据，故对于连云港明日提出的艾斯公司向其请求赔偿的时效问题不予评判。

---

① 该章为海上货物运输合同的相关规定。

三、关于货损的原因及是否存在免责事由。

上海明日、连云港明日主张其提交的证据可以证明涉案货损是因为船舶在航行中碰撞了水中悬浮的雷达识别不到的物体导致左舷船壳板裂缝进水所致。本院认为，尚无充分证据证明涉案货损系因船舶在航行过程中遭遇意外事故所致。原审判决对涉案货损事故原因的认定并无不当。鉴于连云港明日不是本案航次租船合同的当事方，艾斯公司无权向其主张权利，故对连云港明日是否可以免除赔偿责任的问题，无须再予评判。对于上海明日免除责任的主张，经原审判决认定，现有证据均不足以证明确实存在可以免责的事由。再审期间，亦无可以推翻原审判决认定事实的新证据，故原审判决认定上海明日作为航次租船合同项下的出租人，对艾斯公司应当承担货损赔偿责任并无不当。

综上，该院认为，原审判决认定连云港明日作为本案航次租船合同法律关系中的实际承运人缺乏法律依据。连云港明日主张其不是本案航次租船合同的当事方，不应承担相应的责任依据充分，应予支持。上海明日作为航次租船合同的出租人，应当对艾斯公司承保的货物发生货损承担赔偿责任。依照《中华人民共和国海商法》第四十六条第一款、第四十八条、第五十五条第一款和第二款、第九十二条、第九十四条、第二百五十二条第一款、第二百五十七条第二款、第二百六十九条，《中华人民共和国民事诉讼法》第六十四条第一款、第一百五十三条第一款第（二）项①、第一百八十六条第一款②之规定，判决如下：

一、撤销上海市高级人民法院（2010）沪高民四（海）终字第71号民事判决；

二、撤销上海海事法院（2009）沪海法商初字第243号民事判决第一项，改判上海明日国际船务有限公司应于本判决生效之日起十日内向艾斯欧洲集团有限公司（ACE EUROPEAN GROUP LIMITED）赔偿货物损失46094.98美元及利息损失（按中国人民银行同期企业美元活期存款利率，自2009年1月22日计算至本判决生效之日止）；

三、维持上海海事法院（2009）沪海法商初字第243号民事判决第二项。

① 对应2012年《民事诉讼法》第一百七十条第一款第（二）项，规定：“（二）原判决、裁定认定事实错误或者适用法律错误的，以判决、裁定方式依法改判、撤销或者变更；”

② 对应2012年《民事诉讼法》第二百零七条第一款。

第四章　借用合同

规则10：当事人就使用超市自助寄存柜寄存物品形成的是借用合同关系而非保管合同关系

——李杏英与上海大润发有限公司杨浦店、上海大润发有限公司财产损害赔偿纠纷案①

【裁判规则】

超市为前来购物的消费者提供人工寄存和自助寄存柜寄存物品，当事人选择自助寄存柜寄存物品，与超市之间形成借用合同而非保管合同关系。超市已将自助寄存柜的正确使用方法、可能危及消费者财产安全的事项作出真实的说明和明确的警示，已尽到法定义务。当事人未能证明其所称物品的遗失是自助寄存柜本身存在的质量问题或超市在提供寄存服务中故意或重大过失行为所致，要求超市承担其所称物品遗失的赔偿责任，缺乏事实根据和法律依据。

【规则理解】

近年来，超市业在我国迅速发展，为方便消费者，越来越多的超市推出了智能化自助寄存柜这一新型服务。自助寄存，是一种通过人机交互的方式完成的寄存行为，其流程一般为：寄存人按“存”钮；自助寄存柜提供密码条；寄存人取出密码条；自助寄存柜某一格柜门弹开；寄存人放入物品并关上柜门；寄存人购物完毕输入密码或扫描条形码；自助寄存柜再次弹开柜门；寄存人取出物品。相较于传统的人工寄存服务，这一现代科学技术的产物使超市在降低经营成本的同时方便了顾客。但是这种服务也引发了相关的法律问题，即自助寄存物遗失的损失由谁承担？那么，首先需要明确的是，自助寄存合同究竟是借用合同还是保管合同。

① 《中华人民共和国最高人民法院公报》2002年第6期，上海市第二中级人民法院民事判决书。

一、保管合同与借用合同的区分

（一）保管合同的概念及特征

保管合同是我国社会经济生活中常见的有名合同，《合同法》第365条明文规定："保管合同是保管人保管寄存人交付的保管物，并返还该物的合同。"简而言之，保管合同是根据双方当事人约定，一方为他方保管物品的合同。在保管合同中，替他人保管物品的一方被称为保管人或受寄人，交付保管物的一方被称为寄存人或寄托人。

保管合同具有以下法律特征：1. 保管合同以物品的保管为目的；2. 保管合同转移标的物的占有；3. 保管合同为非要式合同；4. 保管合同既可以是无偿合同，也可以是有偿合同。保管合同以无偿为原则，但当事人也可以约定有偿。在权利义务上，保管人负有给付保管凭证，妥善保管保管物的义务，不得使用或许可他人使用保管物的不作为义务以及危险通知义务；寄存人负有支付保管报酬和偿还必要费用的义务及特定情形下的告知、声明义务。

（二）借用合同的概念及特征

借用合同，是指当事人约定一方将财产借给另一方使用，另一方在借用关系终止时返还原借用财产的协议。借用合同不是我国《合同法》中的有名合同，由于其内容比较确定，学界认为是无名合同中比较典型的一种。

借用合同的法律特征是：1. 借用合同是实践性合同，必须有出借人交付出借物于借用人的行为方为有效；2. 借用合同是无偿合同，即借用人取得出借物无须支付对价或租金；3. 借用物必须是有形特定的非消耗物；4. 借用合同是有期限的，而且期限比较短。

（三）保管合同与借用合同的差异

借用合同与保管合同都是实践合同，需要物的交付方成立。两者的区别主要有以下几点：1. 从法律有无明文规定来看，保管合同是我国《合同法》明文规定的有名合同，借用合同则是一种典型的无名合同；2. 从交付对象来看，保管合同的交付对象是保管物，通常为动产，借用合同的交付对象是借用物，通常为有形特定的非消耗物；3. 从交付方式来看，在保管合同中，双方通常会约定保管场所和方法，在寄存人将保管物交付保管人保管时，保管人向寄存人开具保管凭证，在借用合同中，一般由出借人将借用物交付借用人即可，通常没有较为严格的约定；4. 从占有物的主体来看，虽然保管合同一般由保管人亲自保管，除当事人另有约定外，保管人不得将保管物转交第三人保管，但保管物的实际占有人不一定是保管人本人，有可能是某具体的保管人员，而借用合同中借用物的占有人一般都是借用人本人，由借用人实际支配、使用；5. 从合同成立时间来看，保管合同自保管物交付时成立，当事人另有约定的除外，借用合同自出借人将出借物交付于借用人时成立；6. 从合同特征来看，保管合同以提供保管服务为特征，借用合同以使用非消耗物为特征；7. 从是否有偿来看，保管合同既可以是无偿合同，也可以是有偿合同，而借用合同是无偿合同。

二、自助寄存合同性质分析

保管合同与借用合同在交付对象、交付方式、占有物的主体以及合同成立生效时间等方面各不相同，从合同法角度分析自助寄存合同的性质，理论界和实务界的倾向性意见是借用合同而不是保管合同，主要理由如下：

1. 从给付即移转占有必须经过给付与受领两个环节来分析。保管合同的交付必须经过给付和受领两个环节。自助寄存是通过人机交互动作的方式完成物件的存放，机柜只能识别顾客的投币和取走钥匙的行为，而不能识别箱柜内是否放置物品，这样就不符合保管合同中将保管物移转占有的要件。机柜的设置属于要约，顾客投币被理解为承诺，密码条的吐出是给付行为，顾客取走密码钥匙（密码条）是受领行为。而顾客随后的存包行为，不能被自动化系统所识别，不具备受领要素，不发生交付效力。故若将自助寄存认定为保管合同，由于自助寄存柜不能判断寄存人是否将物品放入，所以，不能受领保管物，无法完成保管合同的成约行为。

2. 从交付方向和对象来分析。如果构成保管关系，应是顾客向超市交付所带物品，由超市占有并保管；而如果是借用关系，则应是由超市向顾客交付借用物即自助寄存柜，由顾客占有、控制和使用。一方面，自助寄存柜与传统的人工寄存有本质上的不同。人工寄存中超市工作人员尽管不一定知晓寄存物品具体情况，但是至少知道寄存与否，而自助寄存完全是自动的，超市工作人员对寄存与否并不知晓，对寄存了何物品更是不知情，因此，无法现实控制占有物。另一方面，超市无法对自助寄存柜内所存放的物品进行直接管理，不能为了管理方便将该物品随意移转至另一箱柜或其他地方，未有特定事由及未经特别程序，超市无权打开存放顾客物品的箱柜。与此同时，顾客控制自助寄存柜，从而实现对借用物的占有。顾客可以按照自己的意愿随时激活自助寄存柜，并放入体积适中、不限件数的物品，而且可以在不通知超市的情况下随意取走存放物。因此，超市无法对顾客物品进行控制占有，不符合保管合同保管物转移占有的特征。

三、超市自助寄存造成损失的责任承担

（一）超市的责任承担

超市自助寄存柜上通常有“本商场实行自助寄包，责任自负”，“自助寄包寄

存自取，如有遗失，概不负责”的字样。但是，《消费者权益保护法》第26条第2、3款明确规定，“经营者不得以格式条款、通知、声明、店堂告示等方式，作出排除或者限制消费者权利、减轻或者免除经营者责任、加重消费者责任等对消费者不公平、不合理的规定，不得利用格式条款并借助技术手段强制交易。格式条款、通知、声明、店堂告示等含有前款所列内容的，其内容无效”。原因在于：（1）法律并没有授予超市禁止消费者带包入内的权利，所以，消费者并没有必须存包的义务。（2）既然超市要求消费者存包才能入内就应当为消费者提供存包的安全保障，这也是超市作为经营者应向消费者履行的法定义务。超市无权以其一方的意思表示排斥消费者的意思表示，从而免除自己的责任，这正是法定义务的效力所在。（3）经营者与消费者的实力对比上，经营者（即超市）显然处于优势地位，无论是技术还是资金上都比消费者（即顾客）更有能力承担物品灭失的风险。如前所述，在自助存包行为的整个流程中，经营者和消费者都承担着一定的道德风险，按一般逻辑处于弱者地位的消费者发生道德风险的可能性应低于处于强者地位的经营者，且经营者只需要投入不高的成本（如安装电子摄像头）就可以有效防范消费者的道德风险。

顾客有权利要求超市对自主寄存行为承担一定义务，是因为在顾客去超市购物的整个过程中，并不是寄存人享有契约利益，而是超市享有契约利益。如上所述，超市在整个过程中增加了利润。因而，当基于契约双方当事人的意愿而改变了某一契约的固有属性时，法定责任随着利益的变化而作出相应的改变：不再享有任何契约利益的寄存人的责任止于故意，而超市的责任则由故意扩大至过失。虽然寄存是无偿的，但考虑到在商业营业场所，营业所得利润已包含了超市替顾客寄存物品而应由顾客支付的费用。因此，除了完全因顾客的过错、不可抗力以外，超市都应该承担赔偿责任。

（二）顾客的责任承担

完全因顾客的过错造成物品丢失的行为，主要有以下几种：（1）顾客未关箱门；（2）将物品放在其他箱内；（3）密码条遗失后，被不法者捡拾取走；（4）不遵守操作规程（如顾客中途取物，用密码条打开箱门拿出其中部分物品后又关上箱门，而密码条只能使用一次，此后寄存柜认为该箱已空，别人再按“存”钮可能弹开箱门）；（5）上当受骗，如不法分子用计将事先准备好的密码条与顾客的调包，后取出箱内物品。（1）（2）情形下，顾客未关箱门或未将物品放在指定的箱内，则合同未成立，超市一般无责任。（3）（4）（5）情形出现时，均造成超市不能控制之危险，因此，超市亦不承担责任。对于超市来说，除了上述完全可归责于顾客的情形及不可抗力外，超市都要承担顾客的损失。此外，使用自助寄存柜，消费者应充分了解使用方法，遵守操作步骤，避免寄存现金和贵重物品。消费者寄存易燃易爆、有腐蚀性等物品未声明的，造成该物品损毁，由消费者承担责任。造成保管人或第三人人身、财产损害的，应向保管人或第三人赔偿。

四、自助寄存造成损失的举证责任分配

根据我国现行法律规定，因自助存包造成损失并形成诉讼后，原告在向法院主张财物损失的举证过程中，必须要举证证明两个事实：(1) 自己将包放进自助寄存柜；(2) 包内物品的价值。原告要想证明上述两个事实，困难重重。自助寄存柜的一个缺陷就是顾客没有将物品放进柜里，同样会吐出密码条；此外，使用过自助寄存柜的消费者可能会丢弃密码条，原告也有可能持有的是别人丢弃的密码条。因此，单凭一张密码条不能证明将包放在寄存柜的事实，原告还要证明其放进寄存柜的东西是什么。否则，需同时具备如下条件：(1) 必须有同伴与顾客同行；(2) 有证据证明该同伴知道顾客存放之物，并且该同伴不能与顾客有利害关系，比如配偶关系、父母子女关系，不然，同伴证词的证明力将大打折扣，而必须有同伴是很不现实的；即使有同伴，必须让同伴知道包中之物，于情理、于法理也讲不通。

众所周知，消费者相对于经营者而言总是处于弱势地位，因此“当事人诉讼地位平等”原则就很难在实践中得以实现。出于公平，我们应当考虑消费者是否有其他避免风险的可能。如前文所述，就自助寄存本身而言，按常理与法理，原告是没有解决之道的。可能的方案有二：一是人工寄存；二是不存放贵重物品与大量现金。就前者来说，除非原告向超市声明存放之物，并且有与超市就存放物的情况达成的书面协议，否则，他仍然很可能举证不能。就后者而言，要求消费者不能存放贵重物品与大量现金，很有可能会给消费者带来诸多不便，额外增加了消费者的负担。为此，在举证责任的分配上，理应采取一些利于矫正当事人间不平等地位的手段，如让处于诉讼优势地位的商家对自己无过错或过失承担举证责任。按通常见解，举证责任的分配取决于（但不限于）下列因素：因果、便利、公平和政策考虑。尽管超市不可能直接证明寄存物为何物，但超市要否定其责任，则是较容易证明的。只要证明寄存物不曾被盗、自助寄存柜完好无损、商家员工没有违规打开柜门，就可以避免证明寄存物为何物。而超市只需安装监控系统就可以证明自动寄存柜没有被撬，或者没有被非法打开。如果是顾客或者其授意的人打开了寄存柜，因其密码失效将证明损害是顾客自己原因造成（如果寄存柜本身没有缺陷），超市不会承受不当损失。显然，由超市承担损失证明责任，比让消费者承担证明责任可行得多，更符合经济便利、公平的原则，况且如果经营者不采取超市经营的模式或者允许顾客带包逛超市，消费者就不用承担寄存物丢失的风险。

五、自助寄存与人工寄存比较

因为自助寄存柜不能识别顾客是否将物品交付给超市占有，所以该行为被理解为超市通过交付密码条的方式向顾客出借寄存柜，从而认定自助寄存为借用合同。但对于传统的人工寄存行为来说，顾客向作为超市代表的寄存前台暂时转移寄存物的占有，那么人工寄存就应为保管合同。关于自助寄存的流程，前面已有叙述，与自助寄存不同，人工寄存的流程一般为：寄存人交付寄存的物品；超市工作人员接受物品并给付寄存品凭证；寄存人购物完毕交付凭证；超市工作人员给付物品。比较自助寄存与人工寄存，一方面，区别在于目前的自助寄存流程无法识别顾客是否将寄存物放入寄存柜中；另一方面，从法律关系主体看，人工寄存中，超市员工的行为是职务代理行为，而在自助寄存中，寄存柜是超市提供之物，只是合同的客体，不能成为合同的主体。

【拓展适用】

一、合同的附随义务

（一）附随义务的含义及特征

为了保护合同当事人的人身和财产权益，同时基于诚实信用原则，合同债务人在合同履行的过程中所应当负担的通知、保密、协助以及保护等义务就是合同中的附随义务。合同附随义务具有以下特征：

1. 合同附随义务是基于诚实信用原则所产生的。附随义务不包括在合同本身约定和法律所规定的义务范围之内，但与合同息息相关。在传统合同法理论中，合同当事人仅承担双方在合同中根据意思自治所约定的义务，在确定合同义务时也主要依据当事人的意思。但我们知道，无论立法者如何规定、合同当事人如何约定，都不可能穷尽列举所有的合同义务，当事人意思自治思想在合同法领域的绝对统治地位，也随着诚实信用原则等一般性条款的发展而不再一家独大，在此基础上，附随义务理论逐渐得以构建和发展。

2. 合同附随义务的产生是不确定的。附随义务并不是一开始就确定的，而是依据合同关系的发展，结合合同的性质和目的以及交易习惯逐渐产生。主要表现在以下几方面：（1）附随义务在形态上具有不确定性；（2）任何一种类型的合同都可能产生附随义务；（3）附随义务的不确定性并不意味着附随义务始终无法确定，倘若根据诚实信用原则，在某具体合同关系中债务人应当负有某种具体内容的义务，那么此时该附随义务便得以确定。

3. 合同附随义务的存在不以法律规定和当事人约定为必要。附随义务并不会因为法律有无规定或当事人有无约定而改变，其性质和其他合同义务有着明显的区别。

4. 合同附随义务不能通过当事人的自主约定而排除适用。附随义务由诚实信用原则派生，具有强制性条款的性质，所以，即使当事人双方一致合意约定排除附随义务的适用，也会因为违反强制性条款而导致该约定没有法律效力。

5. 保护债权人的固有利益是合同附随义务的目的所在。附随义务是一种为了照顾合同关系中对方当事人的权利、利益或者法益的义务，这里的利益是除了债权人给付利益之外的其他利益，也是债权人的固有利益。

（二）附随义务的内容

《合同法》颁布之前，我国民法学界的通说认为：附随义务的具体形态和内容主要有以下几种：注意义务、告知义务、照顾义务、说明义务、保密义务、忠实义务。[①]《合同法》出台后，第60条第2款规定："当事人应当遵循诚实信用原则，根据合同的性质、目的和交易习惯履行通知、协助、保密等义务。"该条规定在理论界被视为关于合同履行过程中附随义务的明文规定，但该条文也并未完全罗列附随义务的所有类型。一般认为，附随义务的主要形态有通知义务、协助义务、保密义务、保护义务、照顾义务和不作为义务等。在具体的合同关系中，应当具体问题具体分析，以诚信原则为基准，根据合同性质、目的和一般交易习惯等具体因素来分析。

1. 通知义务：依照诚实信用原则，从合同磋商、签订、履行直到履行完毕，合同一方应当将影响合同履行、合同当事人权益的重大事项告知合同另一方的义务，称为告知义务，主要包括履行合同注意事项的告知、合同标的瑕疵的告知、合同履行中遇见不可抗力的告知、合同履行不能的及时告知等。比如，在合同履行过程中，合同一方的联系地址、送达地址发生变更，作为合同的一方应当及时通知合同的相对方，以确保该合同准确顺畅的履行，不能因为没有及时通知对方，造成合同标的或与履行合同的有关信息不能送达。《合同法》中有多处关于附随义务的规定：第158条[②]对

---

① 王家福主编：《中国民法学民法债编》，法律出版社1991年版，第147～148页。

② 《合同法》第158条规定："当事人约定检验期间的，买受人应当在检验期间内将标的物的数量或者质量不符合约定的情形通知出卖人。买受人怠于通知的，视为标的物的数量或者质量符合约定。当事人没有约定检验期间的，买受人应当在发现或者应当发现标的物的数量或者质量不符合约定的合理期间内通知出卖人。买受人在合理期间内未通知或者自标的物收到之日起两年内未通知出卖人的，视为标的物的数量或者质量符合约定，但对标的物有质量保证期的，适用质量保证期，不适用该两年的规定。出卖人知道或者应当知道提供的标的物不符合约定的，买受人不受前两款规定的通知时间的限制。"

于买受人通知义务的规定；第 180 条[①]对于供电人通知义务的规定；第 191 条[②]对于赠予人通知义务的规定；第 228 条[③]、第 230 条[④]和第 232 条[⑤]对于承租人和出租人通知义务的规定；第 256 条[⑥]、第 257 条[⑦]对于承揽人通知义务的规定；第 278 条[⑧]对于承包人通知义务的规定；第 298 条[⑨]、第 309 条[⑩]对于承运人通知义务的规定；第 338 条[⑪]

---

① 《合同法》第 180 条规定："供电人因供电设施计划检修、临时检修、依法限电或者用电人违法用电等原因，需要中断供电时，应当按照国家有关规定事先通知用电人。未事先通知用电人中断供电，造成用电人损失的，应当承担损害赔偿责任。"

② 《合同法》第 191 条规定："赠与的财产有瑕疵的，赠与人不承担责任。附义务的赠与，赠与的财产有瑕疵的，赠与人在附义务的限度内承担与出卖人相同的责任。赠与人故意不告知瑕疵或者保证无瑕疵，造成受赠人损失的，应当承担损害赔偿责任。"

③ 《合同法》第 228 条规定："因第三人主张权利，致使承租人不能对租赁物使用、收益的，承租人可以要求减少租金或者不支付租金。第三人主张权利的，承租人应当及时通知出租人。"

④ 《合同法》第 230 条规定："出租人出卖租赁房屋的，应当在出卖之前的合理期限内通知承租人，承租人享有以同等条件优先购买的权利。"

⑤ 《合同法》第 232 条规定："当事人对租赁期限没有约定或者约定不明确，依照本法第六十一条的规定仍不能确定的，视为不定期租赁。当事人可以随时解除合同，但出租人解除合同应当在合理期限之前通知承租人。"

⑥ 《合同法》第 256 条规定："定作人提供材料的，定作人应当按照约定提供材料。承揽人对定作人提供的材料，应当及时检验，发现不符合约定时，应当及时通知定作人更换、补齐或者采取其他补救措施。承揽人不得擅自更换定作人提供的材料，不得更换不需要修理的零部件。"

⑦ 《合同法》第 257 条规定："承揽人发现定作人提供的图纸或者技术要求不合理的，应当及时通知定作人。因定作人怠于答复等原因造成承揽人损失的，应当赔偿损失。"

⑧ 《合同法》第 278 条规定："隐蔽工程在隐蔽以前，承包人应当通知发包人检查。发包人没有及时检查的，承包人可以顺延工程日期，并有权要求赔偿停工、窝工等损失。"

⑨ 《合同法》第 298 条规定："承运人应当向旅客及时告知有关不能正常运输的重要事由和安全运输应当注意的事项。"

⑩ 《合同法》第 309 条规定："货物运输到达后，承运人知道收货人的，应当及时通知收货人，收货人应当及时提货。收货人逾期提货的，应当向承运人支付保管费等费用。"

⑪ 《合同法》第 338 条规定："在技术开发合同履行过程中，因出现无法克服的技术困难，致使研究开发失败或者部分失败的，该风险责任由当事人约定。没有约定或者约定不明确，依照本法第六十一条的规定仍不能确定的，风险责任由当事人合理分担。当事人一方发现前款规定的可能致使研究开发失败或者部分失败的情形时，应当及时通知另一方并采取适当措施减少损失。没有及时通知并采取适当措施，致使损失扩大的，应当就扩大的损失承担责任。"

对于技术开发合同当事人通知义务的规定；第 370 条①、第 373 条②、第 384 条③、第 389 条④、第 390 条⑤对于寄存人和保管人通知义务的规定；第 399 条⑥、第 413 条⑦对于委托合同当事人通知义务的规定。

2. 协助义务：指合同双方或多方当事人共同相互协商，帮助促成合同缔结和履行完成的义务，即互相协作、相互照顾的义务。它要求合同当事人在履行合同的过程中，尽可能提供便利，以促成合同的相对方履行合同义务，使得合同能够完整地履行完毕。比如，在房产买卖合同签订后，卖房人应当协助买房人办理一系列房产登记手续。《合同法》中亦有多处关于协助义务的规定：第 259 条⑧、第 260 条⑨对于定作人和承揽人协助义务的规定；第 277 条⑩对于建设工程合同当事人协助义

---

① 《合同法》第 370 条规定："寄存人交付的保管物有瑕疵或者按照保管物的性质需要采取特殊保管措施的，寄存人应当将有关情况告知保管人。寄存人未告知，致使保管物受损失的，保管人不承担损害赔偿责任；保管人因此受损失的，除保管人知道或者应当知道并且未采取补救措施的以外，寄存人应当承担损害赔偿责任。"

② 《合同法》第 373 条规定："第三人对保管物主张权利的，除依法对保管物采取保全或者执行的以外，保管人应当履行向寄存人返还保管物的义务。第三人对保管人提起诉讼或者对保管物申请扣押的，保管人应当及时通知寄存人。"

③ 《合同法》第 384 条规定："保管人应当按照约定对入库仓储物进行验收。保管人验收时发现入库仓储物与约定不符合的，应当及时通知存货人。保管人验收后，发生仓储物的品种、数量、质量不符合约定的，保管人应当承担损害赔偿责任。"

④ 《合同法》第 389 条规定："保管人对入库仓储物发现有变质或者其他损坏的，应当及时通知存货人或者仓单持有人。"

⑤ 《合同法》第 390 条规定："保管人对入库仓储物发现有变质或者其他损坏，危及其他仓储物的安全和正常保管的，应当催告存货人或者仓单持有人作出必要的处置。因情况紧急，保管人可以作出必要的处置，但事后应当将该情况及时通知存货人或者仓单持有人。"

⑥ 《合同法》第 399 条规定："受托人应当按照委托人的指示处理委托事务。需要变更委托人指示的，应当经委托人同意；因情况紧急，难以和委托人取得联系的，受托人应当妥善处理委托事务，但事后应当将该情况及时报告委托人。"

⑦ 《合同法》第 413 条规定："因受托人死亡、丧失民事行为能力或者破产，致使委托合同终止的，受托人的继承人、法定代理人或者清算组织应当及时通知委托人。因委托合同终止将损害委托人利益的，在委托人作出善后处理之前，受托人的继承人、法定代理人或者清算组织应当采取必要措施。"

⑧ 《合同法》第 259 条规定："承揽工作需要定作人协助的，定作人有协助的义务。定作人不履行协助义务致使承揽工作不能完成的，承揽人可以催告定作人在合理期限内履行义务，并可以顺延履行期限；定作人逾期不履行的，承揽人可以解除合同。"

⑨ 《合同法》第 260 条规定："承揽人在工作期间，应当接受定作人必要的监督检验。定作人不得因监督检验妨碍承揽人的正常工作。"

⑩ 《合同法》第 277 条规定："发包人在不妨碍承包人正常作业的情况下，可以随时对作业进度、质量进行检查。"

务的规定；第 289 条[①]对于承运人协助义务的规定。

3. 保密义务：指在缔结、履行合同的过程中乃至合同履行完毕，合同当事人对所知悉对方的秘密，负有不能泄露或利用的义务。《合同法》中涉及的秘密，通常为在合同履行过程中所知晓的合同相对方不对外公开的信息，该信息只有在合同相对方授权下才能对外告知。在商事活动中，此信息更多指的是商业秘密。《反不正当竞争法》第 10 条第 3 款规定："本条所称的商业秘密，是指不为公众所知悉、能为权利人带来经济利益、具有实用性并经权利人采取保密措施的技术信息和经营信息。"商业秘密的保护是合同附随义务保护的热点，比如，某员工与公司在签订《劳动合同》的同时签订《保密、竞业限制协议》补充协议，约定公司按月支付保密及竞业限制补偿金给员工，以此防范和杜绝员工在职期间或离开公司后泄露公司客户信息，或离开公司后跳槽至竞争对手处工作，如一旦发生此情况，公司就有权向员工主张返还支付的补偿金，并要求赔偿为此给公司造成的损失。《合同法》中对此也有规定，如第 266 条[②]对于承揽人保密义务的规定。

4. 保护义务：指合同当事人应当确保合同相对方人身及财产的安全，不能造成合同另一方损害的义务。王泽鉴先生认为，附随义务的保护功能，能维护他方当事人人身或财产上的利益，依据诚实信用原则，一方当事人应善尽必要注意，以保护相对人的权益不受侵害，此种附随义务所保护的利益，在德国判例学说上称为完整利益或维持利益。[③] 比如，甲开车在加油站加油，与加油站形成合同关系，由于加油站正在施工，却未在施工现场设立明显的警示标志，直接造成行驶中甲的车辆损害，在此合同履行过程中，加油站就负有保障甲的财产安全的附随义务。在住宿合同中，不同宾馆履行附随义务的方式也会有所不同，存在差异，但收费标准的差异并不排除宾馆要采取切实有效的安全防范措施，认真履行谨慎注意义务，在自己的能力所及范围内最大限度地保护旅客不受非法侵害。由此可以看出合同义务的扩大化，是通过附随义务确保了合同相对方利益的最大化。对此《合同法》中亦有规

---

① 《合同法》第 289 条规定："从事公共运输的承运人不得拒绝旅客、托运人通常、合理的运输要求。"

② 《合同法》第 266 条规定："承揽人应当按照定作人的要求保守秘密，未经定作人许可，不得留存复制品或者技术资料。"

③ 王泽鉴：《王泽鉴法学全集（第十二卷）·债法原理》，中国政法大学出版社 2003 年版，第 52～53 页。

定，第156条[①]对于出卖人保护义务的规定；第282条[②]对于承包人保护义务的规定；第303条[③]对于承运人保护义务的规定。

5. 照顾义务：区别于民法中亲属间的照顾义务，这里的照顾专指商法范畴中因合同附随义务所发生的照顾义务，与家庭成员之间的法定照顾义务不同。比如，在房屋租赁合同中，承租人应对其承租的房屋尽到合理的照顾义务，否则由其不适当的使用造成房屋损坏，甚至对周围邻居造成的损害，都应由其承担赔偿责任。在履行旅游服务合同的过程中，旅行社应尽到其对游客的照顾义务，要保障游客的安全，不能给游客安排其身体素质不具备或不安全的旅游项目。劳动合同中，雇主为受雇人缴纳社会保险，亦是雇主履行对雇员的附随照顾义务。因此，照顾义务虽不是合同的主给付义务，但其在整个合同行为过程中不可或缺，平衡了合同各方的合法权益。我国《合同法》中亦有规定，第247条[④]对于承租人照顾义务的规定；第265条[⑤]对于承揽人照顾义务的规定；第301条[⑥]对于承运人照顾义务的规定；第416条[⑦]对于行纪人照顾义务的规定。

6. 不作为义务：指债务人不得为某些有损债权人利益的行为。附随义务分为作为（积极）和不作为（消极）的两种表现形式。默示的意思表示又称为“以可推断之行为发出的意思表示”。比如，某程序设计公司将在开发过程中所掌握的客户资料、信息泄露给第三方，该程序设计公司应该知晓其不应该从事的行为内容，但仍然是以积极的作为触犯了附随义务中不得作为的法律义务。附随义务的此项内容往往反映在合同履行完毕后所形成的后契约义务，表现为某种不得的行为要求和状态。

---

① 《合同法》第156条规定：“出卖人应当按照约定的包装方式交付标的物。对包装方式没有约定或者约定不明确，依照本法第六十一条的规定仍不能确定的，应当按照通用的方式包装，没有通用方式的，应当采取足以保护标的物的包装方式。”

② 《合同法》第282条规定：“因承包人的原因致使建设工程在合理使用期限内造成人身和财产损害的，承包人应当承担损害赔偿责任。”

③ 《合同法》第303条规定：“在运输过程中旅客自带物品毁损、灭失，承运人有过错的，应当承担损害赔偿责任。旅客托运的行李毁损、灭失的，适用货物运输的有关规定。”

④ 《合同法》第247条规定：“承租人应当妥善保管、使用租赁物。承租人应当履行占有租赁物期间的维修义务。”

⑤ 《合同法》第265条规定：“承揽人应当妥善保管定作人提供的材料以及完成的工作成果，因保管不善造成毁损、灭失的，应当承担损害赔偿责任。”

⑥ 《合同法》第301条规定：“承运人在运输过程中，应当尽力救助患有急病、分娩、遇险的旅客。”

⑦ 《合同法》第416条规定：“行纪人占有委托物的，应当妥善保管委托物。”

二、超市安全保障义务的原因分析

根据上述分析可知，超市对于消费者自助寄存行为应当承担的安全保障义务，亦是一种附随义务。消费者到超市购物，是一种消费行为，也就是说消费者和超市之间除了因自助寄存而存在借用法律关系之外，还存在一种消费服务法律关系。因自助寄存合同而形成的法律关系，其实质是超市在贯彻利益最大化原则过程中，和消费者进行商事经营活动所产生的附属商行为。寄存，包括类似的宾馆酒店的免费停车场的服务，都是商事主体的一项附属商行为，依附于商事活动而存在，并非独立的合同。那么，超市提供的自助寄存柜虽是无偿的，但它是超市为实现营利目的向消费者提供服务的一部分，是为其商品销售目的提供的配套服务。就此而言，它属于经营者向消费者提供的一种服务，根据《消费者权益保护法》第 18 条规定："经营者应当保证其提供的商品或者服务符合保障人身、财产安全的要求。对可能危及人身、财产安全的商品和服务，应当向消费者作出真实的说明和明确的警示，并说明和标明正确使用商品或者接受服务的方法以及防止危害发生的方法。宾馆、商场、餐馆、银行、机场、车站、港口、影剧院等经营场所的经营者，应当对消费者尽到安全保障义务。"因此，超市对其向顾客提供的自助寄存柜还负有一定的说明、注意、谨慎管理等义务。经营者为什么应当对消费者、潜在的消费者乃至实际进入服务场所的人承担安全保障义务呢？原因如下：

（一）收益与风险相一致原理的要求

服务场所的经营者所从事的是一种营利性的活动，能够从中得到收益，尽管有的消费者并不一定接受服务支付费用，而只是参观甚至路过，但是作为整体的消费者无疑会对经营者支付费用而使其获利。经营者当然要为每一位潜在的消费者尽安全保障义务。而如果每个经营者都能尽到安全保障义务的话，虽然可能会增加经营成本，但会改善消费环境，增加消费者走出家门去消费的兴趣，从而有利于经营者获得更大的利益，所以，法律要求他们承担这个义务是合理的。

（二）危险控制理论的要求

经营者与消费者相比较，显然，经营者比消费者具有更强的实力和专业能力，更能预见可能发生的危险和损害，更有可能采取必要的措施防止损害的发生或减少损害。①

（三）节省社会总成本的要求

从经济学角度看，由经营者承担服务场所的安全保障义务的社会总成本耗费最

---

① 参见［德］冯·巴尔：《欧洲比较侵权行为法》（下册），焦美华译，法律出版社 2001 年版，第 269～271 页。

低，这样的义务设定是合理的。

（四）公司社会责任的要求

从社会学角度看，公司（经营者）不能仅仅以最大限度地为股东赚钱作为自己的唯一存在目的，也应最大限度地增进包括经营者在内的其他利益相关者的利益，经营者是社会的重要组成部分，而且往往是强势群体，应当尽到这个社会义务。

（五）实质平等理念的要求

民法理念中合同双方主体人格是抽象的、形式平等的，而经济法理念中经营者和消费者双方主体人格是具体的、实质平等的。现代消费者保护法站在消费者的立场上，对消费者给予特殊的保护，往往对于消费者一方规定更多的权利，而对于经营者一方则设置更多的义务，这也是符合世界立法思想潮流的。

【典型案例】

李杏英与上海大润发有限公司杨浦店、上海大润发有限公司财产损害赔偿纠纷案

原告：李杏英。

被告：上海大润发有限公司杨浦店。

负责人：骆建中。

被告：上海大润发有限公司。

法定代表人：徐仁羽，董事长。

〔基本案情〕

上海市第二中级人民法院查明：本案所涉的退币型自助寄存柜，是被告上海大润发有限公司杨浦店（以下简称大润发超市）于1999年10月从上海华明电子金属柜厂购入的。当时共购入24个寄存箱为一组的自助寄存柜21个，16个寄存箱为一组的自助寄存柜1个，全部安置在店内。每组自助寄存柜上，均标有“操作步骤”和“寄包须知”。“操作步骤”的内容为：寄包……1. 未关的门关上；2. 投币；3. 取密码纸，勿向他人展示密码；4. 包放入箱内；5. 关闭。取包……1. 密码输入；2. 取出物品；3. 关门，只能打开箱门一次。“寄包须知”的内容为：1. 请使用者看清“操作步骤”和“寄包须知”，不会使用者向管理员请教后再操作，本商场实行自助寄包，责任自负；2. 寄包前先将未关的箱门关上，再投币寄包；3. 寄包必须投币开门，密码纸妥善保管，供取包使用，密码只能开门一次；4. 现金及贵重物品不得寄存；5. 当晚22：00前请取走您的物品。另，大润发超市在其服务台内，还设有“大件寄物”的服务项目。

本案审理过程中，审判人员到被告大润发超市进行了现场勘验。现场勘验确认，原告李杏英所称“近胸口处自动打开”的箱门，是22号自助寄存柜内的3号箱。3

号箱密码条的前二位数应为“03”，而李杏英所持密码条的前二位数是“12”。经开启22号柜的所有寄存箱，密码条前二位数为“12”的只是第12号箱，该箱位于整组箱柜的最下边一层（近脚处）。在现场勘验过程中，李杏英承认购物当天见到自助寄存柜上的“操作步骤”和“寄包须知”。

〔裁判理由与结果〕

上海市第二中级人民法院经审理认为，关于双方当事人的争议焦点一。综观原告李杏英提交的证据，只能证明2000年11月1日下午3：00左右，其曾在旅行社领取过旅游团费4660元；间隔1个多小时后，其在被告大润发超市购物，并使用过该超市的自助寄存柜。李杏英提交的证据，不足以证明其在使用自助寄存柜时，曾将内有5310元钱款的皮包等物放入寄存箱内。

关于双方当事人的争议焦点二。合同是当事人之间设立、变更、终止民事关系的协议，是当事人一致的意思表示。《中华人民共和国合同法》第三百六十五条规定：“保管合同是保管人保管寄存人交付的保管物，并返还该物的合同。”第三百六十七条规定：“保管合同自保管物交付时成立，但当事人另有约定的除外。”依照上述法律规定，保管合同是实践合同，即保管合同的成立，不仅须有当事人双方对保管寄存物品达成的一致意思表示，而且还需寄存人向保管人移转寄存物的占有。被告大润发超市作为一家大型超市，为前来购物的消费者提供了人工寄存和自助寄存柜寄存两种存包方式。在大润发超市的自助寄存柜上，印制着“操作步骤”和“寄包须知”。通过“寄包须知”中关于“本商场实行自助寄包，责任自负”“现金及贵重物品不得寄存”的内容，大润发超市已经把自愿将自助寄存柜提供给消费者使用，不愿对柜内寄存的物品承担保管责任的意思明白表示给消费者。原告李杏英看到自助寄存柜上的明示后，仍不用人工寄存而选用责任自负的自助寄存，说明李杏英不愿将自己的物品交付给大润发超市保管，而只愿使用该超市的自助寄存柜暂时存放。因此，双方当事人没有达成保管合同的意思表示。另外，李杏英按照自助寄存柜的操作步骤，通过“投入硬币、退还硬币、吐出密码条、箱门自动打开、存放物品、关闭箱门”等人机对话方式，直接取得对自助寄存柜的使用权，实现了存放物品的目的。这一过程中，李杏英的物品没有转移给大润发超市占有，大润发超市也没有收到李杏英交付保管的物品。李杏英只是借助使用自助寄存柜继续实现对自己物品的控制和占有，而大润发超市由于没有收到交付的物品，也无法履行保管职责。他们之间不存在保管合同成立的必备要件——保管物转移占有的事实。因此，双方当事人就使用自助寄存柜形成的不是保管合同关系，而是借用合同关系。

《中华人民共和国消费者权益保护法》第十八条第一款规定：“经营者应当保证其提供的商品或者服务符合保障人身、财产安全的要求。对可能危及人身、财产安全的商品和服务，应当向消费者作出真实的说明和明确的警示，并说明和标明正确使用商品或者接受服务的方法以及防止危害发生的方法。”被告大润发超市通过印制“操作步骤”和“寄包须知”，已经将自助寄存柜的正确使用方法告知消费者，对可能危及消费者财产安全的事项作出真实的说明和明确的警示。根据证人李鹤鹏的证词以及当时自助寄存柜箱门没有被撬痕迹等情况，可以认定大润发超市的出借物无瑕疵并具备应有的使用效能。对无偿借用给消费者使用的自助寄存柜，大润发超市已经尽到了经营者应尽的法定义务。《合同法》第五条规定：“当事人应当遵循公平原则确定各方的权利和义务。”第六条规定：“当事人行使权利、履行义务应当遵循诚实信用原则。”现场勘验证明，原告李杏英持有的密码条所对应的柜箱，与李杏英指称其放置皮包的柜箱不一致。在此情况下，李杏英既不能证明其确曾将所称钱款放入自助寄存柜内，也不能证明其所称物品的遗失是自助寄存柜本身存在的质量问题造成的，更不能证明其所称物品的遗失是大润发超市在提供寄存服务中的故意或重大过失行为所造成。因此，李杏英要求大润发超市和被告上海大润发有限公司承担其所称物品遗失的赔偿责任，缺乏事实根据和法律依据，难以支持。综上，判决：

原告李杏英的诉讼请求，不予支持。

第五章　供用热力合同

规则 11：在开发商负有强制缔约义务情况下，是否解除供热合同应由业主或者业主大会决定

——高尔夫（南京）房地产有限公司与吴咏梅供用热力合同纠纷案[①]

【裁判规则】

非集中供热地区，开发商向业主出售的商品房含有供热设施，且约定由开发商向业主供热，开发商负有强制缔约义务，是否解除供热合同应由业主或者业主大会决定。

【规则理解】

一、供用热力合同的概念及法律特征

（一）供用热力合同的概念

我国《合同法》将供用热力合同与供电、供水合同作为一类合同，并规定供用热力合同参照供电合同的有关规定。《合同法》第 176 条规定："供电合同是供电人向用电人供电，用电人支付电费的合同。"参照该规定，供用热力合同可以做如下定义：供用热力合同是指从事热力供应的企业依约定将相应数量的热力所有权连续地转让给使用人，使用人支付价款的合同。[②]

（二）供用热力合同的法律特征

供用热力合同是供热企业将热力转移给用热方，热力所有权由用热方取得并按照规定和约定支付使用费的一种热力买卖合同。其具有以下特征：

1. 供用热力合同是双务合同

供用热力合同具有双务性。在城市供热合同的履行过程中，供热企业应当按照

---

① 《中华人民共和国最高人民法院公报》2012 年第 12 期，南京市江宁区人民法院民事判决书。

② 参见王呈琛、吴碧虹：《城市供热合同研究》，载《长春金融高等专科学校学报》2011 年第 3 期。

国家有关规定及合同约定保质保量地向用热方供热，同时用热方也应当按照有关规定与约定，向供热企业支付相应的对价。供热企业未按照规定或者约定供热或者用热方未按照规定或者约定付费的，均要承担违约责任。

2. 供用热力合同是有偿合同

供用热力合同的有偿性是指用热方支付费用以及供热企业收取费用，这充分体现出供热合同当事人之间的对价给付关系。

3. 供用热力合同是诺成合同

供用热力合同的生效不需要现实的给付，只要供用热力的双方当事人均有订立供用热力合同的意思，且双方达成一致，供用热力合同即成立生效。

二、供用热力合同的性质

供热合同的性质属于买卖合同中的连续性供应合同，具有公益性质。根据供用热力合同的重要性以及特殊性，它不同于一般的买卖合同，具有其自身的特殊性，具体体现在以下几个方面：

（一）供用热力合同具有公益性

公益性是指，供热企业设立供用热力合同不仅仅为了在热力生产经营中获得利益这一基本目的，其更主要的目的是满足人们的生产生活需要、提高人们的生活质量。供热企业的设立不是单纯地以营利为目的，而是以社会的公用公益事业服务发展为主要目标。基于供用热力合同的公益性，因此需要政府主导来贯彻落实，比如，政府根据城市的发展建设需要提出城市供热发展改革规划；在当地引进其他所有制形式的供热企业或者增建、扩建、改建相应的国有企业；对供热企业提供的产品和服务进行监督；对供热企业的生产经营给予适当的财政支持。作为市场经济的主体，供热企业在追求最大利润的生产经营目标的同时，也要在政府的领导下承担一定的政治任务。也就是说，供热企业的生产经营行为并非完全遵循价值规律受市场调节，此时的供用热力合同不再是纯粹建立在契约自由的基础上、由合同当事人自由协商的民事合同，而是以国家的法律法规为权威具有一定强制性的合同。

（二）供用热力合同具有较强的垄断性

由于供热事业的公益性特点，以及供热质量的高低直接关系千万家百姓的日常生活，所以，国家对供热企业设立、资质等方面都进行了严格限制。根据相关法律法规的规定，供热企业属于特许经营企业，必须具有相应资质及经营合法的审批手续才能进行供热活动。因此，对供热企业是有严格限定的，不能随意由当事人一方选定。在普通民商事合同中，当事人有签订合同的自由也有不签订合同的自由，并且对签订合同的对象也有选择的自由，但是供用热力合同的供热方是确定的，用热单位或个人只有选择签订与不签订，不能自由选择签订的对象。这正是供热行业垄断性的体现。

（三）供用热力合同形式的格式性

格式合同是指合同条款由一方当事人预先拟定，对方当事人只能全部接受或者一概拒绝。格式合同的出现，一方面是为了适应市场经济频繁交易的特点，另一方面是因为公用事业领域内相对人数量庞大，适用格式合同可以大量节省订约的时间，降低交易成本。但在现实生活中，供热企业具有垄断性，使得其在合同的订立、履行，甚至在合同变更方面，都处于强势地位。供热企业签订的合同文本都是格式合同，它是为了重复使用而预先拟定的、并在订立合同时未与对方协商的条款。用热方要么接受这样的条款，要么放弃订立合同，而不能改变合同内容。可以说，格式合同使相对人的契约自由受到一定的限制。由于格式合同难以协商、变更的特点，只有通过在实践中不断地将其完善，才能使其尽量做到各方利益的平衡。

（四）供用热力合同订约规则的强制缔约性

所谓强制缔约，指个人或企业负有应相对人的请求，与其订立契约的义务。易言之，即对相对人的要约，非有正当理由不得拒绝承诺。邮政、电信、电力、自来水、铁路、公路等事业属于公共事业，与该类经营单位之间的缔约属于直接强制缔约，经营单位非有正当理由不得拒绝客户或用户供用之请求。上述事业居于独占地位，一般人因依赖此等民生需要的供应，而欠缺真正缔约自由的基础，故法律特别明定其负有缔约的义务。供热行业作为公共事业的一部分，供热与否以及供热质量的高低直接关系百姓的生活质量和生存状况。从各国来看，公共事业处于要约或者承诺地位，是与一国的经济发展水平及现实相适应的。依据我国的国情，公共事业本身是一种要约邀请，相对人要求其提供服务的行为属于要约行为，法律强制规定属于公用事业的单位负有承诺的义务。因此，对用户来讲，公共事业的经营单位负有强制缔约的义务，非有正当理由，不得拒绝消费者的缔约请求。也就是说，在具备供热条件的情况下，在此供热区域内，用热人想用热，缴纳供热费后，供热方必须给予供热，供热方没有拒绝供热的权利，供热方也没有任意解除合同的权利，即受要约人对要约人的要约负有承诺义务。供热企业对于居民、需热企业等用户负有强制缔约义务，这是供用热力合同最显著的一个特点，也是区别于一般买卖合同的根本所在。

三、供用热力合同中供热企业的权利与义务

（一）供热企业的权利

供热企业主要享有以下权利：

1. 按照国家规定和合同约定收取供热费的权利。供热企业有按照国家规定和合同约定收取供热费的权利，这也是实践中供热企业最基本最主要的权利。其含义有二：第一，供热企业有按照国家规定和合同约定的价格，根据用热方所使用的用热量收取费用的权利；第二，供热企业有按照合同约定的期限、结算方式收取供热费的权利。

2. 供热企业有对本供热营业区用户进行供热安全检查的权利，对用户危害用热安全、扰乱供用热秩序的行为进行制止的权利。

（二）供热企业的义务

供热企业应当承担以下基本义务：

1. 按照国家规定和合同约定供热

《合同法》第179条规定："供电人应当按照国家规定的供电质量标准和约定安全供电。供电人未按照国家规定的供电质量标准和约定安全供电，造成用电人损失的，应当承担损害赔偿责任。"虽然合同法没有直接规定供热合同的内容，但其与供电合同的性质、要求等都是一样的，应适用《合同法》有关供电合同的规定。因此，供热企业不履行供热义务承担损害赔偿责任需要同时具备以下三个条件：第一，供热企业未按照国家规定和合同约定安全供热；第二，给用热方造成损失；第三，给用热方造成的损失是由供热企业不履行供热义务引起的。另外，供热企业除了承担损害赔偿责任，不排除承担其他责任。

2. 中断供热应事先通知用热方

《合同法》第180条规定："供电人因供电设施计划检修、临时检修、依法限电或者用电人违法用电等原因，需要中断供电时，应按照国家有关规定事先通知用电人。未事先通知用电人中断供电，造成用电人损失的，应当承担损害赔偿责任。"同样，对于中断供热的用热方，供热企业也应当尽到事先通知的义务。中断供热的事由包括很多，例如，常规性供热设施检修、临时性供热设施检修、用热方违法用热而导致的限制供热等。对于事先通知的具体时间，应当根据不同事由作出具体规定。引起供热中断的原因消除后，供热企业应当尽快恢复供热。供热企业未在法定范围内事先通知用热方中断供热，造成用热方损失的应当承担损害赔偿责任。

3. 及时抢修的义务

《合同法》第181条规定："因自然灾害等原因断电，供电人应当按照国家有关规定及时抢修。未及时抢修，造成用电人损失的，应当承担损害赔偿责任。"同理，若发生了供热中断的情况，供热人也应及时抢修，因供热人过错，未及时抢修造成用户损失的，供热人也应承担损害赔偿责任。

四、供用热力合同中用热方的权利和义务

（一）用热方的基本权利

1. 按照合同约定、法律规定使用热力的权利

首先，用热方有权获得并使用供热企业所提供的符合国家规定和合同约定质量的热力；其次，用热方有按照合同约定的时间、方式使用热力的权利；最后，用热方有获得安全使用热力的权利。

2. 连续使用热力的权利

供用热力合同是持续供给合同，用热方有获得连续使用热力的权利。供热企业因供热设施检修、依法限制用热或者用热方非法用热需要中断供热时，应当按照国家有关规定事先通知用热方。

由于供热企业具有专营性，因此，要特别强调对用热方利益的保护，以防止热力专营带来的权力滥用和行业不正之风。供热营业区域内的供热企业必须按照有关规定和约定向本营业区域内提出用热申请的用户供热而不得拒绝；供热企业对本营业区域内的用热方负有安全供热的义务。

（二）用热方的基本义务

1. 按照国家规定和合同约定交付供热费的义务

用热方通过使用供热企业提供的热力满足了自己生产生活上的需求，供热企业的供热服务为其带来了生产生活上的便利和效益，因此，供热企业有理由要求用热方支付费用而用热方则无权拒绝。可以说，向供热企业支付供热费是用热方最主要也是最基本的义务。

2. 按照国家规定和合同约定安全用热的义务

一般供热企业对于用热方的用热行为会进行一定的限制，用热方未按规定和约定安全用热，造成供热企业损失的，应当承担损害赔偿责任。

【拓展适用】

一、公共事业经营者的强制缔约义务

（一）公共事业经营者

所谓公共事业，是指该事业所提供的商品或服务为社会大众基本生活所需的行业。人的自然属性决定了人有不同的生活需求，人类的需求不可能只靠自己就能够得到充分满足。而人的社会属性又决定了人的不同的需求需要在社会交换中去得到满足。然而，由于资源的稀缺性决定了并非任何企业都能够经营依法只能由某些企业享有独占经营权的行业，因而，该企业在经营范围内就享有了独占地位，自然他们在合同缔结上就获得了先天的强势地位。又因为这些企业所提供的商品是不可替

代的资源商品，同时又是广大消费者生活的必需品，这样，随着现代社会的发展，一些带有公共服务性质的企业也就应运而生。

（二）强制缔约

强制缔约是指依据法律规定，民事主体负有与他人缔结契约的法定义务，非有正当理由，不得拒绝缔结契约。在市场经济的条件下，当事人的意思自治是必然要求，这也符合契约自由的思想，契约自由原则能够促进资源的有效配置，是经济发展的动力。但是绝对的契约自由不但不能够促进经济的发展，反而会成为经济发展的巨大阻碍，如王泽鉴先生所言："无限制的自由，乃契约制度的自我扬弃。"[①] 在某种意义上，一部契约自由史，就是契约如何受到限制，经由醇化，而促进实践契约正义的记录。强制缔约就是为了限制契约的绝对自由而产生的，其根本目的不是要阻碍契约自由，而是维护契约正义，保护那些弱势群体的利益不受侵害。但是，强制缔约仅仅是契约自由原则的例外，不是否定契约自由原则。

（三）被赋予强制缔约者的特征

在公共事业领域，被赋予强制缔约者存在着两个明显的特征。具体而言，其一，这些领域的生产者所提供的商品属于生存和生活必需品，是消费者赖以生存和生活的基本条件。因而，消费者通常必须与提供这些生存和生活必需品的企业订立合同，否则无法生存和生活。其二，这类领域的企业通常是垄断企业，具有独占性。这样，当消费者面对这些提供生存和生活必需品且具有市场垄断地位的企业时，其完全没有选择的机会，除与这些企业订立合同外别无选择。如果被这些企业拒绝，消费者将会失去基本的生存和生活条件。不仅如此，这些垄断企业还利用其优越的经济地位，预先拟定有利于自己的格式条款，作为合同的主要内容，包括价金、履行方式、免责条件等。在这样的情况下，消费者不仅事实上丧失了缔约自由，甚至连决定合同内容的自由也丧失了。为了使消费者能够与这些垄断企业缔结以生存和生活必需品为给付的合同，以保障消费者基本的生存和生活条件，基于社会公共利益的考量，对这些提供生存生活必需品的垄断企业施加强制缔约的义务，成为立法的必然选择，因此，世界上许多国家和地区的法律对此作出相应规定。

在大陆法系国家，公共承运人，如供电、水、气等具有垄断性的公共事业部门均不能拒绝消费者或者客户的要约。例如，德国《铁路交通法》第3条、第6条和第53条的规定，公交铁路必须承运按规定向自己提出的货物。又如，依据法国的法律，从事城市电力、煤气、自来水供应等公共事业的企业，处于长期承诺的状态。因此，这些企业不能拒绝为公众服务。因为，公共服务设施和事业负有承诺的

---

① 王泽鉴：《债法原理（一）》，中国政法大学出版社2001年版，第74页。

义务，它们不能拒绝社会公众的要约，社会公众有获得服务的权利。[①] 在日本，其先后颁布的多部涉及公用事业的单行民事法律对强制缔约也有十分详尽的规定。日本有关强制缔约法律制度主要体现在《铁路营业法》《海上运输法》《邮政法》《运输事业法》《煤气事业法》《工业用水道事业法》《电气事业法》《有线电视广播法》《电气通讯事业法》以及《医师法》等法律规范中。[②] 在我国台湾地区，多部单行民事"法律"也直接规定了一些当事人的强制缔约义务，如"邮政法""药师法""电业法""铁路法""公路法""电信法""医师法"等。[③] 同时在理论上和司法实务中还认为，与邮政业、电信业、运输业、自来水业等相类似的，凡是居于事实上独占地位而供应重要民生必需品的当事人，都负有以合理条件与相对人缔约的义务。在英美法系国家，也有同样的规定，如美国法律出于反种族歧视、反垄断、反不正当竞争的目的，也规定了强制缔约义务。

二、我国强制缔约制度的立法现状

我国法律为了促进市场经济的蓬勃发展，更好地实现契约自由原则，在相关的法律中都对强制缔约进行了规定，主要表现在以下几个方面。

（一）有关公共交通运输方面强制缔约的相关规定

我国《合同法》第289条规定："从事公共运输的承运人不得拒绝旅客、托运人通常、合理的运输要求。"从事公共运输的承运人一般都处于行业垄断地位，对其科以强制缔约的义务可以防止其滥用自身的垄断地位，拒绝旅客提出的合理要求，是强制缔约的典型体现。

此外，原建设部、公安部1998年实施的《城市出租汽车管理办法》第19条规定："出租汽车实行扬手招车、预约订车和站点租乘等客运服务方式。经营者及其从业人员应当为乘客提供方便、及时、安全、文明的规范化服务，对病人、产妇、残疾人以及急需抢救的人员优先供车。遇有抢险救灾、主要客运集散点供车严重不足、重大活动等特殊情况时，经营者应当服从客运管理机构调集车辆的统一指挥。"

（二）有关电信服务方面强制缔约的相关规定

我国的《电信条例》第5条规定："电信业务经营者应当为电信用户提供迅速、准确、安全、方便和价格合理的电信服务。"第17条第2款规定："主导的电信业务经营者不得拒绝其他电信业务经营者和专用网运营单位提出的互联互通要求。"第31条规定："电信用户申请安装、移装电信终端设备的，电信业务经营者

---

① 王家福：《民法债权》，法律出版社1991年版，第285页。

② 林志刚：《强制缔约制度研究》，西南政法大学2008年硕士学位论文。

③ 潘修平、杨学波、邓小光等：《债权法》，清华大学出版社2006年版，第113页。

应当在其公布的时限内保证装机开通；由于电信业务经营者的原因逾期未能装机开通的，应当每日按照收取的安装费、移装费或者其他费用数额1%的比例，向电信用户支付违约金。”第40条规定：“电信业务经营者在电信服务中，不得有下列行为……（三）无正当理由拒绝、拖延或者中止对电信用户的电信服务；……”

我国《邮政法》第68条规定：“邮政企业未经邮政管理部门批准，停止办理或者限制办理邮政普遍服务业务和特殊服务业务，或者撤销提供邮政普遍服务的邮政营业场所的，由邮政管理部门责令改正，可以处二万元以下的罚款；情节严重的，处二万元以上十万元以下的罚款；对直接负责的主管人员和其他直接责任人员给予处分。”

（三）有关电力服务方面强制缔约的相关规定

我国《电力法》第26条第1款规定：“供电营业区内的供电营业机构，对本营业区内的用户有按照国家规定供电的义务，不得违反国家规定对其营业区内申请用电的单位和个人拒绝供电。”第64条规定，拒绝供电或者中断供电的，由电力管理部门责令改正，给予警告；情节严重的，对有关主管人员和直接责任人员给予行政处分。

国务院1996年颁布的《电力供应与使用条例》第23条规定：“申请新装用电、临时用电、增加用电容量、变更用电和终止用电，均应当到当地供电企业办理手续，并按照国家有关规定交付费用；供电企业没有不予供电的合理理由的，应当供电。供电企业应当在其营业场所公告用电的程序、制度和收费标准。”第32条规定：“供电企业和用户应当在供电前根据用户需要和供电企业的供电能力签订供电合同。”这同样是对供用电营业机构科以的强制承诺义务。

（四）有关医疗卫生方面强制缔约的相关规定

我国的《执业医师法》第24条规定：“对急危患者，医师应当采取紧急措施进行诊治；不得拒绝急救处置。”第37条规定：“医师在执业活动中，违反本法规定，有下列行为之一的，由县级以上人民政府卫生行政部门给予警告或者责令暂停六个月以上一年以下执业活动；情节严重的，吊销其执业证书；构成犯罪的，依法追究刑事责任：……（二）由于不负责任延误急危患者的抢救和诊治，造成严重后果的；……”

国务院1994年颁布的《医疗机构管理条例》第31条规定：“医疗机构对危重病人应当立即抢救。对限于设备或者技术条件不能诊治的病人，应当及时转诊。”医疗机构方面的强制缔约一般属于强制承诺，医疗机构在没有正当理由的情况下必须与患者缔约，并且法律还规定了有正当理由不能缔约情况下的附随义务，即应当及时转诊。由于医疗所涉及的一般都是公民健康权，乃至生命权，而医疗机构的专业性很强，患者处于相对的弱势地位，如不能保护好患者的健康生命权利，会对社会造成巨大的影响。因此，有必要在法律上对医疗机构强制缔约义务作出明确的规定。

（五）其他方面有关强制缔约的规定

1. 保险方面

我国保险业相关法律中，有关强制缔约义务的规定表现在《机动车交通事故责任强制保险条例》（以下简称《条例》）中，该《条例》第 2 条第 1 款明确规定："在中华人民共和国境内道路上行驶的机动车的所有人或者管理人，应当依照《中华人民共和国道路交通安全法》的规定投保机动车交通事故责任强制保险。"第 5 条第 2 款规定："为了保证机动车交通事故责任强制保险制度的实行，保监会有权要求保险公司从事机动车交通事故责任强制保险业务。"第 10 条第 1 款进一步规定："投保人在投保时应当选择从事机动车交通事故责任强制保险业务的保险公司，被选择的保险公司不得拒绝或者拖延承保。"

2. 证券方面

我国《证券法》第 96 条第 1 款规定："采取协议收购方式的，收购人收购或者通过协议、其他安排与他人共同收购一个上市公司已发行的股份达到百分之三十时，继续进行收购的，应当向该上市公司所有股东发出收购上市公司全部或者部分股份的要约。但是，经国务院证券监督管理机构免除发出要约的除外。"从该款规定来看，在投资达到法定条件时，投资者即负有强制缔约的义务。该法第 97 条第 1 款规定："收购期限届满，被收购公司股权分布不符合上市条件的，该上市公司的股票应当由证券交易所依法终止上市交易；其余仍持有被收购公司股票的股东，有权向收购人以收购要约的同等条件出售其股票，收购人应当收购。"《证券法》的这一规定是为了保护中小股东的利益，收购人收购了中小股东的股票，可以使这些中小股东脱离被收购人控制的公司，保护了弱小群体中小股东的利益。对收购人科以强制缔约的义务，是为了保护弱小群体的利益，维护社会整体利益。

3. 有关优先购买权方面强制缔约的规定

优先购买权是指物或者权利之所有权人出卖物或转让权利时，优先购买权之权利主体有先于第三人进行购买的权利。[①] 我国现行的优先购买权主要包括共有人优先购买权、承租人优先购买权、股东优先购买权、合伙人优先购买权等。我国《民法通则》第 78 条第 3 款规定："按份共有财产的每个共有人有权要求将自己的份额分出或者转让。但在出售时，其他共有人在同等条件下，有优先购买的权利。"《公司法》第 71 条规定："有限责任公司的股东之间可以相互转让其全部或者部分股权。股东向股

---

① 崔建远：《我国物权法应选取的结构原则》，载《法制与社会发展》1995 年第 3 期。

东以外的人转让股权，应当经其他股东过半数同意。股东应就其股权转让事项书面通知其他股东征求同意，其他股东自接到书面通知之日起满三十日未答复的，视为同意转让。其他股东半数以上不同意转让的，不同意的股东应当购买该转让的股权；不购买的，视为同意转让。经股东同意转让的股权，在同等条件下，其他股东有优先购买权。两个以上股东主张行使优先购买权的，协商确定各自的购买比例；协商不成的，按照转让时各自的出资比例行使优先购买权。公司章程对股权转让另有规定的，从其规定。”《合伙企业法》第 23 条规定：“合伙人向合伙人以外的人转让其在合伙企业中的财产份额的，在同等条件下，其他合伙人有优先购买权；但是，合伙协议另有约定的除外。”优先购买权的存在，并不限制出卖人订立买卖合同的自由，但是，一旦出卖人决定订立买卖合同，则其选择合同当事人的自由就受到了限制。优先购买权实现的方式包括两种：一是在出卖人与第三人的买卖合同生效之后，出卖人负有强制要约①的义务；二是在出卖人与第三人的买卖合同生效之后，出租人或共有人并未依法对优先购买权人履行告知义务或履行告知义务不适当，其可以向出租人或共有人作出意思表示（要约），出租人或共有人负有强制承诺②的义务。

关于承租人的优先购买权，有其特别之处。我国《合同法》第 230 条规定：“出租人出卖租赁房屋的，应当在出卖之前的合理期限内通知承租人，承租人享有以同等条件优先购买的权利。”但需要注意的是，2009 年颁布的《最高人民法院关于审理城镇房屋租赁合同纠纷案件具体应用法律若干问题的解释》第 21 条规定：“出租人出卖租赁房屋未在合理期限内通知承租人或者存在其他侵害承租人优先购买权情形，承租人请求出租人承担赔偿责任的，人民法院应予支持。但请求确认出租人与第三人签订的房屋买卖合同无效的，人民法院不予支持。”该司法解释明确规定了优先购买权人只能请求出租人承担法律责任，而不能向第三人请求其承担法律责任，并且优先购买权人只能主张赔偿责任，而不能主张合同无效，更不能主张返还标的物等侵犯物权才需承担的法律责任。可见，这里的优先购买权应当被理解为具有债权性质的优先购买权，出租人不负有强制缔约的义务，承租人优先购买权不是附强制缔约义务的请求权。

4. 有关劳动方面强制缔约的规定

我国《劳动合同法》第 41 条规定：“有下列情形之一，需要裁减人员二十人以

---

① 强制要约，是指在某些类型的交易关系中，一方当事人必须向特定或者不特定的相对人发出要约，一旦相对人作出承诺，合同即告成立。

② 强制承诺，是指在某些交易中，一方当事人负有接受相对人的要约而与其订立合同的义务，非有正当理由不得拒绝承诺。

上或者裁减不足二十人但占企业职工总数百分之十以上的，用人单位提前三十日向工会或者全体职工说明情况，听取工会或者职工的意见后，裁减人员方案经向劳动行政部门报告，可以裁减人员：（一）依照企业破产法规定进行重整的；（二）生产经营发生严重困难的；（三）企业转产、重大技术革新或者经营方式调整，经变更劳动合同后，仍需裁减人员的；（四）其他因劳动合同订立时所依据的客观经济情况发生重大变化，致使劳动合同无法履行的。裁减人员时，应当优先留用下列人员：（一）与本单位订立较长期限的固定期限劳动合同的；（二）与本单位订立无固定期限劳动合同的；（三）家庭无其他就业人员，有需要扶养的老人或者未成年人的。用人单位依照本条第一款规定裁减人员，在六个月内重新招用人员的，应当通知被裁减的人员，并在同等条件下优先招用被裁减的人员。”这一规定主要是为了保护广大劳动者的利益，劳动者与用人单位之间，用人单位永远是属于强势的一方，为了避免用人单位滥用自身的强势地位，侵害劳动者的应得利益，法律规定在一定条件下强制用人单位与劳动者订立合同，进而维护了社会秩序的安定，也保障了国家的整体利益。

【典型案例】

高尔夫（南京）房地产有限公司与吴咏梅供用热力合同纠纷案

原告：高尔夫（南京）房地产有限公司。

法定代表人：黄立家，该公司董事长。

被告：吴咏梅。

〔基本案情〕

南京市江宁区人民法院查明：2007年6月24日，原告高尔夫（南京）房地产有限公司（以下简称高尔夫公司）与被告吴咏梅、郝正（吴咏梅之夫，已去世）签订《高尔夫国际花园商品房预售合同》（以下简称《预售合同》）1份，约定：高尔夫公司将其开发建设的位于南京市江宁区利源中路88号的高尔夫国际花园10幢401室（以下简称“401室”）房屋1套出售给吴咏梅及郝正。合同附件《甲、乙双方的其他约定》约定：地暖设备的使用及维护根据热电厂合约与相关标准制定，业主须严格遵守。为考虑全体业主利益与小区的质量标准，无论业主有否入住，业主都要履行付费的义务。在业主委员会成立之前，业主遵照供暖期按建筑面积每月每平方米4.2元的基本费，外加使用计量费、费用抄表另计，封顶2.8元；非供暖期供给的热水能源费按建筑面积每月每平方米0.7元。以上费用的缴纳由物管公司代收代管。价格随着物价浮动而浮动。收费的总原则是60%按面积计收，40%按使用量计收。高尔夫公司于2008年开始对高尔夫国际花园小区供暖气、热水。2011年1月9日，吴咏梅向高尔夫公司提交《关于申请停用暖气、热水报告》1份，载明：401室业主于

2011 年 1 月 9 日申请停用小区提供的热水及暖气。2011 年 1 月 25 日，吴咏梅按照供暖期每月每平方米 7 元、非供暖期每月每平方米 0.7 元向高尔夫公司缴纳 2010 年 3 月 16 日至 12 月 31 日供热费用 1815.2 元。

另查明，401 室的实测建筑面积为 155.59 平方米，现所有权登记在被告吴咏梅名下。

审理中，原告高尔夫公司陈述其收取的供热费用包含热水、暖气的费用，还包含供热设备的维护费用，其向小区业主供热的成本已经远高于向小区业主收取的供热费用，其在本案中向被告吴咏梅主张的供暖期供热费用是正常标准的 60%，已经考虑到吴咏梅停用热水及暖气的因素。吴咏梅亦认可高尔夫公司供热的成本已经高于收取的供热费用。

〔裁判理由与结果〕

南京市江宁区人民法院经审理认为，原告高尔夫公司与被告吴咏梅签订的《预售合同》，是双方的真实意思表示，合法有效，受法律保护，双方均应按约履行。买卖契约中双方不仅对商品房买卖的具体条款进行了约定，还对供暖、供热水的时间和使用费用进行了约定，明确约定了由高尔夫公司履行供暖、供热水的义务，吴咏梅按照标准履行支付使用费的义务，故高尔夫公司与吴咏梅之间形成了供用热力的合同关系。对高尔夫公司要求确认双方热力代供关系已经解除的请求，因吴咏梅提交的停用暖气热水报告中仅要求停用热水及暖气，并未要求解除双方之间的供热合同，在审理中吴咏梅亦不同意解除双方之间的供热合同，且高尔夫公司提供的供热水、供暖服务的对象为高尔夫国际花园小区全体业主，相关设施系小区业主的公共设施，解除供热合同势必会影响到吴咏梅房屋的价值以及其他业主的合法权益，是否解除供热应由业主大会决定，故对高尔夫公司的该项请求本院不予支持。高尔夫公司主张的供热费用，因该费用中不仅包含了暖气、热水费用还包含了供暖设备的维护费用，吴咏梅虽申请停用暖气及热水，但是供暖设备的维护费用吴咏梅应当支付；结合吴咏梅亦认可高尔夫公司供热的成本已经高于收取的供热费用，且吴咏梅已经按照供暖期每月每平方米 7 元、非供暖期每月每平方米 0.7 元的标准，向高尔夫公司缴纳了 2010 年 3 月 16 日至 12 月 31 日的供热费用，应当视为双方已经对《预售合同》中约定的供热费用的标准进行了变更，本院酌定由吴咏梅按照其支付的 2010 年供热费用的缴费标准的 60% 向高尔夫公司支付供热费用，经计算为 4777 元，故对高尔夫公司主张的供热费用部分予以支持。判决：

一、被告吴咏梅支付原告高尔夫公司自 2011 年 1 月 1 日起至 2012 年 4 月 30 日止供热费用 4777 元，于本判决发生法律效力之日起 10 日内付清；

二、驳回原告高尔夫公司其他诉讼请求。

第六章 旅行合同

规则 12：在旅行合同关系中，旅行社通过第三人协助履行合同义务的，第三人对游客的人身和财产安全负有保障义务

——许景敏等与徐州市圣亚国际旅行社有限公司人身损害赔偿纠纷案[①]

【裁判规则】

在旅行合同关系中，旅行社通过第三人协助履行合同义务的，该第三人对游客的人身和财产安全负有保障义务。除游客直接与该第三人另行订立合同关系外，该第三人如有故意或过失侵害游客合同权益的行为，旅行社应当对此承担相应的法律责任。

【规则理解】

一、旅行合同的概念及特征

（一）旅行合同的概念

旅行是一项内容丰富、形式多样、涉及面广的社会现象。正因为旅行活动的客观复杂性，对在旅行活动中经常运用的旅行合同的概念，各国各地区在立法和司法上的理解也不一致。[②] 日本旅行业法和标准旅行业约款中的旅行合同主要是指旅行社与包价旅游团体旅游者为明确双方在旅游活动中的权利和义务而缔结的合同。[③]《布鲁塞尔旅行契约国际公约》第 1 条对旅游合同概念的规定表明旅游业务显然并不限于旅游组织者一方的主要业务和职业性活动。我国台湾地区“最高法院”认为旅行契约是指旅行业者提供有关旅行给付之全部于旅客，而由旅客支付报酬的契约。[④]

---

① 《中华人民共和国最高人民法院公报》2012 年第 6 期，徐州市中级人民法院民事判决书。

② 王艳霞：《旅游合同违约精神损害赔偿制度研究》，郑州大学 2009 年硕士学位论文。

③ 张篙、宋会勇：《试论旅游合同立法》，载《法学》1998 年第 4 期。

④ 王泽鉴：《定型化旅行契约的司法控制》，载《民法学说与判例研究》（七），中国政法大学出版社 1998 年版，第 43 页。

《德国民法典》第651. a条规定了旅行合同的概念，明确规定旅行合同中的旅行经营者并不限于拥有旅行就业资格及营利目的的经济组织，特别强调居间条款无效。在我国，旅行合同一般是指旅游经营者与旅游者之间签订的合同，即旅游经营者为旅游者规划旅程，预定食宿、交通工具，指派领队或导游带领旅游者游览并随团服务，旅游者支付报酬的合同。

（二）旅行合同的特征

与其他合同不同，旅行合同一般具有以下特征：

1. 旅行合同的主体具有特定性

旅行合同的主体主要是针对旅行合同中提供给付一方而言，并非所有单位或个人均可作为旅游给付提供人签订旅行合同。在我国，为了维系正常的旅游市场秩序，特别是为了维护游客的利益，旅游经营者只能是依法经批准登记的专门从事旅游服务业的旅行社、旅游服务公司等企业法人。国外的做法也大致相同。

2. 旅行合同的给付具有整体性

旅行合同的标的是由旅游经营者为旅游者提供旅游服务，而非具体的旅游景点，其内容应当是向旅游者提供包括交通、住宿、饮食及其他项目在内的一揽子服务，其给付过程具有整体性特征。旅行合同给付至少应当包括两项或两项以上的内容，单一提供某项服务，不能称为旅行合同。旅游经营者一旦与旅游者签订合同，就应当对旅行合同的各部分给付承担责任，某个部分的给付瑕疵，会对整个旅行合同的给付造成影响。

3. 旅行合同的形式具有格式性

绝大多数旅行合同是旅游经营者早已制定好的格式合同，旅游者一般只能概括地表示接受或不接受。订立标准化格式合同可以节省时间，有利于事先分配风险，降低交易成本。另外，旅游者也不必耗费精力就交易条件讨价还价。但是值得注意的是，格式化合同中常出现一些对于旅游者不公平的条款，仍需要法律的进一步规制。

4. 旅行合同的目的具有特殊性

旅行是一种带有休闲性质的、以追求精神生活的享受为目的的消费活动，旅行的基本出发点、整个过程和最终效应都离不开人类个体获取自身的审美体验和身心愉悦。所以，笔者认为，旅行合同的目的主要是获得精神愉悦，这是旅行合同最重要的特征。研究旅行合同，必须要抓住这一特殊目的，才能更进一步将旅行合同与其他服务合同进行区分。

二、第三人违约时旅游经营者的责任承担

由于旅行合同的内容往往比较庞杂，凭借旅游经营者一方的力量很难很好地完成整个旅行合同的内容，所以，在旅行合同履行过程中，第三人的协助必不可少。事实上，旅游产品并不是旅游经营者独立提供的。在大多数情况下，旅行期间旅游者会涉及交通、住宿、餐饮、购物等多个环节，这些都需要其他主体协助完成。这些主体就是本文所称的旅行合同中的第三人。在旅行合同法律关系中，由于旅游经营者无法亲自提供旅游所涉各个环节中的某些服务，便会与旅游者约定另由合同外的第三人，也就是某些专业服务主体来提供相应的服务。因为，这些专业服务主体并不是旅行合同的当事人，这样就常常会出现因第三人原因造成违约的情况。导致此种情况发生的原因往往是旅游辅助人的故意或者过失，有时并不能归责于旅游经营者，甚至有时旅游经营者也是受害者。因此，明确第三人在旅行合同中的地位对于旅行合同以及旅游者合法权益的保护均具有重大意义。

旅行合同中的第三人实际是旅行合同中旅游服务的提供者。在旅游合同中，若由第三人直接向旅游者承担违约责任实际上是不利于旅游者利益保护的。我国《合同法》第121条①规定了为第三人负责的制度，这一规定实际上是债务人对以履行辅助人为典型代表的第三人的原因造成的违约向债权人负责。《旅行社条例》第37条第2款和第3款规定："接受委托的旅行社违约，造成旅游者合法权益受到损害的，作出委托的旅行社应当承担相应的赔偿责任。作出委托的旅行社赔偿后，可以向接受委托的旅行社追偿。接受委托的旅行社故意或者重大过失造成旅游者合法权益损害的，应当承担连带责任。"因此，在旅游合同的具体履行中，旅游经营者因为第三人的原因违约，应该先向旅游者承担违约责任。旅游经营者在承担违约责任后，享有向第三人追偿的权利。如果第三人故意或重大过失造成旅游者合法权益受损的，第三人可承担连带责任。此外，若旅游者直接与该第三人另行订立合同的，则由该第三人直接承担责任，否则，对于第三人故意或过失侵害旅游者合同权益的任何行为，旅游经营者都应当先行承担相应的法律责任。这样规定不但可以促使旅游经营者谨慎选择履行辅助人，并且更有利于公平合理地分配当事人的权益与责任，保护旅游者的合法权益。

三、旅游经营者民事责任的免除

法律法规在对旅游者进行保护的同时，亦对旅游经营者的义务及责任作出了详尽的规定，对旅游经营者的责任进行了必要的限制和适当的免除，以达到同时保护旅游者和旅游经营者的目的。

---

① 《合同法》第121条规定："当事人一方因第三人的原因造成违约的，应当向对方承担违约责任。当事人一方和第三人之间的纠纷，依照法律规定或者按照约定解决。"

（一）法定免责事由

1. 意外事件。意外事件是指非因当事人的故意或者过失而偶然发生的事故。具体到旅行合同中，是指旅游者因不可归责于旅游经营者和旅游辅助者的原因而在客观上遭到了侵害。在此种情形下，旅游经营者或者旅游辅助服务者并没有过错，所以，对造成的损害不应当承担责任。但其仍应向旅游者承担合同的附随义务，如对旅游者的提醒义务、为旅游者提供救助的义务等。旅游者的其他权利，如因意外事件而提出减免费用的请求权、旅行合同的解除权、终止权等也不因旅游经营者责任的免除而丧失。因此，意外事件仅是旅游经营者损害赔偿的免责事由，对旅游者因合同而产生的其他权利义务不发生免除、变更的影响。

2. 不可抗力。根据我国《民法总则》《合同法》的规定，不可抗力应当具备三个条件，即不可预见、不能避免、不可克服。在具体的旅行合同中，旅游经营者提供的旅游服务的形式多种多样，由于旅游者的兴趣爱好各不相同，在与旅游经营者签订合同时选择的旅游服务内容也不一样，总体来说旅行合同的内容趋于多元化。正是由于旅行合同内容多元化这一特点，其履行更多地依赖于自然环境、社会环境等条件的稳定性、可预测性，可以说旅行合同中所涉及的内容中有很大一部分是非人力因素所能决定的。因天灾地变等自然因素造成旅行合同的一部分或者全部无法履行，旅游经营者可以不可抗力为由免除自己的责任。但是，旅游经营者还负有及时通知旅游者的附随义务，并应当采取相应的措施以减轻可能给旅游者造成的损失。若由于旅游经营者的原因致使未及时将该不可抗力的自然原因通知旅游者，而使旅游者受到任何损失的，旅游经营者仍应承担相应的赔偿责任。

3. 旅游者的过错。旅游者在旅游活动中应当注意保护自身安全及财产安全，妥善保管所携带的行李、物品。应当服从旅游经营者的合理安排，在旅游行程中遵守团体活动纪律，按照预定的时间表、路线图进行活动等。在旅行合同履行期间，由于旅游者的过错导致的人身伤亡和财产损失，如果旅游经营者已经尽到合理的提示义务，旅游经营者不应当承担责任。

4. 旅游者自身的健康原因。旅游者在与旅游经营者订立旅行合同时，应当就自身的健康情况进行说明，旅游经营者在订立合同时也应将旅游的内容作简要的介绍，并应当说明什么样的身体状况不宜参加此次旅游活动，这是旅游经营者应当尽到的合理告知义务。只要旅游经营者尽到了必要的告知义务并进行了合理的救助，旅游者因为自身疾病引起的各种损失或损害，旅游经营者都不再承担责任。

5. 第三人过错（履行辅助人除外）。此类情况的发生也比较普遍，比如在旅行过程中旅游者与他人发生口角，以致发生暴力行为导致旅游者遭受人身损害，或者旅游者在旅游过程中遭遇抢劫，或者运行中的游乐设施突然发生故障导致旅游者受伤等，旅游经营者只要尽到了必要的注意义务，并进行了积极的救助，即不应承担责任。

（二）约定免责事由

旅行合同属于私法领域，本着契约自由的精神，当事人双方就风险进行合理分配并达成合意的，只要其内容不违反法律的强制性规定，并且当事人双方是本着诚实信用的原则，法律就不应对这种行为加以干涉。因此，在合同关系中，法律完全允许当事人通过设定免责条款而限制、免除其未来的责任，旅行合同属于合同的一种，当然也不例外。当事人约定的免责事由，即免责条款。在旅行合同中，为了节约时间，降低签订合同的成本，旅游者与旅游经营者签订的合同大多数为旅游经营者提供的格式合同。在签订合同时，旅游经营者应当尽到合理的提示义务，并应当就合同的具体内容向旅游者进行说明。但是在现实生活中，常常出现旅游经营者凭借着其强势地位，订立各种免责条款，一旦出现损害旅游者合法权益的行为，旅游经营者就依据事先订立的免责条款主张免责。对于这种行为，我国《合同法》第39条①对此作了专门的规定，限制其免责主张。

【拓展适用】

旅行合同双方当事人的权利义务是旅行合同法律效果的具体体现，明确双方的权利义务，有利于合同当事人预见违约的法律后果，对于避免旅行纠纷的发生能够起到良好的作用。

一、旅游经营者的权利义务

（一）旅游经营者的权利

1. 收取旅游费用的权利

根据《旅行社条例》第28条第8项的规定，旅游者应向旅游经营者交纳旅游费用。依照旅游业惯例，旅游经营者有权在旅游开始前向旅游者收取旅游费用，其原因有二：一是为了保证旅游经营者自身合同利益能够得以实现；二是为了保证旅游者合同利益也能够得到实现。在正式旅游开始前，旅游经营者需要做很多准备工作，如客票办理、客房预定、办理出国证件等，这些都需要相关费用。

---

① 《合同法》第39条规定："采用格式条款订立合同的，提供格式条款的一方应当遵循公平原则确定当事人之间的权利和义务，并采取合理的方式提请对方注意免除或者限制其责任的条款，按照对方的要求，对该条款予以说明。格式条款是当事人为了重复使用而预先拟定，并在订立合同时未与对方协商的条款。"

2. 变更旅游给付内容的权利

旅游经营者有变更旅游给付内容的权利，但是为了保障旅游者的权益，旅游经营者只有在特定情形下，才有权变更给付内容。这种特定情形是指合同成立后发生了不可归责于旅游经营者的事由，而导致合同履行困难，如果坚持履行，可能对旅游者生命、健康或者财产安全造成重大损害，包括自然灾害、战争动乱等事件。旅游经营者因正当理由而必须变更旅游给付内容时，如果旅游费用减少，应退还旅游者；如果旅游费用增加，应当由提出变更的旅游经营者负担。

3. 解除合同的权利

在两种情况下，旅游经营者可以解除旅行合同。第一种情况，旅游经营者可因旅游者的原因解除合同，这里的原因指旅游者不能按约定协助旅游经营者的工作，且旅游经营者已在一定期限内催告旅游者依约行事。第二种情况，旅游经营者因不可抗力导致合同不能实现的，可以解除合同。不可抗力为合同解除的法定理由。

4. 转让合同的权利

根据《最高人民法院关于审理旅游纠纷案件适用法律若干问题的规定》第 10 条的规定："旅游经营者将旅游业务转让给其他旅游经营者，旅游者不同意转让，请求解除旅游合同、追究旅游经营者违约责任的，人民法院应予支持。旅游经营者擅自将其旅游业务转让给其他旅游经营者，旅游者在旅游过程中遭受损害，请求与其签订旅游合同的旅游经营者和实际提供旅游服务的旅游经营者承担连带责任的，人民法院应予支持。"本条规定在旅游者的同意下，旅游经营者可以将旅游业务转让给其他旅游经营者，但是旅游者要与受让的旅游经营者重新签订旅游合同。旅游者不同意的，有权要求退团并要求旅游经营者承担违约责任，旅游经营者可以按照旅行合同关于旅行社不成团的约定处理。

（二）旅游经营者的义务

1. 按照约定提供旅游服务的义务

旅游经营者最主要的义务是按照合同约定的内容提供质价相符的旅游给付，包括安排旅程及提供交通、膳食、住宿、导游等服务。旅游经营者在旅游开始前，应向旅游者提供真实、可靠的旅游服务信息，周密安排旅游项目，使计划的旅游路线、日程、项目等能顺利地得以实施。除非受不可抗力因素的影响，旅游者应当能够准时抵达每一目的地和进行每项活动。旅游经营者不得违背诚实信用原则，巧立名目，弄虚作假，非法牟利，欺骗旅游者，否则，须承担违约责任。

2. 瑕疵担保的义务

旅游经营者对于旅游瑕疵应负担保之责，旅游瑕疵指所有非因旅游经营者的原因引起的整体给付或个别给付的障碍。[①] 旅游经营者应按合同的约定向旅游者提供服务，在按合同约定提供服务时要全面适当履行义务。如果提供的旅游服务存在瑕疵是可以补救的，则允许旅游经营者对其进行补救后，继续履行合同；如果是不可补救的瑕疵，或是给旅游者造成了无可弥补的精神损失，才允许解除合同，并请求损害赔偿。旅游经营者首先应该保证权利凭证没有瑕疵，即机票、车票、门票等票证权利；其次应保证旅游品质没有瑕疵，如双方约定的是精品旅游或豪华旅游，如果实际发生的和约定的旅游品质不一致，也构成给付的瑕疵。但是如果遇有天灾如地震等不可抗力及政治环境发生变动等不可归责于旅游经营者的事由，根据相关法律规定，旅游者和旅游经营者互为免责，都不承担责任。

3. 安全保障义务

保障旅游者安全是法律的强制要求，也是旅游经营者的法定义务。《旅行社条例》第39条规定："旅行社对可能危及旅游者人身、财产安全的事项，应当向旅游者作出真实的说明和明确的警示，并采取防止危害发生的必要措施。发生危及旅游者人身安全的情形的，旅行社及其委派的导游人员、领队人员应当采取必要的处置措施并及时报告旅游行政管理部门；在境外发生的，还应当及时报告中华人民共和国驻该国使领馆、相关驻外机构、当地警方。"《最高人民法院关于审理旅游纠纷案件适用法律若干问题的规定》第7条规定："旅游经营者、旅游辅助服务者未尽到安全保障义务，造成旅游者人身损害、财产损失，旅游者请求旅游经营者、旅游辅助服务者承担责任的，人民法院应予支持。因第三人的行为造成旅游者人身损害、财产损失，由第三人承担责任；旅游经营者、旅游辅助服务者未尽安全保障义务，旅游者请求其承担相应补充责任的，人民法院应予支持。"

4. 附随义务

旅游经营者的附随义务指旅游经营者在旅游出发前就旅游的具体行程安排、各项服务标准、有关注意事项等情况向旅游者做如实陈述，不得做虚假、误导性的书面或口头宣传，并应当向旅游者推荐旅游人身意外保险及其他保险。旅游过程中及时通报情况、提供真实情况、指派导游指导、对旅游者进行照护等。此外，《最高人民法院关于审理旅游纠纷案件适用法律若干问题的规定》第8条第1款规定："旅游经营者、旅游辅助服务者对可能危及旅游者人身、财产安全的旅游项目未履行告知、警示义务，造成旅游者人身损害、财产损失，旅游者请求旅游经营者、旅游辅助服务者承担责任的，人民法院应予支持。"旅游经营者应提前对旅游质量和安全状况进行告知，并给予充分说明、提醒、劝诫或警告。

---

① 梁慧星：《民法学说判例与立法研究》，中国政法大学出版社1993年版，第164页。

二、旅游者的权利义务

（一）旅游者的权利

1. 享受旅游服务的权利

旅行合同的最终目的就是让旅游者享受旅游服务，获得精神上的愉悦，所以，享受旅游服务，首先要求旅游经营者要诚信服务。旅游经营者不得强行指定旅游服务的层次、目的地，应由旅游者进行自主选择；旅游者有权获得真实信息，要求旅游经营者做旅游广告时从实际出发、真实可信，不能做虚假宣传。如果旅游经营者作出虚假宣传误导旅游者、夸大宣传、以次充好就视为对旅游者合法权益的侵犯；旅游经营者不得强行收取附加费。

2. 获得安全保障的权利

旅游经营者有保障旅游者安全的权利，与此相对，旅游者有获得安全保障的权利。在旅游的过程中，人身安全和财产安全应该是最受关注的，也是最容易发生旅游纠纷的环节。旅游者主张权利、要求赔偿也是从此延伸而来的。《最高人民法院关于审理旅游纠纷案件适用法律若干问题的规定》中对此有较多规定，比如，旅游者应该听从旅游经营者的事先声明或提示，将自己财物随身保管，否则，造成损失的，由自己承担损失。因此，旅游者在旅游活动中也应加强自律，以减少人身和财产损害的发生概率。

3. 求偿权

当旅游者的合法权益受到侵害时，旅游者有权依据相关的法律或合同的约定向旅游经营者或保险公司索赔。在《最高人民法院关于审理旅游纠纷案件适用法律若干问题的规定》中针对不同的侵权和违约规定了不同的求偿途径。第 4 条规定："因旅游辅助服务者的原因导致旅游经营者违约，旅游者仅起诉旅游经营者的，人民法院可以将旅游辅助服务者追加为第三人。"这样最大的好处是可以减轻连环诉讼诉累。第 5 条规定："旅游经营者已投保责任险，旅游者因保险责任事故仅起诉旅游经营者的，人民法院可以应当事人的请求将保险公司列为第三人。"

4. 解除合同的权利

这种解除权可分为法定之解除权与约定之解除权。前者系指法律直接规定于法定情况下当事人享有合同解除权；后者系指当事人可通过事前约定解除权之发生条件或事后由双方协议解除合同。在旅游实践中，一般在合同履行前和合同履行开始后，均可请求解除合同。

5. 知悉权

旅游者的知悉权是指旅游者享有知悉旅游经营者和旅游辅助服务者为其提供的

旅游服务内容的真实信息的权利。旅游者知悉权的主要内容包括：了解所要接受的旅游服务项目、等级、标准等。对旅游者来说，通过旅行社提供的资料或者通过合法途径获得关于旅行合同的相关资料，可以更好地避免旅游者的合法权益受到非法侵害。

6. 转让合同的权利

《最高人民法院关于审理旅游纠纷案件适用法律若干问题的规定》第 11 条第 1 款规定："除合同性质不宜转让或者合同另有约定之外，在旅游行程开始前的合理期间内，旅游者将其在旅游合同中的权利义务转让给第三人，请求确认转让合同效力的，人民法院应予支持。"和旅游经营者转让合同权利不同，本条并未将"旅游经营者同意"及旅游者有"正当理由"作为旅行合同转让的生效要件，因此，其属于附条件的旅游者任意转让。因为，旅游者的更替对旅游经营者没有太大的影响，但是，旅游经营者的更替对旅行合同的履行则会发生根本性的影响，所以，允许旅游者在旅行合同开始前行使转让权而不允许旅行社随意享有此权利。但是转让有时间限制，在"旅游行程开始前的合理期间内"，此处的合理期间可双方约定。此外，《最高人民法院关于审理旅游纠纷案件适用法律若干问题的规定》第 23 条第 2 项规定，旅游者要求旅游经营者返还下列费用的，人民法院应予支持：在同一旅游行程中，旅游经营者提供相同服务，因旅游者的年龄、职业等差异而增收的费用。

（二）旅游者的义务

1. 支付旅游费用的义务

旅游者对于其已享受的旅游服务应支付旅游费用，旅游费用的支付方式可以由双方自由约定。在合同约定的时间里，旅游者应该按照约定的付款方式将旅游费用及时支付给旅游经营者。除了约定的免费旅游服务项目外，在接受旅游经营者提供的其他服务时，旅游者还应另行支付服务费用。

2. 协助履行合同的义务

旅游者应当协助旅游经营者履行合同，以全面实现旅行合同的目的。如旅游者应当及时提交旅游所需的各种证件；遵守旅游时间的规定，在规定的时间完成自行旅游活动；及时按照合同的约定完成相关服务项目，否则对其造成的损失应当予以赔偿；旅游者不得携带法律规定为易燃易爆的物品、不得做出危害安全的危险行为；旅游者应服从旅游经营者的统一安排和指挥，按旅游经营者的组织进行游览活动等。

3. 旅游者的附随义务

旅游经营者基于信用、秩序、安全的考虑和行为职责的要求，与旅游者商签旅行合同时，通常要求旅游者填写各种报名材料时，内容真实准确，并提供本人有效身份证件，以查验旅游者的真实身份。旅游者应积极配合，接受旅游经营者的依法查验。首先，旅游者有义务在签订合同时将自身真实健康状况告知旅游经营者，使旅游经营者一方相信旅游者的身体条件能够坚持完成整个旅游活动。《最高人民法院关于审理旅游纠纷案件适用法律若干问题的规定》第 8 条第 2 款规定："旅游者未按旅游经营者、旅游辅助服务者的要求提供与旅游活动相关的个人健康信息并履行如实告知义务，或者不听从旅游经营者、旅游辅助服务者的告知、警示，参加不适合自身条件的旅游活动，导致旅游过程中出现人身损害、财产损失，旅游者请求旅游经营者、旅游辅助服务者承担责任的，人民法院不予支持。"其次，旅游者在旅游活动中应遵守我国及目的地的法律和旅游法规，遵守团队纪律，尊重旅游目的地的各种宗教信仰、民族习惯和风土人情，配合导游完成旅游行程。再次，旅游者应努力掌握旅行所需知识，提高自我保护意识。旅游者可以自行选择和购买旅游人身意外保险及其他保险，旅游过程中应当妥善保管自己的行李物品，贵重物品应当随身携带或采取其他保护措施。最后，旅游者有不得擅自离团的义务。如果旅游者擅自脱离旅游团，给旅游经营者造成损失的，应予赔偿。

【典型案例】

许景敏等与徐州市圣亚国际旅行社有限公司人身损害赔偿纠纷案

上诉人（一审原告）：许景敏。

上诉人（一审原告）：周兴礼。

上诉人（一审原告）：吴艾群。

上诉人（一审原告）：周冠希。

被上诉人（一审被告）：徐州市圣亚国际旅行社有限公司。

〔基本案情〕

徐州市泉山区人民法院一审查明：周继德为徐州市国家粮食储备库的职工，原告许景敏、周兴礼、吴艾群分别是周继德的妻子、父亲、母亲，原告周冠希系周继德与许景敏之子。2009 年 7 月 13 日，徐州市国家粮食储备库与被告徐州市圣亚国际旅行社有限公司（以下简称圣亚国际旅行社）的前身徐州圣亚旅行社有限公司签订《江苏省国内旅游合同》，约定徐州市国家粮食储备库组织职工参加被告组织的国内旅行团，团号 SY090718 日照二日游，行程共计两天一夜，2009 年 7 月 18 日早 5：40 出发，7 月 19 日晚归，双方还就其他事项进行了约定。被告提供的日照二日游的行程安排为：D1：赶海拾贝：早上 5：30 出发途径邳县、新沂抵达日照后，游览万平口生态广场，土特产商店采购海产品，品日照绿茶。中餐后去第三海滨浴场，融入万顷碧波，仰卧千亩金沙滩任浪花荡去满身的疲惫。住宿海边准二星。D2：出海捕鱼。下午返程。2009 年 7 月 18 日，周继德参加了该旅游行程，当日到达日照，当日下午，周继德在日照太公岛浴场下海游泳时发生溺水事故，经日照市人民医院抢救无效，于2009年7月27日死亡。就赔偿事宜原、被告协商未果，2010年4月27日，原告以诉称理由诉至本院要求被告赔偿，被告以辩称理由答辩。

庭审中，被告圣亚国际旅行社主张日照当地的导游向参加此次旅游的游客作出书面提示，提示海水浴不在服务范围内，属自愿项目，发生意外责任自负，包括周继德在内的17名游客在提示上签字。为证实其主张，被告提交了有包括周继德在内的游客签字的《日照金太阳旅行社友情提示》，在该提示中有上述提示内容。原告质证认为，对日照金太阳旅行社友情提示真实性没有异议，但与本案诉争没有关联性，提示内容是日照金太阳旅行社作出的而不是本案被告，友情提示中所载明的海水浴不是行程之内，不代表不是被告的项目之内，该证据显示的职工签字的原因实际是为了统计下海的人，并不是说所有签字的成员都是下海的。该友情提示的签字时间并不是本案所诉争的在太公岛下海游泳之前一点时间，而是在万平口浴场下海之前旅游车行驶中签的，说明该提示只针对万平口浴场并不针对于周继德溺水事件发生的太公岛浴场。

另查明，原告周兴礼出生于1943年1月5日，无收入来源，原告吴艾群出生于1949年10月8日，系铜山县单集镇卫生院退休职工，有退休工资。原告周兴礼、吴艾群育有包括周继德在内三个子女。原告周冠希出生于2010年2月16日，系遗腹子。

〔一审裁判理由与结果〕

徐州市泉山区人民法院经审理认为，周继德所在工作单位与被告圣亚国际旅行社签订旅游合同后，周继德实际参加了被告组织的旅游，周继德与被告成立了旅游合同关系。周继德作为一个具有完全民事行为能力的人，应具备一定的安全防范意识，应意识到在海里游泳危险性，但其却过于自信不顾危险到海里游泳，以致发生意外，对意外的发生应承担主要责任。被告作为旅游服务方，对游客的人身安全应尽到充分的注意和保障义务，虽然被告方的当地导游已经告知下海游泳不在服务范围，但被告方在周继德下海游泳时未进行劝阻，对意外的发生应承担一定责任。原告许景敏等主张被告安排周继德等在不对外开放的、不具备安全措施的游泳场游泳，并无充分证据证实，法院不予采信。本案是侵权之诉，原告方系死者周继德的近亲属，其作为受害人要求被告承担侵权民事赔偿责任，符合法律规定，法院依法予以支持；但赔偿的比例应根据双方的过错及该过错在周继德死亡中的作用合理确定。根据本案实际，法院酌定被告对周继德死亡所造成的损失承担20%的赔偿责任。原告主张的丧葬费15833.5元、死亡赔偿金411040元、周兴礼的被扶养人生活费61380.67元、周冠希的被扶养人生活费118377元，不违反法律规定，法院依法予以认定。原告吴艾群系退休，有退休工资生活来源，对其被扶养人生活费，法院不予支持。因受害人周继德的死亡致使原告受到了精神损害，四原告要求被告支付相应的精神损害抚慰金并无不当，根据本案具体情况，法院酌定支持为10000元。综上，判决：

一、本判决生效后十日内，被告圣亚国际旅行社赔偿原告许景敏、周兴礼、吴艾群、周冠希丧葬费 3166.7 元、死亡赔偿金 82208 元、精神损害抚慰金 10000 元，合计 95374.7 元；

二、本判决生效后十日内，被告圣亚国际旅行社赔偿原告周兴礼被扶养人生活费 17537.3 元；

三、本判决生效后十日内，被告圣亚国际旅行社赔偿原告周冠希被扶养人生活费 23675.4 元；

四、驳回原告许景敏、周兴礼、吴艾群、周冠希的其他诉讼请求。

〔当事人上诉及答辩意见〕

许景敏、周兴礼、吴艾群、周冠希不服判决，向徐州市中级人民法院提起上诉。

许景敏、周兴礼、吴艾群、周冠希上诉认为：一、原审法院认定事实错误。第一，太公岛浴场的告示中明确显示该海水浴场“停止营业，海上因无任何防护设施，严禁游客下海游泳冲浪”等内容，发布该告示警示的时间为 2009 年 6 月 10 日，而旅游行程时间是 2009 年 7 月 18 日，被上诉人圣亚国际旅行社将游客安排至太公岛旅游，应认定该旅游场所系不对外开放的、不具备安全措施的游泳场所。第二，根据双方签订的《江苏省国内旅游合同》及行程安排，下海游泳是此次旅游行程的内容之一。《日照金太阳旅行社友情提示》是格式合同文本，不能等同于圣亚国际旅行社的旅游服务范围，且游客签字的目的是旅游公司为统计下海人数，故不能以《日照金太阳旅行社友情提示》得出下海游泳不在圣亚国际旅行社旅游服务范围内的结论。二、原审法院适用法律错误。《日照金太阳旅行社友情提示》属于格式条款，因其内容对旅游者不公平、不合理，减免了旅行社损害旅游者合法权益时应承担的责任，故该条款应属无效；圣亚国际旅行社擅自变更浴场，并因该浴场未正常营业，安全防护设施不全，致使溺水死亡事件发生，故原审法院认定圣亚国际旅行社承担 20% 的赔偿责任不当，应当由其承担全部赔偿责任。综上，请求二审法院依法改判或发回重审。

圣亚国际旅行社答辩认为：一审法院认定事实清楚，适用法律正确，请求二审法院依法裁决。

〔二审裁判理由与结果〕

二审法院认为，本案的争议焦点是：一、被上诉人圣亚国际旅行社在旅程中的行为是否存在过错。二、圣亚国际旅行社是否应当承担赔偿责任，以及责任程度应当如何确定。

上诉人许景敏、周兴礼、吴艾群、周冠希以被上诉人圣亚国际旅行社为赔偿义务人提出人身损害赔偿之诉，判断圣亚国际旅行社作为赔偿义务人的责任承担，应当考虑：一、圣亚国际旅行社是否存在过错。二、圣亚国际旅行社的行为与周继德的死亡后果之间是否存在因果关系。

旅行合同为旅行社提供有关旅行给付于全部旅客，而由旅客支付报酬的合同。旅行中景点安排，由旅行社接洽第三人给付，除旅客已直接与第三人发生合同关系外，该第三人即为旅行社的旅行辅助人，对游客的人身和财产安全负有保障义务。第三人如有故意或过失侵害旅客的行为，旅行社应当承担损害赔偿责任。

一、被上诉人圣亚国际旅行社是否存在过错。周继德在下海游泳过程中溺水，事故发生后游泳场所未采取急救措施，后被送至医院抢救无效死亡。圣亚国际旅行社将原旅游合同中约定的旅游场所由日照第三海滨浴场变更为太公岛浴场，而当时的太公岛浴场正处于维修阶段，系非正常营业的场所。圣亚国际旅行社根据其签订的《江苏省国内旅游合同》及行程安排，有义务将包括周继德在内的旅游合同相对人安排至具备正常营业资格的场所接受其旅游服务，因此，圣亚国际旅行社违反了上述义务，对周继德在接受旅游服务时应当享有的正常营业性旅游场所所具备的安全保障利益造成损害。结合海滨浴场场所的具体情况，旅游者在具备提供旅游服务功能的海滨浴场所享有的安全保障利益应当包括溺水后获得浴场范围内被施以紧急救助的利益。因圣亚国际旅行社提供的太公岛浴场处于非正常营业期间，故对于周继德在溺水后未能获得浴场急救，应当认定圣亚国际旅行社变更旅游场所的行为存在过失，侵犯了周继德应当享有的场所安全保障利益。

二、被上诉人圣亚国际旅行社的行为与周继德的死亡后果之间是否存在因果关系。周继德溺水后在未采取浴场急救措施的情况下被送至医院抢救无效死亡，在这一事故过程中，浴场急救行为对阻却溺水事故损害后果的发生存在一定的可能性概率。因圣亚国际旅行社的过错行为导致浴场急救行为的缺失，使得阻却溺水损害后果的可能性概率不当降低，故不应否认圣亚国际旅行社的过失行为与周继德溺水死亡后果之间存在一定的因果关系。考虑到浴场急救行为仅对阻却溺水事故损害后果的发生存在可能性概率，却并非导致溺水事故损害后果的唯一原因，故不应认定圣亚国际旅行社的过失行为与周继德溺水死亡后果之间存在全部原因关系。

三、太公岛海水浴场游客须知以及友情提示中明确显示该海水浴场“停止营业，海上因无任何防护设施，严禁游客下海游泳冲浪”等内容，周继德系成年人，应当对下海游泳行为的危险性有合理认知，亦应当根据太公岛海水浴场的告知内容对自己下海游泳行为作出合理判断，因此，周继德选择下海游泳的行为与导致溺水事故后果亦有一定因果关系，其对事故后果亦应当承担相应责任。

综合以上，考虑周继德的行为过失以及圣亚国际旅行社的行为过失与周继德溺水死亡后果之间存在的因果关系，原审法院酌定圣亚国际旅行社向上诉人许景敏、周兴礼、吴艾群、周冠希承担周继德事故损失20%的赔偿责任并无不当，法院予以支持。

综上，上诉人许景敏、周兴礼、吴艾群、周冠希的上诉请求因证据不足，不予支持。原审判决认定事实清楚，适用法律正确。判决：

驳回上诉，维持原判。

第七章　采矿权转让合同

规则 13：采矿权合同的某些内容未生效，但约定的报批条款依然有效，当事人请求履行报批义务的，应予支持

——陈允斗与宽甸满族自治县虎山镇老边墙村民委员会采矿权转让合同纠纷案①

【裁判规则】

一、租赁采矿权属于一种特殊的矿业权转让方式，采矿权转让合同属于批准后才生效的合同。根据国务院《探矿权采矿权转让管理办法》第 10 条第 3 款的规定，出租采矿权须经有权批准的机关审批，批准转让的，转让合同自批准之日起生效。

二、诉讼中，采矿权租赁合同未经批准，人民法院应认定该合同未生效。采矿权合同虽未生效，但合同约定的报批条款依然有效。如果一方当事人据此请求对方继续履行报批义务，人民法院经审查认为客观条件允许的，对其请求应予支持；继续报批缺乏客观条件的，依法驳回其请求。

【规则理解】

一、采矿权转让合同的生效

（一）采矿权转让概述

所谓采矿权，是指在依法取得的采矿许可证规定的范围内，开采矿产资源和获

① 《中华人民共和国最高人民法院公报》2012 年第 3 期，最高人民法院（2011）民提字第 81 号民事判决书。

得所开采的矿产品的权利。取得采矿许可证的单位或者个人称为采矿权人。[①] 而采矿权转让则是指依法拥有采矿权的采矿权人通过法律规定的方式，将其所拥有的采矿权转给其他单位或者个人的民事活动。转让区别于出让，根据《矿业权出让转让管理暂行规定》第15条的规定："矿业权出让是指登记管理机关以批准申请、招标、拍卖等方式向矿业权申请人授予矿业权的行为。"因此，出让是指国家作为矿产资源的所有者，将其所有的矿产资源的开采权让与采矿权人的活动。采矿权转让包括需要变更采矿权主体的转让和不需要变更采矿权主体的转让，其中前者主要是指采矿权的买卖，而后者包括租赁、承包、抵押等方式。故采矿权转让属于民事活动，是采矿权转让主体间遵循意思自治原则依法进行的转让，然而采矿权转让因涉及国家的矿产资源，又是一种特殊的民事行为。就自然资源自身的一些特点来看，对自然资源的市场化转让不能像一般的商品那样，不施加任何限制。一些涉及国计民生的自然资源，或者涉及国防或国家安全的战略性自然资源，必须对其市场化转让的程度和范围进行限制，以保证自然资源开发利用公共性、社会性及安全的实现。这是由自然资源自身的特点决定的，也是世界各国的通行做法。[②]

（二）法律对于采矿权转让的限制性规定

《矿产资源法》第6条规定："除按下列规定可以转让外，探矿权、采矿权不得转让：（一）探矿权人有权在划定的勘查作业区内进行规定的勘查作业，有权优先取得勘查作业区内矿产资源的采矿权。探矿权人在完成规定的最低勘查投入后，经依法批准，可以将探矿权转让他人。（二）已取得采矿权的矿山企业，因企业合并、分立，与他人合资、合作经营，或者因企业资产出售以及有其他变更企业资产产权的情形而需要变更采矿权主体的，经依法批准可以将采矿权转让他人采矿。前款规定的具体办法和实施步骤由国务院规定。禁止将探矿权、采矿权倒卖牟利。"《探矿权采矿权转让管理办法》第8条规定："探矿权人或者采矿权人在申请转让探矿权或者采矿权时，应当向审批管理机关提交下列资料：（一）转让申请书；（二）转

① 《矿业资源法实施细则》第6条规定："《矿产资源法》及本细则中下列用语的含义：探矿权，是指在依法取得的勘查许可证规定的范围内，勘查矿产资源的权利。取得勘查许可证的单位或者个人称为探矿权人。采矿权，是指在依法取得的采矿许可证规定的范围内，开采矿产资源和获得所开采的矿产品的权利。取得采矿许可证的单位或者个人称为采矿权人。国家规定实行保护性开采的特定矿种，是指国务院根据国民经济建设和高科技发展的需要，以及资源稀缺、贵重程度确定的，由国务院有关主管部门按照国家计划批准开采的矿种。国家规划矿区，是指国家根据建设规划和矿产资源规划，为建设大、中型矿山划定的矿产资源分布区域。对国民经济具有重要价值的矿区，是指国家根据国民经济发展需要划定的，尚未列入国家建设规划的，储量大、质量好、具有开发前景的矿产资源保护区域。"

② 张梓太：《自然资源法学》，北京大学出版社2007年版，第82页。

让人与受让人签订的转让合同；（三）受让人资质条件的证明文件；（四）转让人具备本办法第五条或者第六条规定的转让条件的证明；（五）矿产资源勘查或者开采情况的报告；（六）审批管理机关要求提交的其他有关资料。国有矿山企业转让采矿权时，还应当提交有关主管部门同意转让采矿权的批准文件。"《矿业权出让转让管理暂行规定》第46条规定："矿业权转让的当事人须依法签订矿业权转让合同。依转让方式的不同，转让合同可以是出售转让合同、合资转让合同或合作转让合同。转让申请被批准之日起，转让合同生效。"根据上述规定，我们可以看出，采矿权转让这一民事行为需要依法经过批准才可生效，而当事人之间缔结的采矿权转让合同，根据国务院《探矿权采矿权转让管理办法》第10条第3款的规定："批准转让的，转让合同自批准之日起生效。"因此，采矿权转让合同订立时合同仅能够成立，该合同的生效要件是审批管理机关的批准，合同自批准之日起生效；未经批准的采矿权转让合同不具有生效合同的法律效力，采矿权租赁合同作为采矿权转让合同的一种具体方式，批准也是采矿权租赁合同的生效要件。

二、未经批准的采矿权转让合同的效力认定

根据上述法律规定，我们已知采矿权转让合同的生效要件为经过审批管理机关的批准，合同经过批准后生效，那么，对于未经批准的采矿权转让合同，应如何认定其效力，该合同为无效合同还是未生效合同？其中，合同无效是指合同严重欠缺法律要件，不许按当事人合意的内容而是依据法律的直接规定赋予法律效果。[①] 根据我国《民法总则》第153条规定："违反法律、行政法规的强制性规定的民事法律行为无效，但是该强制性规定不导致该民事法律行为无效的除外。违背公序良俗的民事法律行为无效。"《合同法》第52条的规定："有下列情形之一的，合同无效：（一）一方以欺诈、胁迫的手段订立合同，损害国家利益；（二）恶意串通，损害国家、集体或者第三人利益；（三）以合法形式掩盖非法目的；（四）损害社会公共利益；（五）违反法律、行政法规的强制性规定。"由此可以看出，合同无效是法律、行政法规的强制性规定对于当事人合意的否定性评价，认定合同无效的标准非常严格，无效合同所欠缺的法律要件基本上是合同内容的合法性。就法律规范而言，可分为强制性规范和任意性规范。任意性规范的目的是引导、规范民事主体的行为，并不具有强制性效力；任意性规范体现的是法律对主体实施民事法律行为的一种指引，当事人可以选择适用，也可以选择不适用；民事法律行为与任意性规范不一致的，并不影响民事法律行为的效力。与任意性规范相对应的是强制性规

① 崔建远：《合同法》（第四版），法律出版社2007年版，第98页。

范，强制性规范体现的是法律基于对国家利益、社会公共利益的考量，对私人意思自治领域所施加的一种限制。民事主体在实施民事法律行为时必须服从这种对行为自由的限制，否则会由于对国家利益、社会公共利益等的侵害而被判定无效。但民事法律行为违反强制性规定无效有一种例外情形，即强制性规定本身并不导致民事法律行为无效，该民事法律行为并不无效。某些强制性规定尽管要求民事主体不得违反，但其违反并不导致民事法律行为无效，违反该民事该法律规定的后果由违反的一方当事人承担，没有违反的一方当事人不应承担违法的后果。这实际上涉及对具体强制性规定的性质判断问题。而采矿权转让合同的批准要件属于操作性的程序规定，未经批准并不意味着采矿权转让合同本身的内容不符合法律规定。而未生效合同主要是指不符合法律规定的生效条件，尤其是指其依据法律和合同规定应当办理审批、登记手续，在没有办理之前，合同处于没有生效的状态。[①] 此外，根据我国《合同法司法解释一》第9条的规定："依照合同法第四十四条第二款的规定，法律、行政法规规定合同应当办理批准手续，或者办理批准、登记等手续才生效，在一审法庭辩论终结前当事人仍未办理批准手续的，或者仍未办理批准、登记等手续的，人民法院应当认定该合同未生效；法律、行政法规规定合同应当办理登记手续，但未规定登记后生效的，当事人未办理登记手续不影响合同的效力，合同标的物所有权及其他物权不能转移。合同法第七十七条第二款、第八十七条、第九十六条第二款所列合同变更、转让、解除等情形，依照前款规定处理。"因此，对于诉讼中，采矿权转让合同未经批准的，人民法院应认定该合同未生效。

三、未生效采矿权合同的报批义务

由于采矿权合同属于批准生效合同，那么合同的生效需要经过合同当事人向审批管理机关报请批准，相应地就产生了当事人的报批义务，根据《合同法司法解释二》第8条的规定："依照法律、行政法规的规定经批准或者登记才能生效的合同成立后，有义务办理申请批准或者申请登记等手续的一方当事人未按照法律规定或者合同约定办理申请批准或者未申请登记的，属于合同法第四十二条第（三）项规定的'其他违背诚实信用原则的行为'，人民法院可以根据案件的具体情况和相对人的请求，判决相对人自己办理有关手续；对方当事人对由此产生的费用和给相对人造成的实际损失，应当承担损害赔偿责任。"由该条法律规定可以看出，采矿权合同的报批义务具有独立性，即使采矿权合同未生效，但约定的报批条款依然有效。如果不承认报批义务的独立性，就会导致合同未经批准未生效，同时报批义务

① 王利明：《合同法研究》（第一卷），中国人民大学出版社2011年版，第578页。

也未发生效力，未生效的义务不具有法律约束力，那么义务人则不需要履行义务，且不因此承担任何法律责任，然而报批义务就是为了启动行政审批程序进而使合同生效，不履行报批义务就意味着合同不会生效，则订立合同的目的也无法达成，这将导致一个悖论：合同未经报批，当事人就不应履行报批义务，而不去报批，合同即无生效的可能。[①] 此外，采矿权合同虽然属于批准生效合同，但是合同在订立时即成立，根据我国《合同法》第 8 条的规定："依法成立的合同，对当事人具有法律约束力。当事人应当按照约定履行自己的义务，不得擅自变更或者解除合同。依法成立的合同，受法律保护。"因此，未经批准的采矿权合同属于依法"成立"的合同，仍然对当事人具有法律约束力，合同中约定的报批条款当然地具有法律约束力，该条款依然有效，一方当事人有权请求有义务办理报批手续的另一方当事人履行报批义务，人民法院应当予以支持。类似的法律规定有《最高人民法院关于审理外商投资企业纠纷案件若干问题的规定（一）》第 1 条第 2 款的规定："前款所述合同因未经批准而被认定未生效的，不影响合同中当事人履行报批义务条款及因该报批义务而设定的相关条款的效力。"

基于上述报批义务的法律效力，如果一方当事人根据合同中的报批条款请求对方继续履行报批义务，人民法院经审查认为客观条件允许的，对其请求应予支持；继续报批缺乏客观条件的，依法驳回其请求。根据《合同法司法解释二》第 8 条的规定，人民法院可以根据案件的具体情况和相对人的请求，判决相对人自己办理有关手续，如果合同中报批义务人不履行报批义务，相对人向法院提出继续履行的请求，法院应当予以支持，但根据具体情况和相对人的请求，即相对人请求自行进行报批程序，此时根据上述《合同法司法解释二》第 8 条之规定，法院可以判决相对人自己办理有关手续，也就是说对于经批准生效的合同，其报批义务可由义务人或者相对人履行，但此种情况具有法定限制，不仅需要相对人主动履行报批程序的请求，还要根据具体情况，该具体情况既包括相对人具有履行报批行为的客观条件，还包括相对人具有履行报批行为的主体资格。然而，采矿权合同作为特殊的批准生效合同，根据《探矿权采矿权转让管理办法》第 8 条的规定，探矿权人或者采矿权人在申请转让探矿权或者采矿权时，应当向审批管理机关提交相关资料。采矿权合同报批义务人只能是采矿权人，即采矿权合同的转让方，转让方向审批管理机关提交资料报请批准的行为是不可替代的，合同相对人，也就是采矿权受让方不能自行办理相关报批手续，因此，在采矿权人缺乏客观条件，无法履行报批义务时，人民

---

① 刘贵祥、高晓力：《〈最高人民法院关于审理外商投资企业纠纷案件若干问题的规定（一）〉解读》，载《法律适用》2010 年第 10 期。

法院应当依法驳回合同相对人的请求，而不能判决相对人自己办理有关手续。

【拓展适用】

一、采矿权作为用益物权的特殊性

如前所述，采矿权是指在依法取得的采矿许可证规定的范围内，开采矿产资源和获得所开采的矿产品的权利。根据《民法总则》第 114 条规定："民事主体依法享有物权。物权是权利人依法对特定的物享有直接支配和排他的权利，包括所有权、用益物权和担保物权。"第 116 条规定："物权的种类和内容，由法律规定。"我国《物权法》第三编用益物权第 118 条的规定："国家所有或者国家所有由集体使用以及法律规定属于集体所有的自然资源，单位、个人依法可以占有、使用和收益。"第 123 条规定："依法取得的探矿权、采矿权、取水权和使用水域、滩涂从事养殖、捕捞的权利受法律保护。"在自然资源之上能够设立用益物权，而采矿权就属于用益物权。用益物权是指用益物权人对他人所有的不动产或者动产，依法享有占有、使用和收益的权利，用益物权是私法权利。同时，由于矿产资源的国有属性，对于矿产资源的使用和收益必须经过审批管理机关的严格批准，因此采矿权同样需要经过行政许可后，由采矿权人在取得的采矿许可证规定的范围内进行采矿活动，从这个角度来讲，采矿权又具有一定的公法性质。所以，采矿权区别于一般的用益物权，具有如下特殊性：

（一）采矿权的客体具有特殊性

用益物权的客体为不动产和动产，用益物权人在约定期限内占有、使用标的物，并享有该标的物所带来的收益。用益物权期限届满后，用益物权人负有返还标的物并将标的物恢复到原有状态的义务，不得对标的物所有人对该标的物的所有权产生影响，否则将承担相应的赔偿责任，因此，用益物权的客体一般为不可消耗物。然而，采矿权的客体是国家所许可的指定矿区内的矿产资源，采矿权人行使采矿权进行开采活动必然导致矿产资源的减少或者改变矿产资源的属性，采矿权人在许可期限届满后仅需交还矿区，不再在该矿区进行采矿活动即可，对于其在许可期间内已经开采的矿产资源不负有返还的义务，采矿权人也无法将"标的物恢复到原有状态"，更不需要为此承担责任。矿产资源所具有的不可再生性决定了采矿权与一般用益物权存在很大的区别，具有特殊性。

（二）采矿权的取得需要经过行政许可

《物权法》所规定的物权有两类：一类是任何个人、法人能够自己取得的，不需要任何政府批准。另一类是必须取得政府的许可才能获得。比如，建设用地的使用权需要经过许可；采矿权、探矿权需要许可；一些用水权需要许可；捕捞、养殖业也需要许可。[1] 用益物权的取得一般通过所有权人与用益物权人以订立合同的方式取得，合同在成立时生效，用益物权自合同生效时成立。特殊情况下，用益物权的设立还需要经过有关部门的登记或者批准才能够成立，《物权法》第15条规定："当事人之间订立有关设立、变更、转让和消灭不动产物权的合同，除法律另有规定或者合同另有约定外，自合同成立时生效；未办理物权登记的，不影响合同效力。"根据合同效力和物权效力的区分原则，用益物权合同的效力不受是否办理相应物权登记的影响，合同自成立时生效。但根据《矿产资源法》第3条第3款的规定，勘查、开采矿产资源，必须依法分别申请、经批准取得探矿权、采矿权，并办理登记；但是，已经依法申请取得采矿权的矿山企业在划定的矿区范围内为本企业的生产而进行的勘查除外。《矿产资源法实施细则》第5条第1款规定："国家对矿产资源的勘查、开采实行许可证制度。勘查矿产资源，必须依法申请登记，领取勘查许可证，取得探矿权；开采矿产资源，必须依法申请登记，领取采矿许可证，取得采矿权。"采矿权的取得需要经过行政许可，此外，根据之前所述，采矿权合同属于批准生效合同，即未经审批管理机关的批准，所订立的采矿权合同认为成立未生效。

（三）采矿权具有公法性质

国家作为矿产资源的所有人，为了保证矿产资源的有效利用，必然会对矿产资源的开采活动进行干预。采矿权的取得需要经过行政许可，即需要经过公法的调整，只有符合公法条件的才能够取得采矿权。此外，在一级市场取得采矿权时由国家矿产资源管理机关与采矿权人签订出让合同，这不仅具有缔结用益物权的民法性质，与此同时合同一方当事人作为行政机关以及矿产资源管理机关对采矿权人的行政许可，又决定了该合同具有公法性质。采矿权人不仅在取得权利时受到公法的调整，而且在行使采矿权的过程中也受到公法的约束，相较于一般用益物权人，采矿权人承担了较多的公法义务。《矿产资源法实施细则》第31条规定："采矿权人应当履行下列义务：（一）在批准的期限内进行矿山建设或者开采；（二）有效保护、合理开采、综合利用矿产资源；（三）依法缴纳资源税和矿产资源补偿费；（四）遵守国家有关劳动安全、水土保持、土地复垦和环境保护的法律、法规；（五）接受地质矿产主管部门和有关主管部门的监督管理，按照规定填报矿产储量表和矿产资源开发利用情况统计报告。"

---

① 江平：《〈物权法〉的理想与现实》，载《社会科学论坛》2007年第11期（上）。

二、未生效合同的解除

根据《合同法》第93条和第94条的规定[①]，合同解除分为法定解除和约定解除两种情况。要想解除合同，需要合同当事人协商约定或者法律有明文规定。合同解除将导致合同权利义务关系的消灭，尚未履行的，终止履行；已经履行的，根据履行情况和合同性质，当事人可以要求恢复原状、采取其他补救措施，并有权要求赔偿损失。一般合同解除大多以生效合同为对象，但是对于未生效合同同样能够依法予以解除。首先，我国现行法律并未明确规定必须是已经生效合同才能够予以解除，也没有禁止解除未生效的合同，根据法不禁止皆可为的私法原则，合同解除的对象适用于未生效合同。虽然《合同法》第8条规定："依法成立的合同，对当事人具有法律约束力。当事人应当按照约定履行自己的义务，不得擅自变更或者解除合同。依法成立的合同，受法律保护。"该条仅规定了依法成立的合同，不得"擅自"变更或者解除合同，该条规定只是强调合同在依法成立后即具有一定的法律约束力，但并不禁止解除已成立的合同。其次，有观点认为合同效力分为形式拘束力与实质效力，前者源于合同的成立，后者源于合同的生效。合同解除的本质在于解除合同的形式拘束力，[②] 而该条正是合同成立后即具有形式拘束力的规定，因此，当然能够予以解除。即使该条规定不得擅自解除，但在发生法定解除事由时，如因不可抗力致使不能实现合同目的，当事人仍然能够解除合同。最后，如果不允许解除未生效合同，那么在合同的法定生效要件不能成立时，如采矿权合同未经审批管理机关批准时不能解除合同，就会导致合同长时间停留在成立未生效阶段。合同无法生效则合同当事人约定的权利义务关系无法发生，却仍要受到合同成立法律效力的约束，这不仅对于当事人的权利无法提供保障，对于市场经济的发展也是不利的。此时当事人要想在不被允许解除的情况下摆脱这种局面，只能选择违反法律规定，以承担缔约责任的方式来打破僵局。

根据我国法律的现行规定，也可以看出未生效的合同是可以被解除的。如《合同法司法解释二》第26条规定："合同成立以后客观情况发生了当事人在订立合同

---

① 《合同法》第93条规定："当事人协商一致，可以解除合同。当事人可以约定一方解除合同的条件。解除合同的条件成就时，解除权人可以解除合同。"第94条规定："有下列情形之一的，当事人可以解除合同：（一）因不可抗力致使不能实现合同目的；（二）在履行期限届满之前，当事人一方明确表示或者以自己的行为表明不履行主要债务；（三）当事人一方迟延履行主要债务，经催告后在合理期限内仍未履行；（四）当事人一方迟延履行债务或者有其他违约行为致使不能实现合同目的；（五）法律规定的其他情形。"

② 申升：《未经批准的采矿权租赁合同能否解除?》，载《中国矿业报》2013年9月7日第A04版。

时无法预见的、非不可抗力造成的不属于商业风险的重大变化，继续履行合同对于一方当事人明显不公平或者不能实现合同目的，当事人请求人民法院变更或者解除合同的，人民法院应当根据公平原则，并结合案件的实际情况确定是否变更或者解除。”合同解除的前提条件是合同已经成立，而非合同生效。《最高人民法院关于审理外商投资企业纠纷案件若干问题的规定（一）》第5条规定：“外商投资企业股权转让合同成立后，转让方和外商投资企业不履行报批义务，经受让方催告后在合理的期限内仍未履行，受让方请求解除合同并由转让方返还其已支付的转让款、赔偿因未履行报批义务而造成的实际损失的，人民法院应予支持。”第6条规定：“外商投资企业股权转让合同成立后，转让方和外商投资企业不履行报批义务，受让方以转让方为被告、以外商投资企业为第三人提起诉讼，请求转让方与外商投资企业在一定期限内共同履行报批义务的，人民法院应予支持。受让方同时请求在转让方和外商投资企业于生效判决确定的期限内不履行报批义务时自行报批的，人民法院应予支持。转让方和外商投资企业拒不根据人民法院生效判决确定的期限履行报批义务，受让方另行起诉，请求解除合同并赔偿损失的，人民法院应予支持。赔偿损失的范围可以包括股权的差价损失、股权收益及其他合理损失。”外商投资企业股权转让合同是批准生效合同，这两条规定虽然限定在相对人拒不履行报批义务的情形下，另一方当事人可以请求解除合同，但对解除未生效合同给予了法律肯定。

三、未生效合同的责任认定

根据我国《合同法》第44条的规定：“依法成立的合同，自成立时生效。法律、行政法规规定应当办理批准、登记等手续生效的，依照其规定。”也就是说，合同效力存在成立但未生效的情况。[①] 根据我国《民法总则》第143条规定：“具备下列条件的民事法律行为有效：（一）行为人具有相应的民事行为能力；（二）意思表示真实；（三）不违反法律、行政法规的强制性规定，不违背公序良俗。”《民法通则》第55条的规定：“民事法律行为应当具备下列条件：（一）行为人具有相应的民事行为能力；（二）意思表示真实；（三）不违反法律或者社会公共利益。”这三项要件再加上标的的可能性与合法性，是合同的一般有效要件。应当注意《民法总则》对《民法通则》修改和变化，[②] 一是规定的三项要件应同时具备。二是不能简单从反面理解不符合三项要件的该民事法律行为即无效。如违反第三项时为无效；违反前两项中一项或两项时可能为无效、可撤销或效力待定等。三是将

---

① 崔建远：《合同法总论》（上卷），中国人民大学出版社2008年版，第252页。

② 江必新、何东宁：《民法总则与民法通则条文对照及适用提要》，法律出版社2017年版，第73页。

“社会公共利益”修改为“公序良俗”，包括社会公德和善良风俗的内容。四是将“违反法律”修改为“违反法律、行政法规的强制性规定”。此外根据《民法总则》第158条规定：“民事法律行为可以附条件，但是按照其性质不得附条件的除外。附生效条件的民事法律行为，自条件成就时生效。附解除条件的民事法律行为，自条件成就时失效。”第160条规定：“民事法律行为可以附期限，但是按照其性质不得附期限的除外。附生效期限的民事法律行为，自期限届至时生效。附终止期限的民事法律行为，自期限届满时失效。”《合同法》第45条第1款的规定：“当事人对合同的效力可以约定附条件。附生效条件的合同，自条件成就时生效。附解除条件的合同，自条件成就时失效。”第46条规定：“当事人对合同的效力可以约定附期限。附生效期限的合同，自期限届至时生效。附终止期限的合同，自期限届满时失效。”当事人之间可以约定合同生效的条件，此外一些特殊合同可能有一些特殊的有效要件，如采矿权转让合同需要经过国家有关行政审批管理机关的批准才能够生效等。

根据我国《合同法》第8条的规定，成立未生效阶段的合同仍具有法律约束力，依法成立的合同受到法律保护，违反此阶段的义务，仍应当承担相应的法律责任。根据我国《合同法司法解释二》第8条的规定：“依照法律、行政法规的规定经批准或者登记才能生效的合同成立后，有义务办理申请批准或者申请登记等手续的一方当事人未按照法律规定或者合同约定办理申请批准或者未申请登记的，属于合同法第四十二条第（三）项规定的‘其他违背诚实信用原则的行为’，人民法院可以根据案件的具体情况和相对人的请求，判决相对人自己办理有关手续；对方当事人对由此产生的费用和给相对人造成的实际损失，应当承担损害赔偿责任。”而《合同法》第42条①规定正是关于合同当事人的缔约过失责任的规定，因此，成立未生效合同的法律责任为缔约过失责任，未生效合同的责任承担同样是为了遵循诚实信用原则，强调在合同未发生法律效力的情况下，仍应当遵守法律的规定，承担相应的法律义务。同样，未生效合同的归责原则为过错原则，即需要当事人主观上存在故意或者过失，才承担法律责任。

此外，应当注意的是成立未生效合同的责任不应当是违约责任，其与违约责任存在很大区别：首先，存在阶段不同。未生效合同存在于合同成立之后生效之前的阶段，而违约责任则存在于合同生效之后，此时当事人之间已经存在合同约定的权

---

① 《合同法》第42条规定：“当事人在订立合同过程中有下列情形之一，给对方造成损失的，应当承担损害赔偿责任：（一）假借订立合同，恶意进行磋商；（二）故意隐瞒与订立合同有关的重要事实或者提供虚假情况；（三）有其他违背诚实信用原则的行为。”

利义务关系。其次，目的不同。未生效合同的责任目的是维护诚实信用原则，弥补当事人的信赖利益损失，而违约责任是为了保证或者促成合同约定的权利义务的实现，在当事人未履行合同约定的义务时，为保障对方当事人的利益所承担的赔偿责任。最后，归责原则不同。如前所述，未生效合同责任承担的归责原则是过错责任，只有在当事人存在故意或者过失时才承担责任，无过错则无责任。而根据《合同法》第107条的规定："当事人一方不履行合同义务或者履行合同义务不符合约定的，应当承担继续履行、采取补救措施或者赔偿损失等违约责任。"违约责任一般适用严格责任，只要发生违约行为，不管当事人主观上是否存在过错，均应承担违约责任。

【典型案例】

陈允斗与宽甸满族自治县虎山镇老边墙村民委员会采矿权转让合同纠纷案

申诉人（一审原告、二审上诉人、再审申请人）：陈允斗，住所地：辽宁省宽甸满族自治县虎山镇老边墙村。

委托代理人：曲凤智，辽宁明格律师事务所律师。

被申诉人（一审被告、二审被上诉人、再审被申请人）：宽甸满族自治县虎山镇老边墙村民委员会，住所地：辽宁省宽甸满族自治县虎山镇老边墙村。

法定代表人：刘家发，该村村民委员会主任。

委托代理人：潘宁，住所地：辽宁省沈阳市皇姑区宁山中路。

委托代理人：程绍武，丹东九龙集团有限公司员工，住所地：辽宁省丹东市振安区九连城镇套外村夏家堡村民组。

〔基本案情〕

陈允斗于2006年8月8日向辽宁省丹东市中级人民法院（以下简称丹东中院）起诉称，2001年10月6日，陈允斗经依法投标取得宽甸满族自治县虎山镇老边墙村民委员会（以下简称村委会）所有的老边墙第一、第二金矿的开采经营权，同日双方又签订了《老边墙金矿租赁协议书》，约定：开采经营期限为五年，即自2001年10月至2006年10月。合同签订后，由于案外人程绍武对村委会提起诉讼，村委会至今未将老边墙第一金矿（以下简称第一金矿）交给陈允斗经营。老边墙第二金矿（以下简称第二金矿）由于村委会不能全部交付金矿设施，陈允斗不得不另行投资重开巷道开采。并且由于村委会与他人的纠纷，致使第二金矿的采矿证有三年无法办理，合同无法履行。陈允斗请求法院判令：1. 村委会履行合同约定的将第一金矿交给其经营的义务；2. 如不能交付，由第二金矿代为履行；3. 村委会顺延履行第二金矿的合同期限三年；4. 村委会赔偿其经济损失160万元。

村委会一审答辩称，陈允斗的诉讼请求没有事实和法律依据，村委会没有义务向陈允斗交付金矿的设施，陈允斗无法办理采矿许可证与村委会无关。陈允斗请求村委会赔偿损失没有客观依据，其损失不应由村委会承担。

丹东中院一审查明：2001 年 8 月 31 日，村委会与老边墙金矿（分为第一金矿、第二金矿）原承包人的承包协议到期，村委会于同年 9 月 28 日发布了《老边墙金矿租赁告示》，其主要内容为：老边墙金矿于 2001 年 9 月 1 日承包到期，根据矿产资源法的有关规定和县政府 1999 年第 34、35 号文件精神，经村民代表大会讨论决定，现对外公开招标：标的 40 万元，格外加投标总额 20% 镇政府管理费；合同期限五年；金矿所有手续由承包者自行办理，费用自负；设备和电力及毛台上矿石归原承包者，限期在投标之日起 20 日内撤除；在承包期内矿山发生的一切法律责任、经济纠纷等均由新承包者承担，村委会不承担经济责任。

2001 年 10 月 6 日，陈允斗（乙方）中标并与村委会（甲方）签订《老边墙金矿租赁协议书》，约定：村委会通过招标将老边墙金矿租赁给陈允斗开采经营，开采经营期限五年，即自 2001 年 10 月至 2006 年 10 月，陈允斗一次性向村委会缴纳五年的经济补偿金，并按中标数额的 20% 一次性向所在镇政府缴纳补偿金；金矿所有手续由承包者自行办理，费用自负。如因有关手续办理不妥无法开采，租金不予返还，所造成的损失亦由陈允斗自负，设备、电力、毛台上矿石及矿井内原承包者开采的矿石归原承包者所有；在租赁期内矿山产生的一切经济、法律责任均由陈允斗承担，村委会不承担任何责任。五年期满后，村委会与陈允斗协商另行签订协议，但补偿金不得低于本次中标数和按中标额 20% 上交给镇政府的补偿金。如陈允斗不继续经营，村委会收回金矿开采权进行招标；陈允斗不继续经营必须在 20 日内将设备拆除，否则村委会有权强行拆除，费用由陈允斗承担，后果自负；如有一方违约要赔偿给对方造成的直接经济损失，另赔偿违约金 2 万元。双方还对其他事宜进行了约定。

协议签订后，由于老边墙金矿原承包人程绍武未及时将其设备从第一金矿撤出，致使陈允斗不能依据协议约定正常经营该矿。同时，也由于程绍武及其亲属的原因，致使辽宁省国土资源厅只颁发了第二金矿 2002 年和 2005 年的采矿许可证。第二金矿 2001 年、2003 年和 2004 年的采矿许可证未予办理和颁发。另查，陈允斗经营老边墙金矿期间，对矿山的井巷工程进行了增建。经评估，陈允斗增建的矿山井巷工程价值 706874.90 元。

〔一审裁判理由与结果〕

丹东中院一审认为，陈允斗与村委会签订租赁协议之前，均知道该矿的原租赁人程绍武因刑事犯罪被拘押，其租赁合同的期限已经届满，但采矿证没有交还村委会，其采矿设备及部分矿石仍在矿内没有运走。村委会在告示中也示明了有关情况。村委会的做法属于规避商业风险，维护自身利益的行为，该行为并不违反法律规定。陈允斗自愿接受村委会设定的条件参加竞标，双方在协议中就有关情况的约定亦为有效。

在协议履行过程中，村委会在排除案外人妨碍、办理采矿权证等方面，均对陈允斗尽了协助义务。对此陈允斗、村委会均无异议。现陈允斗主张在协议履行过程中，因案外人妨碍使其无法行使五年开采权，而要求由村委会顺延履行协议规定的租赁期限，其理由是村委会应从案外人处收回已出租的金矿，不符合双方签订的租赁协议的约定。造成陈允斗不能完全履行租赁协议的原因，是案外人的侵权行为所致，陈允斗应向侵权人主张权利。村委会在租赁协议履行过程中并无过错，不应承担民事责任。该院遂于2006年12月18日作出（2006）丹民三初字第52号民事判决，驳回陈允斗的诉讼请求。

〔当事人上诉及答辩意见〕

陈允斗不服一审判决，于2006年12月30日向辽宁省高级人民法院（以下简称辽宁高院）上诉称：（一）一审判决认定事实错误。该判决认定租赁协议未能完全履行的原因是案外人侵权行为所致，陈允斗应向侵权人主张权利。村委会在协议履行过程中并无过错，不应承担民事责任，这种认定是错误的。村委会未履行协议本身就是一种违约行为。村委会在《老边墙金矿租赁告示》中示明："设备和电力及毛台上矿石归原承包者，限期在投标之日起20日内将原承包者的所有设备撤除。"陈允斗正是对此相信才参与投标并与村委会签租赁协议的。村委会作为采矿权人，只有它能够从原承包人手中索回采矿许可证，一审判决认定该风险由陈允斗承担是错误的。（二）一审判决未适用《中华人民共和国合同法》是错误的。本案是合同纠纷。《合同法》第一百二十一条规定："当事人一方因第三人的原因造成违约的，应当向对方承担违约责任。当事人一方和第三方之间的纠纷，依照法律规定或者按照约定解决。"但一审判决却认定应由陈允斗向案外人主张权利。本案租赁协议合法有效，陈允斗按照中标的租金数额交纳了相应的款额，理应享有协议中约定的权利。其上诉请求是：1. 撤销一审判决；2. 村委会履行协议约定的将第一金矿交给陈允斗经营的义务；如不能交付，则由第二金矿代为履行五年；3. 村委会赔偿陈允斗经济损失706874.90元。

村委会在二审庭审中答辩称，根据合同约定和客观事实，村委会没有任何违约事实，其已经交付了金矿，陈允斗请求如不能交付第一金矿则由第二金矿代为交付没有法律依据；对于没有办理采矿权证的问题，协议约定由陈允斗自行办理，如无法开采，损失自负，并且在合同履行过程中，陈允斗也有开采行为。另按照国务院《民用爆炸物品安全管理条例》第六条的规定，受过刑事处罚的人不得从事民用爆炸物品的购买和爆破作业，陈允斗因盗伐林木被判刑，依法不能从事矿山开采经营，其提出顺延履行合同的请求和理由，不能成立。因村委会没有任何违约行为，不应承担赔偿责任。原审法院认定事实清楚，适用法律正确，审判程序合法，二审法院应驳回其上诉，维持原判。

〔二审查明的事实〕

辽宁高院对一审法院查明的事实予以确认。二审中双方当事人没有提供新证据。

辽宁高院另查明：一审法院于2005年3月7日对关联另案作出（2003）丹民一

合初字第117号民事判决，该案原告为案外人程绍武，被告为陈允斗和村委会，案由是金矿承包合同经营权、财产所有权、财产返还纠纷。该院判决驳回程绍武的诉讼请求。程绍武上诉后，辽宁高院于2005年10月11日作出（2005）辽民一终字第235号民事判决，驳回上诉，维持原判。

〔二审裁判理由与结果〕

辽宁高院二审认为，涉案租赁协议是双方当事人的真实意思表示，已经成立。关于采矿经营权的取得和转让，《中华人民共和国矿产资源法》及其实施细则，国务院《探矿权采矿权转让管理办法》、国土资源部《矿业权出让转让管理暂行规定》等法律法规的相关内容，均明确规定采矿经营权是特许经营权，其批准应严格履行审批程序。涉案租赁协议没有履行法定强制性规定的审批手续，符合《合同法》第五十二条第（五）项的规定，应为无效。

无效协议自始没有效力，部分无效，不影响其他部分效力。陈允斗所诉村委会违约行为的请求，没有法律依据，不予采纳。协议无效涉及的损失赔偿，应以签约时双方的过错情况予以考虑。但鉴于陈允斗在一审中并未主张村委会应承担缔约过失责任及举出相关证据，因此，其所称损失应予赔偿的理由，法律依据不充分，不予支持。该院于2007年7月30日作出（2007）辽民二终字第91号民事判决，驳回上诉，维持原判。

〔当事人申请再审理由与答辩意见〕

陈允斗不服二审判决，向辽宁高院申请再审称：（一）二审判决认定事实、适用法律均有错误。二审法院将陈允斗与村委会之间的租赁关系认定为采矿权的承包转让关系，并认定协议没有履行法定强制性规定的审批手续的主要证据不足，认定事实错误。二审判决依据法律、行政法规和行政规章的规定，认定协议无效属适用法律错误。该判决依据之一的《矿业权出让转让管理暂行规定》是行政规章，不能作为认定协议无效的依据。即便当事人未办理登记手续也不影响协议的效力，因为相关法律和行政法规既未规定采矿租赁协议应当办理登记手续，更未规定登记后才生效。（二）村委会的违约行为，致使陈允斗未能完全取得金矿租赁权，村委会应当承担违约责任，赔偿给陈允斗造成的损失。故请求：1. 撤销本案二审判决；2. 改判按照租赁协议约定，村委会交付第一金矿给陈允斗；如不能交付，则由第二金矿代为履行五年；顺延履行第二金矿的协议期限三年；3. 村委会赔偿陈允斗经济损失160万元。

村委会再审答辩称，原审判决正确，应予维持。

〔再审查明的事实〕

辽宁高院于2008年5月20日以（2007）辽立民监字第489号民事裁定书裁定再审本案。

辽宁高院再审查明：2001年10月14日，村委会填报《采矿权出租申请登记表》，此表载明租赁期限为五年，宽甸满族自治县地矿办公室及丹东市规划和国土资源局签署同意，但未经辽宁省国土资源厅审批。有效期分别截至2004年4月30日和2006年4月30日的《企业法人执照》副本载明，陈允斗是第二金矿的法定代表人，村委会于2005年7月5日决定免去陈允斗该职务，任命江新德为该矿法定代表人。

辽宁高院再审查明的其他事实与二审查明的事实一致。

〔再审裁判理由与结果〕

辽宁高院再审认为，关于涉案租赁协议是否有效的问题。根据《矿产资源法》第六条、《探矿权采矿权转让管理办法》第三条第（二）项规定，除非发生合并、分立、合资、合营等几种变更企业资产产权的情形，变更采矿权主体，经依法批准可以将采矿权转让外，不得转让采矿权。《矿业权出让转让管理暂行规定》第三十六条规定："矿业权转让是指矿业权人将矿业权转移的行为，包括出售、作价出资、合作、重组改制等。矿业权的出租、抵押，按照矿业权转让的条件和程序进行管理，由原发证机关审查批准。"上述法律、行政法规对采矿权的出租及其他转让方式设定了强行性规范。对涉案金矿采矿权的出租，亦应符合国务院规定的条件，并按照条件和程序管理，由原发证机关审查批准。陈允斗与村委会于2001年填报的《采矿权出租申请登记表》，虽经宽甸满族自治县地矿办公室及丹东市规划和国土资源局同意，但其是作为下一级地矿主管部门的审查意见呈请审批的，是请批过程中需要履行的行政程序，不具有行政许可的效力。根据《矿产资源法》第十一条第二款的规定，市级地矿部门没有审批权。在辽宁省国土资源厅作出行政许可前，应认定该项请批尚处于申请阶段，并未得到审批管理机关的批准。因此，本案金矿租赁协议因违反法律的强制性规定而无效。

关于村委会是否构成违约、应否对陈允斗进行赔偿的问题。因涉案租赁协议无效，故不存在按该协议有效追究违约责任的问题。无效的后果是在当事人之间产生返还财产及赔偿损失的请求权。陈允斗在一、二审及再审程序中，均要求追究违约赔偿责任，而未诉缔约过失责任。鉴于陈允斗并未以村委会应承担缔约过失责任诉请赔偿损失和提供证据，因此，其所提由于第一金矿没有交付，致使其投入巨资重新打造井巷工程造成的损失予以赔偿的理由，法律依据不充分，不应支持。

经辽宁高院审判委员会讨论决定，该院于2009年8月14日作出（2008）辽民再字第26号民事判决，维持（2007）辽民二终字第91号民事判决。

〔当事人向最高法院申请再审理由〕

陈允斗不服（2008）辽民再字第26号民事再审判决，于2009年11月27日向最高人民法院申诉称，其与村委会之间是租赁合同关系，租赁合同内容不违反法律的强制性规定，而且按照有关规定履行了登记手续，辽宁省国土资源厅亦在2002年为其办理过采矿许可证，原再审判决认定协议无效是错误的。再则，在程绍武诉村委会和陈允斗一案中，法院已经认定本案所涉租赁协议有效，并据此驳回程绍武的诉讼请求。同样的协议，原审法院作出相反的判决，显然错误。故请求：1. 撤销辽宁高院（2008）辽民再字第26号民事判决；2. 支持陈允斗的诉讼请求。

〔最高人民法院查明的事实〕

最高人民法院再审查明：涉案租赁协议签订后，陈允斗依约一次性交清了补偿金（即租金）54万元。2006年10月9日，村委会与程显锋签订《宽甸县虎山镇老边墙村第二金矿采矿权转让协议书》。此后，程显锋又将该矿的采矿许可证办理到自己名下，成为该矿的采矿权人，有效期至2012年3月7日。村委会现已不是第一金矿、第二金矿的采矿权人。

最高人民法院查明的其他事实与辽宁高院查明的事实一致。

〔最高人民法院裁判理由与结果〕

最高人民法院认为，本案是出租人村委会与承租人陈允斗因《老边墙金矿租赁协议书》的履行发生的纠纷，在此法律关系中，村委会是采矿权人，双方约定租赁的是采矿权而非包括采矿设备在内的整个矿山。采矿权租赁是采矿权转让的一种特殊形式，不发生采矿权主体的变更。根据本案当事人主张的民事法律关系性质，应确定本案案由为采矿权转让合同纠纷。原判决确定本案案由为“矿山租赁合同租期延续及赔偿纠纷”不妥，应予变更。

根据本院查明的事实和双方当事人的诉辩情况，本案当事人争议的焦点问题是：（一）涉案《老边墙金矿租赁协议书》是否有效；（二）村委会是否违约并应承担违约责任以及租赁协议应否继续履行。现分别分析论述如下：

（一）关于涉案《老边墙金矿租赁协议书》的效力问题

陈允斗主张涉案租赁协议有效。其理由是：1. 涉案金矿此前已办理采矿许可证并已承包给他人；2. 当地县、市国土部门已同意村委会报批的采矿权出租申请，只因另一诉讼影响未办成；3. 在另一类似诉讼中法院认定采矿权租赁协议有效。村委会则主张涉案租赁协议未经辽宁省国土资源厅批准，因此无效。本院认为，采矿业属于特许行业，根据有关法律、行政法规的规定，取得涉案金矿的采矿权和租赁权都要经过辽宁省国土资源厅审批，其中任何一项权利未经批准，其采矿行为不受法律保护。1998年2月12日国务院《探矿权采矿权转让管理办法》第十条第三款规定：“批准转让的，转让合同自批准之日起生效。”2000年11月1日国土资源部《矿业权出让转让管理暂行规定》第三十六条第二款规定：“矿业权的出租、抵押，按照矿业权转让的条件和程序进行管理，由原发证机关审查批准。”据此，本院认定涉案租赁协议已合法成立，尚未生效，该协议条款对双方当事人没有约束力，也不产生违约责任。

涉案《老边墙金矿租赁告示》和《老边墙金矿租赁协议书》均属于合同的组成部分，后者是对前者的确认和补充。两者第四条均约定：“金矿所有手续由承包者自行办理，费用自负。”后者还约定：“如因有关手续办理不妥无法开采，租金不予返还。所造成的损失亦由乙方（即陈允斗）负担。”由此看出，协议约定的办理金矿所有手续的义务人是陈允斗，手续办理不全的责任亦由陈允斗承担。签约当时，陈允斗明知村委会尚未从原承包人手中收回采矿许可证，租赁该金矿会冒巨大商业风险，却执意投标并签订上述协议，是一种甘冒风险的行为。协议签订后，村委会积极办理采矿权租赁审批手续，当地县、市政府有关主管部门已审核同意，只因程绍武拒不交出原采矿许可证并起诉村委会而未获辽宁省国土资源厅批准。村委会对此尽了协助义务，没有过错。据此，村委会对采矿权租赁手续不全并不构成违约，不应承担违约责任。

（二）关于村委会是否违约并应承担违约责任以及租赁协议应否继续履行的问题

陈允斗主张村委会未办理全部采矿许可证并交付涉案金矿，使其不得不重开巷道，构成违约，应承担违约责任。村委会则主张涉案租赁协议无效，不产生违约责任。本院认为，涉案租赁协议签订后，由于多种原因导致协议没有全部履行，致使陈允斗无法正常开矿，确实遭受了经济损失。但由于该协议未生效，对双方当事人不具有约束力，陈允斗遭受的损失不能依据该协议的违约条款获得救济，故对于陈允斗主张的协议无法履行的责任在村委会，村委会应承担违约责任的主张，不予支持。出租采矿权以拥有合法采矿权为前提，鉴于目前村委会已不是涉案金矿的采矿权主体，丧失了履约条件和能力，依约办理相关审批手续，继续履行涉案租赁协议已不可能，对于陈允斗关于涉案租赁协议应继续履行的主张，本院不予支持。

陈允斗虽然因采矿遭受了经济损失，但其在明知租赁协议未生效的情况下，擅自开挖巷道，属于违法开采行为，该行为不受法律保护，后果自负。对其关于村委会因违约应赔偿其160万元的请求，因缺乏法律依据，本院不予支持。涉案租赁协议未生效，村委会据此取得的陈允斗交付的租金本应返还，但鉴于陈允斗在本案中对此未提出主张，本院不能直接判决返还，陈允斗可以另循法律途径解决。

综上，涉案采矿权租赁协议未生效，村委会不应承担违约责任。退一步讲，即使认定租赁协议有效，鉴于该协议均约定村委会免责，陈允斗对不能依约采矿经营产生的风险自担，村委会同样不应承担违约责任。鉴于村委会现已不是采矿权主体，涉案租赁协议已无法继续履行，陈允斗主张继续履行该协议的依据不足，对其诉求不予支持。辽宁高院再审判决认定事实基本清楚，虽在认定涉案租赁协议无效和案由方面存在瑕疵，但判决结果正确，应予维持。依照《中华人民共和国民事诉讼法》第一百八十六条第一款①，《最高人民法院关于适用〈中华人民共和国民事诉讼法〉审判监督程序若干问题的解释》第三十七条的规定，判决如下：

维持辽宁省高级人民法院（2008）辽民再字第26号民事判决。

本判决为终审判决。

---

① 对应2012年《民事诉讼法》第二百零七条第一款。

第八章　居间合同

规则14：在网络交易中，提供交易平台的网站与交易双方之间构成居间合同关系的，该网站负有合同法所规定的居间人的义务

——应娟利与亿贝易趣网络信息服务（上海）有限公司服务合同纠纷案①

【裁判规则】

在网络交易中，提供交易平台的网站与交易双方之间构成居间合同关系的，网站负有《合同法》所规定的居间人的义务，如应当就有关订立合同事项向合同双方如实报告，不得故意隐瞒与订立合同有关的重要事实或者提供虚假情况等。如果违反这些义务，网站应当承担相应的法律责任。

【规则理解】

一、居间人违反义务承担责任的原则

（一）居间合同的界定

《合同法》第424条规定："居间合同是居间人向委托人报告订立合同的机会或者提供订立合同的媒介服务，委托人支付报酬的合同。"据此，学界一般认为，居间合同，是指双方当事人约定一方为他方提供、报告订约机会或为订立合同的媒介，他方给付报酬的合同。提供、报告订约机会的居间，称为报告居间；媒介合同的居间，称为媒介居间。在居间合同中，提供、报告订约机会或提供交易媒介的一方为居间人，给付报酬的一方为委托人。

（二）报告居间与媒介居间的区别

报告居间和媒介居间的区别主要在于：一方面，在报告居间中，居间人仅仅向委托人报告订立合同的机会。而在媒介居间的情况下，居间人不能仅仅只给一方当

---

① 《中华人民共和国最高人民法院公报》2007年第3期，上海市黄浦区人民法院民事判决书。

事人报告订立合同的机会，还要告知有关对方当事人的信用、履约能力等情况，尤其是要在双方之间进行斡旋等，以促成交易的达成。另一方面，在报告居间中，居间人主要是和一方委托人发生关系。而在媒介居间中，居间人则要和双方发生联系。与此相应，在报告居间中，居间人报告给哪一方当事人，则由谁支付报酬；而在媒介居间中，双方当事人都负有支付报酬的义务。此外，在媒介居间中，居间人参与程度较高，而在报告居间中，居间人参与度较低。

（三）居间人的责任承担

居间合同为双务合同，居间人与委托人均应按合同约定履行各自的义务。其中，居间人的义务包括报告订约机会或媒介订约的义务、忠实义务（含如实报告义务、媒介妥适相对人义务、调查义务）、保密义务、尽力义务、负担居间活动费用的义务等。[①] 最为重要的即为如实报告义务。居间人如果违反这些义务，应承担相应的法律责任，即不得要求支付报酬并在委托人遭受损失时承担赔偿责任。

二、居间人如实报告义务

所谓如实报告，是指居间人应就其所知的有关订立合同的事项不加隐瞒地告知于委托人。我国《合同法》第425条明确规定了居间人的报告义务。该条第1款规定：“居间人应当就有关订立合同的事项向委托人如实报告。”第2款又规定：“居间人故意隐瞒与订立合同有关的重要事实或者提供虚假情况，损害委托人利益的，不得要求支付报酬并应当承担损害赔偿责任。”居间人在向委托人报告订立合同的机会时，应将相对人的有关情况报告给委托人，比如相对人的订约能力、资信情况等。居间人如实报告的内容，因居间行为标的的不同而有所不同。比如，居间人为委托人提供的是买卖合同的居间服务，相对人的资信状况以及标的物的种类、型号、规格、质量、数量和价格等就属于居间人报告的范围；居间人为委托人提供的是劳务合同的居间服务，则相对人的招聘范围、所提供工作的性质、福利待遇等就属于居间人报告的范围。在对如实报告义务进行理解时，有以下几个问题值得特别注意：

（一）如实报告义务的法定性[②]

如实报告义务是我国《合同法》明确规定的居间人的义务，其法定性是由居间

---

① 参见崔建远：《合同法》，北京大学出版社2012年版，第621～622页。

② 关于如实报告义务的性质，存在不同理解：一种观点认为，其是一种法定义务；另一种观点认为，其是一种以诚信原则而产生的附随义务；还有一种观点认为，其是根据居间合同的目的和性质而应当包含在合同义务范围内的义务。参见王利明：《合同法分则研究》（上卷），中国人民大学出版社2012年版，第690页。

合同的性质和居间人的合同地位所决定的。委托人之所以与居间人订立合同，往往是因为自身信息不够灵通或者不了解对方的情况，才请居间人为其收集相关第三人的信息，目的在于通过居间人找到合适的交易相对人，而且委托人一般都基于对居间人提供信息的信赖而与相对人进行磋商甚至达成合同。可见居间合同存在的意义就在于信息的提供，如果居间人提供的信息虚假不实，不仅会使委托人签订居间合同的目的落空，还会给委托人造成损失。因此，合同法对委托人的如实告知义务进行了明确规定，无论当事人在居间合同中是否对此有明确约定，也无论居间合同采取的是口头形式还是书面形式，居间人都不能违反此项义务。

（二）如实报告义务要求的程度性

提供全面而真实的信息是居间人的义务，对此义务的履行应达到什么样的程度？我国《合同法》没有作出明确的规定。我们认为，应根据居间人是否从事专业居间作不同的要求。对于不以居间为营业的普通民事居间人来说，不必负有积极调查的义务，只需就自己所知道的情况如实报告即可；但是对于以居间为营业的营业居间人来说，对他们的如实报告义务应从严解释，要求其负有积极调查的义务。这是因为，对于以居间为营业的居间人来说，其专业从事居间事务，并且具有明显的营利性，如果其不提高自己对信息真实性的调查能力，将会给大量的委托人带来危害，也不利于居间行业在市场经济中发挥其应有的作用。因此，根据诚实信用原则，对营业居间人的如实报告义务应从严解释，要求其不仅负有将其知悉的相对人的情况如实告知的义务，而且还应当负有积极调查的义务。

（三）违反如实报告义务的表现形式

根据我国《合同法》的规定，居间人违反如实报告义务主要有两种表现形式，第一种是故意隐瞒与订立合同有关的重要事实，这里所谓的重要事实一般包括：第三人的资信情况、履约能力等影响到其将来履行与委托人订立的合同能力的事实。此种情形下，居间人知道第三人与订立合同有关的重要事实而不告知委托人，属于一种故意的不作为。第二种是故意提供虚假情况，这种情形下，居间人故意告知委托人关于第三人不存在的情况，属于故意的作为行为。在实践中，居间人故意违反如实报告义务的行为经常是以与第三人串通的形式存在的。

三、居间人其他义务的认定

（一）报告订约机会或订立合同的媒介服务的义务

报告订约机会或媒介订约是居间人的主要义务。在报告居间中，居间人对于订约事项，应就其所知，据实报告给委托人。居间人对于相对人而言，并不负有报告委托人有关情况的义务。在媒介居间中，居间人应将有关订约的事项据实报告给各方当事人。无论居间人是同时接受合同当事人双方的委托，还是仅接受委托人一方委托的，居间人都负有向双方报告的义务。

（二）忠实义务

居间合同是以人格信任关系为基础而成立的合同。因此，居间人应当遵守诚实信用原则，对自己从事的居间活动负有重视义务。除了向委托人如实报告与缔约有关的事项之外，在涉及利益冲突时，居间人负有回避的义务。在居间人从事媒介活动时，如果涉及双方利益冲突，居间人必须顾及双方当事人的权利，采取中立的立场，不能仅仅考虑一方的权益。此外，居间人不得非法挪用或非法占有委托人的财物。居间人应当妥善保管委托人的财物，在居间活动结束后归还给委托人。

（三）勤勉义务

委托人与居间人签订居间合同的目的在于促成交易的完成，因此，居间人应当尽其所能收集相关信息向委托人报告，或者通过媒介服务促成交易的最终达成，此种义务即为勤勉义务。例如，在当事人之间出现意见分歧时，居间人应当尽力调解斡旋，以促成合同的订立。

（四）负担居间活动费用的义务

居间人促成合同成立的，居间合同的费用，由居间人负担。作为居间合同的一方主体，为履行居间合同，促成交易的完成，必定需要付出一定的劳动，如了解订约信息、调查第三人的资信状况、交易标的物的情况等，而这些活动往往需要支付一定的费用。对于此费用的支出，如果委托方与居间人事先未约定由哪一方负担，那么应当由居间人承担。这是因为，居间人为履行居间合同所支出的费用都已经计算在居间报酬内。

（五）附随义务

居间人的附随义务产生的依据是诚实信用原则，具体而言，包括以下几种：一是保密义务。居间人对于居间合同的各种信息、资料负有保密义务。如果当事人在居间合同中约定，居间人不得向相对人报告委托人的姓名，则居间人也不得违反这一义务。二是告知有关收费事项的义务。三是及时通知义务。居间人应当就自己了解到的与订约有关的事项及时通知委托人。

四、居间人违反如实报告义务的后果

根据我国《合同法》第425条第2款之规定，居间人违反如实报告义务导致的后果有两个：一是不得要求支付报酬，二是赔偿委托人的损失。

（一）不得要求支付报酬

此种情况不仅包括委托人在支付报酬前，发现居间人有违反如实告知义务的情

形，委托人可以拒付报酬；也包括委托人在已经支付了报酬后，才发现居间人有违反如实报告义务的情形，委托人也可以向已经取得报酬的居间人追回报酬。此外，虽然我国《合同法》是把居间人丧失报酬请求权和赔偿委托人的损失作为居间人违反如实告知义务、给委托人造成损失的后果一并作出规定的，但居间人报酬请求权的丧失并不以给委托人造成损失为必要要件，只要居间人具有违反如实告知义务的行为，即只要居间人存在故意隐瞒与订立合同有关的重要事实或者提供虚假情况的行为，居间人就构成违约，就应丧失报酬请求权，而不论其是否给委托人造成了损失。

（二）赔偿委托人的损失

此项赔偿责任的产生，不仅要求居间人违背了如实告知义务，而且必须要有委托人因此遭受损失的事实发生。由于居间人违反如实告知义务，导致其报酬请求权的丧失显然是一种违约责任，而对于其赔偿委托人的损失，属于违约责任和侵权责任的竞合，可以由委托人自行选择。

【拓展适用】

一、居间合同成立、生效的认定

（一）居间合同成立的认定

居间合同的成立，是指委托人与居间人双方的意思表示达成一致，即形成合意。在把握居间合同成立的问题上，需注意以下几点：

1. 居间合同的订立程序

居间合同的订立，是指委托人与居间人之间为了建立居间合同关系，通过相互进行意思表示而形成合意的过程。与其他合同一样，居间合同的订立也要经过要约和承诺两个阶段。要约是希望和他人订立合同的意思表示，在居间合同的订立中，要约就是委托人或者居间人希望和对方订立居间合同的意思表示。承诺是受要约人同意要约的意思表示，在居间合同中就是委托人或居间人同意对方提出的订立合同的意思表示。在居间合同的订立过程中，有的订约还会存在要约邀请的阶段。要约邀请是希望他人向自己发出要约的意思表示。比如，职业介绍所为了拓展业务，可以将自己掌握的资讯情况、办事能力、工作成就等信息以广告、公司简介的形式，向特定人或者不特定人发出，希望他人向自己发出要约。另外，居间人还可以把自己掌握的订立合同的机会，部分地（主要是保留相对人的姓名或名称）以广告形式向外界披露，以吸引委托人与之订立居间合同。这些情形都属于订立居间合同的要约邀请。

2. 居间合同成立的诺成性

在居间合同的订立中，只要委托人与居间人达成意思表示的一致，居间合同即可成立。居间合同是诺成合同，除非法律另有规定或者当事人另有约定，居间合同自承诺生效时成立。但是实践中经常会出现这样的情形：居间人先向委托人有保留地报告订约机会，在双方签订居间合同以后，再毫无保留地报告相对人的情况；或者先向委托人报告订立合同的机会以后，再与委托人订立居间合同，由居间人向委托人提供订立合同的媒介服务。虽然在这些情形中居间人看似先履行了一部分报告义务后居间合同才成立，但这些都是居间人为了拓展自己的业务而采取的经营策略，实际上是要约邀请，并不影响居间合同的诺成性。

3. 居间合同成立的形式

居间合同的成立既可以采取口头形式，也可以采取书面形式，因其无须采用特定的形式，故为不要式合同。当事人可以自由地选择合同的形式，具有很大的灵活性。书面形式的居间合同是比较正规的形式，委托人与居间人可以订立居间合同书，将二者之间的合意具体化、明确化、定型化。居间合同书的内容与普通的合同内容无异，需要包含合同的主要条款。但是在实践中的很多情况下，居间合同的书面形式是很简单的，往往是委托人在居间人处进行客户登记即可成立书面的居间合同。

（二）居间合同生效的认定

居间合同的生效，是指已经成立的居间合同合法有效，能产生居间人和委托人订立合同所追求的效力。按照《民法总则》《民法通则》的规定，民事行为有效必须具备三个条件，即行为人具有相应的民事行为能力；意思表示真实；不违反法律、行政法规的强制性规定，不违背公序良俗。因此居间合同的生效要件包含以下三个方面：1. 居间人和委托人应具有相应的缔约能力。我国《合同法》并没有对居间人和委托人的资格作出特定的限制，因此，只要是具有相应民事行为能力的人皆可订立居间合同。从其他国家的立法来看，对委托人的主体资格并没有规定，但是对居间人的主体资格有所限制，有的国家规定居间人必须以居间为业，有的国家则规定虽非以居间为业者也可为居间人。有学者提出，应对居间人的主体资格予以限制。首先，居间人须具有相应的知识、能力和从业条件，从事商事居间的须进行工商登记；其次，规定机关法人、国家公务员等有特殊职权的人不得从事居间活动，以避免他们利用手中权力和社会关系牟取暴利，严重危害社会经济秩序。①

2. 意思表示真实。所谓意思表示真实，是指居间人和委托人是在自觉自愿的基础上做出符合其内在意志的意思表示。这是居间合同生效的重要条件，如果居间人或者委托人的意思表示不真实，根据《合同法》的相关规定，当事人可以主张合同无效或者请求人民法院或仲裁机构撤销该合同。

---

① 参见崔建远：《合同法》，北京大学出版社2012年版，第620页。

3. 不违反法律、行政法规的强制性规定，不违背公序良俗。居间合同的内容应当合法，不得违反法律、行政法规的禁止性规定，亦不得损害社会公共利益。应当注意的是，公序良俗同样体现国家对民事领域意思自治的一种限制。对于公序良俗行为可以类型化，如果发现待决案件的事实与其中某一类型相符，即可判定该行为无效。违反公序良俗类型包括但不限于以下类型，一是危害国家政治、经济、财政、税收、金融，治安等秩序类型；二是危害家庭关系行为类型；三是违反性道德行为、人权和人格尊重行为类型；四是限制经济自由行为类型；五是违反公正竞争行为、消费者保护、劳动者保护行为类型。

二、居间人的报酬请求权

我国《合同法》第426条第1款规定："居间人促成合同成立后，委托人应当按照约定支付报酬。对居间人的报酬没有约定或约定不明确的，依照本法第六十一条的规定仍不能确定的，根据居间人的劳务合理确定。因居间人提供订立合同的媒介服务而促成合同成立的，由该合同的当事人平均负担居间人的报酬。"第427条规定："居间人未促成合同成立的，不得要求支付报酬，但可以要求委托人支付从事居间活动支出的必要费用。"

（一）居间人报酬请求权的成立条件

我国《合同法》以居间人促成合同成立为请求支付报酬的条件。由于居间事务是以报告订约机会或提供订立合同的媒介服务为内容，所以，居间人是否促成委托人与他人之间成立交易，就是委托人是否应支付报酬的明确标准。居间人是就其"劳务的结果"而非"劳务的给付"而享受报酬请求权。这是居间合同与其他劳务合同的不同之处。

（二）居间人促成合同成立的认定

所谓居间人促成合同的成立是指经过居间人的努力，委托人和第三人达成合法有效的合同。

1. 委托人和第三人达成的合同应当是合法有效的。如果促成的合同是无效的或者是可撤销的合同，那么居间人不能取得报酬。比如，由于第三人具有欺诈行为，在签订合同时故意隐瞒真实情况，导致委托人后来撤销合同，那么此种情况下，居间人不能主张报酬，即使在居间人已经取得报酬的情况下，委托人也可以主张追回。当然，如果是合同成立后，由于一方不履行合同的行为，导致另一方解除合同的，则不影响居间人报酬请求权的成立。

2. 委托人和第三人达成的合同应当是源自居间人的努力，即居间合同的成立与居间人的努力存在因果关系。在报告居间中，与委托人签订合同的第三人是居间人介绍的；而在媒介居间中，居间人参与了委托人和第三人签订合同的谈判和协商，也就是在双方的谈判中起到了一定的协调作用。

3. 居间人促成的契约须与居间合同中的约定具有同一性。“居间人之报酬请求权之要件，除因果关系外，尚须所缔结之契约，必须亦符合在居间契约中所约定者，即成立之契约，须与委托人所委托者，有同一性。”[①] 对此同一性的界定，并不以完全相同为必要，只要同样能达到委托人所期求的经济结果，一般也认定居间人有报酬请求权。

4. 在居间人促成合同成立的认定中，还要注意以下特殊情形：(1) 由于委托人本身的不正当行为导致合同不能订立的，应认定为居间人已经促成合同成立。现实中可能存在这样一种情况，委托人为了逃避支付报酬的义务，故意拒绝与居间人介绍的相对人交易，而过后再与该相对人达成协议。对于委托人为了逃避报酬的支付而故意不与第三人签订合同的行为，应认定为居间人已经促成合同的成立。因为，在此种情形下，委托人和第三人之间后来签订的合同仍然得益于居间人的居间行为。(2) 居间人促成的合同不包括委托人和第三人的后续合同。在实践中，尤其是商业实践中，商家们之间的交易多数情况下不会是一锤子买卖，因此，经常会出现这样一种情况，委托人因为居间人的一次居间行为而与某一相对人订立合同，之后二者形成了长期的合作关系，因而陆续地签订一系列的合同，这就是后续合同的问题。居间人是否有权就第一笔合同之后的后续合同主张报酬请求权呢？法律上没有作出明文规定，故可由当事人自由约定。在居间合同没有约定的情形下，居间人无权取得后续合同的报酬。[②] 这是因为，根据居间合同的特征，居间人报酬请求权的成立源于其为该笔合同付出的努力，如果居间人对后续合同也有报酬请求权，那将会使得居间行为成为一种“一劳永逸”的行为，这对委托人是不公平的。当然，如果是当事人双方进行了此种约定，法律也不禁止。

（三）报酬数额的确定

根据我国《合同法》第426条之规定，居间人报酬数额的确定有三大规则：第一，报酬数额原则上由当事人约定。根据我国合同法的规定，居间人的报酬数额原则上是由当事人自主决定的，只要当事人有约定就依约定。居间人的报酬数额依当事人自主约定，虽然符合合同自由原则，但是在有些情况下可能会导致显失公平的结果。我国《民法总则》第151条规定：“一方利用对方处于危困状态、缺乏判断

① 黄立：《民法债编各论》（下），中国政法大学出版社2003年版，第571页。

② 参见肖建华、肖建国：《委托、行记、居间合同》，人民法院出版社2000年版，第363页。

能力等情形，致使民事法律行为成立时显失公平的，受损害方有权请求人民法院或者仲裁机构予以撤销。”《合同法》第54条第1款第2项规定，在订立合同时显失公平的，当事人一方有权请求人民法院或仲裁机构变更或撤销。应当注意的是，民法总则没有规定对该民事法律行为可予以变更，只规定了撤销。因此，在我国，如果居间合同当事人约定的居间报酬数额过高时，委托人可以依合同法总则的规定请求人民法院或仲裁机构酌减。第二，当事人对居间报酬没有事先约定或约定不明时，可依《合同法》补充协商确定。《合同法》第61条规定：“合同生效后，当事人就质量、价款或者报酬、履行地点等内容没有约定或约定不明确的，可以协议补充；不能达成补充协议的，按照合同有关条款或者交易习惯确定。”根据此规定，居间合同双方当事人如果没有对居间报酬作出明确约定时，其可以再通过补充协议或交易习惯来确定。如果依照《合同法》第61条仍然不能确定的，居间人的报酬数额应根据居间人的劳务合理确定。主要考虑以下几个因素：（1）居间人提供的居间服务的质量和效果；（2）委托人的受益程度；（3）商业活动中，同类或相似居间活动的一般报酬水平。第三，当事人不能达成协议时，则诉诸法院裁判或仲裁机构裁决。法院和仲裁机构应考虑行业习惯、交易习惯以及居间人所付出劳务的多少等因素，根据公平原则来确定。

三、居间费用

所谓居间费用，是指居间人从事居间活动所支出的必要费用，一般是指居间人从事居间活动所支出的交通费、复印费、通信费等。我国《合同法》第426条第二款规定：“居间人促成合同成立的，居间活动的费用，由居间人负担。”第427条规定：“居间人未促成合同成立的，不得要求支付报酬，但可以要求委托人支付从事居间活动支出的必要费用。”可见，依照我国《合同法》的规定，在居间人促成合同成立的情况下，居间人除获得约定的报酬外，不能再要求委托人偿付居间费用。所以，一般情况下居间人在与委托人订立居间合同时会把居间费用计入居间报酬中。而如果居间人未能促成合同成立的，不能向委托人请求支付报酬，但是可以要求委托人偿付居间费用。

四、居间合同与委托合同、行纪合同的认定

根据《合同法》的规定，居间合同是居间人向委托人报告订立合同的机会或者提供订立合同的媒介服务，委托人支付报酬的合同。委托合同是委托人和受托人约定，由受托人处理委托人事务的合同。行纪合同是行纪人以自己的名义为委托人从事贸易活动，委托人支付报酬的合同。

理论上将居间合同的特征归纳为：居间合同是一方为他方报告订约机会或者为

订约媒介的合同；是诺成性、不要式、有偿、独立的有名合同；委托人给付义务的履行具有不确定性。居间合同与委托合同、行纪合同都属于提供服务的合同，都是一方受他方委托为他方办理一定事务的合同，都以处理委托事务为目的，以提供一定劳务为手段，以当事人间的相互信任为基础。

居间合同、委托合同、行纪合同三者的区别在于：

1. 居间人仅为委托人报告订约机会或者为订约媒介，并不参与委托人与第三人的关系；而在委托合同、行纪合同中，受托人、行纪人或以委托人名义或以自己名义参与并决定委托人与第三人间的关系。

2. 居间人为委托人办理的事务本身不具有法律意义；而受托人为委托人办理的事务一般为有法律意义的事务；行纪人处理的事务具有特定性，仅限于代购、代销等贸易活动，因而只能是法律行为。

3. 居间人在为订约媒介时可以从双方取得报酬，委托合同可以为无偿合同，行纪人只能从委托人一方取得报酬。

4. 委托人、行纪人都负有向委托人报告处理情况及将处理结果移交给委托人的义务，居间人则无此义务。

5. 受托人、行纪人只能接受一方当事人的委托，为了委托人的利益而尽全力完成委托事项；居间人可以接受双方当事人的同时委托而一手托两家，这与委托合同有着本质区别；行纪人卖出或者买入具有市场定价的商品，除委托人有相反意思表示的以外，行纪人自己可以作为买受人或者卖出人。

居间合同与委托合同固然有所不同，但它们均系基于双方当事人的信任而成立的、提供服务的合同，居间人或受托人都是为了委托人的利益而办理事务，故《合同法》就居间合同无规定的事项，可以准用关于委托合同的规定。

【典型案例】

应娟利与亿贝易趣网络信息服务（上海）有限公司服务合同纠纷案

原告：应娟利，住浙江省嘉定市中山路。

被告：亿贝易趣网络信息服务（上海）有限公司，住所地：上海市张江高科技园区郭守敬路。

法定代表人：邵亦波，该公司董事长。

〔基本案情〕

上海市黄浦区人民法院查明：亿贝（eBay）易趣购物网（以下简称易趣网）为被告亿贝易趣网络信息服务（上海）有限公司（以下简称亿贝易趣公司）经营的交易网站。2004 年 8 月 10 日，原告应娟利在阅读并接受易趣网的《用户协议》后注册成为易趣网的用户。该《用户协议》约定：易趣网不参与实际交易，如买卖双方发生争议，易趣网免责。2004 年 10 月，原告通过易趣网竞拍由网上用户名为“我想有个家 1”的注册卖家提供的三星牌 YP－520H 型号 MP3 播放器。2004 年 10 月 21 日，原告以“一口价”方式即每台人民币 1 元的价格竞拍该三星牌 YP－520H 型号 MP3 播放器成功，并收到易趣网的成交通知。原告通过易趣网了解到物品提供者系案外人天津卖家张旭，同时获悉张旭的电话号码、电子邮箱地址。根据原告的陈述，原告经与张旭电话联系，约定张旭以每台人民币 156 元的价格向原告出售 7 台三星牌 YP－520H 型号 MP3 播放器，履行方式为款到发货，货款汇入张旭指定的银行账户，该银行账户户名为另一案外人何金海，账号为中国农业银行 9559××××3913。2004 年 10 月 22 日，原告根据张旭告知的上述银行户名及账号，通过中国农业银行向户名为何金海的 9559××××3913 账户汇付了 7 台三星牌 YP－520H 型号 MP3 播放器的全部货款人民币 1092 元。货款汇出后，原告始终未能按约定收到三星牌 YP－520H 型号 MP3 播放器。2004 年 11 月 3 日，原告向被告发出投诉书，要求被告尽快与张旭取得联系，拿出解决问题的可行性方案，张旭至少应退回全部货款。原告还要求被告对张旭作出严厉的处罚，建议将张旭从易趣网上除名，同时建议就张旭盗用他人名义进行交易一事上报天津公安机关。2004 年 11 月 24 日，原告再次向被告发函，表示对被告所作的回复不予接受，要求被告双倍返还原告已经支付的全部货款，共计 2184 元。被告对此予以拒绝。

〔一审裁判理由与结果〕

上海市黄浦区人民法院经审理认为，依法成立的合同受法律保护，对签订合同的各方当事人都具有约束力。但在本案中，原告应娟利与案外人张旭发生的买卖合同，与被告亿贝易趣公司无关。应娟利支付货款后未能按约收到所购三星牌 YP－520H 型号 MP3 播放器，亿贝易趣公司对此不应承担责任。

首先，在网络交易中，网站作为互动式计算机服务提供者，一方面根据与网上拍卖人的约定（具体表现为网上拍卖人的网络注册行为），有偿为网上拍卖人提供商品及价格展示的信息平台，一方面根据与竞拍人之间的约定（具体也表现为竞拍人的网络注册行为），为竞拍人提供出卖人及其商品的信息，并根据双方买卖的合意情况，确认双方交易是否成交。拍卖成交的，网站即向双方发送买卖成交确认书以及对方的个人联系方式等信息，并从拍卖人处收取相应的报酬。具体在本案中，被告亿贝易趣公司分别为原告应娟利及案外人张旭提供了订立合同的媒介服务，并从张旭处收取报酬。因此，被告与原告之间，以及被告与张旭之间均构成居间合同关系。据此，被告在本案中的义务，应当是合同法所规定的居间人的义务，如应当就有关订立合同的事项向原告如实报告，不得故意隐瞒与订立合同有关的重要事实或者提供虚假情况等。如果违反这些义务，被告理应承担违约责任。本案中，被告并未违反上述义务。

其次，原告应娟利与案外人张旭之间实际存在两个交易合同关系。一是网络交易买卖合同关系。张旭在网上提供可供出售的商品信息可视为要约邀请，原告愿意以“一口价”方式即每台人民币1元的价格竞拍三星牌YP－520H型号MP3播放器的行为可视为要约。按照被告亿贝易趣公司与张旭的约定，被告代为向原告发送成交通知的行为应视为张旭的承诺。至此，原告与张旭之间的网络交易买卖合同关系成立。二是原告与张旭通过电话方式建立的传统买卖合同关系。原告根据被告提供的张旭的联系方式，通过电话联系，约定张旭以每台人民币156元的价格向原告出售7台三星牌YP－520H型号MP3播放器，并约定了合同履行方式以及付款方式，二人至此另外成立了一个买卖合同关系。该合同关系的订立，并没有按照合同双方分别与被告约定的《用户协议》的相关规定进行，与被告并无直接联系。被告向原告提供张旭联系方式的目的是促成前一个网络交易合同关系的实际履行，并非为了原告与张旭进行其他交易行为。

最后，判断被告亿贝易趣公司应否对原告应娟利支付货款后未能按约收到所购三星牌YP－520H型号MP3播放器承担民事责任，应当根据被告是否尽到了相关审核义务、在提供案外人张旭个人信息方面是否有过错等为事实依据。根据本案事实，网民在注册成为被告的用户前均被要求详尽阅读被告的《用户协议》，并在愿意接受协议的所有条款后才能注册成功，注册时要求输入个人身份证号码、地址、电话等个人信息。被告就注册人提供的个人信息，向公安机关查证属实后才为其提供服务。原告和张旭均经过了上述注册过程。应当说被告在审核张旭个人信息方面已尽到了义务，不存在过错。本案中，原告虽然通过被告与张旭达成了以人民币1元钱购买三星牌YP－520H型号MP3播放器的买卖合同，但本案纠纷的发生并非基于这一网络交易行为，而是基于原告与张旭通过电话联系方式订立的，以每台人民币156元的价格购买7台三星牌YP－520H型号MP3播放器的另一个买卖合同。在此交易过程中，原告仅仅根据被告提供的张旭的个人信息，在没有进一步核实确认的情况下即与之订约，又在没有收到对方货物、也没有要求对方提供任何担保的情况下，即先将货款寄付给对方提供的另一个案外人何金海的银行账户，从而造成经济损失。显而易见，是原告自身在合同订立及履行过程中的不谨慎，导致上当受骗，对此后果，原告应当自行承担责任。原告在本案诉讼中并未提供任何证据证明被告所提供的张旭的个人信息存在不实或虚假情况，也未提供任何证据证明后一个交易行为是通过被告提供的网络交易平台实现的，因而被告对于原告的损失并无过错，且被告始终没有收到过原告支付的货款，故不应当对原告的损失承担赔偿责任。

据此，上海市黄浦区人民法院依照《中华人民共和国合同法》第八条、第五十二条、第五十三条之规定，判决如下：

驳回原告应娟利的诉讼请求。

案件受理费人民币97元，由原告应娟利负担。

一审宣判后，双方当事人在法定期限内均未提出上诉，一审判决发生法律效力。

第九章 保兑仓合同

规则 15：保兑仓业务合作协议不违反法律相关规定的，依法应认定有效

——河北胜达永强新型建材有限公司与中信银行股份有限公司天津分行、河北宝硕股份有限公司银行承兑汇票协议纠纷案①

【裁判规则】

保兑仓业务合作协议系当事人的真实意思表示，且不违反法律的相关规定，其结果是不损害国家利益和第三人利益，依法应认定有效。

【规则理解】

一、银行保兑仓的内涵

（一）银行保兑仓的概念

银行保兑仓业务是指卖方、买方和银行签署合作协议，以银行信用为载体，以银行开立的银行承兑汇票为结算工具，由银行控制货权，卖方受托保管货物，并对承兑汇票保证金以外的金额部分以货物回购为担保措施，买方随缴保证金随提货，并开出银行承兑汇票的一种特定票据业务。

供应链下游企业往往需要向上游供应商预付账款，才能获得企业持续生产经营所需的原材料、产成品等。对于短期资金流转困难的企业，可以运用保兑仓业务对其某笔专门的预付账款进行融资，从而获得银行的短期信贷支持。

（二）银行保兑仓的法律特征

保兑仓业务中主要有三种法律关系：一是生产商和经销商之间的货物买卖关系；二是经销商和债权银行之间因申请开立银行承兑汇票而形成的票据融资法律关系；三是生产商和债权银行之间的保证法律关系。这三种法律关系具有一定的关联性，但在本质上却相互独立。其关联性仅在于经销商与银行之间的票据融资法律关系为经销商履行买卖合同关系中的付款义务提供了一种金融支付工具，同时，债权

---

① 《中华人民共和国最高人民法院公报》2008 年第 1 期，最高人民法院民事判决书。

银行通过与生产商建立保证法律关系可以降低银行对经销商的票据融资风险。

二、银行保兑仓业务运作流程

银行保兑仓业务就是通过银行机构、制造企业、经销企业三方合作形成的银行承兑汇票业务，制造企业可以依据银行机构发放的通知给经销企业发货，经销企业的提货还要依靠制造企业的回购担保，这是一种“银行机构 + 制造企业 + 经销企业”三方合作的传统保兑仓业务。其具体运作流程如下：

（1）买方和卖方签订购销合同，双方一同向银行申请保兑仓业务；

（2）银行机构审核卖方回购能力和信誉情况，并与卖方签质量、回购协议；

（3）买方企业向银行机构交纳一定额度的合同保证金，银行机构签发承兑汇票（卖方为收款人）并拥有货权；

（4）买方企业向银行机构交纳提货保证金，银行机构根据金额通知卖方依据提货清单给买方企业发放货物；

（5）买方企业完成货物营销之后，再次向银行交纳保证金，重复上述流程；

（6）银行的汇票到期之后，必须由卖方企业偿还承兑汇票与保证金之间的差额。

三、保兑仓合同的有效要件

保兑仓合同作为合同的一种，对其效力进行判定同样应适用合同的有效要件。合同的有效要件是判断合同是否具有法律效力的标准，是已成立的合同能够按照当事人意思表示的内容而发生法律效果应当具备的条件。合同的有效要件是法律对已成立的合同进行价值判断的标准，我国《合同法》并没有正面规定，而是通过无效合同、可撤销合同的规定来间接表达的。《民法总则》第 143 条规定：“具备下列条件的民事法律行为有效：（一）行为人具有相应的民事行为能力；（二）意思表示真实；（三）不违反法律、行政法规的强制性规定，不违背公序良俗。”《民法通则》第 55 条规定：“民事法律行为应当具备下列条件：（一）行为人具有相应的民事行为能力；（二）意思表示真实；（三）不违反法律或者社会公共利益。”由于合同从本质上讲就是一种民事法律行为，因此，《民法总则》第 143 条和《民法通则》第 55 条规定的民事法律行为的有效要件对合同的有效具有指导意义。

（一）行为人具有相应的民事行为能力

行为人具有相应的民事行为能力，在学理上又被称为有行为能力原则或主体合格原则。由于任何合同都是以当事人的意思表示为基础，并且以产生一定的法律效果为目的，因此，行为人必须具备正确理解自己的行为性质和后果、独立地表达自己的意思的能力。这对于保护当事人的利益，维护社会经济秩序，是十分必要的。

根据我国1986年公布的《民法通则》规定，10周岁以上的未成年人和不能完全辨认自己行为的精神病人是限制民事行为能力人，他们只能实施某些与其年龄、智力相适应的民事活动，其他的活动必须由其法定代理人代为实施，或在征得其法定代理人同意后才能实施。不满10周岁的未成年人和不能辨认自己行为的精神病人是无行为能力人，无行为能力人不能独立进行民事活动，他们所需要从事的民事活动由其监护人代理进行。我国2017年3月15日公布的《民法总则》第19条规定："八周岁以上的未成年人为限制民事行为能力人，实施民事法律行为由其法定代理人代理或者经其法定代理人同意、追认，但是可以独立实施纯获利益的民事法律行为或者与其年龄、智力相适应的民事法律行为。"第20条规定，"不满八周岁的未成年人为无民事行为能力人，由其法定代理人代理实施民事法律行为。"第21条规定："不能辨认自己行为的成年人为无民事行为能力人，由其法定代理人代理实施民事法律行为。八周岁以上的未成年人不能辨认自己行为的，适用前款规定。"第22条规定："不能完全辨认自己行为的成年人为限制民事行为能力人，实施民事法律行为由其法定代理人代理或者经其法定代理人同意、追认，但是可以独立实施纯获利益的民事法律行为或者与其智力、精神健康状况相适应的民事法律行为。"可见，限制民事行为能力人和无民事行为能力人在纯获法律上的利益而不承担法律义务的合同中，可以作为合同当事人。因为在这些合同中，无行为能力人和限制行为能力人只会获得利益，不会遭受损失。无论是限制民事行为能力人还是无民事行为能力人，凡是订立了依法不能独立订立的合同，都不能产生预期的法律效果。不过，这种合同并非绝对无效而只是效力待定。应当注意《民法总则》将未成年人为限制民事行为能力人的年龄从10周岁以上下调到8周岁以上。

法人的行为能力是特殊的行为能力，法人应当在其核准登记的生产经营和业务范围内活动，我们认为这一点值得讨论。根据越权规则，法人从事章程所规定的目的事业外的行为无效，这种行为即使经过全体股东的事后追认也无效。但是自20世纪以来，这一规则已得到一些改进，许多大陆法系国家的公司法都规定，公司的缔约行为超越章程范围，如不能证明相对人为恶意则合同仍为有效，在此情况下，仅发生有关负责人对公司的民事责任。这种观点值得我国立法借鉴。从实践来看，简单地宣告超越经营范围的合同无效，既不利于搞活经济和鼓励交易，也不利于对善意相对人的保护。我国合同法未将法人超越经营范围订立合同的行为规定为当然无效的合同，是否应当宣告这些合同无效，应当由法院根据具体情况确定。《民法总则》对于超越经营范围的问题作出禁止性规定。对非法人组织的缔约能力，应区分两种情况：对于未领取营业执照的非法人组织，不得以自己的名义独立从事民事活动，而只能以法人的名义订约；而对于领有营业执照的非法人组织，可以对外签订合同。因为，依据我国现行法律允许领取营业执照的非法人组织对外从事经营活动，实际上是允许其对外订立合同的。同时，也要注意的是，法人章程或者法人权力机构对法定代表人代表权的限制，以及法人或者非法人组织对执行其工作任务的人员职权范围的限制，不得对抗善意相对人。《民法总则》第 61 条规定："依照法律或者法人章程的规定，代表法人从事民事活动的负责人，为法人的法定代表人。法定代表人以法人名义从事的民事活动，其法律后果由法人承受。法人章程或者法人权力机构对法定代表人代表权的限制，不得对抗善意相对人。"第 62 条规定："法定代表人因执行职务造成他人损害的，由法人承担民事责任。法人承担民事责任后，依照法律或者法人章程的规定，可以向有过错的法定代表人追偿。"同时，对职务代理的法律效力也作出了相应的规定，即第 170 条规定："执行法人或者非法人组织工作任务的人员，就其职权范围内的事项，以法人或者非法人组织的名义实施民事法律行为，对法人或者非法人组织发生效力。法人或者非法人组织对执行其工作任务的人员职权范围的限制，不得对抗善意相对人。"

（二）意思表示真实

所谓意思表示真实，是指表意人的表示行为应当真实地反映其内心的意思。意思表示真实是合同有效的重要构成要件。因为合同在本质上乃是当事人之间的一种合意，此种合意符合法律规定，依法律可以产生法律拘束力；而当事人的意思表示能否产生此种拘束力，则取决于意思表示是否真实。在大多数情况下，行为人表示于外部的意思同其内心真实意思是一致的。但有时行为人作出的意思表示与其真实意思不相符合，此种情况称为非真实的意思表示、意思表示缺乏或意思表示不真实。在意思表示不真实的情况下，如何确定行为人的不真实意思表示的效力，对此各国立法和学说有意思主义、表示主义和折中主义三种不同的观点。一般认为，在意思表示不真实的情况下，一方面，不能仅以行为人表示于外部的意思为根据，而不考虑行为人的内心意思。另一方面，也不能仅以行为人的内心意思为依据，而不考虑行为人的外部表示。合同一旦成立，就要在当事人之间产生拘束力。如果当事人是在被胁迫、受欺诈以及重大误解等法律规定的情况下作出的与其真实意思不符的意思表示，那么根据法律的规定，可以由人民法院或仲裁机关依法撤销该行为，并根据具体情况追究有过错的一方或双方当事人的责任。从有效要件来看，意思表示真实是合同能够有效的重要条件。在实践中具体确认意思表示不真实的合同是否有效，应依据法律的规定，既要考虑如何保护表意人的正当权益，又要考虑如何维护相对人或第三人的利益，维护交易安全。一般来说，如果当事人作出的意思表示违反了法律和行政法规的强制性规定及社会公共利益，那么，应当确认此种意思表示无效；但如果不真实的意思表示不具有违反现行法律的强制性规定和社会公共利益的内容，那么，原则上应将此种意思表示不真实的合同作为可撤销的合同对待，这样更有利于保护相对人的利益，维护交易的安全。

（三）不违反法律和公序良俗

从法律上看，合同之所以能产生法律效力，就在于当事人的意思表示符合法律、行政法规的规定。对合法的意思表示，法律赋予其法律上的拘束力，不合法的合同显然不能受到法律保护，也不能产生当事人预期的法律效果。合同不违反法律、行政法规，是指合同不得违反法律、行政法规的强制性规定。合同不违反法律、行政法规，主要是指合同的内容合法，即合同的各项条款都必须符合法律、行政法规的强制性规定。但若仅仅是部分条款违法，确认该部分条款无效而不影响其他部分的效力。此外，合同还不得违背公序良俗、不得违反社会公共利益，将不违背公序良俗、不违反社会公共利益作为合同有效要件，可以大大弥补法律规定的不足。将公序良俗作为衡量合同有效的要件，既有利于维护全体人民的共同利益，也有利于维护社会公共道德。

如前所述，对于合同的有效要件，我国《合同法》并没有正面规定，而是通过无效合同、可撤销合同的规定来间接规范的。《合同法》第52条规定："有下列情形之一的，合同无效：（一）一方以欺诈、胁迫的手段订立合同，损害国家利益；（二）恶意串通，损害国家、集体或者第三人利益；（三）以合法形式掩盖非法目的；（四）损害社会公共利益；（五）违反法律、行政法规的强制性规定。"第54条第1、2款规定："下列合同，当事人一方有权请求人民法院或者仲裁机构变更或者撤销：（一）因重大误解订立的；（二）在订立合同时显失公平的。一方以欺诈、胁迫的手段或者乘人之危，使对方在违背真实意思的情况下订立的合同，受损害方有权请求人民法院或者仲裁机构变更或者撤销。"保兑仓合同在不存在上述合同无效事由和可撤销事由的情况下，应为有效。

【拓展适用】

一、公司印章的效力

（一）印章是公司法律行为的确认

从民商法的角度来看，盖章虽然不是法律行为的必要条件，但它是构成要式法律行为的重要因素。公司代表权是指公司机关以公司的名义对外代表公司为意思表示，并使该意思表示引起的法律效果直接归属于公司的权限。享有公司代表权的人是公司代表人，公司代表人在其职权范围的行为将直接作用于公司。而公司代理人经公司授权或在其行使职权情况下，其以公司的名义所为的行为直接归属于公司。

在没有公司书面授权文件的情况下，第三人对公司代表人或代理人对外签订合同时的行为是个人行为还是职务行为存在判断难题。一般来说，合同上加盖的公司印章表明公司代表人签订合同的行为是其行使代表权的行为，公司是合同的一方当事人，合同对公司具有约束力。

（二）印章具有公司意思的执行效力

公司意思是指公司作为独立法人在其权利能力和行为能力范围内所作的经营决策或其他决定，公司意思外在表示后对公司发生效力。公司不同于自然人可以通过自己的语言和行为进行意思表示，公司意思的形成需要通过股东会或股东大会、董事会的决议表现于外，并具有严格的程序限定。公司意思的形成可以被认为是个内部问题，而公司意思的表示则必定是个外部问题，所谓外部问题的意思是指存在相对人并且其结果会在公司和相对人之间创设新的法律关系，产生新的法律后果。这也恰恰是意思表示重要之所在。公司意思更明显、更确定的象征性体现是公司的法定代表人或代理人签字与加盖公司的印章。公司印章是其行使代表权的手段与工具。公司印章在文件上的使用即表明文件所载内容是公司的意思表示，文件内容对公司发生效力，公司须受其约束。

（三）印章具有行使公司代表权或者代理权的效果

按民法理论划分，民事行为可能产生有权代表（理）、表见代表（理）与无权代表（理）的后果。一般来说，公司与第三人签订文件时加盖公司印章意味着行为人实际掌控公司印章，其行为是行使公司代表（理）权的表现。实践中存在法定代表人或代理人在与第三人交易时超越权限的行为，将产生表见代表（理）的效力，即是指行为人本有权代表公司，但其在行为时超越了代表权限，为保护善意第三人的利益，行为效果仍归属于其代表的法人。表见代表权之规定，来源于“外表授权理论”，即只要具有授予代表权的外表或假象，尽管事实上并未实际授权，亦可产生代表权，这是英美法系“禁止翻供原则”在代表权上的具体运用，系为保护善意第三人的外观依赖利益，以维护交易安全和公平。表见代表应当具备三个方面的要件：表见性外观的存在；相对人信赖；公司具有可归责性。表见代理亦是如此。从我国《合同法》第 50 条的规定可见，我国在立法上吸收了“禁止翻供原则”。《民法总则》第 61 条规定：“依照法律或者法人章程的规定，代表法人从事民事活动的负责人，为法人的法定代表人。法定代表人以法人名义从事的民事活动，其法律后果由法人承受。法人章程或者法人权力机构对法定代表人代表权的限制，不得对抗善意相对人。”第 62 条规定：“法定代表人因执行职务造成他人损害的，由法人承担民事责任。法人承担民事责任后，依照法律或者法人章程的规定，可以向有过错的法定代表人追偿。”第 170 条规定：“执行法人或者非法人组织工作任务的人员，就其职权范围内的事项，以法人或者非法人组织的名义实施民事法律行为，对法人或者非法人组织发生效力。法人或者非法人组织对执行其工作任务的人员职权范围的限制，不得对抗善意相对人。”那么即使存在法定代表人、执行法人或者非法人组织工作任务的人员违背公司章程或者内部规定超越权限的行为，该行为后果仍由法人承担。除非发生《民法总则》第154条和《合同法》第52条规定的：“行为人与相对人恶意串通，损害国家、集体或者他人合法权益”等情形。

二、银行承兑汇票

（一）含义及特征

银行承兑汇票是票据的一种。银行承兑汇票（BA）是英文 Banker's Acceptance Bill 的缩写，依据《票据法》的定义，银行承兑汇票是由收款人或承兑申请人签发，并由承兑申请人向开户银行申请，经银行审查同意承兑的票据。

银行承兑汇票具有以下法律特征：

第一，银行承兑汇票是设权证券。银行承兑汇票是一种创设权利，而不是用以证明已经存在的权利，以此来区分作为已经存在的权利之证明的证权证券。

第二，银行承兑汇票是债权证券。依据证券上权利的法律性质不同，证券分为物权证券、债权证券和团体证券等。物权证券持有人享有的权利是证券表明的物权，如仓单、提单等；团体证券或称社员权证券，其持有人享有的权利是证券表明的社员权，如公司股票等；债权证券持有人所享有的权利是证券表明的债权。票据所创设的权利为金钱债权，票据持有人可以就票据记载的一定金额向票据的特定债务人（出票人、付款人、保证人、承兑人等）行使付款请求权，所以银行承兑汇票是债权证券。

第三，银行承兑汇票是货币证券或称金钱证券。它请求给付的标的是一定数额的货币（金钱），而不是货币以外的其他物品或利益。

第四，银行承兑汇票是要式证券。票据的制作应当符合法律规定的要式，并以准确的文字加以记载，否则，该票据无效。

第五，银行承兑汇票是无因证券。票据的无因性，是指票据作成后即具有独立的权利义务关系，而与产生或转让该票据的原因关系相分离。持票人只要持有的票据具备要式条件，即可向票据债务人行使权利，而无须说明其取得票据的原因。

第六，银行承兑汇票是流通证券。票据具有流通性，票据在到期前，可以通过背书或交付而转让，并可在市场上自由流通。

第七，银行承兑汇票是文义证券。票据上创设的权利义务必须以票据上记载的文义为准，在票据上签章的人，均应依签章时的票据文义对票据负责，而不得以票据以外的其他证据来变更或补充票据上文字记载的意义。

第八，银行承兑汇票是占有证券。主张票据权利须以占有票据为前提。票据权利人行使票据权利，必须实际占有票据，如果票据失盗、毁损、灭失等，则无法向票据债务人主张票据权利。

第九，银行承兑汇票是提示证券。票据持有人行使票据权利以占有票据为必要条件，因此，票据权利人请求付款或行使追索权时，必须向义务人提示票据，以证明其占有票据的事实。否则，将被拒付。

（二）银行承兑汇票与商业承兑汇票的区别

依出票人身份的不同，汇票可分为银行汇票和商业汇票。我国《票据法》第19条第2款明文规定："汇票分为银行汇票和商业汇票。"银行汇票是指出票银行签发的，由其在见票时按照实际结算金额无条件支付给收款人或者持票人的票据。银行汇票是一种变式汇票，即已付汇票，其基本当事人只有两个，即出票人和收款人；出票银行既是出票人，又是付款人。商业汇票是指出票人签发的，委托付款人在指定日期无条件支付确定的金额给收款人或者持票人的票据。商业汇票的出票人为银行以外的企业和其他组织；其付款人可以是银行，也可是银行以外的企业或其他组织。凡由银行承兑的，称为银行承兑汇票；凡由银行以外的付款人承兑的，称为商业承兑汇票。商业汇票因其主债务人不一定为社会公众所熟知，其流通性远逊于银行汇票。

（三）银行承兑汇票的法律关系

1. 银行承兑汇票法律关系的主体

银行承兑汇票法律关系的主体是指汇票法律关系的参加者，即在票据的签发和流通转让过程中，通过实施票据行为，取得一定权利、承担一定义务的当事人。票据法律关系的当事人必须通过实施票据行为，才能取得主体资格。票据法律关系的主体是特定的，从当事人方面来看，汇票在出票时，其基本当事人有三方：出票人、付款人和收款人。出票人是签发汇票的人，付款人是受出票人委托支付票据金额的人，收款人是凭汇票向付款人请求支付票据金额的人。而银行承兑汇票的出票人是受理申请的银行；付款人是受理承兑申请的银行，与出票人是同一个人；收款人是银行承兑汇票的持票人，即申请承兑的最终持票人。

2. 银行承兑汇票法律关系的内容

银行承兑汇票法律关系的内容是指票据当事人因票据行为依法享有的票据权利和承担的票据义务。票据权利是票据权利人所享有的为实现票据债权而为一定行为或要求他人为一定行为的可能性，包括付款请求权和追索权。票据义务，是指票据义务人为满足票据权利人的请求而依法为一定行为或不为一定行为的必要性，如付款人的付款义务、承兑人的承兑义务、保证人的担保义务等。票据法律关系的内容依程序先后可分为两个层次：第一层次是付款请求权和付款义务；第二层次是追索权和偿付义务。

3. 银行承兑汇票法律关系的客体

银行承兑汇票法律关系的客体是指参加票据法律关系的当事人的权利义务所共同指向的对象。由于票据是一种金钱证券，票据法律关系的客体就表现为一定数额的货币，而不是物品。当事人签发和转让票据的目的是完成结算过程，清偿一定的金钱债务。

三、保证责任

关于保证人所承担的保证责任，我国有关立法及司法解释的规定不尽相同。依《民法通则》第 89 条第 1 项之规定，债务人不履行债务的，按照约定由保证人履行或者承担连带责任。从条文上理解保证人所承担的责任皆为“连带责任”。1994 年《最高人民法院关于审理经济合同纠纷案件有关保证的若干问题的规定》在第 6 条中指出：“保证合同明确约定保证人承担连带责任的，当被保证人到期不履行合同时，债权人既可向被保证人求偿，也可以直接向保证人求偿。”第 7 条规定：“保证合同没有约定保证人承担何种保证责任，或者约定不明确的，视为保证人承担赔偿责任。当被保证人不履行合同时，债权人应当首先请求被保证人清偿债务。强制执行被保证人的财产仍不足以清偿其债务的，由保证人承担赔偿责任。”最高人民法院的这一司法解释明确划分了保证责任有连带保证责任与一般保证责任两种方式；连带保证责任方式以当事人在合同中有明确约定为前提，而一般保证责任则可依合同中的明确约定或推定（合同中未约定或约定不明确时）来确定。《担保法》第 16 条明确规定了保证责任的方式有一般保证责任与连带保证责任之分，并在第 17 条、第 18 条、第 19 条中具体规定了两种保证责任方式的认定及适用。

（一）一般保证责任

一般保证责任是指保证人与债务人没有连带关系的责任，保证人在一般保证中承担的责任具有补充性。在一般保证责任中，保证人享有先诉抗辩权，即一般保证的保证人在主合同未经审判或者仲裁，并就债务人财产依法强制执行仍不能履行债务前，对债权人可以拒绝承担保证责任。由此，保证人享有先诉抗辩权所带来的后序利益。先诉抗辩权为一般保证人所专有。

1. 先诉抗辩权的法律含义

先诉抗辩权又称为检索抗辩权，是指一般保证人在债权人未就债务人的财产强制执行而无效果前，对于债权人的拒绝清偿的权利。它是一种延缓性抗辩权。先诉抗辩权属于罗马法的一项制度，在大陆法系各国立法中都有规定。其法律意义主要是保障一般保证人成为第二顺序债务人，所承担的责任仅仅是债务人不能承担责任的部分。

2. 先诉抗辩权的行使条件

行使先诉抗辩权必须具备如下条件：

（1）只有保证合同中明确约定保证人的保证责任是一般保证，保证人才能享有先诉抗辩权。这一点非常重要。因为，我国《担保法》是以推定连带责任保证为原则，以一般保证为例外的，这是与大陆法系多数国家的规定完全相反的。

（2）主合同纠纷未经审判或者仲裁。这是债权人要求保证人承担保证责任的前提，否则，保证人有权拒绝请求。

（3）债权人就债务人的财产强制执行而无效果前。从时间上看，根据《担保法》第17条的规定，在主合同纠纷未经审判或者仲裁，并就债务人的财产依法强制执行仍不能履行债务的任何时候均可以行使。可见，保证人在诉讼或者仲裁前，或者在诉讼或者仲裁程序中以及强制执行程序中的任何时候都可以拒绝债权人的履行请求。

先诉抗辩权可以在诉讼外行使，即当债权人向保证人请求履行债务时，由保证人直接对债权人行使，即暂时拒绝履行保证责任，从而延缓履行；亦可以在诉讼中行使，即当债权人起诉保证人，要求法院强制保证人履行债务时，由保证人实施实体上的诉权行为，可要求法院判令由主债务人首先履行债务；同时，也可以在执行程序中行使，即在未对债务人财产强制执行而无效果前，对债权人可以拒绝承担保证责任。

3. 先诉抗辩权的限制

我国《担保法》第17条第3款和《担保法司法解释》第25条对保证人的先诉抗辩权进行了限制性规定，其表现为：

（1）基于保证人的意思表示，先诉抗辩权消灭，即保证人明确放弃先诉抗辩权的，其不得再行使先诉抗辩权，这符合民法中的处分原则。

（2）基于法律的直接规定，先诉抗辩权效力被阻却。具体又分为两种：第一，债权人对主债务人行使权利后因主债务人的住所、营业场所发生变更受到妨碍时，保证人的先诉抗辩权的效力被阻却；第二，债务人进入破产程序。因为债务人的破产是其丧失清偿能力的标志，此时保证人先诉抗辩权效力被阻却。

（二）连带保证责任

连带保证责任，是指保证人与债务人对主债务的履行承担连带责任。连带保证中，保证人不享有先诉抗辩权。因此，保证人与债务人处于相同的履行顺序。显然，这对债权人较为有利，而对保证人较为苛刻。

（三）保证责任方式的推定

对于保证责任方式的规定，1994 年的《最高人民法院关于审理经济合同纠纷案件有关保证的若干问题的规定》第 6 条规定连带保证责任的承担以当事人在合同中有明确约定为前提。第 7 条规定，如果无约定或者约定不明确时则推定为承担一般保证责任。而《担保法》第 19 条规定："当事人对保证方式没有约定或者约定不明确的，按照连带责任保证承担保证责任。"这一规定，有助于加强保证人的责任意识，使保证人明确对保证责任方式不约定或者约定不明确时的法律后果，从而对保证方式作出适当的选择。法律作如此规定，目的在于保障债权的实现，这是符合《担保法》的立法宗旨的。但是，这样的规定是否符合法理，是否充分衡平了保证当事人的多方权益，显然值得研究。

第一，从法理上看，保证责任具有补充性。只有在主债务人不能履行主债务时，才能由保证人替代履行。保证人一般是作为第二顺序的债务人的，只有在特殊情况下，才把保证人置于与债务人同等的地位。由此可见，一般保证责任为一般规定，连带保证责任才是特殊规定。在当事人对保证方式没有约定或者约定不明确时，推定保证责任的方式为一般保证责任才符合逻辑。

第二，从内心意思上考察，债权人的主观意思是选择连带责任保证方式，这样对自己债权的实现更为有利；主债务人也意在连带责任保证，这样可以推延债务的清偿；保证人的主观意愿则多为一般保证，因为保证的无偿性和单方性决定了保证人处于极为不利的地位。保证人在为他人提供担保时，应尽量降低自己的风险，这是符合任何一个理性的人的内心意思的。

第三，从社会效果上看，如果一味地推定保证方式为连带责任保证，则很可能造成保证人不愿意再提供担保，从而造成经济生活中的觅保难现象。

【典型案例】

河北胜达永强新型建材有限公司与中信银行股份有限公司天津分行、河北宝硕股份有限公司银行承兑汇票协议纠纷案

上诉人（一审被告）：河北胜达永强新型建材有限公司。住所地：河北省保定市高新区云杉路 19 号。

法定代表人：周胜，该公司董事长。

委托代理人：蒋克建，该公司职员。

委托代理人：周卫强，该公司职员。

被上诉人（一审原告）：中信银行股份有限公司天津分行。住所地：天津市河西区南京路 14 号。

负责人：郭党怀，该行行长。

委托代理人：冯民石，该行职员。

委托代理人：沈永熙，天津嘉邦律师事务所律师。

被上诉人（一审被告）：河北宝硕股份有限公司。住所地：河北省保定市国家高新技术产业开发区朝阳北路175号。

法定代表人：河北宝硕股份有限公司管理人。

委托代理人：谢元勋，北京市金杜律师事务所律师。

〔基本案情〕

天津市高级人民法院审理查明：2005年10月27日中信银行股份有限公司天津分行（以下简称中信银行）与河北胜达永强新型建材有限公司（以下简称胜达永强公司）、河北宝硕股份有限公司（以下简称宝硕公司）三方签订《保兑仓业务合作协议书》（以下简称合作协议）约定：中信银行与胜达永强公司签订编号为（2005）银承字第HC0418号《银行承兑汇票承兑协议》（以下简称承兑协议）。根据承兑协议的约定中信银行在收取了宝硕公司30%计人民币914.4万元保证金后，即对01053183－86号金额为人民币3048万元的银行承兑汇票予以承兑，票据期限为2005年10月27日至2006年4月27日，逾期按6.786%计收罚息。根据合作协议第三条及第六条第三款之约定，宝硕公司为上述承兑协议提供连带的、不可撤销的、无条件的保证责任。票据到期后，胜达永强公司未按照承兑协议的约定向中信银行支付剩余70%的票款计人民币2133.6万元，宝硕公司亦未履行合作协议约定的连带保证付款责任，形成本金为人民币2133.6万元的逾期贷款。前述逾期贷款中信银行在扣收保证金利息后尚余本金人民币21252199.69元。中信银行于2006年6月18日向天津市高级人民法院提起诉讼，请求判令胜达永强公司偿还本金人民币21252199.69元，及至实际给付之日止的相应罚息，宝硕公司承担连带保证责任，本案诉讼费、保全费、律师费及其他费用由胜达永强公司和宝硕公司承担。

〔一审裁判理由与结果〕

天津市高级人民法院认为：涉案之合作协议、承兑协议均系当事人的真实意思表示，且不违反法律的相关规定，依法应认定有效。中信银行依约履行出票放款义务，但票据到期后，胜达永强公司未履行还款义务，宝硕公司也未履行相应的保证责任，属于违约行为，应承担违约责任。胜达永强公司向该院提交的宝硕公司向其出具的《承诺》《关于以“保兑仓”形式融资的承诺》虽然约定因融资产生的一切法律责任由宝硕公司承担，但胜达永强公司与宝硕公司双方当事人之间的约定，不产生对外的效力，胜达永强公司不能以此主张免除其对中信银行的还款责任。综上，该院依照《中华人民共和国民事诉讼法》第一百三十条①，《中华人民共和国民法通

① 对应2012年《民事诉讼法》第一百四十三条。

则》第一百零八条、第一百一十一条，《中华人民共和国担保法》第十八条之规定，缺席判决：

一、胜达永强公司于判决生效10日内偿还所欠中信银行01053183－86号银行承兑汇票项下形成的逾期贷款本金计人民币21252199.69元及该款自票据到期日至判决给付之日止的罚息（按合同约定执行），逾期按《中华人民共和国民事诉讼法》第二百三十二条①的规定执行。

二、宝硕公司对上述给付事项承担连带保证责任。案件受理费人民币116271元，诉讼保全费人民币106781元，由胜达永强公司承担。该两笔费用已由中信银行预交，该院不再退回，由胜达永强公司执行中给付中信银行，宝硕公司承担连带给付责任。

〔当事人上诉及答辩意见〕

上诉人胜达永强公司不服天津市高级人民法院上述民事判决，向最高人民法院提起上诉称：一、合作协议不是上诉人真实意思，它不具备生效要件，不具有法律效力。第一，合作协议将乙方董事会决议作为该协议不可分割的组成部分，但并没有上诉人提交的董事会决议，合作协议就不具有三方保兑仓合作之效力。第二，中信银行的提货通知单并未依照合作协议的约定，交于上诉人签收。第三，承兑汇票的保证金为宝硕公司交纳，中信银行并未依照合作协议收取上诉人的保证金。第四，上诉人在合作协议项下没有任何利益，违反企业经营的目的。二、合作协议不具有真实意义，其实质是中信银行同宝硕公司协调一致，变通贷款方式，规避金融法规之行为。所谓合作协议只是一种虚拟的形式，是中信银行同宝硕公司为了达到借贷款之目的，采取的规避金融法规的一种方式。其实质是变相发放贷款，以合法形式规避金融法规之规定，其结果是损害国家利益和第三人利益，根据我国法律规定，应当认定为无效的民事法律行为。三、上诉人是本案的受害人，不应当承担民事责任。合作协议、《开立银行承兑汇票申请书》、承兑协议是在上诉人受到宝硕公司欺骗的情况下，误将公章、财务章及法定代表人手章借出，在上诉人不知晓的情况下，宝硕公司私自办理的相关手续，根据《中华人民共和国民法通则》第五十八条第三项之规定，应属于无效的民事行为。请求二审法院：一、依法撤销天津市高级人民法院（2006）津高民二初字第0035号民事判决书；二、驳回中信银行的诉讼请求；三、由被上诉人承担本案的一切诉讼费用。

中信银行未提交书面答辩，在本院二审期间称：一、天津市高级人民法院（2006）津高民二初字第0035号民事判决书认定事实清楚，适用法律正确，是依法作出的公正判决，请求驳回上诉人的全部上诉请求。具体理由如下：在本案所涉保兑仓业务中主要有三种法律关系：一是生产商和经销商之间的货物买卖关系；二是经销商和债权银行之间因申请开立银行承兑汇票而形成的票据融资法律关系；三是

① 对应2012年《民事诉讼法》第二百五十三条。

生产商和债权银行之间的保证法律关系。这三种法律关系具有一定的关联性，但在本质上却相互独立。其关联性仅在于经销商与银行之间的票据融资法律关系为经销商履行买卖合同关系中的付款义务提供了一种金融支付工具，同时，债权银行通过与生产商建立保证法律关系可以降低银行对经销商的票据融资风险。胜达永强公司在银行承兑汇票到期时并未存入足额保证金，造成中信银行垫款。中信银行对胜达永强公司的所有诉讼请求均有充分的法律及事实依据。二、本案所涉合作协议、承兑协议均系各方当事人真实意思表示，并不违反法律和行政法规的有关规定，且各有关协议均已得到切实履行，依法为合法有效合同。被上诉人已依照有关协议约定履行承兑、付款义务，但票据到期后，上诉人未履行足额交存保证金的责任，也未偿还被上诉人在银行承兑汇票项下的垫款，宝硕公司也未履行相应的连带保证责任，均属于严重违约行为，依法应承担违约责任。上诉人向法院提交的宝硕公司向其出具的《承诺》《关于以“保兑仓”形式融资的承诺》不具有真实性而且不能产生对外效力，且与本案无关，不能作为证据使用。请求二审法院驳回上诉，维持原审判决。

〔二审查明的事实〕

原审法院查明事实除保证金支付人的认定外，基本正确，本院予以确认。此外最高人民法院还查明：2005 年 10 月 27 日宝硕公司（甲方）与胜达永强公司（乙方）、中信银行（丙方）签订的合作协议第三条约定：“本协议所称的‘三方合作’是指：乙方根据与甲方签订的《购销合同》，向丙方交存一定比例的保证金，申请开立银行承兑汇票，专项用于向甲方支付货款。甲方凭丙方的正式通知向乙方发货，首次发货价款不超过乙方向丙方交存保证金的数额。乙方销售资金应及时补充保证金，丙方累计通知甲方发货的价款不超过保证金账户余额，如此循环往复，直至保证金账户余额达到或超过银行承兑汇票金额。如乙方在承兑汇票到期时未足额付款，甲方负责对乙方到期承兑汇票票面金额与丙方出具的提货通知单总金额的差额部分以及由于承兑逾期产生的逾期利息、罚息承担连带保证责任。”当事人还就合同项下的术语、提货处理手续、银行承兑汇票的到期支付和逾期处理、违约责任等事项作出约定。胜达永强公司在该协议书上加盖了公章和法定代表人周胜的名章。同日，胜达永强公司向中信银行出具《开立银行承兑汇票申请书》，同时支付保证金 914.4 万元。中信银行即对 01053183－86 号金额为人民币 3048 万元的银行承兑汇票予以承兑，该承兑汇票由宝硕公司签收。中信银行同日开出编号为 sdbs 051101 的提货通知书，胜达永强公司签章确认收到。同日，宝硕公司向胜达永强公司承诺：“河北宝硕股份有限公司因急需做一笔账务处理，故借用保定市胜达塑料制品有限公司（胜达永强公司原名称）公章、财务章及法定代表人手章，特作承诺如下：一、用于账务处理。二、保证不会损害保定市胜达塑料制品有限公司任何利益。三、独立承担责任。四、违反承诺，愿承担一切损失。”2005 年 10 月 30 日，宝硕公司又向胜达永强公司出具一份《关于以“保兑仓”形式融资的承诺》，称：“河北宝硕股份有限公司因生产经营短缺资金，需要贷款叁仟肆佰万元。但鉴于宝硕股份有限公司目前经济状况难以取得银行贷款，为此，经与中信实业银行天津分行协商，决定变更贷款方式，采取以保定市胜达塑料制品有限公司为出票人的‘保兑仓’形式融资。因此向保定市胜达塑料制品有限公司承诺如下：一、全部款项由宝硕股份有限公司使用、受益。二、票据到期日由受款人宝硕股份有限公司偿付。三、产生的一切费用由宝硕股份有限公司承担。四、出票到期后，如逾期责任由宝硕股份有限公司独立承担其相应后果，并以其全部财产负责清偿有关债务。保证保定市胜达塑料制品有限公司不承担连带责任。五、违反承诺，愿双倍赔偿损失。”

在本案二审期间，宝硕公司进入破产程序。

〔二审裁判理由与结果〕

最高人民法院认为：本案二审的争议焦点是胜达永强公司应否为加盖其公章以及法定代表人名章的合作协议及以其名义开出的01053183－86号银行承兑汇票承担向中信银行偿还欠款的责任。综合胜达永强公司的上诉理由，该公司认为其不应当承担责任的理由有两个方面，一是合作协议不是其真实意思的表示，二是宝硕公司与中信银行恶意串通，损害其利益，应当认定合作协议无效。

关于合作协议是否是胜达永强公司真实意思表示的问题。根据《中华人民共和国合同法》第三十二条的规定：“当事人采用合同书形式订立合同的，自双方当事人签字或者盖章时合同成立。”这里的签字盖章的效力是表明合同内容为签字或盖章当事人的意思表示，并据以享有合同权利、履行合同义务，尤其具有使合同相对人确信交易对方、从而确定合同当事人的作用。本案中，合作协议及有关银行承兑汇票的文件均加盖有胜达永强公司的公章或者法定代表人名章，应当认定均为胜达永强公司真实意思的表示。胜达永强公司上诉称，公章、财务章和法定代表人名章是被宝硕公司欺骗借出的，因此产生的相关民事行为当属无效，对此，本院认为，胜达永强公司出借相关印章是基于宝硕公司的承诺，不论宝硕公司是否存在欺骗的行为，出借印章的关系存在于胜达永强公司与宝硕公司之间，宝硕公司的承诺也只在该两公司之间发生效力，出于保护交易安全的需要，除非证明合同相对人中信银行存在恶意，胜达永强公司以印章是被骗出借的理由不能对抗中信银行向其主张合同项下的权利。关于合作协议第十一条约定的乙方董事会决议等是该协议不可分割的组成部分的问题。本院认为，从该约定的文义解释看，如果存在乙方的董事会决议，该决议作为合作协议的组成部分，并起到一定的印证作用，但没有提交董事会决议，只是缺少了合同的一个附件，并不影响合同的成立与效力。关于合作协议项下提货单的签收问题，胜达永强公司称提货单并未交与该公司签收与事实不符，编号为sd-bs051101提货通知书签收栏内，加盖了胜达永强公司的印章，视作该公司已经收到提货单。银行承兑汇票项下30%保证金914.4万元究竟为何人交纳是合同的履行问题，交纳该笔保证金的支票加盖有胜达永强公司的财务专用章和法定代表人名章，应视为由胜达永强公司交纳，况且法律从来不禁止第三人代为履行合同义务，即使该笔保证金为宝硕公司交纳，亦不影响合同的有效和继续履行。至于胜达永强公司是否因合作协议而获益的问题，从该协议书看该公司可以通过保兑仓业务确定宝硕公司在一定期间内的供货，本身是有对价的，至于事实上其遭致严重损失，一是由于其出借印章的行为所导致，二是宝硕公司经营失败、进入破产程序所带来的风险。上诉人胜达永强公司的上诉理由都不足以否定合作协议的效力。

关于中信银行与宝硕公司是否存在恶意串通的问题。首先，宝硕公司向胜达永强公司的承诺，不会因出借印章而致胜达永强公司遭受损失，如果宝硕公司并未经营失败，该公司应当依其承诺向胜达永强公司偿还相应的欠款，并且在签署合作协议后的三日，即2005年10月30日，宝硕公司再次向胜达永强公司作出《关于以“保兑仓”形式融资的承诺》，即使其出借印章的事实成立、且不知道印章的使用目的，此时，该公司也已明知，且未提出任何异议，应视作其接受此项安排。其次，即使认定宝硕公司有欺诈的事实，但无证据证明中信银行知道或应当知道宝硕公司借用胜达永强公司的印章订立合同，更没有证据表明对于借用印章的行为中信银行与宝硕公司有意思的联络。第三，关于是否违反金融法规的问题，贷款具有融资的作用，银行承兑汇票亦具有融资的效果，不能以二者在此方面的共同点，即认定有规避金融法规的目的。因此，胜达永强公司主张中信银行与宝硕公司恶意串通，规避金融法规，损害国家和第三人利益，合作协议应认定为无效的民事法律行为的理由亦不成立。

综上所述，上诉人胜达永强公司的上诉理由不能成立，原审判决认定事实基本清楚，适用法律基本正确，本院根据《中华人民共和国民事诉讼法》第一百五十三条第一款第（一）项①的规定，判决如下：

驳回上诉，维持原判。

二审案件受理费116271元，由上诉人河北胜达永强新型建材有限公司承担。

本判决为终审判决。

---

① 对应2012年《民事诉讼法》第一百七十条第一款第（一）项，规定：“（一）原判决、裁定认定事实清楚，适用法律正确的，以判决、裁定方式驳回上诉，维持原判决、裁定；”

第十章 委托合同

规则16：受托人存在重大过失，应对完成委托事务过程中造成的损害承担相应的赔偿责任

——苏州阳光新地置业有限公司新地中心酒店与苏州文化国际旅行社有限公司新区塔园路营业部、苏州文化国际旅行社有限公司委托合同纠纷案①

【裁判规则】

旅游公司借用星级酒店POS机进行刷卡，并在星级酒店获得银行刷卡预付款项后与星级酒店进行结算，在款项的收取和结算上与星级酒店形成委托合同关系。由于星级酒店与银行就境外信用卡POS机刷卡签有特约商户协议，对境外银行卡的受理条件、操作流程、风险防范和控制有专门的约定，并对酒店刷卡人员进行了专业的培训，因此星级酒店在有关境外信用卡的刷卡业务上具有一般商事主体不具备的专业知识和风险防控能力。星级酒店在受委托操作POS机刷卡时，特别是受理如“无卡无密”这种风险较高的境外信用卡刷卡业务时，应进行认真核查，负有审慎和风险告知的义务。否则即构成重大过失，应对完成委托事务过程中造成的损害承担相应的赔偿责任。

【规则理解】

一、委托合同的内涵及法律特征

（一）委托合同的概念

委托合同又称委任合同或委任契约，其在我国民法规范中有明文规定，故为有名合同。委托合同是当事人商定，由受托一方为了委托一方的利益而处理事务的合同。在委托合同关系中，委托他人处理事务的一方称为委托人，接受该委托为他人

① 《中华人民共和国最高人民法院公报》2012年第8期，江苏省苏州市中级人民法院民事判决书。

处理事务的一方称为受托人。委托合同属于劳务给付合同的一种，债权人基于债的关系，可以向债务人请求给付。

（二）委托合同的特征

1. 委托合同是劳务合同

委托合同的目的是替代委托人处理或管理事务，受托人为了委托方的利益，在合同规定的权利范围内采取必要措施对事务进行处置。委托一方应当偿付受托人为了事务的处置而垫付的金钱。方式上，既包括特别委托他人处理某一事务或多个事务，还包括概括委托他人处理所有事务。委托合同是一种非常典型的劳务契约，关于受托方处理事务的类型，各国或地区立法及理论一直存在分歧，主要有以下两种观点：第一种观点认为委托事务应限于法律行为，非法律行为的委托准用委托合同的规定，日本民法典采纳这种观点。第二种观点认为委托事务不但包括法律行为，还包括事实行为，法、德等诸国法典即采取此种立法模式。我国《合同法》采纳了第二种观点，认为处理事务不仅包括法律行为，还包括事实行为。民法理论上一般认为无论是法律行为还是非法律行为，均可委托他人代为处理，但也存在例外情形。一是违反公共秩序以及善良风俗的事务；二是法律有明令禁止的事务；三是与委托人自身紧密联系、必须由其亲力亲为的事务。这些都不得通过订立合同让他人来代为处理。

2. 委托合同的基础是信赖

通说认为，委托合同的基础是合同双方当事人之间的信赖关系，没有相互信任和了解，委托合同关系难以成立。这种说法从委托人的角度而言不无道理，然而自受托人的角度来看，尽管受托方承诺接受委托也存在信赖的成分，但更大程度上是出于情谊或利益。现代私法精神支柱是强调当事人的意思自治，崇尚个人精神的独立和意志的自由。个人在社会活动中独立地缔结并实施法律行为，不受他人的非法制约与干涉。但随着社会生活的复杂化以及社会分工的专业化，个人仅凭一己之力难以应对，因此，不得不将一些无暇顾及或是无力顾及的事务交由他人帮助处理。委托人之所以订立合同委托受托人处理事务，原因就在于委托人对受托人有某种信赖，这种信赖或是出于对受托人人品上的信赖，或是对受托人处理事务能力的信赖。而受托人之所以接受委托，实际上并非像委托人一样，完全出于对委托人的某种信赖，而是由于以下两方面的原因：一方面，受托人接受委托是出于情谊。大多数情况下，这类委托都是无偿的。另一方面，受托人接受委托是出于自身获得利益的考量，这类委托主要是受托人专门依靠自己在某一方面的专业能力为他人处理事务的情形，如律师接受委托代理诉讼，很难认为律师接受委托是出于对委托人的某种信赖，通常受托人接受委托是为了获得报酬，并非基于信赖、情谊等原因，因此这类委托一般都是有偿的。

3. 委托合同是诺成和不要式合同

委托合同的当事人双方在意思表示达成一致时，合同宣告成立，不需要再以物的交付或当事人义务的履行作为成立要件。除非法律有特别规定，否则要约与承诺是当事人的意志自由，当事人不为承诺，法律亦不得干涉。值得注意的是，我国台湾地区的“民法”在委托合同中有关于拟制承诺的规定。台湾地区“民法”第530条规定，公然向大众表示愿承担委托为他人处理一定事务者，如果对于该事物之委托，不及时做出表示拒绝的通知时，视为允受委托。“所谓有承受委托处理一定事务之公然表示者，例如律师、会计师、医师、建筑师等之挂牌，此等挂牌应属于一种要约引诱，既系公然表示，自属广泛招徕，有‘来者不拒’之意，因而如对于该事物之委托（要约），不即为拒绝之通知时，法律上即视为允受委托（承诺），于是委任契约成立。”① 因律师、会计师、医师等提供劳务皆须给付报酬，又系公开招徕，故此是台湾地区“民法”在委任合同以无偿为原则，不否认有偿之委托合同的情况下所作的特别规定。德国、法国和日本民法无相似之规定，我国大陆合同法也没有拟制承诺的规定。委托原则上是不要式合同，当事人既可以选择口头形式也可选择书面形式。但法律规定应当采用特定形式的，当事人应依法律规定执行，如不动产的买卖、出租、提交诉讼、仲裁、和解等。

二、委托合同中受托人的义务

（一）按照委托方的要求办理委托事务

受托方依委托方的要求处置委托事务有以下几方面含义：第一，在委托方有明确指示的情况下，应当尽力地遵循委托方的意思办理委托事宜。委托方的指示分为三种情形，受托人应根据委托方指示性质的不同，作出相应的处理：一是带有命令性的指示，此类指示受托人不得变更；二是带有指导性的指示，即委托方虽然对委托事务的处理表达了一定的看法，但仍清楚地表示或暗许受托方可以依照自己的判断处置，对委托方的意思可酌情予以变更；三是随意性的指示，此时受托人可自行决断。第二，在事务处理过程中，若发生紧急情况，受托人无法与委托人协商时，受托方如能推断委托方在得知现状后允许对指示进行变通的，受托人可以采取妥善适宜之方法处理委托事务。《德国民法典》第665条、我国台湾地区“民法”第535条规定了受托人变通指示的例外情形。此规定旨在以委托关系当事人之间的相互信赖关系为依托，灵活处理紧急情事，从而实现委托合同的目的。第三，受托人

① 郑玉波：《民法债编各论》（下册），三民书局1982年版，第412页。

在更改指示后应及时将此情形报告委托方。受托人应及时告知且能告知而没有告知，给委托人造成的损失应由受托方负担赔偿之责。

（二）亲自办理委托事务

我国《合同法》第400条规定，委托人应当亲自处理委托事务。此规定之目的在于使受托方不辜负委托人信任从而保护委托方的利益。委托合同原则上建立在委托人对于受托人的特殊信赖之上，因此，委托人应自己处理委托事务。“例外情形、经委托人同意或另有习惯，或有不得已之事由者，方得使第三人代为处理。”①《民法总则》第169条规定：“代理人需要转委托第三人代理的，应当取得被代理人的同意或者追认。转委托代理经被代理人同意或者追认的，被代理人可以就代理事务直接指示转委托的第三人，代理人仅就第三人的选任以及对第三人的指示承担责任。转委托代理未经被代理人同意或者追认的，代理人应当对转委托的第三人的行为承担责任，但是在紧急情况下代理人为了维护被代理人的利益需要转委托第三人代理的除外。”转委托是指受托方得到委托人允许，将委任事宜的部分或全部交由第三人办理，并使第三人处于受托人的地位并直接与委托人产生契约关系的行为，这种行为又被称为复委托。在复委托关系中，由受托人挑选的第三人被称为次受托人。转委托的事项内容不变。转委托存在以下两种不同情形：一是受托方转移委任经过委托方的允许。受托人办理的转委托应当由委托人来决断可否。委托人允许进行转委托的，其可以就先前委托受托人办理的事务，直接联系并指示接受转委托的次受托人办理；次受托人不用向受托人负责而直接就办理委托事宜向委托人负责。委托合同中规定的权利义务关系直接约束委托人与次受托人。另外，已转移委托的受托人仍能够对次受托人提出指示。但由于受托人挑选次受托人已经得到委托人的允许，故而受托人只对次受托人的挑选委任和其向次受托人发布的指示负责。二是转委托没有得到委托人的允许。在受托人进行的复委任没有通报给委托人，或是已经通告却没有得到委托人认可的情形下，接受复委任的第三方应被看作是受托人的帮办委托事务的助手或辅助者。复委任的第三人在此情形下所为的帮办委托事务的行为，应看作是受托人本人之行为。所以，没有得到应允的转委托，因第三人帮办事务的行为使委托人遭受不利益的，基于债的相对性理论，应看作是受托人的行为而应由受托人负责任。但如果事出紧迫，受托人为使委托人免受损失所为的复委任，应看作是得到委托人允许的行为。上述紧迫状况，是指受托人自身办理委托事务遭遇阻力，例如临时生病或被限制人身自由，不及时处理委托事项会造成委托人利益受损，但因形势迫切而无法通知或不能及时通知委托人之情形。这种情形下受

① 黄立：《民法债编各论》（下），中国政法大学出版社2003年版，第512页。

托人转委托的行为，应看作已经委托人允许。受托人只对其挑选次受托人和对之作出的指示负责。

（三）报告义务

受托人应根据委托人的指示，不定时地或者经过一定期限后及时告知受托事项的办理进度。受托人应于委托合同终止之时向委托人报告委任事项处理的情况。受托人需要综合整理各类账目及收支会计状况等文件交给委托人，并详细报告办理委托事宜的过程和结果。在处理委托事项的过程中，委托人如果指示受托人向其告知事务办理的情况，受托人应当履行报告义务。委托人未指示受托人报告但依据形势确有报告之需时，如处理事务遭遇困难或发生无法预料之情事等，受托人也要及时报告。受托人因不及时告知委托人情况使委托人利益遭受损失的，委托人可要求受托人承担责任。

（四）转交财产

受托人应将在办理委托事宜的过程中获得的财产转移交付委托人，不管这些财产是以哪一方当事人的名义取得，也不管是由接受转委托的第三人取得还是由受托人本人在办理委托事宜时取得的。

（五）注意义务

受托人的注意义务，是指受托人在处理委托事务过程中，应当对委托事务的处理过程、处理结果以及对委托人利益的影响，给予相当的注意，以免在处理委托事务时产生不利于委托人的后果。注意义务旨在使受托人能够谨慎地处理委托事务，以不辜负委托人的信任。受托人的注意义务的程度，因委托合同的有偿或无偿而有所不同。法律对有偿委托合同的受托人的注意义务的要求高于无偿的委托合同。受托人不尽注意义务而给委托人造成损害的，应负赔偿责任。《合同法》第406条第1款规定："有偿的委托合同，因受托人的过错给委托人造成损失的，委托人可以要求赔偿损失。无偿的委托合同，因受托人的故意或者重大过失给委托人造成损失的，委托人可以要求赔偿损失。"该款即区分委托合同的性质确定受托人不同的注意义务。

三、受托人违反义务的赔偿责任

受托人违反义务的赔偿责任包括受托人的违约责任和损害赔偿责任两个方面。受托人的违约责任是指受托人没有依据合同约定履行其义务给委托人造成损失，依法应承担的民事责任。损害赔偿责任是指受托人由于过错或故意给对方造成损失，依法应承担的民事责任。它包括以下四个方面：一是受托人在处理委托事务时，应尽必要的注意义务，如果受托人怠于注意而给委托人造成损害的，受托人应当负赔偿责任。在委托合同中，受托人的注意义务与委托合同是否有偿有密切的关系。依据我国《合同法》第406条之规定，在我国，受托人有偿为委托人处理委托事务较无偿为委托人处理委托事务应承担更重的责任。但不论委托合同是无偿还是有偿，受托人承担赔偿责任均适用过错责任原则。二是受托人因超越受托权限而给委托人造成损失的，受托人应负损害赔偿责任。关于受托人超越权限，是否以有过失为承担赔偿责任的条件，在民法学说中存在分歧。一种观点主张，若无故意、过失，受托人的行为仅具有客观的违法性，尚不能发生损害赔偿责任；另一种观点则主张，无论受托人是否有过失，均应对委托人负赔偿责任。台湾学者史尚宽先生认为，受托人逾越权限，除其能证明无过错外，应负赔偿责任。大陆也有学者主张受托人若能证明自己无过错时，则免于承担责任，理由在于除当事人另有约定外，合同责任一般为过错责任，而通过举证责任的倒置可以维护无过错的合同当事人一方的利益。我国《合同法》第406条第2款规定："受托人超越权限给委托人造成损失的，应当赔偿损失。"其中并没有涉及受托人承担责任是否应以具备过错为条件的问题，考虑到我国合同法在合同责任方面是采纳严格责任原则，对此规定应理解为不管受托人对其超越权限有无过错，均应对委托人负赔偿责任。三是委托关系的建立是以委托人与受托人间相互信赖为前提的，故原则上受托人应亲自处理委托事务，但在征得委托人同意的情况下，受托人也可以将委托事务转由第三人处理。依我国《民法总则》第169条、《合同法》第400条的规定，次受托人（即转委托的第三人）处理委托事务，受托人仅在对次受托人的选任和指示有过错时，才对次受托人在处理委托事务时造成委托人的损失承担赔偿责任；若受托人在选任和指示次受托人时并无过错，则其对于次受托人在处理委托事务时造成委托人的损害不承担责任，而应由次受托人自己负责。但受托人必须对自己在选择和指示次受托人时不存在过错负举证责任。在紧急情况下受托人为保护委托人的利益需要转委托的除外。四是共同委托中受托人的损害赔偿责任。在共同委托中，处理委托事务的权限是由受托人共同行使的。如果其中一人或数人经与其他受托人协商而处理委托事务，该行为应被看作全体受托人的共同行为，实施行为的意思表示也应被视为全体受托人的意思表示，此行为如给委托人造成损失的，应由全体受托人负连带责任。因此，《合同法》第409条明文规定："两个以上的受托人共同处理委托事务的，对委托人承担连带责任。"

【拓展适用】

一、委托合同中委托人的义务

（一）支付费用的义务

委托人需要将办理委托事宜的费用支付给受托方。受托人为使受托事务得以及时、成功地处理而垫付了必需的费用，委托人应该偿还此费用并支付利息。委托人支付此项费用的义务不因委托合同是否有偿而有所区别。委托人给付费用的方式可以有两种：一为预付费用，二为偿还费用。为委托人利益而预付的费用，并不是办理委托事宜的对价，非经约定，受托人并无先行垫付费用的义务。在委托人应当预付而没有向受托人预付的情形，受托人有权停止对委托事项的处理，而不发生债务不履行的责任。由于当事人可随时终止合同，且预付处理事宜的费用是出于维护委托人利益的目的，故而受托人并无诉请委托人预付此类费用之权。然而在委托合同是有偿合同的情形下，由于委托方拒绝支付费用致使受托人因该合同所得的收益受到影响或损害受托人的利益时，受托人可以请求相应赔偿。受托人如果为委托事务的处置垫付了费用，就享有要求委托人偿付该费用之权，此时委托方应偿付。委托人需要进行偿付的费用一般包括受托人为事务的处置而付出的必要费用和其所生之利息。如果合同双方对产生的必要费用之范围存在异议，则应当由委托人对其认为并非必需的开支承担举证责任，避免使受托人处于诉讼上之不利位置，以此合理平衡双方之利益。确定必要费用的范围，学说上主张应以客观上确有必要为原则，倘受托人尽其注意义务而认为有必要者，亦有权请求委托人偿还。委托人偿还受托人预付的费用，还应加付所生之利息，该利息的计算从垫付费用之日起算。

（二）支付报酬的义务

在委任契约为有偿的情形下，委托人负有支付报酬的义务，受托人享有支付报酬请求权。在发生不能归责于受托人的情事而致委任契约被解除或者委任事宜无法完成的情况下，应由双方当事人合理负担风险，此时受托人有权向委托人请求相应报酬。若因受托人自身的原因致使委任契约终止或委托事务无法完成，受托人无权请求报酬。如何给付报酬及确定酬金数额可由双方商定。如果双方没有约定则应依诚实信用原则和具体情况酌定。报酬并不仅仅局限于金钱，有价证券或其他给付亦可作为支付报酬的标的，但在双方没有商定的情况下应支付酬金。关于支付报酬的时间，各国民法大都采后付主义，即除当事人明定事先支付报酬外，非于委托关系终止，受托人不得请求给付。未获得报酬不能够作为受托人行使抗辩权的事由。

（三）赔偿受托人损失的义务

在处置委托事宜的过程中，受托人自己不存在过错却遭受损失的，委托人应当向受托方承担损害赔偿之义务。一方面，如果是因为委托人在受托人处置事务的过程中指示不当或其他过错而使受托人遭受利益损害的，委托人应承担赔偿的责任。另一方面，若受托人在事务处理过程中遭受的损害是由于不可归责于受托人之事由造成的，受托人可以要求委托人对自己蒙受的损失进行赔偿，即使此时委托人本身并无任何过错。倘若受托人在事务处置过程中遭受的损失是因第三人的行为所致，受托人固然可以要求该第三人进行赔偿，但如果该第三人身份不明或没有财力承担赔偿责任，受托人可要求委托人承担赔偿责任。委托人并不负终极之责任，在向受托人赔偿损失后，如有应负赔偿责任的第三人，委托人可以请求受托人将其对于第三人的赔偿请求权予以转让。如果受托人遭受的损害既不是因为第三人的行为而引起，也不是因能够归责于受托人的事由所致，这种情况下由委托人赔偿。由于另行委托第三人办理委托事项而使受托人受有损失时，委托人须赔偿受托人此项损失。委托合同关系基于信赖而产生并对双方有拘束力，因此，除非有特殊情况，否则委托人不宜将已委托之事务再交由其他人办理。倘若委托人将委托事项再交给其他人办理，致使受托人因合同变更而遭受损失，受托人可要求委托人承担责任。

二、委托合同的终止

《民法总则》第 173 条规定："有下列情形之一的，委托代理终止：（一）代理期间届满或者代理事务完成；（二）被代理人取消委托或者代理人辞去委托；（三）代理人丧失民事行为能力；（四）代理人或者被代理人死亡；（五）作为代理人或者被代理人的法人、非法人组织终止。"委托合同终止的原因有以下几种：

（一）因委托事务办理完毕或者委托期限届满而终止

这是一般情况下委托合同终止的原因，因双方均已履行完义务，互不承担责任。

（二）因委托人或受托人解除合同而终止

在委托合同中，合同的当事人双方均享有任意终止权，可任意终止合同。无论是有偿委托还是无偿委托，无论是有期限的委托还是没有确定期限的委托，当事人双方均有行使终止权的权利。因为，委托合同本来以当事人之间的信任关系为前提，而信任关系又具有一定的主观任意性。任何一方当事人在信念上对对方当事人的信任有所动摇时，均允许随时终止合同，否则，勉强维持双方之间的关系，必然招致不良后果，影响委托合同订立目的的实现。《合同法》第 410 条规定，委托人或者受托人可以随时解除委托合同。委托人享有合同解除权，有权随时解除合同。与委托人的法律地位平等，受托人也有权随时辞去委托，解除合同。委托人撤销委托或受托人辞去委托时，不需征得对方同意，但是，应当向对方作出意思表示。合同当事人的一方有数人的，该项意思表示应由其全体或向其全体作出。委托人就同一事务，另外委托第三人办理时，必须在通知受托人后，前一委托合同方能终止。委托人撤销委托时，对于以前受托人已完成的部分事务，应当承担法律责任，并支付相应的费用，按规定支付相应的报酬。委托人在不利于受托人的情形下解除合同的，应赔偿受托人因此遭受的损失。受托人辞去委托合同时，要及时通知对方并承担给委托人造成的损失。

（三）因委托人或者受托人死亡、丧失民事行为能力或因破产而终止

《合同法》第411条规定，委托人或受托人死亡，丧失民事行为能力或者破产的，委托合同终止。即出现作为自然人的代理人或者被代理人死亡、作为代理人或者被代理人的法人、非法人组织终止等情形时，委托合同终止。但也有例外情况，一是合同另有约定的除外。当事人可以另行约定即使有死亡、破产及丧失行为能力的情况发生，委托关系仍不消失，有此约定的当然依照其约定。如委托律师诉讼，委托合同可以约定，不因委托人死亡而停止代理诉讼。二是因委托事务的性质不宜终止的。我国台湾地区“民法”第550条规定，委托关系因当事人一方死亡、破产或丧失行为能力而消灭；但委托合同另外订立或因委托事务性质不能消灭者，不在此限。《德国民法典》第672条规定，委托人死亡或丧失行为能力，原则导致合同终止，但对委托人的死亡或丧失行为能力发生疑问和不宜立即终止的委托合同两种情况除外。瑞士债务法则规定，除有相反约定或因委托事务的性质不能消灭者外，委托合同因委托人或受托人的死亡而消灭。所谓委托合同因当事人丧失行为能力而终止，是指在当事人完全丧失民事行为能力时，委托合同终止。若委托人丧失行为能力，其事务应归其法定代理人处理或由其法定代理人另行委托，原委托关系也就相应终止；若受托人丧失行为能力，因其本身的事务尚需法定代理人代为处理，根本已没有再为他人处理事务的能力，委托合同也应立即终止。所谓委托合同因当事人破产而终止，是指委托人或受托人破产时，委托合同终止。依我国现行法律规定，唯有企业法人才可以被宣告破产。就目前而言，导致委托合同终止的破产当事人须是企业法人。依据《合同法》第411条的规定终止合同的，有关人员应当妥善协商处理未完毕的委托事务。《合同法》主要规定了两种情况：一是《合同法》第412条规定：“因委托人死亡、丧失民事行为能力或者破产，致使委托合同终止将损害委托人利益的，在委托人的继承人、法定代理人或者清算组织承受委托事务之前，受托人应当继续处理委托事务。”公民死亡的，其法定代理人负有通知义务；法人资格终止的，由清算组织承担通知受托人的义务。二是《合同法》第413条规定：“因受托人死亡、丧失民事行为能力或者破产，致使委托合同终止的，受托人的继承人、法定代理人或者清算组织应当及时通知委托人。因委托合同终止将损害委托人利益的，在委托人作出善后处理之前，受托人的继承人、法定代理人或者清算组织应当采取必要措施。”

【典型案例】

苏州阳光新地置业有限公司新地中心酒店与苏州文化国际旅行社有限公司新区塔园路营业部、苏州文化国际旅行社有限公司委托合同纠纷案

上诉人（一审被告、反诉原告）：苏州文化国际旅行社有限公司，住所地：苏州市庆元坊。

法定代表人：曲雄伟，该公司总经理。

被上诉人（一审原告、反诉被告）：苏州阳光新地置业有限公司新地中心酒店，住所地：苏州高新区狮山路。

法定代表人：漆洪波，该酒店董事长。

一审被告：苏州文化国际旅行社有限公司新区塔园路营业部，住所地：苏州高新区狮山路。

负责人：李静，该营业部经理。

〔基本案情〕

原告（反诉被告）苏州阳光新地置业有限公司新地中心酒店（以下简称新地中心）因与被告苏州文化国际旅行社有限公司新区塔园路营业部（以下简称塔园路营业部）、被告（反诉原告）苏州文化国际旅行社有限公司（以下简称文化国旅公司）发生委托合同纠纷，向苏州市虎丘区人民法院提起诉讼。

原告新地中心诉称：2009 年 7 月，被告塔园路营业部承租新地中心商务中心房屋，用于经营票务和旅游业务。塔园路营业部在开展经营业务过程中，因自身没有 POS 机，不能为客户提供刷卡服务，因此借用新地中心酒店的 POS 机，用于其境外客户的票务、旅游业务刷卡结算。自 2009 年 12 月至 2010 年 1 月，塔园路营业部借用新地中心 POS 机共计手工输卡 25 次，总金额为 1007363 元。上列款项由中国银行股份有限公司苏州分行（以下称中行苏州分行，即收单行）分别预付到新地中心账户后，由新地中心预付给塔园路营业部。2010 年初，收单行因收到国际清算组织转递的发卡行拒付通知，故收单行也向新地中心进行拒付，并将已经支付给新地中心的预付费从新地中心账户中予以扣回，截至 2010 年 6 月收单行已从新地中心挂账交易资金中扣回并核销部分交易金额，计 558975 元。目前拒付的费用还在陆续增加中。新地中心与塔园路营业部是一种代为收取票务款的法律关系，目前由于发卡银行拒付的原因，导致新地中心为塔园路营业部支付的票务交易资金因遭收单行核销而无法收回。为此新地中心曾多次通知塔园路营业部归还上列款项，但塔园路营业部置之不理，由此造成新地中心重大经济损失。另据新地中心查明，塔园路营业部是文化国旅公司的下属分支机构，不能独立承担民事责任，因此塔园路营业部的还款民事责任应由文化国旅公司承担。故新地中心提起诉讼，请求判令：1. 塔园路营业部、文化国旅公司归还人民币 558975 元及按银行同期贷款利率计算的利息损失（计算至实际还款日）；2. 塔园路营业部、文化国旅公司承担本案所有诉讼费用。诉讼中，新地中心确定损失金额为665158元，因此变更诉讼请求为：1. 判令塔园路营业部、文化国旅公司归还人民币665158元及按银行同期贷款利率计算的利息损失（计算至实际还款日）；2. 判令塔园路营业部、文化国旅公司承担本案所有诉讼费用。

针对本诉，被告塔园路营业部、文化国旅公司辩称：应依法驳回原告新地中心的诉讼请求。理由如下：1. 中行苏州分行的核销扣款行为是否具有合法性，新地中心对此无法证明。如果中行苏州分行扣款不合法，新地中心应该向中行苏州分行追偿，而并非向塔园路营业部、文化国旅公司追偿。新地中心与中行苏州分行的约定塔园路营业部、文化国旅公司并不知情，中行苏州分行与本案有法律上的利害关系，因此法院应该将中行苏州分行追加为第三人参加诉讼。2. 新地中心称该案是由信用卡诈骗引起的，中行苏州分行已经向苏州公安局进行报案，根据相关法律规定，本案应移送公安机关审理，待公安机关处理之后再决定是否继续审理。3. 塔园路营业部与新地中心签订的租赁合同及补充协议明确，塔园路营业部作为酒店商务中心的一部分经营，新地中心对于需要订票、订车的客人都交由营业部，新地中心作为商务酒店理应为客人提供订票、旅游服务，但塔园路营业部充当了该服务。根据合同，塔园路营业部的客人进行订票，都应在营业部进行结算，并未出现过新地中心代收的形式。本案所涉的交易是原告自身业务需求所导致，与塔园路营业部、文化国旅公司无关。4. 本案中需要订票的客人是与新地中心联系的，也是与原告协商确定以信用卡离线交易的形式进行结算。在交易过程中，新地中心根据其与中行苏州分行签订的信用卡协议进行操作，也是新地中心要求客人提供的授权书，塔园路营业部、文化国旅公司对上述情况并不知道。塔园路营业部是在新地中心明确告知款项已经到账后才出机票的，新地中心并收取了手续费用。5. 塔园路营业部没有设置POS机，本案中所有的刷卡都是由新地中心经办，塔园路营业部并没有参与，新地中心没有告知使用离线交易的风险，构成了对塔园路营业部、文化国旅公司的误导，且未及时通知塔园路营业部、文化国旅公司，从而造成重大损失。故新地中心存在重大的过错，对损失的发生具有责任；并且新地中心在2010年1月21日收到通知后仍未通知塔园路营业部、文化国旅公司，致使损失扩大，该损失应该由新地中心承担。

被告文化国旅公司反诉称：2009年7月，文化国旅公司下属被告塔园路营业部承租新地中心房屋一间，用于经营旅游业务。塔园路营业部在业务经营过程中，多次应原告新地中心要求，为其客人预订机票。新地中心在收取票款后，应将款项支付至塔园路营业部。但现新地中心尚有113750元款项未支付给塔园路营业部，经塔园路营业部多次催要未果，提起诉讼，请求：1. 判令新地中心偿还塔园路营业部人民币113750元及自反诉之日起至实际履行之日的利息（按人民银行同期贷款利率计算）；2. 诉讼费用由新地中心承担。

针对反诉，原告新地中心辩称：1. 新地中心从未要求被告塔园路营业部为酒店客人预订机票。实际情况是塔园路营业部因自身业务需要借用酒店的POS机，并由新地中心为其代收票务款。因此酒店仅有义务从收单行收取预付的票务款并在该交易最终被发卡行认可后再将票务款转付给塔园路营业部。2. 反诉请求中主张的三笔交易共计113750元款项，其中69170元、13550元两笔交易已被发卡行拒付，中行苏州分行也核销了该笔交易，并从酒店挂账交易资金中扣除了该笔款项，新地中心无义务支付该两笔资金。另一笔31030元在被发卡行调单查询后已划付酒店账户。

江苏省苏州市虎丘区人民法院一审查明：

原告新地中心（乙方）与中行苏州分行（甲方）签订有《中国银行股份有限公司与特约商户受理境外银行卡业务合作协议》（以下简称银行卡协议），该协议约定双方建立受理境外银行卡业务的商业合作关系，即乙方受理持卡人用境外银行卡支付其商品及服务费用的支付活动并交由甲方进行后台业务处理。协议第四条约定，境外银行卡指在中国境内使用的万事达卡（MasterCard）、威士卡（VISA）等国际品牌的银行卡。第五条约定，乙方相关责任人员需经甲方专业培训方能受理业务，双方均需严格遵守共同约定和受理操作流程，如合作期间内乙方违反了本协议约定及国际卡组织的相关操作规定，将承担相关的交易损失。第十四条约定，甲方在收到乙方传送的境外银行卡正常交易的数据之后，将于三个工作日内将交易款项划拨至乙方在甲方开立的结算账户内，并开始向其他发卡机构收取应付交易款项。第十六条约定，甲方有权拒绝乙方未按此约定及相关操作流程而处理的任何交易，并对因乙方故意或过失造成的经济损失保留完全追索权。第二十条（接受银行卡）约定：乙方应在确认下列情况之后，才可接受银行卡付款：一、银行卡完好无损，无任何形式涂改或更改；二、该银行卡面上相应之激光图及该激光图并没有破损或模糊；三、如使用银行卡收单电子设备，此卡必须通过受理银行卡电子设备完成受理交易；四、如通信线路发生故障，乙方应按以下程序通过手工压单操作：（一）通过电话向甲方取得电话授权，甲方机型记录；（二）将境外银行卡在签购单上进行压印，并填写金额、日期等要素。（三）在取得持卡人签名，并把它和此卡背面的签名进行核对，一致后方可受理。（四）每份手工签购单应包括以下要素：银行卡卡号、有效期、交易日期、交易金额、授权号码、乙方名称和商户编号、持卡人签名、单据号。五、持卡人必须是银行卡本人，其姓名须与卡面标示姓名一致，如银行卡背面附有持卡人之签名，该签名需与持卡人在签购单上的亲笔签名相符。六、银行卡必须是在卡正面显示的起始日当天或之后，以及到期日当天或之前使用；部分金融机构发行的银行卡没有起始日期，则必须通过专用电子设备刷卡或者通过授权后进行交易。七、银行卡签名栏，不能出现明显的改动或损毁；八、银行卡正面的卡号必须与印在卡背面的，以及打印在签购单的卡号相符；九、乙方在使用银行卡受理电子设备的条件下，应采用联机方式受理境外银行卡，不必持卡人出示身份证件；当受理电子设备、网络故障等原因无法联机受理时，也可以采取手工压单操作；若采取手工压单操作时对持卡人身份有怀疑，或对该交易有怀疑，或者是酒店类商户，则必须要求持卡人出示身份证件，并注明证件名称和号码。十、卡面没有凸印卡号的银行卡，必须通过银行卡专用电子设备刷卡进行交易。第二十三条（对账、清算及差错处理）约定：乙方应严格按照电子设备受理交易规程操作，甲方以乙方传输的交易数据及乙方的其他指令提供清算服务。甲方收到乙方传输的交易数据，应负责及时处理，对于甲方判断为正常交易的金额，甲方应及时划拨至乙方的指定账户。乙方收到甲方针对某笔交易的查询函件后，须在甲方要求的日期内回复甲方所需的全部资料。第二十四条（特殊情况下的账务处理）约定：出现下列情况之一时，甲方有权在其后与乙方间产生的交易款项中，将有关款项扣回，并有告知乙方的义务：（一）甲方发现乙方受理境外银行卡时未留有持卡人签名或持卡人签名明显不符以及重复扣款等违反本协议的错误交易；（二）签购单项目不准确，或没有得到持卡人或发卡银行的确认……第二十八条（对持卡人收取附加费及现金付款）约定，商品或服务的收费已包括在以银行卡付款的签购单据上，乙方不得另外向持卡人授权任何形式的付款。附件：（名词解释）境外卡收单业务指中国银行作为银行卡收单银行为合法机构提供资金垫付、业务培训以及风险防范，并通过国际卡组织从境外发卡银行取得资金偿付的过程。手工单指采用手工使用压印机的方式产生并填制的银行卡交易凭证。

2009 年 7 月 20 日起，被告塔园路营业部（原名凯悦大厦营业部）租用原告新地中心商务中心办公室及接待台中的一个位置作票务及旅游办公之用，双方并签订有《商务中心办公室租赁合同》及《补充协议》。合同中约定，出租方在承租期内保证承租方为酒店唯一的票务旅游营业处，住店客人旅游订票及旅游大巴租赁事宜优先交由承租方；承租方不另外向酒店支付酒店住店客人旅游订票订车等佣金；统一制服，由出租方向承租方提供；承租方为酒店客人提供旅游订票订车及咨询服务。合同签订后，塔园路营业部即在新地中心商务中心进行票务及旅游服务。北京时间 2009 年 12 月 15 日下午，新地中心预订部收到名为 Steven 的外国客户发来的邮件（邮箱地址为××××@gmail. com），咨询预订部是否可以为其预订从日本东京新国际机场飞往新加坡樟宜机场的机票，并询问是否接受信用卡付款。预订部回邮询问是否先预订酒店房间，Steven 称未预订房间，想在预订房间之前先预订机票，并询问是否可以帮其预订从 FORST 到中国的机票。预订部遂回邮称："是的，我们可以先为您预订机票，但如果您用信用卡付款，我们将收取佣金，佣金金额为机票总价的 18%。如果您取消机票，也将收取相应的佣金。如果您需要我们预定的话，请示知预定机票详情。附件是我们信用卡付款的授权书，请发送您的信用卡正面和背面的复印件，谢谢！"Steven 即发送三条机票信息给预订部。预订部回邮称："很抱歉，我们和预订部经理确认，此时，预订部不能为您提供机票预定服务，如果您还是需要预定机票，您可以直接联系苏州文化国际旅行社，他们的营业部在我们酒店租有办公室，您可以将您的机票预订详情发送给旅行社的李小姐，她的邮箱地址是：××163@

gmail. com，她可以帮您预订。”同时，预订部将双方的上述邮件内容转发给塔园路营业部（邮箱地址为××163@gmail. com），并告知Steven塔园路营业部李小姐、滕小姐的电话号码。经过联系，塔园路营业部于2009年12月17日为该客户预订了机票，支付方式为信用卡支付。该客户将信用卡正反面复印件及填写的信用卡付款授权书（授权对象为文化国旅公司，授权书上并包含有信用卡类别、持卡人姓名、信用卡号、有效期及CVV码等信息）发送给塔园路营业部。塔园路营业部因自身未配置电子刷卡设备即POS机，于是将上述资料交至新地中心，由新地中心POS机操作人员在POS机上手工输入信用卡信息，进行信用卡消费。12月17日—22日，因为该客户预订机票产生信用卡消费业务3笔。12月29日，该客户又发送三条预定机票信息给新地中心预订部，预订部将其邮件转发给塔园路营业部滕金艳（邮件地址为teng××yan8013@hotmail. com），要求其直接回复Steven。此后，该客户与塔园路营业部直接进行联系，陆续预订机票，共计发生订票业务22笔，使用新地中心POS机进行了22笔信用卡消费交易。

本案涉及的信用卡交易共计25笔，金额总计1007363元，时间跨度为2009年12月17日至2010年1月29日之间，均由客户Steven以不同的信用卡和持卡人授权进行“无卡无密”方式付款。每次订票金额由人民币6013.70元到70176.40元不等。25笔信用卡交易中，第1~21笔交易金额扣除银行收取的手续费（交易金额的0.6%）后交易净额共计834530.59元，原告新地中心在收到中行苏州分行付款后已支付给被告塔园路营业部，第22~25笔则尚未支付。

2010年1月21日，中行苏州分行向原告新地中心转发中银金融商务有限公司华东中心调单通知，要求提供问题交易的签购单，涉及交易为上表第3、6项。1月26日中行苏州分行再次进行调单，涉及交易为上表第10项。1月29日中行苏州分行再次转发通知，称收到VISA INTERNATIONAL通知，新地中心于2009年12月出现2笔问题交易，金额巨大，涉及交易为上表第2、4项，请商户提供有关签购单、发票、入住酒店及消费记录并查询交易的情况。该通知同时提示商户在短时间内出现多笔问题交易，反映商户对问题卡的警觉性非常薄弱，已成假卡集团下手目标，且发现的假卡多为国外信用卡，故要求加强保安检查程序，阻止伪冒卡交易继续发生。2010年1月29日，新地中心收到上述通知后即告知被告塔园路营业部，塔园路营业部停止与该客户的业务。之后，中行苏州分行对其余20笔信用卡消费交易陆续调单。

2010年7月6日，中行苏州分行向原告新地中心发出拒付交易扣款通知，称根据中国银行收付清算系统报文下划外卡追索退款，共计558975元，从新地中心的交易挂账资金中做扣款账务处理。

诉讼过程中，中行苏州分行于2010年9月8日出具银行扣款明细，明确截至2010年9月25日扣款金额合计人民币827955.28元（实际交易金额为人民币832953.00元），均为持卡人没有授权交易所致。2010年10月8日，中行苏州分行再次通知原告新地中心：截至8月5日，共收到发卡行20笔外卡拒付退款借记报单，分别完成退款处理，尚有5笔外卡交易未收到发卡行拒付退款通知，其中参考4笔交易发卡行发起拒付查询天数至今已超过180天，根据国际组织清算拒付规则，对4笔交易入账总额159377.96元划付给新地中心账户。该4笔交易为上表第5、14、15、24项。庭审中新地中心确认上表第19项交易款项也已超过180天的查询期，中行苏州分行并已划付新地中心账户。

原审另查明，被告塔园路营业部系被告文化国旅公司下属的分支机构，原名苏州文化国际旅行社有限公司凯悦大厦营业部，2009年10月15日变更为现名。

〔一审裁判理由与结果〕

江苏省苏州市虎丘区人民法院一审认为：

第一，本案中所涉的25笔票务交易是发生在被告塔园路营业部与国外客户之间，二者间形成票务服务合同关系。在该合同的履行过程中，塔园路营业部借用原告新地中心的POS机进行刷卡消费，其实质为塔园路营业部委托新地中心向国外客户收取机票款，双方之间形成委托合同关系。新地中心受托收款未向塔园路营业部收取任何费用或者佣金，属无偿委托。受托人处理委托事务的行为，应由委托人承担法律责任，一方面，受托人处理委托事务取得的财产应当转交给委托人，即本案中成功交易的5笔交易金额（扣除银行手续费），新地中心应当支付给塔园路营业部；另一方面，因委托事务产生的损失应当由委托人承担，如因受托人的重大过失导致，受托人亦应当承担相应的法律责任，即对于本案中因发卡行拒付而产生的20笔扣款（包括银行手续费），系委托收款事项产生的损失，应当首先由委托人塔园路营业部承担，如新地中心存在重大过失，则应就相应的损失承担责任。

第二，原告新地中心在受托收取机票款的过程中，存在重大过失。理由如下：1.被告塔园路营业部委托新地中心收取机票款，约定的支付方式是信用卡“无卡无密”支付方式。所谓“无卡无密”，是指操作人员通过POS机上的按键手工输入相关信用卡卡号，通过网络获得授权进行信用卡交易的支付方式。该支付方式并非通过卡槽读取信用卡信息，因此无须使用信用卡卡片及密码，也无须持卡人本人到场，可以由操作人员通过电话、传真等方式核实信用卡的卡号、持卡人姓名、签名、CVV码等相关信息，进行手工输入刷卡。该支付方式虽然符合银行卡协议中关于必须通过受理银行卡电子设备完成受理交易的规定，是合法允许的信用卡交易方式，但由于其交易过程中无法对信用卡、签名等进行真伪辨别，与持卡人当面通过卡槽刷卡的支付方式相比，存在较高的交易风险。2.新地中心与中行苏州分行之间签订有银行卡协议，就受理境外卡进行业务合作。依据银行卡协议，POS机具的责任人员必须经中行苏州分行的专业培训方能受理业务，需严格遵守受理操作流程。因此，新地中心的操作人员均是受过专业培训的，对境外银行卡的受理条件、操作流程、风险防范和控制等相关专业知识应当具有较高的掌握程度，其对于“无卡无密”支付方式的交易风险是应当知晓的。3. 本案中，新地中心未将该支付风险及可能产生的后果向塔园路营业部作相应的提示。当事人应当遵循诚实信用原则，根据合同的性质、目的和交易习惯履行通知、协助、保密等义务，新地中心在受托处理收款事务的过程中，未能尽到相应的注意义务，就其应当知晓的支付风险提示委托人，其行为存在重大过失。

第三，被告塔园路营业部的行为是损失发生的主要原因，对损失的发生具有较大的原因力；原告新地中心的过失行为是损失发生的次要原因，对损失的发生具有较小的原因力。本案中，分析新地中心和塔园路营业部行为对扣款损失的发生各自起到多大的作用，应当从整个事件发生的全过程来看。一方面，新地中心接到国外客户的预订机票要求后即告知塔园路营业部，由塔园路营业部与客户直接联系洽谈订票事宜。因此，该票务交易是发生在塔园路营业部与国外客户之间，而非新地中心与国外客户之间。塔园路营业部作为基础票务交易的当事方，应当对自身通过合同确定的权利、义务、法律后果承担相应的注意义务。其既有责任对交易相对方的选择、交易的开展和继续、交易方式、交易风险等重要因素进行独立而审慎地判断和决定，也有义务对交易相对方的身份、信用、提交的文件的真伪、可信度等进行审查。而从25笔票务交易的情况来看，国外客户所订机票均系国际航班，指定交易方式为信用卡支付方式，且其订购人、持卡人均系不同的外国人，亦非新地中心的住店客人，交易风险较大。塔园路营业部既未谨慎核实客户身份、审查客户信用度，也未对上述非正常情况予以充分考虑，即与之进行票务交易。交易对象的错误选择是导致最终损失发生的决定性因素。另一方面，塔园路营业部并非银行的特约商户，对上述银行卡协议并不知晓，其人员对于境外卡业务受理、结算流程及风险控制等方面未经专业培训，专业知识掌握程度较低，因此对“无卡无密”支付方式的交易风险缺乏认知。新地中心未对该支付风险予以应有的提示，使得塔园路营业部在确认收单行支付票款后即认为交易完毕，从而影响到其对订票客户信用度、交易安全性的判断，推动了事件的发生，是损失发生的次要原因，对损失的发生具有较小的原因力。

综上所述，法院认为，综合考虑原因力大小和过错程度，原告新地中心在受托处理收款事务的过程中，存在重大过失，但该过失行为对损失结果具有的原因力较小，再结合其无偿接受委托的情况，酌情认定其承担20%的损失。故而，因发卡行拒付给新地中心造成的扣款损失（包含为交易支付的银行手续费）总计832953元，被告塔园路营业部应承担666362.40元（即80%的损失），新地中心应承担166590.60元（即20%的损失）。关于本诉，法院认为，扣除银行手续费，25笔交易实际金额为1001318.82元（1007363×99.4%），塔园路营业部应承担的损失数额为666362.40元，则新地中心应支付给塔园路营业部的数额为334956.42元（1001318.82－666362.40）。而新地中心已向塔园路营业部实际支付834530.59元，故塔园路营业部应给付新地中心499574.17元（834530.59－334956.42）及利息（自起诉之日起按照银行同期贷款利率计算至判决生效之日）。另，塔园路营业部系被告文化国旅公司设立的无独立法人资格的分支机构，故文化国旅公司应对塔园路营业部的上述债务不能清偿部分承担补充清偿责任。关于反诉，法院认为，反诉请求中包括的交易金额为上述交易列表中第22、23、24笔的交易额，其中第22、23笔均因没有授权交易被中行苏州分行作扣款处理，第24笔交易成功。该3笔交易均包含在本诉的处理中，从25笔交易的整体来计算，塔园路营业部尚需给付新地中心499574.17元，故反诉请求中包含的交易金额新地中心无须另行支付。

据此，依照《中华人民共和国合同法》第六十条、第四百零六条之规定，江苏省苏州市虎丘区人民法院于2011年6月3日作出判决：

一、被告塔园路营业部于判决生效后十日内给付原告新地中心款项499574.17元及利息（自起诉之日起按照银行同期贷款利率计算至判决生效之日止）。

二、被告文化国旅公司对被告塔园路营业部上述第一项债务不能清偿部分承担补充清偿责任。

本诉案件受理费10762元，由原告新地中心负担2000元，被告塔园路营业部、文化国旅公司负担8762元，反诉案件受理费1288元，由文化国旅公司负担。如果未按照判决指定的期间履行给付金钱义务，应当依照《中华人民共和国民事诉讼法》第二百二十九条①的规定，加倍支付迟延履行期间的债务利息。

〔当事人上诉及答辩意见〕

文化国旅公司不服一审判决，向苏州市中级人民法院提起上诉称：一、本案原审过程中法院未追加中行苏州分行参与诉讼，也未对中行苏州分行的扣款行为进行审查。本案的起因是由于中行苏州分行的核销扣款行为，仅凭一审中被上诉人新地中心的证据，无法证明中行苏州分行上述行为是否具有合法性。如果中行苏州分行无权划扣相应款项，则新地中心应向中行苏州分行追索权益。二、原审认定一审被告塔园路营业部借用新地中心POS机进行刷卡消费，形成塔园路营业部委托新地中心收取票款的委托关系是错误的。实际上，塔园路营业部是以新地中心“商务中心”的名义开展业务工作。在新地中心的日常运营中，对于需要订票的客人，均是答复到营业中心办理，酒店在礼宾台也设置了“旅游、订票青岛商务中心”字样的提示牌。塔园路营业部充当了新地中心这一五星级酒店必须具备的订票服务部门的角色。三、原审法院关于塔园路营业部、新地中心与本案损失发生的因果关系认定错误。本案中，所有的刷卡业务都是由新地中心经办的，塔园路营业部均未参与。对于这一过程风险的控制，也应该由新地中心来把握。但是因为新地中心的疏忽及过错造成的损失，其责任应全部由新地中心承担。因此，原审法院认定的塔园路营业部的

---

① 对应2012年《民事诉讼法》第二百五十三条。

行为是损失发生的主要原因，新地中心的行为是损失发生的次要原因是错误的。四、新地中心对于损失的扩大应承担全部责任。本案中，中行苏州分行于2010年1月21日、1月26日、1月29日均向新地中心发出通知，告知存在问题交易并于1月29日发出警示。新地中心直至1月29日才终止了交易，期间又发生了多笔刷卡交易，并发生了二十多万的损失。上述损失的发生是由于新地中心过错造成，应由新地中心承担全部责任。故请求二审法院撤销一审判决，依法改判。

被上诉人新地中心答辩称：一、中行苏州分行并无必要追加为本案第三人，中行苏州分行与新地中心签订的境外银行卡业务合同真实有效，上诉人文化国旅公司在一审中对该协议的真实性也没有异议。中行苏州分行根据该协议24条规定，签购单没有得到持卡人确认，中行有权将交易款项扣回。银行根据该条规定扣回交易款项，没有任何争议，因此在本案中并无必要追加中行苏州分行。二、一审法院对于双方业务关系的认定是完全正确的。文化国旅公司在上诉状中宣称新地中心委托一审被告塔园路营业部进行订票业务，这个说法是完全错误的。新地中心客人需要订票，新地中心也只是将其接到塔园路营业部处，由客人和塔园路营业部直接进行洽谈，客人支付现金的，也是由客人直接支付塔园路营业部。本案中的实施人Steven根本不是酒店的客人，也没有到酒店住宿，其订购机票的行程、日期、乘坐人都是直接与塔园路营业部进行洽谈的，因此不存在酒店委托购买的事实，显然新地中心只是受塔园路营业部的委托代为其收取机票款，原审法院对此事实认定正确。三、塔园路营业部没有审查购票人的身份、授权书、信用卡，是造成本案最终损失发生的决定性因素，由于购票人是直接与塔园路营业部发生业务联系，购票人也是将授权书、信用卡首先交给塔园路营业部，因此塔园路营业部没有做好审查工作直接导致了损失的发生；四、文化国旅公司认为银行调单，新地中心应该控制业务的发生，这个说法与实际情况不符。中行苏州分行在与酒店信用卡业务的合作中，经常进行调单，并不仅是本案所涉及的业务才进行调单，根据双方签订的业务合同约定，并不是业务出现交易异常银行才有权进行调单，银行根据合同的约定随时可以进行调单。不仅如此，本案诉争的交易中，银行也进行了调单，这些调单也并不完全是有问题的，有些交易是正常的；五、原审法院认为新地中心没有将无卡无密的交易方式的风险告知上诉人，因此认为新地中心存在重大过失。尽管新地中心没有上诉，但是原审法院这个认定是不恰当的。无卡无密交易方式是银行许可的交易方式，因此塔园路营业部到新地中心处进行这种交易无可厚非；新地中心酒店自身这类交易方式也大量发生，但是至今没有发生类似事件，因此，只要核实好持卡人的身份、授权委托书和信用卡是不会发生此类风险的。因此新地中心并无过错，更谈不上重大过失，请二审法院在二审中在此问题上予以纠正。

〔二审查明的事实〕

苏州市中级人民法院经二审，确认了一审查明的事实。

二审中，法院要求被上诉人新地中心和上诉人文化国旅公司对于中行苏州分行出现拒付后的调单情况进行补充说明。新地中心对此述称：酒店财务在收到银行调单通知函时，电话通知文化国旅公司要求其将银行所要的资料备齐，传真给银行。银行分别在2010年1月21日、26日、29日，2010年2月进行调单，要求提供客人刷卡信息、客人消费信息、借用POS机的情况。文化国旅公司于1月27日向银行提供了借用POS机的说明，并于2010年2月1日提供了客人消费资料。银行在酒店的常规业务中也经常调单，在酒店的自身刷卡业务中也没有出现过银行扣款和核销的情况。即使是在文化国旅公司的这些调单业务中，也有部分业务正常付款完毕。文化国旅公司对此述称：2010年1月29日，文化国旅公司收到新地中心转交的调单通知后，同日中行来人至营业部要求提供问题交易所涉及的文件，营业部已将签购单原件全部提供中行，并于2010年1月29日向苏州市公安局经侦支队报案。文化国旅公司对于问题交易的操作流程陈述为：由客户通过电子邮件向营业部发出订票需求，并将授权书、银行卡以电子邮件附件的方式发给营业部，营业部打印出来后，交由新地中心的工作人员使用POS机刷卡并打印出签购单。签购单原件交给营业部，复印件由新地中心留底。新地中心的工作人员告知签购单从POS机中打印出来即为刷卡成功，营业部即出票给客户。出票后，营业部不定期地将近期的几笔交易汇总，至新地中心财务处报账，新地中心财务处将营业部报账明细与留底的签购单复印件审核无误后即将相关款项支付给营业部账户。

二审另查明，2011年2月28日，文化国旅公司向苏州市高新区（虎丘）工商行政管理局申请注销塔园路营业部，2011年3月2日，工商部门对塔园路营业部办理了注销登记。

〔二审裁判理由与结果〕

苏州市中级人民法院审理认为，本案的争议焦点在于：一、与国外客户形成票务服务合同关系主体是被上诉人新地中心还是一审被告塔园路营业部；二、新地中心提供POS机进行信用卡收款结算业务，与塔园路营业部形成何种法律关系、新地中心是否应就20笔问题交易的扣款承担责任；三、若新地中心应承担责任，则承担责任的范围认定问题。

关于争议焦点一，本案所涉的相关订票业务发生在一审被告塔园路营业部和国外客户之间。虽上诉人文化国旅公司对此主张，塔园路营业部租赁被上诉人新地中心场地、统一穿新地中心制服并在礼宾台设立“旅游、订票请至商务中心”的标牌，构成五星级宾馆的必备服务，国外客户也是新地中心介绍来的，因而塔园路营业部是受到新地中心委托与国外客户发生订票业务行为，责任应由新地中心承担。但在本案中，国外客户在与新地中心联系时，新地中心已经明确告知客户酒店预订部无法提供预订机票服务，并向客户提示了可以直接联系苏州文化国旅公司在新地中心的营业部，并向国外客户告知了塔园路营业部的联络方式，新地中心也将邮件转发给了塔园路营业部。最终所有的票务联系、磋商工作均在国外客户和塔园路营业部之间完成，双方也知晓票务服务合同相对人。根据文化国旅公司二审中的交易流程陈述也证实了这一点。新地中心介绍国外客户订票业务给塔园路营业部的行为，属于履行双方《补充协议》中优先向承租方介绍订票业务的约定的行为，塔园路营业部也是以自己的名义为国外客户提供机票订票，成为票务服务合同的主体。因此，上诉人关于塔园路营业部是受新地中心委托而与国外客户进行订票业务的主张缺乏法律和事实依据，票务服务合同关系的主体为塔园路营业部和国外客户。

关于争议焦点二，首先，在信用卡收款结算行为上，一审被告塔园路营业部借用被上诉人新地中心的POS机进行操作，与新地中心形成事实上的无偿委托合同关系。塔园路营业部在为国外客户订购机票提供服务的过程中，因自身没有向银行申请安装POS机，因此在信用卡收款时借用新地中心的POS机向银行申请付款。在本案境外发卡行遭国外客户拒付发生时，新地中心已经将塔园路营业部申请付款的21笔交易金额在扣除银行收取的手续费后支付给塔园路营业部，新地中心未对POS机的使用向塔园路营业部收取任何费用或者佣金，因此塔园路营业部委托新地中心代其向银行结算相关款项属于无偿委托关系。新地中心作为受托人，处理有关信用卡请求支付结算事项，其行为的法律后果归于委托人塔园路营业部。在受托人存在故意或重大过失给委托人造成损失时，受托人应承担赔偿损失的责任。

其次，被上诉人新地中心在受托完成POS机进行“无卡无密”方式请求支付操作时，未尽到谨慎义务和风险提示义务，存在重大过失。“无卡无密”的支付方式，与持卡通过卡槽刷卡的方式相比存在着更高的风险。新地中心与中行苏州分行签订的《中国银行股份有限公司与特约商户受理境外银行卡业务合作协议》，专门就特约商户接受境外银行卡应审查的事项、受理条件、不同方式付款时的操作流程进行了详细的规定，如该协议第二十条规定，特约商户在接受申请刷卡的境外信用卡时，必须核实银行卡完好无损，无任何形式涂改或更改；核实该银行卡面上相应之激光图及该激光图并没有破损或模糊；并要求在一般情况下使用受理银行卡电子设备完成受理交易。如若出现如通信线路发生故障等情况下，特约商户进行手工压单操作时，必须通过电话向银行取得电话授权，银行机型记录；将境外银行卡在签购单上进行压印，并填写金额、日期等要素，而且要求取得持卡人签名，和此卡背面的签名进行核对一致后方可受理。协议还明确，特约商户在使用银行卡受理电子设备的条件下，应采用联机方式受理境外银行卡，不必持卡人出示身份证件；但若采取手工压单操作时对持卡人身份有怀疑或对该交易有怀疑，或者是酒店类商户，则必须要求持卡人出示身份证件，并注明证件名称和号码。可见获得银行的境外信用卡的特约商户资格，意味着应掌握包括“无卡无密”在内的各种信用卡结算方式、操作流程和应审查事项，具备一定的专业知识和风险防范能力，且手工压单、无卡无密等操作方式就联机刷卡操作而言特约商户操作时要求了更严格的程序。境外信用卡结算业务不同于一般的委托事务，因涉及国际结算业务的复杂性和专业性，新地中心获得中行的特约商户结算资格是中行基于对其风险防控能力的信任；而新地中心在POS机收款方面受到一审被告塔园路营业部委托，也是塔园路营业部基于对其长期进行境外信用卡交易的金融专业技能的信任。因此，新地中心对信用卡刷卡特别是"无卡无密"等非一般正常联机刷卡方式应当履行谨慎审核与风险提示的义务。本案中，国外客户伪冒卡进行交易的行为，非POS机进行"无卡无密"结算行为无法成就，而新地中心作为获得专业培训、掌握专业知识并常年进行POS机刷卡及信用卡支付的受托人，未对涉案的25笔交易的授权书、身份证明和签字进行谨慎审核，也未提示委托人塔园路营业部"无卡无密"支付方式存在的风险，因此在处理委托事务方面存在重大过失。因此，新地中心认为自身不存在过失而不应承担责任的主张，缺乏事实和法律依据。

关于争议焦点三，首先，因被上诉人新地中心的过失行为应对损失承担次要责任。就本案出现拒付的20笔问题交易的损失产生原因而言，存在国外客户的伪冒卡的交易行为、一审被告塔园路营业部的行为以及新地中心的过失行为三个因素，应根据各自对于损害的产生原因力的不同而承担不同的责任。国外客户的伪冒卡的交易行为是损失产生的最直接原因，而塔园路营业部交易时未对交易对象进行甄别选择和审慎判定应对损失的产生承担主要责任。在2009年12月17日到2010年1月29日短短一个多月的时间里，境外同一客人频繁通过邮件形式，向塔园路营业部订购不同国家之间的航班机票共计25笔，平均每天就有1笔，单笔数额最少6千余人民币，最多达7万余人民币；且订购人与持卡人为不同的外国人，又未进入我国国境，经常在国际机场之间流转。而塔园路营业部对这一异常情况未产生任何合理怀疑，未谨慎审查客户的身份和信用程度，持续与其发生交易，因此塔园路营业部对交易对象的审查不严是导致损失产生的主要原因，应承担主要责任。另外，对于塔园路营业部而言，未受国际信用卡特约商户的专门培训，掌握境外卡的业务受理、结算流程以及风险控制等专业知识程度有限。作为受托进行境外卡收款的新地中心，未对"无卡无密"交易进行谨慎审查和风险提示，是导致20笔拒付业务损失的次要原因。

其次，本案中被上诉人新地中心不存在未及时通知导致损失扩大的情形。中行苏州分行于2010年1月21日、1月26日两次向新地中心发放调单通知，新地中心通知了一审被告塔园路营业部，塔园路营业部于2010年1月27日向中行苏州分行出具借用新地中心POS机的声明一份。2010年1月29日，中行苏州分行再次向新地中心发出通知，并在通知中明确："商户在短时间内出现多笔问题交易，反映商户对问题卡的警觉性非常薄弱，已成假卡集团下手目标，另在近期发现的假卡多为国外信用卡……要求加强保安检查程序，阻止伪冒卡交易继续发生。"新地中心于收到通知当日即通知了塔园路营业部，中行苏州分行也专门到塔园路营业部要求提供就问题交易所涉及的文件，塔园路营业部也就此问题于当日向公安机关报案。因此，在本案中行苏州分行开始调单的过程中，新地中心已经按照中行苏州分行的相关要求通知实际交易主体塔园路营业部提供调单所需的交易凭据，并在中行苏州分行警示存在假卡问题时，于当日通知了塔园路营业部。上诉人文化国旅公司主张的新地中心因未及时通知导致损失扩大，而应对损失扩大部分承担的全部责任，证据不足，不予成立。

综合上述情况，原审法院综合考虑各方在损失上的过错和原因，结合被上诉人新地中心在受托收款中属于无偿委托的情况，酌定新地中心承担20%的发卡行拒付损失并无不当。

此外，根据被上诉人新地中心与中行苏州分行签订的《中国银行股份有限公司与特约商户受理境外银行卡业务合作协议》中第二十四条明确约定，签购单项目不准确，或没有得到持卡人或发卡银行的确认时，中行苏州分行有权在新地中心其后交易款项中将问题交易所涉款项予以扣回。上诉人文化国旅公司对于《中国银行股份有限公司与特约商户受理境外银行卡业务合作协议》真实性也予以确认。结合新地中心提供的《银行扣款明细》与《银行扣款核销明细》，可以认定中行苏州分行已经将问题交易的相关款项对新地中心予以扣回。本案涉及的实为新地中心与文化国旅公司在完成委托事务过程中遭受损失的分担问题，新地中心已举证证实损失确实存在，故对于文化国旅公司主张的应将中行苏州分行作为当事人追加的上诉主张，不予支持。

综上，原审判决认定事实清楚，适用法律正确。上诉人文化国旅公司的上诉请求缺乏法律和事实的依据，不予支持。本案因出现一审被告塔园路营业部被工商部门注销之情形，属新的事实，且塔园路营业部系文化国旅公司设立的无独立法人资格的分支机构，被工商部门注销后相关责任应由文化国旅公司承担。故对一审判决的相关责任主体依法予以调整。

据此，苏州市中级人民法院依照《中华人民共和国合同法》第六十条、第四百零六条，《中华人民共和国民事诉讼法》第一百五十三条第一款第（三）项①之规定，于2011年11月30日判决：

一、撤销苏州市虎丘区人民法院（2010）虎商初字第0457号民事判决。

二、上诉人文化国旅公司于本判决生效后十日内给付被上诉人新地中心款项499574.17元及利息（自起诉之日起按照银行同期贷款利率计算至判决生效之日止）。

一审本诉案件受理费10762元，由被上诉人新地中心负担2000元，上诉人文化

---

① 对应2012年《民事诉讼法》第一百七十条第一款第（二）、（三）项，规定："（二）原判决、裁定认定事实错误或者适用法律错误的，以判决、裁定方式依法改判、撤销或者变更；（三）原判决认定基本事实不清的，裁定撤销原判决，发回原审人民法院重审，或者查清事实后改判；"

国旅公司负担8762元，一审反诉案件受理费1288元，由文化国旅公司负担。二审案件受理费10762元，由文化国旅公司负担。

本判决为终审判决。

规则17：当事人因解除委托合同而应承担的民事赔偿责任，仅限于给对方造成的直接损失

——上海盘起贸易有限公司与盘起工业（大连）有限公司委托合同纠纷案①

【裁判规则】

根据《合同法》第410条规定，委托人或者受托人可以随时解除委托合同。因解除合同给对方造成损失的，除不可归责于该当事人的事由以外，应当赔偿损失。但是当事人基于解除委托合同而应承担的民事赔偿责任，不同于基于故意违约而应承担的民事责任，前者的责任范围仅限于给对方造成的直接损失，不包括对方的预期利益。

【规则理解】

一、委托合同解除的赔偿原则

（一）合同解除的内涵及种类

合同解除是指在合同有效成立以后，当解除的条件具备时，因当事人一方或双方的意思表示，使合同关系自始或仅向将来消灭的制度。依我国《合同法》的规定，合同解除包括协议解除和行使解除权的解除。协议解除，是指双方通过协商同意而解除合同。解除权是指合同当事人可以解除合同的权利，它的行使能发生合同解除的法律后果。根据解除权发生的原因，解除权分为法定解除权和约定解除权。法定解除权，是指根据法律规定而产生的解除权，即法律在一定情形下赋予当事人的解除合同的权利。约定解除权，是指基于合同双方当事人的约定而发生的解除权。法定解除权依其适用范围的不同，可分为一般法定解除权与特殊法定解除权。前者是对各种合同都能适用的解除权，后者则是法律针对某种合同类型而规定的解除权。在特殊法定解除权中，法律规定某些合同的一方或双方当事人可以不根据任

① 《中华人民共和国最高人民法院公报》2006年第4期，最高人民法院民事判决书。

何理由，仅基于自己的意思即可将合同解除的权利，即为任意解除权。《合同法》第 94 条规定："有下列情形之一的，当事人可以解除合同：（一）因不可抗力致使不能实现合同目的；（二）在履行期限届满之前，当事人一方明确表示或者以自己的行为表明不履行主要债务；（三）当事人一方迟延履行主要债务，经催告后在合理期限内仍未履行；（四）当事人一方迟延履行债务或者有其他违约行为致使不能实现合同目的；（五）法律规定的其他情形。"该规定明确了当事人有权解除合同的情形，其中第 1 ~4 项即属于一般法定解除权产生的情形。

（二）委托合同解除的内涵及赔偿原则

委托合同具有不同于其他类型合同的特点，体现在以下几个方面：

1. 委托合同的订立以委托人与受托人之间信赖为基础。相对于其他有名合同，委托人选定受托人为其处理事务，是基于对受托人的信赖，相信其能够处理好委托的事宜。而受托人接受委托也同样是对委托人的信赖，愿意为委托人服务。如果没有双方当事人相互之间这种信赖关系，委托合同就不可能建立，或者虽然建立了委托合同关系，也难以巩固、稳定。因而在委托合同关系成立并生效后，如一方对另一方产生了不信赖，可随时终止委托。就委托合同的履行而言，这种信赖关系要求受托人须亲自处理委托事务，非经委托人同意授权或在紧急情况下为保护委托人的利益不受损害的需要，受托人不得转委托他人办理委托事务。

2. 委托合同可以是有偿的，也可以是无偿的。我国《合同法》第 406 条第 1 款不仅承认无偿的委托合同，也承认有偿的委托合同。

3. 委托合同是诺成、不要式合同。"委任因意思表示一致而成立，无须交付，亦不用特定方式，故委任为诺成契约，而且除特别法另有规定外，亦为不要式契约。"① 也就是说，委托合同的当事人意思表示一致，合同即告成立。不须另以物的交付或当事人实际履行作为合同成立要件。此外，按照合同自由原则，当事人可以根据实际情况选择适当的形式对权利义务进行约定，既可口头形式也可书面形式。

4. 委托合同是典型的劳务给付合同。委托人和受托人订立委托合同的目的在于通过受托人处理特定的事务实现委托人所追求的结果。委托合同是一种典型的提供劳务的合同，其标的是行为而不是物。

《合同法》第 410 条规定："委托人或者受托人可以随时解除委托合同。因解除合同给对方造成损失的，除不可归责于该当事人的事由以外，应当赔偿损失。"此即任意解除权。之所以赋予委托合同双方当事人以任意解除权，是因为委托合同是建立在委托人和受托人相互信任的基础上，若这种信任基础动摇，则坚持合同可能

---

① 邱聪智：《新订债法各论》（中），中国人民大学出版社 2006 年版，第 145 页。

有害无益。授予委托合同当事人以任意解除权系立法通例。如《法国民法典》第2004条规定："委托人得任意撤销其委托授权。"《荷兰民法典》第7：408（1）条规定，被代理人或委托人可以在任何时候终止与受托人之间的关系。在英格兰，委托人有权在任何时候解除与受托人之间的关系，即便是构成违约，也只承担损害赔偿责任。《欧洲示范民法典草案》第6：101条规定："任意一方任何时候都可以解除合同。"我国《合同法》第410条亦采取了此种立法例。

委托合同有民事委托和商事委托之分。民事委托合同大多为无偿、不要式合同，所以，当事人解除委托合同后，对方当事人可能并不会产生损失。但是，商事委托合同的常态是有偿合同、要式合同，有的受托人专为委托事项而成立公司来经营委托事务，有的为完成委托事务而改变自己的经营方向、经营领域，有的为完成委托事务要投入大量的人力和物力来开拓市场、联系客户等。所以，一旦委托人随时解除合同，就给受托人带来重大损失，甚至导致公司终止。[①] 因此，虽然合同法赋予了委托人和受托人任意解除权，但为了保障对方的利益，避免或减少任意解除权的滥用，《合同法》同时规定了合同解除后的赔偿问题，即：因解除合同给对方造成损失的，除不可归责于该当事人的事由以外，应当赔偿损失。

二、任意解除权的行使方式

法律虽然赋予了委托合同的双方当事人任意解除权，但是只有在当事人实际行使了相关的权利之后，委托合同关系才能够实际解除，这就是说，行使解除权的一方当事人必须通知相对方，才能够产生合同解除的效果。例如，《德国民法典》第671条规定："（1）委托人可以随时撤回委托，受委托人可以随时通知终止委托。（2）受委托人仅得以使委托人能够对事务的处理另作处置的方式通知终止委托，但有不适时地通知终止委托的重大原因的除外。在没有此种原因的情况下，受委托人不适时地通知终止委托的，必须向委托人赔偿由此发生的损害。"我国《合同法》也采纳了此种做法，该法第96条规定，当事人一方解除合同的，应当通知对方，原则上"合同自通知到达对方时解除"。由此可见，任意解除权必须以通知的方式行使，通知到达才能够产生合同解除的效果。解除权性质上为形成权，故而大陆法系民法大多规定解除权需要在合理期间内行使。我国《合同法》第95条也强调了当事人应当在法律规定或者当事人约定的解除权行使期限内行使解除权，否则，解除权消灭。没有法定或者约定解除权行使期限的，权利人应当在对方催告后的合理期限内行使权利。

---

① 参见崔建远：《合同解除的疑问与释答》，载《法学》2005年第9期。

三、委托合同解除的后果

委托合同因委托人或受托人行使任意解除权而解除后，除了发生一般合同解除的各种效果外，还会产生报酬请求权及赔偿损失的后果。

（一）报酬请求权

《合同法》第405条规定，因不可归责于受托人的事由，委托合同解除或者委托事务不能完成的，委托人应当向受托人支付相应的报酬。依据这一规定，在委托合同解除后，受托人也可能享有报酬请求权。不过，我们认为，应当区分委托合同的有偿和无偿而定，如果是无偿的委托关系，根本就不存在报酬问题。就有偿委托合同而言，则应当依据上述规定，进一步确定是否“因不可归责于受托人的事由”而导致合同解除的。所谓不可归责于受托人的事由，是指合同解除系因委托人的原因或者不可抗力导致合同被解除，而受托人对合同解除没有过错。在此情况下，如果受托人确实已经完成了全部或者部分事务，理应获得报酬。需要指出的是，受托人的报酬请求权应当与其完成的工作相适应。也就是说，受托人完成了部分工作的，才能请求支付相应的报酬；如果受托人根本没有完成工作，则即便因不可归责于受托人的原因而使合同解除，其也不能请求支付报酬。

（二）赔偿损失

《合同法》第410条规定，因解除合同给对方造成损失的，除不可归责于该当事人的事由以外，应当赔偿损失。根据本条的规定，在解除合同后，如果一方当事人因为这种任意解除合同的行为造成了对方当事人的损害，还需要承担相应的损害赔偿责任。法律允许当事人行使任意解除权，但可通过损害赔偿制度对因任意解除而给对方当事人造成的损失予以赔偿。损害赔偿责任的构成要件是：第一，一方行使任意解除权。此处所言的赔偿，只适用于委托合同中一方行使任意解除权的情形，至于一方依《合同法》第94条行使法定解除权导致的损害，则不适用本条规定。第二，必须因解除合同给对方造成损失。委托合同的一方当事人在不利于对方当事人的时期解除委托合同而造成对方损失的，应当承担赔偿责任，所谓不利于对方当事人的时期，就不利于委托人方面而言，当受托人在未完成委托事务的情况下解除合同时，委托人自己不可能亲自处理该项事务，而且又不可能及时找到合适的受托人代他处理该委托事务而发生损害的情形；就不利于受托人方面而言，是指由于委托人在受托人处理委托事务尚未完成前解除了合同，使受托人因不能继续履行义务而少获的报酬。第三，不存在可归责于主张损害赔偿一方的当事人的事由。这就是说，在一方行使任意解除权解除合同之后，另一方主张损害赔偿的，要求赔偿的一方须对合同的解除不存在过错。如果解除是因为主张赔偿的一方的过错所导致的，则其不能主张此项损害赔偿请求权。只要解除合同的一方对合同的解除没有过错，那么他就不对对方当事人的损失负责，而无论合同的解除是否应归责于对方当事人、第三人或不可抗力。当事人基于解除委托合同而应承担的民事赔偿责任，不同于基于故意违约而应承担的民事责任，前者的责任范围仅限于给对方造成的直接损失，不包括对方的预期利益。

【拓展适用】

一、《合同法》第410条规定的任意解除权与一般法定解除权的区别

我国《合同法》第268条规定承揽合同中的定作人享有任意解除权，第410条规定委托合同中的委托人和受托人双方均享有任意解除权。该两处关于任意解除权的规定，是我国《合同法》分则中规定的若干有名合同的特殊法定解除权的一部分。综观我国《合同法》分则，共有20余条规定了各种有名合同的解除权，其中绝大部分是《合同法》总则中规定的一般法定解除权尤其是因违约而产生的法定解除权在各种有名合同中的具体化，从解除的类型和所体现的法理上并没有突破《合同法》总则的规定。但是第268条和第410条所规定的任意解除权，不以对方违约为前提，解除权人可不具理由地任意解除合同，但一般须向对方赔偿损失，从而完全不同于《合同法》总则中规定的一般法定解除权，应认为是《合同法》总则关于一般法定解除的规定所不能涵盖的特殊制度。我国《合同法》第94条对一般法定解除权作出了规定，即因违约而产生的解除权和因不可抗力而产生的解除权。此项法定解除权，适用于《合同法》调整范围内的所有合同类型。而委托合同的任意解除权在性质上属于特殊的法定解除权，应属于"法律规定的其他情形"。两者的区别在于：

（一）解除权行使的限制不同

一般法定解除权的行使有严格的法律界限，限于法律明确规定的违约、不可抗力等几种情形，只有满足情形才能行使解除权；任意解除权则没有这种限制，不需要法定的原因就可以任意行使。

（二）解除权的行使效果不同

虽然两种解除权的行使均可达到将合同解除的效果，但两种解除权在行使效果上截然不同。行使一般法定解除权可依据《合同法》第97条要求对方赔偿自己的损失；而行使任意解除权却不同，除不可归责于该当事人的事由以外，因行使解除权给对方造成损失的，应当赔偿。

（三）举证责任分配不同

在举证责任的分配上，选择行使一般法定解除权的合同当事人需要举证，证明对方存在法律规定符合解除条件的情形，同时还要证明自己的损失；而任意解除权的行使人不需要举证证明原因及损失，反倒是被任意解除一方如认为对方的解除行为给自己造成损失，需要承担举证责任。

（四）适用范围不同

一般法定解除权是《合同法》总则中规定的解除权，包括因违约而产生的解除权和因不可抗力而产生的解除权，适用于各种类型的合同。只要具备合同解除的条件，就可以行使该项法定解除权。而从立法例上看，任意解除权的适用领域是有限的，只适用于特定领域的合同。在大陆法系各主要国家或地区的民法或债法中，对承揽合同和委托合同均规定了任意解除权，且均规定承揽合同中定作人一方享有任意解除权，委托合同中双方当事人均享有任意解除权。而承揽合同和委托合同均为较典型的提供劳务的合同。

二、委托合同任意解除权行使赔偿责任范围的界定

从大陆法系主要国家的立法来看，不论是规定委托为无偿的德国、法国，还是规定委托可为无偿也可为有偿的其他国家如日本、瑞士、意大利等，均未明确规定委托合同中任意解除权行使所须赔偿损失的范围。

关于委托合同任意解除权行使导致的赔偿责任的性质，学说上有不同见解。①第一种学说认为，如果没有不得已的事由，在对相对人不利之时期终止合同，对于以相对人信任为基础的委托合同，为权利的滥用和合同义务的违反，所以应负债务不履行责任，应进行积极损害（履行利益）之赔偿；第二种学说主张赔偿范围为不利时期终止的直接损害，消极损害（信赖利益）不在其内；第三种学说主张赔偿范围为因不利时期终止所成立的损害，例如，事务因受托人突然辞退而不能进行处理，委托人因没有充分时间选任新的受托人以代替处理事务，所以，不得不使用较高报酬及较差的其他劳务的情况所受到的损害，但是受托人不就全部履行利益负责。由此可见，对委托合同的任意解除的赔偿范围，学说上存在分歧。我们认为，分歧的一个重要原因即在于委托分为无偿委托和有偿委托两种情形，两种委托具有不同特性。就有偿委托而言，包括可以任意解除的商事委托，因其具有有偿和双务的特性，在任意解除时以赔偿履行利益为宜。尤其是其中的承揽型委托，具有承揽的部分特征，对于学者提出的对其准用承揽合同规定的见解，颇值赞同。而对于无偿委托，由于委托合同只为委托人的利益，受托人并无合同利益，在委托人任意解除委托时，自无须对受托人进行赔偿。当受托人在不利于委托人的时期解除委托从

① 以下几种学说请参见史尚宽：《债法总论》，中国政法大学出版社2000年版，第411~412页。

而对委托人造成损害时，其损害赔偿可采上述委托合同任意解除损害赔偿的第三种学说，赔偿因合同终止所成立的损害，即若不于此时终止，他方即可不受该项损害，但不包括委托继续之利益的赔偿，受托人不就全部履行利益负责。在受托人无偿为委托人提供劳务的情形下，若令其在解除委托时须对委托人的履行利益进行赔偿则无疑对受托人过于严苛，与委托的无偿性不符。因此，对无偿合同的任意解除，应赔偿对方因合同的任意解除所受的损害，但不包括可得利益的赔偿。

三、任意解除权的抛弃

在我国司法实践中，当事人在委托合同中订立抛弃解除权的特别条款经常出现，如当事人在委托合同中约定“非有重大理由不得终止或者解除”。对于此类条款的效力应如何认定，即任意解除权能否被抛弃意见不一。有的法院认为，从尊重当事人意思自治的角度出发，可以认为当事人的约定是排除了随时解除权的适用。当然，也有法院认为当事人限制解除的约定是无效的，违反了法律的强制性规定。因而，即便是约定了无重大理由不得解除，当事人也应享有解除权，可以随时解除委托合同。

在我国理论界，学者对此问题存在三种观点：

1. 无效说。持这种观点的学者认为，“法律关于委托、承揽等类型合同任意解除的规定，是强行规定，当事人以特约抛弃解除权，等于排除该规定的适用，应一律无效……立法既然规定了任意解除权，就不应再禁止权利人解除合同，包括通过支持对任意解除权抛弃的特约，间接地对当事人进行捆绑”①。

2. 有效说。如有学者认为，“基于合同自由或自愿原则，在不违反法律的强制性规定或公序良俗原则的情况下，当事人也可通过特约对当事人的任意解除权加以限制或排除”。② “约定排除《合同法》第410条规定的任意解除权，若与现代法律关于人身自由、行为自由的伦理相悖，则该约定无效，无论是委托人还是受托人，都有权援用《合同法》第410条将委托合同解除。”③

3. 原则无效，例外有效说。如有学者认为，“委托人的解除权是委托人的法定权限，当事人之间不能依特别的约定排斥委托人行使此解除权。但是有一种例外情况，如果委托合同的订立，不仅是以委托人利益为目的，受托人对委托事务的处理也有正当利益，则当事人特约双方不得随时终止委托合同的，该特约应例外地承认

---

① 马春元：《任意解除权的规制问题探讨——兼论合同解除制度的重构》，载《郑州大学学报》2009年第6期。

② 余延满：《合同法原论》，武汉大学出版社1999年版，第696页。

③ 崔建远主编：《合同法》（第五版），法律出版社2010年版，第246页。

为有效”[①]。

此外，还有学者认为应具体问题具体分析。“若在委托事务的处理过程中发生当初未曾预料的情势变更，使得放弃任意解除权的条款显失公平时，这样的约定是可撤销的。”[②]“从现实生活的角度看，社会分工越来越专业化和细致化，经济发展和交易的实际需要越来越依靠服务业，这样在专门职业技术人员或者现代服务业中，委托合同未必建立在强烈的信赖关系上，倒不如说建立在受托人专业的事务处理能力上。法律的规定应当反映社会状况的变化。因此不妨认为，针对具体的委托合同，若受托人在委托事务上共享利益、共担风险，原则上承认特别约定的效力，允许当事人以约定放弃任意解除权，而于特殊情况时（并不一定要达到情势变更的程度），可以认定当事人的放弃无效而仍然享有解除委托合同的权利。”[③]

我们认为，任意解除权特约的抛弃涉及两个问题：其一，当事人抛弃解除权特约是否有效的问题。在该项特约不存在意思表示瑕疵如欺诈、胁迫等情形的前提下，应充分尊重当事人之意思，体现私法自治之精神，只要该特约不悖于公序良俗，应认为有效。在法国法中，如果当事人在合同中明确约定在特定期限内不得解除合同或者约定在约定期限内只能聘任特定受托人，不再委托第三人的，也可以认为任意解除权是可以放弃的。其二，在当事人以特约放弃了任意解除权的情况下，任意解除权是否绝对不能行使的问题。在发生了难以预料之情势致使不能再合理地期待放弃解除权的一方继续履行合同义务时，或其继续履行对该方极不公正时，该方当事人仍可行使任意解除权。只是在解除的方式上，不能再以单纯的意思表示予以解除，而应通过裁判方式进行方为妥当。在一般的行使解除权场合，不论是法定解除权还是约定解除权，当事人均得以单方意思表示行使之，虽也可以裁判方式行使，但并不以裁判方式为必要。但在当事人已经以特约抛弃解除权之场合，其出现的意外情事是否足以使合同解除成为必要，应由裁判机关予以认定。反之，若再由该方自行通知解除，必然会引起合同双方的纠纷，也有损生效契约（指此处之特约）应予遵守的原则。

【典型案例】

上海盘起贸易有限公司与盘起工业（大连）有限公司委托合同纠纷案

上诉人（一审原告）：上海盘起贸易有限公司。住所地：上海市浦东新区峨山路

① 吴庆宝、赵培元、孟祥刚：《委托类合同裁判原理与实务》，人民法院出版社 2008 年版，第 71 页。

② 江平主编：《中华人民共和国合同法精解》，中国政法大学出版社 1999 年版，第 353 页。

③ 吕巧珍：《委托合同中任意解除权的限制》，载《法学》2006 年第 9 期。

77号。

法定代表人：梁崇宣，该公司经理。

委托代理人：李肖霖，北京炜衡律师事务所律师。

被上诉人（一审被告）：盘起工业（大连）有限公司。住所地：辽宁省大连开发区锦州街5号。

法定代表人：森久保有司，该公司董事长。

委托代理人：沈泽敬，北京市浩天律师事务所律师。

委托代理人：路金成，北京市浩天律师事务所律师。

〔基本案情〕

辽宁省高级人民法院审理查明：2000年7月，日本盘起工业株式会社（以下简称日本盘起）法定代表人［同时系盘起工业（大连）有限公司（以下简称大连盘起）的法定代表人］森久保有司经与梁崇宣磋商后签署《建设盘起中国营销网络、设立上海盘起的决定》（以下简称《决定》），决定成立上海盘起贸易有限公司（以下简称上海盘起），由其负责建设、经营、管理盘起中国营销网络，确认上海盘起为盘起集团成员，是盘起集团在中国地区（不含台湾地区、港澳地区）的唯一销售代表机构。上海盘起是在中国注册的有限责任公司，作为独立法人，独立经营，亏损自负，利益自留。盘起集团将以最优惠的价格供给上海盘起产品。该《决定》还就经营业务、公司管理等作了规定。随后，森久保有司与梁崇宣签订《委托书》，约定委托梁崇宣代表日本盘起及其关联企业负责建设、管理、运营盘起集团在中国地区营销网络（不含台湾、港澳）的销售机构和渠道，组建、经营管理上海盘起及其他相关销售机构，委托其担任上海盘起的股东、董事、董事长。其权限、责任和具体事宜以《决定》为准，日本盘起负责协调、责成盘起集团内各部门、各关联企业与上海盘起缔结业务关系协议书。同时约定受托人同意无条件接受委托人对委托事项的撤销。

同年7月28日，上海盘起经工商行政管理部门批准成立，为有限责任公司，注册资本为人民币100万元，其中梁崇宣出资90万元，毕春生出资10万元，法定代表人为梁崇宣。公司的经营范围为：模具及零部件、机械配件、五金工具、金属制品（专项审批除外）、塑料制品、化工原料（除危险品）的销售。同年8月，上海盘起与大连盘起签订一份《业务协议书》，就大连盘起委托上海盘起在中国地区（不含台湾、港澳）的销售事宜双方协议、确认如下：双方相互确认系盘起集团成员，在盘起工业的事业上有共同的利益和责任；大连盘起作为盘起集团在中国的制造基地，有责任按照盘起集团的标准，按质、按时、按量地供给上海盘起所需产品；上海盘起作为盘起集团在中国地区的销售代表机构，有责任开拓、发展盘起集团和大连盘起产品在中国地区的市场；大连盘起委托上海盘起在中国地区销售其生产经营的产品，不再委托、建立其他销售机构和渠道，如有必要须事前与上海盘起签定协议；

上海盘起负责建设、管理、运营销售机构和渠道，根据客户需求可自行购买其他厂商产品进行销售活动；大连盘起将以最优惠的价格供给产品，并无偿提供、转让给上海盘起在中国地区的销售权、商标使用权及其他无形资产，上海盘起保证正确使用其销售权、商标及无形资产等。同时约定本协议有效期为20年，自2000年9月1日至2020年8月31日。

上述协议签订后，双方开始合作。上海盘起以传真或电子邮件等方式向大连盘起订购各种模具及配件，进行销售活动。上海盘起还通过发布广告、印发宣传册、参展及办展会等多种形式宣传大连盘起的产品，开拓市场，并相继建立广东、青岛、苏州、昆山、天津、杭州等营销网点，形成一定规模的销售网络。对货款的结算期限，双方没有明确约定。截至2002年4月，上海盘起共有货款人民币5916866.41元尚未给付大连盘起，但大连盘起此前没有催收过。2002年4月19日，日本盘起森久保有司签署《撤销委托书的决定》，以上海盘起严重拖欠大连盘起货款，且其财务和销售活动缺乏透明度为由，决定撤销其原与梁崇宣签署的委托书及其附件，并撤销上海盘起。当日，大连盘起以上海盘起拖欠货款为由向法院提起诉讼。同月22日，日本盘起及大连盘起又作出对梁崇宣个人的《撤销委托书决定》，并于当日向梁崇宣送达上述决定书。同日，大连盘起又向销售系统各员工发布《关于撤销广东盘起工业销售有限公司和上海盘起贸易有限公司的决定》，并先后向客户发出《紧急通知》、《敬告客户》，重申大连盘起不再授权广东盘起、上海盘起经营盘起品牌产品；今后只有在大连盘起购买的盘起产品，才承担相关产品责任等。同月，大连盘起在上海、天津、东莞建立直属的营业所销售自己的产品。7月，又相继建立重庆出张所、青岛出张所进行销售活动。

截至2002年4月，上海盘起组建及经营投入（含公司开办、软件开发、固定资产投入等费用）为人民币743169.25元，促销活动投入（广告宣传、展览及其他促销费用）为人民币919597.32元，合计人民币1662766.57元。上海盘起向原审法院提起诉讼，诉请判令大连盘起撤销未经上海盘起同意成立的销售机构，公开赔礼道歉恢复名誉；大连盘起赔偿损失人民币5000万元并承担诉讼费用。

〔一审裁判理由与结果〕

原审法院审理认为：2000年7月，梁崇宣接受日本盘起法定代表人森久保有司的委托，为扩大该社及其关联企业产品在中国的销售市场，专门组建上海盘起并逐步建立相应的营销网络。同年8月，上海盘起与大连盘起签订《业务协议书》，就大连盘起委托上海盘起在中国地区（不含台湾、港澳）的销售等事宜进行确认，该协议系两个独立的企业法人间的商务委托，系双方当事人的真实意思表示，且不违反法律法规的强制性规定，应认定合法有效，对双方当事人具有约束力。协议履行期间，大连盘起因故决定撤销原委托事项，终止该《业务协议书》，并通知上海盘起，致使这种委托关系的终止发生效力。由于本案所涉《业务协议书》是一种商务委托，它的订立和履行是基于双方当事人的相互信任，一旦这种信任发生动摇，根据《中华人民共和国合同法》（以下简称《合同法》）的规定，双方均可以解除合同，而不适用实际履行原则。故大连盘起关于协议已依法解除不应继续履行的抗辩成立，对上海盘起要求继续履行该协议的诉讼请求不应支持。大连盘起终止协议并书面通知上海盘起后，建立相应的办事处，并非独资的销售机构，其销售本企业的产品，不违反法律禁止性规定，即使销售其他企业的产品，亦属于国家有关行政部门查处的行为，不是本案调整的范畴。上海盘起为履行双方签订的《业务协议书》设立公司、招募人员、广告宣传、开拓市场、建立相应的营销网络等投入一定的人力和物力，而大连盘起提前终止协议，给上海盘起造成一定的经济损失。大连盘起终止协议致使协议不能继续履行，不可归责于大连盘起。大连盘起应当赔偿因提前解除协议给上海盘起造成的经济损失。关于上海盘起的经济损失，经上海盘起举证该院确认为人民币1662766.57元。对该部分损失，大连盘起应予补偿。故上海盘起要求大连盘起赔偿该部分损失的诉讼请求应予支持。关于预期利益损失的赔偿问题，该院认为，上海盘起诉请的预期利益损失，由于其具有不确定性，且《合同法》第四百一十条又赋予委托合同当事人对合同的随时解除权，故上海盘起主张合同解除后的预期利益损失缺乏法律依据，应不予支持。该院依照合同法第三百九十六条、第四百一十条之规定，判决：

一、大连盘起于判决生效之日起10日内赔偿上海盘起因解除合同而造成的经济损失人民币1662766.07元；

二、驳回上海盘起的其他诉讼请求。一审案件受理费人民币260010元，由上海盘起承担251429.67元，大连盘起承担8580.33元。

〔当事人上诉及答辩意见〕

上海盘起不服原审法院上述民事判决，向最高人民法院提起上诉称：一、《业务协议书》是业务分工合作的联营合同，并非委托关系。原审判决认定，协议履行期间，大连盘起因故决定撤销原委托事项，终止该《业务协议书》，并通知上海盘起，致使这种委托关系的终止发生效力。该认定是完全错误的。原审判决认定《业务协议书》系两个独立的企业法人之间的商务委托，系双方当事人的真实意思表示，且不违反法律法规的强制性规定，应认定合法有效，并由此推断得出可以简单适用《合同法》第四百一十条规定的任意解除权而单方面解除。上述认定不能成立，理由是：（一）根据《业务协议书》的约定，双方之间是一种买卖关系、是业务分工合作的联营。《业务协议书》第五条约定：甲方将产品以最优惠的价格供给乙方，具体产品、价格等相关事宜，另立协议书，其协议书依据本协议书精神订立，是本协议书的组成部分。第二条规定：甲方作为盘起集团在中国的制造基地，供给乙方所需产品。乙方作为盘起集团在中国地区的销售代表机构，发展盘起集团和甲方产品在中国地区的市场。这就明确约定双方系平等主体的买卖关系，即上海盘起负责销售产品、大连盘起负责生产产品，这是完整的联营，绝不是一种代理销售的委托关系。该协议书有关无形知识产权的转让条款也说明这一问题。（二）双方业务合作的联营事实存在。上海市高级人民法院（2003）沪高民二商终字第145号民事判决书认定，自2000年起，大连盘起与上海盘起进行业务合作，上海盘起以传真和电子邮件方式向大连盘起订购各种模具及配件。（三）《业务协议书》不得单方面任意解除。本案《业务协议书》约定："本协议书有效期为20年。自2000年9月1日至2020年8月31日。期间，双方可协商修改。"这一条款说明双方当事人在协议书中通过预先约定合同的有效期限的方式放弃单方面任意解除权。根据意思自由的原则，该约定有效。即使是原审判决认定的商务委托，大连盘起已协议约定放弃任意解除权，当然地不得援引《合同法》第四百一十条"委托人或者受托人可以随时解除委托合同"的规定，不得单方面以通知的方式告知上海盘起终止该《业务协议书》。该合作关系的联营合同虽然内容复杂，涉及多种法律关系，但其约定当事人的权利和义务清楚明确。该协议书在约定的有效期间里继续有效。双方必须按照约定的"双方可以协商修改"来履行《业务协议书》，在双方没有协商一致的情况下，原协议必须继续履行。二、上海盘起拥有产品销售权，大连盘起应当停止违约履行合同。原审判决认定，大连盘起终止协议并书面通知上海盘起后，建立相应的办事处，并非独资的销售机构，其销售本企业的产品，不违反法律禁止性规定。该认定是错误的。《业务协议书》第三条约定："甲方委托乙方在中国地区销售甲方生产经营的产品。不再委托、建立其他销售机构和渠道。如有此必要时，须事前与上海盘起建立协议。"第六条约定："甲方无偿提供、转让乙方：在中国地区的销售权、商标使用权及其他无形资产。"由于销售权的转让，不需要经过登记和公示，只需双方当事人达成协议，即发生转让的效力，即大连盘起同意在协议期间彻底地放弃自己销售和再委托他人销售的权利。"第五条规定："甲方以产品最优惠价格供给乙方。"依照上述约定，这种协议是完全可以实际履行的，而且是必须实际履行的。销售权利一旦全部彻底转让，自己就不再拥有。上海盘起申请的继续履行不属于合同法第一百一十条规定的不能实际履行的情形，故应当判令大连盘起实际履行。三、大连盘起应当承担不履行合同的全部赔偿责任。原审判决认定，上海盘起诉请的预期利益损失，由于其具有不确定性，且《合同法》第四百一十条又赋予委托合同当事人对合同的随时解除权，则上海盘起主张合同解除后的预期利益损失缺乏法律依据，应不予支持。该认定同样错误。在这里应当适用《合同法》第一百一十三条的规定，当事人一方不履行合同义务或者履行合同义务不符合约定，给对方造成损失的，损失赔偿额应当相当于因违约所造成的损失，包括合同履行后可以获得的利益。因此，在法律没有特别规定和当事人没有另行约定的情况下，应按全部赔偿原则赔偿损失。原审判决以不确定性和随时解除权不支持预期利益，显然是错误的。四、大连盘起解除合同的单方违约情节十分恶劣，也同时显示它对上海盘起没有什么可以直接使用的"解除委托"的权利。大连盘起法定代表人森久保有司于2002年4月19日当天专门飞到上海，和上海盘起签署如何继续搞好销售活动的协议。但实际上他们已经在大连起诉上海盘起。同年4月22日，立即由大连法院查封上海盘起的银行账户。这一行为是一种突然袭击的闪电战，是在正常的商业运作尤其代理运作的情况下无须采用的方式。故请求撤销原审判决，支持上海盘起的全部诉讼请求。

被上诉人大连盘起答辩称：一、原审判决认定事实清楚。2000年7月，日本盘起通过《决定》，授权、委托上海盘起建设、经营、管理盘起集团在中国地区的营销网络、经营管理营销机构和渠道。同年7月，日本盘起与梁崇宣签订《委托书》，委托梁崇宣组建、经营、管理上海盘起。同年8月，大连盘起和上海盘起依据《委托书》《决定》签订一份《业务协议书》，就大连盘起委托上海盘起在中国地区代为行使产品销售权作出具体约定。上述协议已实际履行。上海盘起长期拖欠大连盘起的产品销售款，日本盘起于2002年4月19日签署《撤销委托书的决定》，解除其对上海盘起和梁崇宣的委托。梁崇宣担任日本盘起顾问的时间自1999年12月1日至2001年12月31日。同时，梁崇宣还担任大连盘起的副总经理。截止合同解除前，上海盘起的组建费用、经营投入、促销活动投入等合计人民币1662766.57元。二、原审判决将《业务协议书》认定为委托合同，定性准确。本案《决定》《委托书》《业务协议书》是大连盘起委托上海盘起行使销售权的统一完整的法律文件。《决定》《委托书》是《业务协议书》产生的前提和原则，而《业务协议书》是《决定》《委托书》的具体化。大连盘起先是通过《委托书》《决定》委托梁崇宣组建上海盘起。公司成立后，又通过《业务协议书》委托该公司代为行使销售权销售其产品。原审判决全面系统地审查上述法律文件的关联关系，而非孤立地对待某一合同，是正确的。《业务协议书》的目的和内容是委托上海盘起行使销售权。大连盘起作为产品的制造商，其订立合同的目的，是将销售权委托上海盘起代为行使，便于开拓市场，而不是单纯地将产品出售给上海盘起。上海盘起从大连盘起处提取货物，是其行使、实现销售权所必需的，它不是市场中的买卖，不能因此否认《业务协议书》的委托合同性质。销售权的委托行使，不可避免地附加知识产权及其他民事权益。大连盘起将产品的商标使用权等民事权益授权上海盘起使用，完全是为了让上海盘起行使、实现销售权。这也是销售权本身的性质所决定的，也是销售行为所必需的。双方当事人争议的核心问题，是“销售权”的解除。根据民法原理，委托人对受托人的信任是委托合同的基础。双方基于信任而订立合同，基于失信而解除合同。委托合同中委托指向的对象是权利，在本案中是产品销售权。销售权的委托，必然要与销售行为、知识产权及其他民事权益相联系。三、上海盘起的上诉理由没有事实和法律依据。本案《业务协议书》不是业务分工合作的联营合同，也不是买卖合同。民法通则规定三种联营：法人型联营、合伙型联营、协作型联营。协作型联营的合同本身没有单独适用的法律，它必须适用各种合同的法律规定。双方在《业务协议书》约定的内容，只能说明大连盘起授权上海盘起行使销售权，并不能说明该协议是一个联营合同。本案《业务协议书》，其本质内容并不是大连盘起将产品卖给上海盘起，而是大连盘起将产品销售权委托给上海盘起行使，上海盘起依据该销售权在一定范围销售产品。上海盘起将商业上的“业务合作”等同于法律上的联营，是不成立的。民事主体签订任何以营利为目的的合同，都是在进行一定的业务合作。但商业上的合作，并不等于双方是联营。上海盘起长期拖欠产品销售款，是大连盘起解除合同的原因和理由。大连盘起解除合同，是在依法行使法律赋予的权利，而不是违约，不应承担违约赔偿责任，更不应赔偿预期利益损失。上海盘起因自己的违约行为导致合同被解除，其损失应当自己承担。综上，原审判决认定事实清楚，证据确实充分，适用法律正确。但原审判决的结论并不全面，表现在：原审判决认定销售权已经依法解除，但原审判决未能判令其附属权利的归属；委托合同依法解除，是上海盘起失信造成的，其损失应当自己承担；如果原审判决判令大连盘起向上海盘起支付因解除委托合同而给其造成的损失 166 万余元，那么，上海盘起及其销售网络则应判归大连盘起所有。上海盘起的上诉理由不成立，应当依法驳回。

〔二审裁判理由与结果〕

最高人民法院认为：本案主要涉及大连盘起与上海盘起之间法律关系的性质、大连盘起是否享有合同解除权以及上海盘起的可得利益损失是否应予保护问题。

大连盘起与上海盘起于 2000 年 8 月签订的《业务协议书》约定大连盘起委托上海盘起在中国地区（不含台湾、港澳）销售大连盘起制造的产品，大连盘起作为盘起集团在中国的制造基地，有责任按照盘起集团的标准，按质、按时、按量地供给上海盘起所需产品；上海盘起作为盘起集团在中国地区的销售代表机构，有责任开拓、发展盘起集团和大连盘起产品在中国地区的市场；大连盘起将以最优惠的价格供给产品，并无偿提供、转让给上海盘起在中国地区的销售权、商标使用权及其他无形资产，上海盘起保证正确使用其销售权、商标及无形资产等。上述约定确立了大连盘起与上海盘起之间的委托合同关系。本案《业务协议书》系当事人之间的真实意思表示，且不违反法律和行政法规的禁止性规定，应当认定合法有效。上海盘起关于本案《业务协议书》系分工合作的联营合同，并非委托关系的上诉理由不能成立，本院不予支持。

委托合同基于当事人之间的相互信任而订立，亦可基于当事人之间信任基础的动摇而解除。《合同法》第四百一十条规定：“委托人或者受托人可以随时解除委托合同。因解除合同给对方造成损失的，除不可归责于该当事人的事由以外，应当赔偿损失。”大连盘起解除对上海盘起的委托合同关系，属于行使法定解除权，但该解除行为给上海盘起造成损失，大连盘起应当依法承担相应的赔偿责任。原审判决判令大连盘起向上海盘起赔偿因解除委托合同而造成的直接损失 1662766.57 元（原审判决表述为1662766.07元系笔误)，是正确的，本院予以维持。

至于大连盘起是否还应向上海盘起赔偿可得利益损失问题。本院认为，虽当事人行使法定解除权亦应承担民事责任，但这种责任的性质、程度和后果不能等同于当事人故意违约应承担的违约责任。本案系因行使法定解除权而产生的民事责任。《合同法》第四百一十条规定当事人一方因解除委托合同给对方造成损失的，应当承担赔偿损失的民事责任。根据本案法律关系的性质和本案的实际情况，不宜对“赔偿损失”作扩大解释。原审判决驳回上海盘起要求大连盘起承担可得利益损失民事责任的诉请，并无不当，本院予以维持。

综上，原审判决认定事实清楚，适用法律并无不当。上海盘起的上诉理由不能成立，本院不予支持。大连盘起在二审中提出要求将上海盘起及其销售网络判归大连盘起所有，属于另一法律关系，且大连盘起在本案二审中的诉讼地位为被上诉人，故本院对该诉请不予审理。本院依照《中华人民共和国民事诉讼法》第一百五十三条第一款第（一）项[①]之规定，判决如下：

驳回上诉，维持原判。

本案二审案件受理费260010元，由上海盘起贸易有限公司承担。

本判决为终审判决。

规则18：委托理财合同中的保底条款属合同的核心条款，保底条款无效应导致委托理财合同整体无效

——湘财证券有限责任公司与中国光大银行长沙新华支行、第三人湖南省平安轻化科技实业有限公司借款合同代位权纠纷案[②]

【裁判规则】

1. 客户与证券经营机构签订合同，约定由客户将资金交付给证券经营机构，委托证券经营机构在一定期限内投资于证券市场，并由证券经营机构按期向客户支付投资收益。此类合同属于委托理财合同。

2. 客户与证券经营机构在委托理财合同中约定，由证券经营机构保证客户的

---

① 对应2012年《民事诉讼法》第一百七十条第一款第（一）项，规定：“（一）原判决、裁定认定事实清楚，适用法律正确的，以判决、裁定方式驳回上诉，维持原判决、裁定；”

② 《中华人民共和国最高人民法院公报》2007年第1期，最高人民法院民事判决书。

投资收益达到一定比例，不足部分由证券经营机构补足。此类约定属于委托理财合同中保证本息固定回报的条款，即保底条款。根据《证券法》第144条的规定，证券商不得以任何方式对客户证券买卖收益或者赔偿证券买卖的损失作出承诺。上述保底条款因违反该规定而无效。因保底条款属于委托理财合同的目的条款或核心条款，故保底条款无效即导致委托理财合同整体无效。受托人应当将委托资金本金返还给委托人，并按中国人民银行规定的同期定期存款利率标准支付利息。委托人不得向受托人要求合同约定的投资收益部分，已收款项作为不当得利应返还给受托人。

【规则理解】

一、委托理财合同的认定

（一）委托理财合同的定义

在现有的法律框架下，委托理财和委托理财合同都不是法律意义上的概念。委托理财，是指委托人将资金、证券等金融资产交给受托人，由受托人在一定期限内以实现委托人资产的保值、增值为目的通过合法的手段对委托人的资金、证券等金融资产进行管理、投资的活动。委托理财合同既包括从事证券交易的合同，也包括对委托理财合同进行管理的监管合同。我们将包括委托监管合同在内的委托理财合同称为广义的委托理财合同，把仅指委托进行证券交易行为的理财合同称为狭义的委托理财合同。① 委托理财活动中委托人与受托人之间订立的合同即为狭义的委托理财合同。客户与证券经营机构签订合同，约定由客户将资金交付给证券经营机构，委托证券经营机构在一定期限内投资于证券市场，并由证券经营机构按期向客户支付投资收益，此类合同属于委托理财合同。

（二）委托理财合同的特征

委托理财合同具有以下几方面的特征：

首先，从主体角度考虑，委托理财合同的主体包括委托人和受托人。委托主体可以是机构投资者、各类基金，也可以是个人投资者。受托主体则主要是机构，包括证券公司、商业银行、第三方理财公司、资产管理公司、保险公司、财务公司、证券基金等，很少有委托方将资金交由个人理财。这主要是因为委托理财的目的是实现资产的保值、增值，机构是一个团队，有专门的研发人才，作为受托方专业水平更高，更值得信赖，面对风险的应对能力更强，产生纠纷之后解决、理赔更容易实现。

其次，委托理财的目的在于实现资产的保值或者增值。虽然委托理财中的“财”

---

① 吴庆宝、赵培元、孟祥刚主编：《委托类合同裁判原理与实务》，人民法院出版社2008年版，第76页。

从广义上讲包括所有财产，但就我国委托理财的现状看，委托理财中的“财”仅包括货币资金、证券等金融性资产，并不包括不动产、无形资产及其他财产。

最后，委托理财合同具有一定的风险性。从风险和收益的角度来看，投资必然有风险，甚至往往是风险越大收益越大。

二、委托理财合同中的保底条款的认定

所谓保底条款，是指委托理财合同的双方当事人在委托理财合同中约定，委托人将资金委托给受托人进行投资管理，无论盈亏受托人均应保证委托人的本金不受损失，或约定应保证委托人获得固定的本息回报，超额投资收益均归委托人所有，即约定保证本息回报条款。客户与证券经营机构在委托理财合同中约定，由证券经营机构保证客户的投资收益达到一定比例，不足部分由证券经营机构补足。此类约定属于委托理财合同中保证本息固定回报的条款，即保底条款。委托理财合同中，委托人为了实现资金收益的最大化，降低、转移或分流委托理财合同在履行过程中存在的潜在风险，在合同内容的约定上一般要求与受托方订立具有激励和制约作用的保底条款，一方面双方约定对委托理财所产生盈利的分成比例，另一方面双方约定委托财产在投资管理中的保本或增值额度。从委托理财合同的保底条款约定的内容看，委托理财合同中关于保底条款的约定无外乎有以下三种形式：一是本息保底、超额归受托人；二是本息保底、超额分成；三是本金保底、超额分成。

三、委托理财合同中保底条款的效力之争

由于我国委托理财形式多样，委托理财合同中保底条款的约定也是千变万化，对保底条款的法律效力，理论界大致有三种代表性的观点：

（一）有效说[①]

持该观点的学者认为，从民事行为的特征和私法意思自治原则的角度出发，在法律没有明文规定禁止的情形下，保底条款系委托理财双方当事人的真实意思表示，应认定该约定有效。《合同法》第44条规定：“依法成立的合同，自成立时生效。法律、行政法规规定应当办理批准、登记等手续生效的，依照其规定。”第52条第5项规定，违反法律、行政法规的强制性规定的，合同无效。委托理财合同中保底条款的约定并不是法律或行政法规明令禁止的行为，合同双方当事人达成合意，合同条款只要不违反法律和行政法规的禁止性条款，从尊重当事人意思自治和维护私法自治的原则出发，委托理财合同的保底条款不能简单认定为无效。否则，

---

① 参见王寒娜：《委托理财合同保底条款的效力认定》，载《河南工程学院学报》2008年第1期。

受托人在预见到保底条款极有可能被认定为无效的前提下，怠于履行自己的合同义务，不利于在委托人与受托人之间建立基本的诚信，也极有可能导致受托人违反职业道德的情形发生，不利于经济社会诚信秩序的建立。因此，基于“契约自由、意思自治”的民事法律行为特征，委托理财合同中保底条款的约定应当得到认可，并通过司法裁判予以确认和支持，以激励委托理财合同中受托方谨慎、积极地履行委托理财合同约定的义务，实现双方当事人的双赢。

（二）无效说①

持该观点的学者认为，我国《合同法》第 52 条第 4 项关于“损害社会公共利益”的规定，目的是防范私人约定损害社会整体公共利益，而委托理财合同中的保底条款对于社会整体公共利益而言，其弊端主要在于破坏证券市场稳定性和市场交易的安全，致使证券市场正常的资源配置功能扭曲，损害宏观市场经济健康运行。委托理财合同当事人约定的保底条款虽是双方当事人真实意思表示，但在资本运营的过程中，实质上最终并未像委托人所预期的那样，完全达到保底条款约定的收益及分成，当出现投资风险时，受托人既无能力履行委托理财合同约定的义务，更无能力使委托人的资金或证券能够达到保底条款约定的保值或增值，故保底条款的约定并非委托理财的理性之举。即使保底条款的约定真正实现，保底条款的约定也会使得当事人订立权利义务明显失衡条款，助长双方的冒险行为，违背最基本的经济规律和市场规则，不符合商事交易中的责权义相统一的法律原则，其助长市场交易主体非理性或者非法行为的消极作用往往大于其所能产生的激励和制约受托人的积极作用，使当事人之间产生更多的纠纷，不利于社会稳定。而且，我国的《证券法》第 143 条、第 144 条从根本上否定了证券公司从事全权委托投资和保底条款的法律效力。基于此，对委托理财合同中的保底条款的约定，不应认定为有效。

（三）有限承认说②

持该观点的学者认为，不管从私法自治角度认为委托理财合同中的保底条款有效，还是从社会整体的公平正义、市场交易的正常秩序角度出发，认定委托理财合同中的保底条款无效，均是为了规范委托理财行为，促进资本市场的良性运行，促进经济持续稳定发展。从设立委托理财合同的目的看，完全认定保底条款有效或无效，均不能从根本上解决委托理财合同产生的纠纷。因此，实践中应根据双方当事

① 参见徐子良：《委托理财案件法律适用难点辨析——保底条款负外部性分析及其无效后果处理为重点》，载《法律适用》2011 年第 1 期。

② 参见高民尚：《审理证券、期货、国债市场中委托理财案件的若干法律问题》，载《人民司法》2006 年第 6 期。

人在委托理财合同中关于权利义务的约定，从平衡当事人之间的利益出发，以民商事法律的基本精神为依托，通过合同目的的解释方法，有条件地承认保底条款的部分效力。对借委托理财之名，行借款之实的保底条款约定，根据《合同法》中关于借款合同的规定，审慎分析委托理财行为的收益比例分成与借款合同规定，通过司法裁判的形式，类推适用自然人借款的利息利率，对约定的保底收益分成予以增加或减少。对委托理财合同中除有保底条款的约定外，还约定了受托人因此享有的佣金或委托人与受托人之间的收益分成比例的，可以比照委托合同或信托合同的规定，界定当事人之间的权利义务关系。

四、委托理财合同无效损失的处理

根据《证券法》第 144 条的规定，证券商不得以任何方式对客户证券买卖收益或者赔偿证券买卖的损失作出承诺。委托理财合同中的保底条款因违反该规定而无效。因保底条款属于委托理财合同的目的条款或核心条款，故保底条款无效即导致委托理财合同整体无效。《民法总则》第 157 条规定："民事法律行为无效、被撤销或者确定不发生效力后，行为人因该行为取得的财产，应当予以返还；不能返还或者没有必要返还的，应当折价补偿。有过错的一方应当赔偿对方由此所受到的损失；各方都有过错的，应当各自承担相应的责任。法律另有规定的，依照其规定。"《合同法》第 58 条规定："合同无效或者被撤销后，因该合同取得的财产，应当予以返还；不能返还或者没有必要返还的，应当折价补偿。有过错的一方应当赔偿对方因此所受到的损失，双方都有过错的，应当各自承担相应的责任。"在委托理财合同被认定为无效的情况下，依照无效合同的处理原则，由有过错的当事人承担因合同无效而造成的损失。双方均有过错的，应根据过错大小，对损失分别承担责任。就委托理财合同的财产返还问题而言，受托人应当将委托资金本金返还委托人，并按中国人民银行规定的同期定期存款利率标准支付利息。委托人不得向受托人要求合同约定的投资收益部分，已收款项作为不当得利应返还给受托人。具体处理原则如下：

1. 鉴于目前的委托理财合同的履行过程中，委托人普遍缺少理财知识和经验，委托人对受托人的行为实际也无法控制，委托人的合同权利无法得到实现，而受托人作为专业和更有证券市场投资经验的主体而言，对于合同的无效应当承担主要的过错责任，当然委托人有过错的也应当承担小部分责任。

2. 因为委托理财进行的证券投资是通过电子系统多方集中撮合而成的，任何交易的相对方均是不特定的主体，所以，不可能因否认委托理财合同的效力而撤销交易的行为和结果，而只能基于既成的事实进行处理，即委托人必须接受委托的资金账户内已经持有的货币资金和证券资产。

3. 委托资金本金的损失，应是委托理财合同签订时，委托人交付给受托人的货币资金和证券资产市值的总额减去受托人运作的委托人的货币资金和证券资产市值在履行期限届满时剩余金额。而如果加上交付委托资产的法定孳息，则应当是该笔委托资产的总体亏损。此部分亏损应由受托人向委托人赔偿主要部分，具体比例由承办法官根据案情自由裁量，在证券公司作为受托人承担主要责任的前提下，这一比例还应当向有利于委托人的方向靠拢。

4. 应当注意的是，无效合同前提下分担损失的原则必须结合合同无效与损失发生之间的因果关系来考虑。如果受托人承诺代客理财并保底，但在期间却从事非法借贷、挪作他用等违约行为导致最终不能返还委托资产本金时，此时的损失与其承诺保底已经没有因果关系，受托人应当全额赔偿客户的委托资产本金及法定孳息损失。

【拓展适用】

一、委托理财合同与委托法律关系之辨析

（一）委托合同的性质

委托合同是指一方与他人约定，由他方代为处理其事务的合同。从性质上，其应属于诺成合同、不要式合同、无偿合同，并具有以相互信任为基础、以代他人从事某种事务为目的、受托人须以约定的委托事项和权限为限度、法律后果归于委托人、当事人可随时约定解除、以过错为当事人责任承担之要件等主要的法律特征。

（二）委托理财合同与委托合同的区别

委托理财合同与委托合同有相似之处，却也存在一些明显区别。主要有：(1) 委托合同一般仅涉及委托人和受托人两方主体，而委托理财合同往往还有第三方监管人、保证人等其他主体参与。(2) 委托法律关系的核心之一即委托人对委托事项和权限进行明确约定，没有约定或需要变更的事项必须经过委托人的同意。而委托理财中的委托人往往直接、全部授权，受托人后期操作基本无须征求委托人的同意。(3) 委托合同是诺成的、不要式的，而实践中的委托理财普遍签订有书面协议并以资产交付为要式前提。(4) 委托合同是无偿的，而实践中的委托理财合同几乎全部约定有委托人以“管理费”“顾问费”等名义向受托人支付固定或浮动数额的某种收益。(5) 委托合同中，受托人行事的法律后果直接归于委托人，原则上委托人应承担所有的风险。而实践中的委托理财合同普遍约定有委托人不承担任何风险的保底条款。(6) 委托合同中，受托人承担责任的要件为存在一定过错，委托理财合同中则不然。

可见，相比委托合同，委托理财合同具有其独特性，不能被委托关系所完全包容。

二、委托理财合同和信托法律关系之辨析

（一）信托法律关系的特征

起源于中世纪英国用益物权制度的现代信托制度，早在上一世纪就在英美法系国家得到充分的发展，由于其在商业运用方面的显著功效，近年来，大陆法系国家也在陆续移植或者促使没有信托制度的国家承认他国成立的信托。我国于2001年制定了《信托法》。

信托法律关系有以下四个重要特征：（1）委托人对受托人的委托建立在信任的基础上。（2）以信托财产为中心，信托财产必须转移，且信托财产必须独立。以传统信托制度来说，信托财产的转移即财产所有权的转移。但因为各国国情和认识不同，发展至今，许多国家的立法回避了所有权归属的问题，比如我国《信托法》中就使用了“将财产权委托给受托人”这种更灵活、更模糊的立法用语。但无论是否转移财产之所有权，财产本身及直接支配权必须转移，转移后该财产立即成为仅服务于信托目的的独立的财产，完全独立于双方当事人的其他自有财产。（3）受托人管理、处分信托财产时使用自己的名义，而非信托人的名义。（4）信托的最终目的是受益人的最大利益。信托一旦设立，受益人的受益权便不能被委托人或受托人随意撤销或变更。而受托人应当始终尽谨慎勤勉义务以保证受益人的最大利益。

（二）委托理财与信托法律关系之间的区别

委托理财与信托法律关系之间的区别表现在以下几个方面：首先，委托理财合同由当事人协商、订立，对各方而言都是有对价的；但信托受益人往往是无偿的，信托中的受托人也无须对价即取得财产的直接支配权。其次，不同于信托关系的稳定性，委托理财合同更易发生变化，其双方当事人随时可以协商解除或变更协议；同时，信托一旦设立，受托人就获得全权、独立处理财产的权利，其权利明显大于委托理财中的受托人。再次，信托法律关系本质是财产关系，受托人对信托财产一般拥有所有权和控制权，具有他物权的性质；而委托理财合同的权利一般指债权请求权。最后，信托法律关系的主体是特殊主体，信托业务属于特许经营业务，且必须办理登记才能生效；而委托理财合同的主体范围极广，合同一经订立且标的转移即已生效。

三、委托理财合同与合伙法律关系之辨析

委托理财合同与合伙合同之间的区别体现在：首先，共同出资的财产系合伙财产，由合伙人共同所有；但在委托理财合同中，一方仅获得资金的使用权，其所有

权并没有转移。其次，合伙人应共同进行经营；但在委托理财合同中，委托方普遍采取全权委托方式，由受托方独自进行管理、投资。再次，合伙组织对外以组织的名义从事民商事行为并承担法律后果，当合伙财产不足清偿时，各合伙人对外承担连带赔偿责任；而在委托理财合同中的受托人一般以其本人名义对外为投资交易，其行为的法律后果均归于委托人。最后，合伙人共负盈亏，在一般情况下，其之间不存在互相补偿的问题；但委托理财合同中，是否分配盈利或直接交纳委托理财费用以及如何分担风险、是否完全由受托人承担风险或委托人负担盈亏等往往由合同条款来具体约定。此外，两种合同建立目的完全不同。

四、委托理财合同与借贷法律关系之辨析

借贷是指契约双方中的一方将资金所有权在一定期间内转移给另一方，期满后，另一方返还同等数额钱款的一种行为。如双方约定有利息，借用人应当向出借人一并返还。实践中，委托理财合同普遍存在“保底条款”，与借贷人偿还本金及利息有相似之处。两者的区别体现在以下几个方面：首先，委托理财合同的目的是通过资金和专业知识、技术的结合，在投资中有所收益，并非出借或借用资金。其次，借贷法律关系中的标的物仅仅为资金，而委托理财合同中还包括证券等金融性资产。再次，借贷法律关系中转移的是资金的所有权；而在委托理财合同中，转移给受托人的仅仅是对资产的一定支配权和使用权。最后，利息是法律所允许的孳息，出借人按约定对此享有债权请求权；但委托理财合同中的保底条款效力备受争议，未必能得到法律的认可和保护，只能将其约定视为获得收益的一种期待权。

五、委托理财合同中的抵押仓条款

（一）抵押仓条款之界定

“抵押仓”条款是业内的一种叫法，是指在委托理财合同中，为了保障委托人的利益，由受托人提供一定数量的保证金或股票给委托人做担保，在委托理财达到一定风险时，委托人可以行使“平仓权”的条款。[①] 它主要分为两种形式：第一种是受托人将其拥有的保证金或股票存放于委托人开立的账户中，作为对委托人的担保；第二种是受托人将保证金或股票存放于自己开立的账户中，未经委托人同意或授权，受托人不得擅自动用，且还需要由受托人开户的银行或证券公司监管。

（二）抵押仓条款的效力

在第一种情况下，抵押仓条款表面上看具有保证条款的效力，并且在委托理财合同中也是承担了保证的作用，但实际上根据现金占有即所有的属性，其本质是所

---

① 参见孙鹏程：《“委托理财”法律问题研究》，华东政法大学2004年硕士论文。

有权的转移；当股票转入委托人账户时，需要通过交易登记结算机构，委托人对股票享有了所有权，所以，实际也是所有权的交付，并不属于担保。

在第二种情况下，股权承担担保作用，属于权利质押，根据《物权法》第226条之规定，股权出质需经过证券登记结算机构登记，因此，将股权作担保本质上是一种股权质押。

在实践中，如果按照第一种情况操作，过度地保护了委托人的利益，且没有发挥抵押仓条款担保的功能，在实践中不提倡用此方法。对于第二种情况，实践中，经常有受托人未到证券登记结算中心办理质权登记的现象，因此，质权往往没有生效，若此时有第三人对质押的股票主张权利，委托人便无法享有优先权。因此，为了维护委托人的权利，减少纠纷的产生，受托人应主动、委托人也应督促受托人对股票进行质押登记。

六、委托理财合同中的责任自负条款

（一）责任自负条款之界定

责任自负条款，即委托人与受托人约定，委托人将自有资金或证券等资产交给受托人，由受托人以委托人或受托人一方的名义从事证券、期货投资经营，其经营行为所造成的委托人投资资产损失由委托人自行承担。

（二）责任自负条款之效力

对于委托人与受托人在合同中约定经营亏损由委托人自行承担，而受托人按照约定从事证券、期货经营后，实际发生亏损的，在委托人主张返还全部投资资产时，对其亏损部分资产的返还请求不予支持。但尚未亏损的部分资产，受托人应予返还。

【典型案例】

湘财证券有限责任公司与中国光大银行长沙新华支行、第三人湖南省平安轻化科技实业有限公司借款合同代位权纠纷案

上诉人（一审被告）：湘财证券有限责任公司。住所地：湖南省长沙市黄兴中路63号中山国际大厦12楼。

法定代表人：陈学荣，该公司董事长。

委托代理人：易浩，该公司职员。

委托代理人：杨跃，湖南辰邦律师事务所律师。

被上诉人（一审原告）：中国光大银行长沙新华支行。住所地：湖南省长沙市芙蓉北路536号。

负责人：王明祥，该行行长。

委托代理人：周微，该支行职员。

委托代理人：肖建雄，湖南天地人律师事务所律师。

一审第三人：湖南省平安轻化科技实业有限公司。住所地：湖南省长沙市丽臣路308号。

法定代表人：龙大海，该公司董事长。

委托代理人：胡孟强，湖南华麟律师事务所律师。

委托代理人：唐征宇，湖南佳境律师事务所律师。

〔基本案情〕

湖南省高级人民法院经审理查明：湖南省平安轻化科技实业有限公司（以下简称平安轻化）为甲方、湘财证券有限责任公司（以下简称湘财证券）为乙方、中国光大银行长沙分行（以下简称光大长沙分行）为丙方，于2004年4月19日签订了《阳光理财保协议》，约定：鉴于甲方同意委托乙方以甲方名义进行受托投资管理业务，并签订了《受托投资管理合同》，乙方向丙方申请为该受托投资管理业务提供一定担保，保证甲方在《受托投资管理合同》期满后如期获得受托投资管理资产期末资产余额；丙方同意受理乙方该申请，经三方充分协商，就丙方为甲乙双方受托投资管理业务提供阳光理财保业务达成协议；丙方的担保金额为《受托投资管理合同》项下的受托资产的期末资产余额；担保责任期间为本协议生效日起至担保责任解除日止。

2004年4月21日，平安轻化为甲方与中国光大银行长沙新华支行（以下简称光大新华支行）为乙方签订《借款合同》，约定：甲方向乙方借款8000万元人民币用于经营周转，借款期限自2004年4月21日至2004年10月21日，借款年利率为4.536%；逾期按逾期天数以日万分之1.89计收利息，同时对逾期利息根据逾期天数按日万分之1.89计收复利。平安轻化以《阳光理财保协议》作为质物，为上述借款提供质押，并于2004年4月21日签订质押合同。

《借款合同》签订后，光大新华支行依约将贷款划到了平安轻化0878××××2300账户，2004年4月21日，平安轻化与光大新华支行签订《银行承兑协议》并从上述账号中开具了八张银行承兑汇票计8000万元，分别承兑给了一汽贸易总公司和一汽解放青岛汽车厂。

《借款合同》到期后，平安轻化只归还了合同期内利息1542240元，截至2004年10月21日，尚欠本金8000万元和合同期内利息312480元、逾期利息3659040元、复利65976.89元，共计本金8000万元，利息4037496.89元，总计84037496.89元。

2004年4月20日，平安轻化为委托人与湘财证券为受托人签订《受托投资管理合同》，约定：委托人将人民币1亿元交付受托人进行投资管理，管理期限自委托资产到达委托人开设的受托投资管理账户且委托人将该账户有效授权受托人管理之日起算12个月；在管理期限内以委托人名义开设证券账户和资金账户的方式开立受托投资管理账户；清算方式为现金结算；双方还对管理佣金和业绩奖励作了约定。同日，双方又签订了《补充协议》，约定：受托人保证受托投资管理资产安全与完整，使得受托投资管理资产的年投资收益率达到7.8%，如年投资收益率低于7.8%，受托人负责补足。受托人同意分别于2004年7月30日、2004年10月30日、2005年1月30日每次将195万元收益支付委托人，到期日将剩余收益和本金划给委托人。受托投资管理资产年投资收益率高于7.8%部分的收益，作为业绩奖励归受托人所有。同日，双方还签订了《授权委托书》，约定：平安轻化对其在湘财证券营业部开设的证券资金账户授予湘财证券进行独立操作和管理的权利，授权范围包括开户、销户、重置密码、账户冻结及解冻、下挂账户、上海指定交易及撤销上海指定交易、债券回购、回购指定交易及撤销回购指定交易、债券买卖、股票基金买卖及配售、资金存款、资金取款、转托管；期限自2004年4月20日至2005年4月20日。以上合同、协议、委托书签订后，平安轻化分别于2004年4月20日、21日，分两次转账4000万元和6000万元，共计1亿元至湘财证券营业部账户。

湘财证券根据平安轻化的《划款通知书》，分别于2004年7月、2004年10月、2005年1月、2005年4月支付给平安轻化投资收益共计780万元；2005年6月，湘财证券偿还了受托投资管理资金本金2000万元。

2005年5月17日，湘财证券向光大长沙分行出具《关于请求延期还款的函》，称：阳光理财保业务已于2005年4月20日到期，但目前无法履约，请求延期还款。

另查明：湘财证券系独立的企业法人，其注册资本为251470.05万元，经营范围有：证券的代理买卖，代理还本付息和分红派息、证券代保管、鉴证、代理登记开户、证券的自营买卖、证券的承销和上市推荐、证券投资咨询和财务顾问业务、资产管理、发起设立证券投资资金和基金管理公司等。

平安轻化系独立的企业法人，注册资本1.4亿元，股东为龙大海、刘文超。

2005年7月18日，光大新华支行向原审法院提起诉讼，请求依法判令：湘财证券及平安轻化偿还所欠光大新华支行贷款8000万元及利息。

〔一审裁判理由与结果〕

湖南省高级人民法院经审理认为：光大新华支行与平安轻化之间签订的《借款合同》为双方当事人真实意思表示，内容不违反法律、行政法规的强制性规定，是有效合同，双方当事人应按合同的约定严格履行。湘财证券辩称平安轻化将本笔贷款资金违规流入了股市，但无相关证据证明。经查，平安轻化将所贷到的8000万元全部以承兑汇票的形式分别承兑给了一汽贸易总公司和一汽解放青岛汽车厂，湘财证券的此抗辩理由与事实不符，该院不予采信。光大新华支行在合同签订后，依约发放了贷款，已履行了合同约定的主要义务。但平安轻化到期只偿还了部分利息，未履行全部偿还义务，应承担违约责任。

湘财证券具备了监管部门批准的受托投资管理资格，其与平安轻化签订的《受托投资管理合同》及其《补充协议》系当事人的真实意思表示，且不违反法律、行政法规关于禁止混业经营的规定，应当认定有效。但协议中设定的固定利息，系保底条款，其规避和转嫁理财风险，违背了基本经济规律和公平交易原则，违反了我国信托及证券监管行政主管部门关于信托公司及受托理财人不得以任何形式对客户的收益、损失作出承诺的规定，属无效约定。平安轻化不得依此无效约定，向湘财证券要求投资回报。平安轻化已收的780万元收益，属不当得利，应返还给湘财证券。

湘财证券在接受平安轻化的委托后，应全面依约对平安轻化的委托资金进行管理，但湘财证券在委托期满后，没有及时将委托资产清算返还给平安轻化，应承担逾期付款的责任。平安轻化与湘财证券在《补充协议》中约定了关于损失的承担条款，约定："在管理期限届满之日，受托人（湘财证券）保证受托投资管理资产安全与完整，使得受托投资管理资产的年投资收益率达到7.8%""如因委托人原因……如投资发生亏损，由委托人自行承担"。由委托人承担亏损的前提是湘财证券必须证明平安轻化有过错，故在没有证据证明平安轻化有过错的情况下，湘财证券依该条款要求平安轻化补偿资金本金损失没有事实依据，且就湘财证券本身而言，其在《补充协议》明确保证受托资产安全与完整，如发生亏损，其应担责，平安轻化不应承担交易损失的后果。因此，湘财证券应承担返还本金8000万元和同期银行贷款利率的赔偿责任，但湘财证券已支付的780万元收益应予冲抵。

光大新华支行在庭审中明确基于代位权向湘财证券主张权利。

平安轻化既未积极向其债权人光大新华支行履行到期债务，又未通过必要的方式主张其对次债务人湘财证券的到期债权，其行为对光大新华支行造成损害，光大新华支行可以行使代位权。光大新华支行代位行使平安轻化对湘财证券的债权的具体数额截至2004年10月21日应为8403.749689万元。

综上，光大新华支行对湘财证券代位权成立，湘财证券应偿还光大新华支行8000万元本金及同期银行贷款利率扣除780万元收益后的余额，不足部分应由平安轻化偿还。鉴于光大新华支行未向平安轻化主张其担保债权，因此，基于担保法律关系而产生的《质押合同》和《阳光理财保协议》《关于请求延期还款的函》不属本案审理范围，该院不予审理。该院依照《中华人民共和国合同法》第七十三条，《最高人民法院关于适用〈中华人民共和国合同法〉若干问题的解释（一）》第一条、第二十条的规定，判决：

一、湘财证券在判决生效后10日内向光大新华支行支付人民币8000万元本金及利息（从2004年4月21日起，按人民银行同期贷款利率计算至清偿之日止），已支付的780万元收益，予以冲抵；

二、从判决生效之日起，平安轻化与湘财证券之间因本案《受托投资管理合同》形成的债权债务关系消灭；

三、平安轻化在判决生效后10日内，在以上湘财证券应偿还的数额外，尚不足以清偿光大新华支行8403.749689万元（利息已计算至2004年10月21日，此后利息按合同约定计算至清偿之日止）债务的范围内，承担偿还责任。

案件受理费410010元，财产保全费400520元，合计810530元，由湘财证券负担730000元，平安轻化负担80530元。

〔当事人上诉及答辩意见〕

湘财证券不服湖南省高级人民法院上述民事判决，向最高人民法院提起上诉称：光大新华支行提起的是借款合同之诉，不是一审判决确定的代位权诉讼，光大新华支行提起的借款合同之诉应予驳回。根据“不告不理”的原则，一审法院只应审查本案是否构成债务承担。至于代位权的事实，则不属于本案审理的范围。一审判决认定光大新华支行对平安轻化享有8000万元借款本金债权的事实没有证据佐证，同时光大新华支行也不具备提起代位权诉讼的条件。一审法院判决湘财证券向光大新华支行支付同期银行贷款利息明显不当，致使平安轻化获得的赔偿远远超过其实际损失。由于股市长期低迷，平安轻化委托理财的1亿元资金已亏损3300多万元。对此巨额亏损，并非湘财证券单方之过错。一审判决对780万元收益的处理不当，增加了湘财证券780万元部分相应银行同期贷款利息的负担。湘财证券请求二审法院依法撤销一审判决，驳回被上诉人的诉讼请求，或将本案发回一审法院重审。

针对湘财证券的上诉请求及理由，光大新华支行答辩称：光大新华支行对平安轻化享有的债权合法有效，并且，平安轻化作为《借款合同》项下的债务人、《受托投资管理合同》项下的债权人，其在《借款合同》《受托投资管理合同》先后到期后，既不履行对光大新华支行的到期债务，又不以诉讼方式或者仲裁方式向湘财证券主张其享有的、不专属于其自身的、具有金钱给付内容的到期债权，致使光大新华支行的到期债权未能实现，对光大新华支行造成了损害。光大新华支行将湘财证券作为被告并要求其偿还债务，将平安轻化作为第三人，符合关于行使代位权的法律规定。一审判决据此认定主债务本息为8403.749689万元，光大新华支行与主债务人平安轻化核对无误，完全正确。一审判决根据湘财证券与平安轻化之间的债权债务关系，将次债务金额确认为8000万元及同期银行贷款利息（同时扣减湘财证券已支付的780万元），符合我国法律规定及同类案件的司法实践经验。故一审判决根据主、次债务金额确定的代位金额完全正确。一审判决认定事实清楚、证据确实充分，处理正确，程序合法，请求二审驳回上诉，维持原判。

针对湘财证券的上诉请求及理由，平安轻化陈述称：本案是代位权诉讼，光大新华支行和平安轻化一直明确本案是代位权诉讼。平安轻化对尚欠光大新华支行的欠款金额不持异议。平安轻化与湘财证券同等数量的债权债务关系归于消灭，湘财证券拖欠平安轻化的债务中超过光大新华支行代位权请求数额的部分，平安轻化将通过另案起诉的方式向湘财证券追偿。

〔二审查明的事实〕

最高人民法院经二审审理，对一审法院查明事实予以确认。

〔二审裁判理由与结果〕

最高人民法院认为，光大新华支行与平安轻化之间签订的《借款合同》为双方当事人真实意思表示，内容不违反法律、行政法规的强制性规定，系有效合同。光大新华支行在合同签订后，依约向平安轻化发放了贷款，平安轻化应于合同到期后向光大新华支行履行全部偿还贷款本金及利息的义务，逾期履行还应承担相应的违约责任。现平安轻化仅向光大新华支行支付了部分利息，光大新华支行有权向平安轻化追索欠付的本金、利息并追究相应的违约责任。光大新华支行提供了充分有效的证据证明其对平安轻化享有8000万元借款本金债权的事实，平安轻化对此予以认可。湘财证券关于光大新华支行与平安轻化之间债权债务不清的上诉主张不能成立，本院依法不予支持。

平安轻化作为委托人与受托人湘财证券之间签订的《受托投资管理合同》及《补充协议》中约定，平安轻化将资金委托给湘财证券在一定期限内投资于证券市场，并由湘财证券按期支付给平安轻化相应的投资收益，上述内容符合委托理财合同特点。双方关于湘财证券保证平安轻化的资金年投资收益率达到7.8%，不足部分由湘财证券补足的约定属于委托理财合同中保证本息固定回报的条款。《中华人民共和国证券法》第一百四十三条①明确规定，券商不得以任何方式对客户证券买卖收益或者赔偿证券买卖的损失作出承诺。本案保底条款的内容显然违反了上述法律的禁止性规定，应属无效条款。保底条款应属委托理财合同之目的条款或核心条款，保底条款无效应导致委托理财合同整体无效，故本案《受托投资管理合同》及《补充协议》作为委托理财合同整体无效。受托人湘财证券应当将委托资金本金返还委托人平安轻化，并按中国人民银行规定的同期定期存款利率标准支付利息。平安轻化不得向湘财证券要求合同约定的投资收益部分，其已收的780万元作为不当得利应返还给湘财证券。原审判决确认本案《受托投资管理合同》及《补充协议》有效，并判令湘财证券按人民银行同期贷款利率向光大新华支行支付利息不当，应予纠正。

光大新华支行对平安轻化享有债权，平安轻化对湘财证券享有债权，上述债权至本案诉前均已到期。平安轻化既不向光大新华支行履行到期债务，又怠于向湘财证券主张到期债权，对光大新华支行造成了损害。光大新华支行根据《中华人民共和国合同法》第七十三条，《最高人民法院关于适用〈中华人民共和国合同法〉若干问题的解释（一）》第十六条第一款的规定，向人民法院请求以自己的名义代位行使平安轻化的债权并无不当，且原审判决认定光大新华支行可向湘财证券主张的债权数额并未超过平安轻化对湘财证券的债权数额，平安轻化对于光大新华支行主张债权的方式及范围均无异议，故湘财证券关于光大新华支行代位权不能成立的上诉主张缺乏事实和法律依据，本院不予支持。

---

① 对应2014年《证券法》第一百四十四条。

各方当事人对于原审判决主文中涉及平安轻化的内容部分均没有提出上诉，根据《中华人民共和国民事诉讼法》第一百五十一条①的规定，二审人民法院应当对上诉请求的有关事实和适用法律进行审理。故本院对于原审判决上述内容不再进行审理。

综上，原审判决认定事实清楚，但适用法律部分错误。本院依照《中华人民共和国民事诉讼法》第一百五十三条第一款第（一）项、第（二）项②的规定，判决如下：

一、维持湖南省高级人民法院（2005）湘高法民二初字第14号民事判决主文第二项、第三项内容；

二、变更湖南省高级人民法院（2005）湘高法民二初字第14号民事判决主文第一项内容为：湘财证券有限责任公司在判决生效后10日内向中国光大银行长沙新华支行支付人民币8000万元本金及利息（从2004年4月21日起，按人民银行同期定期存款利率计算至清偿之日止），已支付的780万元，予以冲抵。

一审案件受理费、财产保全费按原审判决执行；二审案件受理费410010元，由湘财证券有限责任公司、中国光大银行长沙新华支行各自承担205005元。

本判决为终审判决。

---

① 对应2012年《民事诉讼法》第一百六十八条。

② 对应2012年《民事诉讼法》第一百七十条第一款第（一）、（二）项。

第十一章　借款合同

规则 19：没有证据证明合同的订立违背当事人的真实意思表示的，合同中关于债务数额的约定应视为债务人对自己权利的处分

——万通实业集团有限公司与兰州市商业银行、北京万通实业股份有限公司借款合同纠纷案①

【裁判规则】

借款合同双方当事人就借款合同中未履行的债务重新签订借款合同，债务人明知并且认可新合同中的一切内容，没有证据证明新合同的订立违背了当事人的真实意思表示，新合同中关于债务数额的约定，应视为债务人对自己权利的处分。只要该处分行为不损害公共利益，不违反国家法律或行政法规的禁止性规定，即应认定新合同中关于债务数额的约定合法有效。

【规则理解】

一、判断合同效力的方法

按照我国《合同法》的规定，合同是平等主体之间设立、变更、终止民事权利义务关系的协议。合同无效是指合同因欠缺一定生效要件而致合同当然不发生效力。无效合同的无效是绝对的、当然的，自始至终不发生任何法律效果。

根据《合同法》第 52 条之规定，无效合同主要有以下几种情形：

1. 一方以欺诈、胁迫的手段订立合同，损害国家利益。所谓欺诈，是指一方当事人故意告知对方虚假情况，或者故意隐瞒真实情况，诱使对方当事人作出错误意思表示的行为。所谓胁迫，是以将来要发生的损害或以直接损害相威胁，使对方产生恐惧。在我国私法领域内，契约自由原则是核心法则，其核心内容就是私法自治。在法律允许的框架下，合同当事人的真实意思表示主导着合同的效力。合同当事人因对方欺诈、胁迫而签订合同，意思表示是不真实的，因此，在合同效力方面

① 《中华人民共和国最高人民法院公报》2005 年第 9 期，最高人民法院民事判决书。

有瑕疵。但是，只有在损害国家利益的情况下，合同才无效。需要指出的是，损害国家利益，主要是指损害国家经济利益、政治利益、安全利益等，而不应当包括国有企业的利益。应当注意的是，2017 年 3 月 15 日公布的《民法总则》对欺诈、胁迫的行为的法律后果并没有规定为无效，而是规定为可撤销；也没有将在损害国家利益的情况下规定合同无效。即该法第 148 条规定："一方以欺诈手段，使对方在违背真实意思的情况下实施的民事法律行为，受欺诈方有权请求人民法院或者仲裁机构予以撤销。"第 149 条规定："第三人实施欺诈行为，使一方在违背真实意思的情况下实施的民事法律行为，对方知道或者应当知道该欺诈行为的，受欺诈方有权请求人民法院或者仲裁机构予以撤销。"第 150 条规定："一方或者第三人以胁迫手段，使对方在违背真实意思的情况下实施的民事法律行为，受胁迫方有权请求人民法院或者仲裁机构予以撤销。"

2. 恶意串通，损害国家、集体或者第三人利益。恶意串通的合同，是指双方当事人非法串通在一起，共同订立某种合同，造成国家、集体或第三人利益损害的合同。在司法实践中，法院以恶意串通宣告合同无效的案件很少，最主要的原因在于证明双方当事人恶意串通的难度很大。因此，以该理由主张合同无效的，应特别注意相关证据的收集。应当注意的是，《民法总则》对此规定有新的变化，不再突出强调损害的主体性质，而是将国家、集体或第三人利益都融入他人合法权益之中。即该法第 154 条规定："行为人与相对人恶意串通，损害他人合法权益的民事法律行为无效。"本条是关于恶意串通损害他人权益的民事法律行为的效力规定。同时还要注意一个问题是虚伪表示与恶意串通的区别。《民法总则》第 146 条第 1 款也规定虚伪表示的民事法律行为无效，即"行为人与相对人以虚假的意思表示实施的民事法律行为无效。"但在虚伪表示的民事法律行为中，行为人与相对人所表示出来的意思表示均非真实，而恶意串通中双方所表达的意思都是内心真实，尽管两者的法律后果是相同的，但不能混淆。尽管在某些情况下，双方通谋的虚伪表示也表现为主观上的恶意，同时也损害他人的合法权益，但两者的侧重点不同，不可互相替代。

3. 以合法形式掩盖非法目的。以合法形式掩盖非法目的，从外表来看，行为是合法的，但揭开表面，合同的内容和目的是非法的，当事人明知其隐匿的行为与外表行为不一致，希望通过隐匿行为规避法律。所谓隐藏行为，是指在虚伪表示掩盖之下行为人与相对人真心所欲达成的民事法律行为。对于隐藏行为的法律后果，《民法总则》第 146 条第 2 款规定："以虚假的意思表示隐藏的民事法律行为的效力，依照有关法律规定处理。"由此可见，隐藏行为的构成要件可从以下几个方面把握：第一，要有表面行为，行为人与相对人有表示行为，且表示行为表面是一致的，但该表示行为的目的是用于掩盖隐藏行为；第二，表面行为系虚假行为，行为人与相对人的表示行为与真实意思不一致，且双方对该不一致的事实是明知的；第三，要有隐藏行为，行为人与相对人隐藏另一真实的意思表示，双方就隐藏的真实意思是达成一致的，该虚假意思表示所掩盖的隐藏行为才是双方真正要实现的合同目的；第四，就隐藏行为是否构成违法在所不问，行为可能违法，也可能不违法。对于隐藏行为的效力并非当然无效，要根据隐藏行为是否符合法律规定的生效要件来判断，一是对于隐藏行为是否是当事人的真实意思表示，要符合《民法总则》第143条第2项关于“意思表示真实”的规定；二是对于隐藏行为是否有效，应根据具体情况来确定，主要是要审查隐藏行为是否符合《民法总则》第143条第1项和第3项的规定，即是否符合“行为人具有相应的民事行为能力”和“不违反法律、行政法规的强制性规定，不违背公序良俗”这两个条件，如果同时符合这两个条件的，则隐藏行为合法有效，如果不能同时符合这两个条件的隐藏行为无效。

4. 损害社会公共利益。社会公共利益体现了全体社会成员的最高利益，违反社会公共利益或公序良俗的合同无效，是各国立法普遍确认的原则。损害社会公共利益的合同，主要包括危害公共秩序的合同和损害社会公共道德的合同。《民法总则》第153条第2款规定：“违背公序良俗的民事法律行为无效。”应当注意的是，《民法总则》对《民法通则》相关表述的修改，其中《民法总则》第8条规定，“民事主体从事民事活动，不得违反法律，不得违背公序良俗”。这是对《民法通则》第7条关于“民事活动应当尊重社会公德，不得损害社会公共利益，扰乱社会经济秩序”的相关内容、表述的修改和调整。《民法通则》中所谓的“社会公德”和“社会公共利益”，被解释为民法理论所谓的“公共秩序与善良风俗”，“社会公德”相当于“善良风俗”，“社会公共利益”相当于“公共秩序”。公序良俗属于家庭生活关系中的道德标准，《民法总则》放弃了“社会公德”和“社会公共利益”的概念，采用大陆法系民法通用的公共秩序和善良风俗的概念。①

5. 违反法律、行政法规的强制性规定。合同不能违背法律和行政法规的强制性规定。无效合同的违法性就是指该合同不符合立法的基本精神，故国家要对该合同实行国家干预，使其在任何情况下均自始至终无效力。根据《民法总则》《合同法》的规定，是否违反国家法律和行政法规的强制性规定是确认此合同是否违法的依据。《民法总则》第153条第1款规定：“违反法律、行政法规的强制性规定的民事法律行为无效，但是该强制性规定不导致该民事法律行为无效的除外。”法律、

① 江必新、何东宁：《民法总则与民法通则条文对照及适用提要》，法律出版社2017年全新修订版，第5页。

行政法规的强制性规定，是指必须无条件遵守的规范，不许任何人经过协商自行处理，只许按强制性规定的条件执行。具体来说，禁止性和义务性规范一般都属于强制性规范范畴。《合同法司法解释一》第4条规定："合同法实施以后，人民法院确认合同无效，应当以全国人大及其常委会制定的法律和国务院制定的行政法规为依据，不得以地方性法规、行政规章为依据。"《合同法司法解释二》第14条将《合同法》第52条第5项的"强制性规定"进一步界定为"效力性强制性规定"。

综上，合同效力的判断主要考虑当事人的意思表示及是否违反法律、行政法规的强制性规定。合同的双方当事人只要是在平等、自愿的基础上进行协商而达成一致所签订的合同，且其内容不违反我国的强制性法律法规的规定，就应被认定为有效。

二、借款合同的效力认定

借款合同，是指借款人向贷款人借款，到期返还借款并支付利息的合同。其中向对方借款的一方称为出借人，出借钱款的一方称为贷款人。

借款合同的双方当事人就借款合同中未履行的债务重新签订借款合同，债务人明知并且认可新合同中的一切内容，没有证据证明新合同的订立违背了当事人的真实意思表示，新合同中关于债务数额的约定，应视为债务人对自己权利的处分。只要该处分行为不损害公共利益，不违反国家法律或行政法规的禁止性规定，即应认定新合同中关于债务数额的约定合法有效。

如果借款合同约定的利息过高，违反了中国人民银行关于金融机构法定贷款利率的相关规定，则关于利息的条款应被确认可撤销或无效。合同其他内容不违反国家法律和行政法规的禁止性规定，应认定为有效。

【拓展适用】

一、以贷还贷借款合同效力

以贷还贷，又称借新还旧，是指同一借款人在尚未清偿银行前一笔到期贷款的情况下，又与该银行签订新的借款合同，并用新贷款偿还旧贷款的行为。

目前，学术界对以贷还贷借款合同的效力存在两种不同的观点。① 第一种观点认为，以贷还贷的借款合同有效，其理由如下：商业银行是独立的商事主体，有权自主决定自己的经营行为；以贷还贷借款合同并非是一个新合同，而是对原合同内容的变更，该合同是在双方当事人协商一致的情况下签订的，因而是合法有效的；

---

① 参见王亦平：《对"以贷还贷"借款合同效力的思考》，载《北京工商大学学报》（社会科学版）2005年第3期。

以贷还贷有利于借款企业轻装上阵，积累资金，增强偿还贷款的能力。第二种观点认为，以贷还贷的借款合同无效，其理由为：以贷还贷行为违反了国家金融法律、规章有关放贷和收贷的规定；以贷还贷行为违反了《民法总则》《民法通则》及《合同法》有关合同效力的规定；以贷还贷行为违反了《贷款通则》有关贷款展期的规定。

在1997年5月19日发布的《中国人民银行关于借款合同有关法律问题的复函》（银办函〔1997〕320号）认为：以贷还贷或借新还旧，是指借款人向银行贷款以清偿先前所欠同一银行贷款的行为，新的借款合同只是对原借款合同中贷款期限等合同条款的变更，不能视为新借款合同虚构借款用途，双方意思表示不真实。该行为并未违反《商业银行法》及《贷款通则》等有关金融法律、行政法规和规章的规定。因此，以贷还贷的借款合同应属有效。

我们认为，以贷还贷借款合同系借款人与银行之间协商一致的结果，是双方当事人真实意思的表示，并未违反法律、行政法规的强制性规定，应为有效。但在以贷还贷情况下，应注重保护担保人的利益。虽然《担保法司法解释》第39条第1款规定了“主合同当事人双方协议以新贷偿还旧贷，除保证人知道或者应当知道的外，保证人不承担民事责任”，但由于保证人通常不可能知道其所担保的借款是以新还旧的借款，因此，届时只能成为借款人的“替罪羊”，丧失本该属于自己的正当利益。商业银行的这种行为，不仅损害了自己赖以生存的商业信誉，而且严重侵害了担保人的合法权益，扰乱了担保市场的正常秩序。担保人在此情况下应不承担民事责任。

二、非金融机构企业之间借款合同的效力

非金融机构企业之间的借款合同，是指非金融机构的法人企业之间、非法人企业之间以及它们相互之间，由一方向另一方给付一定数量的货币，并要求接受方在约定的期间内归还相同数量的本金，同时支付一定数量的利息或利润而产生的民事关系。对于非金融机构企业之间借款合同的效力，可从以下几个方面进行把握。

（一）规则层面

从法律层面上讲，对非金融机构企业间借款作出规范的是《银行业监督管理法》，该法第19条规定：“未经国务院银行业监督管理机构批准，任何单位或者个人不得设立银行业金融机构或者从事银行业金融机构的业务活动。”该法第43条还规定了对这类行为的取缔和制裁。2006年该法修正时，对该两条的内容未作任何变动，仅将第43条的位置调整为第44条。

从行政法规层面上讲，1988年的《现金管理暂行条例》第21条第7项规定，开户单位互相借用现金的，开户银行应当依照中国人民银行的规定予以处罚。1992年的《储蓄管理条例》第8条规定："除储蓄机构外，任何单位和个人不得办理储蓄业务。"1998年的《非法金融机构和非法金融业务活动取缔办法》第2条规定："任何非法金融机构和非法金融业务活动，必须予以取缔。"第3条第1款规定："本办法所称非法金融机构，是指未经中国人民银行批准，擅自设立从事或者主要从事吸收存款、发放贷款……等金融业务活动的机构。"第4条规定："本办法所称非法金融业务活动，是指未经中国人民银行批准，擅自从事的下列活动：（一）非法吸收公众存款或者变相吸收公众存款；（二）未经依法批准，以任何名义向社会不特定对象进行的非法集资；（三）非法发放贷款、办理结算、票据贴现、资金拆借、信托投资、金融租赁、融资担保、外汇买卖；（四）中国人民银行认定的其他非法金融业务活动。前款所称非法吸收公众存款，是指未经中国人民银行批准，向社会不特定对象吸收资金，出具凭证，承诺在一定期限内还本付息的活动；所称变相吸收公众存款，是指未经中国人民银行批准，不以吸收公众存款的名义，向社会不特定对象吸收资金，但承诺履行的义务与吸收公众存款性质相同的活动。"

最高人民法院对于非金融机构企业间借款合同的效力问题也作出过多个司法解释。1988年的《民法通则意见》允许公民之间借贷，但对公民与企业之间、企业与企业之间的借贷未作规定。1990年的《最高人民法院关于审理联营合同纠纷案件若干问题的解答》第4条第2项规定：企业法人、事业法人之间，名为联营，实为借贷的合同，违反了有关金融法规，应当确认合同无效；除本金可以返还外，对出资方已经取得或者约定取得的利息应予收缴，对另一方则应处以相当于银行利息的罚款。1991年的《最高人民法院关于人民法院审理借贷案件的若干意见》第1条规定："公民之间的借贷纠纷，公民与法人之间的借贷纠纷以及公民与其他组织之间的借贷纠纷，应作为借贷案件受理。"并在第6条规定："民间借贷的利率可以适当高于银行的利率，各地人民法院可根据本地区的实际情况具体掌握，但最高不得超过银行同类贷款利率的四倍（包含利率本数）。超出此限度的，超出部分的利息不予保护。"1996年的《最高人民法院关于企业相互借贷的合同出借方尚未取得约定利息人民法院应当如何裁决问题的解答》规定，对企业之间相互借贷的出借方或者名为联营、实为借贷的出资方尚未取得的约定利息，人民法院应当依法向借款方收缴。1996年的《最高人民法院关于对企业借贷合同借款方逾期不归还借款的应如何处理的批复》规定，企业借贷合同违反有关金融法规，属无效合同；对自双方当事人约定的还款期满之日起，至法院判决确定借款人返还本金期满期间内的利息，应当收缴，该利息按借贷双方原约定的利率计算，如果双方当事人对借款利息未约定，按同期银行贷款利率计算。1997年的《最高人民法院关于审理存单纠纷案件的若干规定》规定，出资人直接将款项交与用资人使用，或通过金融机构将款项交与（出资人指定的）用资人使用的以存单为表现形式的借贷，属于违法借贷。1999 年的《最高人民法院关于如何确认公民与企业之间借贷行为效力问题的批复》规定，公民与非金融企业之间的借贷属于民间借贷。只要双方当事人意思表示真实即可认定有效。但是，具有下列情形之一的，应当认定无效：1. 企业以借贷名义向职工非法集资；2. 企业以借贷名义非法向社会集资；3. 企业以借贷名义向社会公众发放贷款；4. 其他违反法律、行政法规的行为。2015 年 6 月 23 日《最高人民法院关于审理民间借贷案件适用法律若干问题的规定》（法释〔2015〕18 号）第 1 条规定："本规定所称的民间借贷，是指自然人、法人、其他组织之间及其相互之间进行资金融通的行为。经金融监管部门批准设立的从事贷款业务的金融机构及其分支机构，因发放贷款等相关金融业务引发的纠纷，不适用本规定。"进一步明确了金融机构及其分支机构之外的其他主体所从事的资金融通的行为属于民间借贷，并且明确规定除存在《合同法》第 52 条、《最高人民法院关于审理民间借贷案件适用法律若干问题的规定》第 14 条规定的情形外的民间借贷的效力为有效。即该规定第 11 条规定："法人之间、其他组织之间以及它们相互之间为生产、经营需要订立的民间借贷合同，除存在合同法第五十二条、本规定第十四条规定的情形外，当事人主张民间借贷合同有效的，人民法院应予支持。"《最高人民法院关于审理民间借贷案件适用法律若干问题的规定》第 14 条规定："具有下列情形之一，人民法院应当认定民间借贷合同无效：（一）套取金融机构信贷资金又高利转贷给借款人，且借款人事先知道或者应当知道的；（二）以向其他企业借贷或者向本单位职工集资取得的资金又转贷给借款人牟利，且借款人事先知道或者应当知道的；（三）出借人事先知道或者应当知道借款人借款用于违法犯罪活动仍然提供借款的；（四）违背社会公序良俗的；（五）其他违反法律、行政法规效力性强制性规定的。"

（二）学理层面

目前，国内学界的主流观点认为，尽管《民法总则》《民法通则》《合同法》等法律均未对非金融机构企业间借款合同的效力问题作出明确规定，但我国现行金融管理政策均禁止非金融机构企业从事借贷业务。因此，非金融机构企业之间的借款合同应为无效合同。① 有学者认为企业之间发生的借款只要能够与银行业金融机构的业务活动或者带有金融性质的业务活动相区分，就不违反现行法律、法规，可以认定为有效。"银行业金融机构的业务活动或者带有金融性质的业务活动"是指

---

① 参见魏振瀛：《民法》，北京大学出版社 2000 年版，第 459 页；王利明：《民法》，中国人民大学出版社 2008 年版，第 518 页。

那种面向多个相对人、多次采用或者准备多次采用并被用作一种较为固定的创收手段的资金融通活动。[①] 有学者提出，非金融机构企业之间的借款合同，应认定为一般有效，例外无效。以下几种情形下的企业借款合同应当属于无效合同：一是公司董事、高级管理人员违反公司章程的规定，未经股东会、股东大会或者董事会同意，将公司资金借贷给其他企业，相对人明知或者应知的；二是企业以套用的银行资金进行放贷的；三是企业将以非法集资方式取得的资金进行放贷的。[②]

（三）最高人民法院的主流观点

最高人民法院于1999年12月19日发布的《合同法司法解释一》第4条明确指出："合同法实施以后，人民法院确认合同无效，应当以全国人大及其常委会制定的法律和国务院制定的行政法规为依据，不得以地方性法规、行政规章为依据。"最高人民法院于2009年4月24日发布的《合同法司法解释二》第14条规定："合同法第五十二条第（五）项规定的'强制性规定'，是指效力性强制性规定。"最高人民法院于2009年7月7日发布的《关于当前形势下审理民商事合同纠纷案件若干问题的指导意见》（法发〔2009〕40号）第15条再次明确要求，正确理解、识别和适用《合同法》第52条第5项中的"违反法律、行政法规的强制性规定"，关系到民商事合同的效力维护以及市场交易的安全和稳定。人民法院应当注意根据《合同法司法解释二》第14条之规定，注意区分效力性强制规定和管理性强制规定。违反效力性强制规定的，人民法院应当认定合同无效；违反管理性强制规定的，人民法院应当根据具体情形认定其效力。对于两者的区别，史尚宽先生认为："前者着重违反行为之法律行为价值，以否认法律效力为目的；后者着重违反行为之事实行为价值，以禁止其行为为目的。"[③] 违反取缔性规范应当受到处罚，违反效力性规范不仅受到处罚，还将导致合同无效。[④] 国务院制定的《非法金融机构和非法金融业务活动取缔办法》虽为行政法规，但其相关规范应为取缔性规范（管理性规范）而非效力性规范，不宜依此认定非金融机构企业借款合同无效。因此，我们赞同"一般有效，例外无效"的观点。

针对此问题，2013年在全国法院商事审判工作座谈会予以明确，对不具备从事金融业务资质的企业之间，为生产经营需要所进行的临时性资金拆借行为，如提供

---

① 吴晓静：《企业间借款合同的效力问题》，载《人民司法》（应用）2007年第23期。

② 参见龙著华：《一般有效，例外无效：非金融机构企业之间借款合同效力的应然安排》，载《社会科学》2011年第11期。

③ 参见史尚宽：《民法总论》，中国政法大学出版社2000年版，第329～330页。

④ 参见王利明：《合同法新问题研究》，中国社会科学出版社2003年版，第320页。

资金的一方并非以资金融通为常业，不属于违反国家金融管制的强制性规定的情形，不应当认定借款合同无效。[①] 从2015年6月23日公布的法释〔2015〕18号司法解释的规定来看，即《最高人民法院关于审理民间借贷案件适用法律若干问题的规定》第10条规定“除自然人之间的借款合同外，当事人主张民间借贷合同自合同成立时生效的，人民法院应予支持，但当事人另有约定或者法律、行政法规另有规定的除外”。第11条规定“法人之间、其他组织之间以及它们相互之间为生产、经营需要订立的民间借贷合同，除存在合同法第五十二条、本规定第十四条规定的情形外，当事人主张民间借贷合同有效的，人民法院应予支持”。第12条规定“法人或者其他组织在本单位内部通过借款形式向职工筹集资金，用于本单位生产、经营，且不存在合同法第五十二条、本规定第十四条规定的情形，当事人主张民间借贷合同有效的，人民法院应予支持”。第13条规定“借款人或者出借人的借贷行为涉嫌犯罪，或者已经生效的判决认定构成犯罪，当事人提起民事诉讼的，民间借贷合同并不当然无效。人民法院应当根据合同法第五十二条、本规定第十四条之规定，认定民间借贷合同的效力。担保人以借款人或者出借人的借贷行为涉嫌犯罪或者已经生效的判决认定构成犯罪为由，主张不承担民事责任的，人民法院应当依据民间借贷合同与担保合同的效力、当事人的过错程度，依法确定担保人的民事责任”。上述规定说明最高人民法院就非金融机构及其分支机构主体所从事的资金融通的行为效力的认定，如果没有《合同法》第52条，以及《最高人民法院关于审理民间借贷案件适用法律若干问题的规定》第14条之规定的情形，均应认定民间借贷合同为有效。这反映了最高人民法院对该问题的主流观点。

三、债务人认为借款合同显失公平但不行使撤销权的，借款合同仍属有效

（一）合同撤销权的含义及特征

合同撤销权，是指合同已经成立，但因当事人意思表示不真实，一方当事人享有的向人民法院或仲裁机构申请对合同予以撤销，使合同溯及自始归于无效的权利。合同撤销权的基本理论是意思自治。对于可撤销合同，学者常常将其称为意思表示有瑕疵的合同，或者说是表意人在缺乏意思自由的情况下作出意思表示并达成的合同。由于法律规定合同撤销权的着眼点在于为意思表示瑕疵的一方提供救济，因此，在处理这类合同时，应当按照意思自治和合同自由的精神，充分尊重意思表示瑕疵一方的意愿。这就是说，通过赋予其撤销合同的权利，使其能够审时度势，

① 《深化商事理念，维护公平正义，为经济社会持续健康发展提供有力司法保障——在全国法院商事审判工作座谈会上的讲话（2013年9月17日）》，载最高人民法院民事审判第二庭编：《商事审判指导》2013年第2辑，人民法院出版社2013年版，第13～14页。

在充分考虑自己的利益得失后作出是否撤销合同的决定。从实际情况看，由于意思表示是否自由、真实，局外人常常无从判断，即使局外人知道当事人意思表示不真实或不自由而因此受到损害，但表意人从自身利益考虑不愿意请求撤销合同，按照意思自治和合同自由原则，法律也应当允许当事人自由决定是否撤销合同而不必加以干预。正是基于这种考虑，法律将合同撤销权赋予一方当事人，使其在订立了意思表示不真实的合同以后，享有请求撤销的权利。

（二）合同撤销权的特征

合同撤销权主要具有以下特征：其一，享有合同撤销权的主体撤销的是意思表示不真实的合同，即意思与表示不一致，或意思表示有瑕疵。其二，合同撤销权须由享有撤销权的一方当事人行使，其他任何单位或个人都无权行使，人民法院或仲裁机关不得依职权主动撤销合同。其三，合同撤销权是撤销权人享有的权利。撤销权人是否行使撤销权，应由权利人自由决定。其四，合同撤销权在行使之前，合同仍然是有效的，但一旦被撤销则自始无效。同时，撤销权人享有的撤销权依法定原因而消灭后，不得再主张撤销。

（三）合同撤销权的消灭

我国《合同法》第 55 条规定：有下列情形之一的，撤销权消灭：（1）具有撤销权的当事人自知道或者应当知道撤销事由之日起一年内没有行使撤销权；（2）具有撤销权的当事人知道撤销事由后明确表示或者以自己的行为放弃撤销权。《合同法》为了平衡和保护合同双方当事人的利益，维护市场交易的安全与社会经济秩序的稳定，赋予了当事人撤销权，但撤销权并非是无时间限制的权利。如果撤销权人在法定期间内未行使撤销权，则撤销权消灭，当事人不得再以存在撤销事由为理由，请求人民法院或仲裁机构撤销合同。

需要注意的是，根据《合同法司法解释一》第 8 条的规定，撤销权行使的期间是除斥期间、不变期间，不存在任何中止、中断或者延长的情形。《民法总则》对此予以进一步明确，即该法第 199 条规定："法律规定或者当事人约定的撤销权、解除权等权利的存续期间，除法律另有规定外，自权利人知道或者应当知道权利产生之日起计算，不适用有关诉讼时效中止、中断和延长的规定。存续期间届满，撤销权、解除权等权利消灭。"注意如果法律有除外规定的，应当适用除外规定。

《合同法》与《民法通则》在撤销权行使的起算点上有所出入。根据《合同法》第 55 条之规定，合同撤销权的行使期间为 1 年，其起算点是自知道或者应当知道撤销事由之日。而根据《民法通则意见》第 73 条第 2 款之规定，可变更、可撤销的民事行为，自行为成立时起超过一年当事人才请求变更或撤销的，人民法院不予保护。之所以有此差别，是因为《合同法》将欺诈、胁迫以及乘人之危确定为合同可撤销的原因。这与《民法通则》规定的两种可撤销行为（重大误解、显失公平）有所不同。就欺诈而言，在实践中，因受欺诈订立的合同往往具有极大的隐蔽性，受欺诈一方不可能在行为成立之时发现对方的欺诈行为，如仍以民事行为（签订合同）成立之时作为除斥期间的起算点，无疑对受欺诈一方是不公平的。因此，《合同法》将撤销权的起算点规定为自知道或者应当知道撤销事由之日起是合理的。在司法实践中二者应如何适用，我们认为，《民法通则意见》是最高人民法院颁布的司法解释，而《合同法》是全国人大常务委员会制定的，其法律效力层次显然要高于最高人民法院的司法解释。因此，在实践中应当优先适用《合同法》的规定。但应当特别注意的是，2017 年 3 月 15 日公布的《民法总则》对撤销权行使的起算点作出了统一的规定，即第 152 条规定："有下列情形之一的，撤销权消灭：（一）当事人自知道或者应当知道撤销事由之日起一年内、重大误解的当事人自知道或者应当知道撤销事由之日起三个月内没有行使撤销权；（二）当事人受胁迫，自胁迫行为终止之日起一年内没有行使撤销权；（三）当事人知道撤销事由后明确表示或者以自己的行为表明放弃撤销权。当事人自民事法律行为发生之日起五年内没有行使撤销权的，撤销权消灭。"可见，一般情况下，撤销权的行使期间为 1 年，其起算点是当事人自知道或者应当知道撤销事由之日；重大误解情形的，撤销权的行使期间为 3 个月，其起算点是当事人自知道或者应当知道撤销事由之日；受胁迫情形的，撤销权的行使期间为 1 年，其起算点是自胁迫行为终止之日；无论当事人是知道还是不应当知道撤销事由，自民事法律行为发生之日起五年内没有行使撤销权的，撤销权消灭。《民法总则》于 2017 年 10 月 1 日生效实施后，《合同法》《民法通则》以及相关司法解释对撤销权的行使与《民法总则》规定不一致的，适用《民法总则》的规定。

《民法总则》第 152 条第 1 款第 3 项规定："当事人知道撤销事由后明确表示或者以自己的行为表明放弃撤销权。"以及《合同法》第 55 条规定具有撤销权的当事人知道撤销事由后明确表示或者以自己的行为放弃撤销权的，撤销权消灭。哪些情形可以认定为"以自己的行为放弃撤销权"？有的学者认为，积极地依合同约定而履行合同属于以自己的行为放弃撤销权。①国际统一私法协会《国际商事合同通则》亦采此种观点。"如果有权宣告合同无效的一方不保留宣告合同无效的权利而继续履行合同，也视为对合同的一种确认。"②我们认为，如果把履行视为放弃撤销权的

① 施天涛主编：《合同法释论》，中国人民公安大学出版社 1999 年版，第 100 页。

② 对外贸易经济合作部条约法律司编译：《国际统一私法协会》（国际商事合同通则），法律出版社 1996 年版，第 66 页。

行为，当事人就会处于两难的境地。这是因为，不履行合同而起诉或提起仲裁，要求变更或撤销合同，如果败诉，则要承担违约责任。可撤销的合同在被撤销之前，是具有法律效力的合同。不履行合同，既不是行使不履行抗辩权，也不属于行使合同未成立的抗辩权。因此，把履行合同看作是放弃撤销权的行为是有失公允的，在法理上也解释不通。根据《合同法》的精神，结合我国的实际情况，我们认为，知道撤销事由后的以下几种情况应当视为放弃撤销权或撤销权消灭：1. 催促对方当事人履行合同或主张重大误解后又受领对方的给付；2. 对于对方的不履行提出索赔；3. 主张按自己的理解或修正意见履行合同，对方接受的。前两种情况是对当事人意思的推定，第三种情况实际上是当事人达成了新的合意，消除了重大误解。如果债务人受欺诈、胁迫或者认为借款合同显失公平，但未行使撤销权的，借款合同仍属有效，债务人应当按约履行合同义务。

四、借款到期前贷款人的合同解除权

（一）合同解除权的内涵及类型

合同解除权是指合同当事人可以解除合同的权利，它的行使能发生合同解除的法律后果。根据解除权发生的原因，解除权分为法定解除权和约定解除权。法定解除权，是指根据法律规定而产生的解除权，即法律在一定情形下赋予当事人的解除合同的权利。约定解除权，是指基于合同双方当事人的约定而发生的解除权。法定解除权依其适用范围的不同，可分为一般法定解除权与特殊法定解除权。前者是对各种合同都能适用的解除权，后者则是法律针对某种合同类型而规定的解除权。《合同法》第 94 条规定："有下列情形之一的，当事人可以解除合同：（一）因不可抗力致使不能实现合同目的；（二）在履行期限届满之前，当事人一方明确表示或者以自己的行为表明不履行主要债务；（三）当事人一方迟延履行主要债务，经催告后在合理期限内仍未履行；（四）当事人一方迟延履行债务或者有其他违约行为致使不能实现合同目的；（五）法律规定的其他情形。"

（二）贷款人行使解除权的情形

在借款合同的履行过程中，贷款人可在以下几种情况下行使解除权，停止发放贷款，提前收回借款：

1. 借款人未按约定用途使用贷款。《合同法》第 203 条规定："借款人未按照约定的借款用途使用借款的，贷款人可以停止发放借款、提前收回借款或者解除合同。"

2. 借款人未按约定的期限偿还利息。对于拖延贷款利息有约定的，违约处理依约定；未作约定或约定不明，根据拖欠利息的情节轻重予以认定；若连续多次拖欠应认为根本违约，贷款人有权解除合同。

3. 行使不安抗辩权而解除合同。《合同法》第68条规定：“应当先履行债务的当事人，有确切证据证明对方有下列情形之一的，可以中止履行：（一）经营状况严重恶化；（二）转移财产、抽逃资金，以逃避债务；（三）丧失商业信誉；（四）有丧失或者可能丧失履行债务能力的其他情形。当事人没有确切证据中止履行的，应当承担违约责任。”第69条规定：“当事人依照本法第六十八条的规定中止履行的，应当及时通知对方。对方提供适当担保时，应当恢复履行。中止履行后，对方在合理期限内未恢复履行能力并且未提供适当担保的，中止履行的一方可以解除合同。”贷款人若发现借款人有危及履行能力的法定情形时，可以中止向借款人发放借款；合理期限内借款人未恢复履行能力或未提供担保的，可以解除合同。

【典型案例】

万通实业集团有限公司与兰州市商业银行、北京万通实业股份有限公司借款合同纠纷案

上诉人（一审被告）：万通实业集团有限公司。住所地：海南省海口市海滨大道81号805－808。

法定代表人：冯仑，该公司董事长。

委托代理人：马金辉，该公司职员。

委托代理人：张正升，甘肃正天合律师事务所律师。

被上诉人（一审原告）：兰州市商业银行。住所地：甘肃省兰州市城关区酒泉路中匈大厦。

法定代表人：李治文，该银行董事长。

委托代理人：赵建军，该银行职员。

委托代理人：曹天军，北京市翱翔律师事务所律师。

一审被告：北京万通实业股份有限公司。住所地：北京市西城区阜成门外大街2号万通新世界广场6层。

法定代表人：冯仑，该公司董事长。

委托代理人：李兵，该公司职员。

〔基本案情〕

甘肃省高级人民法院审理查明：万通实业集团有限公司（以下简称万通公司）原是兰州市商业银行（以下简称商业银行）下属兰州兴业城市信用合作社（以下简称兴业信用社）的股东之一。万通公司自1994年10月15日至1995年8月17日，以兴业信用社的名义在天津证券交易中心、北京STAQ系统进行国债回购业务。1996年8月，国务院成立全国证券回购清欠办公室，落实国家有关清欠政策。万通公司为筹措清债资金于1997年4月29日与兴业信用社签订了编号为（97）短贷字第001号《人民币短期借款合同》（以下简称97001号合同）一份，约定：由兴业信用社向万通公司提供贷款6000万元，用于证券回购债务清偿，借款期限自1997年4月30日至1998年3月1日，月息为13.065‰。同日，兴业信用社又与北京万通实业股份有限公司（以下简称股份公司）签订了一份（97）保字第001号《保证合同》，约定：股份公司为万通公司签订97001号合同项下的借款本金6000万元及利息提供保证担保，保证期间两年，自借款人不履行债务之日起计算。上述《借款合同》和《保证合同》签订后，兴业信用社于1997年5月20日、6月10日分两次向万通公司发放贷款共计4420万元。

1998年1月26日，万通公司向商业银行还款1500万元。

1999年8月12日，兰州市商业银行兴业支行（兴业信用社变更为商业银行下属的兴业支行，以下简称兴业支行）与万通公司再次签订了编号为99003号《证券回购债务清偿合同》，约定：万通公司作为原兴业信用社的股东，以兴业信用社名义在天津证券交易中心、北京STAQ系统的证券回购席位开展回购业务，从第一笔业务（1994年10月5日）到最后一笔业务（1995年8月17日）先后发生业务147笔，债权债务累计金额93310万元。截止到1995年8月8日，债务余额为14110万元。1996年8月，全国证券回购清欠办公室成立后，为了贯彻落实国家的清欠政策和措施，万通公司筹调资金4500万元，兴业支行组织资金4420万元与万通公司共同偿还场内所欠债务，双方签署了97001号合同，用于证券回购债务清偿借款额度人民币6000万元，并以万通公司持有的上市公司东北华联20199132股股权作为质押物。1998年1月，由于万通公司经营需要转让东北华联股权，经与兴业支行协商将97001号合同的质押物予以释放，万通公司承诺将转让股权部分收入偿还兴业支行，并以其持有的股份公司股权作为新的质押物与兴业支行签署新的贷款合同。同年1月26日，万通公司将1500万元划至兴业支行账户，支付1998年底前应付利息后，归还本金400万元。至1998年12月20日，兴业支行97001号合同项下万通公司的债务本金余额为人民币4020万元。99003号《证券回购债务清偿合同》就万通公司向兴业支行归还上述款项约定如下：1. 借款金额49742010元（借贷余额4020万元加上场内债务9542010元）；2. 借款用途证券回购债务清偿；3. 借款期限：自1998年12月21日至2001年12月20日；借款利率根据国家有关清欠政策规定，确定为11.49‰，如遇国家政策调整有关利率，由双方协商确定新的贷款利率。同日，兴业支行与万通公司又签订兰商银抵字第99003号《抵押合同》一份，因抵押物产权证未办理齐全，无法登记。为此，兴业支行、万通公司、广发证券有限责任公司北京阜成门营业部三方签订了一份《冻结已托管股权合同》，约定：万通公司（简称出质人）持有股份公司部分股权，并已托管在广发证券北京分公司（简称托管人）。现出质人向兴业支行（简称质权人）借款人民币49742010元，并以上述合同约定的股份公司8000万股权

(每股原始值1元）作为质押，为借款提供担保，质押期间自质押合同生效之日至所承担债务全部履行时终止，届时由质权人及出质人提供有关证明文件后，方可解除质押登记。在质押期间，出质人申请将股份公司8000万股股权冻结，并承诺对上述股票不申请挂失、不转让。

另查明，由商业银行提供的1999年9月18日兴业支行、万通公司、股份公司签订的甲字99年第003号《流动资金借款合同》一份，约定：兴业支行向万通公司贷款49742010元，借款用途国债回购清偿，借款利率为月息11.49‰，借款期限自1998年12月21日至2001年12月20日；万通公司请股份公司作为自己的借款担保方，当万通公司不履行合同时，由保证方连带承担偿还借款本息的责任。本合同为万通公司与兴业支行签订的99003号《证券回购债务清偿合同》的保证合同，由保证方提供连带责任保证，保证期限为99003号合同约定最后还款日加两年，即至2003年12月20日止。该合同在一审庭审质证中，股份公司当庭对该合同提出质疑，认为该合同及保证条款系兴业支行伪造，同时向一审法院申请对该合同进行司法鉴定。申请事项为：由商业银行向法院提交的甲字99年第003号《流动资金借款合同》中股份公司的印章形成时间及兴业支行的印章形成时间和合同中手写内容是否同时形成。经合议庭评议，同意股份公司的司法鉴定申请，并由该院依法委托中华人民共和国公安部物证鉴定中心进行了司法鉴定。司法鉴定检验结果证明，由商业银行提供的甲字99年第003号《流动资金借款合同》，股份公司在该合同上加盖印章的时间是1997年4月左右，而不是该合同标识的1999年9月18日。兴业支行在该合同上加盖印章的时间是2002年11月左右，也不是该合同标识的1999年9月18日。且该合同的原件上万通公司盖章一栏无红色印章，是复印黑章。

还查明：兴业支行与万通公司在计息标准和还本扣息等问题上发生争议，万通公司拒不履行还款义务，仅在2001年12月25日从股份公司的账上直接偿付了200万元本金。万通公司现尚欠兴业支行借款本金47742010元（49742010元减除200万元）。

2002年12月30日，商业银行以万通公司和股份公司为被告向甘肃省高级人民法院提起诉讼，请求法院依法判令：1. 万通公司偿还商业银行借款本息共计83400538.44元；2. 股份公司对上述借款本息承担连带清偿责任；3. 本案诉讼费用由万通公司和股份公司承担。

〔一审裁判理由与结果〕

甘肃省高级人民法院审理认为：商业银行与万通公司在1999年8月12日签订的编号为99003号《证券回购债务清偿合同》是对97001号合同发放贷款4420万元，减除1998年1月26日偿付的1500万元并冲减了所欠利息及部分本金后，就所欠剩余款和场内债务共计49742010元的重新约定，该合同意思表示真实。但合同中约定的借款利率按照证券回购清欠年利率11.49‰计付的条款，违反了中国人民银行关于金融机构法定贷款利率的相关规定，故不受法律的保护，应属无效。商业银行与万通公司所签订的借款合同应执行中国人民银行同期贷款的利率。万通公司与商业银行、广发证券有限责任公司北京阜成门营业部三方签订的《冻结已托管股权合同》意思表示真实，不违反法律规定，应确认有效。商业银行提供的甲字99年第003号《流动资金借款合同》标识的签订时间与检验结果的时间完全不一致，即股份公司加盖红色印文的时间是在1997年4月左右，而兴业支行加盖的红色印文的时间是在2002年11月左右，且万通公司的印章为黑色复印章，这与商业银行诉请的理由不符，该合同的形成具有重大瑕疵，依照法释〔2001〕33号《最高人民法院关于民事诉讼证据的若干规定》（以下简称《证据规则》）第六十五条第（三）项、第（四）项中“审判人员对单一证据可以从下列方面进行审核认定：……（三）证据的形式、来源是否符合法律规定；（四）证据的内容是否真实”、第七十一条“人民法院委托鉴定部门作出的鉴定结论，当事人没有足以反驳的相反证据和理由的，可以认定其证明力”的规定，应确认甲字99年第003号《流动资金借款合同》无证明效力。该份合同不能作为证据使用。因此，股份公司不承担连带保证责任，商业银行诉请判令股份公司对万通公司的欠款本息承担连带清偿责任的理由不能成立，应予驳回。万通公司在答辩中要求对已付的1500万元重新计算本息以及954万元场内债权的形成等问题，双方已在编号为99003号《证券回购债务清偿合同》中明确约定，且已部分履行，故不再重新确认处理。综上，该院依照《中华人民共和国民法通则》第六条、第八十四条第二款，《中华人民共和国合同法》第二百零四条、第二百零七条，《证据规则》第六十五条第（三）项、第（四）项、第七十一条的规定，判决：

一、万通公司偿还商业银行借款本金47742010元以及借款利息和逾期利息，即：合同期内的利息，自1999年12月21日至2001年12月20日止，借款本金为49742010元，按合同签订时的中国人民银行规定的同期贷款利率计付；2001年12月21日至2001年12月24日，本金49742010元按中国人民银行同期逾期利率计付；2001年12月25日至本金47742010元还清止的利息，按中国人民银行同期逾期利率计付。

二、上述借款本息万通公司限该判决生效后15日内付清；如不能按期清偿，将万通公司持有的股份公司股权并已质押给商业银行8000万股股权作价抵偿。

三、驳回商业银行对股份公司的诉讼请求。

案件受理费433923元，由万通公司负担；司法鉴定费8000元，由商业银行负担。

〔当事人上诉及答辩意见〕

万通公司不服甘肃省高级人民法院上述民事判决，向最高人民法院提起上诉称：一、原审法院判决认定事实不清。本案中99003号《证券回购债务清偿合同》应为97001号合同的展期合同（即从合同），其效力应当追溯至97001号合同签订时。由于97001号合同中关于利息的承担条款因违反我国相关法律的规定，属无效条款，故99003号《证券回购债务清偿合同》中以主合同97001号合同为基础核算出的本金数额，也因主合同利息承担条款的无效而应归于无效。上诉人曾于1998年1月26日向被上诉人偿还了1500万元，依照我国相关法律的规定该1500万元应当先冲减上诉人的贷款利息，剩余款项冲减贷款本金。被上诉人在收到上诉人偿还的该1500万元后，首先将此款项偿还此前违法高额利息511.45万元，本金400万元，将剩余款项588.54万元无息存放至1998年年底，向被上诉人结算1998年度的非法高额利息，其做法违反了“借款利息不得预先在本金中扣除”及“严禁以任何形式提高或变相提高贷款利率”的法律规定。本案中的99003号《证券回购债务清偿合同》中的贷款本金系依据无效且显失公平的算法核算出来的，故99003号《证券回购债务清偿合同》关于贷款金额的条款也应当认定为无效条款。1999年6月15日，被上诉人通知上诉人其已将上诉人在被上诉人处应分得的股金分红605804.25元扣除了上诉人的欠款；后又于1999年12月31日，被上诉人受上诉人的委托将上诉人在被上诉人处的5622300元股金转让后，将所得价款扣除了上诉人的欠款；原审法院在判决时对上述款项均未予以认定是错误的。二、原审法院判非所诉，其判决严重超出当事人的诉讼范围。在本案中，被上诉人是以甲字99第003号《流动资金借款合同》向人民法院提起的诉讼，其诉讼请求及案件事实均依赖于该份合同。被上诉人赖以启动本案诉讼程序的证据甲字99第003号《流动资金借款合同》，经公安部鉴定作出该合同的形成具有重大瑕疵的结论。因此应确认甲字99第003号《流动资金借款合同》不能作为本案认定事实的证据。据此，被上诉人已经丧失了其赖以支持其主张的唯一证据，故应当依法驳回其全部诉讼请求。三、原审法院审理本案时程序不合法。由于在本案中利息的承担标准以及本息的核算标准，直接关系到本案事实的查明及责任的承担。对上诉人曾多次请示原审法院指定具有专业资质的审计部门对本案的本息依法进行全面核算的申请置之不理，未作任何答复。其做法完全违反我国法律规定，系明显的程序违法行为。四、原审法院就诉讼费用的承担，所作的认定是不合理的。本案中上诉人不能及时还款，被上诉人有不可推卸的责任。故应当依双方过错大小来判令本案诉讼费的承担比例。被上诉人起诉时请求依法判令万通公司偿还借款本息73462981.83元的诉讼属滥诉，就其滥诉部分的诉讼费用应当由其自行承担。综上，请求：1. 依法撤销甘肃省高级人民法院（2003）甘民二初字第07号民事判决第一、二项。2. 本案一、二审诉讼费用由被上诉人承担。

被上诉人商业银行答辩称：一、关于万通公司上诉中所涉97001号合同本息的履行及利息计算问题。1. 答辩人与上诉人万通公司签订的99003号合同是双方就97001号合同履行过程中万通公司所欠利息进行了仔细计算，对如何清偿贷款本息共同作出的进一步确认。因此，99003号合同是双方意思表示一致的产物，其真实性、合法性不容置疑。2. 退一步讲，法律为合同当事人主张权利提供了长达两年的诉讼时效，为合同当事人主张撤销权亦提供了一年的主张期间，从99003号合同签订至今四年有余，上诉人从未提出任何异议，且已对99003号合同做出了部分履行。因此，上诉人的上诉请求不应受到法律的保护。二、关于公安部对甲字99第003号保证合同的鉴定检验结果。1. 就该检验报告所选样本及其检验结论而言，因其检验所选用的样本1、样本2并非本案所涉及证据，没有经过法庭质证，且为本案被答辩人股份公司单方提交，因此，该样本本身的客观性、真实性是否存在瑕疵尚且不知，以此作为样本参照所得出的检验结果也就无法确定其是否客观、真实。2. 就该检验报告的检验结果而言，该检验报告的检验要求是检验检材1、检材2的印文形成时间，但该检验结果并没有明确表述依照该检验要求、通过检验工作所产生的最终结果——即究竟是何年何月形成。所以，该检验报告不具备证据客观性、真实性的要求，不能够作为证据被采信。3. 就股份公司通过该检验报告所要证明的问题而言，既然其对该印文的真实性没有异议，又无法证明该印文是在欺诈、胁迫或者乘人之危的情形下成就，那么，就应当为自己的民事法律行为承担相应的后果。三、关于股份公司的保证合同。1. 在答辩人与上诉人万通公司签订97001号合同时，股份公司就是该合同的保证人。99003号展期合同签订后，由于万通公司提供的抵押物无法确定产权和办理抵押登记，经答辩人与股份公司协商，于1999年9月18日签订了保证合同。股份公司在99003号合同履行期间，不但归还了部分利息、还委托答辩人工作人员以其所持商业银行的股份转让价款和分红支付贷款本息。2. 因鉴定报告所选用的样本本身的客观性、真实性存在瑕疵，以此作为样本参照所得出的检验要求或者说无法实现检验要求，所以，不具备证据客观真实性的要求，不能够作为证据被采信。四、关于上诉人的二、三、四项上诉理由。答辩人在一审起诉状、诉讼请求及证据清单中已表述得非常清楚，99003号合同系主合同，已由答辩人及上诉人协商确定并已部分实际履行，请求二审法院作出公正、严肃的判决。

〔二审查明的事实〕

最高人民法院除认定原审法院查明的事实外，另查明：1999年6月15日，商业银行通知万通公司，其已将万通公司在商业银行处应分得的股金分红605804.25元抵扣了万通公司的欠款。本院二审质证时，商业银行对万通公司称其于1999年12月31日委托商业银行将万通公司在商业银行处的5622300元股权转让后，将所得价款抵扣了万通公司的欠款事实予以否认，并表示该股权转让未能实施。万通公司未对此提供证据反驳。对商业银行当庭陈述关于万通公司2004年仍参加商业银行股东会议的事实，万通公司亦未表示否认。

〔二审裁判理由与结果〕

最高人民法院认为：商业银行与万通公司于1999年8月12日签订的《证券回购债务清偿合同》，系对此前双方发生的债权债务关系以及如何清偿等问题的确认和约定，系双方真实意思表示。该合同中除关于月息11.49‰的利率约定违反了中国人民银行关于金融机构法定贷款利率相关规定应确认无效外，合同其他内容不违反国家法律和行政法规的禁止性规定，应认定为有效。原审关于该合同利息约定条款部分无效，不影响合同其他条款效力的认定正确，本院予以维持。万通公司二审上诉中虽提出原审原告商业银行起诉依据并非《证券回购债务清偿合同》，而是经原审法院委托鉴定，不能作为证据使用的甲字99第003号《流动资金借款合同》。但二审庭审质证中，万通公司承认该《证券回购债务清偿合同》系其提供，并认可合同约定的内容属实，商业银行对此也予以认可。根据《证据规则》第八条第一款关于“诉讼过程中，一方当事人对另一方当事人陈述的案件事实明确表示承认的，另一方当事人无需举证”的规定，万通公司关于请求法院据此驳回商业银行诉讼请求因与事实不符，本院不予支持。万通公司认为双方在《证券回购债务清偿合同》中确认的债务数额，系依据双方签订的97001号合同中关于利息约定的无效条款计算而来。同时，对合同签订后万通公司所还款项未采取先息后本的原则计算，结果显失公平。因此，应确认《证券回购债务清偿合同》中债务数额的约定条款无效的上诉请求于法无据。鉴于该合同系双方协商一致的结果，故可认定万通公司明知并且认可合同中的一切内容。因此，在没有相反的证据证明该合同系违背其真实意思而签订的情况下，合同中关于债务数额的约定应视为当事人对自己权利的处分行为。万通公司放弃权利的行为并未损害公共利益，亦未违反国家法律或行政法规的禁止性规定，现提出要求确认无效，无相应法律根据。退而言之，对合同条款无效的认定，应当通过人民法院或国家仲裁机关裁决确定，当事人应当在其知道或应当知道权利受到损害时两年内，向上述机关提出主张，否则将不受国家法律强制力的保护。因上诉人万通公司不能举证证明其在法定期限内向人民法院主张要求确认合同条款无效，故其上述请求因丧失国家法律强制力的保护，本院不予支持。同时，万通公司如认为该合同所确认的结果显失公平，其依法享有申请法院对该行为予以撤销的权利。因万通公司并未在法定期间向人民法院主张行使撤销权，故根据《中华人民共和国合同法》第五十四条第一款第（二）项、第五十五条第一款第（一）项之规定，万通公司所依法享有的撤销权归于消灭。因此，万通公司关于欠款余额条款显失公平，应当重新计算的上诉请求亦缺乏法律依据，本院不予支持。

万通公司关于其股金分红款605804.25元应予扣除的上诉主张，由于该款项的扣除行为发生于1999年6月15日，同年8月12日，双方就债权债务相关问题签订了《证券回购债务清偿合同》，重新确认了万通公司的债务数额。鉴于上诉人万通公司未能提供证据证明上述分红款项系《证券回购债务清偿合同》遗漏的事实，故应当认定双方对该605804.25元股金分红款已经在上述合同中予以冲抵。因此万通公司关于股金分红款应予扣除的上诉请求无证据佐证，本院予以驳回。万通公司关于其将5622300元股金转让款已于1999年12月31日冲减了商业银行的欠款利息，原审法院未予认定，应予纠正一节，万通公司在原审期间未提供任何证据予以佐证。本院二审期间，商业银行称转让事实未能成立，万通公司还曾参加2004年兴业支行股东会，证明该股权依然存在。万通公司主张应将5622300元折抵欠款的主张不能成立。万通公司亦未能提供新的证据证明该还款事实的存在，故其关于将5622300元股金转让款在债务总额中予以冲减的上诉请求因缺乏充分证据，本院不予支持。

万通公司提出原审法院对其要求审计当事人双方债权债务的申请未予接受，属于程序违法，对原审原告商业银行起诉标的过高，应认定滥用诉权，并应据此承担诉讼费用的上诉主张，由于是否接受当事人要求审计的申请，应由人民法院依职权并根据案件事实而定，无须向申请人出具书面决定。故原审法院在审理本案中，在不影响案件事实认定的情况下，未接受当事人审计的申请并无不当，本院予以维持。商业银行依据合同约定向人民法院提出诉讼主张，属于当事人正常的诉讼权利，万通公司关于商业银行滥用诉权并应为此承担相应的诉讼费用的上诉请求，缺乏事实根据，本院予以驳回。

综上，本案原审认定事实清楚，适用法律准确，判决并无不当，应予维持。万通公司关于应将股金分红款和股权转让款折抵欠款的上诉请求因没有事实根据和法律依据，本院予以驳回。本院依照《中华人民共和国合同法》第二百零七条，《中华人民共和国民事诉讼法》第一百五十三条第一款第（一）项①，《证据规则》第二条、第八条之规定，判决如下：

驳回上诉，维持原判。

一审案件受理费和鉴定费，按一审判决分担；二审案件受理费433923元，由上诉人万通实业集团有限公司承担。

---

① 对应2012年《民事诉讼法》第一百七十条第一款第（一）项，规定：“（一）原判决、裁定认定事实清楚，适用法律正确的，以判决、裁定方式驳回上诉，维持原判决、裁定；”

第十二章　存款合同

规则 20：代表信用社保管存款人存款的工作人员，不能同时接受存款人的委托，代理其处理存款事宜

——刘杏林与河北省秦皇岛市海港区海港农村信用合作社存款纠纷案①

【裁判规则】

代表农村信用合作社保管存款人存款的工作人员，不能同时接受存款人的委托，代理其处理存款事宜。如果农村信用合作社工作人员因职务行为对存款人有损害行为的，应由信用社负责。

【规则理解】

一、存款合同概述

（一）存款的界定

所谓存款，是指银行等金融机构接受客户存入资金，并在客户支取时支付本金和利息的一种信用业务。我国《合同法》对存款合同、储蓄合同未作明确规定。《储蓄管理条例》第 3 条对储蓄进行了界定，储蓄是指个人将属于其所有的人民币或者外币存入储蓄机构，储蓄机构开具存折或者存单作为凭证，个人凭存折或者存单可以支取存款本金和利息，储蓄机构依照规定支付存款本金和利息的活动。学者一般将公众的存款称为“储蓄”，将企业事业单位的存款称为“存款”。② 我们认为，现今大部分人都已将储蓄与存款视为意思相同的两个词，因此，没有必要进行细分。

（二）存款合同的形式

存款人和银行之间的存款关系是通过存款合同确定的。存款合同的表现形式为

---

① 《中华人民共和国最高人民法院公报》2002 年第 3 期，河北省高级人民法院民事判决书。

② 吴志攀主编：《金融法》，北京大学出版社 2004 年版，第 156 页。

银行发给的存单（存折）、进账单、银行卡等。在现实生活中比较常见的是存单、存折、银行卡等形式。存单，又称存款单，是存款人将一定数额的金钱交存银行或者其他金融机构，由银行或者其他金融机构签发，约定向存款人支付本金和按一定利率支付利息的凭证。《储蓄管理条例》第3条同时使用了存单、存折的用语。关于存单与存折的区别，《中国人民银行关于执行〈储蓄管理条例〉的若干规定》第15条规定，活期储蓄存款由储蓄机构发给存折，其他定期储蓄存款和定活两便储蓄存款，由储蓄机构发给存单。可见存单与存折的适用范围有所不同。但1997年颁布的《最高人民法院关于审理存单纠纷案件的若干规定》统一使用了存单的概念，规定存单的范围包括进账单、对账单、存款合同等凭证。存单的范围涵盖了存折等存款凭证。

（三）存款合同的特征

作为一种金融商品交换合同，存款合同与传统的民事合同存在较大的区别：

1. 存款合同主体有特殊要求。就存款合同的主体而言，一方必须是具有存储业务办理资格的金融机构。国家对这类主体设立的条件进行了严格的限制，并且对其经营活动进行严格监管。如我国《商业银行法》第11条规定，设立商业银行，应当经银监会审批。未经中国银监会批准，任何单位和个人不得从事吸收公众存款等商业银行业务，任何单位不得在名称中使用“银行”字样。第12条规定，设立商业银行，应当具备五个条件：有符合本法和《公司法》规定的章程；有符合本法规定的注册资本最低限额；有具备任职专业知识和业务工作经验的董事、高级管理人员；有健全的组织机构和管理制度；有符合要求的营业场所、安全防范措施和与业务有关的其他设施等。第13条规定了设立商业银行的资本要求，设立全国性商业银行的注册资本最低限额为十亿元人民币；设立城市商业银行的注册资本最低限额为一亿元人民币；设立农村商业银行的注册资本最低限额为五千万元人民币。注册资本应当是实缴资本。在监管方面，我国《银行业监督管理法》规定，中国银监会依法定条件和程序，审批银行业金融机构的设立、变更、终止以及业务范围，对商业银行进行监管。只有依法设立的金融机构才能吸收存款，才能成为存款合同的一方当事人。其他传统民事合同并没有对主体一方有特殊要求。

2. 存款合同部分内容必须符合国家的规定。国家对存款合同的部分内容予以规定，如存款的种类、存款利率、档次以及利息支付办法等。如《中国人民银行关于执行〈储蓄管理条例〉的若干规定》第15条规定，储蓄种类有：活期储蓄存款、整存整取定期储蓄存款、零存整取定期储蓄存款、存本取息定期储蓄存款、整存零取定期储蓄存款、定活两便储蓄存款、华侨（人民币）定期储蓄。储蓄机构可根据条件开办全部或部分储蓄种类。可见，银行无权创设新的存款种类，也不能和存款人任意约定法律规定范围以外的存款种类，而只能在规定的几类中进行选择。在利率方面，《人民币利率管理规定》明确规定了中国人民银行的利率制定权，各金融机构只能在规定的利率范围内浮动。该规定第30条和第31条还分别规定了对违反利率规定的金融机构将予以处罚。此外，《人民币利率管理规定》第三章还专章规定了存款的结息问题，《储蓄管理条例》第四章规定了储蓄存款的计息办法，对未到期的定期存款提前支取、逾期支取的定期储蓄存款以及定期存款存期内利率调整都规定了具体的计息方法。存款合同直接与人们的利益密切相关，因此，确保合同的有效性、安全性是双方尤其是存款人特别关注的。从确保资金安全、维护弱势存款人利益的角度出发，国家对存款合同进行了必要的限制。

3. 存款合同的标的有特殊要求。存款合同的标的物是货币，而非一般普通的物。

综上，与一般的民事合同相比，存款合同最大的特殊性在于当事人双方的意思自治受到了限制。国家对存款合同的主体、内容等诸多方面都进行了限制，而并不像其他民事合同一样双方可以自由、平等地协商合同的内容，很多事项都是国家事先就进行了规定或者划定了某个范围。

二、银行工作人员不得接受存款人的委托代理其处理存款事宜

由于银行管理着巨额资金，因此，往往成为犯罪分子意欲侵害的对象。为避免风险，银行设置了一整套操作规程。如在账号、户名不符时不得违规入账、转账，不得违规为他人开户或套现、提现等。银行工作人员应严格依规操作。

存款人将钱存入银行之后，即与银行形成存款合同关系。银行负有到期向存款人返还本金并支付利息的义务。银行工作人员代表银行保管存款人的存款，不能同时接受存款人的委托，代理其处理存款事宜。

三、银行应对其工作人员的职务行为负责

如果银行的工作人员因职务行为导致客户利益受损的，银行应当承担民事责任。其主要依据是：1.《民法总则》第61条规定：“依照法律或者法人章程的规定，代表法人从事民事活动的负责人，为法人的法定代表人。法定代表人以法人名义从事的民事活动，其法律后果由法人承受。法人章程或者法人权力机构对法定代表人代表权的限制，不得对抗善意相对人。”第170条规定：“执行法人或者非法人组织工作任务的人员，就其职权范围内的事项，以法人或者非法人组织的名义实施民事法律行为，对法人或者非法人组织发生效力。法人或者非法人组织对执行其工作任务的人员职权范围的限制，不得对抗善意相对人。”2.《民法总则》第176条规定：“民事主体依照法律规定和当事人约定，履行民事义务，承担民事责任。”

3.《民法通则》第43条规定，企业法人对其法定代表人和其他工作人员的经营活动承担民事责任。4.《民法通则》第106条规定，法人由于过错侵害他人财产、人身的，应当承担民事责任。法人的行为只能通过其工作人员的行为来体现，银行工作人员实施违法犯罪给他人造成经济损失，单位显然存在用人不当、管理不善等过错，根据过错责任原则，单位应依法承担相应的民事赔偿责任。5.《民事诉讼法解释》第56条规定，法人或者其他组织的工作人员执行工作任务造成他人损害的，该法人或其他组织为当事人。从诉讼主体资格角度，因银行工作人员的行为对相对人而言，是以单位和职务行为的身份出现，相对人认同的是其所属单位而不是其个人身份，按照该司法解释的精神，银行对其工作人员的职务行为引起的诉讼应是诉讼主体并依法承担民事责任。6.《最高人民法院关于单位负责人被追究刑事责任后单位应否承担返还其预收货款的责任问题的批复》规定，单位负责人被依法追究刑事责任，并不能代替和免除单位依法应承担的民事责任。因此，银行工作人员违法犯罪除本人依法承担刑事责任外，银行作为其所属的单位还应对其行为造成的经济损失承担民事责任。7.《最高人民法院关于审理存单纠纷案件的若干规定》第8条规定，以金融机构核押的存单出质的，即使存单系伪造、变造、虚开，质押合同均为有效，金融机构应依法向质权人兑付存单所记载的款项。质权人并无义务去分辨银行工作人员的行为是职务行为还是个人行为，只要银行工作人员对存单核押，不论存单是否真实，也不论银行工作人员对存单的行为是履行职务还是纯属个人违规操作，按照法律保护善意第三人利益的原则，银行都应对其工作人员的行为承担民事责任。

【拓展适用】

一、存款所有权的归属

（一）法律规定

存款合同成立时，存款人向银行转移的是存款所有权还是使用权？针对此问题，现行法律有两种截然不同的规定。第一种规定认为，存款合同转移的是使用权，也就是存款人在存款合同成立时，让渡存款使用权，仍然享有存款款项的所有权即物权。这类规定具体体现在：1.《民法通则》第75条规定，公民个人拥有所有权的生活资料范围，包括合法收入、房屋、储蓄、文物和图书资料、林木、牲畜、生活用品。2.《继承法》明确规定，公民死亡时遗留的个人合法所有财产是遗产，其中包括公民死亡时遗留的合法的个人储蓄存款。

第二种规定认为，存款合同转移的是所有权，也就是存款合同成立时存款人通过让渡存款款项的所有权取得对银行的债权。《商业银行法》第71条第2款规定：

"商业银行破产清算时，在支付清算费用、所欠职工工资和劳动保险费用后，应当优先支付个人储蓄存款的本金和利息。"按照《企业破产法》的规定，破产财产的清偿顺序是：清算费用、所欠职工工资和劳动保险费用、所欠国家税款及破产债权。显然，在《商业银行法》中，基于特别保护储蓄存款人的原因，将个人储蓄存款作为债权而给予其优先偿付的地位，即优于国家税款和其他破产债权而先行支付。

（二）存款合同转移存款的权属之理论争议①

法学界对于存款合同转移的是所有权还是使用权问题也有两种截然不同的观点。第一种观点认为，存款合同转移的是存款的使用权，存款仍然属于存款人所有。这种观点与《民法通则》《继承法》的规定一致，权威性高，影响面较大。第二种观点认为，存款合同转移的是存款的所有权，也就是存款人将其存款所有权转移给银行的同时，相应的从银行取得与存款本息数额相等的债权。

我们赞同第二种观点。因为，只有在存款合同转移的是存款的所有权的情况下，才能解释：（1）存款合同一旦成立，存款就不再属于存款人，而是属于银行，银行可以任意使用已经属于它的款项；（2）银行没有义务归还原物货币，但有义务在储蓄到期时或存款人提出要求时偿还本息；（3）存款人可以在储蓄到期前提取存款，也可以在期满后提取，但银行并不主动履行债务。

二、存款合同附随义务

（一）附随义务的内容

附随义务是指法律无明确规定，当事人之间亦无明确约定，但为维护对方当事人的利益，并依社会的一般交易观念，当事人应负担的义务。② 在存款合同中，银行的附随义务主要有以下四项：

1. 告知义务

告知义务又称通知义务，是指一方当事人负有对涉及对方当事人利益的重大事项的通知义务。按照我国《合同法》《商业银行法》及《储蓄管理条例》等的规定，结合诚实信用原则、交易习惯等，银行的告知义务包括以下几种：

（1）存款合同缔约时，银行应就存款合同有关条款的具体含义告知存款人。《合同法》第39条第1款规定："采用格式条款订立合同的，提供格式条款的一方应当遵循公平原则确定当事人之间的权利和义务，并采取合理的方式提请对方注意

---

① 参见刘丹冰：《银行存款所有权的归属与行使》，载《法学评论》2003年第1期。

② 王泽鉴：《民法学说与判例研究》（第四册），中国政法大学出版社1998年版，第100页。

免除或者限制其责任的条款，按照对方的要求，对该条款予以说明。”存款合同的所有条款都事先拟定，存款人只能选择缔约或不缔约，而不能就合同内容进行磋商。存款合同是一种典型的格式合同，银行应当遵守《合同法》第 39 条的规定，对合同条款的具体含义向存款人作出说明。

（2）银行应告知存款人营业时间。《商业银行法》第 49 条规定：“商业银行的营业时间应当方便客户，并予以公告。商业银行应当在公告的营业时间内营业，不得擅自停止营业或者缩短营业时间。”

（3）银行应告知存款人存款利率的变动情况。《商业银行法》第 31 条规定：“商业银行应当按照中国人民银行规定的存款利率的上下限，确定存款利率，并予以公告。”同时《储蓄管理条例》第 23 条也规定：“储蓄机构必须挂牌公告储蓄存款利率，不得擅自变动。”

2. 保密义务

保密义务是指当事人在订立合同过程中知悉的秘密信息，无论合同成立与否，都不得泄露或不正当使用。银行的保密义务包括以下几种：

（1）拒绝不合法的查询、冻结和扣划的义务。《商业银行法》第 29 条第 2 款规定：“对个人储蓄存款，商业银行有权拒绝任何单位或者个人查询、冻结、扣划，但法律另有规定的除外。”《商业银行法》第 53 条规定：“商业银行的工作人员不得泄漏其在任职期间知悉的国家秘密、商业秘密。”从上述规定可知，负有保密义务的主体不仅包括银行，还包括银行工作人员。当然，法律规定有关机关可以要求银行协助查询、冻结和扣划的除外。这些例外情形包括：《民事诉讼法》第 243 条第 2 款规定：“人民法院扣留、提取收入时，应当作出裁定，并发出协助执行通知书，被执行人所在单位、银行、信用合作社和其他有储蓄业务的单位必须办理。”《刑事诉讼法》第 52 条第 1 款规定：“人民法院、人民检察院和公安机关有权向有关单位和个人收集、调取证据。有关单位和个人应当如实提供证据。”《行政诉讼法》第 95 条规定：“公民、法人或者其他组织拒绝履行判决、裁定、调解书的，行政机关或者第三人可以向第一审人民法院申请强制执行，或者由行政机关依法强制执行。”强制执行的手段包括查询、冻结、划拨等。第 96 条第 1 项规定，行政机关拒绝履行判决裁定的，第一审法院可以通知银行从行政机关的账户内划拨。《海关法》第 60 条第 1 款第 1 项规定，海关机关可以查询、冻结、扣划个人储蓄账户。《税收征收管理法》第 38 条第 1 款第 1 项规定，税务机关可以查询、冻结个人储蓄账户。

（2）不泄露客户信息的义务。《商业银行法》第 29 条第 1 款规定：“商业银行办理个人储蓄存款业务，应当遵循存款自愿、取款自由、存款有息、为存款人保密的原则。”《储蓄管理条例》第 32 条第 1 款规定：“储蓄机构及其工作人员对储户的储蓄情况负有保密责任。”

3. 协助义务

协助义务，又称协力义务，是指合同当事人应为对方行使合同权利、履行合同义务提供必要的照顾和方便，以促使合同目的得以顺利实现。

协助义务主要是银行负有按客户要求及时挂失的义务。做出挂失的处理可以使处于危险之中的存款资金获得安全保障。当然，存款人也有协助银行处理风险的义务。存款资金发生风险，往往由于存款人的疏忽而致使存折等密码丢失，此时存款人应积极协助银行处理风险。

4. 保护义务

合同法上的保护义务是指债务人在履行合同过程中，应当对债权人的人身和财产安全负担照顾、保全的义务。银行的保护义务主要包括以下几种：

（1）配备与银行存款服务相匹配的硬件条件的义务。《消防法》《银行营业场所风险等级和防护级别的规定》《银行营业场所安全防范工程设计规范》以及《公安机关与金融单位联网报警管理规定》对该项义务作了具体的规定。例如，《消防法》要求银行经营场所须符合防灾、灭火、避难的要求，在其经营场所内须配备必要的消防设施和器材，设置消防安全标志和消防疏散标志，并定期组织检验、维修，确保消防设施和器材完好有效，保障疏散通道、安全出口畅通。1996 年公安部、中国人民银行颁布的《公安机关与金融单位联网报警管理规定》规定，营业网点大厅要配备专职保安人员守卫巡视，经营者应依据规定，配备数量足够的、合格的保安人员，在营业区域进行巡逻，对于可能出现的危险采取必要的安全防范措施。同时，经营者还应根据银行营业特点，对其他岗位的工作人员进行安全知识培训，以避免事故的发生和及时对事故进行紧急处理。

（2）不安全因素的提示、说明、劝告义务。商业银行应对其营业网点存在的危险和各种可能出现的造成存款人人身和财产损害的情况，通过设置警示牌、安全须知等方式作出提示。对意外情况的发生作出合理的应对措施等。对于银行自身无法处理的突发事件，应及时通知公安机关处理。

（3）针对 ATM 机、网上银行等新兴电子银行业务的保护义务。银行应努力消除潜在的风险因素，并在发现技术漏洞后，及时通知存款人提高警惕，加强防范。

（二）违反附随义务的责任

有义务必有责任，当事人对附随义务的违反必然产生相应的法律责任。在实践中，认识和判定附随义务的有无以及责任大小应当遵循以下原则：一是根据合同双方当事人掌握信息的多寡，判断各自控制风险的能力，控制风险能力强的一方应承担更多的附随义务。如在密码失窃而引发的存款被冒领案件中，储户掌握着该笔存款的重要信息，由该重要信息引起的存款被冒领的风险显然主要掌控在储户手中，只要金融机构在履行给付义务的过程中尽到了审核辨别义务，由冒领造成的损失就理应由储户自己承担。二是双方当事人降低交易成本以及预防风险的能力和措施不同，承担的附随义务也应有所区别。在储蓄存款合同中，金融机构显然比储户拥有更多的保障存款安全的经济实力和技术保障能力，同时，改进服务设施、降低交易成本、保障交易快捷、安全、营造良好的商业信誉，也是对金融机构在市场经济条件下的基本要求之一。因此，由金融机构根据案件的具体情况承担不同的附随义务，更有助于保护储户——弱势一方的合法权益，也更有利于建立良好的交易秩序和信用体系。①

一般而言，违反附随义务的责任主要表现为损害赔偿责任，应适用过错责任原则。具体适用时应注意考察两方面的因素：一是过错责任原则要求以过错作为确定责任的构成要件，即确定合同当事人的责任，不仅要考虑当事人的违约行为，而且要考查违约当事人的主观过错。若违约是因不可抗力造成的，则虽有违约发生，违约当事人也不应承担责任。二是过错责任原则要求以过错程度作为确定责任范围的依据，即在已经确定违约当事人应承担责任的情况下，还应当根据当事人的主观过错程度来确定违约当事人所应承担的责任范围。

三、以假身份证开立虚假账户实施诈骗中的银行责任

（一）银行应对客户的身份证件进行实质审查

国务院《个人存款账户实名制规定》第6条第1款规定："个人在金融机构开立个人存款账户时，应当出示本人身份证件，使用实名。"第7条规定："在金融机构开立个人存款账户的，金融机构应当要求其出示本人身份证件，进行核对，并登记其身份证件上的姓名与号码。代理他人在金融机构开立个人存款账户的，金融机构应当要求其出示被代理人和代理人的身份证件，进行核对，并登记被代理人和代理人的身份证件上的姓名和号码。不出示本人身份证件或者不使用本人身份证件上的姓名，金融机构不得为其开立个人存款账户。"《人民币银行结算账户管理办法实施细则》第9条规定，银行应负责对存款人开户申请资料的真实性、完整性和合规性进行审查。中国人民银行公布的《银行卡业务管理办法》第28条第1款规定："个人申领银行卡（储值卡除外），应当向发卡银行提供公安部门规定的有效身份证件，经发卡银行审查合格后，为其开立记名账户。"以上规定充分说明银行应对客户的身份证件进行实质性审查，而不是形式上的审查。

---

① 宋建立：《储蓄存款合同中的附随义务及责任》，载《人民司法》（应用）2009年第3期。

（二）银行对假身份证开立虚假账户实施诈骗所致后果应承担相应责任

如果银行工作人员对存款人的开户申请书填写的事项和证明文件的真实性、完整性、合规性未进行认真审查，以致未能识别申请开户人伪造的身份证件，而开立了虚假账户。犯罪分子利用虚假账户实施诈骗导致存款人遭受损失，因银行的违规操作为他人冒领存款创造了条件，提供了方便，故银行具有过错，应对存款人的存款损失承担一定责任。

【典型案例】

刘杏林与河北省秦皇岛市海港区海港农村信用合作社存款纠纷案

上诉人（一审原告）：刘杏林。

委托代理人：宋振江、宁袖伟，河北天捷律师事务所邯郸分所律师。

上诉人（一审被告）：河北省秦皇岛市海港区海港农村信用合作社。

法定代表人：张文江，该社主任。

委托代理人：徐德利，河北省秦皇岛市郊区农村信用合作社联合社工作人员。

委托代理人：江明光，北京市金衡律师事务所律师。

〔基本案情〕

原告刘杏林因与被告河北省秦皇岛市海港区海港农村信用合作社（以下简称海港信用社）发生存款纠纷，向河北省秦皇岛市中级人民法院提起诉讼。

原告诉称：原告在被告的前身秦皇岛市马坊农村信用合作社（被告海港信用社以前使用的名称，以下简称马坊信用社）开户存款，截止到1998年7月16日总计有180万元。当天原告因需资金去该社提款时，方发现存款已全部被该社挪用。当时该社的主任程秀丽给我写下一份《证明》，加盖该社公章，保证在当年8月全部归还。此后虽经原告多次催要，但均未奏效。请求判令被告返还侵权挪用的180万元存款，并给付此款在1998年9月1日以后的滞纳金。

被告辩称：加盖原告印章的取款凭证证实，存款确实已全部被原告取走。原告将自己的印章放在本社原主任程秀丽处，是原告对程秀丽的委托授权，与本社无关。1998年7月16日的《证明》，不仅程秀丽否认，且《证明》上记载的欠款数额也与后来查账的结果不符，不能认定属实。原告所诉无理，应当驳回。

〔一审查明的事实〕

秦皇岛市中级人民法院经审理查明：

自1992年8月至1996年9月，原告刘杏林在马坊信用社陆续存款3615512.02元，被告海港信用社认为此款已全部被刘杏林取走。海港信用社提交的取款凭证，刘杏林认可1949325.20元；有1487800元的取款凭证因只盖有刘杏林的印章而没有其签字，刘杏林不予认可。刘杏林提交了一份马坊信用社于1998年7月16日出具的《证明》，内容为：刘杏林自1992年在我社开户，目前存款已达180万元。该款已由我社贷出，目前正抓紧积极努力收回，力争在8月份全部收回，归还刘杏林，以解其购房地产之用，特此证明。原马坊信用社主任程秀丽否认该社曾给刘杏林出具过这样的《证明》。海港信用社在庭审中提交一份秦皇岛市海港区宏岩实业公司出具的《证明》，证明该公司经刘杏林同意，从其账内借出60万元。海港信用社据此认为，这一证据足以证明刘杏林的1487800元存款，都是经其同意支取或者由其自己借出。刘杏林否认秦皇岛市海港区宏岩实业公司的证明内容。

〔一审裁判理由与结果〕

秦皇岛市中级人民法院认为：双方当事人争议的焦点是1487800元存款的去向。被告海港信用社以加盖原告刘杏林印章而没有其签字的取款凭证，主张该款被刘杏林全部取走；刘杏林则以既有其印章又有其签字的取款凭证，其印章确曾存放在程秀丽处的事实以及马坊信用社的证明，主张只有印章而无签字的取款凭证不是其所为，这笔款项已经被马坊信用社挪用。鉴于刘杏林与海港信用社之间的存款关系属实，海港信用社提交的取款凭证，分有印章无签字和既有印章也有签字两种，而刘杏林的印章确实在程秀丽处存放过，海港信用社就有责任证明有印章无签字取款凭证上的款项也是被刘杏林提取。海港信用社未提交这方面证据，故不能以有印章无签字的取款凭证认定存款被刘杏林支取或借出。海港信用社应当向刘杏林支付这部分存款及利息。海港信用社拒绝支付，是侵犯刘杏林的财产权利。《中华人民共和国民法通则》第一百一十七条第一款规定："侵占国家的、集体的财产或者他人财产的，应当返还财产，不能返还财产的，应当折价赔偿。"第一百零八条规定："债务应当清偿。暂时无力偿还的，经债权人同意或者人民法院裁决，可以由债务人分期偿还。有能力偿还拒不偿还的，由人民法院判决强制偿还。"海港信用社应当承担返还刘杏林1487800元存款的民事责任，并应当给付此款从1998年9月1日以后应得的利息。据此，秦皇岛市中级人民法院于2001年11月29日判决：

被告海港信用社于本判决生效后10日内，给付原告刘杏林存款1487800元及利息（利息从1998年9月1日起至判决发生法律效力之日止，按中国人民银行同期个人活期存款利率计算）。

案件受理费20184元，由原告刘杏林负担2018.4元，被告海港信用社负担18165.6元。

〔当事人上诉及答辩意见〕

一审宣判后，双方当事人均不服，向河北省高级人民法院提出上诉。

海港信用社的上诉理由是：取款凭证证实，我社已无刘杏林的任何存款。按银行关于存取款的规定，存款人取款时是凭印章，并非凭个人签字。我社提交的所有取款凭证上均盖有刘杏林的个人印章，因此我社的放款没有过错。刘杏林将其印章存放在程秀丽处，是其对程秀丽的授权。如果有损害行为，也应当由程秀丽对刘杏林负责，而不应是信用社负责。事实上，所有的存取款刘杏林都清楚，所有未归还的款均是刘杏林借出去的，刘杏林应当直接向借款人索要。刘杏林的存款不是180万元，所谓马坊信用社的《证明》，与事实不符。一审判决有误，应当改判驳回刘杏林的诉讼请求。

刘杏林的上诉理由是：1998年8月以后，海港信用社利用我的存款放贷。对在此以后的利息，一审判决仍按个人活期存款利率计息不当，应当按贷款利率或者按日万分之四的标准计息。我在一审提出的诉讼请求是判令被告返还侵权挪用的180万元存款，一审认定1487800元。一审判决后我又找到一份日期为1992年7月23日、金额为259936.6元的存款凭证，海港信用社应当给付。增加此项款后，也没有超过我的一审诉讼请求。

〔二审查明的事实〕

河北省高级人民法院经审理，除确认了一审认定的事实以外，还查明：

上诉人刘杏林陈述马坊信用社《证明》的出具过程是：我去取款时，程秀丽说将我的钱贷出去了。经过对账，账上还有我的180万元。我要求信用社写证明，程秀丽说让我写，我便写了证明，程秀丽拿出公章盖上了。对刘杏林的这一陈述，上诉人海港信用社提出异议，申请鉴定《证明》中签署的年月日与加盖的公章哪一项在先。法院委托北京市公安局刑警总队刑技处的文检技术人员鉴定，结论为：送检《证明》上的印文与日期字迹形成的先后顺序为日期形成在先，印文形成在后。海港信用社对刘杏林新提交的259936.6元存款凭证的真实性不持异议，且承认不包括在一审认定的存款数额内。

〔二审裁判理由与结果〕

河北省高级人民法院认为：

本案案由应为存款纠纷。对上诉人刘杏林在二审期间提交的259936.6元存款凭证，上诉人海港信用社不持异议，应予认定。双方的争议金额应由一审认定的1487800元加此存款后，改为1747736.6元。原马坊信用社于1998年7月16日出具的《证明》，经鉴定日期形成在先，印文形成在后，且印章真实，符合刘杏林关于该书证来源的陈述，因此应认定具有法律效力。海港信用社以《证明》中提到的欠款数额与后来查账的结果不一致为由，认为《证明》内容不实，以此来否定《证明》的效力，理由不足。海港信用社上诉认为该社存取款符合银行关于存款人取款时凭印章不凭个人签字的规定，但不能提交相应的法律依据和该社就这个问题与存款人刘杏林的约定；认为刘杏林对所有的存取款都清楚，也不能提交证明“都清楚”的证据。海港信用社上诉还认为，刘杏林将印章存放在程秀丽处是对程的授权，如果有损害行为应当由程对刘负责，而不应由信用社负责。查程秀丽接受刘杏林的印章时，其身份是马坊信用社的主任，正在代表马坊信用社保管着刘杏林的存款。这一身份决定了程秀丽不能同时接受刘杏林的委托，代理刘杏林处理存款事宜。海港信用社的上诉理由不能成立，不予支持。

综合本案全部证据可以认定，上诉人刘杏林在上诉人海港信用社处尚有1747736.6元存款未支取，对此款海港信用社有兑付义务。一审判决对海港信用社拒付的这笔款项，以个人活期存款利率计息不当，应予变更。刘杏林的上诉有理，应予支持。据此，河北省高级人民法院依照《中华人民共和国民事诉讼法》第一百五十三条第一款第（二）项[①]的规定，于2001年4月26日判决：

一、撤销一审民事判决；

二、上诉人海港信用社于本判决送达后10日内，给付上诉人刘杏林存款1747736.6元及利息。利息自1998年9月1日起至本金实际给付之日止，按中国人民银行同期同类贷款利率计算。

一审诉讼费用的负担不变。二审案件受理费20184元，由上诉人海港信用社负担。

---

① 对应2012年《民事诉讼法》第一百七十条第一款第（二）项，规定："（二）原判决、裁定认定事实错误或者适用法律错误的，以判决、裁定方式依法改判、撤销或者变更"。

第十三章 拆借合同

规则 21：在资金拆借合同签订后，拆入单位将拆借所得资金用于合同所约定的弥补头寸，并不存在利用银行资金进行证券交易的行为，资金拆借合同应当认定为有效

——西安市商业银行与健桥证券股份有限公司、西部信用担保有限公司借款担保合同纠纷案①

【裁判规则】

1. 根据《合同法司法解释一》第 4 条的规定，人民法院确认合同无效，应当以全国人大及其常委会制定的法律和国务院制定的行政法规为依据，不得以地方性法规、行政规章为依据。《中国人民银行关于禁止银行资金违规流入股票市场的通知》属于部门规章，不能作为确认合同效力的依据。国务院《金融违法行为处罚办法》，是关于金融机构违反国家有关金融管理的规定应当如何进行行政处罚的规定，与合同效力没有关系，不能依据该处罚办法的规定确认资金拆借合同的效力。

2. 资金拆借合同签订后，拆入单位将拆借所得资金用于合同所约定的弥补头寸，并不存在利用银行资金进行证券交易的行为，拆借行为是双方当事人的真实意思表示，未违反法律、行政法规的强制性规定，也未损害国家利益和社会公共利益，当事人之间的资金拆借合同应当认定为有效。

【规则理解】

一、同业拆借合同的含义

金融机构之间进行票据交换或联行结算时，有些金融机构会出现头寸不足，另一些金融机构则可能出现头寸盈余。为了实现资金平衡、调剂余缺，保证资金的正常周转，头寸不足的银行就需要从头寸盈余的银行临时拆入资金；而头寸盈余银行

① 《中华人民共和国最高人民法院公报》2006 年第 9 期，最高人民法院（2005）民二终字第 150 号民事判决书。

也可将暂时富余的资金拆借出去，以获得利息收入。对于同业拆借，中国人民银行在2007年7月颁布的《同业拆借管理办法》作出了专门规定。根据《同业拆借管理办法》第3条规定："本办法所称同业拆借，是指经中国人民银行批准进入全国银行间同业拆借市场（以下简称同业拆借市场）的金融机构之间，通过全国统一的同业拆借网络进行的无担保资金融通行为。全国统一的同业拆借网络包括：（一）全国银行间同业拆借中心的电子交易系统；（二）中国人民银行分支机构的拆借备案系统；（三）中国人民银行认可的其他交易系统。"

同业拆借只能在银行以及少数的非银行机构之间进行，即限于金融业。这也是"同业"之本义，同业指的就是金融业。《同业拆借管理办法》第7条规定："申请进入同业拆借市场的金融机构应当具备以下条件：（一）在中华人民共和国境内依法设立；（二）有健全的同业拆借交易组织机构、风险管理制度和内部控制制度；（三）有专门从事同业拆借交易的人员；（四）主要监管指标符合中国人民银行和有关监管部门的规定；（五）最近二年未因违法、违规行为受到中国人民银行和有关监管部门处罚；（六）最近二年未出现资不抵债情况；（七）中国人民银行规定的其他条件。"第8条规定："下列金融机构申请进入同业拆借市场，除具备本办法第七条所规定的条件外，还应具备以下条件：（一）外商独资银行、中外合资银行、外国银行分行经国务院银行业监督管理机构批准获得经营人民币业务资格；（二）企业集团财务公司、信托公司、金融资产管理公司、金融租赁公司、汽车金融公司、保险资产管理公司在申请进入同业拆借市场前最近两个年度连续盈利；（三）证券公司应在申请进入同业拆借市场前最近两个年度连续盈利，同期未出现净资本低于2亿元的情况；（四）保险公司应在申请进入同业拆借市场前最近四个季度连续的偿付能力充足率在120%以上。"同时，根据《同业拆借管理办法》第6条规定："下列金融机构可以向中国人民银行申请进入同业拆借市场：（一）政策性银行；（二）中资商业银行；（三）外商独资银行、中外合资银行；（四）城市信用合作社；（五）农村信用合作社县级联合社；（六）企业集团财务公司；（七）信托公司；（八）金融资产管理公司；（九）金融租赁公司；（十）汽车金融公司；（十一）证券公司；（十二）保险公司；（十三）保险资产管理公司；（十四）中资商业银行（不包括城市商业银行、农村商业银行和农村合作银行）授权的一级分支机构；（十五）外国银行分行；（十六）中国人民银行确定的其他机构。"所以，总体看来，具有同业拆借主体资格的金融机构包括商业银行、政策性银行、信托投资公司、融资租赁公司、企业财团财务公司、证券交易机构、保险公司、信用社以及人民银行批准的金融机构等。

同业拆借是金融机构间暂时性资金余缺的一种调剂，以"救急不救穷"和盘活闲置资金为目的，因此，对资金的来源和用途的严格限制也就显得相当的重要。《商业银行法》第46条规定，禁止利用拆入资金发放固定资产贷款或者用于投资；拆出资金限于交足存款准备金、留足备付金和归还中国人民银行到期贷款之后的闲置资金；拆入资金用于弥补票据结算、联行汇差头寸的不足和解决临时性周转资金的需要。

二、拆借合同的效力认定

从性质上看，同业拆借属于借款合同，自然受《合同法》的规制。同业拆借合同的效力应依据《民法总则》第143条、《合同法》第52条之规定进行判断。《民法总则》第143条规定："具备下列条件的民事法律行为有效：（一）行为人具有相应的民事行为能力；（二）意思表示真实；（三）不违反法律、行政法规的强制性规定，不违背公序良俗。"《合同法》第52条规定："有下列情形之一的，合同无效：（一）一方以欺诈、胁迫的手段订立合同，损害国家利益；（二）恶意串通，损害国家、集体或者第三人利益；（三）以合法形式掩盖非法目的；（四）损害社会公共利益；（五）违反法律、行政法规的强制性规定。"拆借行为只要是双方当事人的真实意思表示，未违反法律、行政法规的强制性规定，不违背公序良俗，未损害国家利益和社会公共利益，资金拆借合同签订后，拆入单位将拆借所得资金用于合同所约定的弥补头寸，那么当事人之间的资金拆借合同就应当认定为有效。在对拆借合同的效力进行认定时，应重点注意以下几个问题。

（一）违反拆借期限的拆借合同效力

同业拆借具有短期性的特点，这是由同业拆借这种制度所追求的目的决定的。同业拆借的目的是通过短期的资金借贷，来调剂不同金融机构之间的暂时性余缺，保证金融体系的正常运转。换句话讲，同业拆借的目的是"救急不救穷"，即只是为了金融机构暂时的急需，而不是对需要长期性资金的金融机构进行贷款。

最早确立同业拆借市场法律地位的《银行管理暂行条例》[①] 和《同业拆借管理试行办法》对拆借期限都没有明确的规定，只强调同业拆借短期融通的特性以及要求拆借双方在拆借协议中要对期限进行约定。分别于1993年2月和1994年2月颁布的《中国人民银行关于进一步加强对同业拆借管理的通知》和《信贷资金管理暂行办法》对于同业拆借的法定期限作了明确的规定：金融机构之间的同业拆借按期限分为7天（含7天）以内的同业头寸拆借和7天以上、4个月以内的同业短期拆借。根据《同业拆借管理办法》第23条规定："同业拆借的期限在符合以下规定

---

① 该条例于1986年1月7日由国务院发布，已于2001年10月6日被废止。

的前提下，由交易双方自行商定：（一）政策性银行、中资商业银行、中资商业银行授权的一级分支机构、外商独资银行、中外合资银行、外国银行分行、城市信用合作社、农村信用合作社县级联合社拆入资金的最长期限为1年；（二）金融资产管理公司、金融租赁公司、汽车金融公司、保险公司拆入资金的最长期限为3个月；（三）企业集团财务公司、信托公司、证券公司、保险资产管理公司拆入资金的最长期限为7天；（四）金融机构拆出资金的最长期限不得超过对手方由中国人民银行规定的拆入资金最长期限。中国人民银行可以根据市场发展和管理的需要调整金融机构的拆借资金最长期限。”第24条规定：“同业拆借到期后不得展期。”《商业银行法》第46条规定，同业拆借，应当遵守中国人民银行的规定。由此可见，人民银行的规定及《商业银行法》均确立了同业拆借的期限是短期周转资金，而不是长期借贷。从目前来看，金融机构之间互相拆借资金的期限不能超过1年。中国人民银行《证券公司进入银行间同业市场管理规定》第13条规定，未成为全国银行间同业市场成员的证券公司，仍按原规定，由其总部进行一天的同业拆借业务。由此可见，作为证券公司为了弥补头寸，在与银行间进行的同业拆借业务中仅有1天的资金拆入期限。《合同法司法解释一》第4条规定，人民法院确认合同无效，应当以全国人大及其常委会制定的法律和国务院制定的行政法规为依据，不得以地方性法规、行政规章为依据。中国人民银行的上述规定属于部门规章，不能作为确认合同效力的依据。因此，违反拆借期限不构成拆借合同无效的理由。

（二）未通过全国同业拆借市场进行的拆借是否有效

根据《同业拆借管理办法》第14条规定：“同业拆借交易必须在全国统一的同业拆借网络中进行。政策性银行、企业集团财务公司、信托公司、金融资产管理公司、金融租赁公司、汽车金融公司、证券公司、保险公司、保险资产管理公司以法人为单位，通过全国银行间同业拆借中心的电子交易系统进行同业拆借交易。通过中国人民银行分支机构拆借备案系统进行同业拆借交易的金融机构应按照中国人民银行当地分支机构的规定办理相关手续。”《证券公司进入银行间同业市场管理规定》第9条规定：“凡经批准成为全国银行间同业市场成员的证券公司，必须通过全国银行间同业拆借中心提供的交易系统进行同业拆借、债券交易业务。”由此可见，拆借行为必须通过全国同业拆借市场（包括各地融资中心）进行。《同业拆借管理办法》以及《证券公司进入银行间同业市场管理规定》属于部门规章，不能作为确认合同效力的依据。因此，未通过全国同业拆借市场进行资金拆借不构成拆借合同无效的事由。

需要说明的是，虽然资金拆借合同的约定违反拆借期限、未通过全国同业拆借市场进行不构成合同无效的理由，但并不意味着这些行为不应受到制裁。国务院

《金融违法行为处罚办法》，是关于金融机构违反国家有关金融管理的规定应当如何进行行政处罚的规定，该办法第 17 条规定，金融机构从事拆借活动，如果具有资金拆借超过最长期限、在全国统一同业拆借网络之外从事同业拆借业务的行为，应当受到暂停或者停止该项业务，没收违法所得等处罚。同时，《同业拆借管理办法》第 41 条至第 50 条对于金融机构及相关人员违反同业拆借的规定进行处罚进行了明确规定。

（三）同业拆借利率对合同效力的影响

从中国人民银行的上述规定来看，同业拆借属于政策性十分明显的短期借贷，那么拆借的利率是由拆借主体之间自由约定还是由国家统一规定呢？在 1996 年以前，同业拆借利率一般是在国家确定上下限内浮动，当事人只能在该范围内约定。如果在 1996 年以前，双方约定的拆借利率高于国家确定的上限，超过部分应当无效。1996 年 5 月 17 日银传〔1996〕35 号文件《中国人民银行关于取消同业拆借利率上限管理的通知》明确规定，从 1996 年 6 月 1 日起，取消对拆借利率的上限控制，而由拆借双方根据市场资金供求情况，自行确定拆借利率。根据《同业拆借管理办法》第 16 条规定："同业拆借利率由交易双方自行商定。"之所以规定拆借合同中的利率可以由双方自己决定，是因为拆借利率是金融机构自己决定的，根据合同自由原则，法律不应当对双方合法自愿的共同意思进行干涉。

【拓展适用】

一、担保合同的生效要件

担保合同的生效要件可分为一般要件与特殊要件。前者是指欲使已成立的担保合同发生完备的法律效力而应当具备的法律要件。包括行为人具有相应的民事行为能力；意思表示真实；不违反法律和社会公共利益。后者是指由《物权法》《担保法》及《担保法司法解释》规定的担保合同发生效力的特殊条件。①

《民法总则》第 135 条规定："民事法律行为可以采用书面形式、口头形式或者其他形式；法律、行政法规规定或者当事人约定采用特定形式的，应当采用特定形式。"《担保法》第 13 条规定："保证人与债权人应当以书面形式订立保证合同。"第 38 条规定："抵押人和抵押权人应当以书面形式订立抵押合同。"第 64 条第 1 款规定："出质人和质权人应当以书面形式订立质押合同。"因此，担保合同为要式合同，必须具备书面形式要件，此即担保合同生效的特殊要件。实践中担保合同的书

---

① 刘保玉主编：《担保法原理精要与实务指南》，人民法院出版社 2008 年版，第 67 ~ 68 页。

面形式一般有三种：（1）当事人就担保合同的主要条款依法达成协议，签订书面的担保合同；（2）单独出具保函，由担保人向债权人出具书面信函，表示为债务人提供担保，债权人接受的；（3）在主合同中附带订立担保条款或在担保人栏内签字、盖章。

此外，依据《担保法》第41条、第42条之规定，以下财产应办理抵押物登记，抵押合同自登记之日起生效：（1）无地上定着物土地使用权；（2）城市房地产或者乡（镇）、村企业的厂房等建筑物；（3）林木；（4）航空器、船舶、车辆等运输工具；（5）企业的设备和其他动产。《担保法》第43条规定，当事人以其他财产抵押的，可以自愿办理抵押物登记，抵押合同自签订之日起生效。当事人未办理抵押物登记的，不得对抗第三人。《担保法》第64条第2款规定："质押合同自质物移交于质权人占有时生效。"第78条第1款规定："以依法可以转让的股票出质的，出质人与质权人应当订立书面合同，并向证券登记机构办理出质登记。质押合同自登记之日起生效。"第79条规定："以依法可以转让的商标专用权，专利权、著作权中的财产权出质的，出质人与质权人应当订立书面合同，并向其管理部门办理出质登记。质押合同自登记之日起生效。"第90条规定："定金应当以书面形式约定。当事人在定金合同中应当约定交付定金的期限。定金合同从实际交付定金之日起生效。"这些都属于担保合同生效的特殊要件。

需要特别注意的是，《物权法》对此作了重大变革。我们应当对物权变动与合同关系进行区分。《物权法》第187条规定："以本法第一百八十条第一款第一项至第三项规定的财产或者第五项规定的正在建造的建筑物抵押的，应当办理抵押登记。抵押权自登记时设立。"该规定区分了抵押合同与抵押权，如果抵押合同具备法律规定的生效要件，则应认定合同关系已经生效，从而对抵押合同当事人具有拘束力，若有违约情形，自应承担违约责任。至于抵押权能否生效，则取决于是否存在处分行为即登记。① 在设定不动产抵押权或不动产物权抵押权的场合，抵押合同签订后，若抵押人违背诚实信用原则拒绝办理抵押登记的，则当事人可以请求法院判决抵押人补办抵押登记，或者判决抵押人承担违约责任或者损害赔偿责任。同样，书面的质押合同只要符合法律行为一般生效要件即能发生效力，动产的交付、权利凭证的交付或登记等只是动产质押或权利质押的设立要件。

---

① 参见最高人民法院物权法研究小组编著：《〈中华人民共和国物权法〉条文理解与适用》，人民法院出版社2007年版，第560~561页。

二、“行社脱钩”财产纠纷处理的把握①

《国务院关于农村金融体制改革的决定》中规定，“农村信用社与中国农业银行脱离行政隶属关系的改革过程中，涉及的人员、财产、资金关系等问题，应在中国人民银行领导下，会同有关部门协调解决。”对于“行社脱钩”财产纠纷，应区分不同类型分别处理。对于农业银行与农村信用社之间基于借贷、拆借、担保关系产生的纠纷，应当按照民事案件进行审理。对于农业银行与农村信用社相互划转存贷款的行为，属于基于行政管理关系而产生的内部资产划转，应当按照有关政策及行政法相关原理处理，不属于人民法院民事案件受案范围。

（一）基于借贷、拆借、担保关系产生的纠纷按照民事案件处理

民事法律关系，调整的是平等主体间的公民、法人、其他组织间的人身和财产关系。它与行政法律关系的本质区别在于，行政法律关系的主体是不平等的，行政相对人是被动的，其对行政主体的行政行为只能接受服从，没有商讨余地。而民事法律关系的主体是平等的，一方不能对另一方进行强迫，双方在意思表示一致的基础上进行民事行为。虽然根据国务院有关文件精神，农村信用社与农业银行之间在“行社脱钩”前具有行政隶属关系，农业银行对农村信用社具有领导管理权，但法人是民事法律关系的重要主体，根据《民法通则》第55条的规定：“民事法律行为应当具备下列条件：（一）行为人具有相应的民事行为能力；（二）意思表示真实；（三）不违反法律或者社会公共利益”，具有行政隶属关系的两个法人在遵循平等、自愿、有偿的民法原则基础上，同样可以形成相应的民事法律关系。农业银行与农村信用社之间正常的借贷、拆借、担保关系属于在平等、自愿、有偿基础上形成的关系，此类纠纷属于民事案件，应当按照民事案件处理。

（二）基于行政管理产生的内部资产划转关系不属于民事案件受案范围

在行社脱钩改革中涉及的人员、财产、资金关系等问题由有关部门协调解决，对行社两家内部资产的划转，是基于双方之间存在的行政管理关系而产生的内部资产划转活动，不是按照双方当事人的意志实施，体现了行政管理的特点。根据《国务院关于农村金融体制改革的决定》规定：“农村信用社与中国农业银行脱离行政隶属关系的改革过程中，涉及的人员、财产、资金关系等问题，应在中国人民银行领导下，会同有关部门协调解决”，以及《中国人民银行关于农村信用合作社清偿对中国农业银行债务有关问题的通知》第3条第1款第4项规定：“解决社行资金遗留问题，要以1995年12月29日以来中国人民银行、中国农业银行两总行关于

① 参见张能宝：《行社脱钩财产纠纷应坚持二元化的解决机制》，载江必新：《审判监督指导》2010年第1辑，人民法院出版社2010年版。

维护行社双方合法权益的有关电报、文件为依据，行社双方应尊重历史、客观公开、实事求是、互谅互让。对明显违背政策规定，农村信用社难以接受的债务，当地人民银行应合情合理地进行调解。县（市）支行解决不了的，可报经人民银行省分行进行仲裁。”对于这类纠纷，“应在中国人民银行领导下，会同有关部门协调解决”，“对明显违背政策规定，农村信用社难以接受的债务，当地人民银行应合情合理地进行调解。县（市）支行解决不了的，可报经人民银行省分行进行仲裁”，因此，由于其行政处理原则比较明确，解决途径应当按照行政法及有关政策确定，不属于人民法院民事案件受案范围。

三、担保合同无效的认定

根据《担保法》的规定，担保合同在存在以下情形时无效：

（一）因主合同无效而无效

《担保法》第5条第1款规定：“担保合同是主合同的从合同，主合同无效，担保合同无效。担保合同另有约定的，按照约定。”担保合同作为从合同，具有补充性和从属性，从合同的效力从属于主合同的效力。无效的主合同一经确认，该合同从签订时即不具有法律效力，从合同如无特别约定亦归于无效；主合同部分无效的，担保合同并不自然无效，担保合同是否有效必须看主合同无效部分是否影响担保合同的效力，如果主合同的无效条款影响担保合同的效力，则担保合同无效。

需要指出的是，实践中，当事人在担保合同中往往有“本担保合同不受主合同效力影响”等特别约定，即独立担保问题。所谓独立担保，是担保人特别承诺而与被担保债权没有从属关系的一种担保。独立担保仅适用于国际经济活动，在我国司法实践中，此种担保条款因借款合同无效而无效。因担保人未尽到谨慎审查义务，为债务人提供独立担保，取得债权人的信赖而发放借款，造成款项不能偿还，担保人因此应当承担相应的赔偿责任。①

（二）不符合法律规定主体资质的担保人所订立担保合同无效

在保证合同中，法律对保证人的主体资格有特别限制，不具备保证人主体资格的公民、法人、其他组织所订立的保证合同无效。

1. 国家机关不得为保证人，但经国务院批准为使用外国政府或者国际经济组织贷款进行转贷的除外。学校、幼儿园、医院等以公益为目的的事业单位、社会团体不得为保证人，但以其教育设施、医疗卫生设施和其他社会公益设施以外的财产为自身债务设定抵押的，人民法院可以认定抵押有效。国家机关的财产是其履行职

---

① 参见江必新、何东宁：《最高人民法院指导性案例裁判规则理解与适用》（担保卷），中国法制出版社2011年版，第31页。

责的经费，不具有代为清偿债务的能力，国家机关作保证人，与其职责相悖。同样，学校、幼儿园等以公益为目的的事业单位、社会团体因其财产用于公益事务，不可清偿债务，故不能成为保证人。因此，国家机关、学校、幼儿园、医院等以公益为目的的事业单位、社会团体作为保证人的保证合同无效。

2. 企业法人的分支机构、职能部门不得为保证人。此情形中，因保证人不具备独立的法人资格，保证合同无效。但是，企业法人的分支机构有法人书面授权的，可以在授权范围内提供保证。

需要注意的是，保证人的清偿能力是否影响保证合同的效力？《担保法》第7条规定："具有代为清偿债务能力的法人、其他组织或者公民，可以作保证人。"据此，有学者认为，保证合同的效力要视保证人的代偿能力而定，若保证人财产小于被保证范围，不能代为清偿债务，赔偿损失，则保证无效。我们认为，保证人有无清偿能力只对保证合同的实际履行情况产生影响，而不影响保证合同的效力。《担保法》作此规定仅起警示作用，而无禁止之意，若仅因保证人无代为清偿的能力而认定保证无效，则可能导致保证人以此为由，逃脱责任，债权人利益无法得到保障。而且，市场经济的多变性决定了保证人的代偿能力是可变的，可能订立合同时无代偿能力而实际承担保证责任时具有担保能力，故法律应当允许当事人特别是债权人基于自己的判断选择并决定其认可的担保人，这亦符合私法自治的基本原则。

3. 无民事行为能力人不得为担保人。限制行为能力人提供的担保，除非法定代理人同意或追认，否则应为无效。

（三）以法律禁止或限制流通的财产担保而无效

抵押合同以财产作为担保，在债务人不履行债务时，债权人有权以该财产折价或以拍卖、变卖该财产的价款优先受偿。提供担保的财产即为抵押物。《物权法》以列举的方式对抵押物和不得为抵押物的财产作了规定，以不得抵押的财产作抵押物的，该抵押合同无效。

以下财产不得为抵押物：1. 土地所有权；2. 耕地、宅基地、自留地、自留山等集体所有的土地使用权，但法律规定可以抵押的除外；3. 学校、幼儿园、医院等以公益为目的的事业单位、社会团体的教育设施、医疗卫生设施和其他社会公益设施；4. 所有权、使用权不明或者有争议的财产；5. 依法被查封、扣押、监管的财产；6. 法律、行政法规规定不得抵押的其他财产。

抵押人所担保的债权超出抵押物的价值时，担保是否有效？《担保法》对此明确予以了否定。抵押物为特定物，抵押合同的效力也是在债务人不履行债务时由该特定抵押物折价抵偿债务或以拍卖、变卖后的价款偿还债务，若仍认定超出部分的抵押效力显然无任何实际意义。同样道理，《担保法》亦规定抵押物多次抵押的，若抵押物价值大于先担保的债权，其余额部分价值仍超出再担保债权的，再次抵押应为有效；若余额部分价值小于再担保债权，则不足部分所设的再抵押为无效。我们认为，不应当对抵押物所担保的债权超过抵押物价值作强制性限制。因为，抵押物的价值经常处于变动之中，尤以土地使用权为抵押标的的更加明显；确定抵押物价值的评估手续烦琐，不利于发挥担保所具有的促进资金融通功能；在债务人没有更高价值的财产可抵押的情况下，允许用较低价值的抵押物设定抵押总比没有好；更何况物权的公示制度足以使债权人清楚自己所享有的抵押权所处的状况，体现了尊重私权自治的司法原则。

（四）因当事人意思表示瑕疵而无效

在确定保证合同效力时要充分考虑保证人意思表示的真实性。只有各方当事人出于自愿作出真实意思表示并达成合意，才能使合同有效成立。所以，保证人意思表示的真实性是判断保证合同是否有效的一个重要标准。《担保法》第11条规定："任何单位和个人不得强令银行等金融机构或者企业为他人提供保证；银行等金融机构或者企业对强令其为他人提供保证的行为，有权拒绝。"第30条规定，主合同当事人双方串通，骗取保证人提供保证的；主合同债权人采取欺诈、胁迫等手段，使保证人在违背真实意思的情况下提供保证的，都视为无效，保证人不承担民事责任。

四、借款合同无效导致担保合同无效的责任承担

《担保法》第5条第2款规定："担保合同被确认无效后，债务人、担保人、债权人有过错的，应当根据其过错各自承担相应的民事责任。"该规定明确了担保合同无效后担保人仍然要承担民事责任，但并未说明在主合同无效而导致担保合同无效的情况下，担保人承担的赔偿责任的份额到底多大。《担保法司法解释》第8条规定："主合同无效而导致担保合同无效，担保人无过错的，担保人不承担民事责任；担保人有过错的，担保人承担民事责任的部分，不应超过债务人不能清偿部分的三分之一。"

据此，担保合同因主合同无效而无效，保证人的责任承担分为以下几种情况：

1. 担保合同因主合同的无效而无效的，如果担保人无过错，则不承担民事责任。所谓担保人无过错，指担保人对主合同的无效状态不知也不应知，或担保人未对无效主合同的成立起过中介、促使的作用。需要区分的是，担保人的过错不是指担保人在主合同无效上的过错，这与一般缔约过失责任中的过错有一定的区别。因为主合同的当事人是债权人和债务人，担保人不是合同当事人，主合同的无效不应当要求非合同当事人的担保人承担无效后果，无效后果应当由债权人和债务人承担。具体来说，担保人的过错包括：担保人明知主合同无效仍为之提供担保，担保

人明知主合同无效仍促使主合同成立或为主合同的签订作中介等，在这种情况下，担保人不能完全免除民事责任。如果主合同系以合法形式掩盖非法目的，从合同内容上无法获知合同的违法性，如无相反证据，应当确认担保人对主合同无效为不知，也即担保人无过错。

2. 担保人有过错的，担保人承担民事责任的部分，不应超过债务人不能清偿部分的三分之一。限定三分之一，是因为主合同无效时，债权人、债务人原则上均有过错，即使债权人或债务人任何一方没有过错，担保人有过错，因担保合同无效是主合同无效所致，担保人的责任原则上不应当超过主合同当事人的责任。债权人的损失，债权人、债务人、担保人作为三方，按照均分计算的结果，担保人承担的责任份额为三分之一。在司法实践中还应注意，三分之一作为上限，不要求所有案件中都按照三分之一判，只要不超过三分之一，就符合司法解释的精神。在三分之一以下，具体判多少，属于法官的自由裁量权，但在确定时应充分考虑担保人与债权人的过错大小。过错大小，原则上由审判人员或合议庭在案件事实基础上进行确定。

在适用该条款时，还有两个方面需要注意：一是对“债务人不能清偿部分”的理解，二是对“不能清偿”的理解。首先，债权人的债权包括主债权、利息，以及实现债权的费用等。因此，担保人承担的责任范围应当为债务人应当承担的主债权、利息等全部“债务不能清偿部分”。其次，对“不能清偿”应注意与“未清偿”相区别。“不能清偿”需要考察债务人的财产状况，债务人的财产已经被执行仍不能偿付的，才能认定为“不能清偿”；而“未清偿”不需要考察债务人的财产状况，只要债务人实际没有偿付债务，这种事实状态即为“未清偿”。考虑到债务人是实际的责任承担者，担保无效时，应尽量减轻担保人在担保无效时的责任，所以司法解释规定以债务人“不能清偿”的部分为担保人承担责任的范围。至于对“不能清偿”的理解，在《担保法司法解释》的“其他”部分中，即第131条中规定：“本解释所称‘不能清偿’指对债务人的存款、现金、有价证券、成品、半成品、原材料、交通工具等可以执行的动产和其他方便执行的财产执行完毕后，债务仍未能得到清偿的状态。”

【典型案例】

西安市商业银行与健桥证券股份有限公司、西部信用担保有限公司借款担保合同纠纷案

上诉人（一审原告）：西安市商业银行。住所地：陕西省西安市东四路35号。

法定代表人：黄连溪，该行董事长。

委托代理人：赵黎明，陕西海普律师事务所律师。

委托代理人：秦宝贵，陕西海普律师事务所律师。

被上诉人（一审被告）：健桥证券股份有限公司。住所地：陕西省西安市高新一路2号开发银行大厦16层、23层。

法定代表人：李晓援，该公司董事长。

委托代理人：张力，北京市中伦文德律师事务所律师。

委托代理人：冯继勇，北京市中伦文德律师事务所律师。

被上诉人（一审被告）：西部信用担保有限公司。住所地：陕西省西安市北大街3号中天国际大厦6层。

法定代表人：刘文彪，该公司董事长。

委托代理人：杨正彤，北京市远东律师事务所律师。

〔基本案情〕

陕西省高级人民法院原审查明：2004年6月7日，西安市商业银行（以下简称西安商行）与健桥证券股份有限公司（以下简称健桥证券）签订资金拆借合同一份，约定：拆出单位为西安商行即甲方，拆入单位为健桥证券即乙方，拆借金额为3603万元，拆借期限7天，即自2004年6月10日至2004年6月17日；拆借利率为6.6%，拆借用途为弥补头寸。合同还约定：甲方拆出资金，乙方归还资金，均要按下列规定划款：同城划款在起（止）息日下午4:00前划至对方账户，跨地区划款通过人民银行在起（止）息日上午9:30前采用电子联行或加急电汇汇至对方账户，以保证汇款单当天到账，如不按上述要求执行，影响资金按时到账而造成的损失，由违约方承担；乙方必须按时足额归还拆借本息，如发生逾期，就逾期金额除按规定利率计收利息外，从逾期之日起每日按万分之五加收罚息，由乙方主动划付甲方；拆借资金利随本清等。同日，西部信用担保有限公司（以下简称担保公司）向西安商行出具担保函，愿为上述资金拆借合同项下全部本金及利息的偿还承担连带保证责任。上述合同签订后，西安商行在同月10日以电汇方式，向健桥证券划付资金3603万元。合同到期后，健桥证券未按合同约定还款，担保公司亦未向西安商行偿还拆借资金。

2004年11月11日，西安商行催收无果，遂向陕西省高级人民法院提起诉讼，请求判令健桥证券、担保公司依约归还西安商行拆借资金本金3603万元及截至给付之日的利息及罚息，并判令其承担本案全部诉讼费用。

〔一审裁判理由与结果〕

陕西省高级人民法院经审理认为：本案争议的焦点是该资金拆借合同是否有效。有关法律规定，同业拆借是银行、非银行金融机构之间相互融通短期资金的行为。西安商行及健桥证券的资金拆借属银行与非银行金融机构之间的同业拆借。《中华人民共和国商业银行法》第四十六条规定，同业拆借应当遵守中国人民银行的相关规定。中国人民银行于1997年6月6日发出的《关于禁止银行资金违规流入股票市场的通知》第三条第二、三项规定："各证券公司的拆入资金期限不得超过1天，拆入资金总额不得超过该机构实收资本金的80%，拆入资金只能用于头寸调剂，不得用于证券交易。”“任何商业银行与非银行金融机构、非银行金融机构之间的拆借行为必须通过全国同业拆借市场（包括各地融资中心）进行，禁止一切场外拆借行为。”由此可见，作为证券公司为了弥补头寸，在与银行间进行的同业拆借业务中仅有1天的资金拆入期限，且拆借行为必须通过全国同业拆借市场（包括各地融资中心）进行。西安商行与健桥证券约定的拆借期限为7天，且未通过全国同业拆借市场进行，而是西安商行直接将拆借资金汇入健桥证券的账上。故该资金拆借合同不仅违反了中国人民银行上述规定，而且也违反了国务院颁布的《金融违法行为处罚办法》第十七条第一款的有关规定，因此，西安商行与健桥证券签订的资金合同，因内容违反国家金融法律法规强制性规定，应认定为无效。合同无效双方均有过错，依法应承担相应的过错责任。健桥证券应将拆入的本金3603万元予以返还，并应按中国人民银行同期贷款利率向西安商行计付该资金占用期间的费用。西安商行要求判令健桥证券依约支付利息及罚息的诉讼请求依法应予驳回。健桥证券因合同无效不支付合同约定利息的抗辩理由虽然成立，但应支付占用该资金期间的费用。因主合同无效，担保合同亦无效。担保公司虽不承担连带保证责任，但作为专业的担保公司，应当知道健桥证券不具有全国银行间同业市场成员资格，不能进行为期7天的同业拆借业务，其仍出具担保函，愿意对健桥证券的拆借行为承担连带保证责任，因此，对保证合同的无效负有过错，依法应承担相应的民事责任，即对健桥证券的上述债务不能清偿部分承担三分之一的连带赔偿责任。担保公司因合同无效不承担保证责任的抗辩理由成立，但其赔偿责任依法不能免除；担保公司认为《担保函》仅为担保意向，没有签订正式的《担保合同》，也无董事会决议，所以担保行为应为无效的抗辩理由属对担保合同的理解有误，不能成立；担保公司认为西安商行未能在法定的保证期间内向保证人主张权利及2004年11月11日立案，2004年11月23日交费，西安商行无缓交申请，应视为自动撤诉的抗辩理由，因与客观事实不符而不能成立。该院依据《中华人民共和国合同法》第五十二条第一款第（五）项，《中华人民共和国担保法》第五条及《最高人民法院关于适用〈中华人民共和国担保法〉若干问题的解释》第八条、第九条的规定，判决：

一、西安商行与健桥证券签订的资金拆借合同及担保公司向西安商行出具的担保函无效；

二、健桥证券在该判决生效后十日内向西安商行归还本金3603万元，并应按中国人民银行同期贷款利率计付资金占用费（自2004年6月10日起至该判决生效之日止），逾期履行，按照《中华人民共和国民事诉讼法》第二百三十二条①的规定执行；

① 对应2012年《民事诉讼法》第二百五十三条。

三、担保公司对健桥证券上述债务不能清偿部分承担三分之一的连带赔偿责任；

四、担保公司向西安商行承担赔偿责任后，在承担赔偿责任的范围内可向健桥证券追偿；

五、驳回西安商行的其他诉讼请求。一审案件受理费190160元，由健桥证券负担。

〔当事人上诉及答辩意见〕

西安商行不服原审法院上述民事判决，向最高人民法院提起上诉称：原审判决适用法律明显错误，判处不当。（一）《关于禁止银行资金违规流入股票市场的通知》已失效。2004年12月17日，中国人民银行、中国银行监督管理委员会发布《第一批共计110件规章和规范性文件清理结果》（2004第20号公告），该公告已明确将该通知废止。原审判决在该文件废止5个月后，仍将此作为认定本案合同无效的依据，显属适用法律错误。（二）西安商行与健桥证券签订的资金拆借合同，并未违反《金融违法行为处罚办法》，本案资金拆借合同及担保合同合法有效。法律及行政法规均未对同业拆借的具体条件作出明确规定。国务院《金融违法行为处罚办法》亦未对同业拆借条件、资格、期限作出具体规定，其只是针对违反中国人民银行规定的金融违法行为进行处罚。中国人民银行《证券公司进入银行间同业市场管理规定》第九条规定："凡经批准的成为全国银行间同业市场成员的证券公司，必须通过全国银行间同业拆借中心提供的交易系统进行同业拆借、债券交易业务。"第十三条规定，未成为全国银行间同业市场成员的证券公司，仍按原规定，由其总部进行一天的同业拆借业务。西安商行依据该规定，将资金拆借给具有同业拆借资格的健桥证券，应当是一种合法行为，双方签订的合同合法有效，至于资金拆借超过规定的期限，并不会导致资金拆借合同无效，更不能对该合同所约定的逾期还款的利息及罚息不予保护。（三）原审判决判处不当。本案的资金拆借合同在实践中普遍存在，也是市场通行的做法。如果将此类资金拆借合同认定为无效，正常的金融业务将难以开展，银行的合法权益将置于无法保护的境地。更为重要的是，法律、法规对此类型的资金拆借业务并未作出任何禁止性规定。原审判决不考虑本案合同当事人的真实意愿，更不考虑合同已经实际履行的具体状况，认定资金拆借合同及担保合同无效，确属判处不当。请求撤销原审判决，并判决健桥证券按合同约定偿还拆借资金及其利息、罚息，担保公司对此债务承担连带保证责任。

被上诉人健桥证券答辩称：（一）2004年12月17日中国人民银行与中国银行监督管理委员会（以下简称银监会）公告第一批规章和规范性文件的清理结果，并没有明确废止《关于禁止银行资金违规流入股票市场的通知》，而是明确该规范性文件由中国人民银行和银监会按照各自的法定职责对规章和规范性文件中的有关事项负责监督实施、解释，中国人民银行和银监会共同修改、废止。故该通知并未失效。假使该通知现已失效，但本案所涉拆借行为的发生时间是2004年6月7日，在这个时间该规范性文件持续处于有效状态，一审法院适用当时具有法律效力的规定下判，并无不当。（二）西安商行对《金融违法行为处罚办法》的理解存在错误。根据《证券公司进入银行间同业市场管理规定》和《金融违法行为处罚办法》的规定，本案所涉资金拆借合同超过了规定期限，且未通过全国同业拆借市场进行，违反了国家金融法规的强制性规定，属于无效合同，一审法院适用法律正确。（三）西安商行认为本案所涉资金拆借合同是普遍存在的市场通行做法的观点缺乏事实依据，其该项主张没有在有效的举证期限内合法举证，同时也是明显违反法律规定的行为，该项上诉理由不能成立。请求驳回上诉，维持原判。

被上诉人担保公司答辩称：（一）一审判决所依据的《关于禁止资金违规流入股票市场的通知》并未失效，只是重新明确了其监督实施权、解释权、修改废止权的行使主体。即使西安商行对中国人民银行公告理解没有错误，按照我国法律无溯及力的原则，一审适用该规章也是正确的。（二）国务院《金融违法行为处罚办法》是针对违反国家金融法律法规行为制定的，它处罚的前提是金融机构违反了包括中国人民银行等部门的有关规定，那么违反中国人民银行关于最长拆借期限的行为当然也包括在内，更何况该办法在第十七条明令禁止违反最长拆借期限的行为。故超过中国人民银行规定的最长拆借期限进行拆借的行为也违反了该处罚办法的强制性规定，依据该处罚办法判决本案主合同无效正确。请求驳回上诉，维持原判。

〔二审查明的事实〕

最高人民法院经二审审理，对原审法院查明的事实予以确认。

〔二审裁判理由与结果〕

最高人民法院认为，本案二审西安商行与健桥证券、担保公司之间争议的焦点问题仍然是资金拆借合同及担保合同的效力问题。原审法院认定资金拆借合同无效的主要理由，一是西安商行与健桥证券签订的资金拆借合同的期限超过了中国人民银行的规定，二是该拆借行为未通过全国同业拆借市场进行。原审法院上述理由的依据是中国人民银行《关于禁止银行资金违规流入股票市场的通知》和国务院《金融违法行为处罚办法》的规定。中国人民银行《关于禁止银行资金违规流入股票市场的通知》在规范性文件位阶上属于部门规章，根据本院《关于适用〈中华人民共和国合同法〉若干问题的解释（一）》第四条："合同法实施以后，人民法院确认合同无效，应当以全国人大及其常委会制定的法律和国务院制定的行政法规为依据，不得以地方性法规、行政规章为依据"的规定，该通知作为行政规章不能作为确认合同无效的依据。国务院《金融违法行为处罚办法》，是关于金融机构违反国家有关金融管理的规定应当如何进行行政处罚的规定，该办法第十七条规定金融机构从事拆借活动，如果具有资金拆借超过最长期限、在全国统一同业拆借网络之外从事同业拆借业务的行为，应当受到暂停或者停止该项业务，没收违法所得等处罚。可以看出，该条规定与合同效力没有关系。故不能依据该处罚办法的规定确认资金拆借合同无效。原审法院认定西安商行与健桥证券签订的资金拆借合同，内容违反国家金融法律法规的强制性规定，属无效合同错误，应予纠正。

西安商行与健桥证券签订资金拆借合同后，健桥证券将拆借所得资金用于合同所约定的弥补头寸，并不存在利用银行资金进行证券交易的行为，故西安商行与健桥证券之间的拆借行为是双方当事人的真实意思表示，未违反法律、行政法规的强制性规定，也未损害国家利益和社会公共利益，双方之间的资金拆借合同应当认定为有效。担保公司出具担保函，明确表示对上述资金拆借合同承担连带保证责任，在主合同有效，担保合同亦不存在其他无效情形的情况下，担保公司的保证责任不应免除。健桥证券在合同已经实际履行，即得到急需的款项后，作为还款义务人无正当理由未在约定的期限内还款，担保公司未按照约定承担连带保证责任，均构成合同履行中的违约，本应承担违约责任，但健桥证券和担保公司反以资金拆借超过法定期限等理由主张合同无效于法无据，并有违诚实信用原则，不应得到支持。

综上分析，西安商行的上诉理由成立，本院予以支持。原审判决认定事实清楚，但适用法律错误，应予纠正。本院依照《中华人民共和国民事诉讼法》第一百五十三条第一款第（二）项①的规定，判决如下：

一、撤销陕西省高级人民法院（2005）陕民二初字第2号民事判决；

二、健桥证券股份有限公司于本判决生效之日起十日内偿还西安市商业银行本金3603万元及利息，逾期罚息按照中国人民银行规定的同期逾期罚息计算标准分段计付；

三、西部信用担保有限公司对健桥证券股份有限公司上述债务承担连带清偿责任；

四、西部信用担保有限公司向西安市商业银行承担担保责任后有权向健桥证券股份有限公司追偿。

一、二审案件受理费各190160元，由健桥证券股份有限公司承担。

本判决为终审判决。

① 对应2012年《民事诉讼法》第一百七十条第一款第（二）项，规定：“（二）原判决、裁定认定事实错误或者适用法律错误的，以判决、裁定方式依法改判、撤销或者变更；”

第十四章　互易合同

规则 22：当事人签订的两个合同虽然涉及同一批货物，但因两个合同订立目的及约定内容不相同，应分别依照合同约定确定货物价值

——史文培与甘肃皇台酿造（集团）有限责任公司、北京皇台商贸有限责任公司互易合同纠纷案①

【裁判规则】

双方当事人之间签订的两个合同虽然涉及同一批货物，但因两个合同的订立目的及约定内容各不相同，故应分别依照合同约定确定货物价值，不能以一个合同关于货物价值的约定否定另一个合同的相关约定。

【规则理解】

一、互易合同的概念和特点

（一）互易合同的概念

互易合同，是指合同当事人约定相互转移金钱以外财产所有权的合同。互易是商品交换的早期形式，一般来说，它是商品交换不发达的表现。早期互易的发展，被以货币为媒介的商品交换所代替。但是，互易的商品交换形式也有其不可替代的优势，具有交易的直接性特点和互通有无、调剂余缺的功能。因此，即使在商品经济发达的现代社会，互易仍然是一种客观存在的交易形式。我国《合同法》第 175 条对互易合同给予了肯定，“当事人约定易货交易，转移标的物的所有权的，参照买卖合同的有关规定。”

（二）互易合同的特点

互易合同在本质上仍属于买卖合同，因而具有买卖合同的一般特征，但是又与一般的买卖合同不同，主要表现在其标的物方面：在一般买卖合同中，一方当事人

---

① 《中华人民共和国最高人民法院公报》2008 年第 7 期，最高人民法院（2007）民二终字第 139 号民事判决书。

交付财产，另一方当事人支付金钱。而在互易合同中，双方当事人都要转移财产所有权。也就是说，在互易合同中，不是以货币为媒介，当事人一方交付实物的对价不是另一方支付的作为价款的货币，而是另一方当事人相应交付的另一实物。

对于互易合同，有以下几点值得注意：1. 互易合同是诺成性合同，而非实践性合同。2. 互易人对于交付的财产相互负瑕疵担保责任。在我国合同法上，如果一方交付的财产具有物的瑕疵，则应当向对方承担违约责任。此外，还应当注意的是，在不同的互易合同中，即使涉及同一批货物，也应当根据各自合同的订立情况来确定该合同中货物的价值，不能以其中一个互易合同中货物的价值来认定另一个互易合同中同一货物的价值。

二、合同目的内涵的界定

“合同目的”在我国《合同法》及其司法解释中出现十余次之多，在合同履行、合同解释、合同解除中发挥着重要作用。司法实务中在裁判案件以及起草、审查、解释合同时，也常常需要对合同目的的内涵进行界定，对当事人的合同目的进行查明和判断，对合同目的的功能进行理解和运用，对合同目的的实现和不能实现进行准确判断等。

关于合同目的，我国《合同法》及司法解释并未对其内涵进行界定，在学术界较为通用的观点为，合同目的是指当事人订立合同所希望达到的经济或社会的效果，是当事人的预期和愿望，即当事人的内心意思。[①] 诚然，在市场交易活动中，大部分合同的目的是实现某种经济利益，但是，也不能排除部分合同的目的不仅是实现经济利益，还包括精神、社会等其他形式的利益。

三、我国《合同法》及司法解释关于合同目的的规定

涉及“合同目的”字样的相关法律规定共有十余处，它们分别规定在以下几个方面：

1. 合法性原则。《合同法》第 7 条[②]正面确定了订立合同的合法性原则，第 52 条第 3 项[③]从反面规定了以合法形式掩盖非法目的的合同无效的原则。合同目的违法的将不受合同法的保护，是为合同目的在合同订立制度中的体现。

---

① 吴庭刚：“论合同目的的查明”，载《山东社会科学》2006 年第 9 期。

② 《合同法》第 7 条规定：“当事人订立、履行合同，应当遵守法律、行政法规，尊重社会公德，不得扰乱社会经济秩序，损害社会公共利益。”

③ 《合同法》第 52 条规定：“有下列情形之一的，合同无效：……（三）以合法形式掩盖非法目的……”

2. 全面履行原则。《合同法》第60条[①]确定了合同的全面履行原则，要求当事人应根据合同的性质、目的、交易习惯履行合同的附随义务；第62条[②]确定了在质量、履行方式等不明确时，合同目的发挥着指导履行的作用，是为合同目的在合同履行制度中的体现。

3. 法定解除。《合同法》第94条[③]规定了合同法定解除的几种情形，其中包括不可抗力、迟延履行债务或者有其他违约行为致使合同目的不能实现的情形，此外，《合同法》分则第166条[④]、第231条[⑤]也分别确定了买卖合同、租赁合同中因不能实现合同目的而解除合同的规则；2009年，《合同法司法解释二》第26条规定了情势变更原则，明确当出现情势变更以至继续履行合同对于一方当事人明显不公平或者不能实现合同目的，当事人可请求人民法院变更或者解除合同，是为合同目的在合同解除制度中的体现。

---

① 《合同法》第60条规定："当事人应当按照约定全面履行自己的义务。当事人应当遵循诚实信用原则，根据合同的性质、目的和交易习惯履行通知、协助、保密等义务。"

② 《合同法》第62条规定："当事人就有关合同内容约定不明确，依照本法第六十一条的规定仍不能确定的，适用下列规定：（一）质量要求不明确的，按照国家标准、行业标准履行；没有国家标准、行业标准的，按照通常标准或者符合合同目的的特定标准履行。（二）价款或者报酬不明确的，按照订立合同时履行地的市场价格履行；依法应当执行政府定价或者政府指导价的，按照规定履行。（三）履行地点不明确，给付货币的，在接受货币一方所在地履行；交付不动产的，在不动产所在地履行；其他标的，在履行义务一方所在地履行。（四）履行期限不明确的，债务人可以随时履行，债权人也可以随时要求履行，但应当给对方必要的准备时间。（五）履行方式不明确的，按照有利于实现合同目的的方式履行。（六）履行费用的负担不明确的，由履行义务一方负担。"

③ 《合同法》第94条规定："有下列情形之一的，当事人可以解除合同：（一）因不可抗力致使不能实现合同目的；（二）在履行期限届满之前，当事人一方明确表示或者以自己的行为表明不履行主要债务；（三）当事人一方迟延履行主要债务，经催告后在合理期限内仍未履行；（四）当事人一方迟延履行债务或者有其他违约行为致使不能实现合同目的；（五）法律规定的其他情形。"

④ 《合同法》第166条规定："出卖人分批交付标的物的，出卖人对其中一批标的物不交付或者交付不符合约定，致使该批标的物不能实现合同目的的，买受人可以就该批标的物解除。出卖人不交付其中一批标的物或者交付不符合约定，致使今后其他各批标的物的交付不能实现合同目的的，买受人可以就该批以及今后其他各批标的物解除。买受人如果就其中一批标的物解除，该批标的物与其他各批标的物相互依存的，可以就已经交付和未交付的各批标的物解除。"

⑤ 《合同法》第231条规定："因不可归责于承租人的事由，致使租赁物部分或者全部毁损、灭失的，承租人可以要求减少租金或者不支付租金；因租赁物部分或者全部毁损、灭失，致使不能实现合同目的的，承租人可以解除合同。"

4. 合同解释。《合同法》第125条[①]规定了合同的解释制度，在对合同条款的理解有争议时，以及合同不同文本之间出现不一致时，合同目的成为解释合同的指针。

由此可见，合同目的贯穿于契约的订立制度、履行制度、解除制度、解释制度中，即纵向贯穿于合同关系缔结至合同关系终结的整个时间过程。

四、合同目的的查明

（一）查明合同目的的意义

之所以要查明合同目的，首先是因为合同目的在合同时间轴中的重要性，其次是当事人在订立书面合同时常常会忽略合同目的条款，导致合同目的不明确，为合同的解除、解释带来困难。查明合同目的，是适用法律的前提。

合同目的纵向贯穿于合同关系缔结至合同关系终结的整个过程，而要使合同目的在此过程中发挥作用，首要前提即是查明、明确合同目的的内涵和界限。尤其是在合同的单方解除制度中，关于“合同目的不能实现”的判断往往是合同当事人争议的焦点，也是裁判者最为棘手的难题，而判断“合同目的不能实现”的前提，无疑是先明确合同当事人的订立合同目的是什么。

在一份合同中，合同目的属于总则性条款，在缔约时，常常为当事人忽略，[②]国内常见合同的序文是：“甲乙双方经友好协商，就XXX的买卖/租赁……事宜，根据相关法律的规定，达成如下协议，以资共同遵守”。这种开场白之后就直接进入具体权利义务等实质性内容的约定，而这种千篇一律的开场白并不是合同目的的约定，因为，它没有任何实质性内容，而合同目的这种超越于具体权利义务之上的总则性内容往往就被忽略了。这种忽略，为日后的合同解释和解除等活动埋下了隐患。

（二）合同目的的查明

1. 合同文本的书面审查

毫无疑问，要查明合同目的，最便捷的途径是首先查看合同是否对合同目的进行了明确约定。合同目的条款属于一份合同的总则性内容，当事人对此如有约定，多规定于合同之首部，一般是专门设定一条名为“合同目的”“缔约目的”或“交

---

① 《合同法》第125条规定：“当事人对合同条款的理解有争议的，应当按照合同所使用的词句、合同的有关条款、合同的目的、交易习惯以及诚实信用原则，确定该条款的真实意思。合同文本采用两种以上文字订立并约定具有同等效力的，对各文本使用的词句推定具有相同含义。各文本使用的词句不一致的，应当根据合同的目的予以解释。”

② 吴江水：《完美的合同——合同的基本原理及审查与修改》，法律出版社2010年版，第273页。

易目的”的条文，采取诸如“为了”“鉴于”“由于”“为”等句式结构。国家工商局经济合同司推荐的合同范本中，不少合同规定了简约的合同目的，如在借款合同中，虽未设置专门合同目的条款，却在合同序文中写明：“借款方为进行生产（或经营活动），向贷款方申请借款……”，此序文明确了借款用途，实际上起到了合同目的的作用。此外，一些金融机构的借款格式合同中，也在实质上规定了简约的合同目的，如中国农业银行信用借款合同专门开辟了借款用途一栏，这实际上也起到了合同目的之作用。但这种仅规定一方借款用途的合同目的显然是不完备的，还需要结合其他合同目的之查明方法进行完善。

2. 合同类型和合同直接目的之查明

王泽鉴先生指出，关于合同类型的认定，法律是就已存在的生活事实，斟酌当事人的利益状态及各种冲突的可能性，加以规范。民法系以给付为出发点，而设各种合同类型，例如，称买卖者，谓当事人约定一方移转财产权于他方，他方支付价金之合同。称租赁者，谓当事人约定，一方以物租于他方使用收益，他方支付租金之合同。称合伙者，谓二人以上互约出资以经营共同事业之合同。① 故而，有名合同与无名合同的类型划分，对合同目的的查明不无启示。如确定一份合同为雇佣合同，即可明确雇佣人的直接目的为获得被雇佣人提供的劳动，受雇人的直接目的为获得雇佣人支付的酬金。借助对合同类型的辨识，常可直接判断出当事人合同的直接目的。我国《合同法》分则规定了 15 种常用合同，这 15 种合同囊括了社会生活中大部分的合同类型，在确定了合同类型之后，往往可以根据类型推断出合同当事人的典型交易目的（即直接目的）。《合同法》关于各种有名合同的立法定义，对司法实践中查明具体合同的目的具有重要意义。

3. 物的使用价值与合同间接目的之查明

“各国民法典并未对私权的客体作一般性的规定，而是仅规定其中最重要的客体：物”。② 物作为最重要的私权客体，是合同法律关系中最为重要和常见的合同标的物，而合同之标的物，总有其使用价值，当事人总是通过约定各种法律关系，实现对标的物的某种利益变动，而归根结底，是对合同标的物使用价值的流转。在以物为标的物之合同法律关系中，可根据物之自然物理属性所规定之使用价值，探知合同当事人之间接目的。这种判断合同目的的方法，也是对合同目的不能实现进行判断的重要途径。

---

① 王泽鉴：《债法原理》（第一册），中国政法大学出版社 2001 年版，第 109 页。

② 梁慧星：《民法总论》，法律出版社 2007 年版，第 59 页。

（三）合同目的与缔约目的、交易目的的区分

缔约目的中的“缔约”是动词，指订立合同这一动态过程，而合同目的中的“合同”是名词，指已经成立了的合同的目的，严格而论，缔约目的指的是缔结合同的目的，它与合同目的不处于同一逻辑位阶。

交易目的中的“交易”为经济学术语，不具有法学意义上的规范含义，学者亦常将交易目的与合同目的或缔约目的混用，用“交易”来指代合同双方进行法律行为，互为给付。但“交易”一词不具有法学上的规范含义，故学术研究中一般不使用交易目的一词。

五、合同目的在合同解释中的意义及作用

（一）合同目的在合同解释中的意义

“法律行为系为当事人欲因此以达成一定经济的或社会的目的所认之手段，应理解为当事人欲使其具有为其目的达成所必要之内容，从而法律行为之内容，应使其适合于此目的而为决定，故当事人所欲达到之目的，实为决定法律行为内容之指针。”① 王泽鉴认为法律人的主要工作在于解释，其客体有二，一为法律，一为意思表示，二者均在正确理解其解释对象。意思表示的解释应与法律解释同受重视，亦属法律人应予学习掌握的能力、技巧及艺术。② 合同作为意思表示最重要的形式，成为意思表示最重要的解释对象。而对合同进行解释，首要的考量因素就是当事人的合同目的，梁慧星认为当事人进行法律行为如订立合同必有其目的，该目的是当事人真意之所在，为决定法律行为内容之指针。③ 总之，合同目的为当事人意思表示之核心，是合同解释中的首要考量因素。合同目的在解释合同中的作用亦为我国《民法总则》第142条、《合同法》第125条所规定的那样，当事人对合同条款的理解有争议的，应当按照合同所使用的词句、合同的有关条款、合同的目的、交易习惯以及诚实信用原则，确定该条款的真实意思。合同文本采用两种以上文字订立并约定具有同等效力的，对各文本使用的词句推定具有相同含义。各文本使用的词句不一致的，应当根据合同的目的予以解释。

（二）合同目的在合同解释中的作用

1. 对合同法律关系性质的判断作用

在合同法律关系错综复杂，合同的性质存在多种解释的可能性时，借助合同目的的引领作用，结合权利义务的行使及其归属均需符合合同目的的要求，常能使复

---

① 史尚宽：《民法总论》，中国政法大学出版社2000年版，第462～463页。

② 王泽鉴：《民法总则》，中国政法大学出版社2001年版，第403页。

③ 梁慧星：《民法总论》，法律出版社2007年版，第191页。

杂的法律关系趋于明确。

2. 对合同条款的统摄作用

合同目的是合同当事人意思表示的核心之所在，合同全部条款均基于实现合同目的而得以组织和建构，故当对合同条款的理解发生争议时，应借助合同目的的统摄作用进行协调和解释。我国台湾地区“最高法院”即经常以缔约目的，否定当事人所使用文字之意义，如将迟延利息解释为违约金、终止解释为解除、预约解释为本约、雇佣合同解释为租赁。①

3. 漏洞填补作用

合同目的作为统领合同全部条款的核心，在当事人对合同事项出现遗漏和忽略时，可以根据合同目的进行漏洞填补，对合同进行补充意思表示的解释。

【拓展适用】

合同的全部意义和终极目的在于履行，无论从什么意义上讲，履行都是债权关系的目的，而合同以及由合同产生的各种义务，就是用来实现合同目的的。一般说来，一个正常的缔约者是愿意履行和遵守自己的约定的，也希望对方履行和遵守约定。只有这样，彼此的交易目的才能实现。但是，由于社会经济生活的不断变化，主客观世界的纷繁复杂，私人间缔结的合同得不到履行或不按合同预先的设计履行的状况时有发生，这就是我们通常所讲的违约。具体地说，违约就是合同当事人在无法定事由的情况下，不履行或者不按照约定履行义务的行为。因为，违约行为的存在，对于违约的救济便应运而生，而违约金就是一种在于弥补一方当事人因违约而遭受的损失或对违约行为进行制裁而进行的约定。

一、违约金责任的构成

（一）违约金的特征

著名民法学者王利明教授对违约金作了如下解释：“违约金是当事人通过约定而预先确定的、在违约后生效的独立于履行行为之外的给付。”② 违约金的特征如下：

1. 数额的预定性

第一，违约金是双方当事人意思表示一致，达成合意后成立的；第二，当违约金与法定损害赔偿并存时，违约金优先；第三，违约金条款既具有从属性，又具有相对独立性，虽然违约金条款之成立是以主合同的生效为前提，但违约金条款并不因主合同的成立而必然生效，若存在一方主体缺乏民事行为能力，或双方并非达成

① 邱聪智：《民法研究》（一），中国人民大学出版社2002年版，第40页。

② 王利明：《合同法研究》（第二卷），中国人民大学出版社2003年版，第682页。

合意等情形，违约金条款即不能生效；第四，预定性决定了违约金特殊的功能，预先确定的违约金大大提升了行为效率，加快了合同纠纷的解决，也在一定程度上免去了法院或仲裁机构的参与，降低了当事人的成本。

2. 一方向另一方支付的货币或约定物

违约金是一方向另一方支付的货币，也可以是非货币的物，大陆法系国家大多认为违约金不仅仅必然为货币。

3. 违约责任的一种

在我国，违约金作为违约责任的一种形式是体现在《民法通则》第 134 条中的。违约金既有担保作用，又有一定的制裁作用，故可认定其为民事责任的一种。

（二）违约金责任的构成要件

1. 合同已生效

合同生效是违约金条款生效的前提，若合同无效、被撤销，则违约金条款也随之无效。

2. 违约方有过错

过错即当事人实施行为的心理状态，包括故意与过失。无论违约方是故意还是过失，只要其有实际违约的行为，除非存在免责事由都应当承担相应的民事责任。在实践中，在判断违约方是否有过错时一般适用“过错推定原则”，即守约方只需要证明其确实由于对方的违约行为受到了损害，我国民法就推定违约方存在过错，除非违约方能够举证该损失是由不可抗力、意外事件或守约方过错所致，才能免除承担违约责任。

3. 有违约行为

违约行为，是指合同双方违反约定义务的行为，在合同法中违约行为被定义为“当事人一方不履行合同义务或履行合同义务不符合约定的”行为。违约行为种类多样，如不能履行、履行不能等，若不存在免责事由，违约方都需要对其违约行为承担相应的责任。实践中对违约行为是否都需适用违约金，需要根据不同情况进行分析和判断。

4. 产生实际损害

损害事实，是指由于合同一方的违约行为造成另一方财产方面的损失，一般认为包括直接损失与间接损失两个方面。但在特殊情况下，就算合同一方的违约行为未给对方造成实际损失也要承担违约责任，即向对方支付一定数量的违约金。

5. 因果关系

即违约行为与实际损害之间存在因果关系。若二者之间不存在因果关系，则合同一方即使存在违约行为也不必承担违约责任。

（三）对违约金的调整

1. 法律对违约金的规定

《合同法》第114条规定："当事人可以约定一方违约时应当根据违约情况向对方支付一定数额的违约金，也可以约定因违约产生的损失赔偿额的计算方法。约定的违约金低于造成的损失的，当事人可以请求人民法院或者仲裁机构予以增加；约定的违约金过分高于造成的损失的，当事人可以请求人民法院或者仲裁机构予以适当减少。当事人就迟延履行约定违约金的，违约方支付违约金后，还应当履行债务。"根据上述规定，《合同法》要求当事人在约定违约金条款时，应当对违约可能造成的损失作出估量，使约定的违约金数额与因违约可能造成的损失大致相当。若当事人约定的违约金过分高于因违约造成的实际损失时，当事人可以请求法院予以减少，反之亦然。《合同法》虽然规定了法官调整违约金的权力，但该规定不够具体，会使法官在审理案件时无所适从，这也是造成同样或类似案件一审、二审结果差别较大的根本原因。

2. 司法解释对违约金规定的梳理

目前我国调整违约金的相关司法解释落后于现实情况。按照发布时间的先后顺序，笔者对最高人民法院发布的有关违约金的司法解释予以了梳理。

（1）1994年3月12日，最高人民法院发布了《最高人民法院关于逾期付款的违约金应依何种标准计算问题的复函》①，内容为："根据中国人民银行银发〔1990〕57号《关于恢复异地托收承付结算方式的通知》第三条、中国人民银行银发〔1990〕97号通知下发的《违反银行结算制度处罚规定》第9条关于银行计扣逾期付款滞纳金的规定，经济合同法及其有关条例中规定的逾期付款的违约金，应按逾期付款金额每日万分之三计算。"在司法实践中，若约定违约金数额超过了该规定的，皆为过高，法院即可对其进行调整。

（2）1996年5月16日，最高人民法院发布了《最高人民法院关于逾期付款违约金应当依据何种标准计算问题的批复》②，内容为："经济合同法及其有关条例中

① 该法规因被1999年2月16日最高人民法院发布的法释〔1999〕8号《最高人民法院关于逾期付款违约金应当按照何种标准计算问题的批复》代替，故被《最高人民法院予以废止的2000年底以前发布的有关司法解释目录（第六批）》（发布日期：2002年5月23日　实施日期：2002年5月29日）废止。

② 该法规因被1999年2月16日最高人民法院发布的法释〔1999〕8号《最高人民法院关于逾期付款违约金应当按照何种标准计算问题的批复》代替，故被《最高人民法院予以废止的2000年底以前发布的有关司法解释目录（第六批）》（发布日期：2002年5月23日　实施日期：2002年5月29日）废止。

规定的逾期付款的违约金，应按逾期付款金额每日万分之三计算。该复函内容与实际情况现已不相适应。……逾期付款违约金，应当按照逾期付款金额每日万分之五计算”，对违约金的计算标准作出调整。

（3）1999 年 2 月 12 日，最高人民法院发布了《最高人民法院关于逾期付款违约金应当按照何种标准计算问题的批复》，内容为：“……参照中国人民银行 1996 年 4 月 30 日发布的银发（1996）156 号《关于降低金融机构存、贷款利率的通知》的规定，目前，逾期付款违约金标准可以按每日万分之四计算”。

（4）2000 年 11 月 15 日，最高人民法院发布了《最高人民法院关于修改〈最高人民法院关于逾期付款违约金应当按照何种标准计算问题的批复〉的批复》，内容为，由于最高人民法院 1999 年颁布的《关于逾期付款违约金应当按照何种标准计算问题的批复》与中国人民银行《关于降低金融机构存款利率公告》不一致，故删除 1999 年批复中按每日万分之四计算逾期付款违约金的标准，并参照中国人民银行规定的金融机构计收逾期贷款利息标准计算逾期付款违约金，即每日万分之二点一。也正是该批复明确了人民法院在审理违约金案件中，计算逾期付款违约金的标准应当参照中国人民银行有关计收逾期贷款利率，并随之进行变化。

（5）2003 年 3 月 24 日，最高人民法院发布了《最高人民法院关于审理商品房买卖合同纠纷案件适用法律若干问题的解释》，其中第 16 条规定：“当事人以约定的违约金过高为由请求减少的，应当以违约金超过造成的损失 30% 为标准适当减少；当事人以约定的违约金低于造成的损失为由请求增加的，应当以违约造成的损失确定违约金数额。”此司法解释明确规定了判断违约金过高的标准为“超过造成的损失 30%”，超出部分法官应在当事人申请的前提下，行使自由裁量权对违约金数额进行减少。第 17 条规定：“商品房买卖合同没有约定违约金数额或者损失赔偿额计算方法，违约金数额或者损失赔偿额可以参照以下标准确定：逾期付款的，按照未付购房款总额，参照中国人民银行规定的金融机构计收逾期贷款利息的标准计算。逾期交付使用房屋的，按照逾期交付使用房屋期间有关主管部门公布或者有资格的房地产评估机构评定的同地段同类房屋租金标准确定。”此司法解释主要是针对购房者这一弱势群体的合法权益常常受到侵犯的问题而发布的。

（6）2009 年 4 月 24 日，最高人民法院发布的《合同法司法解释二》第 29 条规定：“当事人主张约定的违约金过高请求予以适当减少的，人民法院应当以实际损失为基础，兼顾合同的履行情况、当事人的过错程度以及预期利益等综合因素，根据公平原则和诚实信用原则予以衡量，并作出裁决。当事人约定的违约金超过造成损失的百分之三十的，一般可以认定为合同法第一百一十四条第二款规定的‘过分高于造成的损失’。”

（7）2015年8月6日，《最高人民法院关于审理民间借贷案件适用法律若干问题的规定》第29条规定："借贷双方对逾期利率有约定的，从其约定，但以不超过年利率24%为限。未约定逾期利率或者约定不明的，人民法院可以区分不同情况处理：（一）既未约定借期内的利率，也未约定逾期利率，出借人主张借款人自逾期还款之日起按照年利率6%支付资金占用期间利息的，人民法院应予支持；（二）约定了借期内的利率但未约定逾期利率，出借人主张借款人自逾期还款之日起按照借期内的利率支付资金占用期间利息的，人民法院应予支持。"第30条规定："出借人与借款人既约定了逾期利率，又约定了违约金或者其他费用，出借人可以选择主张逾期利息、违约金或者其他费用，也可以一并主张，但总计超过年利率24%的部分，人民法院不予支持。"

（四）违约金调整的条件及程序

按照法理来说，作为合同之一部分的违约金条款在合同有效的情况下，违约金条款也应有效。但在违约金条款有效的情况下，也并不是无一例外的履行违约金条款的规定。因为通过法定的程序，违约金的数额可以进行调整。对于违约方来说，即使应当承担违约责任，也可以在一定的条件下，按照法定的程序对约定违约金数额进行调整，以减少不必要的损失，对守约方来说，也可以按照法定的程序要求增加低于其实际损失的违约金，以真正弥补因违约带来的损失。根据我国《合同法》的规定，违约金调整的条件及程序包括以下两方面：

1. 违约金数额过分高于或低于守约方的实际损失

一方面，违约金的补偿功能为学界普遍接受，将违约金数额调整至与因违约带来的实际损失相近，正体现了违约金的补偿性，否则，将导致违约金的补偿功能不能很好的体现，甚至根本丧失。另一方面，将违约金数额调整至与实际损失相近，不仅是等价交换原理在法律中的体现，也是民法正义原则的内容之一。

2. 违约金调整程序的启动方式为当事人的请求

对于违约金调整的启动方式，各国都有不同的规定，归纳起来大致有三种，分别为：一方当事人提出违约金调整请求、双方当事人协商一致、法官依职权进行调整。在我国，违约金调整的启动方式为第一种，即违约金调整依一方当事人申请而启动。原因在于，合同的双方当事人都受到合同的限制，在一方当事人违约后，另一方当事人就产生了一项私权利即债权请求权，此时其便享有了向法院申请调整违约金数额的权利，同时法院的审判活动也应受到当事人请求范围的限制。

鉴于违约金补偿功能，若当事人认为约定违约金数额低于因违约造成的实际损失，即可向法院或者仲裁机构请求增加违约金数额。增加违约金的请求权一般由守约方享有，但其行使该项权利请求增加违约金时，须举证证明其因违约而致的实际损失大于约定违约金的数额，但该方当事人已请求损害赔偿的除外。由于法律没有对违约金增加的幅度与标准加以规定，法院在司法实践中做法多样，但大多倾向于将违约金增至与实际损失相当。在司法实践中，增加违约金的情况较少见。较为多见的即为合同一方当事人向法院或仲裁机构申请减少违约金数额。若违约金过分高于实际损失，基于合同一方当事人的请求，也可以通过法院或仲裁机构的干预来减少违约金的数额，以体现民法的公平原则。

二、违约金与违约定金损害赔偿、迟延履行金的比较

（一）违约金与违约定金的比较

在民法理论中，根据作用的不同，定金被分为立约定金、证约定金、成约定金、解约定金和违约定金。其中，易与违约金混淆的概念是违约定金，在这里先考量下其概念：违约定金是日常生活中运用最广泛的一种定金，指定金合同成立以后，当事人不履行合同或部分不履行合同的，按照“定金罚则”予以制裁。如《合同法》第115条规定：“当事人可以依照《中华人民共和国担保法》约定一方向对方给付定金作为债权的担保。债务人履行债务后，定金应当抵作价款或者收回。给付定金的一方不履行约定的债务的，无权要求返还定金；收受定金的一方不履行约定的债务的，应当双倍返还定金。”《担保法》第89条规定：“当事人可以约定一方向对方给付定金作为债权的担保。债务人履行债务后，定金应当抵作价款或者收回。给付定金的一方不履行约定的债务的，无权要求返还定金；收受定金的一方不履行约定的债务的，应当双倍返还定金。”以上皆为有关违约定金的规定。另外，《合同法》第116条明确规定了在违约金与违约定金同时存在的情况下，当事人只能选择其一。此规定使非违约方能够自由选择对自己最有利的补救方式。

1. 违约金与违约定金相似之处有三：其一，两者都是针对违约行为而适用的，无论是违约金还是违约定金都是针对违约的补救方式；其二，两者都是以主合同的成立为生效前提的；其三，两者都有保障合同履行的作用。

2. 违约金与违约定金的不同之处主要表现在以下三个方面：第一，两者性质不同。《合同法》第115条的规定明确了违约定金必须适用定金罚则，故具有惩罚性。而违约金的性质，国内学界还存在较大争议，到底是具有补偿性还是惩罚性，抑或兼而有之至今仍无定论。第二，两者交付时间不同。预先交付是违约定金的特点之一。而违约金是在确有一方违约的情况下，才予以交付的。第三，法律对两者数额的规定不同。《担保法》第91条规定定金的数额不得超过主合同标的额的20%，若当事人约定的定金数额超出了法律规定的范围，超出部分无效。《合同法司法解释二》第29条第2款规定：“当事人约定的违约金超过造成损失的百分之三十的，一般可以认定为合同法第一百一十四条第二款规定的‘过分高于造成的损失’。”

（二）违约金与损害赔偿的比较

违约损害赔偿，是合同责任中最常见的形式，指违约方因不履行或不完全履行合同义务而给对方造成损失，依法或根据合同规定应承担损害赔偿责任，其目的是弥补受害人的损失。日常生活中，违约金与损害赔偿联系十分密切，特别是在英美法系国家，鉴于法律只承认补偿性违约金，违约金本质上即为预定损害赔偿，故违约金与损害赔偿当事人只能申请其一。但在大陆法系国家，由于法律不禁止惩罚性违约金，不同性质的违约金与损害赔偿间的关系也不同，若违约金性质为补偿，其即可替代损害赔偿；当违约金性质为惩罚性，则其可与损害赔偿并用。

但两者也存在诸多不同，主要表现在：第一，两者适用的前提不同。损害赔偿适用的前提为因违约造成实际损失，并且对实际损失的举证责任由非违约方承担。违约金适用的前提则是有违约行为，而不论是否产生实际损失。第二，两者对过错的考量不同。损害赔偿一般不考虑过错程度对损害赔偿数额的影响，而仅仅是考虑实际损害。而违约金特别是惩罚性违约金却需要对过错进行考量，只不过一般是由法院以及仲裁机构在调整违约金数额的时候对双方当事人的过错进行考量。

（三）违约金与迟延履行金的比较

迟延履行金，是指根据当事人事先约定或者法规规定，一方当事人迟延履行合同，且无法定或者约定免责事由的情形下，应向另一方当事人承担一定数额的给付责任。我国《合同法》第 114 条第 3 款规定：“当事人就迟延履行约定违约金的，违约方支付违约金后，还应当履行债务。”因此，这里所指的迟延履行金是违约金的一种形式，既具有违约金的一般法律特征，又有它特定的法律特征，具体表现在：

1. 迟延履行金是由当事人事先约定的。在现实经济生活中，由于当事人订立和履行合同的条件各不相同，当事人对同一违约后果的认识和要求也不一样。因此，对于合同关系中迟延履行金的问题都由法律作出规定是不可能的，也是不必要的。充分允许当事人约定迟延履行金，是对合同当事人自由约定合同条款权利的尊重，也是对其在违约发生时对自身利益保护权利的尊重。

2. 迟延履行金的数额标准是预先确定的。由于违约金数额是预先确定的，它事先向债务人指明了违约后所需要承担的具体范围，因此，与损失赔偿和其他补救方法相比较，它更能起到督促债务人履行合同的作用。从这个意义上说，迟延履行金所具有的担保作用是其他担保形式所不可能替代的。

3. 迟延履行金是一种迟延履行后生效的补救方式。也就是说，迟延履行金在订立时并不立即生效，而是在一方发生违约行为，即迟延履行后，才会发生效力。

4. 迟延履行金是独立于履行行为之外的给付。只要当事人没有特别约定，支付迟延履行金的行为不能替代履行合同，当事人不得在支付迟延履行金后免除履行主债务的义务，即迟延履行金并没有给予债务人一种违约的权利。

5. 迟延履行金的支付既是一种债的担保形式，又是一种民事责任。迟延履行金作为一种责任形式，实际上是由当事人在合同中约定的，按照合同自由原则，当事人的约定优先于法律的任意性规定而适用，也就是说，迟延履行金责任是优先于法定的损害赔偿责任而适用的。

6. 迟延履行金具有惩罚性。迟延履行金是典型的惩处性违约金。首先，迟延履行金是专门针对一方迟延履行而设立的，目的是督促当事人按期履约。其次，迟延履行金的产生不以造成损失为前提，不管迟延履行是否给对方当事人造成了损失，只要超过约定期限未履行，就应当按照约定或者法律的规定给付迟延履行金。

【典型案例】

史文培与甘肃皇台酿造（集团）有限责任公司、北京皇台商贸有限责任公司互易合同纠纷案

上诉人（一审被告）：甘肃皇台酿造（集团）有限责任公司。住所地：甘肃省武威市新建路55号。

法定代表人：张景发，该公司董事长。

被上诉人（一审原告）：史文培。住所地：辽宁省沈阳市铁西区南八西路。

一审被告：北京皇台商贸有限责任公司。住所地：北京市朝阳区北辰东路8号亚运村汇园国际公寓K座1018号。

法定代表人：王国义，该公司董事长。

〔基本案情〕

甘肃省高级人民法院一审查明：2002年7月6日，甘肃皇台酿造（集团）有限责任公司（以下简称甘肃皇台）作为甲方与作为乙方的北京建昊实业公司（以下简称建昊实业）签订了一份《易货协议》称："甲乙双方于1998年签订一份《协议书》，乙方向甲方购买价值700万元的'金皇台''银皇台'白酒。甲方已向乙方交付全部货物，乙方已付清货款。现乙方提供以本协议签署时尚未售出的前述白酒向甲方易取甲方销售的食用酒精及葡萄酒。甲方考虑到与乙方长期的合作关系，同意乙方的易货要求。双方就此事宜，经协商一致，达成如下协议：一、用于向甲方易取食用酒精及葡萄酒的白酒必须是乙方依上述白酒购销合同向甲方购买的在本协议签订时尚未售出的'金皇台''银皇台'白酒，且该部分白酒必须内、外包装完好。经甲乙双方共同到乙方仓库清点库存，确定易货白酒价值为6499500元人民币。甲方同意按本协议约定为乙方易取等值于该金额的食用酒精及葡萄酒。二、双方同意，甲方于本协议签订当日将上述价值的白酒从乙方仓库转至甲方仓库，转库时由双方签署货物（白酒）交接记录，记载甲方接收货物的内容及数量。三、甲方易货给乙方的食用酒精及葡萄酒的品种及价格为：优级食用酒精4500元人民币/吨；皇台干红葡萄酒20元/瓶。双方同意换取食用酒精及葡萄酒的数量分别为：皇台干红葡萄酒75000瓶，合150万元人民币，优级食用酒精1111吨，合4999500元人民币。四、甲方在白酒转库当日交付全部葡萄酒，食用酒精在2003年12月31日前付清。甲方未能在此期限内交付酒精的，按迟交货价值每日万分之四承担违约金。五、除按本协议约定方式易货食用酒精外，未经甲方认可，乙方不得要求甲方以货币形式或其他方式支付其所退还给甲方的白酒的价值。”2002年9月13日至9月20日，北京皇台商贸有限责任公司（以下简称北京皇台）接收了“金皇台”白酒并向建昊实业出具了收条。2003年5月12日，建昊实业向甘肃皇台发函称：“我方已做好接收酒精的准备工作，请贵方尽快联系发货事宜。”加盖的是建昊实业印章。2003年5月16日，甘肃皇台向建昊实业（集团）公司复函称：“鉴于目前‘非典’疫情的影响，对食用品的运输受到限制，加之铁路专用运输罐调配有难度，不能如期向贵方发货，待疫情缓和后，将货物如数运抵贵公司。”2003年6月7日，甘肃皇台向建昊实业（集团）公司复函称：“贵公司6月2日《关于酒精交付问题再致皇台酒业的函》收悉。由于铁路规章规定不能办理易燃易爆品货物发送业务，我公司无法满足贵公司提出的铁路运输方式交付酒精的要求。”2004年5月31日，甘肃皇台给建昊实业的函称：“我公司与贵公司签订易货协议之后，我公司即按协议约定履行合同义务，但传闻袁宝璟涉嫌刑事案件，已被限制人身自由，与此同时，先后有贵公司的高层职员、法定代表人亲属以及其他人员以贵公司名义向我公司就易货协议的履行提出了不同的要求。因我公司对袁宝璟是否仍履行贵公司法定代表人职责及贵公司是否进行公司权力调整的情况不详。致使我公司不能贸然接受上述人员的要求，当然也使我公司无法继续履行合同义务。近日，又接到以贵公司委托就易货协议履行事宜的律师函，我公司特致贵公司：1. 贵公司如已授权有关人员就易货协议的履行与我公司进行商洽，请贵公司函告我公司，以便我公司确认被授权人。2. 贵公司对有关人员的授权是否合法，被授权人的行为能否代表贵公司，由贵公司和有关人员负责并承担由此引发的法律后果，我公司概不负责。”2004年6月3日，北京建昊投资集团有限公司（以下简称建昊投资）给甘肃皇台“关于易货协议的函”称：“贵司发来的函业已收悉，我们对贵司的几点担心作如下答复：1. 我司原法人代表袁宝璟暂时不担任法人代表，目前法人代表已变更为唐泽英女士。即使我司不做法人代表的变更也并不影响本协议的履行。2. 建昊实业已经北京市工商行政管理局核准，更名为建昊投资集团有限公司。3. 应贵司的要求，我司现已经正式授权委托副总经理廖延贤先生全权处理与贵司签订的易货协议之相关事宜。为方便工作，请贵司指定相关部门及人员尽快与我司接洽，请贵司予以配合。贵司如不能履行易货协议所规定的履约责任和义务，按照我司律师的建议，我们将保留采用其他途径解决问题的权利，以维护我司的合法权益。”2004 年 6 月 4 日，甘肃皇台给建昊投资的函称：“易货协议是我公司与建昊公司订立，且在此后与我公司就易货协议要求商洽的人员也是以建昊实业的名义。从易货协议签订至今长达 2 年的时间内，我公司才首次得知公司更名一事，希望贵司能提供工商行政管理部门对公司更名的证明，在确证后，我公司将尽快与贵公司接洽。”7 月 17 日，甘肃皇台给建昊投资的函称：“贵公司函告我公司建昊实业已更名，并要求我公司向贵公司履行易货协议。但根据贵公司提供的企业名称变更材料，在我公司与建昊实业签订易货协议时，该公司已更名，在企业已更名的情况下仍用旧名称与他人签订合同，让人难以理解。而贵公司高管人员‘因时间紧迫，手续不全，无法启用新印章’的解释与贵公司提供的材料所证实的更名已长达半年的情况不符。同时，近期我公司相继接到了分别受‘建昊实业’和贵公司委托的律师函，是否贵公司仍沿用旧名，还是有其他原因。易货协议是我公司法定代表人与袁宝璟亲自签订，我公司期盼与袁宝璟面谈，友好协商。”

2005 年 9 月 20 日，建昊投资（甲方）与原告史文培（乙方）签订了“债权转让协议书”，内容为：一、甲方同意将甘肃皇台的价值 500 万元人民币金额的优质食用酒精及其利息的债权转让给乙方，甲方与甘肃皇台签订的《协议书》《易货协议》中所享有的权利义务全部转让给乙方。二、乙方接受甲方的上述债权。三、甲方不经乙方同意不得收回上述债权。9 月 21 日，建昊投资向甘肃皇台送达了“债权转让通知书”，内容为：“甘肃皇台，我司享有的对你司的价值 4999500 元的食用酒精及其应得利息的债权现已转让给史文培。史文培将享有我司对你司的此项全部债权。”落款处是“建昊投资（原北京建昊实业公司）”。9 月 30 日，甘肃皇台给建昊投资的函称：“贵公司 9 月 21 日‘债权转让通知书’已收悉，现函复如下：一、贵公司先前来函称贵公司系建昊实业更名而来，但贵公司提供的证明文件证实，我司与建昊实业签订的易货协议是在贵公司更名之后。因此，协议的一方当事人仍然是建昊实业，因易货协议形成的债权债务关系及数额只能由我司与建昊实业确认，贵公司无权宣称对我公司享有 4999500 元的债权。二、基于前述事实，贵公司现将所谓对我公司享有的债权转让史文培的行为，将对我司造成不良影响，损害我司形象，我司希望贵公司立即采取措施，防止不良影响的进一步扩大。”

另查明，建昊实业成立于 1992 年 10 月，由中国人民建设银行金建劳动服务公司组建，怀柔县（现为怀柔区）计委批准，为集体所有制企业，注册资金 100 万元，法定代表人为袁敬民。2001 年 11 月 21 日，建昊实业变更名称为建昊投资，企业类型为有限责任公司，改制方式为整体改制。2001 年 12 月 7 日，建昊投资的营业执照颁发，注册资金为 1 亿元，法定代表人是袁敬民，占 20% 股份，股东袁宝璟，占 80% 股份。2002 年 4 月 15 日，建昊投资召开的股东大会决议上加盖的是建昊投资的印章。次日，办理企业变更登记的委托书上加盖的也是建昊投资的印章。

又查明，北京皇台注册资金为36200万元，除北京盛世恒昌商贸有限公司出资386万元，北京盛世瑞龙广告有限公司出资400万元外，其余为甘肃皇台以资产、股权的投资。

2006年11月21日，史文培向甘肃省高级人民法院提起诉讼，请求判令甘肃皇台和北京皇台偿付所欠食用酒精1111吨（价值人民币4999500元），并承担违约责任和损失共计人民币1100万元整以及承担全部诉讼费用。

〔一审裁判理由与结果〕

甘肃省高级人民法院经审理认为，易货协议是甘肃皇台和建昊实业于2002年7月6日签订的，该合同内容是双方当事人真实的意思表示，且不违反法律规定，因此应认定是有效合同。该合同签订时虽然建昊投资已经成立，鉴于合同已实际履行，且甘肃皇台在合同履行过程的来往函件中也将建昊实业称为建昊实业（集团）公司，应认定其知道建昊实业更名的事实而未提出异议。甘肃皇台因建昊实业更名及法定代表人更换事由与建昊投资就合同的适格当事人一事产生分歧，但不影响合同的效力。因建昊投资是由建昊实业改制而产生，有法律上的承继关系，且袁宝璟始终未担任过建昊实业或建昊投资的法定代表人，其只是该公司的股东。因此，甘肃皇台应向建昊投资履行义务。建昊投资将债权转让原告史文培并通知了债务人甘肃皇台，该转让行为不违反法律规定，应属有效，史文培是本案适格的当事人。虽然转让合同中转让债权是价值500万元人民币金额的酒精及相应利息，但给甘肃皇台的通知中明确告知的是4999500元的债权，且在转让合同中并没有转让义务。甘肃皇台的抗辩理由因缺乏事实和法律依据而不能成立，该院不予采纳。因甘肃皇台未在合同约定的交货时间内交付酒精，造成违约，其应承担违约责任及继续履行合同的义务。原告按照合同约定的酒精数量及价值以及违约责任的承担主张权利，与法有据，该院应予支持。关于原告提出的损失部分，因只提供了北京市怀柔区龙山东路4号金石山大酒店的评估及北京市第二中级人民法院拍卖该酒店的部分材料，不能证明是因本案易货合同未履行而造成的损失，故其主张的损失部分因证据不足而不予支持。关于北京皇台与本案的关系，因《易货协议》是甘肃皇台和建昊实业双方签订的，北京皇台收货及向建昊实业出具收条的行为只是代甘肃皇台行使权利，且在合同履行过程及往来函件中北京皇台始终未参与，并在债权转让通知中也没有出现北京皇台，足以证明北京皇台不是合同的当事人，北京皇台的抗辩理由成立，该院予以采纳。依照《中华人民共和国民法通则》第八十五条，《中华人民共和国合同法》第七十九条、第八十条、第一百一十四条第一款、第三款、第一百七十五条之规定，判决：

一、甘肃皇台向史文培继续履行易货协议约定的1111吨酒精的供货义务或偿付等价货款人民币4999500元；

二、甘肃皇台向史文培支付违约金合计人民币2099790元；

三、驳回史文培对北京皇台的诉讼请求。

〔当事人上诉及答辩意见〕

甘肃皇台不服一审判决，向最高人民法院提起上诉。

甘肃皇台上诉认为：第一，一审判决关于因建昊投资由建昊实业改制而产生，故有法律上承继关系的认定难以成立。建昊实业为集体所有制企业，系中国人民建设银行金建服务公司组建。建昊投资系2001年12月7日登记设立的有限责任公司，其股东为袁敬民、袁宝璟，原开办人金建服务公司并非该公司股东。建昊投资完全是按《中华人民共和国公司法》（以下简称公司法）规定的新设公司的程序和条件设立，建昊投资形式上是变更登记，而实质上是新设登记。所谓的改制，不过是袁宝璟、袁敬民购买了建昊实业的资产，又以其作为个人出资设立了建昊投资。这两个企业既无关联，也无承继关系，所谓的关系，仅仅是工商机关的不规范登记，将其记载为改制，并予以了名称变更登记。一审判决不依据公司法审查二个企业间的关系，凭错误的工商登记，武断的认定改制，继而认定有法律的承继关系，是难以成立的。第二，建昊实业没有易货合同当事人的资格，不能享有该合同权利义务。即使建昊投资是由建昊实业改制而产生，有法律上的承继关系，袁宝璟以建昊实业名义与上诉人签订的贸易协议，也系袁宝璟冒用已依法终止的建昊实业的名义设立，根据《最高人民法院关于适用〈中华人民共和国民事诉讼法〉若干问题的意见》第四十九条①之规定，袁宝璟以建昊实业名义与上诉人签订的易货协议，合同乙方应为袁宝璟个人，合同的权利义务也应归于袁宝璟个人，建昊实业并不具有该易货合同的当事人资格，建昊投资当然也不能因在法律上承继了建昊实业而承继易货合同的权利义务，建昊投资对易货合同的催告履行及权利义务转让，均为无权处分，应据《中华人民共和国合同法》（以下简称合同法）第五十一条规定认定无效。第三，一审判决认定甘肃皇台违约，没有事实依据。在易货协议中，双方未对甘肃皇台交付葡萄酒的履行地点、履行方式作明确约定，由于甘肃皇台委托北京皇台保管了部分葡萄酒，因此在合同履行中，甘肃皇台本着有利于实现合同目的的原则，在北京皇台的库房交付了葡萄酒。但食用酒精签约时，袁宝璟即明知标的物在甘肃武威，据合同法第六十二条第一款第三项规定，应在甘肃皇台所在地即甘肃武威交付。履行中，有利于合同目的实现的方式应当是袁宝璟到武威接受交付。在履行中，甘肃皇台出于尽

---

① 对应2015年《最高人民法院关于适用〈中华人民共和国民事诉讼法〉的解释》第六十二条，规定："下列情形，以行为人为当事人：（一）法人或者其他组织应登记而未登记，行为人即以该法人或者其他组织名义进行民事活动的；（二）行为人没有代理权、超越代理权或者代理权终止后以被代理人名义进行民事活动的，但相对人有理由相信行为人有代理权的除外；（三）法人或者其他组织依法终止后，行为人仍以其名义进行民事活动的。"

力协助的考虑，多方联系了铁路运输，但因铁路不办理易燃易爆业务，故未果。甘肃皇台将此情况如实告知了袁宝璟，并请其至武威接受交付。袁宝璟一直未来接货。后因建昊投资主张权利，因其主张双方存在争议，建昊投资一直未能提供权利人袁宝璟的证明，建昊投资的权利处于待依据确认的状态，袁宝璟被羁押，甘肃皇台无法联系及催告接货，致使未能交付，而其间建昊投资对延期交付并无异议。一审判决对合同履行地点、方式约定不明不做审查，当然地认为甘肃皇台应在北京交货并构成违约，是没有事实依据的。第四，即使北京皇台收到建昊投资交付的白酒，可根据史文培提供的16份收条以及1998年建昊投资与甘肃皇台签订的《协议书》中所约定的白酒价格，建昊投资交付的白酒价仅为4328340元，而非《易货协议》约定的6499500元。此外，甘肃皇台不能证明其存在实际损失，《易货协议》约定违约明显过高，假如甘肃皇台应承担违约金，违约金的比例应当根据合同法第一百一十四条之规定予以减少。因此，史文培要求甘肃皇台给付其4999500元以及违约金的主张不能成立。综上，请求二审法院撤销一审判决，驳回史文培的诉讼请求。

史文培答辩认为：一审法院认定事实清楚、证据充分。首先，关于建昊投资由建昊实业改制而产生，有法律上的承继关系问题。既有企业注册改制登记书、企业名称预先核准通知书证明，又有北京市工商行政管理局出具的证明予以佐证。无论从企业工商登记的设权性还是宣示性都证明了其承继关系。甘肃皇台提出工商登记不规范或是错误登记的结论毫无根据。企业改制是否合法、是否规范，不应由甘肃皇台做出结论。如果甘肃皇台认为工商管理部门侵害其权益，可以起诉工商行政管理部门。其次，甘肃皇台的上诉理由仅仅从现象上看问题，并未提供任何能够有效的证据。众所周知，企业的设立、变更是以工商登记（或变更登记）作为其对外享有权利和承担义务的基准，而甘肃皇台所谓建昊投资是按照公司法重新设立的公司的根据何在？再次，关于甘肃皇台提出的袁宝璟冒用建昊实业名义问题。无论从协议的签订到协议的履行一直到催要剩余酒精的往来函件都一直是在建昊实业或变更后的建昊投资与甘肃皇台之间进行的。其间从来没有袁宝璟以个人名义来要求履行合同问题，甘肃皇台也从来没有提出合同履行主体不适格问题，之所以甘肃皇台进入诉讼阶段突然提出主体问题，只能解释为赖账。从合同的签订到实际履行一直是以建昊实业名义进行，怎能说建昊实业不具有易货合同当事人的资格？建昊投资曾向甘肃皇台主张权利，也是因为其从建昊实业变更而来。由于法律上有承继关系，自然有权向甘肃皇台主张。互易合同主体是企业而非个人，只要能够证明其相互关系，就没有必要提供袁宝璟个人证明。而且在往来函件中答辩人也知道是公司行为而非个人行为，其往来函件中也始终是针对公司所作承诺从来没有针对袁宝璟个人。最后，关于合同违约问题。建昊实业从开始向甘肃皇台催要酒精开始，甘肃皇台就一直以各种理由诸如非典不宜铁路运输、准备外购汽车专用设备发货、铁路运输不办理易燃易爆业务等进行推诿，但一直没有实际提出要建昊实业提货，既没有具体时间，也没有具体地点，其违约事实存在，自应承担违约责任。综上，甘肃皇台的主张违背诚信原则，有违事实，于法无据，故请求二审法院依法驳回其上诉请求，维持原判。

〔二审裁判理由与结果〕

二审法院认为，本案争议焦点有三：其一，建昊投资与建昊实业之间是否存在承继关系以及史文培是否为本案适格的诉讼主体？其二，建昊投资是否已经履行易货义务，其履行的易货白酒价值是6499500元还是4328340元？其三，甘肃皇台是否违约以及违约金是否过高？

关于建昊投资与建昊实业之间是否存在承继关系以及史文培是否为本案适格的诉讼主体的问题。本院认为，在本案一审已经质证并被认定的证据中，2001年北京市工商行政管理局出具的《证明》载明："北京建昊实业公司于2001年12月经我局核准，名称变更为北京建昊投资集团有限公司。"北京市工商行政管理局制作的《企业改制登记注册书》明确载明：北京建昊实业公司是整体改制更名为北京建昊投资集团有限公司。鉴于甘肃皇台仅是对该更名行为的性质提出并非改制而是新设的理论看法，并未有证据证明北京市工商行政管理局的登记是不规范或错误的，因此，无论从企业工商登记的设权性还是宣示性，均可以认定建昊投资与建昊实业之间存在法律上的承继关系。因此，建昊投资有权向甘肃皇台主张履行《易货协议》中的义务。同时，建昊投资将其上述债权转让给史文培，向甘肃皇台履行了通知义务，符合合同法第八十条的规定，所以史文培自然有权向甘肃皇台主张权利。故一审关于"建昊投资与建昊实业之间存在承继关系，史文培是本案适格当事人"的认定正确，本院予以维持。

关于建昊投资是否已经履行易货义务以及其所履行的易货白酒价值是6499500元还是4328340元的问题。本院认为，鉴于甘肃皇台出具的意在证明北京皇台并未收到建昊投资交付白酒的《2002年北京皇台库存明细账》并未被本院采信，而且在甘肃皇台与建昊投资之间的往来函件对建昊投资履行易货白酒并未产生异议，特别是北京皇台的张冰峰和苏钰向建昊投资出具了16张收到白酒的收条，故应当认定建昊投资已经履行了易货义务。甘肃皇台关于建昊投资并未履行易货义务的主张没有事实根据，本院予以驳回。进而，建昊投资已经履行的易货白酒价值是4999500元还是4328340元，遂成为本案诉争双方争议较大的问题。本院认为，对于建昊投资已经履行的易货白酒的价值数额的确定，应当考虑到2002《易货协议》与1998年《协议书》之间的内在联系、协议约定以及双方履行的过程。根据《协议书》和《易货协议》的基本内容可以认定，甘肃皇台与建昊实业之间曾经存在712万元的资金拆借关系，甘肃皇台以价值700万元的皇台系列白酒向建昊实业清偿借款，并以买卖皇台系列白酒为表现形式，这已为《易货协议》开头中关于"甲乙双方于1998年签订一份《协议书》，乙方向甲方购买价值700万元的'金皇台''银皇台'白酒。甲方已向乙方交付全部货物，乙方已付清货款”的表述所认证。双方以此为背景和前提，基于友好合作关系，又就建昊实业尚未售出的前述皇台系列白酒向甘肃皇台换取食用酒精和葡萄酒达成新的易货合意，从而产生了本案中的《易货协议》。在二审期间，虽然甘肃皇台举出张冰峰、苏钰16张皇台系列白酒的收条明细（该收条明细与一审已经质证的16张收条中的白酒数量一致），并根据1998年《协议书》中的皇台系列白酒价格计算出16张收条中建昊投资交付皇台系列白酒的价值为4328340元；但应当看到，1998年《协议书》中约定的皇台系列白酒价格是针对甘肃皇台通过以白酒归还其欠建昊实业的712万元借款而确定的，并非针对2002年双方已经结清借款关系后再次签订的新的2002年《易货协议》而专门约定的。2002年《易货协议》并未就互易白酒的单位价格作出约定，而是在第一条和第三条对互易白酒的总体价值作出明确约定：“经甲乙双方共同到乙方仓库清点库存，确定易货白酒价值为6499500元人民币”，“双方同意换取食用酒精及葡萄酒的数量分别为：皇台干红葡萄酒75000瓶，合150万元人民币；优级食用酒精1111吨，合4999500元”。该约定应当被解释为双方并不关注互易白酒的单位价格，而是重在确定互易白酒的总体价值。尽管同样是皇台系列白酒，但由于双方缔结1998年《协议书》和2002年《易货协议》的目的不同，加之随着时间的推移，白酒的价格会随着市场供求关系而发生变化，因此甘肃皇台静态机械地依据1998年以还款为目的的《协议书》所约定的单位白酒价格来计算2002年以易货为目的的《易货协议》中易货白酒的价值，不仅违反市场价值规律，而且有违上述两个协议的缔约目的，更明确违反2002年《易货协议》第一条和第三条关于易货白酒价值的明确约定。故本院认定双方已经明确确认易货白酒的价值为6499500元，甘肃皇台关于建昊投资支付的白酒价值仅为4328340元而非《易货协议》约定的6499500元的主张无理，本院不予支持。关于甘肃皇台是否违约以及违约金是否过高的问题。本院认为，虽然2002年《易货协议》第四条第二款明确约定“甲方完成食用酒精的备货后，应当书面通知乙方提货，乙方应在甲方通知后30日内提取货物，乙方延迟提货的，甲方有权另行处置所备货物，由此造成的交货延误，甲方不承担责任”，而且该《易货协议》第五条已经就食用酒精易货的方式作出明确约定即“易货给乙方的食用酒精由乙方自行到酒精生产厂仓库（甘肃省武威市新建路55号）提货，甲方提供协助，运输费用及运输过程中的货损风险由乙方承担”，但是从2003年5月12日建昊实业向甘肃皇台发函所称“我方已做好接收酒精的准备工作，请贵方尽快联系发货事宜”以及2003年5月16日和2003年6月7日甘肃皇台两次向建昊实业复函中关于“鉴于目前‘非典’疫情的影响，对食用品的运输受到限制，加之铁路专用运输罐调配有难度，不能如期向贵方发货，待疫情缓和后，将货物如数运抵贵公司”以及“贵公司6月2日《关于酒精交付问题再致皇台酒业的函》收悉。由于铁路规章规定不能办理易燃易爆品货物发送业务，我公司无法满足贵公司提出的铁路运输方式交付酒精的要求”的表述上看，应当认定双方已经变更了食用酒精易货履行方式，甘肃皇台负有向建昊投资发货的义务。特别要看到2002年《易货协议》第四条第一款明确约定："甲方在白酒转库当日交付全部葡萄酒，食用酒精在2003年12月31日前付清。甲方未能在此期限内交付酒精的，按迟交货价值每日万分之四承担违约金"，而从甘肃皇台自2004年5月31日至7月17日间对建昊投资的系列复函的表述中，甘肃皇台存在拖延乃至拒绝履行食用酒精易货义务之嫌疑。因此，本院认为，鉴于甘肃皇台迄今为止仍未交付食用酒精，根据《易货协议》第四条第一款关于"甘肃皇台在2003年12月31日前付清食用酒精"之约定，应当认定甘肃皇台构成违约，并应依约支付违约金。至于约定的违约金是否过高问题，《合同法》第一百一十四条规定的违约金制度已经确定违约金具有"补偿和惩罚"双重性质，《合同法》该条第二款明确规定"约定的违约金过分高于造成的损失的，当事人可以请求人民法院或者仲裁机构予以适当减少"，据此应当解释为只有在"过分高于造成损失"的情形下方能适当调整违约金，而一般高于的情形并无必要调整。鉴于甘肃皇台在本案中已经构成违约，且存在恶意拖延乃至拒绝履约的嫌疑，加之没有证据能够证明日万分之四的违约金属于过高情形，因此《易货协议》约定的日万分之四的违约金不能被认为过高，甘肃皇台关于其不构成违约不应支付违约金以及违约金过高而应予减少的主张无理，本院予以驳回。一审法院关于甘肃皇台应向史文培支付违约金2099790元的判决正确，本院予以维持。

综上，判决：

驳回上诉，维持原判。

第十五章　悬赏广告

规则23：悬赏广告行为系要约行为，应要依法完成广告中指定行为的，广告人负有给付报酬的义务

——李珉与朱晋华、李绍华悬赏广告酬金纠纷案[①]

【裁判规则】

悬赏广告，系广告人以广告的方法，对完成一定行为的人给付报酬的行为。悬赏广告行为是要约，完成广告中指定的行为是对要约的承诺。只要行为人依法完成了所指定的行为，广告人即负有给付报酬的义务。

【规则理解】

一、悬赏广告人给付报酬的原则

（一）悬赏广告的内涵及分类

悬赏广告是指广告人以广告的形式声明，对完成广告中规定的特定行为的任何人，给付广告中约定报酬的意思表示行为。时至今日，人们的财富观念和道德观念相比于以前都发生了不小的转变，悬赏广告在现实生活中的应用也更加普遍。悬赏广告的类型越来越多，按适用主体不同可分为公共悬赏广告、商业悬赏广告和私人悬赏广告；根据悬赏广告指定行为的不同，又可分为寻物悬赏广告、优等悬赏广告和其他类悬赏广告等。悬赏广告被广泛运用于寻找遗失物、征集作品、悬赏打假、缉拿人犯、追寻犯罪线索等各个方面。由于悬赏广告形式灵活，且具有不同于合同的公开性，因而能发挥更大的社会影响力，在给普通民众生活带来便利的同时还有助于一些政府工作的顺利开展。承认悬赏广告的合法性，不仅是对于诚信履行承诺的积极鼓励，而且对社会秩序的维护也具有良性的效应。

（二）悬赏广告支付报酬的原则

在《物权法》颁布之前，我国立法并未对悬赏广告予以明确规定。面对实践中

---

① 《中华人民共和国最高人民法院公报》1995年第2期，天津市中级人民法院民事判决书。

存在的悬赏广告纠纷，法院往往依照《民法通则》第57条“民事法律行为从成立时起具有法律约束力。行为人非依法律规定或者取得对方同意，不得擅自变更或解除”以及《民法通则》第4条“民事活动应当遵循自愿、公平、等价有偿、诚实信用的原则”之规定处理此类纠纷。依据这两条之规定，悬赏广告人发布悬赏广告，从发布之时起具有法律约束力。行为人完成特定行为后，广告人不得主张悬赏广告无效，否则有违诚实信用原则。在此基础上，判决广告人在行为人完成指定行为的情况下支付报酬。从《合同法》的角度考察，该法第14条、第21条规定了要约和承诺，“要约是希望和他人订立合同的意思表示，该意思表示应当符合下列规定：（一）内容具体确定；（二）表明经受要约人承诺，要约人即受该意思表示约束。”“承诺是受要约人同意要约的意思表示。”悬赏广告行为是要约，完成广告中指定的行为是对要约的承诺。只要行为人依法完成了所指定的行为，广告人即负有给付报酬的义务。

2007年10月1日起施行的《物权法》第112条第1、2款规定：“权利人领取遗失物时，应当向拾得人或者有关部门支付保管遗失物等支出的必要费用。权利人悬赏寻找遗失物的，领取遗失物时应当按照承诺履行义务。”从《物权法》此条规定来看，拾得人原则上不享有报酬请求权。[①] 此种立法例与大陆法系其他国家和地区明显不同。《德国民法典》对拾得人法定报酬的计算公式予以了规范，该法第971条第1款规定：“拾得人可以要求受领权利人支付拾得人报酬。拾得物的价值在1000德国马克以下的，其报酬为该价值的5%，超过此数的，超过部分按3%计算；动物，为其价值的3%。拾得物仅对受领权利人有价值的，拾得人的报酬应按公平原则加以确定。”《瑞士民法典》第722条规定：“遗失物交与失主的，拾得人有请求赔偿全部费用及适当拾得报酬的权利。”日本《遗失物法》第4条规定：“受物品返还的人，应向拾得者给付不少于物品价格5%，不多于物品价格20%的酬劳金。”我国台湾地区“民法”第805条规定：“拾得人对于所有人，得请求其物十分之三之报酬。”在规定拾得人原则上不享有报酬请求权的同时，《物权法》规定，如果权利人悬赏寻找遗失物的，则应支付报酬。随后，2009年4月24日，最高人民法院对外公布了《合同法司法解释二》，该解释第3条规定：“悬赏人以公开方式声明对完成一定行为的人支付报酬，完成特定行为的人请求悬赏人支付报酬的，人民法院予以支持。但悬赏有合同法第五十二条规定情形的除外。”根据上述规定，除法定无效情形外，只要行为人完成了悬赏人声明的特定行为，就有权请

---

① 最高人民法院物权法研究小组编著：《〈中华人民共和国物权法〉条文理解与适用》，人民法院出版社2007年版，第340页。

求悬赏人给付报酬，人民法院对于行为人的报酬请求权应予支持。

二、悬赏广告的构成要件

根据《合同法司法解释二》第3条之规定，悬赏广告的构成要件包括以下几方面：

（一）公开让公众知晓的方式

悬赏广告应采用公开的方式发出，使公众知晓其明确意思。具体方式可通过广播电视、报刊杂志和互联网发布，也可在公共场所分发传单、在宣传栏张贴广告等。因其广而告之的属性，悬赏广告针对的是不特定的主体，但应注意此处的“不特定”不等于人数不确定。虽然多数情况下悬赏广告都是对数目不确定的人群发出的，但悬赏广告同样可以针对人数确定的群体发布。

（二）完成指定行为

悬赏广告应指定某种行为。悬赏人发布悬赏广告均抱有特定目的，而该目的需通过指定行为的完成来实现。发布悬赏广告的行为是民事法律行为，因此，要求悬赏广告的发布者具备相应的民事行为能力；而悬赏广告所指定的行为则多数为事实行为，如拾得遗失物、创作作品等，行为人的行为能力不应在考察之列，而且他如何完成该指定行为在所不问。

（三）支付约定报酬

悬赏广告应规定将对完成指定行为者支付报酬。报酬可以是金钱、财物或其他财产性利益。为避免引起不必要的纠纷，悬赏广告的内容应当明确具体，悬赏者应事先确定报酬形式和报酬数额，但报酬形式和报酬数额是否明确不影响悬赏广告的效力。报酬的具体内容不明确时，可以根据指定行为的性质、内容、难易程度、所需耗费劳力金钱以及交易惯例等，依公平原则确定。

【拓展适用】

一、悬赏广告的性质认定

《民法总则》第139条规定：“以公告方式作出的意思表示，公告发布时生效。”关于悬赏广告的法律性质，理论界存在两种不同的观点：“单方行为说”和“契约说”，或者称“单方允诺说”和“合同说”。单方行为说认为，悬赏广告是单方法律行为，广告人因自己单方面的意思表示而负支付报酬的义务，行为人无须承诺，仅以一定行为的完成为停止条件。也就是说，广告人负有的债务在其通过公开的方式悬赏时，债的效力还未发生，在相对人完成一定的行为后，债的效力才发生，悬赏广告是一种附条件的民事法律行为。契约说认为悬赏广告是广告人通过公开的声明方式对不特定的人发出要约，相对人完成指定行为即为承诺，契约成立，广告人负给付报酬的义务，相对人享有请求给付报酬的权利。

从最高人民法院司法解释看，“法释［2009］5号（即《合同法司法解释二》）是专就合同法所作的解释，其第3条规定了悬赏广告的构成和法律效果，应看成是采取了合同说”。[①] 从学界来看，单方行为说占通说地位，其理由主要有以下几点：首先，确定契约成立的重要标志是当事人双方之间存在缔结契约的合意。而在悬赏广告中，至少行为人一方只有以完成行为获取报酬的意思，而无与悬赏者订立契约来约束自己的意思。很多情况下悬赏广告所指定的行为都是事实行为，不要求行为人具有民事行为能力也能达成，如果将悬赏广告看作一种合同形式，当事人必须为完全民事行为能力人，这会限制现实中无民事行为能力人或限制民事行为能力人获取他们本该获得的报酬；其次，若采用契约说，事先不知有悬赏广告存在或根本不信赖该悬赏而完成指定行为的人将无法获得报酬，因为，他们没有对悬赏者发出的要约予以承诺的意思，这种结果有不公平之嫌；再次，广告人在相对人承诺之前可撤回或撤销要约，变更要约的内容，这显然对相对人不利；最后，大陆法系国家的立法大多支持单方行为说。如《德国民法典》第657条第2款规定：“通过公开通告，对完成某行为，特别是对产生结果悬赏的人，负有向完成此行为的人支付报酬的义务，即使行为人完成该行为时，未考虑到此悬赏广告的，亦同。”即表明在悬赏广告场合无须双方合意，行为人不知有悬赏允诺也能依广告所示取得报酬。《日本民法典》《瑞士债法典》虽将悬赏广告规定在“契约”的章节，但日本通行学说也认为悬赏广告的法律性质为单独行为；瑞士最高法院也认为，依悬赏广告内容，如不知广告而完成指定行为亦获请求报酬者，应解释为单独行为。[②]

二、悬赏广告对报酬表述不明时的处理

虽然悬赏广告中“支付报酬”的承诺是行为人完成指定行为后享有报酬请求权的基础，但也有许多悬赏广告并未表明具体的报酬形式和数额，而是使用了诸如“必有重谢”“当面酬谢”等无法量化的用语。通行的观点是，此种情况的存在并不导致悬赏广告存在效力瑕疵，但实践中报酬形式和数量不确定的情形确实会造成一些纠纷和麻烦。

我国现有的关于悬赏广告的法律和司法解释尚未对报酬问题作出规定，《物权

---

① 崔建远：《合同法》，北京大学出版社2012年版，第39页。当然，也有学者认为，《合同法司法解释二》第3条并未明确指明法院支持行为人报酬请求权的依据，故不能简单地认为该条就已经将悬赏广告纳入了合同的范围。参见王利明：《合同法研究》，中国人民大学出版社2011年版，第238页。

② 参见余延满：《合同法原论》，武汉大学出版社1999年版，第95页。

法》也没有建立拾得遗失物法定报酬请求权制度，我们认为，在悬赏广告未事先确定报酬的场合下，行为人和悬赏者可以协商合意，协商不成也可以寻求双方认可的第三方（不一定必须是起诉至法院）裁量，通过斟酌惯例、所指定行为的特性和内容、悬赏者合理的预期以及一般情况下完成该行为需要花费的支出等情形加以确定，但一般不应低于行为人为完成行为所支付的费用。①

三、数人完成悬赏广告指定行为的处理

数人完成悬赏广告指定行为的情形具体可分为：数人合作完成和数人分别完成，其中数人分别完成又包括数人先后分别完成和数人同时分别完成。因为悬赏广告是对不特定的公众作出的，所以，当指定行为并非只有一次实现的机会时，就不能排除会出现数人完成指定行为请求支付酬金的可能性。

针对数人分别完成悬赏广告指定行为的情况，大陆法系国家有不同的规定。《意大利民法典》第1991条规定："如果行为是数个人分别完成的，或者如果有数个人符合允诺中规定的情况，但只有一项给付，则允诺的给付属于第一个通知允诺人的人。"《德国民法典》第659条规定："数人完成悬赏约定的行为时，报酬应归于首先完成此行为的人。数人同时完成此行为的，每人各取得相等部分的报酬。报酬因其性质不可分割或者按照悬赏广告的内容只能由一人取得时，由抽签决定。"《日本民法典》第531条也规定："广告所定行为有数人完成时，只有最早完成其行为的人享有接受报酬的权利。数人同时完成前项行为时，各自按相等的比例享有接受报酬的权利。但其报酬在性质上不宜分割，或在广告中表明只能由一人接受报酬时，以抽签决定其接受报酬的人，前两项规定，在广告中已表示与此相异的意思时，不予适用。"由此可见，大陆法系国家采用的一般规则是：首先，数人先后完成的，最先完成指定行为之人有权获得报酬。如果广告中指明完成行为外还须通知悬赏者，报酬请求权应属于通知最先到达者。广告中指明一定期限的，行为人欲享有报酬请求权，必须遵守期限规定。其次，数人同时完成的，或无法确定谁是最先完成者时，按相等比例取得报酬，但如果依照悬赏广告的内容或报酬的性质，只能有一个人可以享有接受报酬的权利，那么抽签决定最终获得者。同时，悬赏者可以在广告中事先排除这一规则。

需要指出的是，数人分别完成指定行为，虽与以悬奖应征为标的的优等悬赏广告有相近之处，但两者并不能等同而论。优等悬赏广告的特点之一也是有数人应

---

① 王泽鉴先生在其著作中持类似观点："关于报酬（重赏）之内容，应斟酌指定行为之性质内容，完成该指定行为所需之劳力及费用、交易惯例及当事人之间的关系，依公平原则决定之。"王泽鉴：《民法学说与判例研究》，中国政法大学出版社1998年版，第67页。

征，但是在确定期限内完成的这些应征是否符合悬赏广告的要求，以及最终谁能获得优先权并获得赏金，不是依据先来后到的顺序决定的，同时提交应征也不能使各人取得同等份额的酬金，更不是依靠抽签确定，而是由悬赏广告中所指定的评判人根据一定的评判标准来抉择的。当未指定评判人时，则由悬赏人决定。然而，如果一经评判，评判者认为数个应征相较于其他应征为优等作品，但它们彼此之间水平相当、无法继续一较高下，那么，就可以按照一般悬赏广告有数人分别完成指定行为时的规则来确定优胜者，即：由水平相当的数个应征者分享悬赏广告的赏金或者抽签决定，可由应征者协商选择其一，也可事先在悬赏广告中声明。

在数人合作完成指定行为，或者说数人共同完成的情形下，又有不同的处理规则。大陆法系国家的态度是：数人合作或共同完成指定行为的，共同取得报酬请求权。至于数人之间如何分配，可以由他们之间的协商合意，也可以根据彼此对行为成果的贡献依公平原则来确定分配比例。如《德国民法典》第660条即规定："数人协作取得悬赏约定的结果时，悬赏人应考虑每个人参与取得结果所起的作用，按公平原则将报酬分配给每个人，分配明显不公平的，无约束力；在这种情况下，应依判决确定。应征人中的一人不承认分配有约束力时，在应征人自己解决他们之间的权利之争前，悬赏人有权拒绝履行义务，但每个应征人可以为全体应征人要求将报酬提存。"

四、悬赏广告中的成果归属

不同种类的悬赏广告所指定行为的内容各有不同，因此行为完成后所产生的成果归属问题也会出现不同的答案。有些成果不能单独评价其价值，如提供犯罪线索、揭发肇事者等；有些行为的结果则可能成为权属争议的标的，如优等悬赏广告所征集的作品、商标、广告语等。我们认为，优等悬赏广告的发布者应当在广告中明确各作品的著作权、专利权等权利的归属，包括未获优等的作品归属权。原则上，除非悬赏广告事先有相反意思表示，行为的成果应归行为完成者所有。尤其是包括署名权、修改权和保护作品完整权在内的具有一定人身性质的著作权。但是发表权例外。因为在评选出优等作品之后，征集方势必会采取公开的方式发布评选结果，难以避免要涉及作品的发表。而发表权又具有只能行使一次的特性，所以，作品作者的应征行为应被推定为许可了悬赏征集者代为行使其作品的发表权。同时，悬赏者可在悬赏广告事先声明的范围内合理使用作品，无须作者的特别授权，也无须再次支付使用费。根据意思自治，只要不违反法律强制性规定和社会公序良俗，当事人有权依照自己的意思决定其民事法律关系的设立、变更和终止。如果悬赏广告中明确规定悬赏者将取得行为成果项下的所有权利，那么，应征者在了解该规定事实的前提下依然完成指定行为的做法可以被认定为一种默许的态度。譬如某公司征集商标设计方案的告示中明确提示：所有应征作品恕不退还，相关知识产权悉归我公司所有。此时，应征者的应征行为就应被认为是同意遵守包括该条提示在内的既定规则，不反对将作品的著作权转让给某公司。否则，应征者可以自由选择不参与应征。当然，著作权的人身权利存在例外情况。但上述做法也许会导致对应征者的权利保护不周。因为，优等悬赏广告一般是商事主体为其经营活动的需要发布的，通过悬赏征集而来的作品在其后的商业运作中可能为经营者创造重要价值。如果悬赏广告明确著作权等归悬赏者所有，因为悬赏广告的酬金已经是确定的，相当于著作权可以任由悬赏征集者以低廉的价格买断，而应征者获得的报酬往往远低于作品本该给他带来的收益，这种状况是原作者事先难以预料到的，如果苛求他应预见到此种事态的发展，就违背了公平原则和对利益的平衡要求。因此，应征者根据其作品为悬赏者带来的实际收益请求适当增加报酬，应当得到支持，这符合法律鼓励公民创作的精神。

【典型案例】

李珉与朱晋华、李绍华悬赏广告酬金纠纷案

上诉人（一审原告）：李珉。

被上诉人（一审被告）：朱晋华。

被上诉人（一审被告）：李绍华。

一审第三人：王家平。

〔基本案情〕

天津市和平区人民法院查明：被告朱晋华与被告李绍华是朋友关系。李绍华委托朱晋华代办汽车提货手续。1993 年 3 月 30 日中午，朱晋华在天津市和平区电影院看电影，散场时，将装有洛阳市机电公司面值 80 余万元人民币的汽车提货单及附加费本等物品的一公文包遗忘在座位上。位于后几排看电影的原告李珉发现后，将公文包捡起，与同去看电影的第三人王家平（原系李珉同学）在现场等候良久，未见失主来寻，便将公文包带走，并委托王家平予以保管。同年 4 月 4 日、5 日和 7 日，朱晋华先后在天津市《今晚报》和《天津日报》上刊登寻包启事，表示要“重谢”和“必有重谢”拾得人。4 月 12 日，李绍华得知失包情况后，在《今晚报》刊登内容相同的寻包启示，声明“一周内有知情送还者酬谢 15000 元”。当晚，李珉得知以李绍华名义刊登的寻包启事，即告诉王家平并委托其与李绍华联系。次日，双方在约定的时间和地点交接钱物。由于在给付酬金问题上，双方发生争执，李珉遂向法院提起诉讼，要求朱晋华、李绍华依其许诺支付报酬 15000 元。

〔一审裁判理由与结果〕

天津市和平区人民法院认为，李珉在影院内拾到的内装面值80余万元的汽车提货单、附加费本等物品的公文包，确属被告李绍华所在单位的财物，系被告朱晋华遗失的。根据包内所装提货单及其他物品线索，均可找到遗失人或财物所属单位。依照《中华人民共和国民法通则》（以下简称《民法通则》）第七十九条第二款的规定，李珉应将拾得的遗失物归还原主。但是，李珉不主动与失主联系，反而在家等待"寻包启示"中许诺的并非真实意思表示的酬金，依照《民法通则》第五十八条第三项的规定，在违背真实意思的情况下所为的民事行为，应属无效。对李珉的诉讼请求不予支持。据此，该院于1994年6月16日判决：

驳回李珉的诉讼请求。

本案诉讼费625元由李珉负担。

〔二审裁判理由与结果〕

李珉不服一审判决，以原判适用法律不当为由，向天津市中级人民法院提出上诉。天津市中级人民法院审理认为，一审法院认定的事实清楚，但又认为被上诉人朱晋华、李绍华在"寻包启示"中所称给付报酬的承诺并非真实意思表示，缺乏充分的依据。悬赏广告，系广告人以广告的方法，对完成一定行为的人给付报酬的行为。只要行为人依法完成了所指定的行为，广告人即负有给付报酬的义务。朱晋华、李绍华先后在天津《今晚报》《天津日报》上刊登的"寻包启示"，即为一种悬赏广告。李绍华还明确表示："一周内有知情送还者酬谢15000元"，系向社会不特定人的要约。上诉人李珉，即悬赏广告中的行为人，在广告规定的"一周内"完成了广告指定的送还公文包的行为，则是对广告人的有效承诺。从而，在李珉与朱晋华、李绍华之间形成了民事法律关系，即债权债务关系。依照《民法通则》第五十七条关于"民事法律行为从成立时起具有法律约束力。行为人非依法律规定或者取得对方同意，不得擅自变更或解除"的规定，朱晋华、李绍货负有广告中许诺的给付报酬义务。其辩称"寻包启示"许诺给付报酬不是真实意思表示，事后反悔，拒绝给付李珉酬金15000元，有违《民法通则》第四条规定的诚实信用原则，是错误的。李珉的上诉理由成立，应予支持。一审判决不当，应予纠正。

天津市中级人民法院依照《中华人民共和国民事诉讼法》第八十五条①的规定，在事实清楚的基础上，分清是非，进行调解，双方当事人于1994年12月26日自愿达成如下协议：

朱晋华、李绍华一次性给付李珉酬金人民币8000元。

一、二审诉讼费人民币1435元，李珉负担635元；朱亚华、李绍货负担800元。

---

① 对应2012年《中华人民共和国民事诉讼法》第九十三条。

规则 24：发布悬赏广告人应按照所发布广告的约定，向完成广告指定行为人支付承诺的报酬

——鲁瑞庚与辽宁省东港市公安局悬赏广告纠纷案[1]

【裁判规则】

任何人按照悬赏广告公布的条件，完成了广告所指定的行为，享有对广告人的报酬请求权。发出悬赏广告人，应该按照所发布广告的约定，向完成广告指定行为的人支付承诺的报酬。

【规则理解】

一、悬赏广告中行为人享有报酬请求权的条件

发布悬赏广告是一种民事法律行为，即广告人以广告的方式发布声明，承诺对任何按照声明的条件完成指定事项的人给予约定的报酬。任何人按照广告公布的条件，完成了广告所指定的行为，即对广告人享有报酬请求权。发出悬赏广告的人，则应该按照所发布广告的约定，向完成广告指定行为的人支付承诺的报酬。悬赏广告中行为人享有报酬请求权的条件：

（一）悬赏广告合法有效

发布悬赏广告是一种民事法律行为。按照《民法总则》第 133 条规定："民事法律行为是民事主体通过意思表示设立、变更、终止民事法律关系的行为。"《民法通则》第 54 条之规定："民事法律行为是公民或者法人设立、变更、终止民事权利和民事义务的合法行为。"《民法总则》第 143 条规定："具备下列条件的民事法律行为有效：（一）行为人具有相应的民事行为能力；（二）意思表示真实；（三）不违反法律、行政法规的强制性规定，不违背公序良俗。"与此同时，《合同法司法解释二》第 3 条规定，悬赏人以公开方式声明对完成一定行为的人支付报酬，完成特定行为的人请求悬赏人支付报酬的，人民法院予以支持。但悬赏行为有《合同法》第 52 条规定情形的除外。也就是说，最高人民法院将悬赏行为纳入了合同法规范的范畴，行为人主张报酬请求权以悬赏广告不具备《合同法》第 52 条规定的情形为条件，即不存在导致合同无效的下列情形：（1）一方以欺诈、胁迫的手段订立合同，损害国家利益；（2）恶意串通，损害国家、集体或者第三人利益；（3）以合

---

① 《中华人民共和国最高人民法院公报》2003 年第 1 期，辽宁省高级人民法院民事判决书。

法形式掩盖非法目的；（4）损害社会公共利益；（5）违反法律、行政法规的强制性规定。《民法总则》公布生效后，悬赏行为亦不得违反《民法总则》有关民事法律行为效力的规定。

（二）行为人完成悬赏广告规定的特定行为

悬赏广告人发布悬赏广告，目的即在于通过行为人完成悬赏广告所规定的特定行为实现自己的某种需求。因此，行为人完成悬赏广告规定的特定行为是行为人获得报酬的前提。

二、报酬支付人与广告发布人之间的关系认定

在一般情况下，广告发布人即报酬支付人。然而，在某些特殊情况下，报酬支付人与广告发布人并非同一主体，比如受害人家属为了及时找出凶手，委托公安机关发布悬赏广告，广告发布人虽为公安机关，最终的报酬支付主体却是受害人家属。在此情形下，报酬支付人与广告发布人之间构成委托代理关系。这种关系具有以下几方面的基本特征：

第一，委托代理关系的建立一般以委托人与受托人相互信任为条件。传统民法理论认为，委托人与受托人之间之所以能够形成委托代理关系，是因为两者之间存在相互信任的特定关系。随着经济的发展，社会分工更加细化，当事人之间基于单纯信任关系而发生的无偿委托日益减少，当事人之间建立的有偿委托关系，更多的是出于自身利益最大化的考虑，当然，这也并未动摇委托代理关系以委托人与受托人相互信任为条件这一论断，正是因为委托人相信受托人具有特殊能力才会将特定事务委托于受托人代为处理。

第二，委托代理关系以处理委托事务为标的。委托人与受托人之间签订委托合同，目的在于由受托人代委托人处理委托事务。关于委托事务之范围，即委托人可将哪些事务交由受托人处理，域外立法例尚有不同规定。在德国，委托事务的范围不限于法律行为；在日本则明确规定，委托事务限于法律行为。日本民法还将非法律行为的委托称为准委托。[①] 从我国合同法的规定来看，其并未将委托事务的范围限定为法律行为。

第三，受托人以委托人的名义处理委托事务，委托所产生的后果由委托人承受。悬赏广告虽然不是以报酬支付人的名义发布，但悬赏广告中明确了谁为报酬支付人，悬赏广告的后果亦由委托人即报酬支付人承受。

三、广告发布人超出报酬支付人授权范围的后果承担

由于社会生活的复杂性，在实践中，悬赏广告往往并不都是以报酬支付人的名

---

① 参见马强：《合同法新问题判解研究》，人民法院出版社 2005 年版，第 478 页。

义发布。在此情形下，悬赏广告的后果承担即成为一个容易引起争议的问题。

（一）受托人应依委托人的指示处理委托事务

受托人按照委托人的指示处理委托事务是受托人最为主要的义务。为此，我国《合同法》第399条规定，受托人应当严格按照委托人的指示和要求办理委托事务。受托人只有在具备以下条件的情况下方可不按委托人的指示办事：1. 因情况紧急，需要立即作出新的措施；2. 由于客观上的原因，难以和委托人取得联系；3. 依据情况，这样办是为了委托人的利益所必需。①

（二）代理人超出授权范围的后果认定

在悬赏广告中，被代理人往往对悬赏事项予以了明确界定，代理人应当按照被代理人的指示发布悬赏广告，并在行为人完成悬赏广告所指定的行为后按约支付悬赏报酬。代理人在悬赏通告中如果规定了其他悬赏情形而又未获得被代理人的授权或委托，则属于代理人未按被代理人的指示处理委托事务。行为人完成悬赏广告所指定的行为，就获得要求被代理人支付悬赏报酬的权利。代理人以不符合悬赏广告所规定的条件为由，拒绝将被代理人用于奖励的款额支付给行为人，并将其占有，超出被代理人委托权限，不符合其在悬赏广告中的承诺，没有任何的法律依据。行为人可向法院提起诉讼，要求代理人支付报酬，法院应予支持。

【拓展适用】

一、处理完成悬赏广告指定行为应注意的问题

悬赏广告中当事人的权利义务包括：悬赏者的广告撤销权、检验并确定行为是否符合指定内容的权利以及支付报酬的义务；行为人完成指定行为后的报酬请求权、若广告被撤销则基于信赖或准备行为等所费劳力、金钱时的损失赔偿请求权、对其行为满足广告要求的举证责任等，其中行为人的报酬请求权和悬赏者支付报酬的义务无疑居于核心地位。

行为人完成广告指定的行为，即有权获得相应报酬，悬赏者亦负有向完成特定行为之人支付报酬的义务。在把握此问题时，需注意以下几点：

（一）悬赏广告的变更

如果在悬赏广告发布后，悬赏者又发布了针对行为人的限制性条件，那么这一限制性条件的声明是否能构成悬赏广告的一部分，取决于该限制性声明发出的方式和时间。首先，这一限制性条件的发出应与悬赏广告的发布形式相同或具有同等效

---

① 参见胡康生主编：《中华人民共和国合同法释义》，法律出版社2013年版，第620～621页。

果的公开方式；其次，它应当在行为人完成指定行为之前。如果行为人此时已经完成了悬赏广告的指定行为，那么随后发布的限制性条件对该行为人不发生效力。悬赏人不得在悬赏发布之后随意增加限制条件，除非行为人明确表示接受该限制。

（二）悬赏意思的转述

对于由他人转述的悬赏意思，在合理的期限内表意人应当具有撤销的权利，以此避免悬赏意思的作出并非其真意。但表意人在当时明确表示可任由他人转述的除外。

（三）不享有报酬请求权的情形

1. 负有因先前行为引发的特定法律义务之人不享有报酬请求权。由先前行为引发的特定法律义务有多种情形。如合同义务。如果当事人之间在悬赏广告发布以前就缔结了合同，意味着双方当事人已经是特定的主体，而悬赏广告是对不特定的社会公众发出的，也就是说，除非悬赏者有相反的意思表示，他在发布悬赏广告时实际已将合同相对方排除在受众之外，否则，他们之间签订的合同就失去了意义。除了因负有合同义务而不能享有悬赏报酬请求权之外，依照法律负有先前义务而无权请求悬赏者支付报酬的情形还包括：受害人或公安机关发布悬赏广告对提供破案线索的公民进行奖励，如果犯罪人自己提供犯罪线索，就不能取得报酬请求权；盗窃他人财物，在失主发布寻物悬赏广告后，盗窃者来归还该物的，也不能取得报酬请求权。否则，就意味着罪犯可以因为自己的违法行为、侵权行为而合法获得利益，这也是任何人都"不得从其错误行为中获利"的法理要求。此外，如果悬赏者发布悬赏的事由是行为人的在先行为引起，行为人因其在先行为在法律上负有特定的义务，完成悬赏指定行为不过是所负特定义务的要求，此时，行为人不仅无权以其完成了指定行为要求悬赏者支付预定报酬，而且还要依法赔偿因在先行为给对方造成的损失。

2. 国家公职人员在履行法定职责的过程中不享有悬赏报酬请求权。按照美国《合同法第二次重述》第73条规定，如果允诺人应履行的义务既无疑问，又非具有争议的对象，那么该义务不属于对价的范畴；但如果与此相似的履行行为有别于此项法律义务的要求，表明它不仅仅是徒有议价的形式，那么该履行属于对价。因此，如果指定行为的完成是在具有特定身份行为人的职责和权力范围之内，那么该履行行为不构成有效的对价。因为国家公职人员肩负维护社会公共利益的重任，他们的行为很大程度上是在代表人民行使国家公共权力，所以，他们在依法履行法定职责的过程中不能同时以民事主体身份主张民事权利。如果允许这一类人在履行法定义务的过程中，还能向社会索取报酬，结果不堪设想。不但有损公职人员和政府机关在社会民众心中的形象，而且长此以往，公职人员也许会习惯于把履行职务当做交易，先问有无悬赏再考虑是否履行职责，或坐等悬赏怠于履职，公权力的威严将受到严重的侵蚀，不利于社会的稳定和人民利益的维护。诸如人民警察、消防官兵等负有特殊身份的人每月从国家手中领取的薪水，等于他们的履职行为已经获得了一次价值评价；如果某公职人员仅仅因为其履职的作为正好完成了悬赏广告所指定义务就获得悬赏报酬，无疑意味着他通过一次行为获得了两次利益，而该行为甚至是他无可推卸的法定义务，这显然不应当得到法律的鼓励。例如，负责追捕逃犯的公安干警，抓住逃犯只是他本职工作的范畴，政府也为其履行职责支付了工资，所以，他不能向为抓住逃犯而发布悬赏的有关机关或人员索要报酬。但另一方面，如果该行为是在行为人公职时间之余及管辖范围之外履行的，那么他可以主张并得到悬赏报酬。这一观点是值得肯定的，国家公职人员在履行职务之外完成悬赏广告指定行为的，因为，此时他卸下了特殊的身份，作为一名普通的民事主体，应当有权获得广告中预定的报酬。但什么是职务范围之外，应当根据该公职人员的职务的性质和案件的具体情形判定。如我国《人民警察法》第19条规定："人民警察在非工作时间，遇有其职责范围内的紧急情况，应当履行职责。"第21条规定，人民警察遇到公民人身、财产安全受到侵犯或者处于其他危难情形，应当立即救助。因此，我国的人民警察在遇到以上条文所示情形时，即便正处于休假期间，也仍然需要履行法定职责，其行为属于履职行为，哪怕符合悬赏广告指定行为的一切要求，都不能享有报酬请求权。

二、戏谑行为与悬赏广告的关系

（一）戏谑行为的内涵

根据意思自治，表意人内心意志的形成以及表示行为的做出都应由其自主决定，法律行为所产生的效果，也是依照意思表示的内容来确定的。如果意思表示的任何一个环节存在瑕疵，导致表意人意思表示的结果并非其内心意志的真实反映，或是意思不自由，或是表示与意思不一致，该行为的法律效果就会大打折扣。这就是所谓的意思表示不真实，从产生原因的角度将其类型化，应当可以分为"因表意人主观上原因而致意思表示不真实"和"因相对方的行为而致意思表示不真实"两种，后者如相对方欺诈、胁迫、乘人之危或利用优势地位等，前者又可以分出真意保留、戏谑行为、虚伪表示和表示错误等。

戏谑行为，也即戏言，德国民法上又称作"非诚意表示"，是指表意人基于游戏目的而做出表示，并预期他人可以认识其表示欠缺诚意。[①] 史尚宽先生谓之为"预期他人不为其所误解而佯为之意思表示"。[②] 典型的戏谑行为有娱乐性言谈、吹

---

① ［德］迪特尔·梅迪库斯：《德国民法总论》，邵建东译，法律出版社2000年版，第447页。

② 史尚宽：《民法总论》，中国政法大学出版社2000年版，第379页。

嘘、出于礼貌的不严肃承诺等。

（二）戏谑行为的特征

戏谑行为具有以下特征：1. 戏谑行为人的意思与表示不一致；2. 戏谑行为人意思与表示不一致系故意为之；3. 戏谑行为人系善意；4. 戏谑行为系外观可以被相对人识别的行为；5. 戏谑行为系无效行为。

（三）戏谑行为与悬赏广告的异同

悬赏广告与戏谑行为的相似之处体现在以下几个方面：其一，两者都属于广义的单方行为的范畴；其二，某些戏谑行为的表示行为和悬赏广告非常相似，不去追求真意的话难以区分；其三，两者之间很可能发生转化，超出实际可能的悬赏广告其实就是戏谑行为，而变质的戏谑行为很有可能转化成悬赏广告。比如反复对同一受领人作出戏谑行为，或者在受领人信以为真时戏谑行为人没有及时说明等。

悬赏广告与戏谑行为的区别表现在：第一，目的意思不同。意思表示是民事法律行为成立的基本要素。从概念界定上看，意思表示是民事主体向外部表明意欲发生一定的民法上法律效果的意思行为，是民事主体内心意愿的对外表达。它由目的意思、效果意思和表示行为三要素组成。悬赏广告人的目的是满足广告人的某种需求，并且此种需求一般具有急迫性。只要此种需求不违反法律、公共秩序、善良风俗，即可作为指定行为；戏谑行为人追求的并不是急迫的利益，而是某种心理满足的需求，比如虚荣心。第二，效果意思不同。悬赏广告的效果意思明显，广告人通过悬赏广告的发布，吸引行为人完成广告指定的行为，从而满足广告人的某种需求；戏谑行为没有效果意思，因为行为人追求的后果并不是法律上的而是心理上的。效果意思的有无决定了悬赏广告与戏谑行为的本质差别。第三，表示行为不同。悬赏广告人希望相对人完成指定行为，因此，其表示行为具有严肃性，往往是通过正规报纸的广告、新闻类节目的播放等正式方式作出，戏谑行为的动机和目的决定了其对行为严肃性的排斥，其往往在娱乐节目、酒后作出。此外，悬赏广告中的“赏”尽管可能偏高，但此种畸重的“赏”是建立在悬赏广告人对悬赏行为异常渴望的基础之上，显然不违背常理。戏谑行为中存在的“赏”很可能是违背常理的。[①] 在所言“悬赏事项”的价值与此“悬赏”所预定的报酬明显不成比例，一般理性人都会报以怀疑态度时，如果悬赏意思的表意人没有就同一声明反复强调以突出其可信度，基本可以认定这一悬赏为“戏谑的悬赏意思”，不构成具有法律承认之效力的悬赏广告。

---

① 杨立新、朱巍：《论戏谑行为及其民事法律后果》，载《当代法学》2008 年第 3 期。

三、悬赏广告的撤销

悬赏广告的有效存在系行为人享有报酬请求权的前提，如果悬赏广告已被撤销，则即便行为人完成悬赏广告所指定的特定行为，悬赏广告人亦不负有给付报酬之义务。悬赏广告的撤销关系到行为人的切身利益，故立法应予以明确规定。

从域外立法例来看，其均对悬赏广告的撤销条件进行了限定，如《路易斯安那州民法典》第1945条规定："向公众发出的悬赏广告可以在其所指定行为完成之前撤销，只要撤销的方式与广告发布的方式相同或具有同等效力。"《德国民法典》第658条规定："撤回仅在以与悬赏广告同样的方式进行通告或者以特殊通知通告时，始为有效。"我们认为，悬赏广告的撤销，从形式条件上看，必须以与广告发布的相同方式或具有同等效力的方式进行，使潜在的行为人知晓其意思表示，否则，行为人可主张对撤销不知情而要求悬赏人支付报酬。此外，从时间上看，悬赏广告的撤销，应在没有人完成悬赏广告指定的行为之前，如果行为人已完成指定行为向悬赏人请求支付报酬，而广告人此时主张悬赏广告已撤销，明显有违诚信原则，有损行为人的权益。

四、悬赏广告的效力终止

悬赏广告效力终止的情形主要有以下几种：

（一）悬赏广告被撤销

悬赏广告人在没有人完成悬赏广告指定的行为之前，以与广告发布的相同方式或具同等效力的方式撤销悬赏广告的，悬赏广告效力终止。

（二）悬赏广告约定的期间终止

在广告约定的期间终止之时，悬赏广告效力终止。

值得探讨的是，悬赏广告如未明确指定行为的实施期限，悬赏广告是否一直有效？从域外立法例来看，《意大利民法典》第1989条确立了1年的期限，即自允诺时满1年，悬赏广告效力终止。但大部分国家的立法中未规定具体期间。

（三）指定行为不可能完成

如悬赏者自己找到遗失物，遗失物已灭失等情形。

（四）悬赏人已给付行为人报酬

因悬赏广告的目的实现，即行为人完成指定行为，悬赏人给付报酬，悬赏广告效力自然终止。

【典型案例】

鲁瑞庚与辽宁省东港市公安局悬赏广告纠纷案

上诉人（一审原告）：鲁瑞庚。

被上诉人（一审被告）：辽宁省东港市公安局。

法定代表人：刘华，该局局长。

〔基本案情〕

原告鲁瑞庚因与被告辽宁省东港市公安局发生悬赏广告纠纷，向辽宁省丹东市中级人民法院提起诉讼。

原告诉称：1999年12月13日，被告东港市公安局通过东港市电视台向全市发布了一则悬赏提供"12·12"特大持枪杀人案线索的通告。12月19日，我向在东港市公安局工作的亲属提供了案件的线索。被告对该线索查实后，一举破获了"12·12"特大持枪杀人案。但案件破获后，被告一直未按照悬赏通告履行自己的义务，给付我被害人家属奖励的50万元人民币。请求判令被告给付悬赏奖金50万元人民币，赔偿精神损失费5万元人民币，承担本案的诉讼费用。

被告辩称：我局侦破"12·12"特大持枪杀人案的线索及证据，并不完全是原告提供的。原告对于被害人家属50万元人民币的奖励和公安局的破案奖励，两者只能得其一。由于我局已按通告的第二条奖励原告10万元人民币，原告就不应再要求获得被害人家属50万元人民币的奖励，要求精神损失赔偿也没有事实及法律依据。

〔一审查明的事实〕

丹东市中级人民法院经审理查明：1999年12月12日，东港市大东管理区永安街发生了一起特大持枪杀人案。为尽快破案，东港市公安局在被害人家属同意后，于1999年12月13日通过东港市电视台发布了悬赏通告，其主要内容是：一、凡是提供线索直接破案的，被害人家属奖励人民币50万元人民币；二、凡是提供线索公安机关通过侦察破获此案的，公安机关给予重奖；三、凡是提供有关枪支线索侦破此案的，公安机关给予重奖；四、凡是能提供线索破案的，即使与犯罪团伙有牵连也可以从轻或免予刑事责任；五、对提供线索者，公安机关一律严格保密。

原告鲁瑞庚看到电视台播出的悬赏通告后，想到案发当晚，其租住房的房主汪世平曾领来两人到东侧的杂物房藏匿，形迹十分可疑，认为这两个人可能就是杀人凶手。1999年12月19日，鲁瑞庚向在东港市公安局工作的亲属提供了这个线索。12月21日，该亲属向东港市公安局局长作了汇报。之后，原告向前来了解情况的公安局侦查人员提供了这两名嫌疑人案发当天到该处藏匿的时间、当晚有人送来行李和食物的情况、两人的体貌特征及两人之间的对话、次日早晨又被一女人接走等重要线索，并指认了公安机关要求其辨认的部分涉案人员照片。公安机关根据鲁瑞庚提供的线索，排查了大量的犯罪嫌疑人，并经过大量的调查取证，在1992年12月25日得出结论，认定该线索确与"12·12"特大持枪杀人案有关，并决定按照悬赏通告的第二条奖励鲁瑞庚10万元人民币。鲁瑞庚在领取奖励时出具了收条。收条中写明："收到市公安局用于奖励我提供12·12枪杀案线索预付现金10万元，如果我提供的线索与此案无关，则全部返回公安机关。"此后，公安机关经过一系列的侦察工作，于1999年12月26日零时采取行动，抓获了宋杰、黄河等犯罪嫌疑人。2000年1月4日，犯罪嫌疑人曲有健在图们市投案自首。随后，另一名犯罪嫌疑人马松也在图们市被抓捕归案。

另查，被害人家属已于1999年12月13日将用于奖励线索举报人的50万元人民币交给了东港市公安局。

上述事实，有被告公安局发布的通告、原告鲁瑞庚为被告公安局出具的收条、当事人的陈述笔录等为证。

〔一审裁判理由与结果〕

丹东市中级人民法院认为：《中华人民共和国民法通则》第八十四条规定：“债是按照合同的约定或者依照法律的规定，在当事人之间产生的特定的权利和义务关系。享有权利的人是债权人，负有义务的人是债务人。债权人有权要求债务人按照合同的约定或者依照法律的规定履行义务。”

被告东港市公安局在为破获“12·12”特大持枪杀人案发布的悬赏通告中明确表示，要对提供有关线索和协助公安机关破案的人，给予一定数额的报酬。悬赏通告中的第一条和第二条是区别破案线索的不同情况，对提供线索人给予不同数额报酬的声明，两者不能兼得。原告鲁瑞庚确实向东港市公安局提供了该案的重要线索，公安机关根据其提供的线索，经过侦察破获了此案。鲁瑞庚所提供的线索，符合悬赏通告中第二条的情形，故鲁瑞庚应按悬赏通告的第二条取得悬赏报酬。公安机关实施抓捕行动前已经给付鲁瑞庚10万元作为奖励，鲁瑞庚收到预付的10万元奖金后，在出具的收条上写明：如提供线索与此案无关，该款全部退回。双方当时并未表明如果公安机关根据鲁瑞庚提供线索破案，还应再给付其被害人家属奖励的50万元人民币。因此，东港市公安局已按悬赏通告履行了自己的义务，鲁瑞庚再要求公安机关按照悬赏通告的第一条另兑现50万元人民币奖励不能成立。鲁瑞庚提出的有关赔偿精神损失费的要求，因无法律依据，不予支持。

据此，丹东市中级人民法院于2001年8月16日作出判决如下：

驳回原告鲁瑞庚的诉讼请求。

案件受理费10510元由原告鲁瑞庚负担。

〔当事人上诉及答辩意见〕

宣判后，鲁瑞庚不服，向辽宁省高级人民法院提出上诉。主要理由是：(1)我提供的线索是东港市公安局获得的唯一、直接、真实、可靠的线索，公安机关并没有排查大量的犯罪嫌疑人，只是对我提供的涉案嫌疑人进行了核对。在我辨认了涉嫌人员照片之后，东港市公安局即作出了抓捕决定，使案件一举告破。至此，我已全部完成了直接提供线索的行为，理应按照通告得到被害人家属奖励的50万元人民币。(2)悬赏通告的第一条是被害人家属给予提供破案线索人的奖励，悬赏通告的第二条是公安机关给予破案线索人的奖励，通告并没有声明两者不能兼得。东港市公安局依据通告第二条预付我10万元人民币奖金，应属于公安机关的奖励，并不是受害人家属给付的奖励。东港市公安局把被害人家属用于奖励提供线索人的50万元人民币给付据为己有，违背了在悬赏通告中向社会的承诺。(3)东港市公安局未按悬赏通告的第五条对提供线索人严格保密，对我及家人的精神造成了极大的伤害。请求撤销一审判决，判令东港市公安局立即给付被害人家属奖励的50万元人民币，赔偿精神损失费5万元人民币，并承担一切诉讼费用。

东港市公安局认为一审法院的判决正确，应予维持。

〔二审查明的事实〕

辽宁省高级人民法院经审理进一步查明：

据当时的东港市公安局局长证实，鲁瑞庚所提供的破案线索，是公安机关获得的唯一重要的线索，根据该线索，公安机关迅速破获了此案。

被害人家属在电视台播出悬赏通告的当天，即将用于奖励提供破案线索的50万元奖金交给了东港市公安局。据被害人家属及亲属证实，被害人家属同意东港市公安局向社会发布通告；愿拿出50万元人民币奖励给任何提供有关案件线索的人，使公安机关能够尽快将案件侦破。被害人家属表示：关于50万元人民币能否用于悬赏通告第一条以外的情况，他们与东港市公安局并没有任何的约定。但明确表示：这50万元不是奖励给公安局的，也不是给公安局办案用的。被害人家属现在仍表示同意将这50万元人民币奖励提供破案线索的举报人。

〔二审裁判理由与结果〕

辽宁省高级人民法院认为：

《中华人民共和国民法通则》第一百零六条第一款规定："公民、法人违反合同或者不履行其他义务的，应当承担民事责任。"发布悬赏广告是一种民事法律行为，即广告人以广告的方式发布声明，承诺对任何按照声明的条件完成指定事项的人给予约定的报酬。任何人按照广告公布的条件，完成了广告所指定的行为，即对广告人享有报酬请求权。发出悬赏广告的人，则应该按照所发布广告的约定，向完成广告指定行为的人支付承诺的报酬。本案中东港市公安局通过东港市电视台发布通告中的部分内容，属于悬赏广告。通告虽然是以东港市公安局的名义发布的，但由于悬赏给付的报酬，是由被害人家属提供的，通告中的悬赏行为，实际上是受被害人家属委托的行为。被害人家属的本意是以50万元人民币直接奖励能够提供破案线索的举报人，希望能够有助于公安机关迅速破案。被害人家属并没有表示可以区别举报人提供线索的不同情形，给予举报人不同数额的奖励；也没有表示可以将该报酬用于办案或奖励办案人员。东港市公安局在悬赏通告中规定了其他悬赏情形，并没有得到被害人家属的授权或者委托。鲁瑞庚按悬赏通告的要求，向东港市公安局提供了其知道的重要线索，致使公安机关根据该线索及时破获了"12·12"特大持枪杀人案，即完成了悬赏通告所指定的行为。据此，鲁瑞庚就获得了取得被害人家属支付悬赏报酬的权利。被害人家属对鲁瑞庚按悬赏通告要求所完成提供线索的行为未提出异议，并且已将用于奖励的50万元人民币交给东港市公安局，且在案件破获后亦同意将该款奖励给提供线索的举报人，东港市公安局应该按照被害人家属的委托和以其名义向社会发布的悬赏通告，及时履行义务，向鲁瑞庚全额给付50万元人民币的报酬。侦破刑事案件是公安机关的法定职责。公安机关在侦破刑事案件的过程中，应当保护和提倡公民举报和揭露犯罪的行为，积极地鼓励公民见义勇为，同违法行为做斗争的精神。东港市公安局以鲁瑞庚所提供的线索不符合悬赏通告所规定的条件为由，拒绝将被害人家属用于奖励的50万元全部给付鲁瑞庚，并将其予以占有，超出了被害人家属的委托权限，也不符合其在悬赏通告中的承诺，没有任何的法律依据。鲁瑞庚对其主张权利，应予支持。

关于鲁瑞庚主张按照悬赏通告中第一条和第二条的规定的奖励款可同时兼得，东港市公安局应再向其给付50万元报酬的问题，因悬赏广告是按照举报的具体效果，规定以不同的方式给予数额不同的奖励的，并未表示同一举报可以同时兼得其他奖励，鲁瑞庚主张重复奖励的要求不予支持。东港市公安局已预付鲁瑞庚奖励款10万元人民币，其余40万元人民币应及时按照悬赏通告及被害人家属的委托给付鲁瑞庚本人。

关于鲁瑞庚要求精神损害赔偿的问题，虽然因鲁瑞庚与东港市公安局就给付报酬的数额问题发生纠纷后，直接导致了本案诉讼，使提供线索的情况公开，在客观上产生了不利于保密及保护的情况，给其本人也造成了一定的精神压力。但东港市公安局并没有主动向社会披露鲁瑞庚的举报情况，鲁瑞庚也不能提供公安机关未保密的证据支持其主张，故不予支持。

综上，一审判决认定事实不清，证据不足，适用法律不当，应予改判。依照《中华人民共和国民事诉讼法》第一百五十三条第一款第（三）项①的规定，辽宁省高级人民法院于2002年4月12日作出判决：

一、撤销丹东市中级人民法院（2001）丹民初字第15号民事判决；

二、东港市公安局于本判决生效之日起10日内将被害人家属交付的人民币40万元给付鲁瑞庚；

三、驳回鲁瑞庚的其他诉讼请求。

一、二审案件受理费21020元，由东港市公安局负担16816元，鲁瑞庚负担4204元。

本判决为终审判决。

---

① 对应2012年《民事诉讼法》第一百七十条第一款第（二）、（三）项，规定：“（二）原判决、裁定认定事实错误或者适用法律错误的，以判决、裁定方式依法改判、撤销或者变更；（三）原判决认定基本事实不清的，裁定撤销原判决，发回原审人民法院重审，或者查清事实后改判；”

第十六章　合同欺诈

规则25：当事人明知自己不是独家经销商，却将唯一总经销权授予第三方的，属于隐瞒事实真相的欺诈行为

——江苏省无锡诺贝电脑技术有限公司与ADI有限公司、隆源国际（香港）有限公司、华电（香港）有限公司购销合同纠纷案①

【裁判规则】

当事人明知自己不是独家经销商，无法将唯一总经销权授予他人，却依然将唯一总经销权授予第三方的，属于隐瞒事实真相的欺诈行为，该行为是导致协议无效的根本原因，当事人对此负有主要过错责任。

【规则理解】

一、合同欺诈的认定

（一）合同欺诈的内涵

民法中的欺诈，一般是指行为人故意欺骗他人，使对方陷入错误判断，并基于此错误判断作出意思表示的行为。欺诈是一种故意违法行为，根据最高人民法院的解释，是指“一方当事人故意告知对方虚假情况，或者故意隐瞒真实情况，诱使对方当事人作出错误意思表示”的行为。②

“欺诈”在不同国家有不同的称谓。英国、美国称之为“错误陈述”不正确陈述，奥地利称之为“欺瞒”，瑞士、德国称之为“故意欺诈”，我国古代称之为“诈伪”，而我国现行《合同法》称之为“欺诈”。

合同欺诈行为是民事欺诈行为的一种形式，其概念也有广义、狭义之分。广义的合同欺诈行为是指欺诈行为人以合同方式诈取他人财产的行为。如伪造产品产地

---

① 《中华人民共和国最高人民法院公报》2000年第6期，江苏省高级人民法院民事判决书。

② 参见《民法通则意见》第68条。

或质量证明，或者虽无履行能力与人签约以骗取定金或货款，以及保险欺诈、金融欺诈等。狭义的合同欺诈行为即《合同法》规定的合同欺诈行为，是指行为人为达到欺诈对方的目的，通过虚构事实、隐瞒真相等不当方式，诱使对方陷入错误认识并作出签订合同的意思表示，从而非法获取对方利益的一种行为。

（二）合同欺诈行为的构成要素

1988 年 4 月 2 日施行的《民法通则意见》第 68 条对欺诈行为作了明确规定："一方当事人故意告知对方虚假情况，或者故意隐瞒真实情况，诱使对方当事人作出错误意思表示的，可以认定为欺诈行为。"由此，合同欺诈行为的构成要件有以下四个方面：

1. 行为人主观上具有欺诈的故意

欺诈的故意反映了行为人主观上的一种心理状态，即行为人明知自己将虚假情况告知对方，并诱使对方陷入错误认识而作出错误的意思表示，且希望或者放任整个过程及其结果的发生。显然，欺诈方是带有恶意的，欺诈只能由故意过错构成，过失不构成欺诈。因为欺诈故意的着眼点主要是妨碍对方自由作出真实意思表示，而不论欺诈行为人或者第三人是否取得了财产上的不法利益。从实践上看，合同欺诈的故意应有三方面含义：一是行为人对于自己隐瞒事实、虚构事实的情况是明知的；二是行为人希望通过隐瞒事实、虚构事实，让相对人陷入了错误认识；三是行为人希望相对人基于错误认识而作出符合自己利益或者迎合自己意思的意思表示行为。

2. 行为人客观上实施了具体的欺诈行为

司法实践中，行为人的合同欺诈行为大多表现为两种：一是积极的作为，即行为人故意提供与事实不符的情况或向对方虚构事实，使对方陷入错误认识的行为。如将赝品说成是真迹，低劣品说成是优质品等。二是消极的不作为，即行为人在签订合同过程中无论从法律、契约还是交易习惯上都有义务向对方如实告知真相而故意不告知，使对方陷入错误认识的行为。如法律或合同未规定当事人有某项义务，但根据诚实信用原则，当事人有义务如实向对方告知真实情况或已变化情况，可当事人仍予隐瞒不告示，使对方基于不存在的事实而签订合同。无论是积极的作为还是消极的不作为，判断行为人签订合同行为是否构成欺诈，应以签订合同时的具体情况、行为人有无欺诈故意等方面综合考虑，不能把当事人由于客观原因不能履行合同而履行不能的行为作为欺诈行为来处理。

3. 被欺诈人因欺诈而陷入错误认识

在合同欺诈中，合同对方陷入错误认识与行为人的欺诈行为有必然的因果关系，即前者正是由于后者所致。这一因果关系不仅指欺诈直接导致对方陷入了错误认识，还包括欺诈的间接作用，欺诈让对方难以发现错误或者加深了错误认识程度。如果对方受欺诈，却没有产生错误认识；或者错误认识不是欺诈行为所引发的，也就是说这两者之间没有因果关系，那么该行为就不构成合同欺诈。如果对方是基于自身的过失而陷入错误认识，就不构成合同欺诈。

4. 被欺诈人因错误认识而作出了订立合同的意思表示

欺诈行为与被欺诈人陷入错误认识而作出不真实意思表示的合同订立行为之间具有因果关系，即被欺诈人因欺诈而陷入错误认识，并基于错误认识而订立了合同。如果被欺诈人受欺诈陷入了错误认识，但没有与欺诈人订立跟欺诈相关的合同，就不可认定构成合同欺诈。

上述四个方面同时具备，方能构成合同欺诈行为。

（三）合同欺诈行为的分类

根据欺诈行为违反合同主体和约定条款内容等情况的不同，合同欺诈行为可分为两种类型：一是合同主体欺诈行为，指行为人不具有订立合同的合法资格或身份，以伪造、虚构的合同主体进行合同欺诈的行为。其最大特征是主体不符合订立合同的要求。比如虚构不存在的单位或个人与对方签订合同。如单位一直没有存在过，纯由行为人编造；或单位曾存在过，但缔约时已被依法撤销；无权代理的代理人行为；盗用他人名义欺诈等。二是合同条款欺诈行为。这方面的欺诈行为又可分为质量条款欺诈、价格条款欺诈和标识条款欺诈等三种。合同质量条款欺诈行为是指欺诈方虚假或不真实陈述自己的产品，或对自己产品的质量瑕疵予以隐瞒，从而使对方陷入错误认识而与之订立合同的行为。如出示真样品，履行时以伪劣品替代；假冒专利产品或谎称自己产品是专利产品，以推销自己的伪劣产品等。合同价格条款欺诈行为是指欺诈方以虚假或让人容易误解的价格条款，使被欺诈方产生错误认识，从而与之订立合同的行为。如欺诈方实际并未降价，却标榜“大减价”“大酬宾”或“大甩卖”，或用模糊的语言、文字、计量单位等方式，误导被欺诈方信以为真，而事实上以较高的价格履行。合同标识条款欺诈行为是指欺诈方对合同标识条款作虚假的陈述或隐瞒有关事实真相，让被欺诈方陷入错误认识而与之订立合同的行为。如对商品外包装印制假的质量认证标志、名优标志或标注假的生产日期等，以推销伪劣、过期商品等。

二、非独家经销商授权他人唯一总经销权的性质认定

当事人明知自己不是独家经销商，无法将唯一总经销权授予他人，却依然将唯一总经销权授予第三方的，属于隐瞒事实真相的欺诈行为。具体分析：

第一，授权人主观上具有欺诈的故意。当事人明知自己无权授予他人唯一总经销权，却为了获取利益故意隐瞒事实真相，具备主观上的故意。

第二，授权人客观上实施了具体的欺诈行为。当事人无权将某一产品的唯一总经销权授予他人，在签订合同时不仅不告知，而且故意隐瞒，符合合同欺诈行为的客观构成要件。

第三，被授权人因授权人的欺诈而产生错误认识，误以为授权人有独家经销权。

第四，被授权人基于错误认识与授权人签订了授权合同。

三、合同欺诈的后果

当前我国法律体系对合同欺诈行为法律效果的规定主要有两种，即合同无效、合同被撤销或者变更。

（一）合同无效

《民法通则》第 58 条第 3 项规定，一方以欺诈、胁迫的手段或者乘人之危，使对方在违背真实意思的情况下所为的行为无效。应当注意《民法总则》第 148 条、第 149 条、第 150 条[①]对欺诈、胁迫等行为规定为可撤销。《中华人民共和国经济合同法》《中华人民共和国涉外经济合同法》已被 1999 年 10 月 1 日施行的《中华人民共和国合同法》废止。第 10 条规定："采取欺诈或者胁迫手段订立的合同无效。在《合同法》颁布之前，欺诈行为的后果即合同无效。"我国《合同法》第 52 条第 1 项规定，一方以欺诈、胁迫的手段订立合同，损害国家利益的，合同无效。可见，该条文认为如果利用合同欺诈行为损害国家利益的，将会导致合同无效。这一规定体现了立法者对国家利益的专门保护。从我国《合同法》整体来看，合同欺诈行为并不会导致当然的合同无效，一般而言只是导致合同可撤销或者合同可变更，因此，合同欺诈导致合同无效，仅仅是一种例外规定，其目的是保护国家利益。我国立法者之所以对损害国家利益的合同欺诈行为进行规范，与我国经济背景尤其是公有制的主体地位是分不开的。但是，国家利益是一个相当模糊的概念，何为国家利益不易界定。例如，与国企签订买卖合同并实施合同欺诈行为，是否应看作损害国家利益？在政府采购合同中实施欺诈行为是否应看作损害国家利益？有学者认为，国家利益是一个政治性的概念，将其置于作为私法的合同法中，有诸多不妥。

---

① 《民法总则》第 148 条规定："一方以欺诈手段，使对方在违背真实意思的情况下实施的民事法律行为，受欺诈方有权请求人民法院或者仲裁机构予以撤销。"第 149 条规定："第三人实施欺诈行为，使一方在违背真实意思的情况下实施的民事法律行为，对方知道或者应当知道该欺诈行为的，受欺诈方有权请求人民法院或者仲裁机构予以撤销。"第 150 条规定："一方或者第三人以胁迫手段，使对方在违背真实意思的情况下实施的民事法律行为，受胁迫方有权请求人民法院或者仲裁机构予以撤销。"

我们认为，该观点具有一定的合理性，在合同行为中一般不会发生对国家利益的侵害，民事主体与国家缔结合同的过程中，国家的身份已经失去了政治性，仅仅作为一个民事主体存在，不管是与国企签订民事合同还是在国家采购中与政府部门签订民事合同，此类合同中都不会包含国家利益。建议在将来的《合同法》修正过程中对这一规定作出调整，不应认为合同欺诈行为会导致国家利益受损。当然，如果我们仅仅从制定法角度出发进行审视，合同欺诈行为损害国家利益的，该合同将归于无效。我国法律规定合同无效的三个法律后果是返还财产、赔偿损失和收归国有。这是因为合同一旦被确认无效，则自合同订立时即不产生合同的法律效力，不可能引起当事人预期的民事权利义务关系，但却要产生法律所直接规定的某些法律后果。由于合同无效自始不发生合同效力，因此，财产关系必须恢复到合同订立前的状态，即返还财产。如果一方当事人对合同无效的发生负有责任，则该当事人还需要承担赔偿责任，该责任在性质上属于缔约过失责任。

（二）合同被撤销或变更

合同欺诈行为所引发的法律后果之常态，是合同被撤销或者被变更。我国《合同法》第54条第2款明确规定："一方以欺诈、胁迫的手段或者乘人之危，使对方在违背真实意思的情况下订立的合同，受损害方有权请求人民法院或者仲裁机构变更或者撤销。"可见，除了《合同法》第52条所谓的"损害国家利益之外"，一般而言合同欺诈行为所导致的后果是合同被撤销或者被变更。当前我国合同立法将合同欺诈的法律后果规定为合同可撤销、可变更，其理由是：第一，合同无效将导致国家对合同行为的干预度过强，在一定程度上使国家行为介入民事领域的程度过深，这与私法自治、契约自由的原则相违背；第二，即使发生了合同欺诈行为，合同双方当事人也可以采取一定的补救措施使各方都认可原有的合同，如欺诈者给被欺诈者提供一定的赔偿，或采取修理、重做等补救措施，而如果将合同欺诈行为中的合同效力一律归于无效，则会导致双方当事人无法再采取补救行为使合同效力正常化，不利于民事主体的自治；第三，通过合同可撤销、可变更已经足以使被欺诈者得到权利救济，而将合同效力宣告为无效，则反而不利于被欺诈者救济自己的权利。将因欺诈而订立的合同作为可撤销合同对待，使撤销制度发挥了神奇的综合功能。它不仅包容了无效制度的全部功能，同时弥补了无效制度无法体现意思自治、难以保障受欺诈人利益的缺陷；它在柔化无效制度的刚性的同时，并没有丧失其本身所具有的制裁和遏制违法行为的功能。①

应当注意的是，无论是受行为人欺诈，还是受第三人欺诈，2017年3月15日

---

① 王利明：《合同法研究》，中国人民大学出版社2011年版，第709页。

公布并于同年10月1日生效的《民法总则》，对上述两种情形下的行为作出了属于可撤销行为的规定，并没有直接将其规定为无效。同时，对受胁迫而违背真实意思的情况下实施的民事法律行为也属于可撤销行为。对于可撤销行为，在被撤销之前，该行为有效。根据《民法总则》第155条的规定，“无效或者被撤销的民事法律行为自始没有法律约束力。”在撤销之后，该行为的效力溯及地归于消灭，自始无效。

【拓展适用】

一、合同欺诈罪之界定

在我国修订前的《刑法》及单行刑事法规中均无合同诈骗罪这一罪名。司法实践中，对于利用合同进行诈骗的，按照诈骗罪定罪量刑。在商品经济大发展的形势下，利用签订合同诈骗财物，有愈演愈烈之势。这类诈骗案件手段狡猾，不易识别，涉及面广，数额巨大，危害严重。因此增设合同诈骗罪，成为司法实践中处理这种犯罪的客观需要。合同诈骗罪与普通诈骗罪虽然都是一种诈骗犯罪，在行为方式上具有共性，但两者在构成特征上存在很大的差别，合同诈骗犯罪不仅侵犯财产所有权，更主要的是侵犯合同管理制度。由于其以合同欺诈的手段为特征，且最终扰乱了经济秩序，所以说其侵害的法益还包括财产交易之真实、安全及诚实信用等市场原则，即扰乱了市场经济秩序。鉴于其客体的复杂性，我国刑法典将合同诈骗罪与金融诈骗罪等具有特别构成要件的诈骗罪统一规定在分则第三章的破坏社会主义市场经济秩序罪中。同时，又在分则第五章侵犯财产罪中保留了基本构成的传统普通诈骗罪，并为其规定了三个等级有弹性的构成要件和法定刑，以发挥不能适用特殊形式欺诈罪的犯罪构成时的堵漏功能。依据《刑法》第224条的规定，合同诈骗罪是指以非法占有为目的，在签订、履行合同过程中，骗取对方当事人数额较大的公私财物的行为。该条规定基本上涵盖了诈骗犯罪的一般特征，又揭示了合同诈骗罪的特殊性。合同诈骗罪由其犯罪行为方式所决定，行为人要达到“非法占有的目的”，必须采用订立、履行合同的某种诈骗方式来加以实现。合同诈骗的一般过程为：首先利用对方当事人对合同的信任，使对方履行合同从而实际获得对方财物，但自己不履行相应的合同义务。因此，我国刑法将合同诈骗行为的时空范围定格为“签订、履行合同的过程中”是合理的。其一，在订立合同的过程中，行为人为利用合同骗取财物，往往千方百计地使对方当事人与自己订立合同，进而在合同履行过程中实施诈骗行为；其二，在有合同存在的前提下，即在合同履行过程中，行为人的欺骗性往往表现为拒绝履行或干脆携款而逃，达到最终非法占有他人财物的目的。

二、合同欺诈与合同诈骗罪之区分

如何区分合同欺诈行为和合同诈骗行为，是司法实践中的一大难题。合同欺诈与合同诈骗罪在合同订立、履行过程中时时相伴产生，往往很难区别。

（一）合同欺诈与合同诈骗罪的相同点

两者的相似之处表现在：第一，两者得以发生的基础相同。无论是合同诈骗犯罪还是合同欺诈纠纷，都既可以发生在合同的订立过程中，也可以发生在合同的履行过程中。第二，行为人的主观心态都是故意。即具有欺骗对方，使对方的认识陷入错误，从而违背其真实意思而与之订立或履行合同，以谋取一定的利益。第三，客观上都具有欺骗对方当事人的行为。在合同诈骗犯罪和合同欺诈中，行为人往往都会有虚构事实，隐瞒真相，或是利用对方的错误或是进一步加深对方的错误等作为或不作为。第四，合同诈骗犯罪与合同欺诈纠纷，都主要发生于经济交往过程中，且都是以合同的形式出现。这些合同往往从表面上看，条款是规范的，内容和形式也是合法的，合同的虚假性不易识破。第五，受欺诈人与对方订立或履行合同，表面上看起来也是自愿、真实的，但实质上这种意思表示都是有瑕疵的。

（二）合同欺诈与合同诈骗罪的区别

合同诈骗罪与合同欺诈行为的差异，主要体现在以下六个方面：

1. 主观故意之差异。关于合同诈骗罪的主观故意，刑法学界存在不同的观点。第一种观点认为，合同诈骗罪主观方面包括直接故意和间接故意两种形式。第二种观点认为，合同诈骗罪的主观方面只可能是直接故意，不包括间接故意。我们同意第二种观点。因为合同诈骗罪作为目的型的犯罪，行为人具有非法占有他人财物的目的，为实现此目的，其对损害他人财产所有权这一犯罪结果必须持积极追求的态度。行为人明知自己的行为会导致对方当事人财物上的损失，而仍然希望这一危害结果的发生，其心理态度始终是一种直接故意，而不可能对诈骗的结果持放任的态度。所谓间接故意的情形，根本不具有刑事诈骗的性质。因为“有办法履行就履行，没有办法履行就不履行”的态度，表明行为人虽不愿意积极履行合同，但也不能说行为人有骗取钱财的目的。此时只能引起两种民事法律后果：一是该欺诈性合同无效，对方当事人可要求宣布该合同无效或要求变更合同内容；二是行为人应退还定金、预付款、赔偿对方当事人所遭受的损失。可见，间接故意只能构成民事欺诈，而不可能构成刑事诈骗。一般认为，犯罪目的是指犯罪人希望通过实施行为实现某种危害结果的心理态度。根据这一定义，不难看出，犯罪目的仅存于直接故意中。所以，合同诈骗罪这种目的型犯罪不可能存在间接故意的形式。合同欺诈之故意，是指行为人具有故意欺骗他人的意思，即行为人明知自己的行为会使被欺诈人陷入错误认识，并且希望或者放任这种结果发生的一种心理状态。合同欺诈之故意，既可以表现为直接故意，也可以表现为间接故意。直接故意是指行为人明知自己的欺诈行为会导致相对人陷于错误并为错误的意思表示，却希望这种结果发生；而间接故意的欺诈主要表现为行为人对某一重要事实轻率地作出陈述而不考虑其真假，以致相对人相信了实际上是虚假的陈述，并作出意思表示。此种欺诈的特征在于行为人并不考虑其真假尚未确定的陈述可能会给相对人造成的影响，行为人对其行为在主观上采取了一种放任自流或无所谓的态度。

2. 行为目的之差异。在合同诈骗罪中，行为人必须具有非法占有他人财物的目的。有无此种目的，是区分合同诈骗的罪与非罪的界限之一。所谓非法占有，是指事实上将他人财物转移到自己控制之下。就普通诈骗罪来说，因其属于侵犯财产的犯罪，以非法占有他人财物为目的是其显著特征；而合同诈骗罪在现行刑法中虽被归入与普通诈骗罪完全不同的种类，但它仍具有诈骗罪的这一主观特征。对于合同诈骗罪的行为人而言，订立合同的着眼点不在合同本身的履行，而在对合同标的物或定金的不法占有。所以，合同诈骗罪之犯罪目的必须是“非法占有他人财物”。如果行为人主观上不具有非法占有他人财物的目的，那么即使其订立、履行合同的行为客观上具有欺诈的内容，并造成对方当事人财产上较大损失，也不应以合同诈骗罪论，只能承担相应的民事法律责任。就合同欺诈来说，行为人之欺诈故意包括如下几层内容：(1) 使相对人陷入错误的故意；(2) 使相对人依其错误而为不真实意思表示的故意；(3) 欺诈人使自己或第三人因诈欺行为而获得财产上的利益或使相对人遭受损失的故意。同时具备以上三层故意，即构成侵权法上之合同欺诈。可见，合同诈骗罪之犯罪故意要求行为人必须具有非法占有他人财物的目的，而合同欺诈不必要求行为人有此目的。

3. 客观内容不同。合同诈骗罪行为人目的在于无偿取得他人财物，不具有履行合同的诚意，所以其“虚构事实、隐瞒真相”的内容通常是：(1) 虚构主体，以根本不存在的单位名义与他人订立合同；(2) 冒用他人名义订立合同；(3) 使用伪造、变造或者无效的单据、介绍信、印章或者其他证明文件；(4) 使用明知不能兑现的票据或者其他结算凭证作为合同履行的担保。总之，采取上述欺骗手段订立的合同通常根本无法履行，或者能够履行，行为人也不会去履行。在合同欺诈中，当事人采取欺骗方法，旨在使相对人做出有利于自己的法律行为（即发生、变更和消灭一定的民事法律关系），然后通过双方履行这个法律行为谋取一定的非法利益，其实质是谋利。因此，在欺诈性合同中，欺诈人并无不履行合同的故意，而只是用欺骗手段或不履行告知义务致使合同违反公平交易原则，为自己谋取高额利益。基于此，合同欺诈之“虚构事实”通常表现为行为人夸大自己的履约能力，夸大合同标的数量、质量等；“隐瞒真相”则多表现为不告知合同标的物之内在瑕疵，不声明自己履行合同能力之缺陷等。尤其值得注意是，在合同欺诈中，欺诈人甚至也可以用沉默的方式为欺诈行为。单纯的沉默虽然不构成欺诈，但大陆法系认为，如果在法律上、契约上、交易习惯上有告知义务时，沉默而不告知则应构成欺诈。

4. 行为方式不同。合同诈骗罪的行为人因其具有非法占有他人财物的目的，主观心理为直接故意，所以，其欺骗行为相应地表现为采取积极的作为方式进行，无论是虚构事实，还是隐瞒真相，主要都是以作为方式进行，只有在极少数情况下，负有告知义务而未履行，其实质是“隐瞒真相”，这时行为人有不作为的情况。合同欺诈行为主观方面既包括直接故意，也包括间接故意；因而其行为方式可以是作为，也可以是不作为。尤其是间接故意的情形，其行为方式多表现为不作为，不履行告知义务即可构成欺诈，就足以说明这一点。

5. 社会危害性不同。任何事物都具有质和量两个方面的规定性。合同欺诈和合同诈骗罪除了量的差别外，还有社会危害性大小，即质的方面的不同。尽管合同欺诈也有涉及金额巨大的，但其一般情节比较轻微，只是侵害对方当事人的合法权益，很少有较大的社会危害性。而合同诈骗罪则不然，必然是诈骗数额较大、巨大或者特别巨大，情节严重或特别严重。否则，就不能构成合同诈骗罪。

6. 法律责任不同。合同欺诈属于民事违法行为，应负民事责任。依据《民法总则》①、《民法通则》和《合同法》的规定，主要是返还财产、赔偿损失的责任。而合同诈骗罪属于刑事犯罪行为，应承担刑事责任。我国《刑法》遵循罪刑法定原则、罪刑相适应原则，对各种具体的合同诈骗犯罪，均规定了具体的刑种和量刑幅度。即数额较大，处3年以下有期徒刑或拘役，并处或单处罚金；数额巨大或有其他严重情节的，处3年以上、10年以下有期徒刑，并处罚金；数额特别巨大或者有其他特别严重情节的，处10年以上有期徒刑或无期徒刑，并处罚金或没收财产。合同诈骗罪所侵犯的主要是国家的利益，因此应给行为人以一定的身体、精神的痛苦或物质损失，来表现国家对之的严厉谴责和否定性评价。而民事欺诈是较为缓和的欺诈，虽然侵害他人及社会利益，但主要是违反了诚实信用原则以及公允的商业道德，因此，法律的着眼点仍是在于补偿个体，即首先考虑财产的返还、恢复原状或赔偿损失。

---

① 《民法总则》第157条规定：“民事法律行为无效、被撤销或者确定不发生效力后，行为人因该行为取得的财产，应当予以返还；不能返还或者没有必要返还的，应当折价补偿。有过错的一方应当赔偿对方由此所受到的损失；各方都有过错的，应当各自承担相应的责任。法律另有规定的，依照其规定。”

三、欺诈行为的程度对合同效力的影响

如前所述，欺诈行为有可能导致合同无效或撤销。那么，是不是所有的欺诈行为均有此后果呢？换句话说，如果欺诈行为未涉及合同的实质性内容，被欺诈人是否有权撤销合同？

从域外立法例来看，法国传统观点认为，欺诈的内容应当是合同的实质性内容。对于非实质性内容的欺诈，受欺诈一方只能够请求损害赔偿，而不能请求合同的撤销。欧洲合同法原则也借鉴了这一规则，根据起草者的说明，如果涉及非实质性内容的话，则不能撤销。例如甲将其汽车卖给乙，交付车辆时里程表显示汽车行驶过5000公里，但事实上该车已行驶超过1万公里，甲事先修改了里程表，并隐瞒了该事实。由于此行为并未从根本上影响汽车的质量，所以不构成实质性内容的欺诈。乙只能主张损害赔偿，而不能行使撤销权。①《西班牙民法典》第1270条也采纳了此种规定。

我们认为，此种规定是合理的。现代商法的精神即在于最大限度地鼓励交易，尽可能地避免将合同归于无效。如果欺诈并不涉及合同的实质性内容，就未影响到合同的基础，不应将其确定为可撤销合同。

四、合同欺诈与惩罚性赔偿的适用

在民法领域，合同欺诈行为将导致合同无效或者合同可撤销、可变更；在经济法领域，合同欺诈还可能会产生惩罚性赔偿的法律后果。从根本上说，惩罚性赔偿原则仅仅是一种立法技术，但是这种立法技术最大的优点是提升了不法行为人的违法成本，并能够对受害人权利进行更为充分的救济。惩罚性赔偿是英美法系国家在立法上普遍设立的一种制度。惩罚性赔偿又称惩戒性或报复性赔偿，有广义和狭义之分，广义说认为惩罚性赔偿不仅包括惩罚性赔偿金，还包括补偿性赔偿金。合同欺诈所导致的惩罚性赔偿主要体现在《消费者权益保护法》第55条和《食品安全法》第148条中。《消费者权益保护法》第55条规定，经营者提供商品或者服务有欺诈行为的，应当按照消费者的要求增加赔偿其受到的损失，增加赔偿的金额为消费者购买商品的价款或者接受服务的费用的三倍。此处所谓的“经营者提供商品或者服务有欺诈行为的”，所指的即买卖合同中的合同欺诈行为。根据该规定，此处的合同欺诈行为将会导致惩罚性赔偿，赔偿额度将分为两部分，一部分是赔偿消费者所遭受的实际损失，另一部分是增加赔偿额即惩罚性赔偿，其金额是消费者购买

---

① See Commission of European Contract Law, Principles of European Contract Law Parts I and II Ole Lando & Hugh Beale, eds., Kluwer L. Intl., 2000, at 253.

商品的价款或者接受服务的三倍。由于惩罚性赔偿的立法价值取向是增强责任主体的注意义务，带有鲜明的惩罚性，救济性的特色相对淡化，因而该赔偿方法被我国《食品安全法》吸收，用于解决当前我国社会中的热点问题即食品安全问题。该法第148条规定，生产不符合食品安全标准的食品或者经营明知是不符合食品安全标准的食品，消费者除要求赔偿损失外，还可以向生产者或者经营者要求支付价款十倍或者损失三倍的赔偿金。《食品安全法》引入惩罚性赔偿机制，目的是加强食品生产经营者的注意义务，以杜绝我国食品生产经营中存在的以假乱真、以次充好的现象。

从《食品安全法》第148条的规定来看，《食品安全法》所确立的惩罚性赔偿与侵权法上的惩罚性赔偿会构成一定的竞合。《侵权责任法》第47条规定："明知产品存在缺陷仍然生产、销售，造成他人死亡或者健康严重损害的，被侵权人有权请求相应的惩罚性赔偿。"这一条文与《食品安全法》第148条的竞合关系体现在，食品生产经营行为中的不安全食品同时也属于《侵权责任法》第47条所谓的"产品"，因此如果发生食品生产者生产不符合食品安全标准的食品或者销售者明知其所销售的食品不符合食品安全标准仍在销售的行为，那么究竟应适用哪一条文呢？根据《侵权责任法》第47条的规定，惩罚性赔偿请求必须在"造成他人死亡或者健康严重损害"的情况下才能得到法律的支持，而在《食品安全法》第148条的规定下，消费者除要求赔偿损失外，还可以要求支付价款十倍或者损失三倍的惩罚性赔偿。我们认为，究竟应适用哪一条文，应由法官裁量，理由如下：（1）不安全食品致害同时符合上述两个条文，不能仅仅依据"特别法优于一般法"的原则排斥消费者的惩罚性赔偿请求；（2）上述两个条文的规定存在差异，即《侵权责任法》规定的是"产品缺陷"，而《食品安全法》规定的是"食品不符合安全标准"，食品安全与否，不应仅仅根据食品是否符合食品安全标准来确定，而是应由法官结合案件具体情形进行判断。如果我们从《合同法》的角度进行理解，则可以认为《食品安全法》第148条所规定的"生产不符合食品安全标准的食品或者经营明知是不符合食品安全标准的食品"即《合同法》上所谓的"合同欺诈行为"。但是根据合同的相对性原则，生产者生产不符合食品安全标准的食品并最终导致消费者遭受损失，生产者的行为并非合同欺诈行为，这是因为生产者与消费者之间并无合同；而销售者明知其所销售的食品不符合食品安全标准但是依然将该食品销售给消费者，则可以看作是一种合同欺诈行为，并导致销售者的惩罚性赔偿责任。

【典型案例】

江苏省无锡诺贝电脑技术有限公司与ADI有限公司、隆源国际（香港）有限公司、华电（香港）有限公司购销合同纠纷案

上诉人（一审被告）：隆源国际（香港）有限公司（LUNG YUEN INTERN - ATI0NAL（HONG KONG） LIMITED）。

法定代表人：郑东，该公司总经理。

委托代理人：徐镇英，南京紫金律师事务所律师。

被上诉人（一审原告）：江苏省无锡诺贝电脑技术有限公司。

法定代表人：刘瑞武，该公司董事长。

委托代理人：蔡晓明、林志明，江苏省无锡梁溪律师事务所律师。

一审被告：ADI有限公司（ADVANCED DIGITAL INTER - NATIONAL LIMITED）。

法定代表人：简裕祥，该公司经理。

一审被告：华电（香港）有限公司（CEIEC（HONG KONG） LIMI - TED）。

法定代表人：薛永寿，该公司总经理。

委托代理人；樊文江，该公司副经理。

〔基本案情〕

原告江苏省无锡诺贝电脑技术有限公司（以下简称诺贝公司）因与被告ADI有限公司（以下简称ADI公司）、隆源国际（香港）有限公司（以下简称隆源公司）、华电（香港）有限公司（以下简称华电公司）发生购销合同纠纷，向江苏省无锡市中级人民法院提起诉讼。

原告诺贝公司诉称：原告与被告ADI公司、隆源公司及华电公司签订四方协议，约定由ADI公司授权隆源公司，再由隆源公司授权原告为日本冲电气工业株式会社（OKI ELECTRIC INDUSTRY CO. LTD，以下简称OKI公司）生产的PAGE - 4W打印机在境内市场的唯一总经销商。协议签订后，原告即投入巨资搞广告宣传启动市场，同时收到隆源公司发来的打印机650台，为此支付货款338692元。但后来得知，ADI公司、隆源公司根本无权将这一产品在境内市场唯一总经销商的权利授予原告，授权一事纯粹是ADI公司、隆源公司对原告的欺诈。在此期间，华电公司与隆源公司串通改变购销关系，从中牟取了货物差价款37500港元。请求认定四方协议无效，允许原告将未销售的521台打印机返还给隆源公司，判令华电公司给原告返还货款338692元及差价款37500港元，ADI公司和隆源公司给原告赔偿广告费、运输邮寄费、差旅费和可得利润损失共计588085.19元。本案诉讼费由三被告承担。

被告ADI公司、隆源公司未交书面答辩。

被告华电公司辩称：在四方协议中，本被告只是原告支付货款的担保人，从未与被告隆源公司串通，并且在得知原告没有得到唯一总经销权后，还多次协助原告要求被告ADI公司出具授权书。本被告认真履行四方协议，按时开证将700台打印机的货款付给隆源公司，但后来只收回125台打印机货款。原告所称改变购销关系牟取的差价，实际是本被告履行担保付款义务应当收取的手续费。法院如果认定四方协议无效，则隆源公司应当给本被告退还货款1408750港元；如认定有效，则原告应当将货款付给本被告。退货款者应当同时支付银行利息30万港元，并赔偿本被告遭受的一切损失。

无锡市中级人民法院经审理查明：

1996年8月6日，原告诺贝公司与被告ADI公司、隆源公司、华电公司签订《关于在中国市场销售OKI PAGE-4W打印机的协议书》一份，约定：由ADI公司代表OKI公司授权隆源公司为OKI PAGE-4W打印机的中国地区代理，隆源公司再授权诺贝公司为该打印机在境内市场的唯一总经销商；ADI公司于8月底通过隆源公司首批向诺贝公司提供打印机500台，由隆源公司办理进口、报关等手续，交货地为广州市，交货价格为人民币3260元/台（含增值税）；华电公司于8月8日前向隆源公司开具后45天信用证担保；诺贝公司在隆源公司交货后40天内，以人民币向隆源公司支付全部货款；隆源公司在收到货款后三天内负责以美元偿还华电公司提供的担保金；合同生效后三个月内，诺贝公司每月向ADI公司定购500台打印机，三个月后四方另行商定新的营销计划及定货数量等。

签订四方协议后，原告诺贝公司即进行广告宣传活动。1996年9月，在北京举办了“96OKI激光打印机新品发布暨演示会”，在《人民日报》及《中国计算机报》上相继刊登广告，并标以“国内唯一总经销商”字样，共支付广告费用139350元人民币。因客户对诺贝公司的唯一总经销商地位提出质疑，诺贝公司分别向被告ADI公司、隆源公司和案外人OKI香港公司、OKI公司北京事务所及OKI公司发出关于其是否为PAGE-4W打印机中国境内市场唯一总经销商的信函，要求ADI公司、隆源公司或者OKI公司出具相应的授权书或证明文件。在此期间，被告华电公司也协助诺贝公司提出证明唯一总经销商地位的要求，但ADI公司、隆源公司始终未能提供相应证明。直至1997年8月1日，ADI公司才书面答复诺贝公司称：“不可能授权贵司做唯一代理，主要原因是贵司在销售表现上未达协议中的数据”。OKI香港公司于1997年8月26日答复诺贝公司，表明“授权一事与日本OKI公司本部、OKI香港公司及OKI公司北京事务所无关，此问题请直接与ADI公司及华电公司磋商解决”。诉讼中，隆源公司向法院提供了ADI公司曾被OKI香港公司授权作为PAGE-4W打印机在中国地区其中一个代理商的证明，期限为1996年6月1日至1997年5月31日，但一直不能提供OKI公司认可ADI公司对隆源公司的授权和隆源公司对诺贝公司的再授权有效的证明。

为履行四方协议，被告华电公司于1996年8月10日与被告隆源公司签订两份《订购合同》，内容是由隆源公司分别供打印机500台、200台，单价均为2450港元/台，货款共计171.5万港元；交货期为同年10月15日前，隆源公司担保由香港安全运往无锡，并转交给购货单位、本案原告诺贝公司；付款方式为交货后45天付款之信用证。根据合同，华电公司于8月13日、10月1日，经由中国银行香港分行开立受益人为隆源公司、货物最迟交付日期为10月15日、交货后45天内付款的信用证各一份，金额分别为122.5万港元、49万港元。后诺贝公司于10月5日至12月2日，实际收到打印机共650台。华电公司于12月9日向隆源公司付款673750港元，12月16日付款1041250港元，合计171.5万港元。

由于国家规定从1996年10月1日起，进口打印机必须获得国家商检局签发的“进口商品安全质量许可证书”，并加贴被批准使用的商检安全认证标志（CCIB），方可准入境内市场，因此原告诺贝公司于1996年11月5日起向被告隆源公司、ADI公司提出：“所有已收到的货物都没有CCIB标记，请尽快解决”，但隆源公司至今未能提供合格的报关、商检手续证明。

另查明，自1996年10月10日至1997年1月，原告诺贝公司已销售打印机129台，尚有521台未销售。自1996年11月至1997年1月，诺贝公司共付出打印机货款人民币679740元，其中付给被告隆源公司人民币16.3万元，付给被告华电公司人民币516740元。华电公司收到隆源公司、诺贝公司前后汇来的款项，共计折算58.5万港元。

上述事实，有四方签订的协议书、华电公司与隆源公司签订的两份购销合同、华电公司开立的信用证及到期付款证明、诺贝公司实际收到650台打印机的证据、诺贝公司向隆源公司及华电公司付款凭证、诺贝公司销售129台打印机的发票、诺贝公司进行广告活动的证据材料及支付广告费的凭证、诺贝公司要求出具授权证明文件的传真、ADI公司答复诺贝公司不可能授予其独家经商地位的传真、OKI公司就授权一事出具的证明、诺贝公司要求隆源公司出具报关、商检证明的传真等证据证实。

〔一审裁判理由与结果〕

无锡市中级人民法院认为，原告诺贝公司与被告ADI公司、隆源公司和华电公司于1986年8月6日签订《关于在中国市场销售OKI PAGE－4W打印机的协议书》，其前提是诺贝公司必须享有在境内市场的唯一总经销权。现ADI公司仅得到OKI香港公司授与其在1996年6月1日至1997年5月31日期间的非独占销售权，其向隆源公司的授权及隆源公司对诺贝公司的再授权又未得到OKI公司的认可，故ADI公司及隆源公司不能保证诺贝公司作为境内市场的唯一总经销商来履行四方协议。ADI公司其后以诺贝公司“未能达到协议中约定的销售数据”为由，明确表明不可能授权诺贝公司为唯一代理，致诺贝公司在广告及销售过程中遭受到客户的质疑，严重损害了诺贝公司的合法权益，应认定ADI公司、隆源公司的行为属于隐瞒事实真相欺诈诺贝公司。《中华人民共和国涉外经济合同法》① 第十条规定：“采取欺诈或者胁

① 《中华人民共和国涉外经济合同法》已被1999年10月1日施行的《中华人民共和国合同法》废止。

迫手段订立的合同无效。”四方所签协议应属无效，当事人依该协议收取的财物，应当返还给对方。第十一条规定：“当事人一方对合同无效负有责任的，应当对另一方因合同无效而遭受的损失负赔偿责任。”诺贝公司因合同无效所遭受的损失，应当由ADI公司、隆源公司赔偿。诺贝公司依该协议收取尚未销售的521台打印机应依法退还给隆源公司；对已销售的129台打印机，应按原价折款予以返还420540元人民币；其已支付货款679740元人民币，超出返还款部分的259200元人民币，由隆源公司向诺贝公司返还。ADI公司、隆源公司应赔偿诺贝公司广告费损失。诺贝公司在未收到合格商检证明时即销售打印机，亦负有一定过错，故其提出的赔偿运输邮寄费、差旅费等经营支出以及可得利润损失的请求，不予支持。诺贝公司要求华电公司退还货款及差价款，因华电公司在为诺贝公司垫款以及在签订协议和履行协议过程中均无过错，故该主张不予支持。隆源公司应当给华电公司返还尚欠该公司的垫付货款。华电公司要求隆源公司返还尚欠款的损失，因其未能提供足够证据，本案不作处理。据此，无锡市中级人民法院判决：

一、原告诺贝公司与被告ADI公司、隆源公司、华电公司于1996年8月6日签订的《关于在中国市场销售OKI PAGE－4W打印机的协议书》无效；

二、原告诺贝公司给被告隆源公司返还OKI PAGE－4W打印机521台；

三、被告隆源公司给原告诺贝公司返还人民币259200元；

四、被告隆源公司给被告华电公司返还11.3万港元；

五、被告ADI公司、隆源公司给原告诺贝公司赔偿广告费损失人民币139350元；

六、驳回原告诺贝公司其他诉讼请求。

诉讼费2.2万元，由原告诺贝公司负担2200元，由被告ADI公司及隆源公司共同负担19800元。

〔当事人上诉及答辩意见〕

隆源公司不服一审判决，向江苏省高级人民法院提起上诉。主要理由是：OKI公司给ADI公司的授权并未排斥ADI公司对打印机的独占经销权，事实上ADI公司也是境内唯一的经销商。OKI公司明知ADI公司转委托隆源公司为中国地区代理未提出异议，应视为同意。原审判决认定隆源公司隐瞒事实真相，存在欺诈，没有依据。

〔二审裁判理由与结果〕

江苏省高级人民法院经审理认为，一审认定的事实清楚，证据充分。原审被告ADI公司明知自己不是PAGE－4W打印机中国地区的独家经销商，无法将唯一总经销权授予他人，却经过隆源公司授权诺贝公司为唯一总经销商，属于隐瞒事实真相的欺诈行为，这是导致四方协议无效的根本原因，ADI公司对此负有主要过错责任。上诉人隆源公司在未获得ADI公司书面授权的情况下，即对诺贝公司实施再授权，对造成合同无效也有一定过错。但是，隆源公司是在ADI公司明确授权其为中国地区代理的情况下实施再授权行为的，没有证据证明隆源公司是与ADI公司共同欺诈诺贝公司，因此一审判决隆源公司与 ADI 公司共同承担赔偿责任不当，应当纠正。隆源公司的部分上诉理由成立，予以采纳。据此，江苏省高级人民法院依据《中华人民共和国民事诉讼法》第一百五十三条第一款第二项的规定判决：

一、维持一审民事判决的第一、二、三、四、六项。

二、撤销一审民事判决第五项和案件受理费负担部分。

三、被上诉人诺贝公司的广告费损失人民币 139350 元，由原审被告 ADI 公司赔偿。

一、二审案件受理费各 2.2 万元，由诺贝公司各负担 2000 元，ADI 公司各负担 1.2 万元，隆源公司各负担 800 元。

第十七章　合同无效

规则26：银行等金融机构违反《商业银行法》等法律中的非强制性规范的，原则上不影响其与对方当事人之间信贷行为的效力

——风神轮胎股份有限公司与中信银行股份有限公司天津分行、河北宝硕股份有限公司借款担保合同纠纷案①

【裁判规则】

《商业银行法》《贷款通则》等相关法律法规并未规定商业银行违反贷款中严格审查义务的民事责任，担保合同规定与银行的内部规定均是从商业银行风险控制角度加以规范的，属非强制性规范。银行违反相关规定，原则上不影响银行与借款人之间的信贷行为的效力和最高额保证合同的效力。

【规则理解】

一、我国违法合同无效判定的立法发展

我国对于违法合同效力规定的立法过程大致可以分为三个阶段：前经济合同法时期、修订后的经济合同法时期以及新合同法时期。

1. 前经济合同法时期。即：三个经济合同法及《民法通则》时期，1981年出台的《经济合同法》第7条第1项规定，违反法律和国家政策、计划的合同无效。由于此时的合同为执行国家经济计划的方式，合同法的规范功能也意在保证国家计划的执行，因此，该法律中规定违反国家政策计划即相当于对法律的违反，一律导致经济合同无效。依据1981年《经济合同法》的规定，行政权力是可以干涉当事人之间订立的经济合同并认定其无效的，此时的合同自由精神并没有得到体现。1985年颁布的《涉外经济合同法》第9条第1款规定："违反中华人民共和国法律或者社会公共利益的合同无效。"《涉外经济合同法》改变了1981年《经济合同

① 《中华人民共和国最高人民法院公报》2008年第2期，最高人民法院（2007）民二终字第36号民事判决书。

法》对于无效合同的列举式规定，直接采用了一句话的概括式说法。1986年颁布的《民法通则》第58条第5项规定，违反法律或者社会公共利益的民事行为无效。没有规定违反政策的合同无效，相比于之前的1981年《经济合同法》来说是一种进步，但是对于“法律”一词本身所涵盖的范围并未进一步说明。1987年颁布的《技术合同法》第21条第1款第1项规定，违反法律、法规或者损害国家利益、社会公共利益的技术合同无效。同时，该法第22条还规定了对于合同无效还可能追究行政责任或者刑事责任，可见此阶段的合同法规定依旧存在较浓的行政干预色彩。

2. 修订后的经济合同法时期。它是指从1993年对《经济合同法》的修订到1999年《合同法》出台之前的阶段。在修订《经济合同法》的过程中，对因违法即无效的认定应加以限制的呼声很高，而最终体现在了修订后的法律之中。经1993年修改之后，“违反法律和国家政策、计划的合同无效”的规定变为“违反法律和行政法规的合同无效”，但是此时《经济合同法》的性质仍然是“国家计划具体化和得到贯彻执行的形式，是制定计划的重要依据和必要补充”。1999年的《合同法》制定之前，关于国家干预与合同自由的关系一直是争论的焦点，其中，对将“强制性规定”限制在一个必要的范围之内的观点有着高度的共识。以上各类合同法和《民法通则》的规定都具有相似的特征，首先，法律与国家政策甚至计划并列，国家干预色彩较重；其次，都没有明确条文中提到的法律和法规的位阶，仅是笼统地列举或概括式地说明，使得违法的概念被赋予了无限的解释和延伸，“法律”一词通常被进行广义解释，打经济合同无效的官司几乎成了违约者规避违约责任的惯用手法，这使得经济合同的无效率一直保持在很高的位置。

3. 新合同法时期。1999年颁布的《合同法》审时度势对《民法通则》的规定进行了限制，即进入了新合同法时期。《合同法》第52条第5项规定，违反法律、行政法规强制性规定的合同无效。最高人民法院出台的《合同法司法解释一》第4条对“法律和行政法规”的含义进行了限缩解释。之后经过较为长期的司法实践和理论界的推动，在2009年出台的《合同法司法解释二》第14条又进一步明确了《合同法》第52条第5项提到的“强制性规定”是指“效力性强制性规定”。2017年3月15日公布的《民法总则》第153条规定：“违反法律、行政法规的强制性规定的民事法律行为无效，但是该强制性规定不导致该民事法律行为无效的除外。违背公序良俗的民事法律行为无效。”可见，《民法总则》没有采用《合同法司法解释二》关于强制执行效力性规定的表述。我们认为，从目前的法条规定来看，上述表述是比较含糊的，但立法机关关于并非所有违反法律、行政法规强制性规定的民事法律行为均为无效的意思是很明确，在没有更为准确细致的立法规定出台之前，把“违反法律、行政法规的强制性规定的民事法律行为无效”理解为违反法律、行政法规效力性强制性规定的民事法律行为无效是较为妥当。对于违反公序良俗的民事法律行为无效的适用问题，虽然《民法总则》没有原则性规定违反或者损害公共利益的民事行为无效，但是《民法总则》在第132条规定了权利不得滥用的原则，即“民事主体不得滥用民事权利损害国家利益、社会公共利益或者他人合法权益。”从某种意义上讲，《民法总则》用第153条第2款代替了《民法通则》第58条第1款第5项规定，将违反公共利益的民事法律行为无效修改为违反公序良俗的民事法律行为无效。在民法上，谦抑地解释公共利益的范围，是保护民事主体合法权益的体现。从其他国家和地区的立法例来看，民法上的公共利益主要体现为公序良俗，如《德国民法典》第138条第1款规定，“法律行为违背善良风俗的，其为无效。”《瑞士债务法》第20条规定，“合同内容不能、违法或者违反公序良俗的，无效。”2013年《匈牙利新民法典》第6：96条规定，“显然违背善良风俗的合同无效。”我国台湾地区“民法”第72条规定，“法律行为有悖于公共秩序或善良风俗者，无效。”我国澳门地区民法典第273条第2款规定，违反公共秩序或者侵犯善良风俗之法律行为无效。为此，《民法总则》作出上述规定，既符合各国和地区的立法例，也符合民法之精神。

可见我国对于违法合同效力判定的立法观点主要经历了几个过程，从认定违反法律、法规以及各类国家政策文件等都属于无效合同，到不断缩小认定范围，到现在将合同无效认定的法律文件依据进行明确的位阶说明以及将强制性规定进一步区分为了效力性和取缔性规定。

二、强制性规范的界定

合同的法律效力根源于其内容及形式的合法性。《民法总则》中明确规定民事法律行为不得违反法律、行政法规的强制性规定，《合同法》中明确规定合同不得违反法律、行政法规的强制性规定，由此确立了合同效力的判断标准。无效合同形式很多，但共性明显，即内容的违法性。内容的违法性，是指无效合同的内容违反了法律和行政法规的强制性规定及社会公共利益。所谓强制性规定，与任意性规定相对，是指直接规定人们的意思表示或事实行为，不允许人们依其意思加以变更或排除其适用，否则，将受到法律制裁的法律规定。[①] 所以，强制性规定包括：1. 关于意思自治以及意思自治行使要件的规定，如行为能力、意思表示生效的要件以及合法的行为类型（限于对行为类型有强制性规定的情形）；2. 保障交易稳定、保护

① 耿林：《强制规范与合同效力》，清华大学法学院2006年博士学位论文。

第三人之信赖的规定；3. 为避免产生严重的不公平后果或为满足社会要求而对意思自治予以限制的规定。① 具体来说是指：

1. 主体的权威性，作出强制性规范的主体须是全国人大及其常委会或国务院制定的法律或者行政法规。地方性法规和规章不能作为认定合同无效的依据。

2. 内容的限定性，违反的强制性规定须是法律和行政法规的强制性规定。通常对强制性规定按其性质进行管理性还是效力性的区分。所谓效力性的强制规定，是指对违反强制性规定的私法上的行为，在效力后果上以私法上的方式予以一定制裁的强制性规定，也就是说，当事人所预期的私法上的法律效果会受到一定的消极影响，或无效，或效力待定等。所谓管理性的强制规定，则是指它被违反后，当事人所预期的私法上的效果不一定会受到私法上的制裁的强制性规定，但这并不排除它可能受到刑事上或行政上的制裁。其中，违反它也不会受到私法上的制裁的管理性的强制性规定，在德国法上叫作纯粹管理规定。日本和我国台湾地区的学者都称之为单纯取缔规定。② 理论上的这种分类，不但利于交易，而且能起到维护经济秩序的效果，符合我国社会发展需求。一方面，合同法上强制性规范的规定较多，如不加以限制，可能会加大无效合同出现的概率，阻碍合同效力；另一方面，许多强制性规定并未说明其对合同效力会产生什么样的影响，或是仅对违法者规定处罚，或是还规定合同无效。所以，应当通过限制法律条文的方法明确与合同效力有关的强制性规定，明确应严格遵守效力性强制性规定，这样既限制了当事人对合同效力认定的随意性，又保护了合同发展的稳定。

3. 对象的实质性。违反法律的强制性规范，主要是指内容的违反。形式上的违反主要导致合同未生效，即使法律明确规定合同要审批，也是形式上的规定，未审批时合约仍对当事人有一定的约束力，义务人仍要继续履行未完的审批义务。同时，实质性的违法还应包括违反了社会公共利益。如当事人之间签订的合同有违公序良俗，损害社会利益，即使其内容不违法，合同也是无效的。

三、违反强制性规范对合同效力的影响

合同违反强制性规范，效力如何判定？根据最高人民法院《关于当前形势下审理民商事合同纠纷案件若干问题的指导意见》第 16 条规定，人民法院应当综合法律法规的意旨，权衡相互冲突的权益，诸如权益的种类、交易安全以及其所规制的对象等，综合认定强制性规定的类型。如果强制性规范规制的是合同行为本身，只

---

① ［德］卡尔·拉伦茨：《德国民法通论》（上册），王晓晔等译，法律出版社 2003 年版，第 42 页。

② 崔建远：《合同法》，北京大学出版社 2012 年版，第 88 页。

要该合同行为发生即绝对地损害国家利益或者社会公共利益的，人民法院应当认定合同无效。如果强制性规定规制的是当事人的“市场准入”资格而非某种类型的合同行为，或者规制的是某种合同的履行行为而非某类合同行为，人民法院对于此类合同效力的认定，应当慎重把握，必要时应当征求相关立法部门的意见或者请示上级人民法院。

我们认为，合同违反效力性的强制性规定无效，而违反管理性的强制性规定不一定无效。需要进一步研究的是，哪些规范属于效力性的强制性规定，哪些属于管理性的强制性规定。对此，理论界和实务界尚无定论。持第一种观点的学者提出，效力性的强制性规定与管理性的强制性规定应从以下几方面界定：（1）法律、法规规定违反该规定，将导致合同无效或不成立的，为当然的效力性规定；（2）法律、法规虽然没有规定“违反其规定将导致合同无效或不成立”，但违反该规定若使合同继续有效将损害国家利益和社会公共利益的，也属于效力性规定；（3）法律、法规没有规定“违反其规定，将导致合同无效或不成立”，违反该规定并不损害国家利益和社会公共利益，而只是损害当事人利益的，属于取缔性规定（管理性规定）。[①] 持第二种观点的学者主张，应从以下三方面认定效力性的强制性规定：（1）违反法律、行政法规同时构成了违反社会公共利益、社会公德的，该强制性规定应为效力性的强制性规定。（2）如果强制性规定禁止某类物的流转，禁止当事人实施某些行为，此类物就成为禁止流通物，买卖此类禁止流通物的行为就成为不得实施的行为。系争合同若将此类物作为标的物、将此类行为作为标的，就应当无效。（3）法律明文规定违反法律规定的合同无效，该规定未必属于效力性的强制性规定。因为有些违反管理性的强制性规定的合同也是无效的。[②] 第一种观点更值得赞同。

【拓展适用】

一、保证责任的消灭

保证责任的消灭，是指由于法定事由的出现，保证人与债务人之间的债权债务关系不复存在，保证人无须再承担责任。保证责任在以下几种情况下消灭：

1. 主债务消灭。保证债务对主债务具有从属性，主债务因履行、抵销、免除、混同等原因而全部或部分消灭时，债权人债权实现，保证人不再重复承担保证责任，保证责任在相应责任范围内全部或部分消灭。

---

① 王利明：《论侵权法草案二审稿若干问题》，载《中国社会科学》2009 年第 11 期。

② 崔建远：《合同法》，北京大学出版社 2012 年版，第 89 页。

2. 债权人放弃物的担保。根据《担保法》第28条之规定，同一债权既有保证又有物的担保的，保证人对物的担保以外的债权承担保证责任。债权人放弃物的担保的，保证人在债权人放弃权利的范围内免除保证责任。

3. 保证期间届满而债权人没有行使权利。为了督促主债权人及时行使权利，避免保证人无限期的承担保证责任，《担保法》规定了保证期间制度。保证人只在保证期间内承担保证责任，保证期间届满，债权人则无权请求保证人承担保证责任。保证期间的规定有利于维护保证人的利益。这是因为，债权人如不及时行使权利，一旦债务人丧失了履行能力，债权人再要求保证人履行保证责任，保证人在履行了保证责任后，无法实现对债务人的求偿权。在一般保证的情况下，保证期间届满，债权人未对债务人提起诉讼或申请仲裁，保证人免除保证责任；在连带责任保证的情况下，保证期间届满，债权人未要求保证人承担保证责任的，保证人免除保证责任。

4. 未经保证人同意转让债务。保证期间内，债权人许可债务人转让债务，但未经保证人同意的，保证人不再承担保证责任。保证人为债务人作担保，往往基于两者之间的特殊关系，或对债务人的资产、信誉有所了解，对其产生信任，而债权人许可债务人转让债务的，不论是部分还是全部转让，未经保证人同意的，保证人对新债务人并不了解，影响到保证人追偿权的实现。如果保证人同意或自愿承担保证责任的，当然不在此限。"如果债务人不是转让债务于第三人，只是第三人加入债务承担而与债务人承担连带责任的，此种情形对保证人没有任何的不利，相反，这对保证人是有益的，因此，在这种情况下，保证人仍应在原保证范围内继续承担保证责任。"①

5. 保证人承担了保证责任。保证人承担责任的方式有代债务人履行或承担赔偿责任，保证人依照保证合同承担保证责任的行为，使债权人的债权得以实现，保证责任自然消灭。

6. 保证合同中保证人意思不真实。根据《担保法》第30条之规定，在以下两种情形，保证人不承担民事责任：一是主合同双方当事人恶意串通，骗取保证人提供保证的；二是主合同债权人采取欺诈、胁迫等手段，使保证人在违背其真实意思的情况下提供担保的。在这两种情况下保证合同被确认为无效，保证人不承担责任。

7. 保证合同解除和终止。保证合同与其他合同一样，也可以因解除而消灭。保证合同消灭，保证合同自始不发生效力，保证人即不再承担保证责任。

---

① 刘保玉、吕文江：《债权担保制度研究》，中国民主法制出版社2000年版，第136页。

二、最高额保证

（一）最高额保证的内涵

所谓最高额保证，是指债权人与保证人约定，就债权人与主债务人之间在一定期间内连续发生的债务，预定最高限额，由保证人承担保证责任的保证。[①] 保证债务为从债务，须以主债务的存在为前提。因此，主债务应于保证成立前发生，但并不以现实发生为必要，只要已有发生基础且将来可能发生，将来债务的数额也无须具体确定，只要明定最高限额即可。

我国担保法对最高额保证进行了原则性规定。《担保法》第 14 条规定："保证人与债权人可以就单个主合同分别订立保证合同，也可以协议在最高债权额限度内就一定期间连续发生的借款合同或者某项商品交易合同订立一个保证合同。"2000 年出台的《担保法司法解释》对最高额保证的有关细节进一步予以了明确。其中，第 23 条规定："最高额保证合同的不特定债权确定后，保证人应当对在最高债权额限度内就一定期间连续发生的债权余额承担保证责任。"第 37 条规定："最高额保证合同对保证期间没有约定或者约定不明的，如最高额保证合同约定有保证人清偿债务期限的，保证期间为清偿期限届满之日起六个月。没有约定债务清偿期限的，保证期间自最高额保证终止之日或自债权人收到保证人终止保证合同的书面通知到达之日起六个月。"

（二）最高额保证的特征

最高额保证作为一种特殊的保证，具有以下特征：

1. 最高额保证担保的债权包括尚未发生的债权。普通保证与所担保的债权具有发生上的从属性。保证的成立以主债权的存在为前提，并且通常随着主债权的转移而转移，随着主债权的消灭而消灭。而最高额保证不必自始与主债权并存，最高额保证合同订立时，可以纳入保证范围的债权还未发生。最高额保证实际上也有诱导债权发生的功能。因为，最高额保证的存在，债权人才愿意授信于债务人。因此，最高额保证不具有普通保证所具有的发生上的从属性。

2. 最高额保证担保的是一定期间内发生的债权。在保证合同约定的期间内发生的债权，才可能进入担保的范围。该期间债权人与保证人可以在保证合同中约定，如果没有约定，则保证人可以随时终止保证合同，以确定所担保债权的发生期间。

3. 最高额保证所担保的债权额受约定的最高额的限制。最高额保证担保的债

---

① 高圣平：《担保法论》，法律出版社 2008 年版，第 202 页。

权除了受到期限的约束，还受到最高额的限制。在约定期间结束时，未清偿的债权如果超过约定的最高额，则以最高额为准确定保证人的保证责任；如果未清偿的债权额未超过约定的最高额，则以未清偿的债权额确定保证人的保证责任。

4. 最高额保证所担保的债权基于一定的基础关系发生。最高额保证中可进入保证范围的债权受约定的债权发生基础的限制。最高额保证不从属于特定的债权，只从属于基础法律关系。在一定期间内，发生在债权人与债务人之间的债权可能有许多，但只有依约定的主合同发生的债权，才可能进入保证范围。约定的主合同关系即基础关系。在最高额保证决算前，由基础法律关系所产生的债权虽然产生、消灭、增加或减少，但最高额保证不受保证存续期间内某些特定债权变更、消灭的影响。在保证存续期间内，债权额呈动态变化趋势，即使某一时点上债权额为零，也不影响最高额保证仍为担保决算前可能发生的不特定债权而继续存在。

（三）最高额保证的担保范围

保证责任的范围，是指依照法律规定或者当事人约定，保证人在多大限度内承担保证责任。当事人在签订保证合同时，必须明确约定保证担保的范围。根据《担保法》第21条的规定，保证担保的范围包括主债权及利息、违约金、损害赔偿金和实现债权的费用。此即法定的保证范围。此种规定比较符合保证法律关系从属性的法律性质，有利于保护债权人的权益。法定的保证范围只是为保证合同当事人在确定保证范围时，提供一个范本，并非对所有保证合同中保证范围的强制性规定。保证债务是相对独立之债务，保证合同之内容由债权人与保证人合意确定。因此，当事人可以在不超过主债务范围的限度内，自由约定保证债务的范围。故法定保证范围为保证合同当事人约定保证范围提供指导和范本，约定保证范围则是对法律规定的保证范围的明晰化和具体化。约定保证范围具有优先于法定保证范围的效力，即在合法有效的保证合同中，如当事人对法定保证范围作出变更，从而出现约定保证范围和法定保证范围不一致的情况时，优先适用保证合同中约定的保证范围，而排除法定保证范围的适用。

在最高额保证中，当事人已经约定了担保债权的最高限额，可视为保证合同对担保范围另有约定，该约定可以排除法定担保范围的适用。值得研究的是，最高债权限额是仅指主债权，还是包括主债权和从债权？我们认为应包括主债权和从债权在内。最高债权限额包括主债权与从债权并不会损害债权人的利益。只要债权人在借款时为利息、实现债权的费用等预留一定空间即可。但是如果保证人明确表示，约定的最高额为主债权的最高限额，主债权之利息、违约金、损害赔偿金及实现债的费用等未包括在内，应依当事人的约定。

（四）保证人的单方终止权

最高额保证人的单方终止权，是指最高额保证合同未约定保证期间的，保证人所享有的得以自己一方的意思表示终止保证合同的权利。[①] 债权人与保证人可以在保证合同中约定决算期，如果没有约定，则保证人可以随时终止保证合同，以确定所担保债权的发生期间。我国《担保法》第27条规定："保证人依本法第十四条规定就连续发生的债权作保证，未约定保证期间的，保证人可以随时书面通知债权人终止保证合同，但保证人对于通知到债权人前所发生的债权，承担保证责任。"按照上述规定，最高额保证人未约定保证期间的，保证人得以自己一方的意思表示终止保证合同。从性质上来看，保证人的单方终止权是一种形成权。保证人单方终止最高额保证合同一般须最高额保证的保证合同未约定保证期间，如果最高额保证约定了保证期间，保证人应于保证期间内承担保证责任，不得随意终止保证合同。这里的"保证期间"实际上所指的是主债权债务关系发生期限，而非最高额保证的保证人承担保证责任的期间。最高额保证的保证人承担保证责任的时间自债权人与保证人约定的主债权债务关系发生期限届满开始，至双方约定的保证期间届满时终止。对于主债权债务关系发生期限约定不明的，自保证人的书面通知到达债权人之日起计算；对于保证期间约定不明的，依《担保法》第25条第1款、第26条第1款的规定，自双方约定的主债权债务关系发生期限届满或者保证人的书面通知到达债权人之日起6个月。需要进一步讨论的是，《担保法》第27条所规定的通知是否仅限于书面为之？我国台湾地区"民法"第754条规定，就连续发生之债务为保证而未定有期间者，保证人得随时通知债权人终止保证契约。该规定与《担保法》之规定类似，并未规定通知的方式。有学者认为该等通知必须采用书面形式，不得以口头为之。[②] 但亦有学者认为此处书面通知系便于举证，仅具有证据的意义而已。若有明确的证据证明债权人已经接到通知或者债权人承认接到通知，亦发生终止保证合同的效果。[③] 我们认为，从要求以书面通知的目的而言，后者观点比较可取。

（五）最高限额未约定时的处理

对于当事人欲设立最高额保证而没有约定最高限额，是否应当认定为最高额保证，我国《担保法》未作规定。有观点认为，如果保证合同约定保证人对一定期间内发生的债务承担保证责任，却没有最高限额的约定，则该保证没有最高额，不符

---

① 邹海林、常敏：《债权担保的理论与实务》，社会科学文献出版社2005年版，第113页。

② 赵许明、杜文聪：《担保法通论》，中国检察出版社1996年版，第76页。

③ 孔祥俊：《担保法理解与适用》，法律出版社2007年版，第169页。

合最高额保证的特点，所以只能将之解释为连续保证。我们认为，当保证人与债权人未约定最高债权额时，如果直接使保证合同无效，可能违反保证人与债权人订立最高额保证合同之本意。基于《担保法》保护债权人利益之倾向，并考虑到保证人的权利亦有维护的必要，应认为此种情形保证人随时得以书面通知债权人终止保证合同。但就保证人所提供的担保，如无其他无效情形的，保证人应承担相应的保证责任。

【典型案例】

风神轮胎股份有限公司与中信银行股份有限公司天津分行、河北宝硕股份有限公司借款担保合同纠纷案

上诉人（一审被告）：风神轮胎股份有限公司。住所地：河南省焦作市焦东南路48号。

法定代表人：曹朝阳，该公司董事长。

委托代理人：丁灿平，北京市众鑫律师事务所律师。

委托代理人：李晓东，北京市众鑫律师事务所律师。

被上诉人（一审原告）：中信银行股份有限公司天津分行。住所地：天津市河西区南京路14号。

负责人：郭党怀，该行行长。

委托代理人：沈永熙，北京市大成律师事务所律师。

委托代理人：冯惠广，该行职员。

一审被告：河北宝硕股份有限公司。住所地：河北省保定市朝阳北路175号。

法定代表人：魏垣生，该公司清算组组长。

委托代理人：谢元勋，该公司清算组成员。

〔基本案情〕

天津市高级人民法院经审理查明：一、2005年5月至2005年10月间，中信银行股份有限公司天津分行（以下简称中信银行）与河北宝硕股份有限公司（以下简称宝硕公司）之间发生4笔融资业务。每笔业务具体的情况如下：1. 2005年5月16日，中信银行与宝硕公司签署了（2005）银贷字第HD0062号《人民币借款合同》，借款金额为人民币2000万元，期限自2005年5月16日至2006年5月15日。合同签订后，中信银行依照合同的约定，足额发放了贷款，但合同到期后，中信银行多次催要，宝硕公司未履行还款义务。2. 2005年6月7日，中信银行与宝硕公司签署了（2005）银贷字第HD0063号《人民币借款合同》，贷款金额为人民币730万元，期限自2005年6月7日至2006年6月6日。合同签订后，中信银行依照合同的约定，足额发放了贷款，但合同到期后，中信银行多次催要，宝硕公司未履行还款义务。3. 2005年10月21日，中信银行与宝硕公司签署了（2005）银贷字第HD0071号

《人民币借款合同》，借款金额为人民币2170万元，期限自2005年10月21日至2006年10月20日。合同签订后，中信银行依照合同的约定，足额发放了借款。宝硕公司未能履行偿付利息之义务。4. 2005年10月25日，中信银行与宝硕公司签署了（2005）银承字第HC0413号《银行承兑汇票承兑协议》，根据协议的约定，中信银行在收取宝硕公司30%计人民币900万元的保证金后，中信银行即对票号为01053169、01053170、01053171共计金额为3000万元的银行承兑汇款予以承兑，票据期限均为2005年10月25日至2006年4月25日。但在票据到期后，宝硕公司未按照协议的约定向中信银行支付剩余70%的票款计人民币2100万元。根据《银行承兑汇票承兑协议》的约定，已形成本金为人民币2100万元的逾期贷款。二、2004年6月18日，风神轮胎股份有限公司（以下简称风神公司）与宝硕公司签订《互保合同》，约定互相为对方的银行贷款提供信用担保，担保数额为单笔本金不超过人民币7000万元整，利息不得超过国家规定的利息标准，滞纳金、罚金不得高于本金的千分之五。担保总额不得高于人民币2亿元整。基于上述的互保合同，中信银行与风神公司于2005年5月签署了银保字第HD0062号《最高额保证合同》。风神公司向中信银行承诺，为宝硕公司自2005年5月16日至2006年5月16日期间发生的最高额度为人民币7000万元的授信提供担保。保证方式为连带责任担保。由于宝硕公司和风神公司未能履行还款及担保责任，中信银行于2006年7月11日向风神公司邮寄承担连带责任保证通知函，要求风神公司对上述债务承担连带保证责任。宝硕公司仍拒不偿还欠款，风神公司亦未履行保证责任，中信银行遂诉至天津市高级人民法院，请求判令宝硕公司和风神公司偿付所欠贷款本金7000万元及相应利息。

最高人民法院对原审法院查明的事实予以确认。此外确认以下事实：1.《互保合同》第七条第五项约定："合同一方最近一期资产负债率高于70%时，或其到期债务高于其净资产70%时，或其面临的诉讼标的高于其净资产70%时，或其资产、财务严重恶化不能履行到期债务时，应及时告之（知）合同另一方，合同另一方有权单方解除本合同。"2.《最高额保证合同》约定风神公司为宝硕公司自2005年5月16日至2006年5月16日期间发生的最高额度为人民币7000万元的授信提供担保，保证方式为连带责任担保；保证期间为宝硕公司"依具体业务合同约定的债务履行期限届满之日起两年。每一具体业务合同项下的保证期间单独计算。"3. 2005年宝硕公司往来户明细表显示，宝硕公司在2005年10月21日先后有两笔2170万元款项入账，其中一笔为本案HD0071号借款合同项下的2170万元，另一笔为中国农业银行天津分行开出的申请人为天津众立达科贸有限公司、金额为2170万元的银行本票款项。4. 中信银行在原审起诉前取得了宝硕公司与风神公司之间签订的《互保合同》。

〔一审裁判理由与结果〕

天津市高级人民法院经审理认为：本案双方争议的焦点是风神公司的保证责任问题，风神公司主张中信银行明知宝硕公司财务状况恶化仍向其发放巨额贷款，并从中骗取风神公司担保，风神公司不应承担担保责任。从本案的实际情形分析，现有证据确实能够证明，宝硕公司的财务状况已经严重恶化，但风神公司并无证据证明中信银行明知的事实，现有证据亦不能证明，中信银行与宝硕公司恶意串通骗取风神公司担保的事实成立。本案风神公司的担保行为是基于其与宝硕公司之间的互保协议而为，其意思表示是真实有效的。在保证人不能够证明债权人与债务人恶意串通骗取保证人担保的前提下，保证人理应按照保证合同的约定履行保证责任。综上，风神公司此项主张缺乏证据予以证明，其主张的事实依据不足，不能成立，该院不予采信。风神公司另外主张的本案部分债务超过最高额担保合同的决算期的问题，从事实上看，本案所有债务形成于最高额担保合同约定的期间之内，并未超出担保合同约定的期间，风神公司的主张属于对最高额保证合同决算期的误解，其主张不能成立。就风神公司主张的本案部分债务是宝硕公司为其下属公司贷款，实际借款人及使用人不是宝硕公司，风神公司不应承担保证责任的问题，经核实，本案的贷款均已转入宝硕公司账户，在转入宝硕公司账户后，宝硕公司有权就相关款项进行支配使用，就风神公司主张的二笔款项转入了宝硕公司下属的两个企业的事实，虽然宝硕公司对此予以证明，但宝硕公司和风神公司并不能举证证明，中信银行明知宝硕公司为他人贷款。本案的事实是中信银行与宝硕公司签订了借款合同，且款项直接转入了宝硕公司的账户，故此，风神公司认为宝硕公司不是此两笔贷款的借款人的主张不是事实，该院不予采信。综上，从本案基础事实上分析，本案所涉借款合同、银行承兑汇票协议及最高额担保合同均系当事人之间真实意思之表示且并不违反法律的相关规定，合法有效。合同签订后，中信银行依约履行了合同义务，宝硕公司和风神公司理应履行还款及担保责任，其迟迟不履行的行为已经构成违约，理应向中信银行承担违约责任。该院依照《中华人民共和国民法通则》第一百零八条，《中华人民共和国合同法》第二百零五条、第二百零六条、第二百零七条，《中华人民共和国担保法》第十八条，《中华人民共和国民事诉讼法》第一百三十条①之规定，判决：

一、宝硕公司在该判决生效后十日给付中信银行天津分行本案四份合同项下的本金人民币7000万元及到判决给付之日止的相应利息及罚息（利率按合同及中国人民银行的相关规定执行），逾期按照《中华人民共和国民事诉讼法》第二百三十二条②的规定执行；

二、风神公司对上述给付事项在7000万元的范围内承担连带给付责任。逾期按照《中华人民共和国民事诉讼法》第二百三十二条的规定执行。

案件受理费人民币360010元，财产保全费人民币350520元由宝硕公司和风神公

---

① 对应2012年《中华人民共和国民事诉讼法》第一百四十四条。

② 对应2012年《中华人民共和国民事诉讼法》第二百五十三条。

司负担。

〔当事人上诉及答辩意见〕

风神公司上诉称：根据风神公司已提交一审法院的证据和该公司一审判决后新取得的证据，能够证实宝硕公司恶意掩盖其早已严重恶化的财务状况，骗取上诉人为其提供最高额保证担保，中信银行明知风神公司与宝硕公司所签《互保合同》之相关约定及宝硕公司财务状况严重恶化的事实，与宝硕公司恶意串通，在宝硕公司骗取风神公司提供保证担保的情况下，基于风神公司的良好财务、经营状况和偿债能力，严重违规向宝硕公司发放贷款，导致贷款无法收回。对此，中信银行和宝硕公司负有完全过错，风神公司依法不应承担连带保证责任。一审判决认定的事实错误，导致适用法律错误，判决结果显失公平，依法应予改判。一、宝硕公司恶意掩盖已严重恶化的真实财务状况，骗取风神公司为其提供最高额保证担保。1. 在风神公司与中信银行签订《最高额保证合同》之前，宝硕公司的财务状况已严重恶化。根据宝硕公司于2006年10月和12月发布的“河北宝硕股份有限公司重大事项公告”和“河北宝硕股份有限公司对外担保及重大诉讼的公告”证实，宝硕公司大股东河北宝硕集团有限公司及其附属企业非法占用宝硕公司资金初步核查为5.35亿元，宝硕公司隐瞒对外担保16.787亿元，因逾期借款、企业借款及连带责任担保目前被起诉的涉诉标的近9.55亿元。这还不包括宝硕公司在历年年报中公开披露的贷款和担保数额。因此，仅从上述材料即可以充分证实，在《最高额保证合同》签订之前，宝硕公司财务状况已经严重恶化，无力偿还到期债务，资产负债率远远超过80%。2. 宝硕公司鉴于已出现资金链断裂的危机，恶意隐瞒真实财务状况，骗取风神公司为其提供保证担保。根据宝硕公司于2004年6月与风神公司签订的《互保合同》第七条的规定：在合同一方最近一期资产负债率高于70%时，或其到期债务高于其净资产70%，或其面临的诉讼标的高于其净资产70%时，或其资产、财务严重恶化还不能履行到期债务时，合同一方应及时告知合同另一方，合同另一方有权单方解除互保合同，不再提供担保。因此，根据《互保合同》中的前述真实意思表示，风神公司在知悉宝硕公司财务状况严重恶化的事实后，断然不会再与中信银行签订《最高额保证合同》，为宝硕公司提供保证担保。2005年，宝硕公司的财务状况严重恶化，资金链出现断裂的危机，已无力偿还到期债务，在此种情况下，宝硕公司以各种手段向风神公司掩盖其真实财务状况，骗取风神公司为其提供保证担保，以致风神公司与中信银行于2005年5月签订了《最高额保证合同》。2005年年底，宝硕公司资金链彻底断裂，债权人纷纷起诉，证监会等相关政府部门随后也相继介入调查。此时据风神公司与中信银行签订《最高额保证合同》仅间隔半年时间。风神公司在宝硕公司恶意欺骗的情况下，出具《最高额保证合同》，并不是其真实意思表示。一审判决认定风神公司的担保行为是其真实意思表示，是真实有效的，该认定明显与事实不符。二、中信银行明知风神公司与宝硕公司所签《互保合同》之相关约定及宝硕公司财务状况严重恶化的事实，与宝硕公司恶意串通，在宝硕公司骗保情况下，违规发放贷款。1. 中信银行对宝硕公司骗取风神公司提供保证担保的事实是完全知悉的。首先，中信银行对于宝硕公司财务严重恶化的情形是完全知悉的。现有证据可以充分证明，宝硕公司的资产状况早已恶化，根本不具备放贷条件。在本案所涉贷款之前，宝硕公司已经是拆东墙补西墙，资金链已出现严重断裂危机，其他银行也陆续拒绝为宝硕公司继续提供贷款。而中信银行于2004年开始，即一直对宝硕公司从事着上下游保兑仓业务，有专人负责对宝硕公司进行财务监管，对宝硕公司的财务状况非常了解，且中信银行对宝硕公司从事上下游保兑仓业务过程中，宝硕公司已出现因资金严重短缺无力支付巨额承兑款项的情况。中信银行也曾于2005年压缩了宝硕公司一个亿的保兑仓业务授信额度。但中信银行在已知宝硕公司财务状况恶化的情况下，从2005年5月到10月短短五个月时间内连续对宝硕公司发放贷款9000多万元，而距2005年年底宝硕公司资金链发生断裂，最长一笔不过半年，最短的也仅仅是两、三个月。由此可见，在本案所涉贷款发放之前及发放过程中，中信银行非常明晰宝硕公司财务状况已经严重恶化的情形，正是基于宝硕公司恶意骗取风神公司提供保证担保，中信银行与宝硕公司恶意串通，在明知宝硕公司无力还款的情况下，为了追求贷款利润，进行了一系列违规操作，最终导致贷款无法收回。其次，中信银行在与风神公司签订《最高额保证合同》之前，已完全明晰风神公司与宝硕公司所签《互保合同》的全部内容，并在起诉时向一审法院提交了《互保合同》作为己方证据，用以证明《最高额保证合同》系基于《互保合同》而签订，而《互保合同》中明确约定了风神公司有权解除互保合同的情形，中信银行在明知宝硕公司财务恶化已不符合互保条件的情况下，风神公司有权不再提供担保的情况，违规发放贷款。而且，中信银行与宝硕公司在本案所涉贷款发放过程中的一系列违规操作，也充分证实了双方之间的恶意串通行为。一审判决作出的“无证据证明被上诉人明知宝硕公司恶意骗保事实”的认定，明显有悖事实。2. 中信银行与宝硕公司恶意串通，严重违规发放本案所涉贷款，致使巨额贷款无法收回。根据风神公司一审提交的证据及一审判决后新取得的证据显示，中信银行与宝硕公司恶意串通，严重违规发放本案贷款，具体情形如下：（1）本案所涉3100万元银行承兑汇票无真实交易背景、3000万元银行承兑汇票及2170万元贷款严重违规。2005年5月19日，中信银行为宝硕公司开立了3100万元的银行承兑汇票，收款人为华孚科技有限公司。但据工商调查材料显示，华孚科技有限公司系河北宝硕集团有限公司出资5100万元，持股51%的子公司，公司的法定代表人即宝硕公司当时的法定代表人周山，系宝硕公司的关联企业，2004年10月14日，公司因未在规定期限内申报2003年度企业年检，被北京市工商局吊销公司营业执照。因此，在2004年被吊销后，华孚科技有限公司已不具有生产经营资格，但是，宝硕公司在明知华孚科技有限公司无经营资质的情况下恶意申请开立银行承兑汇票，而中信银行在宝硕公司没有任何真实交易背景的情况下，为其开立了总额为3100万元的银行承兑汇票，现该笔资金去向不明。该笔银行承兑汇票资金流失后，当银行承兑汇票即将于2005年11月19日到期而宝硕公司又根本无力支付承兑款项的情况下，中信银行又对宝硕公司贷款2170万元，以补足3100万元银行承兑款不足部分。对于该笔贷款的实际用途，双方完全知悉，而以贷还贷方式纯系双方恶意操作，严重违规。而据此要求风神公司承担本不应发生的债务，直接损害了风神公司的合法权益。在明知宝硕公司无力还贷的情况下，没隔几天，即2005年10月25日，中信银行又为宝硕公司开立了3000万元银行承兑汇票，而根据我国票据法的规定，开立银行承兑汇票，申请人必须具有可靠资金来源且必须具有真实交易背景。因此，中信银行在已知宝硕公司财务状况恶化，无力还款的情形下仍为其开立高额银行承兑汇票，严重违反法律规定。另经调查本笔银行承兑汇票的收款人保定市德利得物流有限公司的工商档案材料后得知，保定市德利得物流有限公司注册资金仅为50万元，由宝硕公司的办公室主任王海山和证券部部长赵长栓作为股东成立的，现任的法定代表人仍为宝硕公司当时的法定代表人周山。因此，对于注册资本仅为50万元、经营范围主要为普通货物仓储，且与宝硕股份互为关联的公司，在没有任何真实交易背景情况下，宝硕股份又一次向其开具高达3000万元的银行承兑汇票，加重了风神公司的保证责任。（2）本案所涉2000万元和730万元贷款的实际用款人均非宝硕公司。根据风神公司一审提交的证据证实，（2005）银贷字第HD0062号《人民币借款合同》所涉2000万元实际的借款人和使用人均非债务人宝硕公司而是其下属的浙江传化宝硕塑料管业有限公司，而（2005）银贷字第HD0063号《人民币借款合同》所涉730万元实际借款人及使用人也不是宝硕公司而是宝硕公司的子公司保定宝硕新型建筑材料有限公司，上述2730万元实际借款人不是本案的宝硕公司。中信银行与宝硕公司之间擅自改变贷款的借款人，而风神公司担保的债务主体是宝硕公司，因此，对于该两笔贷款，实质脱离了风神公司《最高额保证合同》中明确的担保主体，恶意加重了上诉人的保证责任。三、基于中信银行明知宝硕公司恶意骗保，双方恶意串通违规发放贷款的事实，风神公司的保证责任依法应予免除。如前所述，中信银行对于宝硕公司的骗保事实是完全知悉的，并在明知宝硕公司财务状况严重恶化的情况下，与宝硕公司恶意串通，违法违规发放本案所涉贷款，导致巨额贷款无法收回。对此，被上诉人中信银行与宝硕公司应负完全责任。根据《最高人民法院关于适用〈中华人民共和国担保法〉若干问题的解释》（以下简称《担保法司法解释》）第四十条规定："主合同债务人采取欺诈、胁迫等手段，使保证人在违背真实意思的情况下提供保证的，债权人知道或者应当知道欺诈、胁迫事实的，按照担保法第三十条的规定处理"，另根据《担保法》第三十条规定："有下列情形之一的，保证人不承担民事责任：（一）主合同当事人双方串通，骗取保证人提供保证的；（二）主合同债权人采取欺诈、胁迫等手段，使保证人在违背真实意思的情况下提供保证的。"因此，风神公司基于宝硕公司恶意骗保而违背真实意思表示与中信银行签订的《最高额保证合同》依法应认定无效，且对于中信银行与宝硕公司恶意串通、违法违规发放贷款的损失，风神公司没有任何过错，风神公司的保证责任依法应予免除。一审判决认定的事实错误，导致适用法律错误，依法应予改判。另外，一审判决对于超过最高额担保合同决算期的2170万元贷款也视为最高额担保范围，判令上诉人承担保证责任明显违反法律规定，应当依法改判。请求二审法院：1. 撤销该判决书第二项判决，依法判令风神公司不承担保证责任；2. 风神公司不承担本案诉讼费用。

被上诉人中信银行答辩称：一审判决认定事实清楚，适用法律正确，是公正的判决。一、就风神公司多次提出的互保合同，依法应属债务人与保证人的委托合同，与本案无关。中信银行既非互保合同的当事人，对于互保合同的履行情况不知，至于互保合同，债务人是否对保证人进行欺诈，以及过程中的纠纷应当是他们双方另外解决的问题，不属于本案涉诉范围。中信银行作为商业银行已经尽了法定的审慎义务，宝硕公司作为上市公司，中信银行已经依法从公开渠道得知了相关信息，且从风神公司一审中提交的2005年的财务报表来看，所有状况都非常良好，公开的报表也是经过审计向社会公开的结果，对良好的财务状况中信银行是知道的，而对于财务状况恶化只是证监会2006年10月才向外界披露的，2005年5月贷款时，对此情况风神公司不知晓，中信银行也不知晓，否则中信银行不会对他放贷，中信银行没有过错。风神公司不能据《互保合同》的约定而免除保证责任。二、风神公司作为上市公司，也将这每一笔的担保经过公司董事会的法定程序，决定后每一笔都向社会作了公告，是风神公司的真实意思表示，不是在任何人的欺诈胁迫下做出的，是具有相应法律效力的。就对方上诉过程中提出的2170万元贷款是为了偿还3100万元贷款的事实，中信银行已经向一审法院及上诉人提供了相应的票据原件、转账事实等予以证明；2170万元的用途，当时并不是用于归还HC0333号银行承兑汇票下的保证金，在2005年10月25日，宝硕公司用自己的本票交付了HC0333号银行承兑汇票下的保证金，这张汇票应当是在2005年11月19日到期，宝硕公司是提供用一张本票支付的保证金，随后银行才发生了当天的贷款行为，所以这2170万元并不是用于风神公司所讲的HC0333号银行承兑汇票下的保证金。同时，也说明，在银行汇票到期时，宝硕公司的资金状况是相对良好的。至于说实际借款人不是宝硕公司的问题，中信银行在一审中已经提供了相应确凿的证据，中信银行已经与宝硕公司建立了关系，钱也是划给了宝硕公司。所有的债务均形成于约定的担保期限内，所以对方的主张不能成立。综上，请求驳回风神公司的上诉请求，本案诉讼费用由风神公司承担。

〔二审裁判理由与结果〕

最高人民法院认为：本案二审诉争的焦点是风神公司是否应当依据《最高额保证合同》为宝硕公司的债务向中信银行承担连带保证责任。可以从以下三个方面进行分析：

（一）关于《担保法司法解释》第四十条的适用问题。

上诉人风神公司称：宝硕公司的财务状况于2005年已严重恶化，宝硕公司以各种手段向上诉人掩盖其真实财务状况，骗取上诉人为其提供保证担保，以致上诉人与中信银行于2005年5月签订了《最高额保证合同》。上诉人在宝硕公司恶意欺骗的情况下，出具《最高额保证合同》，并不是其真实意思表示，该合同无效。对此，风神公司在二审中提交新证据六：天津市高院（2006）津高民二初字第0033号－第0038号民事判决书，以证明被上诉人中信银行曾与宝硕公司、天津华通润商贸发展有限公司（以下简称华通润公司）等公司之间发生过保兑仓业务并造成高达1.6亿承兑款无法收回，以证明中信银行与宝硕公司发生过大量的授信业务，中信银行应知宝硕公司财务状况恶化；风神公司在二审中提交新证据七：宝硕公司2005年12月31日的资产负债表、各公司长短期借款汇总，以证明被上诉人与宝硕公司或其子公司办理了三笔总计14285.2万元的承兑业务，而并未显示在2005年年度合并财务报表中，因此被上诉人明知宝硕公司提交的贷款当期资产负债表、2005年资产负债表并非其真实情况，中信银行在宝硕公司财务状况已严重恶化而仍违规放贷；风神公司在二审中提交新证据八：宝硕公司2004年年度报告资产负债表、2001—2005年账外调整及审计调整表、账外凭证汇总余额表、2006年年度报告资产负债表及账务分解式报告，以证明被上诉人与宝硕公司之间的贷款、票据一直体外循环，中信银行明知宝硕公司真实财务状况及宝硕公司隐瞒其真实财务状况恶意骗保。此外，风神公司主张中信银行负有审查宝硕公司财务情况的法定义务，对宝硕公司真实财务状况应知；中信银行于一审起诉时提交的风神公司与宝硕公司的《互保合同》表明：被上诉人对于《互保合同》内容明知，对宝硕公司隐瞒真实财务情况而骗取上诉人提供保证的情况亦明知。故主张根据《担保法司法解释》第四十条、《中华人民共和国担保法》第三十条的规定，风神公司的保证责任应当免除。

本院认为，风神公司主张依据《担保法司法解释》第四十条和《担保法》第三十条的规定免除保证责任，需证明两个事实：一是宝硕公司在与风神公司订立《互保合同》时存在欺诈，二是中信银行对宝硕公司的欺诈是知道或应当知道的。根据本案查明的事实，首先，宝硕公司在与风神公司订立《互保合同》时，隐瞒真实财务状况，欺骗风神公司签订《互保合同》的事实成立，宝硕公司构成欺诈；其次，中信银行作为与宝硕公司长期合作的贷款银行是知道或者应当知道宝硕公司财务状况的。但是，《担保法司法解释》第四十条适用于本案的最重要的前提，并不是仅证明宝硕公司存在欺诈以及中信银行知道或应当知道宝硕公司的财务状况，更重要的是证明中信银行在接受风神公司《最高额保证合同》时，知道或者应当知道宝硕公司对风神公司构成欺诈，而如果中信银行在当时即对《互保合同》第七条第五项内容的了解，则构成中信银行知道或者应当知道欺诈存在的前提。与之相关的事实是，中信银行在本案一审起诉时，向原审法院提交了《互保合同》，中信银行陈述该合同系在起诉前从宝硕公司取得，已尽到证据来源的说明义务，在此情形下，举证责任应当由风神公司承担，即风神公司需证明其向中信银行出具《最高额保证合同》时，中信银行知道或者应当知道《互保合同》第七条第五项的内容。本案二审历经三次质证，风神公司均不能提供能够证明此项事实的证据。本案的《最高额保证合同》是风神公司向中信银行提供的，即便风神公司有权解除与宝硕公司的《互保合同》，也不影响已经成立的《最高额保证合同》的效力。《商业银行法》《贷款通则》等相关法律法规并未规定商业银行违反贷款中严格审查义务的民事责任，上述规定与中信银行的内部规定，均是从商业银行风险控制角度加以规范，属管理性规范，中信银行即使违反相关规定，亦不影响中信银行与宝硕公司之间的信贷行为的效力和《最高额保证合同》的效力。况且，正是由于风神公司为宝硕公司提供了最高额保证，大大降低了宝硕公司因财务状况恶化而导致的信贷风险程度，才使中信银行继续为宝硕公司提供信贷支持。因此，由于风神公司举证不能，其主张依据《担保法司法解释》第四十条和《担保法》第三十条之规定，保证人不承担保证责任的主张，欠缺事实要件，本院不予支持。

（二）关于单笔交易与最高额保证的关系。

最高额保证较之普通保证最大的区别就在于其与主债务的关系具有更强的独立性。《担保法》第十四条规定："保证人与债权人可以就单个主合同分别订立保证合同，也可以协议在最高债权额限度内就一定期间连续发生的借款合同或者某项商品交易合同订立一个保证合同。"最高额保证通常是为将来一定期间连续发生的债务提供保证，其中某一笔交易的效力并不影响最高额保证合同的效力。而普通保证则因主合同无效而无效。在最高额保证的情形下，即使主债务无效，基于主债务无效而确定的债务额也要作为最高额保证计算债务余额的基数。最高额保证人的责任是在订立合同时确立的，通过最高额保证期间和最高限额限定保证责任，不因为最高额保证期间发生的债务余额之增加而加重最高额保证人的保证责任。因此，只要是发生在最高额保证期间内，不超过最高限额的债务的余额，最高额保证人均应承担保证责任。虽然据此可不再考察本案最高额保证期间发生债权债务关系的效力，但是上诉人风神公司强调在最高额保证期间中信银行违规发放贷款和开立银行承兑汇票，加重了该公司的责任，有必要对其主张的每笔业务进行分析。

1. 对于HD0062号《人民币借款合同》项下2000万元贷款和HD0063号《人民币借款合同》项下730万元两笔贷款，上诉人风神公司是否可以改变实际借款人为由免除保证责任的问题。风神公司上诉称：HD0062号《人民币借款合同》所涉2000万元的实际借款人和使用人为宝硕公司下属的浙江传化宝硕塑料管业有限公司、HD0063号《人民币借款合同》所涉730万元实际借款人及使用人为宝硕公司的子公司保定宝硕新型建筑材料有限公司，上述2730万元实际借款人均非上诉人担保的债务人宝硕公司。故主张中信银行与宝硕公司之间擅自改变贷款的借款人，恶意加重了上诉人的保证责任，违反了《担保法司法解释》第三十条的规定，对上述2730万元贷款的保证责任应予免除。

本院认为，这两笔贷款均已直接转入宝硕公司账户，不能说明HD0062号《人民币借款合同》和HD0063号《人民币借款合同》的借款主体发生了变更。虽然上述两份借款合同约定借款目的为“短期流动资金周转”“流动资金”，但在转入宝硕公司账户后，宝硕公司就有权就相关款项进行支配使用，故即便上述二笔款项转入了宝硕公司下属的两个企业、违背两份借款合同有关借款目的的约定，也不能认定为债务人宝硕公司与债权人中信银行对主合同的变动，更不能认定属于《担保法司法解释》第三十条第一款所规定的情形，即保证期间，债权人与债务人对主合同数量、价款、币种、利率等内容作了变动，未经保证人同意加重债务人的债务的，保证人对加重的部分不承担保证责任。因此，风神公司认为宝硕公司不是上述两笔贷款的借款人的主张不能成立，本院不予支持。

2. 对于HD0071号《人民币借款合同》项下2170万元贷款，上诉人风神公司是否可以以贷还贷为由免于承担保证责任的问题。风神公司上诉称：宝硕公司在明知华孚科技有限公司无经营资质的情况下恶意申请开立银行承兑汇票，而被上诉人中信银行在宝硕公司没有任何真实交易背景的情况下，于2005年5月19日为其开立了总额为3100万元的银行承兑汇票，现该笔资金去向不明。在该汇票即将于2005年11月19日到期而宝硕公司无力支付承兑款项的情况下，中信银行又对宝硕公司贷款2170万元，以补足3100万元银行承兑款不足部分。中信银行明知2170万元贷款为以贷还贷，且该笔承兑超过《最高额保证合同》授信额度，故上诉人风神公司对此贷款的保证责任应予以免除。

本院认为，在2005年10月21日，先后有两笔2170万元款项进入宝硕公司账户，难以认定本案贷款2170万元即是用于归还HC0333号银行承兑汇票下的保证金，不排除宝硕公司以天津众立达科贸有限公司开出的银行本票交付了HC0333号银行承兑汇票项下保证金的可能。即使该贷款实际被宝硕公司用作以贷还贷，适用《担保法司法解释》第三十九条第一款“主合同当事人双方协议以新贷偿还旧贷，除保证人知道或者应当知道的外，保证人不承担民事责任”之规定的前提是，风神公司应举证证明中信银行与宝硕公司协议以贷还贷，即中信银行与宝硕公司有以贷还贷的意思联络；HD0071号《人民币借款合同》约定借款目的为“短期流动资金周转”而非以贷还贷，表明在双方之间的约定并非以贷还贷，且风神公司也未举证证明中信银行明知或参与宝硕公司以贷还贷，因此风神公司提出2170万元贷款为以贷还贷，其保证责任应予免除的主张不能成立，本院不予支持。对于2005年11月19日到期的3100万元银行承兑汇票是否具有真实的交易背景，与本案讼争的2170万元贷款无必然联系，不属本案审理范围，本院不再予以审查。

3. 对于HC0413号《银行承兑汇票承兑协议》项下3000万元贷款所形成的2100万元逾期贷款，上诉人是否可以无真实交易背景为由免于承担保证责任？风神公司上诉称：2005年10月25日，被上诉人中信银行又为宝硕公司开立了3000万元银行承兑汇票，本笔银行承兑汇票的收款人保定市德利得物流有限公司，注册资金仅为50万元、经营范围主要为普通货物仓储、且为宝硕公司关联公司，该汇票并无真实交易背景，中信银行开立该笔银行承兑汇票加重了风神公司的保证责任。

本院认为，从目前有效的证据来看，虽然该汇票的收款人德利得公司注册资金仅为50万元且为宝硕公司关联公司，但并不意味着其不能从事3000万的商业交易。即使汇票项下没有真实交易背景，也不能认定票据行为无效。根据票据无因性理论，票据的基础关系独立于票据关系，票据基础关系（包括票据原因关系）的效力不影响票据关系的效力。根据《票据法》第十条第一款规定“票据的签发、取得和转让，应当遵循诚实信用的原则，具有真实的交易关系和债权债务关系”，票据行为应有真实的票据原因关系，即真实的交易关系。但该条规定应属管理性法条，基础关系欠缺并不当然导致票据行为无效。根据《票据法》第十三条第一款规定“票据债务人不得以自己与出票人或者与持票人的前手之间的抗辩事由，对抗持票人”，票据基础关系（包括票据原因关系）的效力不影响票据关系本身。本案中3000万元银行承兑汇票项下即便不存在真实交易背景、票据基础关系无效，该汇票仍因符合《票据法》相关规定应为有效。即便中信银行与宝硕公司之间的汇票承兑协议因不具有真实交易背景，违反HC0413号《银行承兑汇票承兑协议》第四条约定“……其申请的承兑汇票是以真实交易为基础，所签订的相关交易合同合法有效”，汇票承兑协议无效，中信银行仍有权对其因有效票据关系而进行的承兑所产生的债务，对宝硕公司主张损害赔偿，即对宝硕公司仍享有债权。而《最高额保证合同》中风神公司向中信银行承诺，对2005年5月16日至2006年5月16日期间中信银行向宝硕公司授信而形成的一系列债权提供最高额7000万元的最高额保证。该合同并未排除因中信银行与宝硕公司合同无效而形成的债权提供保证。上诉人风神公司关于中信银行违反审查真实交易背景的法定义务、该笔承兑协议无效，风神公司就相应的债务应免于承担保证责任的主张不能成立，本院不予支持。

（三）对于HD0071号《人民币借款合同》项下2170万元贷款，上诉人风神公司是否可以超过《最高额保证合同》决算期为由免于承担保证责任的问题。

风神公司上诉称，《最高额保证合同》的决算期为2005年5月16日至2006年5月16日，而中信银行主张的该笔贷款到期时已超过了2006年5月16日，即《最高额保证合同》的最后决算期，不应归为该《最高额保证合同》项下。此问题涉及对《担保法司法解释》第二十三条的理解。该条规定：“最高额保证合同的不特定债权确定后，保证人应当对在最高债权额限度内就一定期间连续发生的债权余额承担保证责任。”其规定了最高额保证范围为发生的债权余额，该余额为最高额保证期间已经发生的债权和偿还债务的差额，并非指最高额保证期间已到期的债权余额。从此意义上讲，本案讼争的2170万元贷款系发生于最高额保证期间，虽然其到期日超过最高额保证期间，仍应属最高额保证人应当承担保证责任的范围。此外，从《最高额保证合同》中上诉人风神公司向中信银行承诺看，对2005年5月16日至2006年5月16日期间中信银行向宝硕公司授信而发生的一系列债权提供最高额7000万元的最高额保证。而本案所有债务都形成于最高额担保合同约定的期间之内，包括该笔贷款，并未超出担保合同约定的期间，所以不能认为该笔贷款超过了决算期；《最高额保证合同》约定保证期间为宝硕公司“依具体业务合同约定的债务履行期限届满之日起两年。每一具体业务合同项下的保证期间单独计算”，依此约定，2170万元贷款的保证期间应为债务履行期届满之日起两年，即2006年10月20日至2008年10月20日。被上诉人中信银行向风神公司主张承担保证责任亦未超过保证期间。综上，上诉人风神公司提出该笔贷款超过《最高额保证合同》决算期因而不应承担责任的主张不能成立，本院不予支持。

综上，原审判决判令风神公司在《最高额保证合同》约定的最高限额7000万元范围内对宝硕公司的债务向中信银行承担连带责任，并未加重风神公司的保证责任。原审判决事实认定清楚，适用法律正确。本院根据《中华人民共和国民事诉讼法》第一百五十三条第一款第（一）项①之规定，判决如下：

驳回上诉，维持原判。

二审案件受理费人民币360010元由上诉人风神轮胎股份有限公司承担。

本判决为终审判决。

---

① 对应2012年《民事诉讼法》第一百七十条第一款第（一）项，规定：“（一）原判决、裁定认定事实清楚，适用法律正确的，以判决、裁定方式驳回上诉，维持原判决、裁定；”

第十八章 刑民交叉案件的处理

规则 27：合同一方当事人可能被追究刑事责任的，并不当然影响合同以及相对应担保合同的效力

——吴国军与陈晓富、王克祥及德清县中建房地产开发有限公司民间借贷、担保合同纠纷案①

【裁判规则】

民间借贷涉嫌或构成非法吸收公众存款罪，合同一方当事人可能被追究刑事责任的，并不当然影响民间借贷合同以及相对应的担保合同的效力。如果民间借贷纠纷案件的审理并不必须以刑事案件的审理结果为依据，则民间借贷纠纷案件无须中止审理。

【规则理解】

一、当事人涉嫌非法吸收公众存款罪的借贷合同效力认定

所谓非法吸收公众存款罪，是指非法吸收公众存款或者变相吸收公众存款，扰乱金融秩序的行为。根据《非法金融机构和非法金融业务活动取缔办法》第 4 条第 2 款的规定："前款所称非法吸收公众存款，是指未经中国人民银行批准，向社会不特定对象吸收资金，出具凭证，承诺在一定期限内还本付息的活动；所称变相吸收公众存款，是指未经中国人民银行批准，不以吸收公众存款的名义，向社会不特定对象吸收资金，但承诺履行的义务与吸收公众存款性质相同的活动。"非法吸收公众存款罪的行为通常以民间借贷的形式表现出来，此时就会发生非法吸收公众存款罪与民间借贷合同的交叉，而这种交叉在民事诉讼中则往往表现为民间借贷合同当事人涉嫌犯罪。而对于此时的民间借贷合同当事人，即使债务人涉嫌犯罪可能被追究刑事责任，也并不当然影响借贷合同的效力。对此，《最高人民法院关于审理

① 《中华人民共和国最高人民法院公报》2011 年第 11 期，浙江省湖州市中级人民法院民事判决书。

民间借贷案件适用法律若干问题的规定》第13条第1款规定："借款人或者出借人的借贷行为涉嫌犯罪，或者已经生效的判决认定构成犯罪，当事人提起民事诉讼的，民间借贷合同并不当然无效。人民法院应当根据合同法第五十二条、本规定第十四条之规定，认定民间借贷合同的效力。"其原因主要有三点：

1. 非法吸收公众存款罪的一个基本特点是向人数众多的社会不特定群体吸收存款，而某一单笔的独立借贷行为不构成非法吸收公众存款罪。根据《最高人民法院关于审理非法集资刑事案件具体应用法律若干问题的解释》中的规定①，非法吸收公众存款罪的犯罪对象为社会公众，即向社会不特定对象吸收资金。未向社会公开宣传，吸收资金的对象只是少数个人或者在亲友、单位内部针对特定对象吸收资金的，则不属于非法吸收或者变相吸收公众存款。因此，非法吸收公众存款罪所规范的并非吸收存款这一行为，而是因为吸收资金对象是多数的不特定的社会公众，即刑法所要惩罚的是这种多数不特定的集资行为，即借贷的集合体，而非某单个借贷行为，是由于该罪的公众性影响了整个社会的经济秩序，危害了社会稳定。单个的借款行为仅仅是引起民间借贷这一民事法律关系的民事法律事实，并不构成非法吸收公众存款的刑事法律事实，非法吸收公众存款的刑事法律事实是数个"向不特定人借款"行为的总和，从而从量变到质变。因此，不能将刑法的适用范围扩大化，对于单笔民间借贷合同的效力认定，不能因合同当事人涉嫌刑事犯罪而当然地认定其民事合同无效。

2. 从法学角度看，整个社会生活可以划分为两个领域：民事生活领域和政治生活领域。民事生活领域和政治生活领域所应遵循的法律规则是不同的，民法是民事生活领域的法律规则，政治生活领域的法律规则，包括宪法、刑法、诉讼法、行政法、经济法等，属于公法。② 对合同效力的认定属于民事法律规范的内容，非法吸收公众存款罪则是刑事法律的领域，两者属于截然不同的法律范畴，所要维护的利益也大相径庭。非法吸收公众存款的犯罪行为与单个民间借贷行为并不等价，民

---

① 《最高人民法院关于审理非法集资刑事案件具体应用法律若干问题的解释》第1条规定："违反国家金融管理法律规定，向社会公众（包括单位和个人）吸收资金的行为，同时具备下列四个条件的，除刑法另有规定的以外，应当认定为刑法第一百七十六条规定的'非法吸收公众存款或者变相吸收公众存款'：（一）未经有关部门依法批准或者借用合法经营的形式吸收资金；（二）通过媒体、推介会、传单、手机短信等途径向社会公开宣传；（三）承诺在一定期限内以货币、实物、股权等方式还本付息或者给付回报；（四）向社会公众即社会不特定对象吸收资金。未向社会公开宣传，在亲友或者单位内部针对特定对象吸收资金的，不属于非法吸收或者变相吸收公众存款。"

② 梁慧星：《民法总论》（第四版），法律出版社2011年版，第52页。

间借贷合同并不必然损害国家利益和社会公共利益，因而对于合同效力的认定问题，不能由刑事法律来调整，而应当遵循民事法律规范的要求。根据我国《民法总则》第143条规定："具备下列条件的民事法律行为有效：（一）行为人具有相应的民事行为能力；（二）意思表示真实；（三）不违反法律、行政法规的强制性规定，不违背公序良俗。"《民法通则》第55条的规定："民事法律行为应当具备下列条件：（一）行为人具有相应的民事行为能力；（二）意思表示真实；（三）不违反法律或者社会公共利益。"这三项要件再加上标的可能与合法，成为合同的一般有效要件，即合同具有上述四项要件即生效，并具有法律约束力。也就是说，认定民间借贷合同是否有效，应看该合同行为人是否具有相应的民事行为能力，意思表示是否真实，是否违反法律、行政法规的强制性规定或违背公序良俗，标的是否可能与合法，如果符合上述条件，则该借贷合同有效。

3. 违反《刑法》的强制性规定并不必然导致合同无效。根据我国《合同法》关于合同无效情形的规定①，合同违反法律、行政法规的强制性规定时无效，基于此规定，就有的观点认为民间借贷合同违反我国刑法关于非法吸收公众存款罪这一强制性规定而无效。笔者认为，这种观点是不合理的。根据《合同法司法解释二》第14条的规定："合同法第五十二条第（五）项规定的'强制性规定'，是指效力性强制性规定。"强制性规定分为效力性强制规定和管理性强制规定，前者指对违反强制性规范的私法上的行为，在效力后果上以私法上的方式予以一定制裁的强制性规定；后者是指它被违反后，当事人所预期的私法上的效果不一定会受到私法上的制裁的强制性规定，但这不排除它可能受到刑事上或行政上的制裁。② 根据《民法总则》第153条第1款规定："违反法律、行政法规的强制性规定的民事法律行为无效，但是该强制性规定不导致该民事法律行为无效的除外。"最高人民法院《关于当前形势下审理民商事合同纠纷案件若干问题的指导意见》第15条的规定："……违反效力性强制规定的，人民法院应当认定合同无效；违反管理性强制规定的，人民法院应当根据具体情形认定其效力。"因此，当事人违反刑法的强制性规定，涉嫌非法吸收公众存款罪，可能被判处刑事处罚，并不必然导致其所签订的民事借贷合同的无效，应根据具体情形加以判断。

---

① 《合同法》第52条规定："有下列情形之一的，合同无效：（一）一方以欺诈、胁迫的手段订立合同，损害国家利益；（二）恶意串通，损害国家、集体或者第三人利益；（三）以合法形式掩盖非法目的；（四）损害社会公共利益；（五）违反法律、行政法规的强制性规定。"

② 崔建远：《合同法总论》（上卷），中国人民大学出版社2008年版，第283页。

综上所述，民间借贷涉嫌或构成非法吸收公众存款罪，合同一方当事人可能被追究刑事责任的，并不当然影响民间借贷合同的效力，同样，对于借贷合同相对应的担保合同的效力也不当然受到影响。主合同（借款合同）有效，从合同（担保合同）本身无瑕疵的情况下，民间借贷中的担保合同也是有效的。从维护诚信原则和公平原则来分析，将与非法吸收公众存款罪交叉的民间借贷合同认定为无效会造成实质意义上的不公，使得担保人以无效为由抗辩其担保责任，即把自己的担保错误作为自己不承担责任的抗辩理由，这更不利于保护不知情的债权人，维护诚信、公平也无从体现。[①] 对此，《最高人民法院关于审理民间借贷案件适用法律若干问题的规定》第 13 条第 2 款规定："担保人以借款人或者出借人的借贷行为涉嫌犯罪或者已经生效的判决认定构成犯罪为由，主张不承担民事责任的，人民法院应当依据民间借贷合同与担保合同的效力、当事人的过错程度，依法确定担保人的民事责任。"担保合同可能会由于主合同无效而无效，也有可能即使主合同有效但担保合同因为自身原因而无效，也就是说，应当依据《担保法》的具体规定来认定担保合同的效力。

二、刑民案件交叉时的审理顺序

所谓刑民案件交叉，是指同一法律事实既涉及了刑事法律关系又涉及了民事法律关系，同时引起了刑事诉讼程序和民事诉讼程序，导致两个程序发生竞合。如之前所述，民法规范民事生活领域，而刑法规范政治生活领域，两者之间存在很大差别，不能因为两者之间存在诸多交错的法律问题，而使两者任意相互影响和干涉。就刑民交叉案件来说，应当根据具体情形来推进诉讼程序。根据刑事诉讼程序和民事诉讼程序的审理先后顺序，可以分为三种审理程序：一是先刑后民程序，在刑民交叉案件审理中，应当优先适用刑事规定，既包括实体上优先依据刑事法律对案件进行处理，也包括程序上在对犯罪行为进行刑事追究后才进行民事程序；二是先民后刑程序，与先刑后民程序相对，当刑事法律关系与民事法律关系发生交叉时，先行进行民事诉讼，这一原则多适用于知识产权纠纷案件和产权确认案件中；三是刑民并行程序，即刑事案件与民事案件相互之间没有影响，两者相互独立，刑事诉讼与民事诉讼可以同时并行进行，不受另一程序的干涉。

对于上述三种程序，先刑后民程序是一般的处理程序，也就是说，我国目前大多数的刑民交叉案件适用先刑后民程序，相关司法解释也体现了此程序。1985 年 8 月 9 日和 1987 年 3 月 11 日最高人民法院、最高人民检察院和公安部分别两次联合

---

① 沈芳君：《构成非法吸收公众存款罪的民间借贷及其担保合同效力》，载《人民司法·案例》2010 年第 22 期。

下发了《关于及时查处在经济纠纷案件中发现的经济犯罪的通知》和《关于在审理经济纠纷案件中发现经济犯罪必须及时移送的通知》，明确规定在审理经济纠纷案件中，发现涉嫌经济犯罪应当及时移送侦查机关处理。1997 年 11 月 25 日通过的《最高人民法院关于审理存单纠纷案件的若干规定》第 3 条第 2 款规定："人民法院在受理存单纠纷案件后，如发现犯罪线索，应将犯罪线索及时书面告知公安或检察机关。如案件当事人因伪造、变造、虚开存单或涉嫌诈骗，有关国家机关已立案侦查，存单纠纷案件确须待刑事案件结案后才能审理的，人民法院应当中止审理。对于追究有关当事人的刑事责任不影响对存单纠纷案件审理的，人民法院应对存单纠纷案件有关当事人是否承担民事责任以及承担民事责任的大小依法及时进行认定和处理。"1998 年 4 月 21 日通过的《最高人民法院关于在审理经济纠纷案件中涉及经济犯罪嫌疑若干问题的规定》，这一系列规定都体现了先刑后民程序。然而，该程序的适用应当符合一定的条件，什么情况下"先刑后民"，应当取决于公安机关、检察机关、人民法院在处理案件的过程中发现的与本案相互关联的民事纠纷或者刑事犯罪涉嫌的关联性质和程度。只有在刑事案件的处理结果对民事案件的处理结果足以产生实质性影响的前提下，才应当优先处理刑事案件，然后再处理民事纠纷。[①]此外，根据我国《民事诉讼法》第 150 条的规定[②]，民事诉讼程序的中止必须以另一案的审理结果为依据，而在刑民交叉案件中，当民事案件须以刑事案件的审理结果为依据时，才中止民事诉讼程序，先行进行刑事诉讼程序。先刑后民并非审理民刑交叉案件的基本原则，而只是审理民刑交叉案件的一种处理方式。因此，对于民间借贷涉嫌或构成非法吸收公众存款罪，合同一方当事人可能被追究刑事责任的，如果公安部门立案侦查、检察院起诉以及法院判决构成刑事犯罪，并不影响法院依据《民事诉讼法》审理本案当事人间的民事合同纠纷，也就是说，民间借贷纠纷案件的审理并不必须以刑事案件的审理结果为依据的，则民间借贷纠纷案件无须中止审理，此时适用"刑民并行"程序。

---

① 陈兴良、胡建生、朱平、李克：《关于"先刑后民"司法原则的反思》，载《北京市政法管理干部学院学报》2004 年第 2 期。

② 《民事诉讼法》第 150 条规定："有下列情形之一的，中止诉讼：（一）一方当事人死亡，需要等待继承人表明是否参加诉讼的；（二）一方当事人丧失诉讼行为能力，尚未确定法定代理人的；（三）作为一方当事人的法人或者其他组织终止，尚未确定权利义务承受人的；（四）一方当事人因不可抗拒的事由，不能参加诉讼的；（五）本案必须以另一案的审理结果为依据，而另一案尚未审结的；（六）其他应当中止诉讼的情形。中止诉讼的原因消除后，恢复诉讼。"

【拓展适用】

一、“先刑后民”的适用

正如之前所述，“先刑后民”程序是一般的处理程序，我国目前大多数的刑民交叉案件适用先刑后民程序，即将正在进行的民事诉讼予以中止，待刑事诉讼作出判决后，民事诉讼才恢复审理。不可否认的是，“先刑后民”有一定的积极意义。从理论上讲：刑法是公法，保护的是国家层面上的社会公共利益，而民法是私法，保护的是具体某个单位或个人的私人利益。前者应重于后者。从司法实践看，民事纠纷的当事人关心的是自己的民事权益，而不是国家层面的社会公共利益，“先刑后民”有利于在保护民事权益的同时，也能够有效地追究犯罪嫌疑人的刑事责任，维护社会公共利益。① 然而，“先刑后民”也存在着不少弊端。首先，“先刑后民”可能导致民事诉讼当事人的权益无法得到及时的救济。如果相应的刑事案件经过长时间的侦查，仍然无法查明案件的事实，依法作出判决，认定法律关系时，不能一味地中止民事诉讼的进程，如此会导致当事人的民事合法权利无法实现。因此，应当根据案件的具体情况，即使民事案件的审理须以刑事案件的结果为依据，如果刑事程序无法在一定期限内作出裁判，此时，为了保障民事诉讼当事人的权益，可以根据民事案件的优势证据标准认定事实。其次，“先刑后民”剥夺了当事人的程序选择权。根据《民事诉讼法》第 119 条的规定：“起诉必须符合下列条件：（一）原告是与本案有直接利害关系的公民、法人和其他组织；（二）有明确的被告；（三）有具体的诉讼请求和事实、理由；（四）属于人民法院受理民事诉讼的范围和受诉人民法院管辖。”当事人只要符合上述四项条件即可提起民事诉讼，而先刑后民程序体现的是“公权优先”的观点，它强行中止了当事人经合法起诉引发的诉讼，在一定程序上限制了当事人的权利救济，增加了当事人的诉讼成本。最后，“先刑后民”有违刑法的谦抑性。刑法作为整个法律规范体系有效性的最后保障而存在，其他法律部门作为一个法律规范体系最终依靠刑法维持其规范效力，刑法是法律体系中的保护法、保障法。只有在民事法律、行政法律等法律部门不足以制止某种危害社会的行为从而保护某种重要利益时，立法者才考虑动用刑法，司法者才考虑适用刑法。相对于民法、行政法，刑法具有保守性、谦抑性等特点。② 而“先刑后民”将刑法的适用置于民事法律之前，与刑法所具有法律适用的最后性相背离，有违刑法的谦抑性。

---

① 陈兴良、胡建生、朱平、李克：《关于“先刑后民”司法原则的反思》，载《北京市政法管理干部学院学报》2004 年第 2 期。

② 曲新久：《刑法学》（第四版），中国政法大学出版社 2011 年版，第 3 页。

总之，对于“先刑后民”原则在刑民交叉案件中的适用，应当严格予以规范，不能任意地扩大适用。根据我国《民事诉讼法》第150条的规定，在刑民交叉案件中，当民事案件须以刑事案件的审理结果为依据时，才能够中止民事诉讼程序。具体来说，表现为三种情形：第一种情形是刑事案件需要查明和最终认定的事实真相，对于民事案件中的处理结果将产生影响的。此情形主要是指同一法律事实既引发刑事法律关系，又引发民事法律关系，两种程序同时进行，而民事案件的审理须依据刑事案件的结果进行。如标的物关联的情形，即刑事案件所涉及的具体财物同时也是另一民事案件所争议的标的物。[①] 在此种情形下，民事审判必然要根据刑事案件的认定作出。例如盗窃案件中，刑事判决对被告人是否犯罪的认定，关系到案件标的物是否为赃物，进而影响到民事诉讼中有关善意取得的认定。第二种情形是刑事案件将要查明的事实可能会导致刑事判决和民事判决的矛盾。此种情形主要是在民事案件正在审理的过程中，发现当事人可能涉及刑事犯罪，而该刑事犯罪的审理结果将决定着民事案件的走向。例如在审理合同纠纷时，发现当事人可能涉及合同诈骗的犯罪行为，此时刑事案件的判决结果将影响合同纠纷的解决。第三种情形可以说并不是一般的刑民交叉案件，而是刑事附带民事诉讼，此种情形的民事诉讼是在刑事案件立案后一审判决宣告前提出的。根据《刑事诉讼法》第102条的规定：“附带民事诉讼应当同刑事案件一并审判，只有为了防止刑事案件审判的过分迟延，才可以在刑事案件审判后，由同一审判组织继续审理附带民事诉讼。”此时，民事诉讼是以刑事诉讼为基础与依托的，即使两者分开审判，也必然是先审理刑事部分，后审理民事部分，且由审理刑事案件的同一审判组织进行。

此外，我国现行法律对执行中适用“先刑后民”也逐渐进行了限制，更多地规定民事执行优先于刑事执行。例如，《刑法》第60条规定：“没收财产以前犯罪分子所负的正当债务，需要以没收的财产偿还的，经债权人请求，应当偿还。”《侵权责任法》第4条规定：“侵权人因同一行为应当承担行政责任或者刑事责任的，不影响依法承担侵权责任。因同一行为应当承担侵权责任和行政责任、刑事责任，侵权人的财产不足以支付的，先承担侵权责任。”《公司法》第214条规定：“公司违反本法规定，应当承担民事赔偿责任和缴纳罚款、罚金的，其财产不足以支付时，先承担民事赔偿责任。”《证券法》第232条规定：“违反本法规定，应当承担民事赔偿责任和缴纳罚款、罚金，其财产不足以同时支付时，先承担民事赔偿责任。”《证券投资基金法》第150条规定：“违反本法规定，应当承担民事赔偿责任和缴纳罚款、罚金，其财产不足以同时支付时，先承担民事赔偿责任。”

---

① 何帆：《刑民交叉案件审理的基本思路》，中国法制出版社2007年版，第207页。

二、刑民交叉案件中民事诉讼继续进行的情形

在刑民交叉案件中，发生刑事诉讼程序与民事诉讼程序竞合时，有三种审理程序，分别是“先刑后民”“先民后刑”和“刑民并行”，前面已经就“先刑后民”的适用进行了较为详细的讨论，那么，除了“先刑后民”适用的案件之外，刑民交叉案件不论是适用“先民后刑”还是适用“刑民并行”，对于民事诉讼程序的进程来说，都不会受到影响，能够继续进行下去。在刑民交叉案件中，民事诉讼程序继续进行的情形主要包括以下情形：

1. 刑事案件的解决以民事案件的审理结果为依据。这是“先民后刑”的审理程序的核心，它与“先刑后民”相反，但是这种情形较为少见，多数存在于知识产权纠纷和财产权益归属不明纠纷当中，有些知识产权犯罪需要确认案件中的权利标的归属问题，只有确定了权利归属问题，才能够进一步判断是否构成犯罪。例如侵犯商业秘密罪只有在确认了侵犯的确实属于商业秘密，且刑事被告人不是该商业秘密的合法所有者，才能够认定其构成侵犯商业秘密罪。而确权所适用的法律均属于民事法律范畴。同理，在财产权益归属不明纠纷中，经过民事诉讼程序确认了真正的权利所有者，才能够判定刑事诉讼被告人的行为是否构成犯罪。在此种情形下先行继续民事诉讼，中止刑事诉讼，能够避免刑事审判在民事事实认定部分过多纠缠，浪费刑事司法资源。

2. 刑事案件与民事案件之间互不影响，两者可以同时进行诉讼程序。根据《最高人民法院关于在审理经济纠纷案件中涉及经济犯罪嫌疑若干问题的规定》第1条的规定：“同一公民、法人或其他经济组织因不同的法律事实，分别涉及经济纠纷和经济犯罪嫌疑的，经济纠纷案件和经济犯罪嫌疑案件应当分开审理。”第11条规定：“人民法院作为经济纠纷受理的案件，经审理认为不属经济纠纷案件而有经济犯罪嫌疑的，应当裁定驳回起诉，将有关材料移送公安机关或检察机关。”当刑民交叉案件中，民事纠纷与刑事犯罪属于不同的法律事实，民事案件的审理不需要依赖于刑事案件中认定的事实时，民事诉讼与刑事诉讼两者可以同时进行，不受另一方的影响和约束。而当民事纠纷与刑事犯罪属于同一法律事实，而这种所谓的“纠纷”实质是刑事犯罪时，人民法院可以裁定驳回起诉，但法院的这种做法并非适用“先刑后民”程序，因为，此时的案件并不属于民事纠纷，而是刑事犯罪，实际上是一个案件，也就没有所谓的谁先谁后的问题了。

3. 不宜中止诉讼程序。民事案件的审理基本结束，只剩下合议庭合议和民事判决书的制作与宣判时，不宜中止民事诉讼程序。即使刑事问题的处理不依赖于民事问题的解决，但在民事案件的审理基本结束、能够作出妥当判决的情况下，如果

中止民事诉讼程序，就可能导致完全浪费业已进行的民事审判工作。此外，人民法院特别需要提防某些机关或者企业利用“先刑后民”程序进行地方保护主义的做法。例如，甲地的A企业在乙地的民事诉讼中面临败诉危险之际，A企业向甲地的公安机关报案，声称乙地法院正在审理的民事案件的某一当事人涉嫌刑事犯罪。甲地公安机关迅速立案，要求乙地法院中止民事案件的审理。乙地法院中止民事案件的审理后，A企业迅速转移财产。结果可能是，甲地公安机关或者撤案，或者制造冤假错案，或者依法将刑事诉讼程序进行完毕。而乙地的法院恢复民事案件的审理时，即使作出了妥当的民事判决，也难以甚至不能执行A企业的财产。所以，当民事案件的继续审理，有利于防止某些机关或者企业恶意利用先刑后民程序、保护被害人的合法权益、维护司法公正时，不宜中止民事案件的继续审理。①

三、担保合同自身无效的情形

担保合同作为一种特殊的合同，它不仅要符合《担保法》的规定，还要符合《民法通则》《合同法》的相关规定。担保合同无效的情形有别于其他合同，大体上可以分为两大种类：一是因主合同无效而无效，即根据我国《担保法》第5条第1款的规定：“担保合同是主合同的从合同，主合同无效，担保合同无效。担保合同另有约定的，按照约定。”这是由担保合同的从属性决定的。二是担保合同因自身原因无效，此时有可能主合同仍有效，而担保合同却因自身要件欠缺而不发生法律效力。在此，笔者将对担保合同自身无效的情形进行详细的探讨，一般认为导致担保合同自身无效的情形有以下几种：

1. 法律规定无效的情形。《民法总则》对民事法律行为有效的条件作出了明确规定，即第143条规定：“具备下列条件的民事法律行为有效：（一）行为人具有相应的民事行为能力；（二）意思表示真实；（三）不违反法律、行政法规的强制性规定，不违背公序良俗。”这是从正面所作出的，同时，《民法总则》第144条、第146条第1款、第153条、第154条②分别从反面进行了规定，即违反相关规定即无效，主要有五个方面：一是无民事行为能力人实施的民事法律行为；二是行为人与相对人以虚假的意思表示实施的民事法律行为；三是违反法律、行政法规的强制性规定的民事法律行为，但不导致该民事法律行为无效的除外；四是违背公序良俗的

---

① 张明楷：《程序上的刑民关系》，载《人民法院报》2006年5月24日第B01版。

② 《民法总则》第144条规定：“无民事行为能力人实施的民事法律行为无效。”第146条第1款规定：“行为人与相对人以虚假的意思表示实施的民事法律行为无效。”第153条规定：“违反法律、行政法规的强制性规定的民事法律行为无效，但是该强制性规定不导致该民事法律行为无效的除外。违背公序良俗的民事法律行为无效。”第154条规定：“行为人与相对人恶意串通，损害他人合法权益的民事法律行为无效。”

民事法律行为；五是恶意串通的行为。《民法通则》第58条[①]、《合同法》第52条规定的情形。担保合同虽然具有一定的特殊性，但其仍然是合同的一种，应受到《合同法》的规范，而合同作为民事法律关系的一种，合同当事人的行为作为民事行为，应受到《民法通则》的规范，因此，担保合同如果有《民法通则》第58条、《合同法》第52条规定的情形，必然会导致合同无效，具体包括：（1）无民事行为能力人实施的；（2）限制民事行为能力人依法不能独立实施的；（3）一方以欺诈、胁迫的手段订立合同，损害国家利益的；（4）恶意串通，损害国家、集体或者第三人利益的；（5）以合法形式掩盖非法目的的；（6）损害社会公共利益的；（7）违反法律、行政法规的强制性规定的。应当注意的是，《民法总则》对《民法通则》《合同法》相关进行了修改，对于限制民事行为能力人依法不能独立实施的行为，一方以欺诈、胁迫的手段订立合同，损害国家利益的行为等，并未规定为无效，而是可撤销。同时，对经济合同违反国家指令性计划、以合法形式掩盖非法目的、损害社会公共利益等表述进行了删除和修改。

2. 主体不合格导致担保合同无效。此种情形主要是指作为担保合同之一的保证合同中对保证人的资格限制，不具备保证人主体资格的公民、法人、其他组织所订立的保证合同均无效。我国《担保法》第7～10条[②]规定了保证合同的主体资格：（1）国家机关一般不可作为保证人，特殊情况例外；（2）事业单位、社会团体一般不可作为保证人，但特殊情况例外；（3）企业法人的职能部门不能做保证人；（4）企业法人的分支机构在授权的情况下可以作为保证人。无保证人资格的人与债权人签订的保证合同无效，保证人不承担保证责任，但有可能承担因保证合同无效而产生的责任。

3. 客体不合法导致担保合同无效。根据《担保法司法解释》第5条的规定："以法律、法规禁止流通的财产或者不可转让的财产设定担保的，担保合同无效。

---

① 《民法通则》第58条规定："下列民事行为无效：（一）无民事行为能力人实施的；（二）限制民事行为能力人依法不能独立实施的；（三）一方以欺诈、胁迫的手段或者乘人之危，使对方在违背真实意思的情况下所为的；（四）恶意串通，损害国家、集体或者第三人利益的；（五）违反法律或者社会公共利益的；（六）经济合同违反国家指令性计划的；（2009年8月27日删除）（七）以合法形式掩盖非法目的的。无效的民事行为，从行为开始起就没有法律约束力。"

② 《担保法》第7条规定："具有代为清偿债务能力的法人、其他组织或者公民，可以作保证人。"第8条规定："国家机关不得为保证人，但经国务院批准为使用外国政府或者国际经济组织贷款进行转贷的除外。"第9条规定："学校、幼儿园、医院等以公益为目的的事业单位、社会团体不得为保证人。"第10条规定："企业法人的分支机构、职能部门不得为保证人。企业法人的分支机构有法人书面授权的，可以在授权范围内提供保证。"

以法律、法规限制流通的财产设定担保的，在实现债权时，人民法院应当按照有关法律、法规的规定对该财产进行处理。”此种情形主要适用于物保，多数是指抵押合同中对抵押物的限制。《担保法》第 37 条①和《物权法》第 184 条②都规定了不得进行抵押的财产，这些不得进行抵押的财产一般都是国家、集体所有的，或者用于公益事业的，或者权属不明的，或者处于法律强制程序中的。根据民事领域“法不禁止皆可为”的理念，凡是法律没有规定不得设定担保的财产，均可以成为担保合同的标的。

【典型案例】

吴国军与陈晓富、王克祥及德清县中建房地产开发有限公司民间借贷、担保合同纠纷案

上诉人（一审被告）：王克祥。

上诉人（一审被告）：德清县中建房地产开发有限公司。

法定代表人：王克祥，该公司董事长。

被上诉人（一审原告）：吴国军。

一审被告：陈晓富。

〔基本案情〕

原告吴国军因与被告陈晓富、王克祥、德清县中建房地产开发有限公司（以下简称中建公司）发生民间借贷、担保合同纠纷，向浙江省德清县人民法院提起诉讼。

原告吴国军诉称：2008 年 11 月 4 日，原被告签订一借款协议，被告陈晓富共向原告借款人民币 200 万元，借款期限为 2008 年 11 月 4 日至 2009 年 2 月 3 日，并由被告王克祥和被告中建公司连带责任担保，当日陈晓富收到吴国军的 200 万元的借款，因陈晓富拖欠其他债权人款项无法及时偿还，数额较大，并已严重丧失信誉，现陈晓富无力归还借款，依照协议，遂要求陈晓富提前归还，王克祥、中建公司承担连带责任。请求法院判令：1. 解除原告与三被告之间订立的借款协议；2. 陈晓富立即

---

① 《担保法》第 37 条规定：“下列财产不得抵押：（一）土地所有权；（二）耕地、宅基地、自留地、自留山等集体所有的土地使用权，但本法第三十四条第（五）项、第三十六条第三款规定的除外；（三）学校、幼儿园、医院等以公益为目的的事业单位、社会团体的教育设施、医疗卫生设施和其他社会公益设施；（四）所有权、使用权不明或者有争议的财产；（五）依法被查封、扣押、监管的财产；（六）依法不得抵押的其他财产。”

② 《物权法》第 184 条规定：“下列财产不得抵押：（一）土地所有权；（二）耕地、宅基地、自留地、自留山等集体所有的土地使用权，但法律规定可以抵押的除外；（三）学校、幼儿园、医院等以公益为目的的事业单位、社会团体的教育设施、医疗卫生设施和其他社会公益设施；（四）所有权、使用权不明或者有争议的财产；（五）依法被查封、扣押、监管的财产；（六）法律、行政法规规定不得抵押的其他财产。”

归还原告借款200万元，王克祥、中建公司承担连带清偿责任。

原告吴国军提交了如下证据：

1. 借款协议原件1份，证明被告陈晓富向原告吴国军借款200万元，并由王克祥、中建公司承担连带担保责任的事实。

2. 被告陈晓富签字的收条1份，证明陈晓富于2008年11月4日收到原告吴国军所借的200万元人民币的事实。

3. 银行凭证1份，证明原告吴国军于2008年11月4日通过银行转账将200万元借给陈晓富的事实。

被告陈晓富辩称：向原告吴国军借款人民币200万元到期未还是事实。目前无偿还能力，今后尽力归还。

被告王克祥、中建公司辩称：本案的程序存在问题，本案因被告陈晓富涉嫌犯罪，故应中止审理，2009年4月15日德清人民法院以（2009）湖德商初字第52号-2号民事裁定，本案中止审理，且明确规定，待刑事诉讼审理终结后再恢复审理本案。现陈晓富的刑事案件并未审理终结。本案借款的性质可能为非法吸收公众存款。在未确定本案借款的性质时，该案应该中止审理本案。且如确定陈晓富是涉及犯罪的情况下，那么王克祥和中建公司无须承担保证责任。

被告王克祥提供了如下证据：

德清县公安局立案决定书及函原件1份，证明办案涉及被告陈晓富非法吸收公众存款案可能导致借款协议无效的事实。

德清县人民法院一审查明：

2008年11月4日，原、被告签订一借款协议，被告陈晓富共向原告吴国军借款人民币200万元，借款期限为2008年11月4日至2009年2月3日，并由被告王克祥和被告中建公司提供连带责任担保，当日原告履行了出借的义务，陈晓富于当日收到原告200万元的借款，因陈晓富拖欠其他债权人款项无法及时偿还，数额较大，并已严重丧失信誉，现陈晓富无力归还借款，依照协议，遂要求陈晓富提前归还，王克祥、中建公司承担连带责任。2008年12月14日陈晓富因故下落不明，原告认为陈晓富拖欠其他债权人款项数额巨大，已无能力偿还，2008年12月22日陈晓富因涉嫌合同诈骗和非法吸收公众存款罪被公安机关立案侦查，依照协议，遂要求陈晓富提前归还，王克祥、中建公司承担连带责任，直至开庭时，三被告均未履行还款义务。

以上事实有各当事人陈述、借款和担保协议、被告陈晓富签字的收条、银行凭证、德清县公安局立案决定书及函原件等证据，足以认定。

〔一审裁判理由与结果〕

德清县人民法院经审理认为，本案的争议焦点是：一、涉案民间借贷合同和担保合同的效力认定；二、本案是否需要中止审理。

关于第一个焦点问题。本案原、被告之间的借贷关系成立且合法有效，应受法律保护。本案中，单个的借款行为仅仅是引起民间借贷这一民事法律关系的民事法律事实，并不构成非法吸收公众存款的刑事法律事实，因为非法吸收公众存款的刑事法律事实是数个“向不特定人借款”行为的总和，从而从量变到质变。《合同法》第五十二条规定了合同无效的情形，其中符合“违反法律、法规的强制性规定”“以合法形式掩盖非法目的”两种情形的合同无效。当事人在订立民间借贷合同时，主观上可能确实基于借贷的真实意思表示，不存在违反法律、法规的强制性规定或以合法形式掩盖非法目的。非法吸收公众存款的犯罪行为与单个民间借贷行为并不等价，民间借贷合同并不必然损害国家利益和社会公共利益，两者之间的行为极有可能呈现为一种正当的民间借贷关系，即贷款人出借自己合法所有的货币资产，借款人自愿借入货币，双方自主决定交易对象与内容，既没有主观上要去损害其他合法利益的故意和过错，客观上也没有对其他合法利益造成侵害的现实性和可能性。根据《合同法》第十二章规定，建立在真实意思基础上的民间借款合同受法律保护。因此，被告陈晓富向原告吴国军借款后，理应按约定及时归还借款。陈晓富未按其承诺归还所欠原告借款，是引起本案纠纷的原因，陈晓富应承担本案的全部民事责任。

被告王克祥和被告中建公司未按借款协议承担担保义务，对于王克祥、中建公司提出被告陈晓富可能涉及非法吸收公众存款，其不应再承担责任的辩称，根据《担保法》有关规定，如债权人与债务人恶意串通或债权人知道或应当知道主合同债务人采取欺诈手段，使保证人违背真实意思提供保证的，则保证人应免除保证责任。现王克祥和中建公司未能提供相关证据佐证原告吴国军与陈晓富之间具有恶意串通的事实，亦未能提供相关证据吴国军知道或应当知道陈晓富采取欺诈手段骗取王克祥和中建公司提供担保。主合同（借款合同）有效，从合同（担保合同）本身无瑕疵的情况下，民间借贷中的担保合同也属有效。从维护诚信原则和公平原则的法理上分析，将与非法吸收公众存款罪交叉的民间借贷合同认定为无效会造成实质意义上的不公，造成担保人以无效为由抗辩其担保责任，即把自己的担保错误作为自己不承担责任的抗辩理由，这更不利于保护不知情的债权人，维护诚信、公平也无从体现。涉嫌非法吸收公众存款的犯罪嫌疑人（或被告人、罪犯）进行民间借贷时，往往由第三者提供担保，且多为连带保证担保。债权人要求债务人提供担保人，这是降低贷款风险的一种办法。保证人同意提供担保，应当推定为充分了解行为的后果。若因债务人涉嫌非法吸收公众存款而认定借贷合同无效，根据《担保法》，主合同无效前提下的担保合同也应当无效，保证人可以免除担保责任。债权人旨在降低贷款风险的努力没有产生任何效果，造成事实上的不公。因此，对于王克祥和中建公司的抗辩理由，法院不予支持。

关于第二个焦点问题。原告吴国军根据借款协议给被告陈晓富200万元后，其对陈晓富的债权即告成立。至于陈晓富可能涉及非法吸收公众存款的犯罪，与本案合同纠纷属于两个法律关系，公安部门立案侦查、检察院起诉以及法院判决构成刑事犯罪，并不影响法院依据民事诉讼法审理本案当事人间的民事合同纠纷。对合同效力进行判断和认定属于民商事审判的范围，判断和认定的标准也应当是民事法律规范。非法吸收公众存款罪和合同的效力问题是两个截然不同的法律问题。判定一个合同的效力问题，应从民事法律的角度去考虑，从有效合同的三个要件来考察，即：1. 行为人是否具有相应的民事行为能力；2. 意思表示是否真实；3. 是否违反法律或者社会公共利益。且本案涉嫌的是非法吸收公众存款罪，涉嫌犯罪的当事人单个的借贷行为不构成犯罪，只有达到一定量后才发生质变，构成犯罪，即犯罪行为与合同行为不重合，故其民事行为应该有效。鉴于此，法院受理、审理可以“刑民并行”。“先刑后民原则”并非法定原则，任何一部法律并未对这一原则作出明确规定。实行“先刑后民”有一个条件：只有符合《民事诉讼法》第一百三十六条①规定，即“本案必须以另一案的审理结果为依据，而另一案尚未审结的”，才“先刑后民”。不符合《民事诉讼法》第一百三十六条规定的，应“刑民并行”审理。先刑后民并非审理民刑交叉案件的基本原则，而只是审理民刑交叉案件的一种处理方式。据此，对于被告王克祥和被告中建公司提出本案在未确定本案借款的性质时应该中止审理的诉讼主张，法院不予支持。因此，本案原、被告之间的民间借贷法律关系明确，被告对该借款应当予以归还，王克祥和中建公司自愿为陈晓富借款提供担保，应承担本案连带清偿责任。

据此，浙江省德清县人民法院根据《中华人民共和国民事诉讼法》第一百三十条②，《中华人民共和国合同法》第二百零六条，最高人民法院《关于人民法院审理借贷案件的若干意见》第六条，《中华人民共和国担保法》第十二条、第十八条、第二十一条、第三十一条之规定，于2009年4月8日判决：

一、被告陈晓富限在判决生效后十日内归还原告吴国军200万元的借款；

二、被告王克祥、中建公司对上述债务承担连带清偿责任。

〔当事人上诉及答辩意见〕

王克祥、中建公司不服一审判决，向浙江省湖州市中级人民法院提起上诉，主要理由是：1. 如原审被告陈晓富经人民法院审理后确定涉及合同诈骗罪和非法吸收公众存款罪，那么根据《中华人民共和国合同法》第五十二条的规定，本案借款协议存在“违反法律、法规的强制性规定”“以合法形式掩盖非法目的”两种情形，借款协议显然无效，由此担保当然无效。2. 根据《最高人民法院关于适用〈中华人民共和国担保法〉若干问题的解释》第八条的规定，本案导致担保合同无效的责任不

---

① 对应2012年《中华人民共和国民事诉讼法》第一百五十条。

② 对应2012年《中华人民共和国民事诉讼法》第一百四十四条。

在其，其没有过错。但原判未对借款协议的效力进行认定，直接侵犯了其合法权益。因此，请求二审撤销原判第三项，依法改判确认担保无效，其不承担担保责任，驳回被上诉人吴国军对其的诉请。

被上诉人吴国军辩称：一审判决认定事实清楚，适用法律正确，应予维持。

二审中，上诉人王克祥、中建公司，被上诉人吴国军均未提交新的证据。

〔二审查明的事实〕

湖州市中级人民法院经二审，确认了一审查明的事实。又查明，2010 年 1 月 13 日德清县人民法院以原审被告陈晓富犯非法吸收公众存款罪，判处有期徒刑五年二个月，并处罚金人民币 25 万元。该判决已生效。

〔二审裁判理由与结果〕

湖州市中级人民法院二审认为：

合同效力的认定应尊重当事人的意思自治原则，只要订立合同时各方意思表示真实，又没有违反法律、行政法规的强制性规定，就应当确认合同有效。《最高人民法院关于正确适用〈中华人民共和国合同法〉若干问题的解释（二）》第十四条对《中华人民共和国合同法》第五十二条第（五）项规定“强制性规定”解释为是指效力性强制性规定，本案原审被告陈晓富触犯刑律的犯罪行为，并不必然导致借款合同无效。因为借款合同的订立没有违反法律、行政法规效力性的强制性规定。效力上采取从宽认定，是该司法解释的本意，也可在很大程度上尊重当事人的意思自治。因此，原审判决陈晓富对本案借款予以归还，王克祥、中建公司承担连带清偿责任，并无不当。王克祥、中建公司的上诉理由不能成立。

据此，湖州市中级人民法院依据《中华人民共和国民事诉讼法》第一百五十三条第一款第（一）项[①]之规定，于 2010 年 8 月 2 日判决：

驳回上诉，维持原判。

本判决为终审判决。

---

① 对应 2012 年《民事诉讼法》第一百七十条第一款第（一）项，规定：“（一）原判决、裁定认定事实清楚，适用法律正确的，以判决、裁定方式驳回上诉，维持原判决、裁定；”

第十九章　国际惯例

规则 28：涉外信贷关系中当事人约定收取开办费的，属于国际惯例，该项约定具有约束力

——香港百粤金融财务有限公司与香港红荔美食有限公司贷款纠纷案①

【裁判规则】

涉外信贷关系中双方当事人约定，出借方按贷款总金额收取 0.5% 的开办费（即手续费）。虽在我国内地的信贷关系中没有收取开办费的做法，但在国际信贷中有此惯例，当事人约定收取开办费属于沿用国际惯例，应认定该项约定有约束力。

【规则理解】

一、国际惯例的认定

（一）国际惯例的含义

对于国际惯例的定义，在国际私法领域，有广义和狭义之分。广义的国际惯例包括两方面内容：一是国际习惯，《国际法院规约》正式中文译本第 38 条第 1 款所称的“作为通例之证明而接受为法律者”，就是在国际交往中各国重复类似行为，进而形成的对各国具有法律约束力的原则或规则；二是狭义的国际惯例，它是在国际民商事交往中经过反复实践逐渐形成的，有较为明确和固定内容的习惯和一般做法。

在国际私法领域中对国际惯例的认定，权威学者韩德培教授主张的观点是：国际惯例是在国际交往中逐渐形成的不成文的法律规范，它只有经过国家认可方有约束力。一种是不需要当事人的选择而必须遵守的惯例，即强制性国际惯例；另一种即任意性的实体法惯例，国际私法中的国际惯例大都是这种任意性惯例。② 另一位

① 《中华人民共和国最高人民法院公报》1992 年第 2 期，广东省广州市中级人民法院民事判决书。

② 韩德培：《国际私法新论》，武汉大学出版社 1997 年版，第 46 页。

学者李双元教授认为：在讲到国际惯例作为它的渊源时，必须首先注意，国际私法中的国际惯例是由两个部分组成的。其中一部分是如《国际法院规约》所称的“作为通例”并“经接受为法律”的那些国际习惯。在国际私法中，主要体现在管辖权和法律适用两个方面，对于哪类案件可以行使管辖权、应适用什么样的法律，只存在一些限制性的国际习惯，如行使一国的立法、司法管辖权的前提是不违反国际法等，而没有直接的肯定性的冲突规则对此作出规定。而另一部分则是国际贸易惯例。国际贸易惯例只具有任意法的性质，而且严格说，他们只有经当事人接受于合同中约定，才具有法律上的约束力。[①] 由此可见，我国国际私法学者权威观点一般是从广义角度理解国际惯例。

我们认为，国际私法上的国际惯例是广义的国际惯例，不仅包括国际习惯性质的那部分国际惯例，还包括有国际商事惯例在内的国际惯例。国际惯例中最为常见的是国际商事惯例，这部分国际惯例是在国际民商事交往中经过反复实践、逐渐形成的，有较为明确和固定内容。它通常只有在被国际民商事关系的当事人选择适用或者法律规定法院或仲裁庭可以适用的情况下，才具有约束当事人的效力。

（二）国际惯例的分类

在学术界对国际惯例进行的分类主要包括以下几种：

1. 强制性国际惯例和任意性国际惯例

依据国际惯例的性质强度不同，可以把国际惯例分为强制性国际惯例和任意性国际惯例。强制性国际惯例，是指国际民商事关系当事人必须遵守，不能由当事人选择适用的国际惯例。它的特点是直接适用于国际民商事关系中，当事人必须遵守，具有普遍的法律约束力。“国家及其财产豁免原则”就属于强制性国际惯例。有学者认为“国家及其财产豁免原则”属国际公法上的国际惯例。事实上国际私法上的国际惯例也包括“国家及其财产豁免原则”。但这类强制性国际惯例在国际私法上并不多见。强制性国际惯例有直接的、普遍的约束力，当事人必须无条件遵守。任意性国际惯例，是指只有经国际民商事关系的当事人选择才对当事人产生约束力，其规则本身并不具有法律约束力的国际惯例。任意性国际惯例的特点是不能自动地适用，不具有直接的、普遍的约束力。比如，在国际贸易中经常使用到的FOB、FCA、CFR、CIF等贸易术语或称为价格条件。在合同领域，只有当事人约定选择在合同中适用此任意性国际惯例进行交易，此国际惯例才能约束合同当事人。

2. 成文国际惯例和不成文国际惯例

依据国际惯例不同的外在表现形式，可以把国际惯例分为成文国际惯例和不成

---

① 李双元：《国际私法学》，北京大学出版社2000年版，第21页。

文国际惯例。成文国际惯例是指对于不成文国际惯例，经由有关国际组织或学术团体进行整理、编纂、解释后形成的国际惯例成文形式。成文的国际惯例具有内容明确、条理清晰和相对稳定等特点。常见的成文国际惯例有由非政府间国际组织制定的国际商事惯例、由各种专业团体或贸易协会制定的标准合同或标准合同条款等，这些成文国际惯例可以获得普遍适用。不成文国际惯例是指国际民商事关系的同类当事人已广泛知晓并经常遵守，但外在表现为尚未系统成文的国际惯例。它可以存在于当事人的头脑中，也可以非书面或书面的形式存在。不成文国际惯例是成文惯例形成的基础，在实践中许多国际惯例都是不成文的。

二、国际惯例的效力

国际惯例作为一种国际行为规范，根据其形成过程的不同，可以将其分为两类，一类属于法律范畴的国际惯例，另一类属于非法律范畴的国际惯例。前者具有法律效力，后者则不具有法律效力。其中对于属于法律范畴的国际惯例，在国际私法范围内，又分为两种：一种是不需要当事人选择必须遵守的国际惯例，即规范性的国际惯例；另一种是只有经过当事人选择，才对其有约束力的国际惯例，即合同性的国际惯例。具体来说，规范性惯例通常对当事人各方都具有普遍拘束力，属于强制性规范的范畴。无论参与国际交往的当事人是否愿意采纳，这类惯例都对他们具有国际法上的拘束力。究其原因，此类惯例已被国际社会多数成员普遍认为必须遵守，不得随意变更。此外，凡已被各有关国家接受为国内立法或为国际公约所采纳的国际惯例，对这些特定国家及有关当事人具有普遍约束的效力。很明显，对这些特定国家而言，此时的惯例已转化为法律。较之于规范性惯例，合同性惯例在国际商事交易领域内则较为普遍。此类国际惯例具有可选择性和任意性。其效力取决于国际商事交易中当事人各方的自愿采纳，因为此类惯例的适用并非当事人各方必须遵守的义务，它们的适用以当事人各方的共同意思表示为前提。而一旦当事人各方明示或默示地表示关于他们之间的权利义务关系适用某惯例，该惯例即对他们具有法律上的拘束力。

三、国际惯例的适用

（一）国际惯例的法律适用

在我国，现行的国内立法尚未就国际惯例的含义作出专门规定，但我国法律承认国际惯例的效力并允许当事人适用。具体来说，国际惯例在我国的法律适用包括以下几点：

首先，按照《民法通则》第 142 条第 3 款，在法律适用方面，现有的成文国内法和中国缔结或参加的国际条约的规定优于国际惯例的适用。其次，结合《民法通则》第150条关于适用外国法律或国际惯例不得违背中国的社会公共利益的规定来看，在法律效力方面，国际惯例处于同外国法同等并列的地位，与根据冲突规范所援引的外国法的效力相同。国际惯例的效力低于国际条约，但高于国家政策。国际惯例同国际条约、国内法和外国法一样，可以作为冲突规范的直接或间接指引对象。再次，按照中国法律规定的合同当事人意思自治原则，当事人可以选择适用实体规范性质的国际商事惯例。在通常情况下，只有当事人选择适用的国际商事惯例，才对该当事人有约束力。而在当事人未选择适用国际商事惯例时，适用国际商事惯例只发生于中国法律和中国缔结或参加的国际条约对有关事项未作规定的情况。最后，根据《民法通则》第150条的规定，适用国际惯例不得违背中华人民共和国的社会公共利益。

（二）对国际惯例适用的限制

在实践中，国际惯例的适用受到多方面的限制。

1. 公共秩序保留制度对国际惯例适用的限制

公共秩序保留又称保留条款。当一国法院根据其内国冲突法本应该适用外国法时，如果该外国法的适用将违反法院地国的公共秩序，则内国法院可以依据此理由直接限制或排除该外国法的适用。这种对外国法适用加以直接限制或排除的制度称为公共秩序保留。公共秩序保留的结果是使依法院地国冲突规范指引而应适用的外国实体法没有得到适用，其作用在于依据公共秩序而直接限制或排除外国法的适用。一般来讲，公共秩序限制是针对适用外国法的，即当内国法院按照冲突法规范本应适用外国法时，因该外国法的适用将违反内国的公共秩序，内国法院就可据此而拒绝使用。我国《民法通则》第150条规定："依照本章规定适用外国法律或者国际惯例的，不得违背中华人民共和国的社会公共利益。"这是我国关于公共秩序保留制度的主要立法条款。我国立法对于公共秩序保留制度历来持肯定态度。我国1950年制定的《关于中国人与外侨、外侨与外侨婚姻问题的意见》中也曾指出：中国人与外侨、外侨与外侨在中国结婚或离婚的，不仅可以适用中国的婚姻法，而且在适当的限度内应考虑适用当事人本国的婚姻法，但适用当事人本国的婚姻法以不得违背我国的公共秩序、公共利益和目前的基本政策为限度。此外，根据我国《民事诉讼法》第282条之规定，对于申请与请求我国承认和执行的外国法院判决，我国法院只有在查明该判决不违背中华人民共和国法律的基本原则或者国家主权、安全或者社会公共利益后，裁定承认其效力，需要执行的，发出执行令；凡违反中华人民共和国法律的基本原则或者国家主权、安全、社会公共利益的，不予承认和执行。由此可见，我国法律中的公共秩序含义广泛，包括我国法律的基本原则、国家主权、安全和社会公共利益；我国公共秩序保留制度既排除外国法的适用，也可以排除国际惯例的适用。所以，在现行立法体制下，国际惯例在我国的适用一定不能与我国的公共秩序相违背。

2. 强行性法律规范对国际惯例适用的限制

采用强行性法律规范对国际惯例适用进行限制是合理的。首先，从限制国际惯例适用的必要性来讲，有些国际惯例确实存在一些不合理的内容，如果不允许强行性法律规范对国际惯例的适用加以限制，必将损害一方当事人的利益，甚至在国际贸易方面造成巨大的经济损失。以国际贸易惯例为例，不是所有制定国际贸易惯例的国际组织都能摆脱行会的狭隘性，在编纂国际商事惯例时中立行事，对不同利益的当事人予以同等保护；一些专业性的国际组织所制定的国际贸易惯例也不是全部都能同时兼顾交易各方当事人的利益的。其次，从强行性法律规范的性质来讲，国际惯例的适用不能违反强行性法律规范的规定。国内强行法规范是公民必须遵守的规则，是不能违反的。当国际惯例与国内强行法规范发生冲突时，强行法规范效力大于国际惯例，应优先适用。所以，对于国际惯例的选择适用，当事人只能在特定国家的任意法范围内进行，国际惯例不能与有关国家的强行法相抵触。

【拓展适用】

一、国际民事诉讼中的协议管辖

国际民事诉讼中的协议管辖是指当事人以书面、口头或其他方式达成的管辖权合意。

（一）协议管辖的分类

1. 明示的协议管辖与默示的协议管辖

所谓明示的协议管辖，是指当事人在争议发生前或发生后达成的书面或其他形式的协议明确规定，他们之间如果发生争议或者对于已经发生的争议交给某个国家的法院管辖。明示协议的形式有书面形式和书面以外的形式。从各国立法及国际公约来看，书面形式的协议包括两种情况：其一是以明确的书面合意达成选择法院的协议（书面合意）；其二是可通过书面证明的管辖协议（书面证明）。书面以外的其他形式主要包括口头、一般商业惯例和贸易术语、数据电文方式订立的协议以及符合双方当事人意识到或应该已经意识到的通常做法的形式。近年来，一些大陆法系国家和地区的立法对协议管辖必须采严格书面形式方为有效的要求已经趋于缓和。所谓的默示协议管辖是指双方当事人没有明确的可供查验的外在形式来表达其内在的意思，但基于双方当事人各自的行为可以客观明显地判断他们之间存在合意，这样的协议就是默示协议。默示管辖协议主要有两种情形：应诉管辖协议和推定的管辖协议。应诉管辖协议是当事人之间并无选择法院的明示约定，仅仅是一方在某一法院启动诉讼程序后，另一方不对该法院的管辖权提出异议而以行为接受了该法院的管辖。常见的表明接受的行为是对法院的管辖权不表示异议而作实质性答辩、提出反诉。世界上许多国家和地区，尤其是英美法系国家规定了应诉管辖制度。推定的管辖协议是当事人既未明确约定由某法院管辖又未在诉讼过程中以行为默示接受法院管辖，仅是受案法院根据纠纷的连接事实推定当事人有选择法院的暗示，最常见的推论依据是有关准据法的合意。推定协议是法院认为当事人间应该达成的合意，它往往反映法院的主观判断，而未必就是当事人之间真正的意思表示。因此，许多学者主张应用密切联系原则来代替推定协议。

2. 赋予的管辖协议和排除的管辖协议

赋予的管辖协议是指对本来就某一事件并无直接国际裁判管辖权的某国法院赋予其管辖权，或就多数管辖法院确定其中之一享有管辖权的协议。排除的管辖协议是指对原来就某一事件具有直接国际裁判管辖权的某国法院排除其管辖权的协议。一般赋予的管辖协议会得到承认，而排除的管辖协议不太容易被排除国法院接受。

3. 排他性的管辖协议和非排他性的管辖协议

排他性的管辖协议，是指当事人只约定一个国家的法院有管辖权，从而排除其他法院管辖的协议。所谓非排他性的管辖协议，是指当事人允许一国法院管辖其争议，但不排除其他法院管辖权的协议。早期，有些国家不承认排他性的管辖协议，认为排他性的管辖协议剥夺了其法院管辖权，违反了本国的公共政策。尽管排他性的管辖协议减少了平行诉讼，但由于缺乏弹性，在协商中不易获利，故非排他性的管辖协议对当事人而言有时更有用。

4. 事前管辖协议与事后管辖协议

从管辖协议签订的时间看，在纠纷发生前签订的称为事前管辖协议，在纠纷发生后签订的称为事后管辖协议。事后管辖协议通常是当事人真实意愿的反映，法院一般均予承认。而对事前管辖协议需考查当事人的真实意愿，能否承认及承认应具备哪些条件，对这些问题的认定各国分歧较大。

（二）协议管辖的范围

1. 适用协议管辖的案件范围

几乎所有承认协议管辖的国家都对协议管辖的案件作了限制性规定。传统国际私法的理论和实践大都允许在民商事财产纠纷上协议选择管辖的法院，而对人的身份、能力、婚姻家庭、破产、社会保障等领域是加以限制的。因为在这些领域允许协议选择管辖法院，可能会损害第三方利益或社会公共利益。从发展趋势来看，各国的立法对协议管辖的案件适用范围有所扩张，逐渐放开到身份、婚姻家庭、继承等领域。例如，1984 年《秘鲁民法典》第 2058、2062 条规定，协议管辖适用于世袭财产案件（合同之债、侵权之债、财产物权）以及诉因与秘鲁法院有实际联系的当事人明示或默示接受秘鲁法院管辖的自然人的身份和能力或家庭问题的案件。《美国第二次冲突法重述》第32、33、43、45条对协议管辖案件的范围未作限制。在英国，对人诉讼可合意管辖。我国涉外协议管辖案件的范围较窄，根据《民事诉讼法》第265条的规定，当事人可以合意选择管辖法院的争议限定在涉外合同或涉外财产权益的纠纷。

2. 协议选择管辖法院的范围

当事人能够选择何种法院，各国法律的规定差别较大。理论界争议最多，实践中经常遇到的问题是，当事人是否必须选择与争议有实际或直接联系的法院管辖。法国、墨西哥、中国等国的立法要求当事人选择的法院必须是与争议有实际或直接联系的法院。英美等国认为，双方当事人应享有绝对的自由，可以选择与案件毫无联系的法院，以便保证所选法院的中立性和公正性。从各国国内的立法和国际公约看，不要求实际联系的主张占据了优势。

二、合同准据法

（一）含义

对于合同准据法这个概念，学界有不同的理解：一种为广义的理解，合同准据法是指根据任何法律适用规范而适用于国际合同的任何方面的实体法。它不仅包括了按照当事人意思自治原则或最密切联系原则而适用于国际合同的实体法，而且包括按照其他法律适用规范而适用于国际合同的实体法；它不仅包括适用于合同本体问题的实体法，而且包括了适用于当事人缔约能力、合同形式等方面的实体法；它不仅包括国内法规范，而且包括了国际条约和国际惯例。另一种为狭义的理解，合同准据法是指根据冲突规范援引的用于调整合同本体问题的法律。基于合同准据法的功能是调整合同当事人的权利义务关系，所以，决定合同形式是否有效的法律、决定当事人有无缔约能力的法律，都不应被视为合同准据法，尽管这些法律所解决的问题也与合同有关。在有关国际合同法律适用的著作中，学者们常常将合同准据法、合同形式的准据法、当事人缔约能力的准据法这几个概念相提并论，也表明了合同准据法与合同形式的准据法和当事人缔约能力的准据法并不相同。后一理解为大多数学者所接受。

（二）合同准据法的确定

早期，在确定合同准据法的过程中客观标志原则处于统治地位。所谓客观标志原则，是指根据与合同有着某种联系的客观因素来确定最适用于解决合同的成立和效力问题的一项法律适用原则。特别是在当事人没有选择准据法的情况下，应当依据法律规定和合同的客观联系因素确定合同的准据法。客观标志原则反对意思自治，是作为主观论的对立面而产生的，这些客观联系因素包括合同缔结地、履行地、标的物所在地、法院地或仲裁地等。不过，当今各国都把该原则作为当事人意思自治原则的一种补充加以运用。当今各国对国际合同准据法的确定，主要遵循两大原则：一是当事人意思自治原则；二是最密切联系原则。

1. 依当事人意思自治原则确定合同准据法

当事人意思自治原则是指根据当事人双方共同的意思表示来确定合同准据法，它是确定合同准据法的首要原则。19 世纪，自由资本主义得到了充分的发展，私法自治和契约自由原则得到确立，合同法律适用上的当事人意思自治也逐渐在理论上和实践上为世界各国所接受并不断获得丰富和发展。我国《涉外民事关系法律适用法》第 3 条规定："当事人依照法律规定可以明示选择涉外民事关系适用的法律。"这也充分表述了尊重当事人意思自治的原则。在适用这一原则的过程中，有下列问题值得注意：

第一，在当事人选择法律的范围方面，许多国家以及国际条约都认为只能选择实体法，而不包括冲突法，以免发生反致。这种限制有利于提高解决纠纷的效率。

第二，在当事人选择法律的时间上，有的国家认为应当加以限制，必须在缔结合同的时候做出选择，如意大利；多数国家则认为完全没有必要限制，允许当事人在订立合同后选择法律或者改变自己已经做出的选择，如 1985 年《国际货物买卖合同法律适用公约》。由于选择法律是为了解决纠纷，纠纷产生后当事人可能会根据新的情况重新达成协议选择其他的法律，这对于纠纷的解决没有损害，并且符合当事人意思自治原则的宗旨，所以，没有必要把选择法律的时间限定在缔约当时。

第三，在当事人选择合同准据法的方式上，大多数国家的立法和有关的国际条约都既承认明示的法律选择，又承认默示的法律选择。默示方法是假定一个有理智的人站在当事人的立场上，他缔结合同会选择哪一国的法律，那么就应该适用该国的法律，这一选择并不由当事人作出，而是由法官代替当事人作出。只有少数国家只承认明示的法律选择，而不承认默示的法律选择，如土耳其、秘鲁等。

第四，在所选择的法律与合同的联系上，有些国家主张应该选择与合同有实际联系的法律，如波兰，主要是为了防止当事人通过法律选择来规避原来应该适用的法律，并且给当事人所选择的法律的适用确定合理的依据。但是，这种限制一方面未必能避免当事人规避法律，因为当事人总是能够找到与某个国家的联系，另一方面，当事人的合意本身即是法律适用的最合理的依据，不需要再另外寻找其他依据，否则是对意思自治原则的否定。有些国家原则上允许当事人选择任何国家的法律，只是在某些特殊合同中，为了保护特定当事人的利益或者维护公共利益的需要才限制当事人选择法律的范围，如瑞士。

第五，当事人的意思自治原则还有一系列限制，比如当事人选择的法律不得排除直接适用的法，不得违背公共秩序保留原则，等等，这些限制得到了各国以及国际公约的认可。

2. 依最密切联系原则确定合同准据法

该原则是指在当事人没有做出选择的情况下，法官从若干与合同有联系的国家中选择一个与合同有着最密切联系的国家的法律予以适用。至今，这一原则为世界各国的立法和实践所采纳。我国《涉外民事关系法律适用法》第2条作出明确规定："涉外民事关系适用的法律，依照本法确定。其他法律对涉外民事关系法律适用另有特别规定的，依照其规定。本法和其他法律对涉外民事关系法律适用没有规定的，适用与该涉外民事关系有最密切联系的法律。"最密切联系原则的确立，有利于充分发挥法官的主观能动性，实现法律适用的合理性，突破了机械地适用法律，是合同准据法确定原则的一大发展。同时，我们不难看出该原则具有很强的弹性，对于最密切的认定具有主观性，为了避免因为这种主观性而带来的法律适用的不确定性，欧洲有学者提出了特征性履行的标准来确定最密切联系点。所谓特征性履行，是指在双务合同中如果某一方的履行反映了合同的本质特征，该方当事人的住所地、惯常居住地或营业所在地法应为合同的准据法。特征性履行作为确定合同准据法的一个标志已被许多国家采用，不过，对这一原则不可以机械地使用，如果某一合同与特征性以外的某国联系更为密切，则应适用该国法。

三、我国涉外民商事合同的法律适用

（一）意思自治原则是涉外合同法律适用的首要原则

从我国《民法通则》第145条第1款和《合同法》第126条第1款的规定来看，我国采用了国际上通行的做法，即将当事人的意思自治原则作为涉外民商事合同法律适用的首要原则。当事人意思自治原则之所以能成为涉外合同领域首要的法律适用原则，关键就在于它能够反映当事人意思、提高法律选择和适用的效率、促进实现合同利益。

（二）最密切联系原则为涉外合同法律适用的补充原则

我国在进行冲突法立法的一开始就接受了最密切联系原则。1985年《涉外经济合同法》① 第5条首先在合同领域确认了该原则；1986年《民法通则》和1999年《合同法》重申了这一原则。但以上规定都只是概括性的原则规定，并没有实际

① 已被1999年《合同法》废止。

操作的相关规定。1987 年和 1988 年最高人民法院颁布的两项法律解释，即《最高人民法院关于适用〈涉外经济合同法〉若干问题的解答》[①] 和《民法通则意见》将该原则予以了具体化。在我国人民法院审理涉外民商事合同纠纷的司法实践中，首先应考虑适用合同当事人合意选择的法律作为调整其合同关系的准据法，但是合同当事人没有选择的或者所作选择无效的，根据我国《合同法》第 126 条，《民法通则》第 145 条，《海商法》第 269 条和《民用航空法》第 188 条等相关规定，应适用与合同有最密切联系的国家的法律。也即是说，最密切联系原则是我国法律确立的涉外民商事合同法律适用的补充性原则。它是对当事人意思自治原则的必要补充，只有在当事人没有选择合同的准据法时，人民法院才可以根据最密切联系地这个连结点来确定涉外合同应适用的法律以调整涉外合同关系。

（三）国际条约优先适用、国际惯例拾遗补缺原则

在涉及涉外民商事合同的法律适用问题时，有时会遇到国际条约、国际惯例的适用顺序问题。在我国涉外合同法律适用领域，适用的原则是：国际条约优先适用，国际惯例拾遗补缺原则。国际条约和国际惯例的性质与效力是决定适用顺序的关键因素。一方面，国际条约是国际法主体之间缔结的确定其权利与义务的协议。一国参加国际条约后，该条约在该国必须适用。另一方面，国际法中有关条约对缔约国的约束效力有一个原则性的要求即条约必须遵守，如《维也纳条约法公约》第 26 条规定："凡有效之条约对其各当事国有拘束力，必须由各该国善意履行。"因此，在我国民商事法律体系中，国际条约的效力比我国国内法律的效力要高，理应得到优先适用。在我国，国际条约优先适用原则具体体现在以下规定：《涉外经济合同法》第 6 条规定："中华人民共和国缔结或者参加的与合同有关的国际条约同中华人民共和国法律有不同规定的，适用该国际条约的规定。但是，中华人民共和国声明保留的条款除外。"虽然上述法条因 1999 年《合同法》的施行而失效，2007 年《最高人民法院关于审理涉外民事或商事合同纠纷案件法律适用若干问题的规定》[②] 对此问题未作规定，但根据我国《民法通则》第 142 条第 2 款和《民事诉讼法》第 261 条的规定，在调整涉外合同关系时也应遵守国际条约优先原则。国际惯例主要是国际商事惯例，它与各种贸易术语、交货条件、标准合同、格式条款、示范法等一起构成了一个相对独立的商人法体系。从国际惯例的性质来看，它是平等

---

① 已被 2000 年《最高人民法院予以废止的 1999 年底以前发布的有关司法解释目录（第三批）》废止。

② 已被 2013 年《最高人民法院关于废止 1997 年 7 月 1 日至 2011 年 12 月 31 日期间发布的部分司法解释和司法解释性文件（第十批）的决定》废止。

主体之间自发形成的习惯性规则。国际惯例同国际条约一样是国际法的渊源之一，但它不具有强制适用的效力，它属于任意性规范，供从事国际商业交往的当事人任意选用。因此，对于国际惯例法律规定是可以适用，并且它的适用是有条件的。从我国法律规定来看，国际民商事惯例具有替补效力，即我国法律和我国缔结或参加的国际条约对有关事项没有规定的，可以适用国际惯例填补空缺。

（四）强制适用中国法的原则

强制适用中国法在国际私法理论上可以归类到直接适用的法或强行法范畴，它是指各国意欲直接适用于涉外关系的国内实体法。在涉外合同领域，强制适用中国法的规范直接基于我国国内实体法立法目的和法律法规内容的考虑，从而排除当事人意思自治及冲突规范的适用。可见，相较于意思自治原则保护当事人的意思自由，强制适用中国法原则更侧重于保护一国的国家利益和社会利益。我国在涉外合同领域关于直接适用中国法的规定包括以下内容：根据《合同法》第126条第2款以及《中外合资经营企业法实施条例》第2条的规定，在中国履行的中外合资经营企业合同、中外合作经营企业合同、中外合作勘探开发自然资源合同必须适用中国法。《国际私法示范法》第102条在《合同法》的基础上增加了：在中国履行的中外合作开发房屋和土地合同；外国自然人、法人以及其他非法人组织承包经营在中国境内的中国企业的合同这两类合同。2007年，《最高人民法院关于审理涉外民事或商事合同纠纷案件法律适用若干问题的规定》在现有法律规定的基础上，补充增加了五类在我国领域内履行的仅适用我国法律的合同类型，包括：（1）中外合资经营企业、中外合作经营企业、外商独资企业股份转让合同；（2）外国自然人、法人或者其他组织承包经营在中华人民共和国领域内设立的中外合资经营企业、中外合作经营企业的合同；（3）外国自然人、法人或者其他组织购买中华人民共和国领域内的非外商投资企业股东的股权的合同；（4）外国自然人、法人或者其他组织认购中华人民共和国领域内的非外商投资有限责任或者股份有限公司增资的合同；（5）外国自然人、法人或者其他组织购买中华人民共和国领域内的非外商投资企业资产的合同。虽然上述司法解释被废止，但对于上述合同，依据《涉外民事关系法律适用法》第4条规定："中华人民共和国法律对涉外民事关系有强制性规定的，直接适用该强制性规定。"以及依据《合同法》的规定，推导出在当事人因这些特殊合同引起纠纷时，合同应排除外国法作为合同准据法进行适用，直接适用中国法。以上针对特殊合同强制适用中国法的规定不仅将当事人的意思自治原则排除在适用之外，也排除了根据冲突规范指引其他外国法的适用的可能。这样看似不符合契约自由原则的规定与上述合同类型的特殊属性紧密相关。举例来说，中外合资经营企业、中外合作经营企业是依据中国法律登记、注册，在中国境内依据中国法律成立、运作、生产和经营的，实为中国企业或法人，中国法人必须遵守中国法，因此这两类企业成立、运作、生产和经营的合作必须适用中国法律。可见，中外合资经营企业合同、中外合作经营企业合同必须适用中国法。对于在中国境内合作勘探开发自然资源的合同、开发房屋和土地合同，它们所指向的客体都属于中国境内的不动产，根据《民法通则》第 144 条以及《涉外民事关系法律适用法》第 36 条的规定，不动产关系理应适用不动产所在地法律，即适用中国法。

【典型案例】

香港百粤金融财务有限公司与香港红荔美食有限公司贷款纠纷案

原告：香港百粤金融财务有限公司。

法定代表人：蔡靖华，执行董事、副总经理。

委托代理人：刘宪章，公司信贷部副经理。

委托代理人：苏祖耀，广东对外经济律师事务所律师。

被告：香港红荔美食有限公司。

法定代表人：林贤，董事、总经理。

委托代理人：梁子蕴，原广州华丽宫大酒店会计。

〔基本案情〕

原告香港百粤金融财务有限公司为与被告香港红荔美食有限公司贷款协议纠纷一案，向广东省广州市中级人民法院提起诉讼。

原告香港百粤金融财务有限公司诉称：被告香港红荔美食有限公司在广州市投资合作成立广州华丽宫大酒店，要求原告提供港币贷款。1986 年 9 月，原告与被告在香港签订贷款协议，约定由原告贷款 780 万港元给被告，5 年内分 9 次偿还本息。原告依约定发放全额贷款后，被告至今除偿还利息 169537.39 港元之外，逾期未偿还本息已达 1000 多万港元。请求法院根据《中华人民共和国民法通则》及中国有关法律的规定，判令被告偿还原告贷款本金 780 万港元，截至 1991 年 4 月 30 日的贷款利息、罚息 5007895.6 港元，赔偿原告诉讼受理费 73760 港元，公证费 1585 港元，聘请律师费人民币 1.1 万元。

被告香港红荔美食有限公司答辩称：被告贷原告的款，已投入广州华丽宫大酒店。酒店开业初期经营亏损，被告偿还贷款利息 169537.39 港元。1988 年下半年酒店扭亏盈利时，由于与中方合作者发生纠纷，致不能依约还本付息。被告与大酒店中方合作者的纠纷，正在中国国际经济贸易仲裁委员会深圳分会仲裁，待中方合作者赔偿损失后，被告将偿还贷款。请求原告减免计收利息、复息和罚息。

广州市中级人民法院审理查明：

1986 年 3 月，被告香港红荔美食有限公司与广州市石井商业服务公司签订合作经营广州华丽宫大酒店合同。1986 年 9 月 5 日，被告为筹措资金，与原告百粤金融财务有限公司签订贷款协议，合同约定：1. 原告贷款780万港元给被告；2. 借贷期限5年；3. 被告在5年内分9期还本付息，第1期还本付息日为第1次提款日后的第1年的此日，此后每6个月还本付息1次，每次偿付贷款总额的1/9及利息；4. 利息以365天为1年计，每月底结付1次，未付的自动转入本金以复利计外，另加收罚息，罚息为欠息的20%；5. 利率以中国银行香港分行港元优惠利率加1%计；6. 原告按贷款总金额收取0.5%的开办费；7. 贷款协议适用香港法律和中华人民共和国法律。合同订立后，原告收取了被告的开办费3.9万港元。被告于1986年9月8日提取250万港元，9月15日提取200万港元，9月27日提取330万港元，以上合计780万港元。同年10月2日、12月10日及1987年2月27日，被告共偿还利息169537.39港元。至1991年4月30日止，被告欠原告到期本金6066666.67港元，利息与复息4173246.33港元和罚息834649.27港元。原告多次索偿无着，遂向广州市中级人民法院提起诉讼。原告为诉讼支付了证据公证费1585港元，律师费人民币1.1万元。

被告与他人合作经营广州华丽宫大酒店的合同纠纷，正在提交中国国际经济贸易仲裁委员会深圳分会仲裁。

〔一审裁判理由与结果〕

广州市中级人民法院认为：

一、关于管辖权问题。该案原告、被告均为香港的企业法人单位，贷款协议的签订地、履行地均在香港，且双方又无向中华人民共和国法院诉讼的书面协议，参照《中华人民共和国民事诉讼法》第二百四十四条①的规定，本不属中华人民共和国法院管辖。但是，原告以被告的贷款投入广州市经营合作企业，坚持在广州市中级人民法院起诉，被告对此没有提出异议，并已向广州市中级人民法院应诉答辩，参照《民事诉讼法》第二百四十五条②的规定，视为被告承认广州市中级人民法院有管辖权。

二、关于法律适用问题。原告和被告约定，贷款合同争议的处理，适用香港法律和中华人民共和国法律。诉讼中，原告和被告经再商议，同意选择中华人民共和国法律。当事人的选择，参照《中华人民共和国民法通则》第一百四十五条第一款的规定，该案审理的准据法选定为中华人民共和国实体法。

三、关于贷款协议的约束力问题。经审理，该案贷款协议的效力，其双方主体资格合法；意思表示真实；协议形式符合法定要求，唯合同规定的权利义务是否合法，即双方约定的利率、复息、罚息以及开办费等内容与中华人民共和国法律和政策有无抵触？经审理认为：（一）原告和被告约定，贷款利率以中国银行香港分行优

① 该条已被2012年《中华人民共和国民事诉讼法》删除。

② 该条已被2012年《中华人民共和国民事诉讼法》删除。

惠利率加1%。据查，中国银行香港分行优惠利率是香港银行公会公布的利率。根据国务院有关规定，外币贷款利率，按中国银行总行制定的综合利率执行；也可以由借贷双方根据国际市场利率协商确定，或以其协议利率为基础加一定利差确定利率。原告系香港注册的财务公司，按香港金融管理的有关规定，其存、贷款利率可高于银行利率。故确认原告和被告约定的利率，在当地是合法的。同时，我国对非银行金融机构的投资性贷款，准许其利率可稍高于银行贷款利率。因此，原告和被告约定的利率与我国有关法律、法规规定并无抵触，应为有效。（二）原告和被告约定，依约未付的利息，自动转入本金以复利计。中国人民银行颁布的《利率管理暂行规定》第十八条第一款规定："金融机构对企业的流动资金贷款和技术改造贷款，按季结息，……对不能支付的利息，可计收复利。"《中国工商银行外汇贷款暂行办法》第十四条第二款规定："如借款单位不能按期付息，银行即自行将到期利息转入本金，并计复息。"故原告与被告关于复息的约定，我国法律、法规是准许的，应当有效。（三）原告与被告约定，依约未付的利息，除转入本金以复利计外，另加收罚息，罚息为欠息的20%。罚息是信贷关系中，对借贷方超过还贷期限，挤占挪用贷款等违约行为的加收利息。国务院发布的《借款合同条例》① 第十六条规定："借款方不按期偿还借款，贷款方有权……按银行规定加收罚息。……"我国信贷关系中的罚息，是针对尚未偿还的贷款本金而言；本案的罚息，是针对欠息部分而言。本案的贷款较为公平和优惠。因此，原告与被告关于罚息的约定，并不违背中华人民共和国法律法规，其约束力，应予认可。（四）原告和被告约定，原告按贷款总金额收取0.5%的开办费（即手续费）。在我国内地的信贷关系中，没有收取开办费的做法。但在国际信贷中有此惯例。本案属香港外汇贷款，借贷双方亦属香港公司，应沿用国际惯例。故认定该项约定有约束力。根据以上认定，原告与被告签订的贷款协议，参照《民法通则》第九十条的规定，受法律保护。合同约定对双方当事人具有法律约束力。被告未能按期还本付息，已构成违约，参照《借款合同条例》第十六条的规定，贷款方有权限期追回贷款，并依约要求偿付复息和罚息。原告以被告违约请求提前收回尚未到期的本金，于法有据，应予支持。原告请求被告承担聘请律师的费用，不属诉讼必要的开支，不予认定。被告请求待合作经营企业的合同纠纷仲裁裁决后偿还原告的贷款和减免计付利息、复息和罚息，不予支持。

据此，广州市中级人民法院于1991年5月31日判决如下：

1. 被告应于本判决生效之次日起30日内偿付给原告本金780万港元及利息（利息从1991年5月1日起至款清结日止，按中国银行香港分行港元优惠利率加1%计付）。逾期按贷款协议的约定计付复息和罚息。

2. 被告应于本判决生效之次日起30日内清付给原告利息4173246.33港元和罚

---

① 已被2001年《国务院关于废止2000年底以前发布的部分行政法规的决定》废止。

息834649.27港元及利息的复息（复息从1991年5月1日起至款清结日止，按中国银行香港分行优惠利率加1%计付）。

3. 被告应于本判决发生法律效力之次日起10日内赔偿原告支付的证据公证费1585港元。

4. 驳回原告、被告的其他诉讼请求。

本案受理费人民币（兑换券）48433.6元，由被告负担。

第一审判决宣判后，原告和被告均未上诉。

规则29：国际上的通常做法及已形成的行业规范是处理市场调查纠纷的重要参考

——北京中锐文化传播有限责任公司与北京零点市场调查与分析公司不正当竞争纠纷案①

【裁判规则】

在没有统一规范市场调查行为的情况下，当事人的协议约定是调整双方权利义务关系、解决纠纷的主要根据，国际上的通常做法及已形成的行业规范也是处理市场调查纠纷的重要参考。“买断”是指西方投资者以高价与调查公司明文约定，调查公司对某一投资领域进行的调查只能为该投资者服务。专业调查公司熟知本行业的惯例，签约时应当本着诚实信用的原则，负有向对方告知本行业惯例的义务，以便对方决定是否需要“买断”调查服务权。调查公司没有履行告知义务，应负缔约过失责任。

【规则理解】

一、市场调查的内涵

所谓市场调查是以科学的方法、客观的态度，明确研究市场营销有关问题所需的信息，有效地收集和分析这些信息，为决策部门制定更加有效的营销战略和策略提供基础性的数据和资料。② 随着我国市场经济的不断发展，现代企业制度的不断完善，面临激烈的市场竞争，企业的发展逐渐不满足于简单的数据统计，能够分析

---

① 《中华人民共和国最高人民法院公报》1999年第3期，北京市第二中级人民法院民事判决书。

② 柯惠新、丁立宏：《市场调查》，高等教育出版社2008年版，第2页。

消费者行为、把握市场竞争、预测市场走向的市场调查成为现代企业在进行重大决策时的重要参考。

我国市场调查行业虽然发展迅猛，但仍缺乏针对市场调查纠纷的统一的法律规范。根据我国《合同法》第136条的规定：“出卖人应当按照约定或者交易习惯向买受人交付提取标的物单证以外的有关单证和资料。”第293条规定：“客运合同自承运人向旅客交付客票时成立，但当事人另有约定或者另有交易习惯的除外。”第368条规定：“寄存人向保管人交付保管物的，保管人应当给付保管凭证，但另有交易习惯的除外。”根据上述规定，在买卖合同、客运合同、保管合同中，当事人的约定和交易习惯是确定当事人权利义务关系的重要依据，我国《合同法》虽然没有明文规定，但我们可以据此推断此规定在其他合同中同样适用，在缺乏相应法律规范的情况下，当事人的约定和交易习惯可以认为是确定当事人权利义务关系的主要依据，并且能够据以解决合同纠纷。因此，笔者认为，对于市场调查合同，在没有统一规范市场行为的情况下，当事人的协议约定是调整双方权利义务关系、解决纠纷的主要根据，国际上的通常做法及已形成的行业规范也是处理市场调查纠纷的重要参考，另外当事人还需遵守诚实信用原则。

二、当事人的协议约定是调整双方权利义务关系、解决纠纷的主要根据

意思自治原则是民法的基本原则，而所谓意思自治是民事法律规定的主体享有在法律规定的范围内根据自己的意志自主决定并导致民事法律关系的产生、变更与消灭的权利。该原则贯穿于整个民法体系中，体现在合同法领域中表现为合同自由，即合同当事人在法律规定范围内，享有对与合同有关的事项的自由决定权。按照契约自由原则，自由订立的契约就等于法律，当事人必须严格按照契约的约定履行义务，即所谓契约必须严守，正是体现了这种形式正义自由，法官裁判契约案件也必须按照契约的规定，严格依照契约条款裁判。① 合同自由的内容非常广泛，包括缔结合同的自由、选择相对人的自由、决定合同内容的自由、变更和解除合同的自由、选择合同方式的自由。根据《合同法》第2条第1款规定：“本法所称合同是平等主体的自然人、法人、其他组织之间设立、变更、终止民事权利义务关系的协议。”第12条规定：“合同的内容由当事人约定，一般包括以下条款……”。从上述规定，我们可以看出，合同当事人有自由决定当事人之间权利义务关系的权利，即决定合同内容的自由，同时，合同的当事人自愿接受其自由订立的合同中对其权利的约束和义务的承担，因此，由合同当事人自愿缔结并生效的合同具有约束合同

---

① 梁慧星：《从近代民法到现代民法》，中国法制出版社2000年版，第171页。

当事人权利义务关系的法律效力。在民事纠纷中，合同可以作为法官据以裁判的根据，在没有相关法律规范的情况下，合同中的约定是调整双方权利义务关系、解决纠纷的主要根据。此外，根据《合同法》第57条的规定："合同无效、被撤销或者终止的，不影响合同中独立存在的有关解决争议方法的条款的效力。"合同中的解决争议方法条款具有独立性，其不因合同无效、被撤销或者终止而无效。解决争议方法是在合同无效、被撤销、终止或者履行过程中发生争议时才发挥作用，其独立性是必然的，因此，在合同纠纷中，合同中的解决争议方法条款是解决纠纷的主要根据。

三、国际上的通常做法及业已形成的行业规范是处理市场调查纠纷的重要参考

从法律渊源的角度出发，博登海默将其分为正式法源和非正式法源，而正式法源主要包括立法规定、司法解释、司法裁判等，主要以法律规范的形式表现出来；非正式法源包括道德、习惯、公共政策、学说意见等，非正式法源没有明确的表现形式。在发生法律纠纷时，绝大多数情况下人们诉之于正式法源以求得到明确权威的结果，然而，当正式渊源完全不能为案件的解决提供审判规则时，依赖非正式渊源也就理所当然地成为一种强制性的途径。① 因此，当市场调查合同发生纠纷后，在没有统一的法律规范可供遵循时，非正式法源就成为了解决纠纷的重要参考。根据《民法总则》第10条规定："处理民事纠纷，应当依照法律；法律没有规定的，可以适用习惯，但是不得违背公序良俗。"《合同法》第60条第2款的规定："当事人应当遵循诚实信用原则，根据合同的性质、目的和交易习惯履行通知、协助、保密等义务。"第61条规定："合同生效后，当事人就质量、价款或者报酬、履行地点等内容没有约定或者约定不明确的，可以协议补充；不能达成补充协议的，按照合同有关条款或者交易习惯确定。"《合同法司法解释二》第7条第1款规定，"下列情形，不违反法律、行政法规强制性规定的，人民法院可以认定为合同法所称'交易习惯'：（一）在交易行为当地或者某一领域、某一行业通常采用并为交易对方订立合同时所知道或者应当知道的做法；（二）当事人双方经常使用的习惯做法。"根据上述法律规定，我们可以看出，在合同法规定不明确或者缺少协议约定时，非正式法源具有重要的作用。而根据《合同法司法解释二》第7条第1款的规定，国际上的通行做法以及业已形成的行业规范属于合同法意义上的"交易习惯"，即属于合同法的非正式法源。因此，国际上的通常做法及已形成的行业规范是处理市场调查纠纷时的重要参考。

---

① ［美］E. 博登海默：《法理学：法律哲学与法律方法》，邓正来译，中国政法大学出版社1999年版，第415页。

四、当事人的协议约定先于国际上的通常做法及业已形成的行业规范适用

合同的效力先于非正式法源的效力，非正式法源对于合同具有修正和填补漏洞的作用。根据《合同法》第 61 条的规定，当合同内容存在漏洞且当事人未就此进行补充协议时，非正式法源可以补充漏洞；当合同内容不明确或者约定前后矛盾时，非正式法源可以对此予以修正和完善。非正式法源一般情况下后于合同效力，这是为了防止当事人规避适用合同条款，但也并不是绝对的。合同契约自由并不是绝对自由，而是在法律规定范围内的自由，其受到法律规定的约束，而法律的一些原则性规定，如诚实信用原则、公序良俗原则等，往往与道德、习惯等非正式法源相关联，因而非正式法源要否定或优于协议约定，需依靠法律的原则性规定。而在大多数情况下，协议约定优于非正式法源，在市场调查纠纷中具体表现为，协议约定是调整当事人权利义务关系、解决纠纷的主要依据，而国际上的通常做法及已形成的行业规范是处理纠纷的重要参考。

五、诚实信用原则

诚实信用原则是民法中的重要原则之一，在民事法律关系中的当事人行使权利、履行义务都应当遵守这一原则，在债法领域中该原则被奉为“帝王规则”。我国《民法总则》第 7 条规定：“民事主体从事民事活动，应当遵循诚信原则，秉持诚实，恪守承诺。”《合同法》第 6 条规定：“当事人行使权利、履行义务应当遵循诚实信用原则。”诚实信用原则不仅仅只是一则单纯的原则，还可以产生具体的法律义务，具体表现在履行合同过程中，依据这一原则会产生相应的附随义务，而这些附随义务也是当事人间权利义务关系的重要组成部分，违反这些义务也要承担相应的民事法律责任。根据《合同法》第 42 条的规定：“当事人在订立合同过程中有下列情形之一，给对方造成损失的，应当承担损害赔偿责任：（一）假借订立合同，恶意进行磋商；（二）故意隐瞒与订立合同有关的重要事实或者提供虚假情况；（三）有其他违背诚实信用原则的行为。”第 60 条第 2 款规定：“当事人应当遵循诚实信用原则，根据合同的性质、目的和交易习惯履行通知、协助、保密等义务。”第 92 条规定：“合同的权利义务终止后，当事人应当遵循诚实信用原则，根据交易习惯履行通知、协助、保密等义务。”第 125 条第 1 款规定：“当事人对合同条款的理解有争议的，应当按照合同所使用的词句、合同的有关条款、合同的目的、交易习惯以及诚实信用原则，确定该条款的真实意思。”根据上述法律规定，我们可以看出，由诚实信用原则产生的附随义务不仅贯穿于整个合同订立、变更、履行过程中，而且覆盖合同订立之前和履行之后所有与合同相关的过程，甚至适用于合同解释以及合同纠纷的解决。根据诚实信用原则，在合同订立过程中，当事人应当履行

先契约义务，否则应当承担缔约过失责任；在合同订立后履行的过程中，当事人应当履行义务，否则应当承担违约责任；在合同履行后，当事人应当履行后契约义务，否则应当承担后契约责任。因此，在履行市场调查合同的过程中，专业调查公司熟知本行业的惯例，签约时应当本着诚实信用的原则，负有向对方告知本行业惯例的义务，此告知义务虽为附随义务，但未履行该义务仍应承担相应的民事责任。根据《合同法》第42条第3项的规定，当事人在订立合同时有违背诚实信用原则的行为，应当承担缔约过失责任。此外，只有在专业调查公司履行了告知义务的前提下，保证合同对方当事人在订立合同时对行业惯例有了充分的了解，并基于此了解自愿平等的订立合同时，双方订立的合同在规范当事人权利义务关系方面才具有有效的法律约束力，在发生纠纷时，协议约定才能优于行业惯例作为解决纠纷的主要依据。

【拓展适用】

一、习惯的适用

《民法总则》第10条规定："处理民事纠纷，应当依照法律；法律没有规定的，可以适用习惯，但是不得违背公序良俗。"所谓习惯，是指在一定地域、行业范围内长期为一般人确信并普遍遵守的民间习惯或者商业惯例。在审判实践中适用习惯作为裁判依据，应当注意把握认定习惯的条件。有学者认为，判断是否构成民法法源上的习惯，应当同时具备积极条件和消极条件 。1. 习惯的积极条件包括：第一，具有长期性、恒定性、内心确信性，即在足够长的时间内不断的重复之行为规则，并为人们所认同。第二，具有具体行为规则属性。能够作为民法渊源的习惯不同于人们内心的道德规范，不是广泛的道德评价标准，而是能够具体指引人们具体行为的规则。习惯法作为人们生活中实际遵守的行为规则，相关内容应当是预先明确的、行为的界限是清晰的，能够在社会生活实践中自发调整人们的行为，成为特定区域、行业、圈子内的社会成员所普遍认可的规则，成为这些社会成员共同信念。第三具有可证明性，习惯是长期形成的，而且人们对此内心确信，同时，习惯法的本体是长期适用的习惯，是一项事实问题，应当遵循"谁主张谁举证"的规则。因此，援引习惯法的当事人应当承担举证证明习惯存在的证明责任。2. 习惯的消极条件是不得违背公序良俗。公序良俗是指公共秩序和善良风俗。那些符合公序良俗的原则，与国家整个法律精神相统一的习惯，可以被承认为习惯法；反之，那些违背公序良俗原则，与国家整体法精神相违背的习惯，则无法被承认为习惯法。除法律有特别规定外，地方性或职业性的习惯，也不能发生法的效力，习惯要转化为习惯法，成为民法的渊源，必须经过"合法性"的判断，即不得违反法律、行政法规强制性规定和公序良俗，违背公序良俗的习惯，不仅与整个社会公认伦理道德观念相冲突，也是对法律秩序的破坏，不应得到承认。

综上，并非所有的习惯都可以作为处理民事纠纷的依据。适用习惯受到两个方面的限制，一是适用习惯的前提是法律没有规定，所谓法律没有规定，就是相关的法律、行政法规、地方性法规对特定民事纠纷未作出规定；二是所适用的习惯不得违背公序良俗，只有在不违背公序良俗的习惯才可适用，当然适用习惯也不得违背法律的基本原则。

二、契约自由的限制

意思自治原则是民法领域的基本原则，该原则赋予了民事主体广泛的自由和权利，民事主体可以依据自己的意志产生、消灭、变更民事法律关系，然而这种自由并不是绝对的，而是相对的、有限的。因为，无限的自由并不是真正的自由，有限的意思自治才能够保证民事主体的平等。一般法律规范可以分为任意性规范和强制性规范两种，任意性规范是指当事人可以约定排除的法律规范，强制性规范是指当事人必须遵守、不得约定排除其适用的法律规范。强制性规范优于当事人的约定适用，当事人的约定优于任意性规范适用，因此，在法律没有强制性规范的前提下，当事人的约定优于任意性规范成为调整当事人之间权利义务关系的主要依据。

契约自由原则，又称合同自由原则，来源于民法的意思自治原则，如之前所述，是合同当事人在法律规定范围内，享有对与合同有关的事项的自由决定权。合同自由的内容非常广泛，包括缔结合同的自由、选择相对人的自由、决定合同内容的自由、变更和解除合同的自由、选择合同方式的自由。虽然在合同法领域存在大量的任意性规范，赋予了当事人广泛的权利，但同意思自治原则一样，契约自由也并不是绝对的，受到强制性法律规范的约束，而违反相应的法律规定将有可能导致合同无效。根据我国《合同法》第 4 条的规定：“当事人依法享有自愿订立合同的权利，任何单位和个人不得非法干预。”当事人订立合同的自由须“依法”享有，且不受任何单位和个人的“非法”干预。《合同法》第 7 条规定：“当事人订立、履行合同，应当遵守法律、行政法规，尊重社会公德，不得扰乱社会经济秩序，损害社会公共利益。”由此，我们可以看出，我国《合同法》在原则上赋予当事人的自由是相对的、有条件的，其不仅受到强制性法律规范的约束，还要受到公序良俗原则的限制。此外，我国《合同法》在具体规则方面也对合同当事人的契约自由进行了适当的限制。《合同法》第 2 条规定：“本法所称合同是平等主体的自然人、法人、其他组织之间设立、变更、终止民事权利义务关系的协议。婚姻、收养、监护等有关身份关系的协议，适用其他法律的规定。”合同自由原则的重要组成部分是决定合同内容的自由，当事人可以自由订立合同的具体内容，但该自由需在法律规定的范围内进行，在我国《合同法》领域，不得订立婚姻、收养、监护等有关身份关系的协议。《合同法》第53条规定："合同中的下列免责条款无效：（一）造成对方人身伤害的；（二）因故意或者重大过失造成对方财产损失的。"第40条规定："格式条款具有本法第五十二条和第五十三条规定情形的，或者提供格式条款一方免除其责任、加重对方责任、排除对方主要权利的，该条款无效。"无效免责条款的限制约束了当事人约定的范围，而格式条款中更倾向于消费者的规定虽然是对企业契约自由的限制，但考虑到企业与消费者的不平等地位，对企业进行适当的约束反而能够保证合同双方的平等，保证消费者的契约自由。此外，我国还规定了一些强制性的法规，对契约自由进行规范，例如《反不正当竞争法》《反垄断法》等，这些限制性规范，并不是对合同自由原则的否定，而是为了更好地维护交易秩序，从根本上保护合同自由原则的实行。①

三、保密义务

（一）保密义务概述

所谓保密义务是指合同当事人对于在订立或者履行合同过程中所知悉的合同相对方的商业秘密予以保守的义务。保密义务是附随义务的一种，而所谓附随义务是指为了保证合同相对人的利益，合同当事人在合同给付义务以外基于诚实信用原则所应承担的义务。附随义务是合同的从义务，但其附随性并不表示该义务不重要，甚至，很多情况下，往往是由于附随义务的不履行或者不当履行，给合同相对人造成重大利益损失，而且合同当事人一般不得约定排除附随义务。附随义务贯穿整个合同法律关系产生、变更和消灭的全过程，不仅存在于缔结合同阶段，甚至在合同履行完毕之后，对附随义务合同相对人仍然起着约束作用。保密义务作为附随义务的重要组成部分，具有附随义务的基本特征，其以诚实信用原则作为理论基础。我国《合同法》中也规定了不同阶段的保密义务：合同订立时的保密义务（即先合同保密义务）、合同履行中的保密义务、合同终止后的保密义务（即后合同保密义务），此外在技术合同章节还进行了专门的特殊规定。

（二）《合同法》中关于保密义务的规定

《合同法》第43条规定："当事人在订立合同过程中知悉的商业秘密，无论合同是否成立，不得泄露或者不正当地使用。泄露或者不正当地使用该商业秘密给对方造成损失的，应当承担损害赔偿责任。"该条主要规定了当事人的先合同保密义

---

① 杨立新：《合同法》，北京大学出版社2013年版，第15页。

务，即对订立合同过程中所知悉的合同相对人的商业秘密予以保守。先合同保密义务是最能够体现诚实信用原则的，缔约双方基于信赖而进行磋商，在此过程中必然涉及商业秘密，先合同保密义务在保护合同当事人信赖利益，保障合同订立过程的安全性方面，具有重要的意义。因此，该保密义务具有一定的独立性，不因合同的不成立而消灭。虽然一般情况下，合同各方尤其是商业合同当事人，都会在所缔结的合同中明确约定保守商业秘密的义务，但是即使合同当事人没有针对保密义务进行约定，该义务仍然存在，它是合同的重要组成部分。

《合同法》第 60 条规定："当事人应当按照约定全面履行自己的义务。当事人应当遵循诚实信用原则，根据合同的性质、目的和交易习惯履行通知、协助、保密等义务。"该条明确了保密义务的基础，即诚实信用原则。诚实信用原则是相对于法律规定，对合同当事人及其权利义务关系的更高层次的要求，是保密义务的正当性基础。该条规定了当事人在合同履行过程中的保密义务，在此阶段的保密义务具有较为明显的附属性，当事人之间基于合同关系的确立，相对于订立磋商阶段具有更加紧密的信赖关系，这种紧密的信赖关系以及合同约定的权利义务关系，将可能导致更多的商业秘密被合同相对人所知悉。此阶段的保密义务不仅为合同当事人的信赖利益提供保障，更能够促进合同中权利义务关系的良好运作，维护当事人所缔结的合同中的合法权益。

《合同法》第 92 条规定："合同的权利义务终止后，当事人应当遵循诚实信用原则，根据交易习惯履行通知、协助、保密等义务。"该条规定了合同关系终止后的保密义务，这种保密义务，我们一般称为后合同保密义务，它是在合同权利义务终止后，为了保证相对人的商业秘密不被泄露，合同当事人所应承担的义务。后合同保密义务是一种强制性的法律义务，要求当事人遵循诚实信用原则，根据交易习惯履行保密义务，而且不因合同中未予以明确的约定而免除。

除上述《合同法》总则规定的保密义务以外，我国《合同法》在分则的有名合同中也具体规定了当事人的保密义务，其中除了第 266 条①规定了承揽合同的保密义务以外，主要规定在技术合同方面，这主要是由技术合同标的物的特殊性决定的，技术合同的标的物主要是技术秘密，这就使得保密义务在技术合同中占有举足轻重的地位。根据我国《合同法》第 347 条的规定："技术秘密转让合同的让与人应当按照约定提供技术资料，进行技术指导，保证技术的实用性、可靠性，承担保密义务。"第 348 条规定："技术秘密转让合同的受让人应当按照约定使用技

---

① 《合同法》第 266 条规定："承揽人应当按照定作人的要求保守秘密，未经定作人许可，不得留存复制品或者技术资料。"

术，支付使用费，承担保密义务。”第350条规定：“技术转让合同的受让人应当按照约定的范围和期限，对让与人提供的技术中尚未公开的秘密部分，承担保密义务。”

然而，我国《合同法》对保密义务中的“商业秘密”没有进行明确的界定，参考适用《反不正当竞争法》第10条第3款规定：“本条所称的商业秘密，是指不为公众所知悉、能为权利人带来经济利益、具有实用性并经权利人采取保密措施的技术信息和经营信息。”审判实践中，对于商业秘密的界定应依据《民事诉讼法解释》第220条规定来把握，即“指生产工艺、配方、贸易联系、购销渠道等当事人不愿公开的技术秘密、商业情报及信息。”。此外，《合同法》对于保密义务的期限也没有进行明确规定。笔者认为，一般情况下应当根据合同当事人之间的约定，如果当事人之间没有约定或者约定不明时，保密义务应当持续到商业秘密泄露后不会给秘密持有者的利益造成损失为止。

（三）其他法律法规对于保密义务的规定

除了《合同法》以外，在对商业秘密的保护方面，我国还有其他法律作出了相关规定，其中最主要的就是《民事诉讼法》《劳动法》《反不正当竞争法》。其中《民事诉讼法》第68条规定：“证据应当在法庭上出示，并由当事人互相质证。对涉及国家秘密、商业秘密和个人隐私的证据应当保密，需要在法庭出示的，不得在公开开庭时出示。”。第134条规定：“人民法院审理民事案件，除涉及国家秘密、个人隐私或者法律另有规定的以外，应当公开进行。离婚案件，涉及商业秘密的案件，当事人申请不公开审理的，可以不公开审理。”。第156条规定：“公众可以查阅发生法律效力的判决书、裁定书，但涉及国家秘密、商业秘密和个人隐私的内容除外。”。《劳动法》第22条规定：“劳动合同当事人可以在劳动合同中约定保守用人单位商业秘密的有关事项。”劳动者负有不泄露用人单位商业秘密的义务。《反不正当竞争法》第10条规定：“经营者不得采用下列手段侵犯商业秘密：（一）以盗窃、利诱、胁迫或者其他不正当手段获取权利人的商业秘密；（二）披露、使用或者允许他人使用以前项手段获取的权利人的商业秘密；（三）违反约定或者违反权利人有关保守商业秘密的要求，披露、使用或者允许他人使用其所掌握的商业秘密。第三人明知或者应知前款所列违法行为，获取、使用或者披露他人的商业秘密，视为侵犯商业秘密。本条所称的商业秘密，是指不为公众所知悉、能为权利人带来经济利益、具有实用性并经权利人采取保密措施的技术信息和经营信息。”该条对于商业秘密的保护与《合同法》中的保密义务存在一定的区别：首先，责任主体不同，《合同法》中保密义务的主体限于合同各方当事人，而该条中侵犯商业秘密主体不仅包括经营者，还包括第三人，其主体范围要远大于《合同法》中的保密义务主体。其次，商业秘密的来源不同，《合同法》中保密义务人对其所知的商业秘密是通过合法途径获悉的，是通过合同当事人缔结契约，基于信赖利益而知悉的，而《反不正当竞争法》中侵权主体主要是以盗窃、利诱、胁迫或者其他不正当手段获取商业秘密或者通过合同约定得知的，侵权主体获悉商业秘密既有合法来源，也存在非法途径。最后，对商业秘密的侵害方式不同，《反不正当竞争法》列举了三种侵犯商业秘密的行为，而且侵权人主要是以盗窃、利诱、胁迫或者其他不正当手段获取商业秘密或者以上述手段获取秘密后予以披露、使用，然而《合同法》中的保密义务则主要是强调对商业秘密予以保守，使之不予外泄，不包括以不正当手段获取商业秘密的行为，这一区别是基于商业秘密来源的区别产生的，《合同法》中保密义务人对于商业秘密是合法知悉的，也就不存在以不正当手段非法获取秘密的情况。

四、行业规范与法律规定的冲突

所谓行业规范，是指在某一商业经营行业领域内，对该领域内的商业主体的商业活动提供指导，并加以约束的规范性意见。行业规范是非正式法源的一种形式，不仅具有非正式法源的基本特征和功能，还具有特有的法律特征。首先，行业规范是某一商业经营行业的指导意见。行业规范多是对该行业内的实践经验总结，对于本行业内的商业主体具有一定的指导价值，包括如何进行商业活动，如何处理与消费者的关系等问题。其次，行业规范是某一行业的自律性规范，行业规范在给商业主体提供指导的同时，还对商业主体起到一定的约束作用，规范行业内的商业行为，对于不符合行业要求的商业活动，行业协会将对其予以处罚。最后，行业规范不具有法律上的强制性，行业规范虽然对商业主体具有一定的拘束力，有时甚至会对其进行处罚，但是它并不具有法律上的强制性，没有法律上的强制执行力，一般情况下在法律允许范围内违反行业规范的行为不会受到法律的处罚。基于行业规范的上述特征，行业规范不能违反法律的规定，应当服从于法律的规定。实践中，存在大量的行业规范不符合法律规定的情况，这些行业规范的形成多起因于商业主体对利润最大化的追求，丰厚的利润回报诱使着商业主体铤而走险，违反法律的规定，或者基于侥幸心理，徘徊在法律空白的灰色地带。这些行业规范不仅不能够对行业进行规范性自律，还会影响市场经济秩序，侵犯消费者的利益。因此，在行业规范与法律规定发生冲突时，必须遵守法律规定，法律规定是对行业活动的最低限度的要求，行业规范不得低于此要求。然而不可否认的是，行业规范作为非正式法源，在法律有所空缺的情况下，可以起到补充和参考的作用。当行业规范要求高于法律规定时，便可以基于当事人的协议或者交易习惯借鉴适用行业规范。

【典型案例】

北京中锐文化传播有限责任公司与北京零点市场调查与分析公司不正当竞争纠纷案

原告：北京中锐文化传播有限责任公司。

法定代表人：任靖玺，经理。

被告：北京零点市场调查与分析公司。

法定代表人：袁岳，总经理。

〔基本案情〕

北京市第二中级人民法院查明：1998年5月5日，原告北京中锐文化传播有限责任公司（以下简称中锐公司，协议甲方）与被告北京零点市场调查与分析公司（以下简称零点公司，协议乙方）签订项目合作协议书，约定：甲方委托乙方进行城市家庭租用影像制品行为模式研究的市场调查，为此甲方向乙方支付委托费用人民币38540元。此款在签约日预付30%，即人民币11562元；在访员培训次日支付30%，余款在报告移交后7日内付清。甲方对本项调查取得的一切结果有专属所有权，乙方对委托人（甲方）在该项调查中取得的一切结果及甲方在调查过程中提供的一切商业文件承担保密义务。甲方延期付款，每延期1日，应追回相当于未支付款2%的违约金。乙方未履行保密义务，应退回全部委托费用，并且无偿提供重新调查。此次调查的具体事项，由乙方受甲方委托而特别设计、并经双方确认的“城市家庭租用影像制品行为模式研究项目计划书”约定。计划书作为本协议的附件，是甲方检验调查结果的基本标准，具有与协议条款同等的效力。计划书的设计版权归乙方所有，未经版权人同意，不得提供给版权人之同业机构。协议还对其他相关权利、义务作了约定。

作为协议附件的计划书写明，调查研究的目的是“了解城市家庭对以VCD为主的影像制品的消费现状、消费行为模式、租借偏好、潜量以及对租用场所提供服务的选择与需求等，为委托者进入影像制品租借市场进行市场定位，确立相应的进入机会和投资计划提供决策参考。”计划书还对研究内容、研究方法、调查结果、项目期限、项目流程图、费用预算的内容都作了详细规定。

协议签订后，被告零点公司依约进行了调查工作，并于6月底向原告中锐公司提交了《城镇影像制品租赁市场状况综合调查报告》。该报告的主要调查结果是：一、城市家庭影像消费需求心理，结论为影像类消费对于消费者来说是比较重要的，但人们对影像消费市场并不是很满意。影像制品在人们的文化类消费支出中有着举足轻重的地位，多数人表示未来影像类消费支出比有所增加。该结论的依据为影像制品的家庭消费状况、利用闲暇时间进行影像方面娱乐的比例及观看时间（频率）等调查结果。二、城市家庭对影像制品（VCD为主）的消费行为模式，结论为

“买”和“借”是人们获得影像制品的主要渠道，而影响消费者作出影像消费决策的主要因素是“朋友”及“电视”。同时人们最为关心的是影像制品的价格和保留价值。该结论的依据为消费者获得影像制品的渠道，未来一年租赁行为可能发生的变化等调查结果。三、影像制品租赁市场现状，结论为人们更倾向于光顾位置在居住附近的租赁店，并对租赁店内“片子质量”“租金”以及“种类内容的丰富性”较为关注，对租赁店实行会员制的评价一般，人们更加喜欢的是直接优惠及服务方式。该结论的依据为租赁过的各种影像制品比例、VCD 片的租赁频率及租赁量等调查结果。四、对租赁的选择与需求，依据为对居住区附近租赁店的光顾可能性及选择租赁店的主要考虑因素、租片的定价等调查结果。五、关于影像制品租赁店实行会员制。在此报告的总结与建议部分，明确写明“大多数人影像消费对自己来说是十分需要或比较需要的，并且被访者普遍表示用于影像消费的支出比例未来会有上升的趋势，这说明影像市场是比较有发展前景的……”，“调查中还发现，目前的影像制品租赁市场较为缺乏，多数小区内难以见到租赁店，……部分影像制品（如教育类等）的购买需求大于租赁，建议将租与售的服务及内容能有机结合起来，以便创造更好的经济效益。”

原告中锐公司在签订协议后，如约分期支付给被告零点公司 33124 元，尚欠 15416 元。中锐公司在接到零点公司的调查报告前后，为向 VCD 市场投资做好了租赁房屋开店的准备。后中锐公司以零点公司披露了调查结果使其蒙受损失为由，拒付协议余款，并要求零点公司赔偿经济损失。双方协商未果，遂诉至法院。

另查明：1998 年 1 月至 3 月，被告零点公司自行完成了北京市城市居民影像制品租赁行为模式市场调查报告。该报告引言中称，1997 年的 VCD 市场十分热闹，为摸清影像制品租赁连锁店的市场状况，零点公司开展这项研究，希望为目前相当热烈的影像制品租赁市场描述一个大致的轮廓。该报告的主要调查是：一、生活空间中影像制品的位置；二、影像制品租借行为。由此得出的调查结果提要是：北京居民平均每天花 1 小时左右的时间在家里看电视或 VCD 以度过闲暇时间，一个月里只有不到两次机会出外看电影或录像，他们普遍喜欢看流行大片和娱乐性节目……，从消费者观看影像制品的来源途径看，租借量大于购买量，一般情况消费者租借影像制品在家滞留时间为一天左右……未来一至二年消费者对影像制品的租借量会有所增加……绝大多数消费者对目标影像制品租赁店比较感兴趣……此外，1998 年 3 月，零点公司还受中央电视台经济部 3·15 剧组委托，进行了中国城市消费者权益意识水平综合测试，并出示了报告，其中有对“VCD”盗版问题的调查。1998 年 6 月 16 日，零点公司在《第一手》周刊上发表了“北京 VCD 何处觅?”一文。文中称：……如果他在 11 点钟睡觉，那他晚上的其余时间几乎就是看电视或 VCD……普通居民要花如此多的时间来看 VCD 的话，将来他们会有相当大的支出，这样片子就成为 VCD 机消费者的苦恼问题……调查结果显示，目前北京市民观看影像制品（本次调查的影像制品主要是指VCD，以下即为同一概念）的来源渠道有3种，即购买、租、借……以购买方式获得的量最小，平均每户为8.76件，借用量居中为23.13件，租用量最大为31.41件。未来一至二年消费者对影像制品的租用量会有增加……该文还对“您手中的影像制品会转移吗?”“哪些是您的最爱?”“您满意吗?”等内容作了一些公布及评论。

〔一审裁判理由与结果〕

北京市第二中级人民法院经审理认为，我国目前对市场调查行为还没有统一的规范来调整，因此双方当事人的协议约定就成为调整双方权利义务关系、解决此次纠纷的主要根据，国际上的通常做法及已形成的行业规范可以作为处理本案的参考。

本案涉及的第一个问题是：双方协议中约定的保密范围，即协议中笼统称为“本项调查取得的一切结果”所指向的内容是什么？结合协议内容及项目计划书所表明的研究目的、方法、结论等问题，对照已制成的《城镇影像制品租赁市场状况综合调查报告》，可以认定报告中涉及的调查数据及所作的结论就是协议中约定的保密内容。按照协议的约定，被告零点公司对这些内容负有保密的义务。

本案争议的第二个问题是：被告零点公司在《第一手》周刊上发布的信息，是否构成对原告中锐公司商业秘密的侵害？依照《中华人民共和国反不正当竞争法》第十条第三款的规定，中锐公司要求保密的内容，对VCD行业从业者具有实用性，能给权利人带来经济利益，应当是该公司的商业秘密。不可否认，零点公司在接受中锐公司的委托之前，确实对VCD市场进行过相同的市场调查。《第一手》周刊公布的数据、信息，有的就来源于这些调查报告。但是所公布的这些信息，恰与中锐公司的商业秘密相同。零点公司将其公布的结果，无疑是对广大公众或者其他VCD经营商揭示了一个商业信息，公开了中锐公司的商业秘密，违反了其应履行的合同义务。

本案争议的第三个问题是：原告中锐公司是否“买断了”被告零点公司对VCD市场的调查服务权？正如零点公司所主张的，“买断”是指西方投资者以高价与调查公司明文约定，调查公司对某一投资领域进行的调查只能为该投资者服务。本案双方当事人签订的协议中没有这样的约定。零点公司作为专业调查公司，熟知本行业的惯例，签约时应当本着诚实信用的原则，负有向对方告知本行业惯例的义务，以便对方决定是否需要“买断”调查服务权。零点公司没有履行告知义务，对此应负缔约过失责任。即便是允许零点公司自己或受他人之托做相同领域的调查，提供服务，但这样做也难免地会遇到与客户利益冲突的问题，依照公认的商业道德，调查公司亦应对涉及客户利益的信息予以保密，如要公开需经客户的同意。零点公司未经权利人或利害关系人同意，擅自公开相关的秘密信息，其行为有悖于反不正当竞争法第二条关于“经营者在市场交易中，应当遵循自愿、平等、公平、诚实信用的原则，遵守公认的商业道德”的规定，属于《反不正当竞争法》第十条第一款第（三）项所禁止的不正当竞争行为。

综上所述，被告零点公司作为一个专业调查公司，经常受客户之托进行市场调查，一般易于掌握客户的商业信息，应当严格遵循公认的商业道德和双方约定提供服务。本案中零点公司的不正当竞争行为给原告中锐公司造成一定损失，应该承担相应的民事责任。但中锐公司提出的赔偿请求过高，法院将在协议委托费用、市场经营再投资、诉讼实际支出范围内，对赔偿数额予以酌定。零点公司的反诉请求于法无据，不予支持。综上，判决：

一、被告零点公司于判决生效后 15 日内返还原告中税公司委托费和赔偿中锐公司其他经济损失共计 10 万元。

二、判决生效后 1 个月内，被告零点公司在一家全国发行的报纸上，向原告中锐公司赔礼道歉。道歉函内容需经法院核准（逾期不执行，法院将在一家全国发行的报纸上公布判决内容，所支出费用由零点公司承担）。

三、驳回原告中锐公司的其他诉讼请求。

四、驳回被告零点公司的反诉请求。

图书在版编目（CIP）数据

最高人民法院指导性案例裁判规则理解与适用．合同卷．三／江必新等著．—2 版．—北京：中国法制出版社，2018. 1（2019. 12 重印）

ISBN 978 - 7 - 5093 - 6713 - 1

Ⅰ．①最… Ⅱ．①江… Ⅲ．①最高法院 - 审判 - 案例 - 中国②最高法院 - 合同纠纷 - 民事诉讼 - 审判 - 案例 - 中国 Ⅳ．①D925. 05②D923. 65

中国版本图书馆 CIP 数据核字（2017）第 316878 号

策划编辑：李小草（lixiaocao2008@ sina. cn）
责任编辑：任乐乐（lele_juris@ 163. com）　　封面设计：蒋云羽

最高人民法院指导性案例裁判规则理解与适用·合同卷三（第 2 版）

ZUIGAO RENMIN FAYUAN ZHIDAOXING ANLI CAIPAN GUIZE LIJIE YU SHIYONG · HETONGJUANSAN（DI ER BAN）

著者／江必新、何东宁等
经销／新华书店
印刷／北京京华虎彩印刷有限公司
开本／730 毫米×1030 毫米　16 开　　印张／29. 75　字数／486 千
版次／2018 年 2 月第 2 版　　2019 年 12 月第 2 次印刷

中国法制出版社出版
书号 ISBN 978 - 7 - 5093 - 6713 - 1　　定价：98. 00 元

北京西单横二条 2 号
邮政编码 100031　　传真：66031119
网址：http：//www. zgfzs. com　　**编辑部电话：66071862**
市场营销部电话：66033393　　**邮购部电话：66033288**

（如有印装质量问题，请与本社编务印务管理部联系调换。电话：010 - 66032926）

书　名	定　价	订购册数
最高人民法院指导性案例裁判规则理解与适用·婚姻家庭卷（第二版）	68 元	
最高人民法院指导性案例裁判规则理解与适用·房地产卷	98 元	
最高人民法院指导性案例裁判规则理解与适用·担保卷（第二版）（上下册）	139 元	
最高人民法院指导性案例裁判规则理解与适用·合同卷一（第二版）（合同原则、履行、解除、违约责任）	108 元	
最高人民法院指导性案例裁判规则理解与适用·合同卷二（第二版）（合同订立、效力、解释、变更与转让、时效、管辖）	108 元	
最高人民法院指导性案例裁判规则理解与适用·合同卷三（第二版）（旅行合同、转让合同、居间合同、保兑仓合同、委托合同、借款合同、合同欺诈等）	98 元	
最高人民法院指导性案例裁判规则理解与适用·合同卷四（第二版）（预约合同、点击合同、买卖合同、拍卖合同、承揽合同、服务合同、银行卡等）	98 元	
最高人民法院指导性案例裁判规则理解与适用·物权卷	88 元	

总额和汇款方式	
发票抬头	
联系人和电话	
联系地址	（请注明邮编）

中国法制出版社联系方式：

市场营销部　贺　纬，电话：010－66062752

市场营销部　袁诗媛，电话：010－66026747

传真：010－66031119

汇款：开户行：工商银行北京市长安支行，收款人：中国法制出版社

账号：0200003309004647576，户名：中国法制出版社